인간행동과 사회환경

손 광 훈

공동체

Preface

지난 10년 이상 대학에서 인간행동과 사회환경, 사회복지실천기술론, 장애인복지론 등 주로 미시적 접근의 교과목을 연구하고 가르치고 있다. 특히 사회복지학의 기초 교과목인 인간행동과 사회환경 과목에 많은 애착을 갖고 임하고 있지만, 늘 아쉬움과 무언가 부족하다는 생각을 갖게 하는 교과목이다.

인간행동과 사회환경 교과목은 사회복지사 1급 국가고시의 기초과목으로 한국사회복지교육협의회의 2004년도 사회복지학 교과목지침서에 충실하려고 노력하였으나 이 지침서의 내용이 매우 기본적인 내용으로 제약되어 있어 최근에 대두되는 다양한 인간행동이론을 다룰 수 없었다는 점과 다루어져야 할 많은 내용에 비해 제한된 교육시간 등 많은 제한점을 감안하여 책을 기술하는 데 많은 어려움이 있었다.

본 저자가 인간행동과 사회환경을 처음으로 접촉한 것은 27년 전 숭실대학교 사회사업학과에서 박종삼(현 월드비전 총재) 교수님과 고 조성경 교수님의 과목을 수강했을 때이다. 그 당시에는 인간행동과 사회환경 교과목이 1~2학기에 걸쳐서 1학기에는 주로 프로이드의 정신분석이론과 에릭슨의 사회심리발달이론을 중심으로 공부했고, 2학기에는 행동수정이론과 문화관련 이론을 공부하면서 많은 지적 호기심을 자극해 주었던 것으로 기억된다. 본격적인 성격심리학을 공부한 것은 숭실대학교 대학원에서 박종삼 교수님의 <인간행동의 이해> 과목에서 젤리와 지글러(Hjelle & Ziegler)의 성격심리학과 매디(S. Maddi)의 비교성격심리학을 공부하느라 애를 먹었던 기억이 생생하다. 많은 세월이 흘러 박사학위를 마치고 1997년 가을 학기부터 인간행동과 사회환경 과목을 가르치기 시작하여 매학기 이 교과목을 가르치고 있다.

이 책은 4부로 구성되어 있으며, 제1부는 이 책의 총론으로서 인간행동과 사회환경(HBSE)의 이해, 인간행동의 이해, 인간발달의 이해, 사회환경의 이해에 대한 전반적인 이해를 논의하였고, 제2부는 인간행동의 이해로 정신분석 성격이론(프로이드, 안나 프로이드, 에릭슨, 아들러, 융), 행동주의 이론(파블로프, 왓슨, 쏜다이크, 스키너, 반두라), 인지이론(피아제, 콜버그, 엘리스, 벡), 인본주의 이론(로저스, 매슬로우)을 기술하였다. 제3부는 인간발달의 이해로 발달단계에 따른 태내기부터 노년기의 발달을 다루었고, 제4부에서는 사회환경의 이해로 체계이론, 생태체계이론에 대해 논의했고, 가족, 집단, 조직, 지역사회, 문화 등을 논의하였다.

매 학기 인간행동과 사회환경 과목 첫 시간에 학생들에게 첫 번째로 강조하는 말은 '사회복지사란 클라이언트가 제공하는 다양한 정보와 사회복지사 자신의 지식, 경험, 관점 등을 잘 조합하여 문제해결의 제안을 하고 그 제안을 클라이언트가 자기결정권에 의해 선택할 수 있도록 원조하는 원조전문가(helping profession)이다'라고 강조하며, 사회복지사는 자신이 클라이언트의 문제를 해결하는 변화 매개자(changing agent)의 역할을 수행하는 동시에 변화도구이기 때문에 자기 자신에 대한 철저한 분석과 이해를 해야만 한다'고 강조하고 있다. 또한 매 학기 학생들에게 "지피지기이면, 백전백승이라(知彼知己 百戰百勝)"는 고사성어를 강조하면서 학생들에게 수많은 독서과제와 검사과제로 학생들과 씨름을 하고 있으며, 연구실은 늘 학생들의 과제로 뒤범벅이 되어 있지만 학생들이 자신을 분석하고 정리한 자료라 학생 개개인에게 돌려주지 못한 과제물들을 폐기하지 못하고 늘 연구실 한 켠에 수북하게 쌓아 놓고 살아가고 있다.

이 책을 내면서 늘 내 인생의 좌표와 같은 박종삼(현 월드비전 총재) 지도교수님의 지도와 교육에 감사드리며, 꼼꼼하게 자료를 확인하고 교정을 도와준 황소진(천마재활원 원장), 전재명(양산시종합사회복지관 관장), 하소연(부산광역시장애인종합복지관 부장), 이정묵(두레학교 학원장) 등 경성대학교 대학원 사회복지학과 박사과정 제자들, 이언상, 허지영, 이진옥, 김다희 등 석사과정 제자들과 이 책의 출판을 위해 늘 격려해 주시는 공동체 김동훈 대표님과 직원 여러분께 감사를 드리며, 시간이 없다는 핑계로 만나지 못하여 결재가 밀려도 웃으면서 반겨주던 모든 남구종합사회복지관 직원들에게 감사함을 전합니다. 끝으로 늘 가정보다 연구실에서 많은 생활을 하는 남편에게 끝까지 격려와 지원을 아끼지 않은 아내 지숙과 미안해하는 아빠를 위로해 주듯 주말에 함께 연구실을 지켜준 아들 수영과 수민에게 고마움과 함께 미안한 마음을 전하고 싶다.

2008년
부산 대연동 황령산 자락의 연구실에서
저자 손 광 훈

Contents

Contents

Contents

Contents

인간행동과 사회환경의 이해

인간행동과 사회환경은 사회복지실천(social work practice)의 중요한 기초지식이다.

사회복지는 역동적인 원조과정과 다양한 역할, 기능, 경력, 기회에 따라서 특징지워져 발달하고 있는 신생 전문직이다. 사회복지의 목적(개인, 가족, 집단의 사회적 기능을 향상시키고 사회적 조건을 개선하는 것)은 모든 영역의 실천을 통해 실제 행동으로 옮겨지고 한 세팅 내에서 다양한 방법을 통하여 실현된다.

직업의 다양한 서비스 영역 속에서 하나의 경력을 추구하고 있는 오늘날의 사회복지사에게는 현대 실천영역의 복잡성을 이해하기 위한 맥락을 제공하는 개념적 틀을 익히는 것이 필요할 것이다. 사회복지사들은 그들의 실천적 기초를 정의하는 데 필요한 개념을 체계적으로 엮기 위하여 몇 가지 이론적 접근을 하게 되었다. 이 교재는 직접적인 사회복지실천을 위한 이론적 토대로 이용될 수 있는 사회환경 속의 인간행동에 관한 지식을 응용하는 데 관심이 있다.

인간행동 이론을 활용하는 것은 과학적 사고의 역사라는 맥락 내에서 이해할 필요가 있다. 이러한 역사는 사회복지 전문직이 실천이론이 거의 없는 위치에서 20가지 이상의 주요 이론적 접근을 가진 입장으로 바뀌었다(Turner, 1995). 각각의 이론은 하나의 특별한 패러다임으로부터 나오는데, 이 패러다임은 전문적인 학문공동체의 구성원이 공유하는 믿음, 가치, 기법(technique)이 모인 형태이다. 각각의 패러다임은 과거 사상의 재구성(Schriver, 1995)이며, 극적으로 상이한 철학적 가정을 가지고 있다.

구바(Guba, 1990)는 사회복지실천에 가장 영향을 주었던 패러다임의 변화로 실증주의, 후기 실증주의, 구성주의를 기술하였다. 과학과 과학적 방법에 관한 사회복지의 관심은 사회복지전문직을 탐구와 기술의 세계로 인도하였다. 실증주의 과학의 시기인 1990년대 초반에 사회복지학이 대학의 환경으로 들어왔다는 것은 사회복지사의 보편적인 법칙이 인간행동을 인도해줄 것이라는 믿음을 보여주는 이론을 채택하였다는 것을 의미한다. 이것은 또한 사회복지사의 역할이 객관적인 사실을 발견하고 클라이언트의 관심을 이해하기 위하여 이미 확립된 이론적 가정을 사용하는 것이라는 점을 의미한다. 실증주의자들은 자연과학과 같은 활동, 논리, 이성을 통하여 발견된 객관적 법칙과 보편적인 진리가 객관적인 사회사업실천을 이끌 수 있다고 주장하였다(Martin & O'Connor, 1989). 후기 실증주의자들은 비록 자연법칙이 존재하지만, 사람이 그것을 인식하지 못할 수 있음을 제시하였다. 사회복지사의 객관성은 하나의 이상일 뿐이다. 반면, 구성주의자(constructionists)는 많은 현실이 인간 상호작용을 통해 이루어지는 친근한 수준에서 만들어진다는 점을 제시하였다(Foucault, 1980). 그러나 어떠한 사회복지활동도 가치중립적이지 않으며, 개개인의 정신적 틀을 통하여 이해되어야만 한다.

1) 인간행동이론, 실증주의 전통, 과학적 사고의 의존

최소한 우리는 어떠한 개념이 사용되고 있으며, 그 개념이 어디에서 왔으며, 어느 정도 검증되어졌는지에 대하여 알아야 한다. 정신분석이론과 체계이론 같은 실증주의 전통으로부터 유래하는 인간행동의 이론을 사용하는 사회복지사는 그들의 임상실천에서 정보, 사실, 자료에 의존한다. 그들은 이론(관찰을 구성하고 이해하기 위한 틀을 제공하는 개념의 논리적 체계)이 사정과 개입과정을 계획하는 데 제1의 도구라고 생각한다(표 1 참조). 이론은 사회복지사로 하여금 질서 있는 관계를 확인하는 데 도움을 준다(Newman & Newman, 1987).

사회과학자들이 좀더 큰 틀 속에서 데이터를 이해하고 선택하며, 조직하고 의미 있는 질문을 형성하여 방대한 양의 데이터를 다루고 이를 위해 이론을 활용하는 것처럼, 사회복지사도 또한 이론을 클라이언트가 나타내는 문제에 대하여 그들의 생각을 구성하고 인도하는 데 도움을 받기 위해 사용한다. 이론은 또한 왜 사람이 지금과 같이 행동했는가를 설명함으로써, 환경이 어떻게 행동에 영향을 미치는 지를 좀더 잘 이해하도록 하고 특정한 사회복지 개입의 결과가 무엇인가를 예측하게 함으로써 사회복지사를 도와준다(Fischer, 1981).

예를 들어, 정신분석이론에 실천의 기초를 둔 사회복지사는 과도하게 경직된 혹은 특별히 부족한 방어기제를 수정하는 것이 좀더 건강한 성격구조를 이룰 수 있다고 믿음으로써 방어기제를 클라이언트가 사용하도록 지원하는 방법을 선택한다(1장을 볼 것). 이와 대조적으로 사회체계이론에 실천기반을 두고 있는 실천가들은 가족이 좀더 개방적인 의사소통을 하도록 돕는 것이 가족의 기능적 능력을 향상시키는 길이라는 관점을 가지고 가족체계의 상대적인 폐쇄 혹은 개방적 질을 평가하고자 한다(11장을 볼 것). 각각의 이론은 문제를 나타내게 된 원인과 그 해결에 관하여 일련의 가정을 가지고 있다. 인터뷰를 주도하는 질문은 사회복지사로 하여금 무엇이 건강한 개인 혹은 잘 기능하는 가족을 구성하는 지에 대한 이해를 가지고 있다는 점을 나타내 준다.

> 이론은 사회복지실천을 구성하고 조직하는 틀을 제공해 준다.

〈표 1〉 **이론의 정의**

학 자	정 의
체스와 놀린 (Chess & Norlin) (1988)	이론은 하나의 아이디어에 대하여 설명을 제공하고 관찰되는 하나의 현상을 설명하는 관련된 가정과 개념으로 구성된 하나의 집합(set)이다. 이론은 이론에 의하지 않고는 특수하고 고립된 사례로서 보일 수 있는 현상에 대하여 의미와 명확성을 준다.
콤프톤과 갤러웨이 (Compton & Galaway) (1994)	이론은 현상과 그 현상의 상호관계를 설명하는 개념 혹은 명제의 일관성 있는 집단이다. 이론은 확인되고 가정적인 지식 모두를 포함하고 있으며, 질서와 관찰된 현상을 연결하는 하나의 합리적 방식을 제공한다.
켈리(Kelly, 1955)	이론은 다수의 사실을 한 번에 이해할 수 있도록 한꺼번에 묶는 하나의 방식을 제공한다.
뉴먼 부부 (Newman & Newman) (1997, 1987)	이론은 관찰을 조직하고 이해하는 틀을 제공하는 일반적인 개념으로 구성된 하나의 논리적 체계이다. 이론은 많은 다양한 사건 중에서 존재하는 질서 있는 관계를 확인하는 것을 도와준다. 이론은 우리를 설명력을 가진 요인으로 인도하고 설명력을 가지지 않는 요인이 무엇인지 가르쳐준다.
셀러비(Saleebey, 1993)	이론은 관점이지 진리가 아니다. 이론은 주제이고 이야기이며, 해석적 도구이다.

쇼와 코스탄조 (Shaw & Costanzo) (1982)	이론은 우리로 하여금 관찰을 조직화하도록 하며, 그렇지 않으면 질서가 없고 쓸모없는 정보를 의미있게 다루도록 한다. 이론은 우리로 하여금 사실 간의 관계를 알게 하고, 그렇지 않으면 고립된 부분적 자료에서는 드러나지 않는 함의점을 밝혀내도록 이끌어준다.
스펙과 크레이그 (Specht & Craig, 1982)	이론은 우리에게 의미 있는 질문을 형성하는 수단을 제공해주며, 데이터를 선택하고 구성하는 수단, 좀더 큰 틀 안에서 데이터를 이해하는 수단을 우리에게 제공해준다.

실증주의자는 사회복지사가 원조과정 도중에는 중립적인 입장을 취해야 하며, 이론은 개인적인 편견에 기초하여 행동하려는 유혹으로부터 사회복지사를 지켜주는 데 도움을 준다고 제시하고 있다. 브라이어와 밀러(Briar & Miller, 1971 : 53-54)는 사회복지사는 추론으로부터 사실을 분리할 줄 아는 것이 필요하며, 올바른 전문가적 판단을 하기 위해서는 인간행동에 대한 명확한 가정을 할 필요가 있다는 견해를 강조하였다.

실천가를 위한 선택은 하나의 이론을 가지고 있느냐 하는 점이 아니라 어떠한 이론적 가정을 가지고 있는가에 있다. 모든 사람은 자기 자신의 행동과 사건을 포함하여 사건과 행동을 해석하고 추론하는 방식에 기초하여 가정 혹은 견해를 얻게 된다. 이러한 가정은 종종 확실하지 않으며 "암묵적인 성격이론"이라고 불리기도 한다. 그러므로 실천가가 비이론적이어야 한다는 호소는 이론이 암묵적이고 숨겨져 있으며, 명확하지 않으며 자기 의식적이어야만 한다는 주장과 같을 뿐이다. 그러나 암묵적 이론을 선호하는 주장을 방어하는 것은 어려운 일이다. 암묵적 이론은 그 정의상 정밀한 조사와 객관적 타당성을 검증할 수 없고 특이한(idiosyncratic) 편견과 구분될 수 없다.

> 이론을 활용하는 것은 전문적인 원조를 하고 있다는 하나의 증명이다.

사회복지실천에 대한 이론의 유용성은 여러 가지 방식으로 생각될 수 있다(표 2를 참조). 사회복지사는 자신이 생각하기에 행동과 이해를 위한 지식의 기반이 되는 사회환경 내의 인간행동이론으로 종종 돌아온다(Bloom, 1984). 이미 일어난 행동의 인과적인 역학을 이해하며 미래의 행동적 사건을 예측하는 데 도움을 주는 이러한 이론은 행동지향적인 지식의 정의에 잘 들어맞는다. 요약하면, 이론적 틀은 전문적인 활동의 방향을 정하고 특별한 행동에 대한 배경을 마련해 주는 역할을 하는 개념적 기초를 제공하는 범위 내에서 원조 전문직에게 유용하다.

이론에 대한 선택이 무엇이든지 간에 사회복지사의 행동은 무작위적이지 않으며, 받아들이고 사용하는 암묵적 혹은 명시적인 이론을 반영하는 경향이 있다. 이론은 사회복지실천가가 그 이론으로 무엇을 만들어내기도 하고 무엇에 관하여 결정하는 데에도 사용됨으로써 사회복지실천가의 관점을 형성하는 경향이 있다. 사회복지실천가가 대체로 욕구, 상황 혹은 문제를 어떻게 정의하는가는 그가 선택할 행동을 결정한다. 만약 사회복지실천가가 문제는 사람의 내부에 존재한다고 생각한다면, 문제가 환경 속에 존재한다고 보는 입장과는 다른 일련의 행동을 취할 것이다. 사회복지 접근에 문제점이 항상 있다고 보는 관점을 따르지 않는 사회복지사들은 또 다른 일련의 행동을 취할 것이다.

사회복지사가 다루는 인간 관심사의 복잡성은 이러한 복잡성에 대한 해결책으로써 "운에 맡기는(hit or miss) 접근"에 반대한다. 오히려 이러한 복잡성은 의식적으로 행해지고 의도적인 수행이 뒷받침된 실천의 필요성이 반드시 필요하다는 점을 말해준다. 인간행동이론의 의식적이고 명확한 응용은 사회복지사로 하여금 계획되고 전문적인 과정을 통하여 기능의 상실을 예방하거나 기능을 향상시킴으로써 개인, 가족, 집단을 지원하는 책임을 수행토록 한다. 이러한 접근은 보호를 제공하는 친근하고 원조하는 관계와는 대조가 되지만, 개입기술을 "하나의 이론 체계와 결정의 과정에 의하여 선택적이고 차별적으로 어떻게 활용하는가"(Compton & Galaway, 1994 : 34)에 대한 인식의 틀을 제공하였다.

〈표 2〉 이론적 틀의 가치

저 자	가 치
블룸(Bloom, 1984)	인간행동(이론)을 연구하는 것은 이해를 위한 지식 기반과 행동의 지식기반을 제공하려는 하나의 시도이다.
콤프톤과 갤러웨이 (Compton & Galaway, 1994)	사회복지 지식의 기반은 인간체계가 어떻게 발달하고 변화하며, 역기능을 가지게 되는지를 설명하는 개념을 포함해야 하며, 이러한 요소의 상호관계가 체계 내에서 어떻게 작용하는지를 알아야 한다.
뉴만과 뉴만 (Newman & Newman, 1987)	이론은 임신에서부터 노년에 이르기까지의 성장의 원인이 되는 기제에 대한 설명을 제공하며, 이러한 기제가 전 생애과정(life span)을 통하여 변화하는 맥락에 대한 설명도 제공한다. 이론은 안정과 변화를 설명할 수 있으며, 인지적 기능, 감정적 기능, 사회적 기능 간의 상호작용을 설명할 수 있으며, 개개인의 발달에 미치는 사회적 맥락의 영향력을 예측할 수 있다.
스펙과 크레이그 (Specht & Craig, 1982)	이론은 보편적으로 적용가능해야 하며 서로 다른 민족집단, 인종집단, 사회계급에 대하여 적용할 수 있어야 한다. 이론의 이런 점은 자녀양육, 인지적 훈련, 가족구조에서 나타나는 일반적인 문화적 차이점을 이해하도록 돕는다. 이론은 또한 특별한 점을 설명할 수 있으며, 그리하여 유사점과 차이점에 대한 이해를 가능하게 한다.
터너(Turner, 1986)	설명력이 있는 이론은 실천가들에게 책임성 있고 효과적인 개입방안을 제공해줄 수 있다.
자덴(Zanden, 1985)	이론은 하나의 도구이다. 이론의 응용을 통해서 산출된 지식의 가치는 경험보다 우선하여 우리에게 제공하는 통제에 있다. 이론은 행동에 대한 하나의 안내자 역할을 한다.
자스트로우와 크리스-애쉬맨 (Zastrow & Kirst-Ashman, 1987)	사회환경 속의 인간행동에 대한 이론들은 사정과 개입을 위한 기초적인 지식을 제공해 준다.

2) 인간행동이론에 대한 상이한 견해들

사회복지이론가들은 지속적으로 전통적인 이론의 활용에 대한 철학적 가정에 도전해 왔다(Dean & Fenby, 1989; Wakefiled, 1996). 맑시즘과 비판이론이 주목을 받은 가운데 이론적 강조점은 하나의 중요한 변환을 맞이하였는데, 생태학적 관점에 기초한 개인-환경의 관계를 더욱 강조하였다. 생태학적 관점은 하나의 전체론적 틀을 제공하였다. 이 관점은 이론적 기초와 전략의 다양한 조합이다. 이 관점은 거대한 지리적, 정치적, 경제적 환경에 대한 관심을 포함하고 있다. 이 관점은 문화와 다양한 집단을 아우르는 실천에 적합하다. 생태학적 관점은 문화, 역사적 시기, 젠더(gender), 민족집단, 정치적 권력과 세계관과 관련된 다양한 차원을 심도 있게 다루고 있기 때문에 사회복지실천과 관련된 맥락적 변수를 확장시켰다(Germain, 1979; Germain & Gitterman, 1987; Greene & McGuire, 1998).

사회복지사는 인간행동의 맥락적 이해를 제공하는 이론을 역사적으로 탐구해 왔다.

생태학적 관점에서 유래하는 다른 장점은 다음과 같다. 개인과 환경은 하나의 분리될 수 없는 단위라는 점이라고 언급한 교류적 접근(transactional approach); 인간발달에 관한 내재적이고 건강한 성격을 강조한 성장에 관한 긍정적인 견해; 생애과정(life course)을 통한 적응성의 개념, 이 개념은 전 생애에 걸친 적극적인 개인과 환경 간의 교환의 과정으로서 안녕을 성취하는 것과 관련된다 ; 그리고 다양한 수준의 사정과 개입을 강조한다. 이러한 강조는 클라이언트의 기능을 이해하기 위한 다양한 체계로 사회복지사의 활동을 안내하는 역할을 한다(Greene & McGuire, 1998).

페미니즘 이론의 한 분파와 같은 포스트모던 이론가들은 또한 어떻게 개인적, 사회적 권력이 분배되는가에 대하여 강한 흥미를 가지고 있다. 클라이언트가 기술하는 사건은 클라이언트의 특수한 사회정치적 맥락 내에서 이해되어야만 한다. 이러한 전략은 "개인적인 것은 정치적인 것이다" 혹은 "개인적 관심과 사회적 권력의 구조와 제도 간에는 피할 수 없는 연관성이 있다"라는 아이디어에 기초하고 있다(Van D. Bergh & Cooper, 1986 : 9). 페미니즘적 관점을 가진 사회복지실천가들은 특히 여성에 가해지는 억압과 싸웠으며, 사회적 불평등을 시정하고, 소외된 사람의 역량을 강화시켰다(Van D. Bergh, 1995).

페미니스트(feminists)와 포스트모던 이론가들은 보편적으로 적용될 수 있는 진리 혹은 법칙이 존재한다는 생각을 거부하였다(Gordon, 1984). 체계와 생태학 이론, 자아심리학, 대상관계, 자기심리학(self-psychology), 인지이론을 포함한 사회복지실천에서 사용되는 대부분의 지식은 확립된 이론적 가정에 대한 긍정적인 견해에 기초하고 있다(Fleck-Henderson, 1993; Van D. Bergh, 1995). 포스트모던 이론을 사용하는 사회복지사는 내용(정보 혹은 사실)은 원조과정에서 단지 출발점일 뿐이라고 주장한다. 사회복지사는 서로 상이한 이론이 클라이언트를 돕는 방법에서 다소 유용한 방법을 제공해 준다고 생각한다. 이러한 생각은 하나의 이론에 매달리는 것을 피하는 것이다. 오히려 사건에 대한 대안적 설명과 다양한 의미를 강조하고 "다양한 관점의 역동성에 초점을 맞춘(Dean, 1993 : 59)" 이론의 기본적 특징을 유지하는 것을 강조한다.

포스트모던 이론가들은 실증주의자의 선형적(결정주의적) 혹은 원인-결과의 견해에 대하여 의문을 제기한다. 포스트모던 이론가들은 ⓐ의 행동이 ⓑ 를 초래하였다는 견해에 동의하지 않는다. 오히려 행동은 개인적, 사회적, 문화적, 역사적 맥락의 복잡한 결과이며, 그 의미는 개인적이다. 즉, 언어와 사회적 상호작용을 통하여 만들어진다. "사회복지사는 임상적 개입이 어떻게 될 것이라는 결과에 대하여 미리 알기를 기대해서는 안 된다(Pozatek, 1994 : 397)." 사회복지사는 "알고 있지 않다(not-knowing)"의 태도를 취해야 한다.

구성주의자 관점으로부터 유래하는 또 다른 강조점의 변화는 '직관적 앎(intuitive knowing)'의 중요성이다. 사회복지이론가들은 사회복지가 경험적 지식에 기초한 응용과학인가 혹은 숙련된 사회복지사(master practitioners)의 성과를 분석하고 성문화하여 이해하는 하나의 과정 혹은 하나의 예술인가에 대한 논쟁을 점점 더 증대해 왔다. 포스트모던 이론가들은 지식이 역사적, 사회정치적 맥락 내에 존재하는 사회적 담론(social discourse)을 통하여 만들어진다고 제시하였다. 즉, 사회복지실천가들은 실천의 지역수준 혹은 최일선에서 지식을 만들어 갈 수 있다. 그러므로 지식은 클라이언트-사회복지사의 상호작용으로 이루어지는 창조의 과정이며, 숀(Schön, 1983 : 62)이 말하였듯이 '실천 속의 앎(knowing-in-practice)'이다. 이러한 관점에서 사회복지는 하나의 예술이라고 할 수 있다(Weick, 1993).

> 인간행동에 대한 이론은 반드시 비판적 사고와 반영을 가진 상태에서 활용되어야 한다.

전문적인 실천의 패러다임을 분석한 숀(1983 : 39)은 전문가 교육에서 전문화된 지식의 필요성을 인정하였다. 그러나 그는 전문직의 핵심에 있는 실제 세계의 문제 유형은 '행위에 대한 반영(reflection-about-action)'을 필수적으로 요구한다고 주장한다. 우리는 기술적인 합리성(실증주의)의 모델에 적합하지 않는 현상의 실제적인 관행(복잡성, 불확실성, 불안정성, 독특성, 가치갈등)의 중요성을 점점 더 많이 깨달아가고 있다.

포스트모던 이론은 사회복지사가 전문가라는 전제를 수용하지 않는다. 오히려 이 이론은 사회복지사가 클라이언트는 스스로의 행동에 대한 전문가라고 생각할 것을 제안한다. 포스트모던 실천가들은 치료적 관계의 중심되는 목적은 치료적 협력관계를 만드는 것이고 대화를 통하여 클라이언트에 대한 새로운 의미를 만드는 것이라고 주장한다. 이러한 접근은 실천가들의 많은 해석을 통하여 클라이언트가 그의 행동에 대한 통찰력을 얻게 되는 클라이언트-사회복지사의 관계와는 대조적인 것이다. 이러한 실증주의 관점에서 사회복지사는 그의 이론적 지향에서 도출되는 질문에 기초하여 통찰력을 향상시킬 수 있다. 이와 대조적으로, 포스트모던 실천가들의 목표는 긍정적으로 사건을 재구성하는 것이 가능하도록 클라이언트가 의미를 구성하는 것이다(Duncan, Solovey, & Rusk, 1992). 클라이언트가 생애에 관한 이야기를 재구성하거나 문제를 재규정하는 능력은 클라이언트로 하여금 임파워먼트에 관한 감각을 가지게 만들 수 있다(White & Epston, 1990).

사회복지실천가의 목표는 클라이언트로 하여금 부정적으로 내면화된 문제에 관한 의미를 수정하고 주체 감각을 발달시키며, 해결책을 발견할 수 있도록 하여 클라이언트중심치료의 변화과정을 실제로 일어나게 하는 것이다(Lax, 1992). 사회복지사는 각각의 클라이언트는 인생관에 대한 새로운 견해를 만들 수 있는 능력이 있을 뿐 아니라 독특한 개인적 자원들을 가지고 있다고 가정한다. 그러므로 사회복지실천가는 배운다는 자세를 가져야하며 "대화를 이어가는 참여관리자"로서 행동해야 한다(Anderson & Goolishian, 1990 : 384). 즉, 사회복지실천가는 계속 알게 되는 위치에 있게 된다.

포스트모던 이론가들은 사회구성주의 이론이 특정한 시대와 장소에서 형성되었으며 근본적으로 편향을 가지고 있으며 가치중립적일 수가 없다고 주장하였다. 오히려, 인간행동의 내용은 종종 보편적인 사회적 정치적 맥락을 반영한다(Allen, 1993). 예를 들어, 페미니스트 관점을 가진 사회복지실천가들은 어떻게 여성에 대한 부정적인 생각이 클라이언트-사회복지사의 관계에 스며들어가는가에 대하여 특별히 관심을 가지고 있다. 만약 이러한 편견이 이해되어진다면, 사회복지사는 그들의 실천과정에서 이러한 고정관념과 사회적 권력구조가 반영되는 것을 피하도록 노력할 수 있다(Greene, 1994).

요약하자면, 사회복지실천가는 모든 이론에 대하여 정치적 편향과 윤리적 제한점을 분석해야만 한다(Allen, 1993; Weick, 1993). 포스트모던 실천가들은 자신의 이론적 지향점이 무엇이든지 간에 클라이언트-사회복지사 관계에서 힘의 균형을 추구하고 원조관계 내에서 개인적으로 독특한 의미를 만들어 내며, 자신의 편향에 대하여 책임을 지는 것을 통하여 '문화적으로 유능성을 갖춘 사회복지실천'을 하기를 열망하는 사회복지사들이 증가하고 있다. 이러한 방식으로 사회복지실천가들은 사람과 환경 둘 다에 초점을 맞춘다.

3) 인간행동이론에 대한 비판

이론이 도출된 패러다임과 이론들을 비판하는 것은 인간행동과 사회환경 교육과정에서 하나의 핵심 필수요소이다(CSWE, 1992; <표 3>을 볼 것). 이론을 평가하는 것은 의존하고 있는 패러다임, 다양한 고객에게 활용될 수 있는 유용성, 기본적인 가치 기반에 대한 비판을 포함하여 몇 가지 형태를 취할 수 있다.

〈표 3〉 이론의 분석틀(Meyer, 1983)

- 저자의 배경, 자격증명서, 인구학적 특성을 기술한다.
- 이 모델은 언제 발달하였는가? 저자로 하여금 이론을 발달시키게 한 요소는 무엇인가? 모델의 발달을 둘러싸고 있는 중요한 사회적, 문화적 혹은 역사적 사건은 무엇인가?
- 이 이론은 이데올로기적 편향을 가지고 있거나 아니면 논리적으로 잘 정리되어 있는가? 만약 있다면, 그것은 무엇인가? (예를 들면, 개인과 환경에 대한 차별적인 강조, 특별한 지식 기반의 활용 등) 이 이론은 어떠한 심리과학 혹은 사회과학이론으로부터 도출되었는가?
- 이 모델의 목적은 무엇인가?
- 이 모델의 실제 가치체계는 무엇인가? 이 모델은 인종/민족집단, 젠더(gender), 성적 지향성, 연령, 신체적 혹은 육체적 도전 혹은 사회경제적 계급의 역할에 대하여 어떠한 고려를 하고 있는가?
- 이 모델의 적절한 활용을 위하여 필요하다고 생각되는 클라이언트의 특성(예를 들어, 인구학적 특성, 기술, 지식, 성격 유형)은 무엇인가?
- 이 모델이 다루는 관심의 단위(들)는 무엇인가?
- 문제는 어떻게 정의되는가?
- 이 모델에 따르면 심리적 혹은 대인 간 문제의 원인은 무엇인가?
- 이 모델에서 사정은 어떻게 정의되고 어떻게 수행되는가?

- 이 모델 내에서 개입은 어떻게 기술되고 있는가? 이 모델의 사회복지실천가들이 필수적으로 갖추어야 될 기술은 무엇인가?
- 사회복지실천가들의 역할은 무엇이고 클라이언트의 역할은 무엇인가? 전문적인 관계를 어떻게 정의하고 기술할 수 있는가?
- 이 모델의 바람직한 결과/목표는 무엇인가?
- 이 모델 내에서 시간은 어떻게 구조화되어 있는가?
- 이 모델은 어떠한 개인적인 배제를 다루거나 혹은 암시하고 있는가?
- 이 모델은 다른 기관 혹은 사회복지실천가들과의 협동과 의뢰에 대하여 일관성이 있는가?
- 어떠한 맥락에서 이 모델의 효과성을 평가할 수 있는가? 이것을 평가하기 위하여 어떠한 연구가 행해져야 하는가?
- 이 모델이 사회복지의 환경 속의 개인이라는 패러다임과 유사점 혹은 다른 점은 무엇인가?
- 이 모델이 사회복지의 윤리강령과 일치하는 것 혹은 일치하지 않는 점은 무엇인가?

이론을 비판한다는 것은 “사고하는 패러다임(thinking paradigm)”의 과정이거나 혹은 “우리와 다른 사람의 세계관이 반영되고 서로가 주고받는 정보에 대하여 계속적으로 질문을 하는”(Schriver, 1995 : 7) 과정을 포함한다. 예를 들어, 사회복지이론가들은 실증주의적 접근과 포스트모던적 접근이 절대적이라고 생각하지 않는다. 많은 사회복지이론가는 사회복지실천의 윤리적 함의점뿐 아니라 사회계급(social class), 민족집단(ethnicity), 젠더(gender)와 같은 변수들을 사회복지에 고려하는 방식을 찾고 있다. 그러므로 지식이 “현실적 혹은 사회적으로 구성되는 지에” 대한 이해를 했을 때, “실천가가 할 수 있는 것 중 최선의 것은 각각의 이론을 신중하고 비판적으로 분석하는 것이다”(Robbins, Chatterjee, & Canda, 1998).

하나의 이론을 비판적으로 검토하는 것은 실증주의적인 관점과 포스트모던적인 관점, 둘 다를 고려한다는 것을 의미한다(Dean & Fleck-Henderson, 1992). 대안적인 원조전략에 결부시키는 능력은 예술적이면서도 훈련을 받은 반영적인 실천가로서 발전된다는 전망을 보여주는 것이다(Dean, 1993 : 57).

셀러비(Saleeby, 1993 : 205-212)는 이러한 측면을 고려하는 아이디어들을 제시하였다. 첫째, 이론은 권력과 지배적인 문화와 관련되어 있다. 인간행동 이론의 기원은 사회문화적, 정치적, 관계적이다. 둘째, 이론은 한 가지가 아니라 다차원적인 견해를 제시한다. 사회복지실천가들은 개인과 문화의 독특성이라는 측면에 비추어서 이론을 고려해야만 한다. 셋째, 이론은 사회적 현상이라는 관점에서 개인을 가장 잘 다룬다. 이론은 환경 속의 개인 혹은 상호의존적인 존재로서 인간을 중점적으로 다루는 것이 필요하다. 넷째, 이론은 언어와 상호주관성을 반영한다. 언어는 의미의 교환과 창조를 위한 기초가 된다. 이론은 가치를 함축하고 반영한다.

이론을 평가하는 또 다른 측면은 이론이 문화적으로 결합(culture-bound)되어 있다는 점을 인식하는 것이다. 예를 들어, 트레이드(Trader, 1977)는 사회복지실천가들이 특히 아프리카계 미국인과 같은 억압받는 소수민족을 대상으로 효과적인 사회복지실천을 위하여 다음과 같은 4가지 범주를 활용할 것을 제안하였다:

(1) 병리학 – 건강의 균형

이 이론은 안녕(well-being), 강점과 질병, 결핍 간에 균형을 유지하고 있는가?

(2) 사회복지실천가 – 클라이언트 간의 통제의 균형

이 이론은 공유된 통제를 허용하고 있는가?

(3) 개인적 – 사회적 영향력 간의 균형

이 이론은 역사적, 정치적, 경제적 영향력이 행동에 미치는 영향력을 설명하고 있는가?

(4) 내부적 – 외부적 변화 간의 균형

이 이론은 사회변동보다는 내부적 변화를 더욱 강조하는가?

로빈스와 그 동료들(Robbins et. al., 1988)은 한 이론의 철학적 토대를 이해하는 것이 중요하다는 점을 지적하였다. 사람은 기본적으로 선하다고 아니면 악하다고 가정하는가? 행동은 주로 양육 아니면 천성에 의하여 형성된다고 보는가? 사회복지실천을 위한 한 이론의 유용성을 평가함에 있어서, 그 이론의 가치와 윤리적 토대를 분석하는 것 또한 중요하다. 미국사회복지교육협의회(1992 : 7)는 사회복지에 내재하는 가치를 다음과 같이 기술하였다.

(1) 사회복지사의 전문적인 관계는 개인의 가치와 존엄성에 대한 배려에 기초를 두고 있으며, 상호참여, 수용, 비밀보장, 정직, 갈등의 책임 있는 처리로 인해 한층 더 진전된다.

(2) 사회복지사는 독자적인 결정을 하는 개인의 권리와 원조과정에 적극적으로 참여하는 개인의 권리를 존중해야 한다.

(3) 사회복지사는 필요한 자원을 얻기 위하여 클라이언트 체계를 돕는 데 헌신해야 한다.

(4) 사회복지사는 사회제도가 더욱 인간중심적이고 인간욕구에 반응되도록 노력해야 한다.

(5) 사회복지사는 다양한 인구집단의 독특한 특징을 존중하고 받아들인다는 점을 밖으로 나타내어야 한다.

(6) 사회복지사는 그들 스스로의 윤리적 행동, 실천의 질, 직업에 따른 지식과 기술의 지속적인 성장을 추구하는 데 책임이 있다.

인간행동이론의 대한 실행적 지식(working knowledge)은 사회복지실천가에게 개인, 가족, 집단을 돕는 직업상의 임무를 윤리적으로 수행할 수 있도록 이끈다. 한 이론을 의식적으로 활용하는 것은 실천가가 그 이론에 기초를 두고 있으며 기초적인 가정을 추출해 내는 과정을 필수적으로 요구한다. 사회복지사는 이러한 이론의 유용성과 사회복지 가치의 토대와의 관련성에 대하여 무엇을 생각하고 있는 지를 비판적으로 평가해야만 한다. 이러한 비판적인 입장은 사회복지실천가가 실천을 위해 채택하는 이론이 맞는지 어떤지를 결정하는 데 하나의 이론을 충분히 아는 과정을 포함한다. 만약 실제로 그 이론이 혹은 다양한 이론이 사회복지사의 개인적 실천접근과 일치한다면, 사회복지실천가는 하나의 특별한 맥락 내에서 상이한 이론적 구성물을 어떻게 적용하는 지를 생각할 수 있다.

> 이론을 비판적으로 평가함으로써 사회복지실천가는 어떠한 이론이 자신에게 가장 적합한지를 선택할 수 있다.

PART 01

인간행동의 이해

인간행동의 이해

인간행동은 인간의 신체적 움직임을 일컫는다. 뿐만 아니라 최근 심리학에서는 외부로부터 관찰이 가능한 신체적 행동에만 한정하지 않고 사고나 인지과정 등 정신적 행동까지 포함하고 있다. 또한 인간행동은 생의 발달단계별로 특성을 지닌다. 즉, 유아기, 아동기, 청소년기, 성인기, 노년기 등과 같은 각 발달단계마다 인간은 그에 맞는 행동을 하게 된다.

1) 왜 인간행동이론을 연구하는가?

20세기 기술적 진보를 동반하게 한 지식의 확장은 인간, 인간의 행동, 인간이 상호작용하면서 살아가는 속에 행동과 풍부한 정보를 생성해 왔다. 무엇보다도 이론은 우리에게 이러한 방대한 정보를 조직하는 데 도움을 준다. 인간행동이라는 용어는 개인의 행동과 관련된 사회복지를 하는 데 고전적으로 사용되어 왔다. 환경 속의 인간이라는 개념은 이러한 개인주의적인 초점을 둔 좋은 예이다. 그러나 다른 과목들에서는 가족, 집단, 지역사회, 조직, 문화와 사회의 행동을 포함한 인간행동의 폭넓은 정의를 사용한다.

이론은 우리에게 사람이 자기를 어떻게, 왜 그러한 식으로 행동하는지 개념화하는 데 도움을 준다. 맥락(context)이라는 용어는 인간행동이 발생하는 배경과 사회체계를 언급한다. 이러한 정황은 생물학적, 물리학적, 심리학적, 사회문화적, 정신적, 경제적, 정치적, 역사적인 것일지도 모른다. 어떤 이론은 개인, 가족, 소규모 집단에 초점을 두는 반면, 다른 이론은 사람이 조작할 수 있는 보다 큰 맥락 또는 구조에 대하여 알게 해준다(Bloom, 1985). 환경이라는 용어는 이러한 맥락, 집단과 구조를 설명하기 위하여 사회복지 교재 속에 일반적으로 사용되어진다. 모든 인간행동은 맥락적 관계이기 때문에 인간을 이해하는 것 또한 이러한 맥락을 이해하는 것을 포함해야 한다.

이론은 또한 개인 상호간과 개인의 한계를 초월한 사회생활의 역동성뿐만 아니라 심리적 과정의 심적 내부 역동에 초점을 두는 데 도움을 준다. 각각의 지식은 인간행동의 이해에 비판적이며, 사회복지에 보급되는 심리학적 성향은 초기에는 기본적인 전문적 기술을 제공해왔다. 권력, 이념, 정신, 정치적, 경제적 차이를 강조하는 이론은 단지 전문적 실천을 위한 다학제 간(interdisciplinary) 지식배경의 필수적인 부분일 뿐 종종 배제되고 있다.

사회복지사가 사용하는 이론은 클라이언트를 바라보는 방법을 형성시켜 준다. 이것은 우리가 질문하고 사정하며, 궁극적으로 우리가 선택한 개입을 형성시킨다. 그러므로 사회복지사가 이론적 지식의 기초를 확장하고 인간행동에 대한 폭넓은 이해를 개발하는 것이 중요하다.

2) 인간행동 이해의 관점

성격이란 심리적 욕구와 환경적 자극만으로는 설명할 수 없는 특정인의 사고, 감정, 행동의 결정요인으로 간주되는 지속적인 성향이다. 성격이론의 특성을 보면, 첫째, 특정인의 성격이해뿐만 아니라 인간 성격에 대한 보편적인 이론을 발전시키려 한다. 둘째, 개인 상호간의 성격상의 공통점과 성격의 차이점도 체계적으로 파악하려 한다. 셋째, 생리적 요인이나 환경적 요인으로 설명될 수 없는 인간의 제 측면에 관심을 둔다. 넷째, 인간의 잠정적인 현상보다는 비교적 지속성이 있는 현상을 중점적으로 연구한다. 다섯째, 인간을 특정한 측면에 국한해서 연구하는 것이 아니라 전인격적으로 연구한다.

성격심리학자들은 인간에 대한 이해를 바탕으로 인간행동을 설명하고 예언하기 위한 틀인 다양한 성격이론을 제안하였고 이러한 이론을 좀더 포괄적으로 묶어서 몇 가지로 분류하고 있다. 짐바도와 웨버(Zimbardo & Weber, 1997)는 인간이해를 위한 주요한 성격심리학 관점을 생물학적 관점, 정신역동적 관점, 행동주의적 관점, 인지적 관점, 인본주의적 관점, 진화적 관점, 사회문화적 관점 등 7가지 관점에서 설명하였다. 노안영과 강영신(2003)은 성격심리학의 이론을 5가지 관점, 즉 정신역동적 관점, 성향적 관점, 행동 및 사회학습 관점, 인본주의적 관점, 인지적 관점으로 분류하였다.

이 책에서는 성격심리학의 큰 세력으로 여겨지는 4가지 세력인 정신역동주의(psychodynamism), 행동주의(behaviorism), 인본주의(humanism), 인지심리학(cognitive psychology)의 4가지 관점을 다룬다. 이러한 성격에 대한 관점을 간략하게 살펴보면 다음과 같다.

(1) **정신역동적 관점**은 프로이드의 정신분석적 접근 및 신정신분석적 접근에 속하는 이론가들을 포괄하여 다루었다. 이 관점은 정신의 에너지, 인간행동이 결정되는 상황적 맥락, 정신과 환경의 상호작용 등에 따라 성격이 역동적으로 작용한다고 보는 입장이다.

(2) **행동 및 사회학습 관점**은 스키너의 신행동주의, 반두라의 사회학습이론을 포함하였다. 이 관점은 정신내부보다는 주로 관찰할 수 있는 행동 및 행동변화에 초점을 둔 행동주의의 가정에 근거한다. 하지만 현대 심리학의 추세에 따라 반두라는 학습에서 인지의 중요성을 강조하였다.

(3) **인본주의적 관점**은 매슬로우의 자아실현이론, 로저스의 인간중심접근을 포함하였다. 이 관점은 철학적 입장으로 현상학과 실존주의를 바탕으로 인간의 가치와 자유의지를 강조하는 입장이다.

(4) **인지적 관점**은 피아제의 인지발달이론, 콜버그의 도덕발달이론, 엘리스와 벡(A.Beck)의 성격에 대한 인지적 접근을 포함하였다. 이 관점은 무엇보다 인지의 중요성을 강조하며 개개인이 갖는 인지에 따라 정서 및 행동이 영향을 받는다는 입장이다.

3) 인간 본성에 대한 관점

성격이론은 성격심리학자가 바라보는 인간 본성에 대한 가정, 즉 인간을 어떻게 보는가에 대한 관점을 바탕으로 형성된 틀이라고 할 수 있다. 사람은 누구나 자신의 삶의 경험을 바탕으로 인간 본성에 대해 가정을 하고 자신의 행동방식과 대인관계방식에 영향을 준다. 이런 점에서 다양한 성격이론을 전체적으로 조망하는 데 있어 인간 본성에 대한 기본 가정을 이해하는 것이 필요하다. 대부분의 성격심리학자들은 성격이론을 조망하고 평가하기 위해 나름대로 인간 본성에 대한 여러 가지 준거들을 제시한다. 이 책에서는 비교성격학자 매디(Maddi, 1996)와 젤리와 지글러(Hjelle & Ziegler, 1992)가 제안한 인간 본성에 대한 준거 및 모델을 제시하고자 한다.

(1) 매디(S. Maddi)의 입장

비교성격학자인 매디는 성격을 핵심적 성격과 주변적 성격으로 구분하여 설명하였다. 핵심적 성격(the core of personality)은 모든 인간에게 공통적이며, 가장 근본적인 인간의 속성을 지칭하는 것으로서 이러한 인간의 성격은 인간의 후천적인 생활환경을 통해서 쉽게 변하는 것이 아니며, 인간행동에 절대적인 영향을 미치는 것이다. 주변적 성격(the periphery of personality)은 좀더 구체적이고 직접적인 관찰의 대상이 될 수 있으며, 행동에 직결되어 있는 인간의 속성을 말하는 것으로 이는 대부분 후천적으로 습득되는 것이다. 이러한 성격은 주로 각 개인들 사이의 성격상의 차이점을 찾아내는 데 유용한 것이다.

매디(S. Maddi, 1996)는 성격이론가의 인간관과 이론적 입장에 따른 성격이론 분류 모델을 포괄적으로 제안하였다. 매디는 16가지 성격이론을 갖고서 3가지 성격모델을 분류하였다. 3가지 모델은 갈등형, 성취형, 일치형으로 구분하였다.

① 갈등형(conflict model)

갈등형은 성격을 2개의 대립되는 세력 간의 투쟁의 장(場)으로 보는 관점으로, 삶은 이 두 대립되는 세력 사이에 타협의 과정으로 본다. 가장 바람직한 상태는 이들 사이의 균형이 유지되는 것이며, 가장 불행한 경우는 어느 한쪽이 다른 쪽의 세력에 의해서 지나치게 억압되는 것이다. 갈등형에는 심리사회설과 내적 심리설로 구분하여 설명하고 있다.

심리사회설(psychosocial version)은 2개의 대립되는 세력 중의 한쪽은 생물체로서의 인간이 타고난 속성이고, 다른 한쪽은 사회적 존재로서의 인간이 타고난 속성이라는 것이다. 대표적인 학자로는 프로이드(S. Freud), 머레이(H. A. Murray), 설리반(S. Sullivan), 융(C. G. Jung) 등이 있다. 내적 심리설(intrapsychic version)은 성격 속의 두 대립되는 세력이 모두 다 인간의 타고난 속성 속에 뿌리박고 있다고 보는 견해이다. 대표적인 학자로는 랑크(O. Rank), 엥얄(A. Angyal), 바칸(D. Bakan) 등이 있다.

② 성취형(fulfillment model)

성취형은 삶을 인간이 태어날 때 가지고 나온 어떤 가능성을 실현시켜 나가는 과정으로 파악하고 있다. 인간이 태어날 때 가지고 있는 가능성 혹은 세력(force)의 속성을 어떻게 파악하느냐에 따라 이 입장에 속하는 이론도 실현설과 완성설로 나뉘어진다.

실현설(actualization version)은 인본주의적 접근(humanistic approach)이라고 한다. 삶의 세력을 인간의 유전인자 속에 이미 담겨 있는 가능성과 능력을 더 완전한 상태로 표현하고자 하는 경향이 있다고 본다. 가능성이 실현된다. 대표적인 학자로는 로저스(C. R. Rogers)와 매슬로우가 있다. 단, 매슬로우(A. H. Maslow)는 인간이 타고난 세력을 한 가지가 아닌 2가지로 보았기 때문에 이 입장의 변형이라고 할 수 있다. 완성설(perfection version)은 이상주의적 접근(idealistic approach)이라고 한다. 삶의 세력을 유전적 결함까지를 보완해 가면서라도 삶을 이상적이고 완전한 것으로 만들고자 하는 경향이 있다고 본다. 즉, 삶의 목표를 이상적인 가치에 둔다. 삶의 성취적 과정은 이러한 이상으로 가까워지는 과정이며, 이 과정에서는 인간의 타고난 속성 중에서 바람직하지 못한 점은 극복해야 될 필요가 있기 때문에 삶은 인간의 소질을 그대로 실현시키는 것 이상의 과정이다. 대표적인 학자로는 아들러(A. Adler), 화이트(R. W. White), 올포트(G. W. Allport), 프롬(E. Fromm) 등이 있다.

③ 일치형(consistency model)

일치형은 성격이론을 전개시키는 데 있어서 갈등형이나 성취형이 인간이 타고난 생래적(生來的) 요소를 강조한 반면, 일치형에 속하는 이론은 인간이 후천적으로 외부세계와의 접촉을 통해서 얻는 정보나 정서적 경험을 중시하였다. 일치형에 속하는 학자는 성격의 내용을 대부분 환류(feedback)를 통해서 학습되는 것으로 보았다. 일치형은 인지불일치설과 활성설로 구분하여 설명한다.

인지불일치설(cognitive dissonance version)은 성격의 일치나 불일치를 결정하는 주요 요인을 인지로 파악하였다. 인지에는 "사고, 기대, 태도, 의견, 지각"

등을 포함한다. 이러한 인지적 요소들 사이에 불일치는 인간의 마음에 불안, 긴장, 초조 등의 좋지 못한 상태를 일으켜서 그것을 일치의 상태로 바꾸는 동인이 된다는 것이다. 대표적인 학자로는 켈리(G. A. Kelly)와 맥클랜드(D. C. McClalland)가 있다. 활성설(activation version)은 긴장의 습관화된 정도(customary level of tension)와 긴장의 실제적 정도(actual level of tension) 사이의 일치와 불일치를 강조한다. 대표적인 학자로는 매디(S. R. Maddi)와 휘스케(D. W. Fiske)가 있다.

(2) 젤리와 지글러의 입장

인간 본성에 대한 대립적인 연속선상에서 성격심리학자들을 분류하였는데 그들이 제시한 9가지 준거는 ① 자유론 대 결정론, ② 합리성 대 비합리성, ③ 전체주의 대 요소주의, ④ 체질론 대 환경론, ⑤ 가변성 대 불변성, ⑥ 주관성 대 객관성, ⑦ 발생성 대 반응성, ⑧ 평형성 대 불평형성, ⑨ 가지성 대 불가지성 등이었다.

〈표 Ⅰ-1〉 **학자별 인간 본성**

	강	중	약	중간	약	중	강	
자유론	②⑨⑩		⑪	⑥⑦		③⑧	①④⑤	결정론
합리성	④⑥⑦⑨⑩⑪	②③			⑧		①	비합리성
전체주의	②③⑨⑩	①④⑦⑪	⑧			⑥	⑤	요소주의
체질론		①⑩	⑧⑨	②④⑪		⑦	③⑤⑥	환경론
가변성	③⑤⑥⑦⑨⑩			⑪	⑧	④	①②	불변성
주관성	②⑦⑨⑩	④⑧	①⑪	⑥		③	⑤	객관성
발생성	②⑨⑩⑪	①③④	⑧	⑥			⑤	반응성
평형성	①④				⑧	③	②⑨⑩⑪	불평형성
가지성	①⑤⑥	③⑪		④	⑧		②⑦⑨⑩	불가지성

① S. Freud, ② A. Adler, ③ E. Erikson, ④ H. Murray, ⑤ B. F. Skinner,
⑥ A. Bandura, ⑦ G. Kelly, ⑧ C. Jung, ⑨ A. Maslow, ⑩ C. Rogers, ⑪ G. Allport

① 자유론과 결정론(freedom & determination)

자유론과 결정론에서 제기되는 질문은 ㉠ 일상적인 행동을 수행하고 통제하는 데 있어서 우리 자신의 자유가 얼마나 보장되는가? ㉡ 개인이 자신의 자유의사에 의하여 의사결정을 했다고 생각할 때, 그 주관적인 자유라는 것이 정말 사실인가? ㉢ 우리가 전혀 의식하지 못하거나 또는 부분적으로만 의식하는 외부 요인은 인간행동에 어느 정도 영향을 미치는가? 등이 있다. 학자별 입장을 보면, 자유론자는 아들러(A. Adler), 매슬로우(A. Maslow), 로저스(C. Rogers), 올포트(G. Allport) 등이 있으며, 결정론자는 프로이드(S. Freud), 에릭슨(E. Erikson), 머레이(H. Murray), 스키너(B. F. Skinner), 융(C. Jung) 등이 있다. 중간입장을 취하는 학자로는 반두라(A. Bandura)와 켈리(G. Kelly)가 있다.

㉮ 자유론 : 자유론에서는 인간이 단순히 무의식적인 욕망의 포로가 아니라 자신을 창조하는 과정 중에 있으며, 생의 의미를 창조하며 주관적인 자유를 실천하는 존재이다. 인간은 자기 자신의 행위에 책임을 질 수 있으며, 어느 정도 자신의 행동에 영향을 미치는 환경적 영향력을 초월할 수 있다. 자유선택이 바로 인간이란 무엇인가를 나타내는 아주 근본적인 요소이다.

㉯ 결정론 : 결정론에서는 자율적인 인간이란 말은 어떤 방법으로든지 우리가 설명할 수 없는 것을 설명할 때 쓰게 되는 하나의 핑계에 불과하며, 인간의 행동은 규정할 수 있는 어떤 변인에 의해 결정된다고 본다.

② 합리성과 비합리성(rationality & irrationality)

합리성과 비합리성에 대한 문제는 이성이 우리의 일상 행동에 어느 정도로 영향을 줄 수 있는가 하는 기본적인 문제가 내재되어 있다. 제기되는 질문은 ㉠ 인간이란 어떤 존재인가? (성선설과 성악설) ㉡ 인간은 근본적으로 이성을 통해 자신의 행동을 결정하는 합리적인 존재인가 아니면 비합리적인 힘에 지배당하는 존재인가? ㉢ 우리는 자신의 운명을 책임지는 합리적인 주인으로서 자기 행동을 이끄는 선장 역할을 하고 있는 것인가? ㉣ 자신의 존재조차 알 수 없는 깜깜한 비합리적인 힘에 의해 지배당하고 있는 것일까? 등이 있다. 학자별 입장을 보면, 합리론자는 아들러, 에릭슨, 머레이, 반두라, 켈리, 매슬로우, 로저스, 올포트 등이 있으며, 비합리론자는 프로이드와 융이 있다.

㉮ **합리성** : 합리성은 인간의 행동을 인지과정에 의해 결정된다고 본다. 합리성을 인간에게서 나타나는 아주 우세한 잠재력으로 보며, 인간의 성격은 인지과정의 특성, 다양성 및 발달에 치우쳐서 본다. 합리론의 대표적인 학자는 켈리(G. Kelly)이다.

㉯ **비합리성** : 비합리성은 행동이란 개인이 의식하지 못하는 어떤 비합리적인 힘에 의해서 전적으로 결정되는 것으로 본다. 의식적, 합리적 과정과 무의식적, 비합리적 과정 간의 관계는 바다 위의 빙하로 비유된다. 비합리론의 핵심은 "침수된" 힘의 내용과 그것이 행동에 주는 영향력에 관심을 둔다.

③ **전체주의와 요소주의**(holism & elementalism)

전체주의와 요소주의의 관계는 인간을 연구하는 데 있어서 그 분석의 수준과 단위가 기본적인 학문적 쟁점이다. 제기되는 질문은 ㉠ 사람을 전체로 볼 때 가장 잘 연구되어지는가? ㉡ 각각의 특징을 따로 따로 떼어서 연구할 때 더 이해가 잘 되는가? 이다. 학자별 입장을 보면, 전체주의자로는 프로이드, 아들러, 에릭슨, 머레이, 켈리, 매슬로우, 로저스, 융, 올포트 등이 있으며, 요소주의자에는 스키너와 반두라가 있다.

㉮ **전체주의** : 전체주의는 사람을 전체로 연구할 때만이 그 행동이 설명될 수 있다고 가정하며, 요소만을 이해해서는 그 요소가 구성하는 전체 모양을 파악할 수 없다고 주장한다. 사람을 더 잘게 분해하면 할수록 더욱 추상적인 것만을 다룰 뿐 살아 있는 인간을 다루지 못한다고 역설한다. 사람의 반쪽은 결코 사람이 아니다. 이 입장은 형태심리학의 영향을 받았다.

㉯ **요소주의** : 요소주의는 각각의 구체적이고 기본적인 행동, 즉 다른 나머지 행동과는 무관한 행동을 연구함으로써 인간의 행동을 이해

할 수 있다고 본다. 인간의 행동을 구성하고 있는 부분을 세부적으로 분석함으로써 인간행동을 체계적으로 이해할 수 있다고 주장한다. 과학적 성격연구 방법이란 경험적 검증을 가능케 해 주는 구체적이고 정확한 요소적 개념을 찾는 방법이 되어야 한다고 주장한다.

④ 체질론과 환경론(constitutionalism & environmentalism)

체질론과 환경론에서 제기되는 질문은 ㉠ 성격 중 어느 정도가 유전되고 어느 정도가 환경의 영향을 받는가? ㉡ 개인의 기본 특성 중 어느 정도가 체질적/유전적 요인에 의해 결정되며, 환경의 영향에 따른 결과는 어느 정도인가? ㉢ 체질론과 환경론 차원의 어떤 한쪽을 지지함으로써 나타나는 차이는 무엇인가? 등이 있다. 학자별 입장을 보면, 체질론자에는 프로이드, 매슬로우, 로저스, 융 등이 있으며, 환경론자는 에릭슨, 스키너, 반두라, 켈리 등이 있다. 중간입장을 취하는 학자로는 아들러, 머레이, 올포트가 있다. 그러나 현대의 성격이론에서는 환경론과 체질론의 가정에서 상호작용적인 입장을 취하며, 체질적 요인은 환경 상황이 다름에 따라 각기 다르게 작용한다. 즉, 환경의 어떤 영향을 받는 사람의 체질에 따라 다르다고 본다.

㉮ 체질론 : 체질론은 개인의 신체적인 구성이 어떤 성격이론에서도 중요한 인자로 간주된다고 보며, 인간의 본질을 내부의 신체적 힘에 의한 결과로 보려고 한다. 체질론에서 인간의 성격을 기술할 때 사용하는 개념에 유전적 전제를 나타낸다. 예를 들어, 프로이드는 원초아(Id)의 개념에서 유전된 성격의 기본 요소가 개인을 결정한다고 보았다. 즉, A는 본능(Id)이 매우 강하기 때문에 또는 공격성이 유전되었기 때문에 대단히 공격적이다.

㉯ 환경론 : 환경론은 성격에 있어서 학습이 중심이 되며, 인간의 행동을 조형하는 데 환경이 아주 중요하다는 가정을 근거로 한다. 학습이란 환경이 어떻게 행동을 주조(mold)하는가 하는 심리적 과정으로서 학습연구가 매우 중요하며, 환경이 성격에 중요함을 강조한다(현대 행동주의적 학습이론). 인간의 본질은 환경적 영향에 더 좌우되는

것으로 보며, 환경이 성격발달에 영향을 주는 과정, 즉 학습에 더 관심을 갖는다. 예로서 A는 과거의 조건형성의 역사가 그렇기 때문에 매우 공격적이다. 환경이 그를 그렇게 만들었다.

⑤ **가변성과 불변성**(changeability & unchangeability)

가변성과 불변성에서 제기되는 질문은 ㉠ 인간이 그의 인생을 통해서 일어나는 기본적인 변화를 얼마나 책임질 수 있는가? ㉡ 개인의 기본 성격구조는 시간에 따라 상당한 정도로 변화될 수 있는가? ㉢ 성격의 진보 또는 성격발달에 있어서 기본 변화는 꼭 필요한 요소인가? ㉣ 우리가 타인에게서 관찰할 수 있는 표면적 변화란 기본적 성격구조는 변하지 않고 영향을 받지 않은 채 나타나는 행동의 변화에 불과한 것인가? ㉤ 성격에는 일생동안 얼마나 많은 기본적인 변화가 일어나는가? ㉥ 어느 정도로 기본적 성격의 변화가 생기는가? 등이 있다. 학자별 입장을 보면, 가변론자에는 에릭슨, 스키너, 반두라, 켈리, 매슬로우, 로저스 등이 있으며, 불변론자는 프로이드, 아들러, 머레이, 융 등이 있다. 중간적 입장을 취하는 학자로는 올포트가 있다. 특히 에릭슨과 프로이드는 가변성과 불변성 가정에서 근본적으로 불일치한다. 이 두 사람의 관점을 비교한 것은 다음 <표 Ⅰ-2>와 같다.

〈표 Ⅰ-2〉 **에릭슨과 프로이드의 차이점**

E. Erikson	S. Freud
① 성격의 변화 가능성을 가정한다. ② 일생은 항상 변화하는 것임을 강조한다. ③ 개인은 발달단계를 반드시 거쳐 간다. ④ 각 발달단계는 특정한 심리적 위기로, 이 위기를 해소하는 방법에 따라 그들의 성격 발달이 잘 되고 못되고 한다.	① 개인의 기본 성격구조는 초기 아동기의 경험에 의해 결정된다. ② 일생을 통해 피상적인 행동변화가 일어나기도 하지만 내재된 성격구조는 불변한 채로 남는다. ③ 성격의 근본적인 변화는 매우 힘들다. ④ 변화는 장기간의 정신분석치료를 통해서만 가능하다.

㉮ **가변성** : 가변성 입장에서는 중요한 성격변화가 가능하고 중요한 성격변화가 실제로 일어나고 있다는 기본 가정을 강조한다. 가변성을 주장하는 이론의 개념을 보면, 첫째, 일생을 몇 단계의 발달단계로 구분하는 개념, 둘째, 행동변화를 가져오는 영향력을 강조하는 개념,

셋째, 개인이 어떻게 그의 과거와 불일치하는가를 설명해 주는 개념, 넷째, 개인의 성장이 진행 중임을 강조하는 개념을 갖고 있다.

㉯ 불변성 : 불변성은 일생동안 개인의 행동에 지속적으로 나타나는 핵심적 성격구조가 존재하고 있음을 입증하려 하고 성격구조의 본질에 초점을 둔다. 또한 성격구조의 본질 형성에 영향을 주는 유전적 및 초기 환경적 요인에 초점을 둔다. 이러한 성격구조가 생애를 통해 근본적으로 개인의 행동을 어떻게 형성하는가에 초점을 둔다.

⑥ 주관성과 객관성(subjectivity & objectivity)

주관성과 객관성에서 제기되는 질문은 ㉠ 인간의 행동은 사적이고 주관적인 경험세계에 의해 큰 영향을 받고 있는가? ㉡ 인간은 기본적으로 외부적인 객관적인 요인에 의해 영향을 받고 있는가? 등이 있다. 학자별 입장을 보면, 주관론자로는 프로이드, 아들러, 머레이, 올포트, 켈리, 매슬로우, 로저스, 융 등이 있으며, 객관론자는 에릭슨과 스키너가 있다. 중간입장을 취하는 학자는 반두라가 있다. 행동주의와 현상주의 간의 깊은 분열은 이 가정에 대한 근본적인 차이에서 비롯된다. 따라서 스키너와 로저스를 비교하면 다음 <표 Ⅰ-3>과 같다.

〈표 Ⅰ-3〉 로저스와 스키너의 차이점

C. Rogers	B. F. Skinner
① 외부 환경자극보다 개인의 내적 세계가 그의 행동에 더 큰 영향을 준다. ② 개인의 주관적 경험의 세계를 가장 중요시 한다. ③ 개인의 주관적 경험의 세계에 비추어 보지 않고서는 개인의 외현적 행동을 영원히 이해할 수 없다.	① 과학적 분석의 과업은 신체조직으로서의 한 개인의 행동이 인간의 발달조건과 그의 생활조건에 어떻게 연관되어 있는가를 규명하는 것이다. ② 대부분의 인간행동은 외부에서 작용하는 객관적인 요인에 의한 결과이다. ③ 행동은 객관적인 요인과 심리학이 중점적으로 관심을 갖는 유기체의 행동 간의 법칙적인 관계이다.

㉮ 주관성 : 주관성은 개인의 주관적인 경험의 본질을 주로 강조하는 경향이 있으며, 인간 경험에 대한 과학적 연구를 심리학에서 제일 중요한 분야로 생각한다.

㉯ 객관성 : 객관성은 근본적으로 객관적인 행동과 외부세계의 측정 가

능한 요인 간의 법칙적 관계를 따지는 이론을 만든다. 심리학이란 행동을 연구하기 위한 학문으로 개인의 주관적인 경험은 별로 중요치 않다.

⑦ 발생성과 반응성(proactivity & reactivity)

발생성과 반응성 가정에서 제기되는 질문은 ㉠ 인간행동을 설명할 때 그 행동 원인의 위치, 즉 인간행위의 진짜 원인을 어디서 찾아 볼 수 있는가? ㉡ 인간행동은 인간 내부에서 스스로 야기되어지는가? ㉢ 인간의 행동은 단순히 외부자극에 대한 일련의 반응인가? 등이 있다. 학자별 입장을 보면, 발생론자로는 프로이드, 아들러, 에릭슨, 머레이, 올포트, 매슬로우, 로저스, 융 등이 있고, 반응론자는 스키너가 있으며, 중간입장을 취하는 학자는 반두라가 있다.

㉮ 발생성 : 발생성은 모든 행동의 원천이 개인 내부에 존재한다고 믿는다. 사람은 반응하는 것이 아니라 행동하는 것이다. 행동의 원인을 내부에서 찾을 수 있다고 확신한다. 개인은 내부에서 자신의 행동을 유발한다. 사람이 어떻게 자신의 행동을 스스로 야기하는가를 설명하는 이론적 개념을 공식화한다. 발생설의 대표적 학자는 매슬로우이다.

㉯ 반응성 : 반응성은 근본적으로 행동을 외부세계의 자극에 대한 반응으로 간주한다. 행동의 원인을 완전히 그 개인의 외부에 있는 것으로 보며, 자극-반응 또는 행동-환경간의 관계를 강조하는 경향이 있다.

⑧ 평형성과 불평형성(homeostasis & heterostasis)

평형성과 불평형성의 차원은 근본적으로 인간의 동기에 관한 문제이다. 이 가정에서 제기되는 질문은 ㉠ 개인은 기본적으로 또는 절대적으로 긴장을 줄이고 내적 균형상태를 유지하도록 동기화 되는가? ㉡ 인간의 기본 동기는 성장, 자극추구, 자아실현을 지향하는가? 등이 있다. 학자별 입장을 보면, 평형론자로는 프로이드, 머레이가 있으며, 불평형론자는 아들러, 에릭슨, 올포트, 매슬로우, 로저스, 융 등이 있다.

㉮ 평형성 : 평형성은 성격의 특징이 항상 요구(배고픔)와 강화(음식물) 요

인간의 관계를 포함하는 학습을 통해 획득된다. 돌라드와 밀러(J. Dollard & N. Miller, 1950)의 이론이 여기에 포함된다. 사람은 자기의 여러 가지 요구를 감소시키며 내적 균형 상태를 유지시켜주는 안정된 특징을 획득함으로써 독특한 성격을 형성해 나간다. 균형을 유지하려는 동기의 토대가 없이는 성격발달이 불가능하다. 인간의 기본 요구나 본능의 특성, 본능의 다양성인 동기에 의해 야기된 긴장을 감소시키기 위해서 개인이 형성한 여러 가지 성격 메커니즘과 이 긴장-감소 메커니즘을 획득하게 된 그 과정에 강조점을 둔다.

㉯ 불평형성 : 불평형성은 인간을 근본적으로 성장과 자아실현을 끊임없이 추구하는 동기를 가진 존재로 본다. 인간은 긴장의 감소라는 측면에서 자기 행동을 지향하기보다는 항상 새로운 자극과 자아충족을 위한 도전적 기회를 모색한다. 사람은 자아실현을 위한 인간 동기의 통합, 미래지향적 노력, 성장과 자아실현을 위해 개인이 추구하는 여러 가지 수단을 강조한다.

⑨ 가지성과 불가지성(knowability & unknowability)

가지성과 불가지성 가정에서 제기되는 질문은 ㉠ 인간의 본질은 궁극적으로 과학적인 용어에 의해 충분히 파악될 수 있는가? ㉡ 인간의 본질은 과학적 이해의 가능성을 초월하는 그 무엇이 인간의 내면에 내재해 있는 것인가? 등이 있다. 학자별 입장을 보면, 가지론자로는 프로이드, 에릭슨, 스키너, 반두라, 올포트 등이 있으며, 불가지론자는 아들러, 켈리, 매슬로우, 로저스, 융 등이 있다. 중간입장을 취하는 학자는 머레이가 있다.

㉮ 가지론 : 가지론은 체계적인 관찰과 실험을 통해 인간 행동의 원칙이 해명될 수 있음을 확신(J. B. Watson)하며, 인간을 과학적인 용어로 이해할 수 있다(B. F. Skinner)고 본다.

㉯ 불가지론 : 불가지론은 각 개인은 자신이 중심이 되는 끊임없이 변화하는 주관적인 경험세계 속에 살고 있다(C. Rogers)고 본다. 이러한 개인적 경험세계는 사적인 것으로 이것은 순수하고(genuine) 완전한 감각 속에서 그 개인 자신에 의해서만 느껴질 수 있는 것으로 본다. 인간은 과학적인 용어로 이해될 수 없다고 본다.

지피지기 1 나를 이해하기

❖ 생활각본 질문지

이 질문에 대한 답을 적은 후에 앞으로 배울 다양한 성격이론에 비추어 나오는 답과 비교하여 다시 검토해보면, 여러 이론을 좀더 잘 이해할 수 있을 뿐만 아니라 자신을 이해하는 데도 좋은 기회가 될 것입니다. 이 연습문제는 여러분 자신만이 사용할 것입니다. 따라서 질문에 대해서 정확하고 자유롭게 또 충분히 답할수록 여러분 자신이 사용할 것입니다. 따라서 질문에 대해서 정확하고 자유롭게 또 충분히 답할수록 여러분 자신의 성장에 큰 도움이 될 것입니다.

1) 당신의 출생순위는 ______남 ______녀 중에 ______째
2) 아버지를 한마디로 말한다면, 어떠한 사람입니까?
3) 어머니를 한마디로 말한다면, 어떠한 사람입니까?
4) 자기 자신에 대해서 기술하라(멀리 생각하지 말고).
5) 만약에 당신이 원하는 대로 바뀌어진다면, 아버지가 어떻게 했으면 하는가?
6) 당신과 아버지와의 차이는 어떤 것이 있는가?
7) 만약에 당신이 원하는 대로 바뀌어진다면, 어머니가 어떻게 했으면 하는가?
8) 당신과 어머니와의 차이는 어떤 것이 있는가?
9) 당신의 어떤 측면이 변해지면 좋겠는가?
10) 어렸을 때 어른이 되면, 무엇이 되고 싶었는가?
11) 아버지는 당신에게 무엇이 되라고 했는가?
12) 어머니는 당신에게 무엇이 되라고 했는가?
13) 어릴 적에 아버지가 당신에게 어떤 조언을 했는가? 그리고 아버지가 그 조언을 했을 때, 당신은 마음속으로 어떻게 생각했는가?
14) 어릴 적에 어머니가 당신에게 어떤 조언을 했는가? 그리고 어머니가 그 조언을 했을 때, 당신은 마음속으로 어떻게 생각했는가?
15) 9세 이전에 좋아했던 게임이나 놀이는 무엇인가?
16) 당신의 출생과 관련된 이야기에 대해서 부모님은 무엇이라고 했는가?
17) 어렸을 때, 듣기 좋았던 이야기는 무엇인가?
18) 듣기 좋았던 이야기의 줄거리는 어떻게 구성되어 있는가?
19) 이야기가 좋다고 하는데 무엇이 좋은가?
20) 그 이야기 속에서 어느 주인공과 당신이 일치하는가?
21) 이야기는 어떻게 끝나는가?

22) 당신이 잘못했을 때, 아버지가 가장 잘 쓰는 말은 무엇인가?
23) 당신이 잘 했을 때, 아버지가 가장 잘 쓰는 말은 무엇인가?
24) 당신이 잘못했을 때, 어머니가 가장 잘 쓰는 말은 무엇인가?
25) 당신이 잘 했을 때, 어머니가 가장 잘 쓰는 말은 무엇인가?
26) 모든 것이 순조롭게 된다면, 당신은 5년 후에는 어떻게 될 것인가?
27) 모든 것이 잘못되어 간다면, 당신은 5년 후에는 어떻게 될 것인가?
28) 당신에게 산다는 것이 즐겁고, 사랑받고 있다고 느끼게 하는 것은 무엇인가?
29) 당신을 가장 우울하게 하고, 화나게 하며, 끔찍하게 만드는 것은 무엇인가?
30) 당신은 어떤 사람이 되고 싶은가? 왜?
31) 지금까지 살아오면서 가장 잘 된 것은 무엇인가?
32) 지금까지 살아오면서 가장 어려웠던 것은 무엇인가?
33) 당신은 몇 세까지 살 것 같은가?
34) 당신은 어떻게 죽을 것 같은가?
35) 당신이 죽었을 때, 주위의 사람은 당신의 묘비에 무엇이라고 쓸 것 같은가?
36) 당신이 무엇인가 잘못되었다고 생각되어지는 것은 무엇인가?
37) 그때 '이런 것들을 이야기해 주었으면 좋았겠다'고 생각되어지는 것은 무엇인가?
38) 그때 '이런 말은 안 해 주었으면 좋았겠다'고 생각되어지는 것은 무엇인가?
39) 당신의 생애 중에서 가장 빈번하게 일어나는 불쾌한 감정은 무엇인가?
40) 본인이 자라면서 부모님으로부터 "~하라", "~하지 마라" 등으로 기억나는 사건, 규율, 규칙 등이 있습니까? 있다면 현재까지 기억나는 것은 무엇입니까?
41) 본인의 집안 가풍은 어떠하다고 생각됩니까? 그 가풍에 대한 자신의 생각은 어떠하며, 어떻게 대응하였습니까?
42) 타인이 당신을 칭찬할 때, 부모는 어떻게 이야기 했습니까? 그러한 이야기에 대하여 당신의 솔직한 생각은 어떻습니까?
43) 당신이 아팠을 때, 부모는 어떤 식으로 대해 주었습니까? 당신은 그것을 어떻게 느꼈습니까?
44) 당신의 가족 중에서 아버지의 역할과 위상은 어떠한 모습으로 기억됩니까?
45) 당신의 가족 중에서 어머니의 역할과 위상은 어떠한 모습으로 기억됩니까?
46) 본인의 생각에 남편의 모습은 어떠해야 한다고 생각하십니까?
47) 본인의 생각에 아내의 모습은 어떠해야 한다고 생각하십니까?
48) 가족 중에서 당신과 가장 닮은 사람은 누구입니까? 어떻게 닮았습니까?

49) 당신에게 별명이 있습니까? 별명이 붙은 시기와 별명이 붙은 이유는 무엇이라고 생각하십니까? 만일에 별명이 여러 개 있었다면 그 중 좋아하는 별명 혹은 싫어하는 별명은 무엇인지 써 보십시오.
50) 현재 당신의 생활을 적어 보십시오. 무슨 일을 하고 있으며 누구와 함께 살고 있는지 그 밖의 다른 점에 대해서도 적어 보십시오.
51) 당신에게는 계속 반복해서 꾸는 꿈이 있습니까? 또는 백일몽이 있습니까? 그 꿈에 대해 자세히 적어 주십시오.
52) 지금 현재, 혹은 과거에 가장 존경한 남성이나 여성은 누구입니까? 그 이유는 무엇입니까? 당신은 누구를 가장 '이상적인 모델'로 꼽습니까?
53) 당신에게 가장 큰 영향을 주었던 책(또는 시나 예술 작품)은 무엇입니까? 그것은 언제 어떻게 영향을 주었습니까?
54) 당신에게 가장 큰 기쁨을 준 사건이나 내적 경험은 무엇입니까? 또 가장 큰 슬픔을 준 경험은 어떤 것입니까?
55) 원하는 직업을 선택할 수 있다고 가정할 때, 당신의 흥미를 가장 강하게 끄는 직업은 무엇입니까?
56) 당신은 자기 자신을 바꿀 수 있다면 어떤 부분을 바꾸고 싶습니까?
57) 특별히 당신 자신에 대해 마음에 들어 하는 점이 있다면 무엇입니까?

Chapter 01

정신분석 성격이론

1. 프로이드의 정신분석

프로이드(S. Freud)의 성격연구는 동기(motivation)가 행동(behavior)을 유발하는 과정을 설명하려는 시도에서 비롯되었다. 프로이드는 사회심리적 현상에 대해 2가지 근본적인 충동인 성(性)과 공격성에 근거한다고 봄과 동시에 2가지 기본적인 심리적 동기는 성적 충동과 공격적 충동으로 보았다.

1) 프로이드의 생애

프로이드는 1856년 5월 6일 오스트리아 모라비아 프라이버그(체코)에서 출생하였으며, 재혼한 어머니의 8남매 중 장남이었고 자신보다 20세 이상 연장인 이복형이 있었다. 가난한 유태인 가정에서 성장하였으며, 아버지는 권위주의적이었던 반면에 어머니는 매력적이고 사려 깊으며, 애정이 깊고 보살핌이 좋은 사람이었다. 유년기에 라틴어와 희랍어를 공부하였고, 문학과 어학에 재능을 보였다. 프로이드는 아버지가 사망 했을 때 오이디푸스 콤플렉스[1](oedipus complex)를 발견하였다.

프로이드는 1873년에 비엔나 대학 의학부에 입학하였고, 1881 이후에 '대뇌해부학회'에서 성인과 태아의 뇌에 관한 연구를 하였다. 1885년에 장 사르꼬의 최면적 암시에 감명을 받고 신경학자에서 정신병리학자로 전환하였으며, 1890~1900년까지 10년간 정신분석학 이론의 기초를 수립하였다. 1895년에는 브

---

1) 오이디푸스 콤플렉스(남성) 또는 엘렉트라 콤플렉스(Electra complex)(여성) : 남근기 단계에서 일어나는 과정으로 아동은 이성 부모와 성적접촉을 바라며, 동성 부모에게서 위협받는 것처럼 느끼는 것. 그러나 결국 동성 부모와의 동일시를 통하여 이 갈등을 해소한다. 아동은 이성 부모에게 성애적 감정을 동성 부모에게는 미움과 질투의 감정을 갖는다.

로이어와 함께 "히스테리에 관한 연구"를 공동 집필하였다. 1896년에 비엔나 의사회를 탈퇴한 후 1900년에는 프로이드의 첫 저술인 '꿈의 분석'의 집필을 시작으로 프로이드는 총 24권을 저술하였다. 대표적인 저서로는 일상생활의 정신병리학(1904), 정신분석 입문(1917), 정신분석 강좌(1933), 정신분석 개요(1940) 등이 있다. 1902년에 비엔나 정신분석학회를 창립하여 왕성한 활동을 전개하다가 1938년에 영국으로 이주하여 이듬해인 1939년 9월 23일 영국 런던에서 83세의 나이로 사망하였다.

프로이드는 기차에 대한 공포증이 있었고, 자유연상법(편안하고 안락한 분위기 속에서 질문, 자유연상을 통해 치유하는 것으로 상황을 이끌어 간다. 심리치료 시 흥분을 가라앉힐 때 사용한다)을 통해 무의식을 자연스럽게 표출하고자 했다. 프로이드의 연구가 진행되던 사회는 '성(sex)'이라는 단어를 꺼내기 힘든 상황이었지만 프로이드는 '성적인 상황(성적인 것에 초점을 맞추어 분석하기 시작)'으로 접근하기 시작하여 사회의 관심이 집중되었다.

프로이드는 동기가 행동을 유발하는 과정을 설명하려는 시도로써 연구를 시작하였다. 기본적인 심리적 동기인 성적 충동과 공격적 충동(drive : 욕동)이 개인의 심리적 기능에 미치는 영향에 초점을 두었다. 프로이드는 성격이 형성되어지는 기본적인 조건으로 유전과 환경을 제시하였다. 아동의 원만한 성격형성에 기본이 되는 중요한 요인은 어머니와 자녀 간에 전개되는 건전한 인간관계로 보았으며, 가정은 아동을 양육하는 가장 기본적인 단위로서 자녀 양육상에 중요한 의미를 가지며, 가정에서의 어머니의 역할은 아동의 성격형성에 가장 중요하게 영향을 미친다. 예를 들면, 부부는 자녀를 낳지만 자녀는 가정의 분위기를 먹고 성장한다. 따라서 아동의 성격은 가정에서 시작되며, 가정은 어떻게 영향을 미치느냐 하는 책임이 있다.

2) 주요 개념

(1) 정신에너지

정신에너지는 인간의 정신적 활동에 작용하는 에너지로 생의 본능(eros)과 죽음의 본능(thanatos)이 존재한다. 전자의 생의 본능은 생명을 유지·발전시키고 사랑하는 본능이다. 이 본능으로 자기를 사랑하고 생명을 지속하며, 종족을 보존시키게 된다. 예를 들면, 배고픔, 갈증, 성욕 등이 있다. 후자의 죽음의 본능은 생물체가 무생물체로 환원하려는 본능으로 이 본능으로 생명은 결국 죽게 되고, 살아 있는 동안에도 자기를 파괴하거나 자학하며, 타인이나 환경을 파괴시키는 공격적인 행동으로 생존과 공격이 맞물린다. 이 본능은 공격적·파괴적 성향의 근원이 된다. 예를 들면, '내가 살기 위해서 죽여서 먹는다'와 성행위(친밀한 결합을 위해 공격적 행동) 등이 있다. 따라서 생의 본능과 죽음의 본능은 서로 영향을 미치거나 혼합된다. 예를 들어, 음식물을 섭취하는 것은 생명유지(생의 본능)를 위해 음식물을 파괴(죽음의 본능)시킨다. 성행위는 종족 보존(생의 본능)을 위해 공격적 행동(죽음의 본능)을 한다.

(2) 본능(instinct)

본능은 신체적 흥분이나 요구가 소망(wish)의 형태로 나타나는 것이다. 본능의 개념을 보면, 첫째, 본능은 선천적인 신체적 흥분상태를 말하고 이는 밖으로 표현되며, 긴장 감소를 추구한다. 둘째, 프로이드는 모든 인간의 행동은 이러한 본능에 의해서 결정된다고 주장한다. 셋째, 본능은 직접 영향을 줄 수도 있고, 우회해서 행동에 영향을 주거나 가장될 수도 있다. 넷째, 본능은 "모든 행동의 궁극적인 원인"이 된다.

본능적 충동에는 3가지 측면이 있는데 첫째, 충동의 개념적 특성으로 신체의 어떤 부위에서 흥분이 일어나며, 행동의 기능은 그 흥분을 해소시키는 것이라고 가정한다. 즉, 흥분이 일어나는 신체부위가 충동의 원천(source)이며, 모든 충동의 기본 목적은 흥분의 해소에 있다. 또한 흥분의 해소는 만족으로써 경험한다. 둘째, 본능적 충동의 외적인 목표(external aim)로 만족을 가져오는 외현적 행동이 있다. 예를 들면, 배고픔 충동의 외적 목표는 먹는 것이고, 리비도적 충동의 외적 목표는 빠는 것, 성적 대상을 보는 것, 신체를 노출하는 것, 포옹하는 것, 성교 등이 있다. 셋째, 본능적 충동의 만족을 위해서는 대상의 참여가 소요된다. 대상은 본능적 충동의 만족에 있어서 중요한 요소로서 대상은 삶의 주기에 따라 달라질 수 있으며, 상황에 따라 개인의 신체나 신체의 부분일 수도 있다.

(3) 리비도(Libido : 소망, 욕구)

리비도는 정신적인 힘으로 성적 본능의 에너지로 인간이 갖고 있는 근본적인 에너지인 '성적 욕구'를 말하며, 출생하면서 나타난다. 즉, 아동의 행동과 성격을 결정한다. 프로이드는 빠는 것으로부터 성교에 이르기까지 타인과 친밀하고 유쾌한 신체적 접촉을 갖고자 하는 모든 욕구를 포함한 광범위한 의미로 사용하였다. 리비도는 프로이드의 기본적 충동 중에 하나인 성욕을 의미하며, 성적 에너지 표시로 양(量)적인 의미로 사용된다.

리비도인 성욕의 생물학적 기능은 '종족보존과 생식'이지만 인간이 종족보존의 소원 때문에 성적 행동이 동기화 되는 경우는 거의 없다. 즉, 성교를 하는 사람의 입장에서 보면 동기화는 행위 자체에 대한 쾌락에서 온다. 프로이드가 살던 시기는 성적인 것은 저속하게 취급되었고, 성적인 것이 무의식 세계의 원천이 되었다.

3) 마음의 지정학적 수준 : 의식, 전의식, 무의식

(1) 의식

의식은 어떤 순간에 우리가 알거나 느낄 수 있는 모든 경험과 감각을 포함하며, 전체 인간의 성격 중에 아주 적고 제한된 부분만을 나타낸다. 의식은 현재 느끼거나 알 수 있는 모든 경험과 감각이며, 의식된 내용은 순식간에 지나가고 시간이 경과한 후에는 전의식이나 무의식 속으로 잠재되며, 외부세계의 자극으로 나타나고, 전의식이나 무의식 속에서 나타난다.

(2) 전의식

전의식은 어느 순간에 있어 의식되지 않지만 조금만 노력하면 곧 의식될 수 있는 이용가능한 기억을 말한다. 전의식은 현재 의식되지는 않지만 전에 의식했던 것이 저장된 것으로 주의집중을 통해 쉽게 의식될 수 있는 경험이며, 무의식과 의식의 영역을 연결한다.

(3) 무의식

무의식은 인간정신의 깊고, 가장 중요한 부분으로 의식 밖의 욕구와 충동이며, 인간행동의 중요한 원인이다. 무의식은 변장 상징화된 형태로 나타나며, 무의식을 깊이 연구하는 수단으로 꿈을 이용하기도 한다. 무의식은 정신 내용의 대부분을 형성하고 인간행동을 결정하는 주된 원인이 된다. 프로이드는 무의식이 행동을 결정한다고 보았다.

무의식의 정신과정은 일부분이 의식 속에 있다가 억압되어 무의식에 저장되고 나머지는 절대로 의식될 수 없으며, 의식되지 않았던 무의식의 근저에 있다. 무의식의 내용은 소망, 공포, 충동, 억압된 기억 등이 있으며, 무의식의 특징은 언어화되기 어렵고 논리성이 없으며, 서로 상반되는 경향이 동시에 공존한다. 그리고 무의식이 있다는 증거는 최면에 걸렸을 때 암시, 꿈, 잘못 튀어나오는 말, 불쾌한 사건의 망각 등을 통해서 확인할 수 있다.

4) 프로이드의 성격구조

프로이드는 의식구조적 입장에서 원초아(id), 자아(ego), 초자아(superego)로 나누어 이 3가지가 어떻게 균형을 가지느냐에 따라 행동이 달라진다고 보았다. 따라서 행동(behavior)이란 원초아, 자아, 초자아의 요소가 상호작용함으로써 생겨난다.

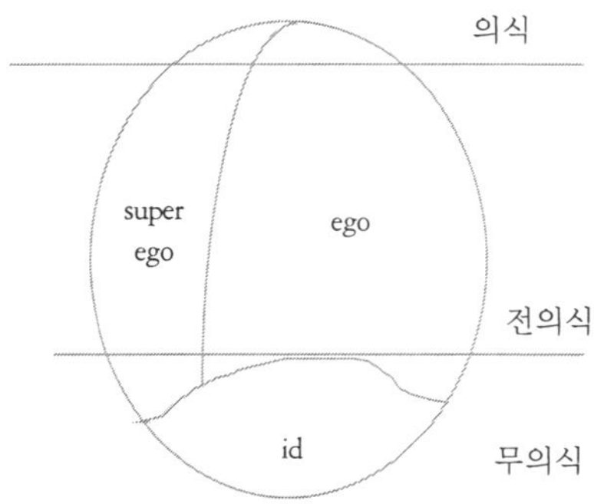

【그림 1-1】 프로이드 이론의 성격구조와 마음의 구조

(1) 원초아(Id : 원본능)

한 개체가 내적 혹은 외적 자극에 의하여 일어나는 흥분 또는 긴장을 즉각적으로 발산시킨다. 그래서 쾌락원칙(pleasure principle)의 지배를 받고, 정신에너지(psychic energy)의 근원으로써 활동하여 자아를 지배하는 역할을 한다. 원초아

는 정신에너지의 원천인 원초적이고 학습되지 않은 힘으로 구성된 단순하고 미발달된 성격으로 출생 직후의 심리세계이다. 출생 직후에는 분화되지 않은 원초아만 존재하고 완전히 무의식적이다. 따라서 원초아는 마음(mind)의 에너지 저장고이며, 일차적 사고과정에 의해 지배된다.

원초아의 쾌락원칙은 정신작용의 일차목표가 만족을 통한 쾌락의 성취라는 원칙이고 쾌락을 추구하며, 고통을 회피하는 방향으로 움직이는 원칙을 말한다. 여기에서 말하는 쾌락이란 긴장 감소를 말한다. 긴장을 해소시키는 원초아의 2가지 기재에는 반사행동과 일차적 사고과정이 있다. 반사행동(reflex actions)은 선천적이고 자동적인 행동이다. 유기체는 긴장을 즉각적으로 처리할 수 있는 여러 가지 반사행동을 선천적으로 가진다. 예를 들면, 재채기, 기침, 눈 깜빡하기 등이 있다.

일차적 사고과정(primary process thinking)은 어떤 것이 현실인지 환상인지를 구별하지 못하는 사고이고, 욕구를 만족시키는 대상의 심상(image)을 기억 속에서 만들어 내는 것이며, 개체가 언젠가 자기의 기본적인 욕구를 만족시켜 준 어떤 대상물의 심상을 창조하여 긴장을 감소시키는 것이다. 예를 들어, 신생아의 경우 배고픔 → 섭취 → 긴장감소는 쾌감의 경험을 하게 되는 것이다.

일차적 사고과정의 특징은 전 논리적이고 현실과 비현실 사이를 구별할 수 없으며, 유아기 형태의 인간 사고로서 충동을 저지시킬 수 있는 능력이 없다. 특히 자기 자신과 자기 자신이 아닌 것을 구별할 수 없다는 점이다. 예를 들면, 배고픈 사람이 새우튀김 혹은 맛좋은 스테이크의 시각적 심상을 머리에 떠올리게 됨으로써 배고픈 충동을 조금이나마 만족하게 되나 욕구를 충족시키지는 못한다. 이와 유사한 예로는 꿈, 신생아의 정신기능, 정신이상자의 환상 등이 있다.

(2) 자아(Ego)

자아는 원초아가 지배하는 대로 행하는 기능을 가지나 쾌락원칙이 아닌 현실원칙의 지배를 받고 있다. 이 현실원칙이 성격의 근본적인 기능을 가져서 현실을 이해하고 판단을 갖게 하며, 지각, 기억, 사고, 행동 등의 과정을 규정한다.

자아는 성격발달의 두 번째 단계로서 원초아와 현실 간의 갈등을 해소하는 기능을 한다. 원초아의 충동이 좌절되기 때문에 자아가 발달하게 된다. 원초아는 본능을 충족시키기 위해 외부세계의 현실과 싸우게 된다. 현실적인 자아는 현실적으로 목표를 달성하기 위하여 충동의 연기, 억제, 제지를 통해 원초아를 통제하고 성격에 있어서 개발된 이기주의의 역할을 한다. 따라서 자아는 성격의 집행부로서 행동을 통제하고, 선택하고, 어떤 방법이 만족스러운가 등을 결정하게 된다.

자아는 체계화된 원초아의 한 부분이고 원초아의 목표를 진보시키기 위한 것이지 좌절시키기 위한 것이 아니며, 자아의 모든 힘은 원초아로부터 나온다. 따라서 자아와 원초아는 분리해서 생각할 수 없으며, 자아의 주요 역할은 인간의 본능적 욕구와 환경의 제요건을 조정하는 것이며, 부수적인 목적은 개인의 생활을 유지하게 하고 자손을 번창시키는 것이다.

자아의 기능은 첫째, 충동의 대상이 존재하더라도 충동의 방출을 막고, 충동을 조절하는 기능을 담당한다. 이것이 자아의 기본 기능이다. 둘째, 자아는 생각이 의식되지 않도록 통제하는 기능을 한다. 예를 들어, 자신의 합리화 등을 통해 행동을 방지한다. 셋째, 사람의 행동을 수용될 수 있는 목표로 이끌어 가는 기능을 한다. 정신분석이론에서 '인지분야'는 자아의 기능에서 서술한다. 자아의 기능은 행동을 하기 전에 자신의 행동을 계획할 수 있도록 한다. 넷째, 자아는 논리적 사고를 한다. 논리적이지 않으면 정신이상자나 범죄자가 되기 쉽다. 다섯째, 자아는 사람으로 하여금 중요한 목표가 어떤 것인지를 선택하도록 도와주는데 충동의 좌절에 수반되는 감정을 신호로써 작용하는 기능을 한다. 여섯째, 자아의 기능에는 지각, 학습, 기억, 판단, 자기인식, 언어 등에 관여한다.

자아의 현실검증(reality testing)은 일차적 사고감정 만으로 실제적 긴장해소가 어렵기 때문에 쾌락원칙을 일시 중단시키고, 현실적 사고를 통해 욕구 충족의 계획을 수립하는 것으로서 현실원칙(reality principle)이라고 한다. 또한 자아의 이차적 사고과정(secondary process thinking)은 자신이나 타인에게 해를 끼치지 않으면서 본능적인 욕구 충족에 적합한 반응을 하는 것으로서 현실적 사고이며, 역할을 효율적으로 수행해 나가기 위해 자아는 지적인 기능을 통제하며, 고도의 정신과정은 이차적 사고과정에 의해 형성된다.

(3) 초자아(Superego)

초자아는 사회의 도덕규범, 전통가치, 이념이 내면화된 정신영역으로서 현실적이 아니라 이상적이며, 가치 추구의 기능으로 도덕적 양심의 역할로서 인간행동을 지배하여 자아를 조정하고, 원초아를 누르는 역할을 한다. 자아는 원초아에서 발달하고, 초자아는 자아에서 발달한다.

성격발달의 기재인 동일시(identification : 아동이 자신의 불안을 제거하기 위해 내적 갈등을 감소하기 위해 타인, 즉 부모의 특성을 따라하는 과정) 과정이 초자아를 형성하는 에너지를 공급하게 된다. 즉, 부모나 양육자의 특징을 모방하고 그들의 가치, 신념, 행동을 내면화한다. 초자아가 많으면, '하지 말라는 것'이 많기 때문에 활동에 지장을 초래한다. 그러나 '하지 말라'를 '해라'로 바꿀 수 있다. 초자아 발달을 위한 양육의 원칙은 사회의 도덕규범, 전통가치, 이념을 부모나 양육자가 교육시키고, 수행 여부에 따라 상이나 벌을 준다. 아동은 상을 받기 위해 교육받은 내용을 수행한다. 즉, 부모를 따라한다. 아동은 상을 받기 위해 부모/양육자의 지시를 따른다. → 반복되어 동일시한다. → 사회의 도덕, 규범, 가치관, 이상이 아동의 성격구조에 자리 잡는다. → 초자아가 발달된다. → 아동의 사회적 세계(학교, 교회, 또래집단 등)로 확대된다. → 초자아가 확대되고 발달한다.

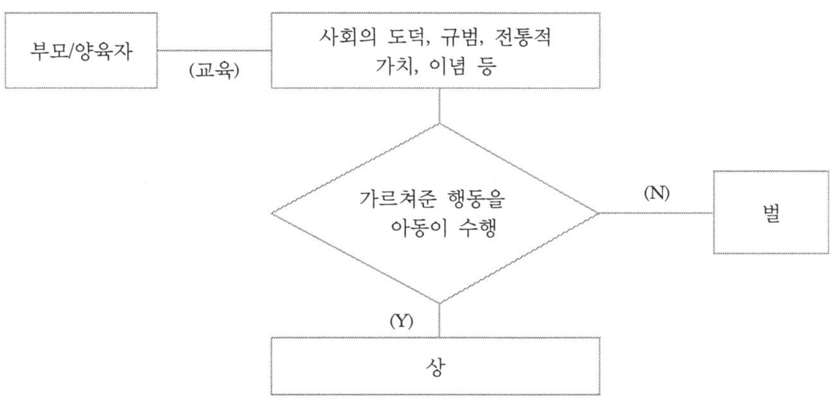

▌그림 1-2▌ **초자아의 발달**

5) 프로이드의 심리성욕과 인간발달

프로이드의 심리성적 발달이론(psychosexual developmental theory)은 인간발달의 중요한 요소가 성적 충동이고, 인간의 초기 발달에서 여러 성적 부위를 거쳐 가며, 진행한다는 것을 강조한다. 심리성욕 발달은 생물학적으로 결정된 발달 단계이며, 그 발달순서와 특징은 모든 사람에게 공통적으로 나타난다.

(1) 기본원칙

심리성적 발달이론의 기본원칙은 첫째, 인간의 정신적 활동이 이전의 행동이나 사건에 의해 결정된다는 정신적 결정론이다. 둘째, 무의식의 중요성이다. 인간의 행동이 의식적 과정보다는 의식할 수 없는 무의식에 의해 동기가 유발되기 때문에 프로이드는 인간 본성에 대해 비합리성의 관점을 갖는다. 셋째, 본능적인 성적 에너지가 행동과 사고의 동기가 된다는 리비도(성적 에너지)를 강조한다. 넷째, 심리성욕 논리성의 3요소, 즉 좌절, 방임, 퇴행이 있다. 좌절(frustration)은 아동의 심리 욕구가 양육자에 의해 방해받고 만족을 얻지 못한다. 방임(overindulge)은 부모가 아동에게 내적 기능을 극복하도록 훈련시키지 않고 의존심과 열등감을 조장시킨다. 퇴행(regression)은 심리성욕 발달의 초기 단계인 유아행동으로 나타난다.

(2) 프로이드의 성격발달 단계론

① 구강기(생후 1년)

구강기는 유아의 중심과업이 의존, 신뢰, 독립성 등의 일반적인 태도가 확립되는 시기이다. 구강의 의미는 생물학적 충동과 유쾌한 감각을 해소시키는 신체 부위이다. 구강기는 구강 전기와 후기로 구분한다. 구강 전기는 구강 수동적 성격이라고 하며, 유아에게 과도하거나 불충분한 양의 자극이 주어져 형성된 성격이다. 이 시기에 성격이 고착되면, 수동적, 미숙함, 과도한 이타심, 잘 속게 되며, 행동 특성은 껌 씹기, 키스, 손톱 물어뜯기, 과식 등이 나타나며, 주요 원인은 수유의 문제에 기인된다. 구강 후기는 구강 공격적/가학적 성격이라고 하며, 유아에게 이가 생기면서부터 형성된 성격이다. 이 시기에 성격이 고착되면, 논쟁적이고 비꼬며, 자신에게 필요할 때까지 타인을 이용하거나 지배하게 되며, 행동적 특성은 침 뱉기 등이 있다.

② 항문기(2~3세)

항문기에는 대소변의 배출과 보유에서 만족을 얻는다. 자기의 통제와 지배를 형성하는 시기로서 대소변 가리기의 시작과 함께 원초아의 요구와 부모의 사회적 제지를 분간하는 것을 학습하게 된다. 항문기에는 항문적 보유성격과 공격성격으로 구분한다. 항문적 보유성격에서는 부모가 강압적이고 거칠게 다룬 경우로써 항문적 보유성격은 고집이 세고, 인색하며, 복종적이고, 시간엄수, 지나친 청결이나 불결 경향이 있으며, 추방의 원형이라고도 한다. 항문적 공격성격은 부모가 달램과 칭찬을 병행한 경우로서 항문적 공격 성격은 잔인하고 파괴적이며, 난폭하고 적개심을 나타내는 동시에 상대방을 소유의 대상으로 간주한다.

구강기 때는 자기가 싸고 싶을 때 싼다. 배변훈련은 사회적으로 적응을 시키는 것으로 대변(2세), 소변(2.6세)은 가린다. 사회의 경험을 처음으로 접촉하게 되고, 배변훈련(t/t)을 통해 자아가 발달한다. 따라서 자아라는 것은 대소변을 유보하는 것이다. 이 시기에 만족을 할 것이냐? 안 할 것이냐?를 결정하기 때문에 이 시기에 고착되면 고집이 세다. 따라서 배변훈련 시 옳고 그름을 가르치게 되고, 아동은 부모의 의견을 내면화시키게 된다(참아야 되겠구나!). 부모가 기분대로 행동하면, 아이에게 혼란이 오게 된다. 따라서 일관성 있게 각인 되는 것이 중요하다. 이 시기를 잘 적응 못하면 정서적 불안이나 모성박탈에 기인된 정서장애가 발생하며, 부모의 생각에 동조하고 내면화시키는 것이 초자아의 시작이다.

〈표 1-1〉 **프로이드의 성격발달 단계론**

단 계	단계명	연 령	행동 특성	비 고
Ⅰ	구강기 (Oral stage)	0~1	(1) 수유(빨기) : 수유에 의해 성격이 결정 (2) 입술을 통한 리비도 방출	자기애 (Auto erotism)
Ⅱ	항문기 (Anal stage)	2~3	(1) 대소변의 유보와 배출 (2) 대소변 훈련방법과 성격형성 (3) 항문을 통한 리비도의 발현	자기애 (Auto erotism)
Ⅲ	남근기 (Phallic phase)	4~5	(1) 이성에 대한 구별의식 (2) Oedipus, Electra complex(5~7세) (3) 동일시, 모방 (4) 성기의 자위행위에 의한 만족	자기애 (Narcissism)

Ⅳ	잠복기 (Latent period)	6~12	(1) 개별의식보다 사회의식이 더 강조 (2) 도덕성과 양심의 형성 (3) 동성애나 우정이 형성	동성애 (Homo-sex)
Ⅴ	성기기 (Genital phase)	12세 이후	(1) 종족 본능의 욕구가 왕성 (2) 제2의 Oedipus complex가 나타난다. (3) 성욕도착의 경우 발생 (4) libido가 자기의 성기에 집중	이성애 (Hetero-sex)

③ **남근기**(4~5세)

남근기에는 자신의 성기를 관찰하고 자위행위를 하며, 출생과 성에 대해 관심을 갖는 시기로서 이성부모에게 성적 관심을 가짐과 동시에 동성부모로부터는 성적 동일시를 얻게 된다. 특히 이 시기에 오이디푸스 콤플렉스와 엘렉트라 콤플렉스의 갈등이 발생하며, 미해결 시 신경증의 원인이 된다.

오이디푸스 콤플렉스(oedipus complex)는 남아가 어머니의 사랑을 갈망하고 아버지를 싫어하는 경향으로 거세불안(castration anxiety)을 느끼게 된다. 즉, 자기 엄마에 대해서 성적 충동을 가지고 있는데 발각되면 혼나니까 공포와 불안을 느끼게 된다. 남아의 해결은 어머니에 대한 성적 욕망을 억압하고 아버지와 동일시하기 시작함으로써 해결한다. 이것에 고착되면 경솔하고, 과장되며, 야심적이다. 엘렉트라 콤플렉스(electra complex)는 여아가 아버지의 사랑을 갈망하고 어머니를 싫어하는 경향으로 남근 선망(penis envy : 여아가 남아의 성기를 부러워하는 것)을 느끼게 된다. 여아의 해결은 남근 갖기가 불가능하고, 남근을 대처할 다른 대상의 성적 쾌감을 찾는다. 이것에 고착되면, 난잡하고 유혹적이며, 경박한 기질을 갖게 된다. 오이디푸스 콤플렉스가 생겨지면서 거세불안이 발생하여 근친상간에 대한 본능을 억압하게 되어 초자아가 발달하는 근거가 된다. 항문기와 남근기의 차이를 보면, 항문기는 외적인 금지에 대항하여 자신을 방어하는 것이고, 남근기는 내적인 금지에 대항하여 자신을 방어하는 것이다.

④ **잠복기**(6~7세)

성적인 수면상태

⑤ 성기기(생식기 : 사춘기)

성기기에는 이성에 대한 관심과 인식이 증가되고 성적 충동과 공격적 충동이 나타난다. 성적 에너지가 동성에서 이성으로 옮겨가고 구애가 시작되고 청년 초기에 결혼 상대를 선택하게 된다. 사회적 성적, 인간관계가 원만하게 발달하여 책임감이 발달한다.

성기기 동안에 아동기 초기의 수동성을 버리기 위해 사랑, 안전, 육체적인 안락이 자유롭게 제공되어야 하며, 긍정적 성격을 갖기 위해서는 일하는 것을 배우고, 만족을 지연시키며, 책임감 있고, 적극적인 활동을 통하여 생활의 문제를 해결해 나가야 한다. 성적 성숙이 이루어지고, 관심이 가족과 멀어지고, 가족 밖에서 연장자와 친교를 맺게 되며, 이성을 향한 성욕 충족을 추구하게 된다. 따라서 성기기적 성격발달을 통해 근면을 배워야 하고, 즉각적인 만족을 지연시켜야 하며, 책임감을 길러야 한다.

요약

1. 프로이드는 본능을 신체 내에서 발생하는 자극들의 정신적 표상으로 보고 이러한 본능을 바탕으로 그의 정신분석이론을 체계화하였다. 삶의 본능은 생존의 목적에 기여하며 정신에너지인 리비도로 나타난다. 대립되는 죽음 혹은 공격성 본능은 쇠퇴, 파괴, 공격지향적인 무의식적 추동이다.
2. 프로이드는 자각의 수준을 지형학적 모델을 통해 의식, 전의식, 무의식의 세 수준으로 구분하였다. 무의식은 정신의 가장 깊은 수준에서 작동되는 것으로 정신분석의 초점이 되는 부분이다.
3. 성격의 3가지 구조적 구성요소인 원초아, 자아, 초자아에 의해 정신이 작동된다. 기본적으로 세 가지 자아가 쾌락을 추구하지만, 원초아는 쾌락원리에 의해, 자아는 현실원리에 의해, 초자아는 도덕원리에 의해 작동된다.
4. 정신분석이론의 성격발달은 정신에너지인 리비도가 신체 부위의 어디에 집중되느냐에 따라 구강기, 항문기, 남근기, 잠복기, 성기기로 구분된다.
5. 프로이드의 정신분석은 무의식의 중요성을 강조하기 때문에 성격 평가를 위해 꿈의 분석을 중요한 도구로 사용하였으며, 더불어 자유연상 기법을 통해 환자의 모든 생각이나 기억을 파악하려고 시도하였다.

연습문제

1. 자각의 수준과 성격의 구조를 그림을 통해 설명하라.
2. 프로이드가 가정한 2가지 본능에 대한 당신의 의견을 기술하라.
3. 성격의 3가지 구성요소의 특징 및 차이를 설명하라.
4. 오이디푸스 콤플렉스와 엘렉트라 콤플렉스가 무엇인지 설명하고 어떻게 극복되어지는지를 설명하라.

지피지기 2 프로이드 성격연습

❖ 일상생활 속에 묻어 있는 프로이드의 원리

지시문 : 다음 활동은 당신의 일상적인 행동에 대해 사람들이 어떤 믿음을 갖고 있는지를 알아보는 것입니다. 문장 하나 하나를 잘 읽어 보고 해당되는 숫자에 ○표 하시오. 옳고 그른 답은 없습니다.

(1) 전혀 그렇지 않다, (2) 대개 그렇지 않다, (3) 중간이다, (4) 대개 그렇다, (5) 매우 그렇다

1	어렸을 때 일어난 사건들은 성인이 되어서 성격을 형성하는 데 아무런 영향을 미치지 않는다.*	1	2	3	4	5
2	성욕을 조절하는 것은 대부분의 사람에게 쉬운 일이다.*	1	2	3	4	5
3	문화와 사회는 인간의 자연스러운 공격성을 억제하기 위한 하나의 방법으로서 발전되어 왔다.	1	2	3	4	5
4	남자 아이는 자신의 엄마에게 매우 강한 애착을 보일 것이다.	1	2	3	4	5
5	기억하기에 너무 고통스러운 것을 일부러 잊는 것은 가능한 일이다.	1	2	3	4	5
6	만성적으로 담배를 피고, 식사를 하고, 껌을 씹는 사람은 깊은 심리적 문제를 가지고 있다.	1	2	3	4	5
7	경쟁적인 사람은 비경쟁적인 사람보다 더 공격적이지 않다.*	1	2	3	4	5
8	아버지는 자신의 딸과 어느 정도의 거리를 두어야 한다.	1	2	3	4	5
9	배변훈련은 자연스러운 것이며 대부분의 아이에게 그렇게 심한 정신적 충격을 남기는 것은 아니다.*	1	2	3	4	5
10	남성의 성기는 힘의 상징이다.	1	2	3	4	5
11	엄마 나이 또래의 여성과 데이트를 하는 남자는 문제가 있다.	1	2	3	4	5
12	'남자의 성기를 잘라 버리고도 남을 만한 여우같은 여자'로 묘사될 수 있는 어떤 여자가 있다.	1	2	3	4	5
13	꿈은 일상생활에서 일어난 사건을 단지 재연하는 것이지, 그 이상의 깊은 의미를 갖는 것은 아니다.*	1	2	3	4	5
14	아빠 나이 또래의 남자와 데이트를 하는 여자는 뭔가가 잘못되었다.	1	2	3	4	5
15	시험을 치루지 못한 학생이 "저희 할머니가 거짓말을 해서, 아니, 돌아가셔서"라고 말한다면 필시 거짓말을 하고 있는 것이다.*	1	2	3	4	5
총 점 : .						
'*'는 역점수 문항입니다.						

2. 안나 프로이드의 방어기제(defense mechanism) 이론

1) 안나 프로이드(Anna Freud)의 생애

안나 프로이드는 1895년 12월 3일 프로이드(S. Freud)의 막내 딸로 출생하여 1982년 87세 나이로 사망한 아동 정신분석자이다. 1922년 비엔나 정신분석협회 정회원이 되었고, 주요 연구 주제는 방어기제이론, 아동발달, 유아기의 어머니-자녀관계의 중요성을 연구하였다. 주요 저서로는 '자아와 방어기제(The ego and the mechanism of defense)'가 있다.

안나 프로이드는 자아의 발달이 욕구 간의 갈등을 조정하기 위한 기술이나 습관이 발생하는 것으로 보았으며, 강한 자아와 약한 자아로 구분하였다. 강한 자아는 본능적 욕구, 환경의 요구, 초자아의 명령을 그대로 인정하여 각각의 욕구를 충족시키기 위한 합리적인 방법을 지시한다. 약한(미성숙한) 자아는 불안으로부터 자신을 보호하고 부분적으로라도 욕구를 충족시킬 방법으로 일종의 적응기술인 방어기제를 사용한다. 따라서 성격의 변화는 방어기제의 재배치/재조정이라고 하였다.

2) 주요 개념

(1) 불안(anxiety)

방어기제와 관련된 불안의 개념은 프로이드(S. Freud)가 신경증을 치료하면서 관심을 갖게 되었으며, 프로이드는 불안이 내적인 호르몬 축적과 외적인 성적 자극으로 긴장이 야기되는 데서 온다고 믿었다. 즉, 부적절하게 해소된 리비도 에너지의 결과이다. 초기에 프로이드는 불안이 원초아에서 야기되는 것으로 보았다가 후에 그 근원이 자아에 있는 것으로 수정하였다. 불안의 기능은 위험을 경고하는 것으로 본능적 충동이 자아의 영역을 침범하려고 위협할 때, 자아는 위협을 느끼나 내적인 것이고 도망칠 수 없기 때문에 정신이 위협받고 있다는 것을 알리는 신호로써 불안이 발생한다.

불안의 종류에는 현실적 불안, 신경증적 불안, 도덕적 불안이 있다. 첫째, 현실적 불안은 외부세계에 객관적인 공포대상이 현존하고 있을 때 무서워하는 것, 정상인의 타당한 불안(두려움과 같은 뜻), 자아 보존을 기하는 데 도움을 준다. 둘째, 신경증적 불안은 원초아의 충동이 의식될지도 모른다는 위협을 느낄 때 발생하는 정서적 반응과 성적·공격적 본능을 자아가 조절할 수 없을 것이라는 두려움이 있다. 셋째, 도덕적 불안은 자아가 초자아로부터 처벌을 예감할 때 생기는 것으로 초자아의 완벽한 명령을 어기는 행동이나 생각을 할 경우 부모로부터 벌을 받으리라는 객관적인 두려움에서 기인한다.

(2) 방어기제

방어기제란 개인이 불안 혹은 불쾌한 감정을 완화·소멸시키기 위해 현실을 왜곡시키는 과정으로 압도되는 불안으로부터 개인을 보호하기 위해 이러한 방어기제를 사용한다. 프로이드는 자아방어기제란 원초아 충동에 공개적 표현과 이와 대립되는 초자아의 압력으로부터 개인을 보호하기 위한 전략으로 방어기제를 정의하고 있다.

원초아 충동의 위협에 대한 자아의 대처방법은 억압과 방어기제 사용의 2가지가 있다. 억압은 충동이 의식적 행동으로 표현하는 것을 봉쇄하는 방법이고 방어기제는 충동을 왜곡시켜 원래의 강도를 감소시키거나 벗어나게 하는 방법을 말한다. 방어기제에는 2가지 특징으로는 첫째, 무의식 차원에서 작동하며 자기기만적이고, 둘째, 현실을 왜곡시켜 지각하게 함으로써 불안감의 위협을 덜 받게 한다. 테일러와 브라운(Taylor & Brown, 1988)은 자아방어가 적응을 돕고 정신건강을 향상시키며, 정상적인 성격유지에 도움을 준다고 주장한다. 예를 들면, 패배를 합리화 하게 되면, 패배에도 불구하고 자부심을 유지시킬 수 있다. 따라서 방어기제는 불안의 감소, 긍정적인 사회적 결과를 낳는다.

안나 프로이드(A. Freud)는 방어기제의 4가지 요소를 제시했는데 첫째, 균형 : 한 가지 방어를 사용하는지 혹은 다양한 방어기제를 사용하는 지의 여부, 둘째, 방어의 강도로 쓰는 상황, 셋째, 사용된 방어의 연령 적절성 : 예를 들면, 구강기, 성기기에 사용하는 기제가 따로 있다. 넷째, 철회 가능성 : 자아에 대한 위협을 막기 위해 사용된 방어는 그 위험이 사라지면 사용되지 않아야 한다. 건강한 사람은 철회할 수 있어야 한다. 이를 근거로 정상과 병적인 성격을 결정한다(이인정·최혜경, 2000 : 169).

3) 방어기제의 종류

방어기제는 안나 프로이드가 제시한 다음의 10가지와 그 이외에 이화방어척도에서 나타나는 20가지의 방어기제가 있다.

(1) 억압(repression)

억압은 원치 않은 생각이나 충동이 의식에 떠오르는 것을 막는 방어기제이다. 용납할 수 없는 충동을 무의식으로 추방시키는 능동적, 무의식적인 과정이다. 고통스러운 감정이나 충동에 대한 방어는 불안과 죄의식을 피하여 자아(Ego)를 보호하려는 동일한 동기와 목적을 갖는다. 억압된 충동은 의식적인 노력으로 찾아지지 않는다. 억압에는 1, 2차 억압이 있다. 1차 억압은 한 번도 의식된 적이 없었던 것이고, 2차 억압은 한번 의식되었던 것을 말한다.

억압은 무의식에 있는 것이 의식되지 않도록 방해를 한다. 억압의 대상은 정신적 충격을 준 사건이나 고통스런 감정과 관련된 사건 등 불안을 일으킨 사건 등으로 억압이 많을수록 억눌린 생각이 많고, 억눌린 생각이 많을수록 편견과 선입견이 많다. 억압은 본능적, 반사회적 욕구를 억제시켜 도덕적, 사회적으로 잘 적응된 생활을 가능케 한다. 따라서 억압은 프로이드가 "정신분석의 전체적 구조가 의존하는 주춧돌"이라고 부를 정도로 가장 중요한 방어기제이다.

(2) 부정(denial)

부정은 무의식적으로 현실을 거부함으로써 현실과 관련된 정신적 고통을 피해보려고 하는 것이다. 예를 들면, 불치병에 걸려 3개월밖에 살 수 없음을 알면서도 미래의 계획을 화려하게 세우는 환자에게서 부정을 볼 수 있다.

(3) 반동형성(reaction formation)

반동형성은 어느 한쪽의 충동이나 감정을 억압하고, 대신 반대쪽의 감정이나 충동을 지나치게 감소시킴으로써 불안을 감소시키는 방어기제이다. 예를 들면, '미운 자식 떡 하나 더 준다'를 들 수 있다. 반동형성은 어떤 충동을 의식에서 추방하는 것으로 무의식 속의 용납할 수 없는 충동을 반대의 감정으로 대치시켜 표현하는 것이다.

반동형성에는 2단계가 있다. 1단계는 받아들일 수 없는 충동을 억압하는 것이고, 2단계는 그 반대적 행동이 의식적 차원에서 표현되는 것이다. 예를 들면, 강한 성욕을 의식한 불안한 부인이 외설영화 상영 반대운동을 벌이는 것이나 부인에 대한 성난 감정을 잠재의식적으로 억압한 남편이 애정이 깊은 것처럼 행동하는 것에서 찾을 수 있다.

(4) 퇴행(regression)

퇴행은 개인이 곤경에 처했을 때 좀더 안전하고 즐거웠던 초기의 발달단계로 후퇴하거나 미성숙한 반응을 하는 방어기제이다. 예를 들면, 동생을 본 형이 어린 시절로 돌아가 어머니에게 사랑을 받으려고 가리던 대소변을 보는 것이나 아주 가까운 사람이 사망하였을 경우 데굴데굴 구르며 우는 경우를 예로 들 수 있으며, 본인의 통제가 안 된다. 또한 퇴행은 잠재적 외상이나 실패 가능성이 있는 상황에 처하게 될 때, 초기의 발달단계나 행동양식으로 후퇴하는 것으로 어릴 때 효과적이고 위안이 되었던 행동으로 되돌아가 갈등, 스트레스를 피하는 것을 말한다.

(5) 격리(isolation)

격리는 과거의 고통스런 기억과 연관된 감정을 의식에서 떼어내는 것으로 감정이 사고와 분리된다. 예를 들면, 자기 아버지의 죽음에 대해 말할 때는 슬픈 감정을 느끼지 못하면서 아버지를 연상시키는 권위적인 남자가 죽는 영화를 보고 비통하게 우는 경우를 말한다.

(6) 취소(undoing)

취소는 용납할 수 없거나 죄책감을 일으키는 행동, 사고, 감정을 상징적인 방법을 통해 취소 또는 무효화하는 것으로 심리적 말살이라고도 한다. 예를 들어, 비서에게 성적으로 끌리는 것을 깨달은 남자가 부인에게 줄 비싼 선물을 사는 경우를 말한다.

(7) 투사(projection)

투사는 자신이 받아들일 수 없는 욕구를 다른 사람에게 방향을 돌리는 방어기제로 모든 사람이 사용한다. 투사는 사람이 스스로 받아들일 수 없는 충동, 태도, 행동을 무의식적으로 타인이나 환경 탓으로 돌리는 과정으로 자신의 용납할 수 없는 충동, 생각, 행동을 무의식적으로 타인이 이러한 충동, 생각, 행동을 느끼거나 행한다고 믿는 것으로 자기의 결정을 타인이나 사물을 통해 비난하는 것을 말한다.

투사의 예를 보면, 테니스를 할 때, 자신이 잘못하여 엉뚱한 곳에 보내 놓고, 자신의 라켓을 탓하는 것, 시험 준비를 충분히 하지 못하여 만족한 성적을 받지 못한 학생이 시험문제가 분명치 않다(안 배웠다). 다른 학생이 커닝을 했다. 교수가 핵심을 찌르는 강의를 하지 못했다고 하는 이유를 들어 자기 실패의 원인을 전가하는 것이다. 또한 투사에는 이중 목적이 있다. 즉, 큰 위험 대신 작은 위험을 대치시킴으로써 불안감을 감소시키고, 투사하는 사람으로 하여금 그의 적으로부터 자신을 방어하는 가운데 그의 충동을 표현할 수 있도록 하는 것이다. 예를 들어, "내가 그를 싫어한다" 대신에 "그가 나를 싫어한다", 자신이 노래를 부르고 싶으면서 타인을 지목하여 잘한다고 지적하는 것 등을 들 수 있다.

(8) 투입(introjection)

투입은 외부의 대상을 자기 내면의 자아체계로 받아들이는 것으로 투사와 반대되는 개념이다. 우울증(depression)을 일으키는 중요한 기재로서 외부 대상에 대한 적대적이거나 부정적인 감정을 자신에게로 지향시킨다. 투입은 강한 감정(예 애증)을 직접적으로 표현하는 것을 피하기 위해 다른 사람을 자기로 간주하는 것을 의미한다. 예를 들면, 어머니를 미워하는 것이 자아에 수용될 수 없기 때문에 나 자신이 미운 것으로 대치하는 것을 들 수 있다.

(9) 전위(치)(displacement)

전치는 본능적 충동의 표현을 재조정해서 그것이 위협을 많이 주는 사람이나 대상에서 덜 위협을 주는 것으로 방향을 전환하는 것으로 본능적 충동이 실제 대상에서 덜 위협적인 대상으로 옮겨가는 것을 말한다. 속담 중 '동대문에서 뺨 맞고 남대문에서 화풀이 한다'를 들 수 있으며, 예를 들면, 교수에게 꾸중을 들은 학생이 같은 방 동료에게 화를 내는 것, 부모님께 꾸지람을 들은 어린이가 동생을 때리거나, 개를 발로 차고, 장난감을 부수는 행위, 직장 여성이 상사에게 꾸중을 듣고서 퇴근하여 남편이나 아이의 하찮은 자극에도 화를 벌컥 내는 경우가 있다. 특수한 형태의 전위인 '자기에로의 전환(turning against the self)'은 타인에게 향한 적대적 충동을 자신에게 돌리는 것으로 우울증과 자기비하(멸시)의 원인이 된다. 예를 들면, 부부싸움을 한 남편이 화가 나서 자신의 머리를 벽에 부딪치는 것으로 부인에 대한 분노를 자기한테로 향하게 하는 것을 들 수 있다.

(10) 역전(reversal)

역전은 감정, 태도, 특징, 관계, 방향을 반대로 변경하는 것으로 역전과 반동형성의 구별이 어렵다. 반동형성보다 역전이 더 일반적인 기제로서 더 광범위한 행동을 포함한다. 따라서 반동형성은 감정의 역전에 해당된다. 예를 들면, 수동적이고 무기력한 어머니에게 무의식적으로 반항하면서 자신만만하고 유능한 여성이 된 사람(자신의 성공에 대해 죄책감과 불안을 경험하는 것)의 경우이다.

〈표 1-2〉 방어기제의 종류와 내용

종 류	내 용	예
억 압	억압은 자아가 위협적인 내용을 의식 밖으로 밀어내거나 혹은 그러한 자료를 의식하지 않으려는 적극적인 노력이다.	자신을 학대하는 부모에 대한 뿌리 깊은 적대감을 알아차리지 못하게 하는 것
부 정	부정은 현실에서 일어났던 위협적이거나 외상적인 사건을 받아들이지 않고 거절하는 것이다.	부모가 사랑하는 자녀의 죽음을 계속해서 믿지 않으려 하는 것
반동형성	반동형성은 개인의 내면에서 수용할 수 없는 충동을 정반대로 적극적으로 표현하는 것이다.	위협적인 성적 충동에 사로잡혀 있던 사람이 정반대로 포르노그라피를 맹렬하게 비판하는 것
퇴 행	퇴행은 위협적인 현실에 직면하여 덜 불안을 느꼈던 그리고 책임감이 적었던 이전의 발달단계의 행동을 하는 것이다.	아이가 학교에 가야 한다는 위협에 직면하여 잠자리에 오줌을 싸는 행동
격 리	격리는 과거의 고통스런 기억과 연관된 감정을 의식에서 떼어내는 것으로 감정이 사고와 분리된다.	자기 아버지 죽음에 대해 말할 때, 슬픈 감정을 느끼지 못하면서 아버지를 연상시키는 권위적인 남자가 죽는 영화를 보고 비통하게 우는 것
취 소	취소는 용납할 수 없거나 죄책감을 일으키는 행동·사고·감정을 상징적인 방법을 통해 취소 또는 무효화하는 것이다.	비서에게 성적으로 끌리는 것을 깨달은 남자가 부인에게 줄 비싼 선물을 사는 것
투 사	투사는 자신이 갖고 있는 좋지 않은 충동을 타인이 갖고 있다고 원인을 돌리는 것이다.	내가 그를 미워하는 것이 아니라, 그가 나를 미워한다고 표현하는 것

투 입	투입은 외부의 대상을 자기 내면의 자아체계로 받아들이는 것으로 투사와 반대되는 개념이다.	어머니를 미워하는 것이 자아에 수용될 수 없기 때문에 자기 자신이 미운 것으로 대치하는 것
전 위	전위는 어떤 대상에게 원초아의 충동을 표현하기가 부적절하면, 그러한 충동을 다른 대상으로 대체하는 것이다.	아빠에게 꾸중들은 아이가 적대감을 아빠에게 표현하지 못하고 동생을 때리거나 개를 발로 차는 경우
역 전	역전은 감정·태도·특징·관계·방향을 반대로 변경하는 것이다. 반동형성과 구별이 어렵다.	수동적이고 무기력한 어머니에게 무의식적으로 반항하면서 자신만만하고 유능한 여성이 된 사람
승 화	승화는 전위의 한 형태로서 수용될 수 없는 충동이 사회적으로 받아들여질 수 있는 충동으로 대체되는 것이다.	타인에 대한 공격성이 권투선수가 되어 훌륭한 시합을 하는 것으로 대체되는 것
합리화	합리화는 자신의 행동을 그럴듯한 그러나 부정확한 핑계를 사용하여 받아들여질 수 있게끔 행동을 재해석하는 것이다.	이솝우화에서 포도를 딸 수 없었던 여우가 포도가 실 것이라고 결론을 내렸던 것은 합리화의 고전적 예이다.

(11) 승화(sublimation) : 청소년의 운동(공격적 본능의 승화)

승화는 개인이 충동을 사회적으로 용납된 생각이나 행동으로 표현함으로써 적절하게 전환시키는 자아방어 기제이다. 이는 리비도를 성적 목표로부터 고상한 사회적 목표로 전환하는 것으로 자아로 하여금 충동의 표현을 억제하지 않고 충동의 목적이나 대상을 변화시키기 때문에 문제가 있는 충동을 유일하게 건전하고 건설적인 방법으로 다루는 전략으로써, 자아방어기제 중 가장 적절하고 건전한 방법이다. 예를 들면, 청소년의 자위행위는 불안을 일으키는 원인이 되기 때문에 각종 스포츠로 해소(땀을 흘려버린다)하는 것, 창조적 예술작품은 남성이든 여성이든 자신의 성적, 공격적 본능을 승화시킨 것으로 여성의 나체를 그리는 것은 생명력이다. 경쟁적인 운동은 공격적 본능의 승화(격투기)이다.

(12) 합리화(rationalization)

합리화는 개인의 자신의 실패에 대해 그럴듯 하지만 옳지는 않은 것을 정당화하는 방어기제로 용납할 수 없는 태도, 신념, 행동을 정당화하기 위한 시도로 합리적 설명을 행하는 것을 말한다.

(13) 동일시(identification)

동일시는 아동이 자신의 불안을 없애고 내적 갈등을 감소하기 위해 중요한 타인, 특히 부모의 특성을 따라하는 과정이다. 이는 주위 사람들의 행동과 태도를 닮는 것으로 프로이드는 아동은 부모의 특성을 따라한다고 설명하고 있다. 따라서 부모가 아동의 인생에 영향을 미치는 것으로 동일시를 통해 사회화되어 간다.

(14) 기타 방어기제

기타 방어기제에는 전환, 지성화, 보상, 내면화 등이 있다. 전환(conversion)은 심리적 갈등이 신체감각 기관과 수의 근육계의 증상으로 표출되는 것, 지성화(intellectualization)는 용납할 수 없는 정서와 충동을 직접 경험하지 않고 지성적으로 사고함으로써 피하는 것, 보상(compensation)은 실제든 상상이든 자신의 성격, 지능, 외모 등 이미지상의 결함을 메우거나 체면을 유지하려는 무의식적인 노력, 내면화(internalization)는 타인, 특히 부모의 태도, 규범, 가치관을 자기 자신의 성격으로 흡수하는 것을 말한다.

4) 방어기제의 위계질서

방어기제는 성격발달과 밀접하게 연관되어 있다. 방어기제는 성격의 성숙수준을 나타낸다. 예를 들면, 투사나 부정은 미성숙에 해당하며 억압이나 승화는 성숙수준을 나타낸다. 방어기제의 연대기적 분류의 2가지 관점이 있다. 첫 번째 관점은 방어기제가 특정 본능적 충동과 연관되어 있다고 보는 관점으로 예를 들면, 성적 소망을 방어하기 위해 사용되는 억압(남근기와 관련됨)이며, 두 번째 관점은 정신의 구조분화에 근거한 분류로서 억압은 자아와 원초아 간의 분화가 생긴 후에 일어난다. 투사와 투입(자아를 외부세계로부터 분화시키는 것과 관련된 방어기제)은 자아가 외부세계로부터 자기를 구분하는 것을 배웠을 때만 가능하다. 승화는 초자아의 발달이 있어야 사용이 가능하다. 발달과정에 따른 방어기제를 보면, 전기에는 투사, 퇴행, 역전, 자기에로의 전향 등이 있으며, 후기에는 억압과 승화가 있다. 따라서 방어기제가 정교함을 결정짓는 중요한 기준은 방어기제가 갖고 있는 현실검증에 있다. 방어기제의 위계서열에 대한 내용은 다음 <표 1-3>과 같다.

〈표 1-3〉 **방어기제의 위계서열**

현실을 최소한으로 왜곡	정교함	방어기제 명
	↑	1. 합리화
		2. 억압
		3. 전위(치)
		4. 동일시
		5. 전환
		6. 격리 혹은 지성화
		7. 반동형성 / 과잉보상
		8. 취소
		9. 내면화
		10. 투사
	↓	11. 부정
현실 부인	원시적	

요약

1. 불안은 3가지 자아가 크게 위협받을 때 나타난다. 현실 불안은 현실 세계에서 위험에 대해 자아가 느끼는 두려움이다. 신경증 불안은 쾌락을 추구하는 원초아와 현실 간의 갈등이다. 도덕 불안은 원초아와 초자아 간의 갈등이다.
2. 방어기제는 무의식적으로 작동되며, 불안의 위협으로부터 자아를 보호하는 현실왜곡이다. 방어기제에는 억압, 부정, 반동형성, 투사, 퇴행, 합리화, 전위, 승화 등이 있다.

연습문제

1. 불안을 프로이드가 가정한 성격의 구조이론과 관련지어 설명하라.
2. 방어기제의 공통적 특성을 기술하고, 억압과 반동형성 기제를 예를 들어 설명하라.

지피지기 3 방어기제검사

❖ 이화방어기제검사

휴먼서비스를 제공하는 사회복지사로서 개인이 비교적 지속적으로 사용하고 있는 주요 방어기제를 측정할 필요가 있다. 이 검사를 통하여 측정된 개인의 주요 방어기제가 전체적으로 어떤 성질을 띠고 있는지를 검토함으로써 개인의 일관된 적응행동의 특징을 규명해 보고, 이러한 적응행동이 개인의 정신건강에 어떤 영향을 미칠 수 있는지를 예견해 보자.

이화방어기제검사는 20개 방어기제 척도가 있고 각 척도마다 10개 문항씩, 200개 문항으로 구성되어 있다. 20개 방어기제로는 허세, 예견, 반동형성, 합리화, 동일시, 해리, 수동-공격성, 신체화, 투사, 승화, 전치, 행동화, 부정, 이타주의, 통제, 퇴행, 억제, 유머, 왜곡, 회피가 있다(김재은 외 3인, 1991).

3. 에릭슨의 심리사회적 발달이론

에릭슨은 인간의 성격이 평생을 통해 발달한다는 것을 강조하였으며, 성격이 존재의 위기 시에도 계속적으로 관여하며, 신체의 신진대사가 쇠퇴해 갈 때에도 관여한다고 하였다. 에릭슨은 아들러나 융처럼 프로이드의 정신분석 체계를 이탈했다기보다는 프로이드의 이론을 확장하였다. 에릭슨이 프로이드 이론을 확장한 내용은 다음과 같다. 첫째, 에릭슨은 성격발달의 본능적 측면뿐만 아니라 심리사회적 측면을 강조하였다. 둘째, 에릭슨은 원초아보다 자아를 더 강조했기 때문에 자아심리학의 아버지로 불린다. 셋째, 프로이드가 본능을 주로 강조한 반면 에릭슨은 전체 성격의 형성에 문화・사회・역사의 영향을 인식하였다. 넷째, 에릭슨은 성격형성에 과거뿐 아니라 미래도 중요하다고 보았다.

1) 에릭슨(Erik H. Erikson, 1902-1994)의 생애

에릭슨은 1902년 독일의 프랑크푸르트에서 출생하였다. 태어나기 전에 부모는 이혼을 하였고, 3살 때 어머니가 재혼을 하였다. 9년제 김나지움에서 교육을 받았고, 졸업 후 1년 여를 여행을 하였으며, 한때 예술학교에 다니기도 하였다. 1927년부터 친구의 부탁으로 학교에서 아동을 지도하였으며, 이때부터 아동에 대해 흥미를 갖고 몬테소리(Montesori) 방법으로 지도하는 교사학교에서 교육을 받았다. 버링햄(Dorothy Burlingham)과 안나 프로이드(Anna Freud)로부터 정신분석에 대한 훈련을 받았다. 1929년 결혼을 하고, 덴마크의 코펜하겐에서 정신분석교육기관을 설립하려다가 뜻을 이루지 못하고 1933년 미국의 보스턴(Boston)에 정착을 한다.

2) 에릭슨의 주요 개념

(1) 자아심리학

정신분석의 현대적 추세는 대상관계이론 등과 같이 자아의 중요성을 강조한다. 에릭슨은 원초아에 대한 전통적인 강조에서 자아에로의 관심을 이끌었으며, 자아는 인간행동과 기능의 기초가 된다고 여겼다. 이러한 견해를 자아심리학이라 한다. 자아심리학에 따르면, 인간은 의사결정을 하고 문제를 해결하는 데 합리적이고 의식적인 존재이다. 프로이드는 자아의 역할을 본능적 충동과 도덕적 규제 간의 갈등을 해결하는 것으로 여겼지만, 에릭슨은 자아가 지각·사고·주의·기억 등을 통해 현실을 다루어 나가는 자율적인 체제라고 보았다. 또한 에릭슨의 자아발달에 대한 이론은 개인의 전 생애를 포괄하는 것이며, 인생의 심리사회적 위기를 극복할 수 있는 인간의 능력에 관심을 두었다.

(2) 점성설의 원리

에릭슨의 사회심리적 발달이론의 중심은 인간은 일정 단계의 발달과정을 거처 성숙되어 간다는 점성설(epigenetic principle) 가정에 근거하고 있다. 점성적 원리는 인간발달이 유전적 요인에 의존한 일련의 단계에 의해 지배된다는 생각이다. 즉, ① 인간의 성격은 원칙적으로 사회환경에 적응해 가면서 발달되고, ② 사회는 원칙적으로 인간으로 하여금 그의 잠재력을 개발해 가도록 포용한다.

에릭슨은 심리적 성장이 태아의 성장과 유사한 방식으로 진행되고, 각각의 연속된 단계의 출현이 앞 단계의 발달에 의해 예측될 수 있으며, 신체의 각 기관은 성장과 발달의 결정적 시기가 존재하고, 미리 정해진 시간표에 따라 성장·발달한다고 본다.

(3) 위기

에릭슨은 그 저서 『아동기와 사회』(Childhood and Society, 1963)에서 사회심리 발전의 8단계를 논하면서 이 단계들은 유전되어 온 인격의 기본 계획(ground plan)을 벗겨 나가는 결과라고 했다. 각 사회심리 단계에서는 반드시 "위기"를 동반하는데 이것은 개인의 신체적 성숙과 사회적 요구로부터 얻어지는 생에 있어서의 하나의 전환점이 된다. 각 단계는 그 나름대로 독특한 발달과정을 거치며 그 단계의 과제나 위기를 극복하면서 인격이 형성되어 간다. 사회심리의 각 단계의 위기는 항상 적극적인 요소와 소극적인 요소를 갖는다. 만일 갈등이 애초에 만족스럽게 해결됐다면, 긍정적인 요소(기본 신뢰와 자율성)는 자아완성에 크게 기여하고 건강한 성장을 보게 된다. 반면 그 충돌이 남아있거나 불만스럽게 해결됐을 경우 자아는 상처를 받게 되고 부정적 요소(불신, 수치, 의심)가 자아 깊숙이 박히게 된다. 물론 이 부정적 요인이 초기의 단계에 나타났다 해서 반드시 일생 동안 남아있는 것은 아니라고 하였다.

3) 에릭슨의 성격발달

에릭슨의 성격발달의 특성과 원리를 보면, 첫째, 성숙은 점성적 원리에 따라 일어난다. 둘째, 심리사회적 발달의 각 단계는 위기가 있다. 셋째, 자아는 적절하거나 부적절한 적응방법을 통합해야 한다. 넷째, 심리사회적 발달의 각 단계는 개인에게 기본적 강조점을 발달할 기회를 제공한다. 특히 에릭슨은 심리사회적 발달의 8단계를 제안했으며, 8단계의 긍정・부정적 측면과 각 발달단계에 해당되는 연령과 시기에 획득해야 하는 강조점은 다음 <표 1-4>와 같다.

〈표 1-4〉 에릭슨의 심리사회적 발달단계

발달단계	긍정적인 측면	부정적인 측면	연 령	강조점	
				긍 정	부 정
1. 영아기(구강기)	기본적 신뢰감	기본적 불신감	0~1세	희 망	위 축
2. 유아기(항문기)	자율성	수치심 및 의심	1~3세	의지력	강박적 행동
3. 유희기(남근기)	주도성	죄의식	3~5세	목 적	억 제
4. 학령기(잠복기)	근면성	열등감	6~11세	실력(능력)	무력감

5. 청 년 기	자아성립	정체감 혼미	11~18세	성실성	거 부
6. 성 년 기	친밀감	고립감	18~35세	사 랑	배 척
7. 중 년 기	생산성	침체감	35~55세	관 심	거 절
8. 노년기(완숙기)	통합성	절 망	55세 이상	지 혜	경 멸

(1) 제1단계 : 신뢰감 대 불신감

제1단계는 프로이드의 구강기에 해당되는 시기로서, 출생에서 약 1세까지를 가리킨다. 이 시기 동안에 유아가 맺게 되는 사회적 관계는 주로 돌보아 주는 사람인 어머니와의 관계이다. 유아가 생의 초기에 처음으로 맺게 되는 사회관계에서 어머니가 유아의 신체적, 심리적 욕구와 필요를 적절히 충족시켜 주면서 그를 일관성 있게 돌보아 주면, 유아는 어머니 또는 돌보아 주는 사람을 신뢰하게 된다. 예를 들어, 아기가 오줌을 쌌거나 배가 고플 때 어머니가 곧 이를 알아차려 그의 요구에 잘 응해 주면, 이런 경험을 바탕으로 다음 번에 비슷한 사태에 부딪쳤을 때에도, 어머니가 곧 자신의 필요를 충족시켜 주거나 고통을 덜어 줄 것이라고 기대하게 된다. 그러나 아기의 요구와 필요에 잘 응해 주지 못하거나, 아기를 다루는 방식에 일관성이 없게 되면 아기는 불신감을 가지게 된다. 에릭슨에 의하면 아기가 일단 어머니에 대한 기본적 신뢰감을 형성하게 되면 다른 상황에서도 신뢰적인 태도를 가질 수 있게 된다고 한다. 예를 들면, 어머니가 잠시 아기 곁을 떠나도 아기는 마구 울거나 불안해하지 않고, 어머니가 다시 올 것이라고 믿고 기다린다는 것이다.

에릭슨은 이 시기를 인생에서 가장 중요한 시기로 보았는데, 그 이유는 이 시기에 신뢰감을 형성하게 되는 것이 생의 후기에 맺게 되는 모든 사회관계에서의 성공적인 적응과 밀접한 관련이 있기 때문이다. 그러나 여기서 주목할 점은 에릭슨이 신뢰감만을 강조하고 불신감의 효용을 무시한 것이 아니라는 점이다. 그는 인간의 참된 성장을 위해서는 어느 정도 불신감의 경험도 필요하다고 주장한다. 그러나 긍정적인 성격발달을 위해서는 불신감보다 기본적 신뢰감을 많이 경험해야 한다는 것이 그의 주장이다.

"희망은 생존 초기의 특징인 어두운 추동과 격분에도 불구하고 열정적인 소망이 달성될 수 있을 것이라는 지속적인 믿음이다." 희망은 특정한 소망, 목표, 소원과는 무관한 기본적인 힘이다. 개인이 발달을 하면서 이 희망은 매

단계마다 강화된다.

(2) 제2단계 : 자율성 대 수치심 및 의심

제2단계는 약 1년 이후부터 3세까지를 말하는데, 이 시기의 유아는 여러 개의 상반되는 충동 사이에서 스스로 선택을 하고자 하게 되며, 이러한 과정을 통하여 자신의 의지를 나타내고자 한다고 에릭슨은 말한다. 즉, 자율성을 가지려고 한다는 것이다. 이 단계의 유아는 근육발달로 인하여 대소변의 통제가 가능하게 되며, 자기 발로 서서 걷게 되면서부터 자기 주위를 혼자서 열심히 탐색하게 되고, 음식도 남의 도움을 받지 않고 자신의 힘으로 먹으려고 한다. 이러한 자율성은 그들의 언어에서도 나타나는데, 예를 들어 <나>, <내 것> 등의 말을 자주 반복하여 사용하며, 특히 (안 해 !)라는 말을 씀으로써 자기주장을 표현한다. 이와 같이, 유아가 자신의 의지대로 행동하려고 하게 되면, 사회는 부모를 통하여, 유아로 하여금 사회적으로 적합한 행동을 하도록 훈련시키게 된다. 예를 들면, 용변훈련을 통하여 유아에게 때와 장소를 가릴 줄 알도록 한다. 이러한 과정에서 유아는 사회의 기대나 압력을 알게 된다. 만일 이때 용변훈련에서 실수를 한다든지, 걷기, 뛰기 같은 신체적 통제나 자조(自助)기술이 충분히 발달하지 못해서 사회적 기대에 적합한 행동을 원활하게 수행하지 못하면 수치심과 회의감을 갖게 된다. 수치심이란 자신이 타인들의 눈에 좋게 보이지 않는다고 생각할 때 갖는 느낌이다. 예컨대, 오줌을 싼 유아는 타인들이 자신의 이러한 모습을 볼까 봐 부끄러워하게 된다. 회의감은 자신이 강한 존재가 아니며, 결국은 타인들에 의해서 자기가 통제 받는다는 것을 느끼게 되면서 나타나게 된다고 한다.

의지(will)는 허용과 통제로 설명하며, 어쩔 수 없는 좌절에도 불구하고 결정을 내리고 결단력 있게 행동하는 것을 배운다. 따라서 “의지라는 것은, 피할 수 없는 수치와 회의의 경험에도 불구하고, 선택의 자유와 자기 제약을 연습하는 깨지지 않는 결심이다.” 아동의 의지는 성인이 되어 추동과 충동을 통제할 수 있는 능력이 된다.

(3) 제3단계 : 주도성 대 죄책감

제3단계는 약 3~5세까지를 말하는데, 성인의 활동에 열정을 보이고 성인의 일에서 자기의 능력을 평가해 보려는 시기이다. 그의 행동은 목표지향적이 되고 경쟁적으로 되는데, 이때 어린이의 행동에는 상상적인 측면도 포함된다. 이 시기에 어린이는 자신의 큰 계획과 희망들이 결국에는 실패할 수밖에 없다는 사실을 깨닫게 된다. 자신의 계획이나 희망이 사회의 금기를 범하는 결과를 가져오게 된다는 사실을 알게 되면서 죄의식을 느끼게 된다. 이러한 충동이나 환상을 억제한다고 한다.

목적, 의도(purpose)를 환상의 이해와 현실적 제한으로 설명하며, 부모가 아이의 주도적 활동과 환상(오디푸스)에 어떻게 반응하는가? 만일 부모가 이런 활동을 처벌하거나 억제하면, 아이는 새로운 활동을 나쁜 것이라고 느끼고 죄책감을 발달시킨다.

(4) 제4단계 : 근면성 대 열등감

제4단계는 6세부터 11세까지를 말하며, 프로이드의 이론으로는 잠복기에 해당된다. 에릭슨은 이 단계를 자아성장의 결정적 시기라고 보았다. 이 시기의 아동은 기초적인 인지적 기술과 사회적 기술을 습득하게 되면서부터, 가족의 범주를 벗어나 더 넓은 사회에서 통용되고 유용한 기술들을 열심히 배우고자 하며 이를 숙달하고자 한다. 예를 들어, 원시사회에서는 사냥이나 농업기술을 배우게 되며, 현대 사회와 같은 문명이 고도화된 사회에서는 읽기, 쓰기, 셈하기 등의 인지적 기술을 획득하기 위해서 학교에 들어가게 된다. 또 이 시기의 어린이들은 또래와 같이 놀고 일하는 것을 배우게 된다. 만일 이 시기에 순조롭게 근면성이 발달하지 못하고 실수나 실패를 거듭하게 되면, 어린이는 부적절감과 열등감을 갖게 된다. 이러한 열등감은 전 단계에서 성공적으로 갈등을 극복하지 못했을 때나, 혹은 학교나 사회가 어린이에 대한 편견적 태도를 취할 때 발달되기 쉽다.

능력(competence)을 기술, 성취의 격려, 실패의 극복으로 설명하고, 능력은 실제적인 기술과 일반적인 능력의 발달로 생긴다. 이 단계에서부터 인간은 생산적인 일원으로 자신의 문화에 합류한다.

(5) 제5단계 : 정체감 대 역할혼돈

제5단계는 청년기에 해당하며, 급격한 신체적 변화와 더불어 새로운 사회적 압력과 요구에 부딪치게 된다. 그러므로 이 시기의 청년은 이러한 새로운 상황에 어떻게 대응해 나가야 할 지 몰라서 당황하게 된다. 그리하여 이전 단계까지는 회의 없이 받아들였던 자기존재에 대해 새로운 경험과 탐색이 시작된다.

에릭슨은 청년기의 중심과제를 자아정체감의 확립이라고 했다. 자아정체감이란 자기동일시에 대한 자각인 동시에, 자기의 위치, 능력, 역할 및 책임에 대한 분명한 인식이다. 이 시기의 청년은 자기 자신의 의문에 대한 해답을 찾으려고 애쓰지만, 그 해답은 쉽사리 얻어지지 않기 때문에 고민하고 방황한다. 고민과 방황이 길어질 때 정체감의 혼미가 온다고 에릭슨은 말한다. 이와 같이, 자아정체감을 쉽게 획득하기가 어려우므로 청년은 동료집단에서 동일시 대상을 찾거나 혹은 존경하는 위인이나 영웅에게서 동일시의 대상을 찾으려 애쓴다. 그리고 자신을 시험해 보기 위해 여러 클럽에 가입해 보기도 하고, 다양한 활동에 참여해 보기도 한다.

에릭슨은 이 시기를 기본신뢰감이 형성되는 시기인 제1단계에 못지않을 만큼 중요한 시기라고 주장하고 있다. 그 이유는 이 시기에 긍정적인 자아정체감을 확립하면 이후의 단계에서 부딪치는 심리적 위기를 무난히 넘길 수 있게 되지만 그렇지 못하면 다음 단계에서도 방황이 계속되고, 때로는 부정적인 정체감을 형성하게 되기 때문이다. 이 단계에서 문화의 윤리적 가치와 신념체계를 받아들인다. 동시에 문화도 각 세대의 지지에 의해 새롭게 변화한다.

(6) 제6단계 : 친밀성 대 고립감

제5단계에는 주로 관심의 대상이 자기자신이었으나, 6단계인 성인기에 이르게 되면 직업을 선택해야 하고 배우자를 찾아야 하므로, 이 시기의 사람들은 배우자인 상대방 속에서 공유적 정체감을 찾으려 든다. 따라서 이 시기에는 타인과의 관계에서 친밀성을 이룩하는 일이 중요과업으로 된다. 에릭슨에 의하면, 청년기에 긍정적인 정체감을 확립한 사람만이 진정한 친밀성을 이룰 수 있다고 한다.

정체감을 확립하지 못한 사람은 자기 자신에 대하여 자신감을 가지지 못하므로, 타인과의 관계에서 친밀성을 형성하지 못하고 고립하여 자기 자신에게만 몰두하게 된다. 부모나 사회제도로부터 독립하고 성숙하고 책임감 있는 성인으로 기능하기 시작하며, 독립, 고독의 인내, 책임감, 상호 헌신, 상처받는 아픔을 참는다.

(7) 제7단계 : 생산성 대 침체감

제7단계는 일단 두 사람 간의 친밀성이 확립되고 나면, 그들의 관심은 두 사람만의 관계를 넘어서 그 밖의 사람으로 확대되기 시작한다. 가정적으로는 자녀를 낳아 키우고 교육하게 되며, 사회적으로는 다음 세대를 양성하는 데에 관심과 노력을 기울이게 된다. 또 직업적인 성취나 학문적, 예술적 업적을 통해서도 생산성이 발휘된다. 자녀가 없는 경우에는 다음 세대들을 위한 사회적인 봉사 등을 통해서도 생산성을 발달시키게 된다. 만일 어떠한 이유로 해서, 생산성을 제대로 발휘하지 못하거나 안하게 되면 침체감이 형성된다. 이 경우에는 타인들에 대한 관심보다는 자신의 욕구에 더 치중하는 경향을 보이며, 남에게 대한 관대함이 결여된다.

(8) 제8단계 : 통합성 대 절망감

마지막 단계인 제8단계에는 신체적인 노쇠와 직업으로부터 은퇴, 친한 친구나 배우자의 죽음 등으로 인하여, 인생에 대한 무력감을 느끼게 되는 일이 많다. 이 시기의 성패는 신체적, 사회적 퇴보를 어떻게 받아들이는가에 달려 있다고 에릭슨은 주장하고 있다.

대부분의 경우 노년기에 들어서면 자신이 지금까지 살아온 생애를 돌아보면서 자신의 생애가 가치 있는 삶이었는지를 음미해 보게 된다. 이러한 과정에서, 자신의 삶이 무의미한 것이었다고 느끼게 되면 절망에 빠지게 된다. 그러나 이러한 절망 속에서도 자신은 그때 그럴 수밖에 없었다고 생각하면서 자기 나름대로 인생의 의미를 찾고 보람을 느끼게 되면 인생에 대한 참다운 지혜를 획득하게 된다. 이러한 지혜를 통하여 앞의 7단계 동안 이룬 소산을 거두어들일 수 있게 되며, 드디어 보다 더 차원이 높은 인생철학으로 통합을 이루어 나가게 된다.

죽음에 직면(wisdom)하고, 자기의 인생을 만족감과 충만감을 가지고 돌아보는 사람은 자아통합을 이룬 사람이다.

4) 에릭슨 이론의 평가

에릭슨 이론의 기여를 보면, 첫째, 생애주기의 각 기간의 위기에 따른 사회심리적인 적응과 부적응을 명확한 행동적 특성으로 설정하여 종교적인 통찰의 여지를 마련해 준다. 둘째, 과거의 개인의 생활 역사를 재구성하려는 정신분석학적 이론에 명확한 유익이 된다. 왜냐하면 최근에 나타난 행동과 태도에서 초기의 갈등을 분석하려는 직접적 연구를 가능하게 하기 때문이다. 셋째, 발달의 사회적 차원을 다루는 이론뿐만 아니라 성격의 심리 내적인 본성에 초점을 두는 정반대의 이론에도 경험론적 실험을 가능하게 해 준다. 넷째, 발전적인 문제에 대한 수직적인 종합이 결핍되었음에 반하여 개인의 적절한 사회심리적 현상의 순서적인 연속성을 설명하였다. 또한 에릭슨의 이론은 심리분석적 자아심리학, 발달심리학, 초기 아동기의 교육분야, 사회복지분야, 개인생활의 주요 테마를 역사적 사건과 환경에 연결시킨 연구형태인 심리학사(psychology history)의 새로운 분야에 영향을 미쳤다.

에릭슨 이론의 문제점은 첫째, 사회심리적인 구성이 경험적 연구 작업에서 어떻게 시험되어야 하는가에 대한 불충분한 설명으로 에릭슨의 입장에 관한 체계적인 연구가 부족하다. 둘째, 에릭슨이 사용하는 이론적 개념을 세분화시키거나 구체화시키지 못했다. 예를 들면, 성숙(mutuality), 충성(fidelity), 사회심리적 유예(psychosocial moratorium) 등이 있다. 셋째, 발전론적 기초를 강하게 반영하고 있기 때문에 사회심리적 단계의 평가에 대한 인지학자의 흥미를 최소화시키고 있다. 왜냐하면 발전론적 견해는 성인행동을 이해하려는 연구자에게는 부적당하다고 여겨지고 있기 때문이다.

요약

1. 에릭슨은 프로이드의 이론을 확장시켜 성격발달의 본능적 측면에 사회심리적 측면을 포함・강화시켰다. 원초아보다 자아를 더 강조하였다.
2. 성격의 발달과 형성에 있어 사회적 환경과 개인의 역할을 동일하게 중요시하였으며, 과거뿐만 아니라 미래도 중요하다고 보았다.
3. 프로이드가 무시했던 청년기에 특히 관심을 두어 개인이 심리적, 사회적 행복을 추구하는 데 있어 중추적인 시기라는 것을 역설했다.
4. 에릭슨은 자아의 중요성을 강조한 자아심리학의 발달에 기여하였으며, 적응 대 부적응 방식의 위기를 통해 인간이 성장한다는 것을 강조하였다.

5. 에릭슨은 사회심리적 발달단계를 8단계로 구분하고 적응 대 부적응 방식으로 제시하였다. 8단계는 기본신뢰감 대 불신감, 자율성 대 의심·수치심, 주도성 대 죄책감, 근면성 대 열등감, 정체감 대 정체감 혼미, 친밀감 대 고립감, 생산성 대 침체감, 통합성 대 절망감이 있다.
6. 사회심리적 성장의 8단계는 각기 긍정적인(strength) 측면과 부정적인(weakness) 측면이 있다고 말하면서 한 단계의 실패가 반드시 다음 단계의 부정적 발달을 뜻하는 것이 아니라고 낙관론을 주장했다.

연습문제

1. 에릭슨의 인간발달과 관련하여 제안한 점성적 원리가 무엇인지 설명하라.
2. 에릭슨이 제안한 심리사회적 발달단계를 적응 대 부적응 방식의 특성을 바탕으로 설명하라.
3. 성격발달에 대한 프로이드의 관점과 에릭슨의 관점을 비교하여 설명하라.
4. 프로이드의 심리성적 발달단계와 에릭슨의 심리사회적 발달단계를 비교하여 설명하라.
5. 심리사회적 발달단계의 주요한 강조점에 대해 기술하라.

지피지기 4 에릭슨 성격연습

❖ 개인 정체감

에릭슨에 의하면, 10대와 20대 초반의 성인은 개인 정체감을 형성하는 과업에 직면한다고 합니다. 발달의 단계에서와 마찬가지로 이러한 위기를 어떻게 잘 해결하느냐가 장래의 성격발달과 적응패턴을 결정짓는다고 볼 수 있습니다. Ochse와 Plug(1986)은 에릭슨이 제시한 발달의 여덟 단계를 각각 어떻게 성공적으로 밟아 나가는지를 측정할 수 있는 성인용 척도를 개발하였습니다. 정체감 형성 대 역할 혼미에 관한 항목들이 아래에 제시되어 있습니다. 다음 보기를 참고하여 각 진술문을 읽고 해당 번호를 적으시오.

<보기> 1 = 전혀 그렇지 않다. 2 = 거의 그렇지 않다. 3 = 자주 그렇다. 4 = 매우 그렇다.				
① 내가 진정 어떤 사람인지 궁금하다.*	1	2	3	4
② 사람들의 나에 관한 생각들이 바뀌는 것 같다.*	1	2	3	4
③ 내 인생에서 내가 무엇을 해야 할 지 확신한다.	1	2	3	4
④ 어떤 것이 도덕적으로 옳고 그른지 불확실하다.*	1	2	3	4
⑤ 내가 어떤 사람인지에 대한 대부분의 사람의 의견이 비슷하다.	1	2	3	4
⑥ 내 방식의 삶이 내게 어울린다고 느낀다.	1	2	3	4
⑦ 다른 사람들은 나의 가치를 인정한다.	1	2	3	4
⑧ 나를 아주 잘 아는 사람과 떨어져 있을 때 진정한 나 자신이 되는 자유로움을 더 느낀다.*	1	2	3	4
⑨ 내가 하고 있는 일이 진정 가치로운 것은 아니다라고 느낀다.*	1	2	3	4
⑩ 내가 살고 있는 지역사회에 나는 잘 적응하고 있다.	1	2	3	4
⑪ 나 자신에 자부심을 느낀다.	1	2	3	4
⑫ 내가 나를 바라보는 것과 타인이 나를 바라보는 것이 매우 다르다.*	1	2	3	4
⑬ 무시되는 느낌이다.*	1	2	3	4
⑭ 사람들은 나를 인정하지 않는다.*	1	2	3	4
⑮ 삶으로부터 얻고자 하는 것에 대한 생각이 바뀐다.*	1	2	3	4
⑯ 사람들이 나에 대해 어떻게 느끼는지 확실하지 않다.*	1	2	3	4
⑰ 내 자신에 대한 느낌이 변한다.*	1	2	3	4
⑱ 마치 연극을 하고 있거나 남들 눈에 띄기 위해 뭔가를 하는 듯한 느낌이 든다.*	1	2	3	4
⑲ 내가 살고 있는 사회의 구성원인 것이 자랑스럽다.	1	2	3	4
총 점 : ________ 점				
'*'는 역점수 문항입니다.				

4. 아들러의 개인심리학

현대 성격이론에서 각광을 받는 주제 중에 하나는 "인간은 선천적으로 사회적 요구에 의해서 움직이는 사회적 존재"라는 사실이다. 아들러(Alfred Adler, 1870~1939)는 인간을 유일하고, 분해할 수 없으며(indivisible), 자아일치(self-consistent)되고, 통합된 실재(unified entity)로 전체적으로 보는 입장이다. 인간을 사회생태적 체계 속에 한 구성요소로 속해 있는 것으로 보아야 한다는 믿음을 갖고 있다. 인간을 이해하려면, 자신을 위해 계획된 목표와 이 목표를 달성하기 위한 그들 나름의 독특한 방법 등으로 이해해야만 한다. 아들러는 자신(즉, 개인)이 성격의 창조자라고 주장하였다.

1) 아들러의 생애

아들러는 오스트리아 비엔나 근교인 '펜치히'에서 1870년 2월 7일 5남 2녀 중 3째이며, 남자 형제 중 둘째로 출생하였다. 3번의 죽을 고비(폐렴과 2번의 사고)를 넘기는 등 만성적으로 병약했던 아동 시기를 보냈으며, 1897년에 러시아인 레이사 엡슈타인과 결혼을 한다. 1895년에 의학학위를 취득한 후 안과학, 일반의학 등을 거친 후 정신의학에 정착한다. 아들러는 1902~11년까지 프로이드와 함께 활발한 활동을 수행하지만 1911년에 이르러 이론적인 갈등으로 비엔나 정신분석학회와 결별을 하고 자유정신분석학회를 형성한 후 1912년에 개인심리학회를 창설하였다. 제1차 세계대전 중 '아들러 상담소'를 개설하였다. 이는 현재 지역사회 정신치료(community psychiatry)의 선구자적 역할을 하였다. 1939년 5월 28일 영국 스코틀랜드의 애버딘을 여행하던 중 심장마비로 사망하였다.

2) 주요 개념

아들러는 성격이론의 중요 목적은 정신치료가에게 경제적이고도 효과적인 원리를 제공하고 궁극적으로는 모든 사람이 심리적으로 보다 건전한 행동의 변화를 가져와야 한다고 생각했다.

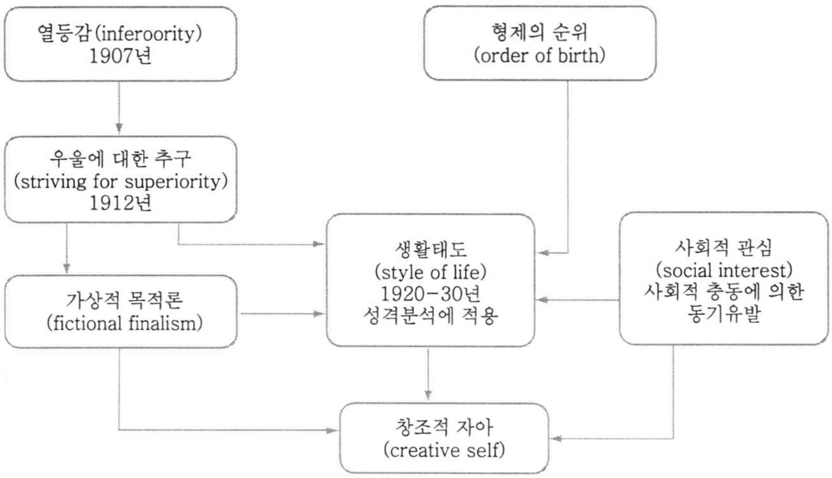

▌그림 1-3▌ 개인심리학의 중심이론

(1) 열등감과 보상

1907년 아들러의 연구 논문 "기관 열등감과 그로 인한 심리적 보상에 관한 연구(A Study of organ Inferiority and it's Psychical Compensation)"에서 "왜 병이 사람에게 각기 다르게 영향을 미치는가?"에 대한 자신의 이론을 피력하였다. 모든 사람은 발달이 덜 되고, 기능이 잘 안 되거나 일반적으로 태어날 때부터 열등한 부분이 병에 잘 걸리기 쉽다는 것을 이론화하였다. 심한 신체적 약점이나 결함을 가진 사람이 연습이나 훈련 등을 통하여 이를 보상하려고 노력하며, 이는 가끔 아주 훌륭한 기술이나 힘으로 발전하는 것을 관찰하게 된다. 역사적인 인물 중 신체의 열등을 보상한 예를 보면, 데모스데네스(말더듬으로 웅변가), 월마 루돌프(신체장애인으로 3개의 올림픽 메달 수상), 데오도르 루즈벨트(허약하고, 병약한 아이로서 건강한 성인의 표본)가 있다.

병적 열등감이 근본적으로 모든 인간의 추구에 대한 동기유발의 근거가 된다. 병적 열등감과 보상을 위한 노력은 인간 운명의 발전적인 원인이 된다(긍정적인 측면 : 깊이 있는 성찰). 신체적인 열등감은 그 자체로는 의미나 중요성이 없으나 신체적 결함이 주관적인 열등감을 자극할 때, 중요성이 발생한다. 열등감은 완전이나 완성을 향한 힘으로 개인을 더 높은 수준으로 자기발달을 하도록 동기를 유발한다.

인간의 모든 전진이나 상향을 위한 시도는 그 자신의 열등감을 보상하기 위한 시도에서 나온다고 본다. 병적 열등감에 이르기 쉬운 3가지 어릴 때 환경을 보면, 첫째, 신체적 열등감(다른 아동과의 경쟁에서 열등감 생성)으로 신체적으로 불완전하거나 만성적으로 아픈 아동은 다른 아동과 경쟁할 수 없다. 둘째, 버릇이 나쁘거나 응석받이로 키우는 경우(의존적 자신감 결여 → 문제 봉착 시 열등감)로 타인이 항상 그를 위해 모든 것을 해 주기 때문에 자신감이 부족해지고, 자신이 인생에 어려운 고비에 부딪쳤을 경우 해결할 능력이 없다고 믿고 깊은 열등감에 빠지게 된다. 셋째, 방임(neglect : 자신이 불필요한 존재라고 느낌)으로 근본적으로 자기가 필요하지 않다고 느끼기 때문에 병적 열등감에 빠진다. 예를 들어, '널 괜히 낳았어!' 등이 있다.

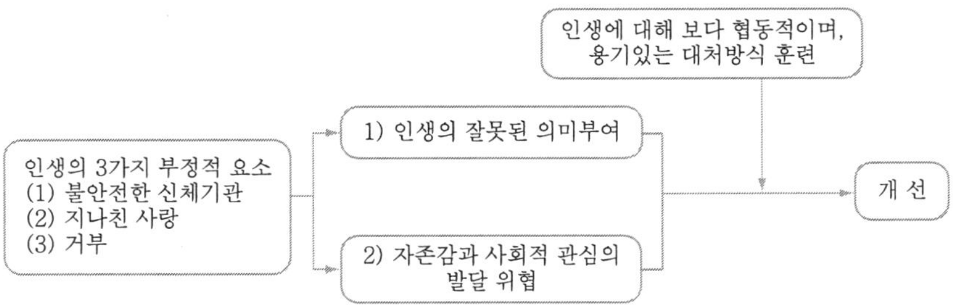

▌그림 1-4▐ 인간의 3가지 부정적 요소의 개선

(2) 우월에 대한 추구

아들러는 인간의 자기 신장, 성장, 능력을 위한 모든 노력의 근원이 열등감으로 보았으며, 우월에 대한 아들러의 질문은 다음과 같다. ① 우리가 추구하는 것의 궁극적 목표는 무엇이며, 어떤 것이 우리의 삶에 일관성과 통일성을 나타내는 척도가 되는가? ② 우리는 단지 열등감에서 벗어나려는 욕구에 의해 움직이는가? ③ 우리가 잔인하게 삶을 지배하려는 욕구에 의해 동기유발 되는가? 이러한 질문에 대한 아들러의 사고 변천은 다음 ▌그림 1-5▐와 같다.

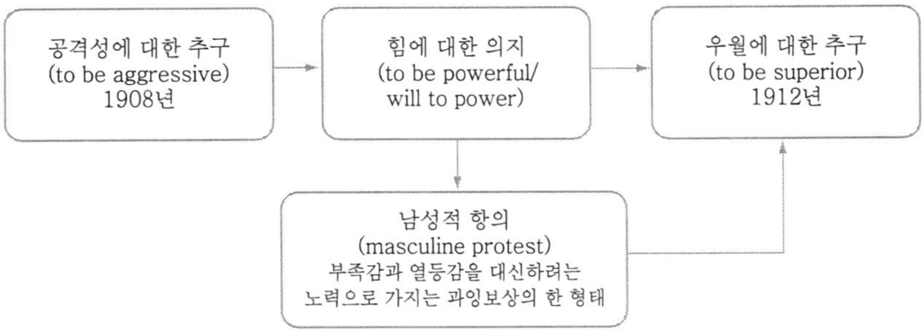

그림 1-5 애들러의 사고 변천

인간행동을 좌우하는 위대한 역동적인 힘은 공격성(to be aggressive : 1908), 즉 방해물을 극복하기 위한 동기 → 힘에 대한 의지(to be powerful : 힘), 즉 이 개념에선 약함은 여성적인 것, 힘은 남성적인 것으로 동일시 : 남녀가 부족감과 열등감을 대신하려는 노력으로 갖는 과잉보상의 형태인 "남성적 항의"를 고안했다. 1912년에 '우월에 대한 추구(to be superior)'의 개념을 창출해 내었다. 이왕이면 자기가 좋아하는 쪽으로 추구하며, 우월하려면 남과 달라야 한다. 아들러의 생각의 변화는 프로이드의 이론 중 공격성, 성에 대한 것에서 우월에 대한 추구로 바뀌게 된다.

인간생활의 궁극적인 목적을 이론화 할 때 3단계를 거친다. 즉, ① 공격적, ② 강력하게, ③ 우월하게 되는 것으로 설정한다. 우월에 대한 추구가 인간생활의 기초라고 결론을 내리고, 인생은 "우월에 대한 추구 없이는 생각할 수도 없는 것"이라고 하였다. 예를 들면, 뭔가 나아지기 위해서 공부하는 것, 즉 한마디로 나아지기 위해서이다. 모든 사람은 위대한 향상의 욕구를 공유하게 된다. 이것은 −에서 +로, down에서 up으로, 미완성에서 완성으로 나아가는 동기를 나타낸다. 예를 들면, 이 빠진 동그라미가 나머지 한쪽을 찾아 나서서 원형의 동그라미를 추구하는 것에서 아들러의 이론을 "완성설"이라 한다. 우월에 대한 추구는 신체적 성장과 병행하며, 인생의 본질적인 요소이다. 우월이나 완성을 향한 추구는 어디에서 유래하고 선천적인가, 학습되는 것일까? 아들러는 선천적이라고 하였다. 프로이드와는 반대의 개념이다.

우월에 대한 추구의 본질과 5가지 기능을 보면 다음과 같다. 첫째, 우월에 대한 추구를 분리된 충동의 결합이기보다는 기본 동기의 하나로서 그것은 유아기 때 자기가 주위의 사람보다 무력하고 열등하다는 것에 근거를 둔다. 출생 시 잠재력으로 존재하며 5세 때부터 현실화된다(유아기 때 무력하고 열등하다는 인식에서 근거함). 예를 들면, 아들러는 정상인과 신경증인을 구분할 때, 현실감각의 유무로 구분한다. 아들러가 주로 중요하게 다룬 것은 신경증이었고, 아들러는 정상인과 신경증인은 구분해서 정리하였다. 둘째, 향상의 욕구는 보편적이고 정상적인 사람이나 신경증적인 사람 모두에게 공통이다. 예를 들면, 알코올 중독의 경우 향상의 욕구는 술의 양의 증가로 증명된다. 셋째, 우월의 목표는 부정적(파괴적) 경향과 긍정적(건설적) 경향을 취한다. 부정적 경향의 예는 신경증 환자에게 있어서의 자기존중, 권력, 자기강화(이기적 목표)를 위한 투쟁, 긍정적 경향의 예는 더 나은 인생을 향한 노력이나 사회적 관심(목적)이나 타인의 복지와 연관된다. 넷째, 완성을 위한 노력은 상당한 정력과 노력을 요구한다. 다섯째, 우월을 향한 추구는 '개인과 사회' 2가지 수준에서 일어난다. 즉, 개인은 개인으로서 완성을 향해 노력하고, 사회는 사회의 일원으로 우리의 문화를 완성하기 위해 노력한다. 아들러는 개인과 사회가 근본적으로 서로 조화를 이룬다고 보는 반면, 프로이드는 갈등으로 본다. 아들러의 이론은 인간이 사회의 세계와 협력하며 살되 끊임없이 더 나은 세계를 건설하려고 노력하는 것에 묘사했다.

(3) 생활양식

아들러의 후기 저서에 나타나는 주제로서 아들러의 성격이론의 본체이며, 인간의 유일성을 설명하는 원리이다. 생활양식은 목표추구 개념을 확대시킨 것으로 인생목표뿐만 아니라 자아개념, 타인에 대한 감정, 세상에 대한 태도 등을 포함한 개인의 독특한 특징을 나타내는 사실상 개체 기술적 개념이다.

이 생활양식의 결정요소는 독특한 열등감을 극복하기 위한 노력이며, 4~5세 때 형성되어(프로이드적 요소) 그 후엔 거의 변하지 않는다(정착된 기본구조의 개작이나 확대). 생활양식의 역할은 행동을 구체화하고 실행시키는 데 있다. 생활양식이란 특질, 행동, 습관의 독특한 형태를 말하는바 이것은 우리가 모두 생의 목표에 도달하기 위하여 스스로 설계한 독특한 좌표(route)를 나타낸다. 생활양식을 알기 위해서는 열등감과 보상의 개념을 이해해야 한다. 왜냐하면 이 개념이 생활양식의 근본을 결정하기 때문이다.

개인의 행동은 자기의 신체적 한계점을 의식함으로써 형성되며, 이것이 생활양식, 즉 열등감을 보상하기 위한 행동이 된다. 따라서 우리의 생활방식은 우리의 독특한 열등감을 극복하기 위한 노력이다. 생활양식은 4~5세 때 대부분 이식되어 그 후엔 거의 변하지 않는다. 생활양식이 주위의 어떤 측면을 받아들이고 버리기를 결정한다. 모든 심리과정은 단일한 전체로 통합되고 심리과정의 의미는 개인의 생활방식의 내용을 보아야 알 수 있다. 모든 특징적인 개인 행동은 그들의 생활양식에서 나온다. 생활양식은 그의 지적 능력 수준을 증가시키기 위해 일을 한다.

(4) 성격유형 : 생활양식 태도

개인의 독특한 생활방식은 그가 생각하고, 느끼며, 행동하는 모든 것의 기반이 된다. 고유한 생활양식은 사고(thinking), 감정(feeling), 행동(acting)의 기반이 된다. 인생과업(직업, 우정, 사랑과 결혼문제 등)의 해결방법은 생활양식에 기인한다. 같은 TV를 보더라도 각자 보는 관점이 모두 다르다. 생활양식이 다르기 때문에 공통점을 찾아서 상이한 것을 맞춰가야 한다. 사회체계 속에서 모든 사람이 해결해야 하는 인생과업은 3가지가 있다. 인생과업은 항상 상호관련되어 있으며, 그 해결방법은 또한 생활양식에 달려 있다. 한 문제의 해결은 다른 문제의 해결을 도우며, 실제로 여러 인생과업은 모두 같은 상황이나 같은 문제의 여러 면을 나타낸다고 하였다. 인생과업은 우리가 생을 유지하고, 진전시키는 이유이며 인간은 그 속에서 자신을 발견하게 된다.

개인을 일, 우정, 사랑과 결혼의 3가지 주요 인생과업에 대한 태도와 행동에 따라 분류하였다. 아들러의 유형론은 사회적 관심과 활동수준의 2차원적 모형이다. 사회적 관심이란 각 개인에 대한 감정이입을 말하며, 개인의 이익보다는 사회발전을 위해 다른 사람과 협력하는 것을 의미한다. 이것은 심리적 성숙의 주요 기준이 된다. 활동수준이란 인생문제를 해결하려는 개인의 움직임을 말하며, 소위 흥분 또는 정력 수준과 일치한다. 활동수준이 건설적으로 되는지 또는 파괴적으로 되는지의 여부는 그것이 사회적 관심과 결합될 때 나타난다. 아들러의 생활양식 태도의 4가지 유형은 다음 <표 1-5>와 같다.

〈표 1-5〉 생활양식 유형

		사회적 관심	
		고	저
활동 수준	고	사회적 유용형	지배형
	저	획득형(기생형)	회피형

① 지배형(the ruling type)

독단적, 공격적, 활동적이고, 사회적 인식이나 관심이 거의 없는 사람이다. 비사회적인 면에서 활동적이고, 타인의 안녕에 아랑곳하지 않고 행동하며(독불장군), 외부세계에 지배태도와 인생과업을 공격적이고, 반사회적인 행동으로 대치한다.

② 획득형(the getting type)

기생적인 방법으로 외부세계와 관계를 맺으며, 타인에 의존하여 자신의 욕구를 충족하는 형이다. 인생의 주된 관심은 가능한 한 많은 것을 타인으로부터 획득하는 것이다. 활동수준이 낮다(예 깡패들).

③ 회피형(the avoiding type)

어떤 방법이든 참여와 사회적 관심이 적고(희박하고), 어떤 형식으로든 인생에 참여하는 활동을 회피한다. 성공을 바라기보다는 실패하는 것을 더 두려워하며, 이들의 목표는 인생의 모든 문제를 회피함으로써 한 치의 실패 가능성도 모면하려는 데 있다.

④ 사회적으로 유용한 형(the socially useful type)

사회적 관심과 활동수준이 모두 높다(예 박세리). 사회적 관심이 많아서 자신과 타인의 욕구를 동시에 충족시키는 한편, 인생과업을 완수하기 위해 기꺼이 타인과 협동한다.

아들러는 이 4가지 유형 중 어느 한 사람의 생활태도를 정확하게 묘사할 수 없음을 강조하면서 결국, 문제가 되는 것은 개인과 그의 독특한 생활양식으로 보았다. 이 생활양식 태도를 파악함으로써 어느 정도 아들러의 관점에서 인간행동을 이해하는 데 도움이 된다.

아들러는 어릴 때 기억은 개인의 생활양식을 이해하는 데 가장 효과적인 수단으로 믿었다. 아들러는 긴박한 상황에서 진정한 생활양식이 나타나고, 그의 본래의 모습을 알 수 있다고 보았다. 내적인 힘을 가진 자는 능력을 효과적으로 사용함으로써 스트레스 문제를 해결한다. 응석받이 생활양식 소유자는 사회적으로 비효과적인 방식으로 행동한다(자기 중심적).

(5) 사회적 관심(social interest) : 프로이드 말기에 나온 개념이다.

사회적 관심의 개념은 인간이 사회적 동물이라는 아들러의 강한 신념을 반영한 것이다. 프로이드와 친교 중일 때인 초기의 주제로서 인간은 개인적인 권력이나 지배욕에 의해서 좌우된다고 생각하였다. 자비로운 사회적 충동(각 성원에 대한 감정이입)에 의하여 동기가 유발된다고 후에 생각이 변화된다.

사회적 관심은 게마인샤프트(gemeinschafttsgefuhl; 사회적 느낌, 공동체 의식, 결속감)를 포함하고 있으며, 사회적 관심은 인간 사회 속의 소속감, 즉 인류와의 동일시 감정과 인류 개개 성원에 대한 감정이입(empathy)을 뜻한다. 사회적 관심이란 영원의 관점에서 정체와 공감하는 것을 뜻하며, 인류가 관심의 목표를 달성했을 때 생각해 볼 수 있는 그러한 형태의 공동사회를 얻기 위한 노력을 뜻한다.

사회적 관심의 잠재력은 선천적이며, 자동적으로 발생하는 것이 아니라 의식적인 개발을 필요로 한다. 사회적 관심의 발달은 사회적 환경에서 이루어지며, 발달에 가장 영향을 주는 사람은 어머니이다. 어머니의 역할은 성숙한 사회적 관심을 발달・격려하며, 관심의 방향을 다른 곳으로 돌리게 한다. 사회적 관심은 모자관계에 의해 발생한다. 어머니의 임무는 아이에게 협동심, 연대감, 동료의식을 키워주고 진실되고 깊은 사랑을 보여 주어야 한다. 아들러는 아동에게 사회적 관심을 키워주는 능력은 3가지 중요한 인생과업(일, 우정, 사랑과 결혼)에서 만족을 느끼는 사람만 갖는다고 보았다. 육아에 관한 여러 생활양식 태도가 아동의 사회적 관심을 억제하기도 한다. 예를 들어, 아이에게만 몰두하거나, 남편만을 사랑할 경우 자율성이나 협동능력의 결핍을 초래한다.

사회적 관심에 영향을 미치는 중요 인물은 아버지이다. 아버지는 아내, 일, 사회에 대해 긍정적 태도를 가져야 한다. 이상적인 아버지는 자녀를 동등한 인격체로 대하고 아내와 동등한 위치에서 협력하며, 자녀를 돌보는 사람이다. 아버지가 잘못할 경우 정서적 격리(emotional detachment)는 아이가 우월감을 위한 목적만 추구하게 되고, 가부장적 권위주의(paternal authoritarianism)는 권력과 개인적인 것만 추구하도록 한다. 부부관계가 아동의 사회적 관심의 발달에 지대한 영향을 미친다.

(6) 창조적 자아(creative self)

아들러의 최고의 업적이 되는 개념으로 다른 개념을 종속시킨다. 프로이드와 아들러는 성격발달에 초기 경험의 중요성을 강조한다. 그러나 아들러는 성인기의 행동이 초기 경험의 단순한 재생이 아니라 인생 초창기 몇 년 사이에 형성된 성격의 특유한 표현이라고 주장한다. 1920~30년대 성격분석에 '생활양식'이 적용되었으나 보다 역동적인 원리추구를 위해 '창조적 자아'라는 개념을 찾게 된다.

창조적 자아는 생의 의미를 제공해 주는 원리이다. 개인의 창조적 힘에 의해 생활양식이 발달한다는 주장은 인간이 스스로 생활양식을 창조할 자유를 가지고 있다는 것을 말한다. 창조적 힘은 그의 인생 목표와 그 목표를 추구하는 방법도 결정하며, 사회적 관심의 발달에도 공헌한다. 창조력은 지각, 기억, 심상, 환상, 꿈에도 영향을 주어 각 개인을 자주적인(자기 결정적인) 사람이 되게 한다. 창조적 자아주의는 인간 자신이 스스로 만든다는 것이다. 인간행동을 형성하는 결정요인으로 환경과 유전도 언급하였다. 인간은 환경에 반응하고, 환경에 영향을 미치며, 환경이 인간에게 반응하도록 만드는 창조적 존재이다. 아들러는 창조력의 근원과 발달의 원인에 대한 정확한 답은 제공하지 못했다. '창조적 자아'라는 말은 헐과 린지(Hull & Lindzey, 1957)가 사용하였다.

(7) 출생순위(order of birth)

출생순위가 생활양식 형성에 영향을 준다. 출생순위에 수반되는 상황에 대한 주관적인 지각(perception)이 중요하다.

① 장자(the first born child)

장자는 혼자 생존해 나가는 전략을 습득한다. 장자는 동생의 출현 이전까지는 부모의 사랑과 관심을 독차지한다. 동생의 출현으로 과거의 위치를 획득하기 위한 저항 경향을 보이며, 부모는 장자가 주의를 끌기 위한 문제행동을 '벌'로 다스린다. 장자는 스스로 고립해서 적응해 나가고, 타인의 애정이나 인정을 얻고자 하는 욕구에 초연해지고, 혼자 생존해 나가는 전략을 습득하게 된다.

② 둘째 · 중간 아이

둘째의 생활양식은 자기가 형, 누나보다 낫다는 것을 증명하기 위한 노력에 의해 형성된다. 형, 누나의 장점을 능가하기 위한 자극과 도전을 받는다. 형, 누나보다 훨씬 빨리 말하고, 걷기 시작한다. 둘째는 경쟁심이 강하고, 대단한 야망을 가진 성격을 갖게 되며, 생활양식은 자기가 형, 누나보다 낫다는 것을 증명하기 위해 노력한다.

③ 막내(the youngest child)

막내의 긍정적 경향은 위의 형제를 능가하려는 강한 동기유발이 있다. 막내는 훌륭한 음악가, 재능 있는 예술가, 가족 중 가장 야망 있는 아이일 경우가 많다. 부정적 경향은 가족의 귀염둥이로 응석받이로 자란다. 부모가 경제적으로 넉넉하지 못할 경우 "늘 귀찮게 붙어 다니는 존재"로 전락될 가능성이 높다. 또한 주위가 모두 자기보다 크고, 힘세며, 특권이 있는 사람에 둘러싸여 '독립심 부족'과 '강한 열등감'을 경험한다.

④ 독자 · 외동자식(the only child)

독자 및 외동자식은 응석받이가 되기 쉽고 관심과 걱정의 대상이다. 독자의 생활양식은 노력 없이 관심의 초점이 되고, 노력 없이 타인의 후원을 받는 생활양식으로 성장 후 더 이상 만인의 귀염둥이가 아닐 때(성인이 되었을 때) 현실적 문제가 야기된다. 이들은 타인으로부터 보호받기를 원하고, 의존심이 강하며, 자기중심적이다. 아버지와 강한 라이벌 의식을 갖게 된다.

아들러는 출생순위의 숫자가 중요한 것이 아니라 태어난 상황이 성격에 영향을 미친다고 보았으며, 아들러의 출생순위에 대한 관심은 첫째, 아동이 당면한 문제의 내용을 알아낸다. 둘째, 아동이 이 문제를 어떻게 대처하고, 어떤 방식으로 해결해 나가는가를 밝히고자 하였다.

(8) 가상적 목적론(fictional finalism)

인간의 우월을 향한 추구가 일반 동기로서 주관적으로 생각하는 최상의 목표를 추구할 때 구체적인 형태로 나타난다는 생각으로 인간이 일생을 통해 하는 일은 우월성과 완전성을 위한 노력이라고 생각했다.

아들러는 사람의 궁극적인 목표가 현실에서 검증되거나 확인되지 않는 가상의 목적이라는 것이다. 인간의 성격은 과거의 경험보다 가상적인 것이나 미래에 대한 기대로부터 영향을 받는다. 인간의 행동은 가상의 목표에 대한 지각에 의해 결정된다. 즉, 가상적 목표는 미래에 있는 것이 아니라 미래에 대한 현재의 지각에 있다는 것이다. 가상적 목적이란 현재의 행동을 결정하고, 개인의 우월성을 추구하게 한다.

각 개인의 우월성의 추구는 그들이 채택하는 가상의 목표에 의해 결정된다. 가상의 목표는 자기 결정적이고, 자신의 창조력에 의해 형성되며, 각 개인마다 독특하고 다양하다. 가상의 목표는 현실에 효과적으로 대처하는 데 큰 도움을 준다. 가상적 목표의 유익성과 해로운 점을 보면, 유익한 측면의 예 전문분야에서 탁월해지려는 교수의 노력. ㉮ 전문분야에 대해 더욱 더 연구 → ㉯ 책 읽는 시간의 증가, 전문적 회의나 세미나 참가 횟수의 증가 → ㉰ 교수의 지식의 향상(유용, 건전) → ㉱ 제자들이 교수의 가상의 목표로부터 도움을 받는다. 해로운 측면의 예는 계속 '죽겠어' '피곤해' 등 아픈 것처럼 행동하는 우울증 환자, 학대받는 것처럼 행동하는 편집증 환자, 히틀러의 파괴성(아리안 우월주의) 등이 있다. 가상의 목표는 객관적인 실체가 아님에도 불구하고 삶의 방향에 많은 영향을 준다.

3) 아들러의 공헌

아들러는 행동에 있어서 사회적 결정요인을 강조하여 성격학, 심리학에 공헌하였다. 창조적 자아의 개념은 개인적이고 주관적인 체계로 자기(self)를 행동의 중요한 원인으로 인식하는 데 공헌하였다. 성격의 고유성을 강조함으로써 인간의 독특한 생활양식 소유자라는 것을 밝혔다. 아들러의 성격이론 체계는 매일매일 직면하는 삶의 문제를 통해 인간을 실제적으로 이해하는 데 공헌하였다.

초기의 정신분석이론의 영향을 받았지만, 정신분석과 별도로 인본주의적 심리학(humanistic psychology)과 현상학적 심리학(phenomenological psychology)에 기초를 제공한다. 즉, 전체성과 주관성에 기초한 인본주의적 입장이 현대의 여러 학자의 이론에 반영되었다. 행동치료에서 아들러가 추구하는 생활목표는 잘못된 생활양식을 바꾸고, 사회적 관심을 발달시키는 것이다. 즉, 인지적 측면을 강조할 뿐만 아니라 인간의 긍정적 측면을 강조하였다.

요약

1. 아들러는 생활양식을 삶을 영위하는 근거가 되는 기본적 전제와 가정으로 정의하였다. 생활양식은 아동이 지닌 열등감과 그 열등감을 극복하려는 방식에 의해 결정되며, 일단 생활양식이 형성되면, 외부 세계에 대한 전반적인 태도가 결정되며 기본 성격 구조가 일생을 통해 일관성 있게 유지된다. 아들러는 사회적 관심과 활동수준에 따라 생활양식을 지배형, 획득형, 회피형, 사회적 유용형으로 분류하였다.
2. 아들러는 사람은 누구나 3가지 주요 인생과제인 일, 우정, 사랑에 직면하게 된다고 믿었다.
3. 아들러는 인간을 현재를 바탕으로 미래지향적인 삶의 목적을 향해 노력하는 존재로 보았다. 때문에 허구적 최종목적론이란 미래의 삶에 대해 가지고 있는 허구 또는 이상이 현실을 보다 더 효과적으로 움직인다는 의미를 지닌다. 개인의 모든 심리현상은 그가 갖는 허구적 목적을 이해함으로써 파악될 수 있다.
4. 인간은 현재보다 나은 상태인 완전성을 실현하기 위해 노력하는 존재이므로 어떤 측면에서는 모두 열등감을 갖고 있다. 하지만 이 열등감을 어떻게 극복하고 지배하느냐에 따라 심리적 건강이 달라질 수 있다. 만약 열등감을 극복하지 못하고 사로잡히게 되면 열등감 콤플렉스에 빠지게 되는데, 아들러는 이의 원인으로 기관열등감, 과잉보호, 양육형태만을 제시하였다.
5. 아들러는 가족구도와 출생순위가 성격형성에 많은 영향을 주었다고 생각하였다. 아동기 때 부모와의 상호작용의 질과 가족관계를 통해서 타인과 관계하는 독특한 스타일을 배워서 익히게 되며, 성인이 되었을 때도 상호작용 양식을 답습하게 된다.
6. 아들러 개인심리학에 있어서 성격 평가는 개인의 생활양식을 파악하는 것이다. 전형적인 생활양식조사에 들어가는 주요 내용으로는 초기회상, 꿈 분석, 출생순위, 기본적 오류, 자질 등이 있다.
7. 아들러의 개인심리학의 개념은 현재 광범위하게 적용되고 있다. 특히 자녀지도를 위한 부모교육을 통해 아들러의 개념이 널리 보급되면서, 격려를 통한 상담방법이 각광받고 있다.

연습문제

1. 아들러의 개념에서 열등감과 열등감 콤플렉스의 차이점은 무엇인가?
2. 아들러에 따르면 인간이 행동하는 주요 동기는 완전성의 추구라고 하였다. 인간의 동기에 대한 프로이드의 입장과 비교하라.
3. 허구적 최종목적론에 대해 설명하라.
4. 생활양식의 네 가지 유형을 설명하라.
5. 아동의 사회적 관심을 개발시킬 수 있는 부모의 행동에 대해 논의하라.
6. 장남(녀), 차남(녀), 막내의 성격 특징에 대해 설명하라.
7. 인간성에 대한 아들러와 프로이드의 관점을 비교하라.

지피지기 5 애들러 성격연습

❖ 나의 사회적 관심은 어느 정도일까?

- 다음은 성격 특성에 대하여 열거되어 있습니다. 2개씩 짝지어진 것들 중에서 여러분 자신의 특성이라고 생각되는 것을 하나 선택하여 주십시오. 선택하신 번호에 V표 하시면 됩니다.
- 어떤 특성은 2번 나타납니다. 그러나 다른 특성과 짝지어져 있으므로 중복되는 문항은 없습니다. 표기하기 전에 선택하신 번호가 맞는지 다시 한 번 확인해 주시기 바랍니다.

① 나는 상상력이 풍부한 사람이다. ② 나는 합리적인 사람이다.	① 나는 고지식한 사람이다. ② 나는 논리적인 사람이다.
① 나는 도움을 주는 사람이다.* ② 나는 재치 있는 사람이다.	① 나는 관용 있는 사람이다.* ② 나는 점잖은 사람이다.
① 나는 고지식한 사람이다. ② 나는 동정심 있는 사람이다.*	① 나는 능률적인 사람이다. ② 나는 존경받는 사람이다.*
① 나는 공정한 사람이다. ② 나는 능률적인 사람이다.	① 나는 실용적인 사람이다. ② 나는 자신 있는 사람이다.
① 나는 지적인 사람이다. ② 나는 이해심이 많은 사람이다.*	① 나는 빈틈없는 사람이다. ② 나는 협동적인 사람이다.*
① 나는 자립적인 사람이다. ② 나는 야심 있는 사람이다.	① 나는 상상력이 풍부한 사람이다. ② 나는 도움을 주는 사람이다.*
① 나는 존경받는 사람이다.* ② 나는 독창적인 사람이다.	① 나는 현실적인 사람이다. ② 나는 도덕적인 사람이다.*
① 나는 창의적인 사람이다. ② 나는 분별 있는 사람이다.	① 나는 인기 있는 사람이다. ② 나는 양심적인 사람이다.
① 나는 관대한 사람이다.* ② 나는 개성이 강한 사람이다.	① 나는 이해심이 많은 사람이다.* ② 나는 현명한 사람이다.
① 나는 책임 있는 사람이다. ② 나는 친근감 있는 사람이다.	① 나는 합리적인 사람이다. ② 나는 재치 있는 사람이다.
① 나는 유능한 사람이다. ② 나는 아량이 넓은 사람이다.*	① 나는 동정심이 있는 사람이다.* ② 나는 개성이 강한 사람이다.
① 나는 믿을 만한 사람이다.* ② 나는 현명한 사람이다.	① 나는 야심 있는 사람이다. ② 나는 인내심 있는 사람이다.*

5. 융의 분석심리학적 성격이론

융(C. G. Jung, 1875－1961)은 프로이드에게 후계자로 지목될 정도로 정신분석에 심취했었으나 프로이드와 결별하고 분석심리학(analytical psychology)이란 새롭고 정교한 성격이론을 만들었다. 분석심리학은 정신의 두 측면인 의식과 무의식 간의 관계를 확립하고 이해하는 데 초점이 맞춰져 있다. 융은 인류 역사를 통해 발달해온 정신과 개인이 속한 문화적 영향을 바탕으로 형성된 타고난 정신적 소인의 중요성을 강조하였다.

1) 융의 생애

융은 1875년 7월 26일 스위스의 케스빌에서 개혁파 목사의 맏아들로 태어났다. 장인, 삼촌(2), 처남 모두가 목사여서 철저한 개신교 목사의 아들로 성장하였다. 1900년 정신의학으로 박사학위를 취득하고 쮜리히대학 정신과 주임교수 오니겐 블로일러의 조수로 일을 하였다. 1902년에 파리의 피에르 쟈네로부터 정신병리학 이론을 연구하고, 1903년에는 언어연상에 관한 실험적 연구를 통하여 무의식적인 콤플렉스의 존재를 발견하였다.

1906년부터 프로이드와 서신교류를 시작하였고, 1907년에 프로이드와 빈에서 상봉하여 6년간 프로이드와 관계를 맺었으며, 1910년에는 국제정신분석협회가 창립되었을 때 초대 회장으로 취임하였다. 1913년부터 융이 성욕의 결정론을 부인함으로써 프로이드와 관계가 냉각되기 시작하여 프로이드와 결별을 한다. 따라서 융의 이론은 프로이드의 이론을 기초로 활용한 것이다.

1913～19년까지는 융의 생애의 '내향기'로서 고독한 탐구를 한 시기이다. 융은 모든 사회적 지위나 활동을 버리고 자기 자신의 세계를 관조하는 데 몰두하면서 근원적 원형론의 틀을 잡기 시작하였고, 1920～26년까지는 튀니지와 알제리 여행과 케냐와 우간다 원시종족을 방문하여 무의식에 있어서의 근원적 심성이 어떻게 현존하고, 원시인들 속에 반영되고 있는가를 찾았다. 1948년부터 정신요법에 대한 본격적인 수련장을 만들기 위해 스위스 쮜리히에 융 연구소를 설립하여 후진양성에 힘썼다. 그리고 1961년에 86세의 일기로 사망하였다.

2) 주요 개념

융은 의식의 세계와 무의식의 세계가 융화되어 양쪽이 모두 자유롭게 발달되도록 허용되어야 한다고 주장하였다. 심리적 건강의 이상형은 의식이 무의식을 감독하고 지도하는 것이다. 사회문화적 원형이 갖는 힘의 상호작용을 고려하지 않고는 정신을 이해할 수 없다.

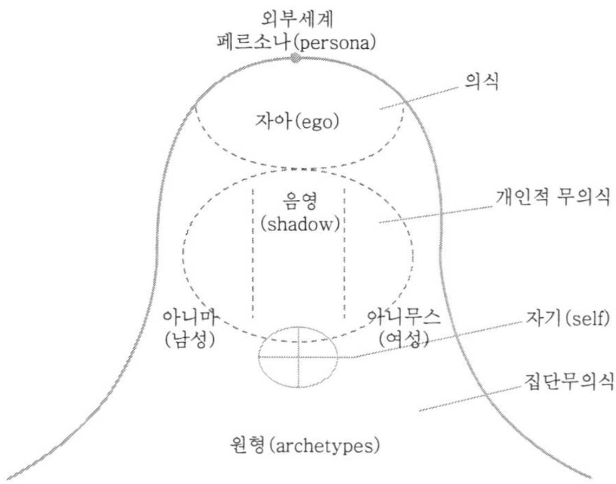

▌그림 1-6▐ 융 이론의 정신구조

(1) 정신의 구조

융은 전체적 성격을 정신으로 보았으며, 인간이 성격의 전체성을 가지고 태어나며, 일생을 통해 이러한 타고난 전체성을 분화하고 통합해 간다고 보았다. 정신은 의식적, 무의식적인 모든 생각, 감정, 행동을 포함한다. 또한 무의식을 개인무의식과 집단무의식으로 세분화한 후 집단무의식을 중심으로 분석심리학을 확립하였다. 정신적 에너지는 인간정신에 깊이 근원하는 모든 상이한 충동을 만족시키는 많은 형태를 가진다. 예를 들면, 예술의 목적은 사회적, 종교적 목적을 충족시킬 뿐 아니라 권력, 성적 충족, 상징적 죽음과 부활, 파괴적·공격적 충동의 방출, 또는 창조력으로 본다.

(2) 페르소나(persona)

페르소나라는 이 말의 뜻은 가면극 배우들이 쓰고 있는 가면이다. 페르소나는 자아의 가면으로 개인이 외부세계에 내보이는 이미지, 즉 개인이 사회적 요구에 대한 반응으로 내보이는 사회적 모습이다. 사회적응을 위해서는 페르소나가 필요하다. 인간이 사회의 인습과 전통의 요청과 그 자신의 내적 원형의 요구에 부응해서 채택한 가면이다.

가면의 목적은 남에게 뚜렷한 인상을 주려는 것과 자신의 본성을 감추는 것으로 페르소나는 공적 성격(public personality)이다. 즉, 사람이 세상에 나타내는 양상이고 사회적 외관 뒤에 존재하는 개인적 성격과는 대조적인 것이며, 자아가 페르소나와 동일시 될 경우, 인간은 그의 순수한 감정을 의식하기보다는 그가 맡은 역할을 더 의식하게 되고, 자신으로부터 소외되고 그의 전체 성격은 평면적, 이차원적인 성격을 가지며, 인간의 모습을 하고 있을 뿐 자발적인 인간이기보다는 사회의 반영일 뿐이다.

(3) 의식(conscious)

의식은 자아(ego)에 의해 지배되며, 우리가 직접 알고 있는 정신의 부분이 의식이다. 자아는 정신 전체 속에는 작은 부분을 차지하고 있지만 의식에 이르는 문지기라는 대단히 중요한 역할을 한다. 인간은 자아를 통해 자신을 외부에 표현하고 외부현실을 인식하기 때문에 의식의 중요한 내용인 태도와 기능을 이해하는 것이 필요하다.

태도는 의식의 주인인 자아가 갖는 정신적 에너지의 방향으로 자아가 외부대상에 지향하는 방향이 수동적[내향성(introversion) : 의식을 자신의 내적·주관적 세계로 향하게 하는 성격태도]인가 능동적[외향성(extraversion) : 의식을 외적 세계 및 타인에게 향하게 하는 성격태도]인가에 따라 성격 태도가 결정된다. 기능은 주관적 세계와 외부 세계를 지각하고 이해하는 서로 다른 방식을 의미하며, 정신적 기능의 구성요소는 사고, 감정, 감각, 직관이 있다. 융이 제안한 정신의 반대의 원리에 따라 합리적 차원(사고-감정)과 비합리적 차원(감각-직관)으로 구분하여 이러한 기능 중 어느 것을 우선적으로 사용하는가에 따라 기본적인 성격이 달라진다고 하였다. 인간의 타고난 성격유형을 검사하는 데 많이 사용하는 MBTI는 이러한 융의 이론에 기초하고 있다.

(4) 자아(ego)

자아는 의식의 개성화(individuation) 과정에서 생기며, 개성화란 개인의 의식이 다른 사람으로부터 분리되는 과정을 말한다. 자아란 의식의 견해를 나타내므로 의식적인 지각, 기억, 사고, 감정이 자아를 이룬다. 자아가 의식의 문지기 역할을 하므로 감각이든 관념이든 기억이든 자아에 의해 의식으로 인지되고 받아들여지지 않으면, 보이지도 들리지도 생각나지도 않는다. 자아는 선택적이며, 의식화의 여부는 부분적으로 그 경험이 자아에게 얼마만큼 불안을 일으키느냐에 따라 결정된다. 따라서 자아가 불안을 일으키는 경험을 의식하기를 거부하기 때문에 불안을 일으키는 경험은 의식화되기 어렵다. 강하고 잘 구조화된 자아가 이상적인 발달의 결과이다.

(5) 아니마와 아니무스(amima and animus)

아니마는 무의식 속에 존재하는 남자의 여성적인 측면(남성 속의 여성적 원형)을 말하고 아니무스는 무의식 속에 있는 여자의 남성적인 측면(여성 속의 남성적 원형)이다. 융은 인간이 남성호르몬과 여성호르몬을 모두 분비하므로 생물학적 의미로 양성의 성질을 가지며, 심리적으로도 인간이 양성적 특질을 갖고 있으나 유전적인 성(性)차와 사회화로 인해 남성에게선 여성적 측면이 여성에게선 남성적 측면이 억압되고 약화되어 무의식 속에 존재한다고 보았다.

아니마와 아니무스 원형은 각 성(性)에게 이성의 특징을 나타내게 할 뿐 아니라 이성에게 반응하고 이성을 이해하도록 동기화시키는 집단적 심상으로서 작용한다. 이는 동성애, 성(性)도착증, 성과 관련된 정신질환에 이론을 제공한다. 인간이 합리적으로 잘 적응하기 위해서는 집단적 무의식의 요청과 외부세계인 현실 사이에 타협이 있어야 한다.

(6) 음영(shadow)

음영이란 의식이 이면으로 무시되고 도외시되는 마음의 한 측면이다. 인간의 동물적 본성을 크게 포함하고 있어 용납하기 어려운 특질과 감정으로 구성되어 있다. 이런 동물적 본성을 자제하기 위해 페르소나를 발달시킨다. 음영은 완전한 인간성에 필수적인 요소의 원천으로서 그 내용은 동물적 본능의 근원, 자발성, 창의력, 통찰력 등이 있다. 음영의 억압은 창조성과 생명력 같은 본성을 희생시키며, 대부분의 경우 부정적이지만 자아와 조화를 통하여 생기와 활력을 창출해 낸다. 인간 사이에 일어나는 갈등은 음영의 투사로 생긴다. 즉, 나의 음영은 외면하면서 상대방에게서 나타나는 음영에 대해 비난하게 되는 것이다. 음영에 대한 통찰은 자기자각과 성격통합의 첫 걸음이다.

(7) 무의식(unconscious)

융은 "내가 알고 있으나 그것에 관해서 내가 지금 생각하고 있지 않는 모든 것, 내가 언젠가 한 번 의식하고 있었으나 지금은 잊어버린 모든 것, 나의 감각에 의해서 언젠가 포착되었으나 나의 의식적인 마음에 의해서 주목을 받지는 못했던 모든 것, 내가 별로 주의를 기울이지 않고, 또 비자발적인 마음에서 그것에 관하여 느끼고 생각하며, 기억하고 바라며, 행하고 있는 모든 것, 나의 내면 속에서 구형되고 있는 모든 미래사, 그리하여 언젠가는 나에게 의식화될 그 모든 것, 이것이 모두 무의식의 내용이다"라고 설명한다.

(8) 개인 무의식(personal unconscious)

개인 무의식은 살면서 의식이 억압하고 망각한 모든 성향과 감정을 포함한다. 예 프로이드의 전의식 부분이다. 예를 들면, 초등학교 동창을 일일이 기억할 수는 없지만 학교 때, 추억이라는 실마리를 제공하면 생각이 난다. 대부분의 음영과 아니마, 아니무스는 무의식으로 구성된다. 꿈의 형성에 중요한 역할을 한다. 자아와 인접된 영역으로 상호교류가 있다.

(9) 집단 무의식(collective unconscious)

융은 모든 인류에게 공통적으로 유전되어온 집단 무의식이 정신의 심층에 존재한다고 보았다. 집단 무의식은 진화와 유전이 신체적 청사진을 제공하듯 정신의 청사진을 제공한다는 것이다. 집단 무의식은 뇌를 통해 마음이 특정한 방법으로 생각하고 느끼며, 지각하고 행동하는 소질을 갖고 태어나며, 인간의 마음이 진화에 의해 미리 형성되어 있다는 것이다. 소질의 발달과 표현은 개인의 경험에 달려있다. 예를 들면, 어머니, 뱀, 어두움 등이 있다. 성격의 전체 구조의 유전적 · 종족적인 기반이 된다.

'집단 무의식'은 개인 무의식과 달리, 개인적인 것이나 다소 독특한 내용으로 만들어진 것이 아니라 보편적·규칙적으로 발생하는 것으로부터 만들어지는 것이다.

(10) 원형(archetype) : 아들러의 가상적 목적, 플라톤의 이데아론 참조

원형은 커다란 정서적 요소를 내포하는 보편적인 사고형(관념)으로서 정상적인 각성상태에서는 의식의 어떤 면에 합치되는 상이나 모습을 나타낸다. 예를 들어, 어린이의 경험은 세계를 일정한 방식으로 지각하는 선천적인 소인과 그 세계의 실제적인 성질이 합작되는 것으로, 특히 어머니의 원형은 어떤 어머니의 사진이 아니라 경험에 의해 현상되어져야 하는 음화이다.

원형은 어떻게 해서 생기는가? 여러 세대를 통해서 계속적으로 반복되어온 경험이 마음 속에 영구히 축적된 것으로 버거(Berger, 1977)는 원형을 인간의 특징으로 보았다. 원형은 각 세대에서 같은 경험을 반복하고, 발전시키도록 경향 짓는, 에너지가 고도로 충만된 자동적 핵심기능이다. 원형은 반드시 집단적 무의식 안에서 고립되어 있지 않고, 서로 상호 침투되어 있으며 혼합되어 있다. 다음의 예를 보면, 현군(philosopher king)의 개념은 영웅의 원형+현명한 노인의 원형과 영웅적 지도자+현명한 선각자로 대우+존경을 받는다. 히틀러(Hitler)의 경우는 악마 원형+영웅 원형으로 극악한 지도자로 나타난다. 복합의 핵심은 경험을 끌어들이는 원형일 수도 있다. 원형의 소재와 지식을 제공하는 출처는 신화, 환상, 의식, 신경증적 증상, 정신증적 증상, 예술작품 등이 있다.

(11) 자기(the self)

자기는 중심성, 전체성, 의미를 무의식적으로 추구하는 원형이다. 의식과 무의식을 포함한 전체 정신의 중심으로 자기는 태어날 때부터 존재하는 원형이다. 자기는 성격의 중심이며, 성격의 통일성, 평형, 안정성을 제공한다.

융의 이론에서 자아(ego)와 자기(self)의 차이를 보면, 자아는 의식의 중심이며, 의식의 영역만 볼 수 있다. 자아는 의식을 전부라고 여기고 의식의 판단에 따라 행동하므로 무의식과는 단절된다. 무의식은 끊임없이 꿈, 사건 등을 통해 자아에 무의식이 존재한다는 것을 알리려고 자극한다. 자기는 모든 것을 볼 수 있고 통합시킨다. 자아의식이 확대되고, 무의식을 깨달을 때, 자아는 자기에 가까워진다.

인간이 중년이 되면 성격의 중심을 의식적인 자아로부터 의식과 무의식의 중간으로 옮겨 놓으려고 노력하기 시작한다. 이 중간영역이 '자기'의 영역이다. 이 개념이 융의 가장 위대한 심리학적 발견이며, 집중적인 원형 연구의 절정이다.

3) 성격의 발달

융은 인간은 미숙한 발달단계에서 보다 완전한 단계로 계속 발전하거나 발전을 시도한다고 믿는다. 발달의 목적은 자기실현(self-realization)이다. 이는 가장 충분하고 완전한 분화와 인간의 전 성격의 모든 면에서의 조화 있는 융합을 의미한다. 성격의 발달은 일생에 걸친 연속적 과정이다. 융은 특징적인 변화가 일어나는 4단계의 성격발달을 주장하였다.

(1) 아동기 : 출생 – 사춘기까지

① 아동기 전반

아동기 전반은 정신이 완전히 본능에 의해 지배되고 전적으로 부모에 의존하며, 의식적 자아가 미발달한다. 지각된 것은 조직화되지 못하고, 의식적 기억도 쓸모가 없다. 대부분의 생활 속의 질서는 부모가 결정한다. 유아의 행동은 본능에 의해 지배됨으로써 심리적인 문제가 없다(왜냐하면 의식에 자아가 존재치 않기 때문이다). 의식의 연속성이나 자아 정체감의 감각도 없다.

② 아동기 후반

아동기 후반은 기억이 지속되고 자아 정체감의 감각과 관련된 지각이 축적됨으로써 자아가 형성되며, 자아는 아동기에 원시적인 방식으로 발달한다. 학교에 진학하면서 부모로부터 분리되기 시작한다.

(2) 청년기와 성인기(사춘기 - 35/40세) : 정신적 탄생(psychic birth) 시기

① 청년기

청년기는 부모로부터 자아를 의식적으로 분리하며, 생리적 변화로서 정신적 혁명이 일어난다. 본인과 부모 양자에게 매우 어려운 시기이다. 청년기에 큰 어려움은 없으나 현실과 모순되는 현상에 집착하면, 많은 문제에

봉착하게 된다. 예로서 어른이 되는 것보다 어린이로 머무르기를 좋아하는 어린이 원형이 문제가 된다.

② 성인기

성인기는 외양적으로 팽창하는 시기이고 성숙의 힘에 끌려 자아가 발달한다. 외부세계에 대처하는 능력이 발달하며, 경력, 가정, 사회적 성공을 위해 노력을 경주한다. 활력이 외부로 향하고 외향적 태도를 취하기 쉽다.

(3) 중년기(35/40세 - 노인 전)

중년기는 외향적인 목표와 야망이 의미를 잃는 시기로 변화의 원인은 사회가 보상한 성취가 성격의 어떤 측면을 희생시킨 대가로 얻어진 것이기 때문이다. 이 시기의 정신은 인간으로 하여금 내면으로 시선을 돌리도록 한다. 생의 의미를 찾게 하여 위기에서 벗어날 출구를 제시한다. 즉, 무의식이 정신의 균형과 조화를 위해 억압된 측면이 인식되도록 요구하는 것으로 이 시기에는 외부세계를 정복하는 데 쏟았던 에너지를 자신의 내부에 초점을 맞추도록 자극 받으며, 잠재력에 대해 관심을 갖는다. 남성은 여성적 측면을, 여성은 남성적 측면을 표현하게 된다. 중년기의 변화는 무의식에서 야기되는 간접적인 변화로서 처음부터 의식되는 현저한 변화가 아니다. 청년기나 성인기의 가치와 목표가 이미 의미를 상실했기 때문에 새로운 의미를 찾지 못할 때 절망에 빠지게 된다.

(4) 노년기

노인의 경향은 지나치게 건강을 염려하고 인색하며, 공리공존과 과거에 대해 찬양을 많이 하고 인생의 후반부도 전반부의 원리로 살려는 환상에 빠져 있다. 이 시기의 죽음의 의미는 노인에게도 미래를 향한 목표는 필요하지만 죽음에 대한 불가피성은 어느 정도 죽음 자체가 하나의 목표로 간주되어야 한다는 것을 시사한다. 따라서 사후의 삶도 인생의 연속인 것으로 노인이 내세의 이미지를 갖고 있지 않다면, 건전하게 죽음에 임할 수 없다는 믿음을 갖고 있으며, 노인처럼 죽은 사람도 존재의 의문에 대해 계속 씨름하고 있다고 가정한다.

4) 심리적 유형

(1) 태도

융의 심리적 유형(기본적 태도와 기능)이 결합하여 개인의 성격을 결정하는 방식을 설명하였다. 성격에는 방향성이 있어서 내향성(introversion)과 외향성(extroversions)에 따라 심리적 유형은 외향적 태도와 내향적 태도로 구분된다. 이 두 태도는 성격 안에 함께 존재하지만 그 중 하나가 우세하고 의식되는 반면 다른 하나는 하위에 있으며, 무의식적이다. 두 태도는 번갈아 나타날 수는 있지만 동시에 의식 속에 존재할 수는 없다. 따라서 자아의 태도유형은 의식적인 판단이나 의도일 수 없으며, 무의식적인 본능적 동기에 의해 결정된다.

(2) 자아의 태도 유형

① 외향성 태도

외향성 태도는 정신적 에너지인 리비도가 객관적 외계표상으로 향하고 객관적 사실과 조건에 관한 지각, 사고, 감정에 의해 좌우된다. 사람, 사물, 사건에 무한히 흥미를 느끼고 환경에 쉽게 적응한다. 특히 객관적인 지향이 우세하고 타인과의 상호작용에 관심을 가지며, 활동적이고 사교적이다. 주위 일에 흥미를 갖는다.

② 내향성 태도

내향성 태도는 리비도가 주관적인 정신구조와 과정으로 향하고 자신의 주관에 의해 판단하고 주관이 뚜렷하다. 주관적인 지향이 우세하고 자신의 내적 세계에 대해 사색하고 분석하는 일에 흥미를 가진다. 고독을 즐기고 비사교적이며, 자기 일에만 관심을 가진다(workaholic).

(3) 자아의 기능

융의 심리적 기능에는 사고, 감정, 감각, 직관의 4가지가 있다. 사고(T)는 개념 구성적이고 지적이다. 사고에 의해서 인간은 세계와 자신의 본질을 이해하려 한다. 감정(F)은 평가기능으로 주체의 입장에서 적극적인지, 소극적인지에 따라 사물의 가치를 따지는 것으로 유쾌, 고통, 분노, 공포, 비애, 즐거움, 사랑 등의 주관적 경험을 준다. 감각(S)은 지각적이고 현실적 기능으로 외계의 구체적 사실이나 표상을 가져온다. 직관(N)은 무의식적 과정과 잠재적 내용에 의해 지각하는 것으로 직관적인 사람은 현실의 본질을 추구함에 있어서 사실과 감정과 개념을 초월한다. 이러한 4가지 기능 중에 한 가지가 우세하면, 그에 상응하는 유형이 된다. 융의 심리적 기능은 다음 <표 1−6>과 같다.

〈표 1-6〉 **융의 심리적 기능**

<table>
<tr><td>생각 (T : Thinking)</td><td rowspan="2">이성이 지배
→ 합리적 기능</td></tr>
<tr><td>감정 (F : Feeling)</td></tr>
<tr><td>감각 (S : Sensing)</td><td rowspan="2">감성이 지배
→ 비합리적 기능</td></tr>
<tr><td>직관 (N : Intuition)</td></tr>
</table>

① 합리적 기능과 비합리적 기능

합리적 기능(T, F)은 사고와 감정이 활용되는 기능, 추리와 판단・유추와 일반화의 과정을 활용한다. 평가나 판단에 사용되는 기능이 사고와 감정이다. 사고와 감정(T, F)은 판단의 행위를 필요로 하며, 경험에 대해 판단하고, 평가하며, 체계화하고 분류하는 속성을 갖는다.

비합리적 기능(S. N)은 이성을 필요로 하지 않고, 구체적이고 특수하며 우연적인 지각에 기초한다. 지각의 두 형태인 감각과 직관이 있다. 감각과 직관은 이성을 필요로 하지 않으며, 그 기능은 개인에게 작용하는 자극으로 인해 발생하는 심리적 상태이다. 이러한 심리적 상태는 방향 또는 목표가 없다.

의식적인 주의(attention)는 사고(T), 감정(F), 감각(S), 직관(N)의 심리적 기능의 작용으로 발달한다. 4가지 기능 중 특정 기능을 다른 기능보다 많이 사용하게 되는데 어떤 기능을 많이 사용하느냐에 따라 기본적 성향이 달라진다. 심리적 기능에서 한 기능만이 의식의 지배를 받고 나머지는 개인적 무의식의 일부가 된다.

② 우수기능과 열등기능

우수기능은 인간이 4가지 기능을 갖고 있지만 반드시 4가지 모두가 고르게 발달되지 못하며, 보통 4가지 중 하나가 다른 셋보다 더 고도로 분화되어 있어 의식 속에서 뛰어난 역할을 한다. 열등기능은 4가지 기능 중 가장 분화되지 못한 기능이다. 열등기능은 억압되고, 무의식적이며, 꿈과 공상으로 나타난다.

〈표 1-7〉 MBTI의 4가지 선호경향

구분	내용	선호		선호
태 도	에너지 방향, 주의, 초점	E (폭넓은 활동력)		I (깊이와 집중력)
비합리적 기 능	정보수집	S (실용성과 현실감각)		N (비전과 통찰력)
합리적 기 능	판단과 결정	T (논리와 분석력)		F (인화력)
판단의 내 용	이행양식, 생활양식	J (조직과 추진력)		P (수용과 적응력)

③ MBTI

MBTI(Myers-Briggs Type Indicator)는 융의 이론에 바탕을 둔 성격유형 검사로서 4가지 차원을 조합한 것이다. 자아와 대상과의 관계에서 자아가 주체가 되어 반응하는 외향성과 외부 자극이 왔을 때만 반응을 나타내는 내향성이다. 자아와 관련된 정신적 기능에서 합리적 차원은 사고-감정이다. 자아와 관련된 비합리적 차원은 직관-감각이다. 감각과 직관을 통한 인식, 사고와 감정을 통한 판단으로 이루어진 인식-판단 차원이다.

5) 융 이론의 평가

정신의학과 심리학 분야뿐만 아니라 그 밖의 분야에서의 융의 영향은 상당하다. 융의 가장 큰 영향은 현대종교사상에 미친 것이라고 한다. 분석심리학은 심리학의 정사(正史)에서 실질적인 자리를 찾지 못했다. 그 이유는 실험연구보다는 임상적 발견과 역사적 · 신화적 근거에 기반을 두고 있기 때문이다. 다른 이유는 융의 생각을 제시하는 방법이 이해하기 힘들고 모호하고, 혼돈을 일으키고 무질서하다고 생각해 왔고 융을 정신분석학자로서 생각하였기 때문이다. 융의 많은 개념들이 널리 보급되고 있다는 것을 부인할 수는 없는 것이 사실이다. 그의 풍부한 저서를 통해서 발전되고 광범한 인간의 상태에 적용된 융의 성격이론은 현대사상에서 가장 괄목할 만한 업적 중의 하나가 되고 있다.

요약

1. 융은 프로이드의 리비도에 관한 개념을 확장하여, 리비도를 성뿐만 아니라 다른 삶의 에너지를 포함한 정신에너지로 보았다. 프로이드는 인간의 성격이 주로 과거의 사건에 의해 결정된다고 본 반면, 융은 과거 사건뿐 아니라 미래에 대한 기대에 의해서도 결정된다고 보았다. 또한 융이 프로이드와 다르게 강조한 주요한 개념은 집단 무의식이다.
2. 융은 전체적인 성격을 정신으로 보았으며, 정신의 수준을 크게 의식과 무의식으로 나누었다. 나아가 무의식을 개인무의식과 집단무의식으로 세분화하였다.
3. 융은 정신에너지가 기능하는 3가지 원리로서 대립원리, 등가원리, 균형원리를 제안하였다.
4. 인류역사를 통해 전해 내려오는 정신적 소인으로서 집단무의식을 구성하고 있는 것이 원형이다. 원형이란 형태를 가진 이미지 혹은 심상을 가리킨다. 원형은 꿈, 신화, 동화, 예술 등에서 나타나는 상징을 통해서만 표현되며, 융의 분석심리학에서 성격의 주요한 구성요소이다. 원형의 종류로는 페르소나, 아니마와 아니무스, 음영, 자기 등이 있다.
5. 융에 있어 성격발달은 자기를 실현하는 과정이다. 타고난 인간의 잠재력인 자기를 실현하기 위해 인생 전반기에는 자기의 방향이 외부로 지향되어 분화된 자아를 통해 현실 속에서 자기를 찾으려고 노력하는 반면, 중년기를 전환점으로 인생의 후반기에는 자기의 방향이 내부로 지향되어 자아는 자기에 통합되면서 성격발달이 이루어진다.
6. 융이 개인을 이해하는 데 사용한 주요 평가방법으로는 단어연상검사, 증상분석, 사례사, 꿈 분석 등이 있다. 융의 이론을 기초로 하여 만들어진 표준화된 성격검사로는 MBTI가 있다.

연습문제

1. 융이 제안한 정신에너지의 3가지 원리를 설명하라.
2. 개인 무의식과 집단 무의식은 어떻게 다른가?
3. 융이 제안한 이론에 근거하여 남녀관계의 복잡성을 설명하라.
4. 융이 제안한 개념이 자아(ego)와 자기(self)에 의해 성격발달을 설명하라.
5. 융의 주요한 개념인 개성화를 설명하라.
6. 성격유형검사인 MBTI의 이론적 배경을 설명하라.

지피지기 6 융의 심리적 유형

❖ MBTI(Myers-Briggs Type Indicator)

MBTI의 목적은 각자가 인정하는 반응에 대한 자기보고를 통하여, 각자가 일상생활에서 사용하고 있는 인식과 판단과정에서 나타나는 사람의 근본적인 선호성을 알아내고 각자의 선호성이 개별적으로 또는 복합적으로 어떻게 작용하는지의 결과를 예측하여 실생활에서 도움을 얻으려는 것입니다.

인간은 누구나 유전과 환경의 산물로서 한 사람 한 사람 독특한 존재일 수밖에 없다. 이러한 독특한 존재를 우리가 교육하고 상담하며, 함께 일하는 과정에서 서로 부딪칠 때 각자를 서로 인정하고 수용하는 일은 결코 쉬운 일이 아니다. 따라서 MBTI는 서로 생각이 다르고 가치가 다르고 흥미가 다른 다양한 사람이 다양한 분야에서 서로의 가치를 수용하고 활용할 수 있는 구체적인 방법을 제공한다.

Chapter 02

행동주의 이론

행동주의 이론에서는 인간행동의 대부분이 학습되거나 학습에 의해 수정된다는 기본전제에 근거를 두고 있기 때문에 학습이론이라고도 불린다.

행동주의 이론은 인간행동과 환경적 사건이 상호간에 영향을 미치는 방식에 초점을 두고 있다. 즉, 행동을 일으키는 선행조건에 어떤 반응이 뒤따르는가에 대한 기능적 분석을 통하여 행동의 원인과 결과를 발견하고, 원인이 되는 자극을 조정함으로써 결과인 반응, 즉 행동을 통제할 수 있다고 본다.

20세기 초 러시아의 파블로프(Pavlov)와 쏜다이크(Thorndike)의 실험에서 발달한 행동주의 이론은 고전적 조건화, 조작적 조건화, 인지적 학습이라는 3가지 접근방법으로 분류된다. 스키너(Skinner)는 쏜다이크의 조작적 조건화의 개념을 활용하여 인간행동을 수정할 수 있는 다양한 행동적 기법을 개발하여 임상에 적용하였다.

인간행동에 영향을 미치는 사고과정, 태도, 가치 등의 요인을 전혀 고려하지 않는 전통적인 행동주의 이론의 제한점을 보완하기 위하여 인지학습이론에서는 행동에 영향을 미치는 인지적 요인의 역할을 설명하려는 접근방법이다. 이러한 인지적 학습이론에 속하는 이론으로는 반두라(Bandura)의 사회학습이론, 마호니와 마이첸바움(Mahoney & Meichenbaum) 등의 인지적 행동치료 등이 있다.

행동주의적 치료에 공통적으로 적용되는 기본가정과 특성을 보면, 첫째, 과거의 행동결정요인보다는 현재 개인의 행동에 영향을 미치는 결정요인에 초점을 둔다. 둘째, 개인의 겉으로 드러난 관찰가능한 행동에 초점을 둔다. 셋째, 행동을 구체적으로 기술하고 객관적인 용어로 치료목표를 설정한다. 넷째, 구체적 행동을 변화시키는 데 치료목표를 두며, 치료과정에 대해 객관적 평가를 실시한다. 다섯째, 심리학적 실험에서 도출된 행동변화의 원리와 기법을 실제 임상장면에 적용한다.

1. 고전적 조건형성이론

1) 파블로프의 고전적 조건형성

(1) 파블로프의 생애

시골 목사의 맏아들이자 교회지기의 손자였던 파블로프는 중앙 러시아의 고향(랴잔)에서 어린 시절을 보냈다. 파블로프는 임피리얼 의학 아카데미에서 의사자격을 취득(1879년 졸업, 1883년 논문 완성)한 후, 능숙한 외과의사가 되어 마취를 하지 않고도 고통 없이 개의 대퇴부 동맥에 카테터(catheter)를 주입하고 다양한 약리적·정서적인 자극이 혈압에 미치는 영향을 기록할 수 있었다. 미세한 심장 신경을 조심스럽게 절개함으로써 그는 심장신경얼기에서 나가는 신경이 심장박동의 강도를 조절한다는 사실을 밝혔으며, 절단된 경수신경의 말단을 자극함으로써 좌우 미주신경(迷走神經)이 심장에 미치는 영향도 규명했다.

특히 1890~1900년, 그리고 대략 1930년까지 파블로프는 소화의 분비 활성에 대해 연구했다. 하이덴하인과 공동으로 연구하는 동안 그는 작은 위(miniature stomach)를 표본화시키는 기술을 고안하여 미주신경이 분포된 채로 위를 분리했다. 파블로프는 외과적인 실험방법으로 정상적인 동물의 위장액 분비를 연구할 수 있었다. 이러한 연구는 저서 『소화샘 연구에 대한 강의(1897)』에서 정점에 달했다.

(2) 파블로프의 기본개념

① 고전적 조건반사와 조건형성

㉮ 고전적 조건반사 : 고전적 조건반사는 음식에 대한 반응으로 개가 타액을 얼마나 많이 분비하는가를 측정하는 과정에서 파블로프는 개가

음식을 보거나 냄새를 맡기 이전에 이미 침을 흘리기 시작한다는 사실을 발견한다. 음식과 관련된 자극이 타액을 분비하도록 유도하는 힘을 갖는 것으로 본다. 이 사실을 확인하기 위해 파블로프는 개에게 먹이를 주기 전에 종을 울렸고, 이 과정을 몇 번 반복했더니 나중에는 종소리만 듣고서도 개는 침을 흘렸다. 배고픈 개에게 음식을 주면 개는 타액을 분비 → 음식을 다른 사건, 즉 종을 울리는 것과 같은 사건과 함께 제공 → 개는 종만 울려도 침을 흘림. 종을 울리는 자체만으로는 개로 하여금 타액을 분비하게 할 수 없었던 중립적 자극에 대해 학습된 타액분비 반응을 조건반사(conditioned reflexes)라 하고 『조건반사(Conditioned Reflexes)』(1927)라는 책에서 자세히 설명하였다.

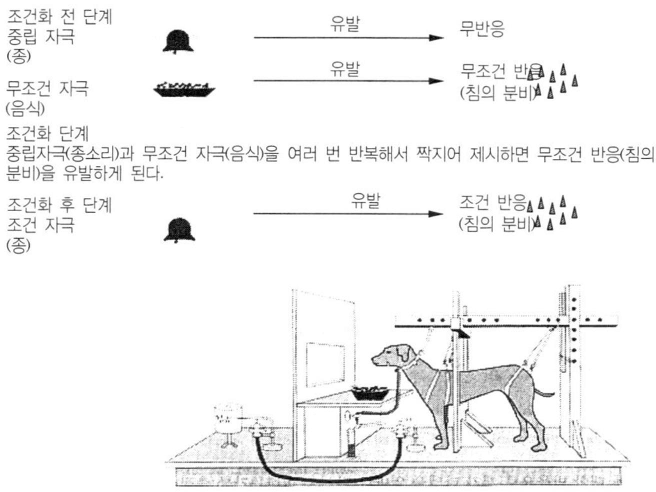

┃그림 2-1┃ **파블로프의 고전적 조건형성 실험**

㈏ 고전적 조건형성 : 고전적 조건반사가 형성되는 과정을 고전적 조건형성(classical conditioning)이라 한다. 무조건 자극(unconditioned stimulus)은 이 실험에서 제공하는 음식이다. 사전학습이나 경험 없이 학습되지 않은 반응을 자연적으로 낳는 어떤 사건이다. 예를 들면, 무릎반사, 자율신경계의 통제를 받는 반사행동 등이 있다. 무조건 반응(unconditioned response)은 이 실험에서 개의 타액 분비이며, 조건 자극(conditioned stimulus)은

음식제공 시 종을 치면서 제공할 때의 종소리이다. 조건 반응(conditioned response)은 음식제공 시 종을 치면서 제공할 때의 타액분비를 말한다. 그 자체만으로는 개로 하여금 타액을 분비하도록 할 수 없었던 중립적 자극에 대해 이러한 학습된 타액분비 반응을 조건(conditioned reflexes)라고 부른다.

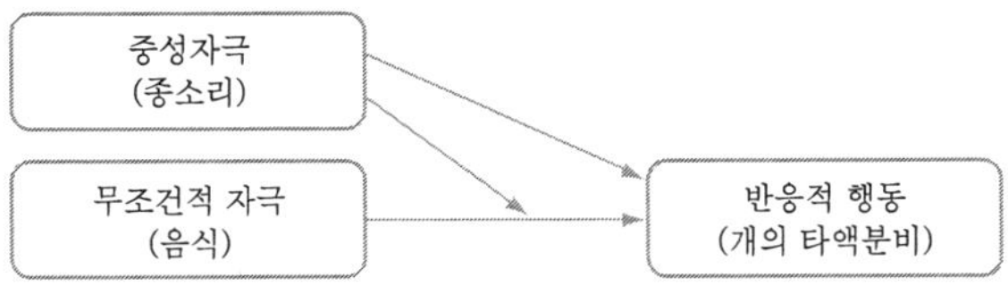

그림 2-2 파블로프의 고전적 조건화

② 고전적 조건형성과 영향요인

파블로프는 조건반사의 강도에 영향을 주는 몇 가지 요인을 확인했는데, 강화, 소멸, 자발적 회복, 일반화, 변별화이다.

㉮ **강화**(reinforcement) : 강화는 한 행동에 뒤따르는 자극사건이 그 행동을 다시 일으킬 가능성(확률)을 증가시킨다는 것을 의미한다.

㉯ **소거**(소멸 : extinction) : 조건형성이 한 번 이루어졌다고 해서 조건자극이 계속해서 영원히 작용하는 것은 아니다. 예를 들면, 음식 없이 종소리 만을 몇 번 울리면 종소리는 그 효과를 잃게 되는 것이 바로 소멸이다.

㉰ **자발적 회복**(spontaneous recovery) : 소멸 후 상당한 시간이 지난 다음 조건자극을 다시 제시하면 조건 반응이 일시적으로 다시 나타나는 것으로, 이전에 소멸되었던 반응이 재현되는 것은 자발적 회복이다.

㉱ **일반화**(generalization) : 자극 일반화는 원래의 자극과 유사한 조건자극에 대해 조건 반응하는 것을 의미한다. 예를 들면, 어떤 음조의 종소리에 타액을 분비하도록 조건형성된 개는 유사한 다른 음조의 종소리에도 같은 반응을 하는데 이것이 일반화이다.

㉲ **변별화**(differentiation) : 자극 일반화에 대한 보완적인 과정이 자극 변별화인데, 어떤 자극이 다른 자극과 변별되는 경우를 말한다. 예를 들

면, 어두운 곳에서 공포를 느끼는 아동도 극장과 같은 어떤 특정한 어두운 장소에서는 공포를 느끼지 않는 경우가 그것이다.

③ 고전적 조건형성의 적용

발달은 학습의 결과이고 이것은 다시 개인의 경험을 반영한다. 파블로프는 기본적이고 중요한 학습형태가 어떻게 이루어지는가에 대한 방법론으로 고전적 조건형성방법을 이용하였다. 고전적 조건형성은 임상적인 장면에서 자신이 속한 환경이나 문화에서 정상적인 감정이나 태도를 학습하지 못한 사람에게 재학습시키는 방법으로 많이 사용되고 있는데, 그 예로 혐오치료법, 홍수법, 체계적 둔감법 등이 있다.

(3) 고전적 조건형성이론의 문제점

학습을 하는 과정에 있어서 인간을 단순한 수동적 존재로 간주, 인간 스스로 의도를 가지고 능동적으로 어떤 자극과 자극을 연합시킨다기보다는 타의 또는 환경에 의해 연합되어진 자극이 우리에게 영향을 미치게 된다고 본다. 그러나 우리는 많은 경우에 있어 어떤 자극에 대해 능동적으로 반응하며, 그 반응결과가 우리에게 이득을 주는가 아니면 손해를 주는가에 따라 다음에도 그러한 반응을 할 것인지를 결정한다. 즉, 인간의 많은 행동은 어떤 목적이나 의도성이 있는 적극적인 것인데, 이러한 행동이나 반응은 고전적 조건형성보다는 조작적 조건형성으로 더욱 잘 설명되어진다.

2) 왓슨의 고전적 조건형성이론

(1) 왓슨(John Watson)의 생애

왓슨은 미국 캘로라이나의 그린빌(Greenville) 근처의 농가에서 1878년에 출생을 하였다. 시카고 대학원에서 동물을 대상으로 심리학을 연구하였다.

1903년 시카고 대학에서 쥐의 미로학습에 관한 연구로 첫 번째로 수여하는 심리학 박사 학위(Ph. D)를 받은 후 초기의 관심은 동물에 대한 것이었다. 1914년 그는 조건반사에 대한 파블로프와 러시아 사람의 연구를 읽고 파블로프식의 조건형성을 사고의 초석으로 삼았다. 그리하여 1918년 어린 아동에 대한 연구를 시작하여 발달의 문제에 학습원리를 적용시킨 최초의 주요한 심리학자가 되었다.

1929년 부인과 이혼했다는 이유로 존스 홉킨스 대학교에서 해임을 당하였다. 그는 이혼 이후 학문적 세계를 떠났기에 자신의 이론을 더 오랫동안 연구하지 못하여 이론적 체계들을 세우기가 어려웠다. 그의 생애 대부분을 광고라는 응용 심리학에 대부분 바쳤다.

(2) 왓슨의 기본 주장과 연구내용

왓슨은 개인은 환경의 자극과 유기체의 행동 간에 아주 정확한 인과관계를 증명할 수 있다고 주장을 하고 행동의 기본 요소가 자극-반응의 단위이고 행동은 이러한 자극과 반응이 원하는 유형으로 정돈되는 경우 생성(혹은 설명)될 수 있다고 믿었다.

왓슨은 파블로프를 연구하여 고전적 조건형성과 조건 반사에 관한 그의 기본적 결과를 인정하였고 본성에 있어서 생물학적인 반사적 행동뿐 아니라 모든 종류의 행동을 다루어야 한다고 생각했다. 왓슨은 정서적 조건형성에 관심을 가졌고, 공포, 분노, 사랑은 출생 직후에는 학습되지 않은 정서반응이라고 생각을 하였다.

복잡한 행동의 분석은 조직적인 자극-반응 단위의 분석으로 구성되어야 하며 이러한 반응은 자극에 대한 반동일 뿐 아니라 후속 사건에 대한 자극으로 작용한다. 이러한 자극과 반응 간의 연결은 더 광범위하고 복잡한 학습에 대한 근거를 제공한다. 고전적 조건반사(반응의 특별한 형태)는 이어지는 반응에 대한 자극으로 작용한다. 그러므로 S-R 연합의 연결이 다음의 S-R 연합으로 계속해서 이어지므로 앞의 S-R 연합의 반응은 다음의 것에 대한 자극이 된다. S-R 연합의 연계는 다음과 같다.

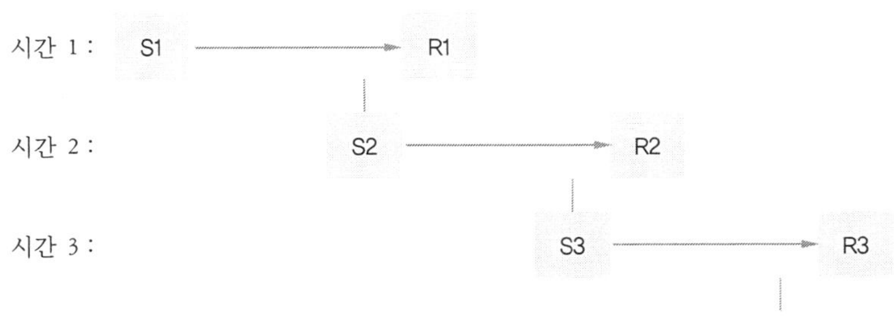

【그림 2-3】 S-R 연합의 연계

(3) 왓슨이론의 평가

왓슨은 파블로프식 원리(고전적 조건형성)를 심리학의 일부로 만드는데 가장 큰 공헌을 하였다. 학습의 원리에서 강화, 보상, 처벌의 원리를 등한시 하고 인접과 빈도의 법칙만을 수용하였기 때문에 학습에 대한 진정한 행동주의적 시각에서 보면, 이 개념이 지나치게 주관적이라는 것이다. 고전적 조건형성 모형의 유용성에 제한점이 있다. 즉, 도구사용, 말하기 등의 능동적이고 복잡한 조건형성기술을 어떻게 학습하는지를 설명하지 못했다. 이후 스키너가 조건형성의 다른 모델을 주장하면서 이 모델을 더욱 발전시켰다.

2. 조작적 조건형성이론

1) 쏜다이크의 도구적 조건형성이론

(1) 쏜다이크(Edward L. Thorndike, 1874~1949)의 생애

1903년 컬럼비아대학교 교수, 1940년 명예교수가 되었다. 이에 앞서 하버드대학교에서는 프래그머티즘의 창시자인 제임스(W. James) 밑에서 동물실험에 종사하였고, 1899년에 동물의 지능(Animal intelligence, an experimental study of associative process in animals)을 발표, 학계의 주목을 끌었다. 또 고양이를 사용한 '문제상자'의 실험으로 시행착오법(試行錯誤法)이라는 학습이론을 세워, 게슈탈트(Gestalt : 形態) 심리학이 출현할 때까지 학계를 지배하였다.

(2) 쏜다이크의 기본개념

① 시행착오설

쏜다이크는 실험적인 검증을 통해 학습을 자극과 반응의 결합으로 본 최초 심리학자이다. 학습은 시행착오의 과정에서 우연적으로 성공한 만족스러운 행동이 강화되고, 불만족스럽거나 실패한 행동은 약화되는 것이다. 이때 선택된 성공적인 반응행동은 빈번히 반복되고(연습), 또 성공에 따르는 만족(효과)에 의해서 성공적인 행동양식의 결합이 더욱 강화되어 새로운 행동이 획득된다. 학습은 습관의 형성이며, 습관의 결합방식에 의해 복잡한 행동도 학습된다. 시행착오과정에서는 어떠한 지능도 필요하지 않으며, 추리에 의한 행동이라고 할 만한 어떠한 사실도 발견할 수 없다고 보았다. 즉, 자극과 반응이 정신력과 같은 중재변인 없이 직접 결합되는 것으로 보았다.

② 문제상자 실험

쏜다이크는 여러 가지 장치를 갖고 있는 문제상자를 고안하였고, 배고픈 고양이를 활용하여 실험하였다. 실험내용을 보면, ㉠ 고양이를 문제상자 안에 가두고서 상자 밖에는 먹이를 놓아둔다. ㉡ 상자 속의 한쪽에는 빗장이 달려있고, 이 빗장을 누르면 상자 문이 열려 밖으로 나올 수 있게 되어 있다. ㉢ 상자 속에 들어간 고양이는 처음에는 긁어대고 물어뜯고 이리저리 뛰어다니는 등 여러 가지 시행착오적 반응을 반복하다가 마침내 빗장을 누르고 밖으로 나오게 되었다.

실험결과는 ㉠ 고양이가 상자의 문을 열고 나오는 것을 배우게 되는 것은 자극[S]과 반응[R]의 반복된 경험을 통해 점차적으로 습득된 습관에 의한 것이지 정신력에 의한 것이 아니다. ㉡ 고양이가 빗장을 누르고 밖으로 나오는 반응을 지속시키기 위해서는 고양이가 상자 밖으로 나올 때마다 먹이를 가지고 보상을 해 주어야 한다. 시행착오적 반응 자체만으로는 자극과 반응의 결합이 불가능하고 먹이보상과 같은 강화가 있어야 한다. 여기서 먹이로 보상을 해줄 때는 만족감이 중요하다.

(3) 쏜다이크 이론의 적용

① 연습 및 효과의 법칙

연습하는 중에 정반응이 나타날 때마다 교사가 보상을 준다.

② 준비성의 법칙

현재 과제를 수행능력이 비효과적인 수준이라고 판단될 때에는 이를 진행시키지 말고 일정 능력의 수준에 도달할 때까지 기다렸다가 보상하는 것이 바람직하다.

③ 효과의 법칙

학습자에게 무엇을 가르치려 할 때에는 학습자 스스로가 그 문제를 풀거나 거의 풀 수 있을 때까지 기다렸다가 보상하는 것이 효과적이며, 그 과정에서 바람직한 반응을 보이면 즉시 보상하는 것이 효과적이다.

④ 태도의 법칙, 요소의 우월성

학습하고자 하는 내용이 개인적으로 매력적인 것으로 여겨지게끔 동기지움으로써 학습하고자 하는 내용을 개인적으로 의미 있게 만들어 주는 것이 바람직하다.

⑤ 유추에 의한 반응, 연합의 이동

학습장면에 동일한 요소가 포함된 변형된 장면을 반복 제시함으로써 전이와 연합의 이동을 통한 진전을 도모할 수 있다.

2) 스키너의 조작적 조건형성이론

(1) 스키너(Fredrick B. Skinner, 1904~1990)의 생애

1931년 하버드에서 박사학위를 받은 스키너는 1948년 모교로 돌아와 재직하게 되었다. 행동주의 심리학에서 이룬 스키너의 업적은 교육, 특히 1950년대 이후의 교육에 커다란 영향을 끼쳤다. 스키너는 1904년 펜실베니아의 스케하나에서 태어나 화목하고 안정된 가정에서 성장했다. 그는 헤밀튼(Hamilton)대학에 진학했다. 그곳에서 스키너는 영문학을 전공하였으나, 졸업 후 2년 동안 자신이 쓴 작품에 대해 실망하였으며 자신이 오히려 심리학에 관심이 있음을 깨닫게 되었다. 그러다가 1928년 가을에 스키너는 하버드 대학에 입학해서 심리학을 공부하기 시작했다.

1931년 박사학위를 받은 후 하버드 대학의 교수로 여러 저술활동과 연구를 계속했다. 스키너가 처음 출판한 주요 저서는 '유기체의 행동'이다. 그 이후의 저서로는 『월덴 투』, 『과학과 인간의 행동』, 『언어적 행동』, 『수업공학』, 『강화의 조건부』, 『자유와 존엄을 넘어』, 『행동주의에 관하여』, 『행동주의와 사회에 대한 고찰』 등이 있다.

스키너는 현재까지도 널리 알려져 있어, 학문영역 전반에 큰 영향력을 행사하는 행동주의를 이끈 심리학자의 한 사람으로 인정받고 있다. 스키너는 1930년 이후의 쏜다이크가 가졌던 견해와 유사하게 하나의 반응이 그 반응 자체에 미치는 효과를 강조한다. 또한 쏜다이크와 같이 보상과 처벌의 효과가 비대칭적이라는 것, 즉 보상은 반응이 반복될 가능성을 변화시키지만 처벌은 그렇지 못하다고 결론 내렸다. 스키너의 주요 관심사는 실험실에서 나온 결과를 인간의 문제해결과 관련시키는 것이었다. 그의 연구는 계획된 학습-교수기계(programmed learning-teaching machines)의 발전을 가져왔다. 이 분야에 관한 2가지 대표적인 논문은 '학습의 과학과 교수의 예술(The Science of Learning and the Art of Teaching, 1954)', '교수기계(Teaching Machines, 1958)'가 있다 이 문제에 대한 그의 견해를 토대로 스키너는 동료인 홀랜드(J. G. Holland)와 함께 『행동분석』이라는 책을 발간했다.

1948년에는 『Walden II』라고 하는 유토피아적 소설을 썼다. 이것은 행동주의의 원리에 기초하여 쓴 이상적 사회를 묘사한 소설이었다. 스키너의 유토피아에서는 사회란 바람직한 행동에 대해 긍정적 강화를 제공함으로써 시민을 조절하는 행동주의자들에 의해서 만들어진다고 묘사된다. 그리고 1971년에는 '자유와 존엄을 넘어서'를 집필했으며, 여기서는 행동의 기술이 문화에 어떤 영향을 미치는지를 보여 주었다. 그리고 문화공학의 개념이 왜 상당한 반대에 부딪혔는지 그 이유를 설명하였다. 또한 스키너의 연구는 아동발달 분야로까지 확대되었다.

(2) 스키너의 기본개념

① 스키너의 인간행동에 대한 패러다임(ABC 패러다임)

인간의 행동은 환경적 자극에 의해 동기화되며, 행동에 따르는 강화에 의해 전적으로 결정된다고 보았다.

선행요인 (Antecedents) ⇒ 행동 (Behavior) ⇒ 후속요인 (Consequences)

‖그림 2-4‖ 스키너의 인간행동에 대한 패러다임

② 조작적 조건형성이론

스키너는 인간의 행동은 고전적 조건형성에서 설명하고 있듯이 수동적이고 기계적인 반응행동만 있는 것이 아니라, 유기체 스스로 행동을 일으키고 환경을 통제하고 그것에 의해 통제받는 의지적이고 자발적인 조작행동이 더 많다고 보았다. 어린이가 놀이를 하거나, 피아노를 치거나, 책을 읽을 때 그들의 행동은 특정 자극에 의해 자동적으로 유발되는 것이 아니라, 과거에 그러한 행동을 할 때 어떤 보상을 받았느냐에 따라 달라진다는 것이다. 즉 인간의 행동은 그 행동의 결과에 의해 변화된다.

㉮ 스키너의 실험 : 스키너는 스스로 '스키너 박스'라고 명명한 조그만 실험상자를 만들어 실험하였다. 스키너는 먹이를 강화요인으로 사용하기 위하여 실험 전 며칠간 23시간 동안 비둘기에게 먹이를 박탈하고 1일 1회만 먹도록 순응시키며 먹이의 양도 조절하여 보통 체중의 80%를 유지시킨다. 실험이 시작되면, 비둘기는 상자 안에서 쉬지 않고 계속 움직이면서 새로운 환경을 탐색하다가 우연히 지렛대를 눌러 먹이가 먹이통에 떨어지는 것을 보고 이를 먹고는 다시 지렛대를 누르는 행동을 계속하게 되었다. 즉, 지렛대를 누르는 반응은 먹이라는 강화를 받았기 때문에 반복된 것이며, 다시 누르면 또다시 강화를 받기 때문에 지렛대 누르는 반응은 증가하게 되었다. 이러한 절차가 반복됨에 따라 비둘기는 지렛대 누르는 반응을 학습하게 된다. 스키너는 비둘기가 이러한 행동을 통하여 환경에 스스로 작용함으로써 어떤 결과를 생성해내는 것을 작동이라고 하고, 이와 같은 절차로 학습되는 과정을 '조작적 조건형성'이라 하였다.

㉯ 학습과정 : 스키너는 자신의 연구대상으로 비둘기를 이용하였다. 스키너 상자(스키너 box)라고 불리는 첫 번째 실험장치의 벽은 널빤지로 되어 있으며, 이 벽에는 단추와 이동문이 달려 있다. 만일 비둘기가 이 벽의 단추를 쪼면 이동문이 열리면서 음식이 떨어지도록 고안되어 있다. 비둘기가 단추를 쪼는 반응(R)은 처음에는 우연히 발생하지만, 반응의 결과로써 음식(S)을 받게 되면 마침내 비둘기는 단추 쪼기와 음식을 연합하도록 조건화된다. 두 번째 상자는 전류가 통하며 비둘기가 단추를 쪼면 전류가 멈추도록 도안되어 있다. 이때 전류는 혐오자극인데, 비둘기는 이 혐오자극을 피하기 위해 단추를 쪼는 행동을 증가시킨다. 비둘기의 학습과정은 다음과 같이 표현될 수 있다.

R ⇒ S ⇒ r±

▌그림 2-5▌ **스키너의 비둘기 학습과정**

이때 R은 반응, S는 자극, r+는 정적 강화, r-는 부적 강화를 나타낸다. 앞에서 설명한 첫 번째 상자에서 비둘기가 음식이라는 자극을 얻기 위해 단추를 쪼는 반응을 증가시킬 때 그 자극을 정적 강화물이라 하며, 정적 강화물로 인해 반응이 증가하는 현상을 긍정적 강화(positive reinforcers)라 한다. 두 번째 상자에서도 마찬가지로 비둘기는 전류라는 혐오스러운 자극을 피하기 위해 단추를 쪼는 반응을 증가시키는데, 이때의 자극은 부적 강화물이라 하며, 부적 강화물로 인해 반응이 증가하는 현상을 부적 강화(negative reinforcers)라 한다. 이와 같이 어떤 자극을 얻거나 피하기 위해 행동반응이 증가될 때 그 자극을 '강화물'이라 하며, 그 자극이 행동을 증가시키는 힘을 강화(reinforcement)라 한다.

③ 조작적 조건형성의 주요 원리

㉮ 강화 : 어떤 특수한 반응이 일어날 확률을 증가시키는 모든 것을 말하며, 예를 들면, 흰 쥐에게 주어지는 먹이, 어린이에게 하는 칭찬, 학생에게 주어지는 상장 등이다.

㉯ 처벌 : 사람에게 그가 원하는 어떤 것을 빼앗아가거나 또는 원하지 않는 어떤 것을 줌으로써 반응을 약화시키는 것이다.

〈표 2-1〉 **강화와 처벌의 차이**

결 과 / 과 정		강화(reinforcement)	처벌(punishment)
		반응 혹은 행동의 증가	반응 혹은 행동의 감소
정적 (positive)	제 공	정적 강화물 : 음식, 고기, 칭찬, 상, 안아주기 등	정적 처벌물 : 전기쇼크, 신체적 고통, 야단치기 등
부적 (negative)	제 거	부적 강화물 : 고통스러운 결과를 줄 수 있는 것을 없애 줌	부적 처벌물 : 기쁨이나 만족을 주는 것을 제거시킴

㉰ 강화계획(강화 스케줄) : 강화계획의 기본전제는 모든 반응에 대해 반응한다는 것이 현실적으로 불가능하다는 것이다. 즉, 강화물을 무한하게 제시할 수 있는가 하는 점과 어느 정도 행동이 조건화되면 그 이후부터는 강화물이 강화물로서 작용하기 어려워진다는 것이다. 따라서 강화물은 강화물로서 사용되기 위해 희소한 자원으로서 남아야 하고 강화물을 필요 이상으로 낭비해서는 안 된다는 '강화의 경제학'이 작용하고 있다. 강화에는 일관성 있게 강화하는 계속적 강화(각 행동마다 강화물을 주어 행동을 빨리 변화시키기 때문에 학습 초기 단계에서는 가장 효과적이다)와 부분적으로 강화하는 간헐적 강화(스키너가 자주 이용한 강화로 가끔씩 강화를 하여 행동의 소거에 대한 저항이 강해지기 때문에 학습된 행동을 유지하는 데에 보다 유용하다)가 있다. 간헐적 강화의 종류를 보면 다음과 같다.

- 고정간격계획(fixed-interval schedule : FI) : 일정한 시간을 경과하지 않으면 지렛대를 누르는 반응을 해도 먹이가 나오지 않도록 설계된 강화계획. 이 강화 스케줄에 따른 반응률은 시간이 지나면서 증대되나 강화를 얻은 바로 직후에는 반응률이 낮다.
- 변동간격계획(variable-interval schedule : VI) : 일정한 시간의 한도 내에서 강화를 주는 시간 조정을 다양하게 한다. 10분 내에 5번의 강화를 준다고 할 때, 10분 안에 주는 강화간격은 마음대로 조절할 수 있다. 10분 동안에 5번의 강화를 주는 것이므로 평균 시간은 2분이 된다. 변동간격 스케줄의 반응률은 간격이 짧은 경우는 높게, 간격이 길면 낮게 나온다.
- 고정비율계획(fixed-ratio schedule) : 일정한 수의 반응을 한 뒤 주어지는 강화계획으로 반응의 빈도에 따라 강화가 주어진다. 많은 직장에서 근로자는 생산하거나 판매한 단위 수에 따라 부분임금 혹은 전체임금을 받는데 고정비율 스케줄은 높은 수준의 조작적 반응을 야기시킨다.
- 변동비율계획(variable-ratio schedule) : 고정비율계획에서와 같이 일정한 수의 반응을 한 뒤에 강화가 주어지지만, 강화와 강화 간의 반응

수가 어떤 평균 수에 따라서 변동하는 강화계획. 바람직한 행동이 습관화되어 고정이 된 후에는 간헐적 강화가 연속강화보다 행동을 소멸시키지 않고 유지시킨다.

㉱ 조작적 행동과 강화 : 스키너는 단순한 반사나 조건반응으로 구성되지 않는 인간의 행동이 많으며, 인간이 성장하면서 고전적 조건반응보다는 조작적 조건반응인 행동을 주로 하는 것을 주목하였다. 조작적 조건반응은 어떤 행동의 결과가 보상적이면 그 행동이 쉽게 재현되나 그 행동의 결과가 고통스럽거나 도움이 되지 않는다면 그 행동이 재현되기 어려운 것을 말한다. 다시 말해, 모든 다른 조건이 동일하다면 강화된 행동은 반복되는 반면 강화되지 않거나 처벌 받은 행동은 반복되지 않거나 소거되는 경향이 조작적 조건화이다. 따라서 조작적 조건화는 고전적 조건화와 달리 유기체가 원하는 결과를 얻기 위해 실행하는 자발적 반응인 것이다.

강화물은 한 반응에 뒤따르는 자극으로 그 반응이 다시 발생할 가능성을 증가시키는 것이다. 강화물인지 여부는 다음과 같은 절차로 확인된다. 먼저 잠재적 강화물을 도입하기 전에 시간간격당 문제되는 반응이 몇 번이나 나왔는지를 측정한다(기준선 단계). 잠재적 강화물을 도입하고 동일한 시간간격 동안에 그 반응이 발생하는 빈도를 측정한다(조건화 단계). 마지막으로 반응의 빈도를 변화시킨 것이 강화물이라는 것을 다시 확인하기 위해 그 잠재적 강화물을 주지 않은 상태에서 반응의 빈도를 측정한다(역전단계). 역전단계에서 반응률이 기준선 수준으로 돌아가면 잠재적 강화물이 효과적이었음이 입증되는 것이다.

이러한 강화물은 정적 강화물과 부적 강화물로 나뉘는데 긍정과 부정은 단지 그 상황에 자극을 더하거나 줄이는 것을 뜻한다. 즉, 정적 강화는 행동에 대한 보상을 수반하고, 부적 강화는 불쾌한 경험으로부터의 구제를 의미한다. 정적 강화나 부적 강화 모두 그 결과는 반응률의 증가이다.

스키너는 2가지 형태의 강화를 인정했다. 일차적 강화물은 애초부터 강화속성을 가진 사건이나 대상이다. 일차적 강화물이 유기체에 주는 보상의 값어치는 학습과 무관하다. 이차적 혹은 조건 강화물은 유기체의 과거 조건화 역사에서 일차적 강화와 밀접한 관련이 있는 사건이나 대상이다. 어떤 이차적 강화물은 하나 이상의 일차적 강화물과 연합된다. 이차적 강화물이 짝을 지어 다른 이차적 강화물을 산출하는 연쇄과정이 진행되기도 한다.

㈒ 이차적 강화 : 일차적 강화물과 계속 짝지어진 중립적 자극은 그 자체가 강화물이 되는데. 이것이 이차적 강화물이다. 이러한 이차적 강화물의 예로서 일차적 강화물인 음식과 함께 보여주는 미소, 칭찬 등을 들 수 있다. 특히 유아에게 있어서 어머니는 항상 이차적 강화물이라 할 수 있는데, 그 이유는 어머니가 1차적 보살핌(㉾ 우유, 기저귀 갈기 등)과 함께 미소, 칭찬, 인정을 해주기 때문이다.

㈓ 변별자극과 일반화 : 어떤 자극은 변별적 기능을 한다. 특정한 반응이 보상되거나 보상되지 않을 것이라는 단서 혹은 신호로 작용하게 되는 자극을 변별자극이라 부른다. 즉, 어떤 행동이나 반응을 보여야 바람직한 결과를 얻을 수 있을 것인지를 알려주는 신호이다. 예를 들어, 어머니의 찡그린 얼굴은 애교를 부리거나 '수'로 가득한 성적표를 갖다 주어야만 칭찬을 받을 수 있다는 것을 알려주는 신호가 된다. 무인속도측정기는 운전자가 교통위반 범칙금을 물지 않기 위하여 속도를 줄이게 만드는 신호가 된다.

일반화는 특정 자극상황에서 강화된 행동이 처음의 자극과 비슷한 다른 자극을 받았을 때 다시 발생하게 되는 것을 의미한다. 이러한 일반화는 자극 일반화와 반응 일반화로 구분할 수 있다. 자극 일반화를 예를 들어 설명하면, 아주 어린 아이가 삼촌을 보고 '짬촌'이라고 불렀을 때 칭찬을 해주었다면, 비슷하게 생긴 성인 남자를 보고도 '짬촌'이라고 한다. 이때 삼촌이란 자극이 다른 성인 남자에게로까지 일반화 된 것이다. 반응 일반화는 강화를 통해 학습한 반응양식을 다른 반응양식으로 확대되는 것을 말한다.

㈔ 소거와 자발적 회복 : 소거는 강화물을 계속 주지 않을 때, 반응의 강도

가 감소되는 것이고, 자발적 회복은 소거가 일어난 다음에 실험동물을 잠시 동안 옛날의 거처로 옮겼다가 다시 실험장면에 데리고 왔을 때 추가훈련이 없어도 얼마동안 다시 학습된 행동을 하는 것이다.

㉳ 행동형성(Shaping) : 인간행동의 대부분은 '모 아니면 도'식으로 습득되는 것이 아니라 점진적으로 학습되는 것이다. 이를 행동에 대한 점진적 접근이라 하는데, 그 대표적인 개념이 행동형성이다. 이러한 행동형성은 복잡한 행동이나 기술을 학습시키는 데 매우 유용한 방법으로, 기대하는 반응이나 행동을 점진적으로 만들어가는 것이다. 예로서 유아에게 대소변 가리기 행동을 형성하기 위해서는 먼저 '응아' 하는 말로 배변욕구를 표현할 때 칭찬을 하여 배변욕구 표현행동을 조성하고, 그 다음으로 바지 내리기, 변기에 앉기, 배설하기, 물 내리기 등의 행동들을 차례로 행하게 하여 행동을 만들어가는 경우를 들 수 있다.

(3) 스키너 이론의 평가

스키너 이론의 주요 장점을 보면, 기본 개념의 의미가 명확하고, 가설 검증을 비롯한 과학적 연구의 중요성을 강조했다. 학습이론의 범위를 상당히 넓혔다는 평가를 받고 있으며, 고전적 조건형성의 한계를 주목한 후에 조작적 행동의 본질을 탐구했다. 특히 조작적 조건형성의 원리를 이용한 행동수정기법은 아동의 문제행동을 바람직한 행동으로 대체하는 데 효과가 있는 것으로 보이는데, 행동수정 전문가들에 의하면 아동의 정서적 문제 중 대부분은 아동의 바람직하지 못한 행동이 우연히 강화된 데 기인한다고 한다.

스키너 이론의 단점을 보면, 첫째, 환경의 중요성만을 강조하고, 생물학적 영향력을 간과하였다는 점이다. 인간의 행동발달에 있어서 연령에 따른 자연적인 변화나 개인차, 독창적인 문제해결능력 등을 충분히 설명해 주지 못했다. 둘째, 스키너의 이론은 인간을 포함한 모든 동물의 행동에 동일한 법칙이 적용된다는 가정하에 인간이 아니라 개나 쥐 등과 같은 하등동물을 대상으로 한 연구에서 출발했다는 점이다. 인간은 동물과 달리 복잡한 인지능력을 가지고 있기 때문에, 환경이 인간발달에 미치는 영향을 제대로 이해하기 위해서는 실험실이 아닌 자연환경에서 연구해야 한다는 비판을 받고 있다. 셋째,

스키너의 학습이론은 단지 눈에 보이는 행동에만 주의를 집중함으로써 인간행동과 발달을 충분히 이해하는 데 한계가 있다는 지적을 받고 있다는 점이다.

요약

1. 스키너는 쏜다이크의 효과의 법칙을 바탕으로 한 도구적 조건형성을 발전시켜 조작적 조건형성이론을 확립하였다. 스키너 이전에 파블로프는 무조건자극과 조건자극을 연합시켜 개에게 반복적으로 제시한 후에 무조건자극 없이 단지 조건자극에 의해 조건반응을 유발하게 하는 고전적 조건형성을 확립하였다. 반면에 스키너의 조작적 조건형성은 행동과 결과의 연합을 통해 조작행동을 형성하는 절차이다. 많은 행동이 고전적 조건형성에 의해 설명될 수 없기 때문에, 스키너는 조작적 조건형성의 과정이 단순한 고전적 조건형성보다 훨씬 의미가 있고 중요하다고 믿었다.
2. 반응과 그것의 결과 간에 확립될 수 있는 특별한 관계를 강화 혹은 처벌의 수반성이라고 한다. 수반성은 어떤 사건(A)이 만약 다른 사건(B)이 일어나면 야기될 것이라는 것을 진술하는 규칙이다.
3. 강화의 원리는 정적 강화물의 제시나 부적 강화물인 혐오자극의 제거가 행동에 뒤따를 때 반응의 빈도가 증가하는 것을 말한다. 처벌의 원리는 혐오자극 제시나 긍정적 자극의 제거가 행동에 뒤따를 때 반응의 빈도가 감소하는 것을 말한다.
4. 강화계획은 계속강화와 간헐적 혹은 부분강화로 구분된다. 계속강화는 발생한 모든 반응에 강화물을 제공하는 경우이고, 반면에 간헐적 강화는 행동을 통제하기 위해 정해진 계획에 따라 강화물이 제공되는 것이다. 간헐적 강화의 4가지 강화계획은 고정간격계획, 변동간격계획, 고정비율계획, 변동비율계획이다.
5. 자극변별은 자신이 이전에 학습한 것을 바탕으로 어떤 상황(자극)에서 자신이 한 행동이 강화될 것 같은가 혹은 다른 상황(자극)에서 같은 행동이 강화되지 않을 것인가에 대한 변별을 의미한다.
6. 형성된 조작행동이 줄어들거나 나타나지 않는 것을 소거라 하며, 소거의 원리는 주어진 상황에서 개인이 이전에 강화된 반응을 방출하고 그러한 반응이 강화되지 않으며, 그는 다음에 유사한 상황에 직면할 때 다시 같은 반응을 하지 않을 가능성이 높은 것을 말한다.
7. 형성은 보다 정교화 되고 복잡한 행동을 이해하는 데 필요한 개념으로서, 목표행동이 너무 복잡하기 때문에 한번에 목표행동을 할 수가 없는 경우, 목표행동에 접근하는 반응들을 강화함으로써 새로운 행동을 가르치는 것을 말한다.

연습문제

1. 고전적 조건형성을 실험적 절차에 의해 설명하라.
2. 고전적 조건형성과 조작적 조건형성의 차이를 비교·설명하라.
3. 정적 처벌과 부적 강화의 차이를 비교·설명하라.
4. 강화계획의 종류를 설명하고, 반응률이 가장 높게 일어나는 순서대로 나열하라.
5. 자극변별과 자극일반화의 차이를 비교·설명하라.
6. 소거의 원리를 설명하라.
7. 고난도의 기교를 보이는 물개행동을 조작적 조건형성의 개념을 통해 설명하라.

지피지기 7 스키너 성격연습

❖ 자기표현성

많은 사람이 자신의 권리를 주장하는 데 어려움을 겪고 있습니다. 불공정하게 대우받고 있음에도 불구하고, 식당의 여종업원이나 직장의 상사에게 부당함을 말하지 못합니다. 행동심리학적 용어로 이와 같은 사람은 적절한 상황하에서 자기표현적인 행동의 빈도를 증가시킬 필요가 있습니다. 이러한 사람 중 몇몇은 자기표현 훈련이라고 불리는 행동수정 치료를 통해 도움을 받기도 합니다. 훈련에 참가한 사람은 적절한 방식으로 자신을 잘 표현하는 모델을 관찰하고, 자기만의 자기표현적인 반응을 역할 연습해 보고 치료자와 다른 클라이언트로부터 자기표현적 행동에 대한 즉각적 강화를 받습니다(Alberti & Emmons, 1974).

지시사항 : 보기를 참고로 하여 다음의 진술문 앞에 ( )에 번호를 표시하시오.

〈보기〉		
① 매우 그렇다 (+3)	② 거의 그렇다 (+2)	③ 조금 그렇다 (+1)
④ 조금 그렇지 않다 (-1)	⑤ 거의 그렇지 않다 (-2)	⑥ 전혀 그렇지 않다 (-3)

NO	내 용	
1	대부분의 사람이 나보다 더 공격적이고 주장적인 것 같다.*	( )
2	나는 "수줍음" 때문에 데이트를 신청하거나 받기를 주저한다.*	( )
3	식당에서 주문한 음식이 만족스럽지 않을 때, 종업원에게 불만을 표시한다.	( )
4	평소 타인의 감정을 상하지 않기 위해 조심하며, 심지어는 내 자신이 상처받았다고 느낄 때에도 타인의 감정을 상하지 않기 위해 조심한다.*	( )
5	내게 맞지 않는 물건을 보여 주며, 나를 심한 곤경에 빠뜨리는 영업사원에게 "싫다"라고 말하는 것이 어렵다.*	( )
6	어떤 것을 하도록 요구받았을 때, 나는 왜 그 일을 해야 하는지 강력하게 주장한다.	( )
7	유익하고 활발한 논쟁을 기대하곤 한다.	( )
8	내 지위에 있는 대부분의 사람이 그렇듯 나도 출세하기 위해 힘쓴다.	( )
9	솔직히 말해 사람들은 나를 이용하곤 한다.*	( )
10	나는 낯선 사람과 이야기하는 것을 즐겨 한다.	( )

NO	내 용	
11	이성의 매력적인 사람에게 어떻게 말을 건네야 할지 종종 잘 모르겠다.*	( )
12	나는 사업체나 기관에 전화 거는 것을 꺼려한다.*	( )
13	나는 개인적 면접을 하는 것보다 편지를 써서 일자리를 구하거나 혹은 대학에 지원하는 것을 더 좋아한다.*	( )
14	물건을 환불받아야 하는 상황이 곤혹스럽다.*	( )
15	주위의 존경을 받는 친한 친척이 나를 괴롭히면, 나의 불편함을 표현하기보다는 내 감정을 억누른다.*	( )
16	바보같다는 소리를 들을까봐 궁금한 것이 있어도 잘 질문하지 않는다.*	( )
17	논쟁을 하다가 너무나 화가 나서 폭발해 버릴까봐 두려운 적이 가끔 있었다.*	( )
18	존경받는 유명한 강사가 내 생각에는 옳지 않다라고 여기는 이야기를 하는 경우에는 청중에게 나의 견해를 피력할 것이다.	( )
19	점원이나 판매원과 가격 실랑이를 벌이지 않는다.*	( )
20	내가 중요하건 가치 있는 일을 해냈을 경우에는 다른 사람에게 알리기 위한 시도를 한다.	( )
21	나는 나의 가정에 솔직하고 개방적이다.	( )
22	누군가가 나에 대한 그릇되고 나쁜 이야기를 퍼뜨린다면, 만나서 그 사람과 "이야기"를 나눌 것이다.	( )
23	나는 종종 "싫다"라고 말하기가 힘들다.*	( )
24	나는 울며불며 야단법석을 떠는 것보다 내 감정을 감추는 경향이 있다.*	( )
25	나는 식당이나 그 밖의 다른 곳에서 제공되는 서비스가 좋지 않을 경우 불만을 제기한다.	( )
26	칭찬을 받았을 때, 때때로 나는 무슨 말을 해야할지 잘 모르겠다.*	( )
27	극장이나 강연회에서 옆자리에 앉은 사람이 큰소리로 이야기를 하면, 조용히 하거나 다른 곳에서 이야기하라고 부탁한다.	( )
28	나는 새치기를 시도하는 사람에게 줄을 지키라고 이야기한다.	( )
29	나는 의견을 즉각적으로 표현한다.	( )
30	아무 말도 하지 못하는 때가 가끔 있다.*	( )
총 점 : ________.		
'*'는 역점수 문항입니다.		

3. 반두라의 사회학습이론

1) 반두라의 생애

반두라(Albert Bandura)는 1925년 캐나다의 앨버타 주에서 태어났다. 어린 시절 그는 아주 조그만 시골마을에서 성장하였으며, British Columbia대학에서 학사 학위, 아이오와 대학에서 석·박사 학위를 취득하였다. 아이오와 대학에서 초기에는 임상심리학에 흥미를 가졌으며, 초기의 연구들에는 심리치료 과정, 가족상황에서의 아동의 공격성 등이 있다. 특히 아동의 사회상황에서 "모방"을 통해 많은 것을 학습한다고 주장하여 관찰학습의 이해에 관심을 고조시켰다. 학습이론가인 케네스 스펜스(K. Spancer)의 영향을 받은 이래로 행동수정, 모델링, 관찰학습, 자기조정(규제), 자기효능 등에 관해 연구했다.

반두라는 미국심리학회로부터 우수 과학자상을 받았으며, 1974년 미국 심리학회 회장으로 선출되었다. 1953년 스탠포드 대학의 심리학과 교수로 임용되어 재직 중에 있다. 그의 저서로는 Richard Walters와 공저로 『사회학습과 성격발달』(1963) 등이 있으며, 1977년에 출간된 저서인 『사회학습이론』에서는 사회학습 분야에서의 이론적, 실험적 연구를 통합하고자 하였다. 1980년에 "Western Psychological Association"의 회장으로 선출되었다.

2) 주요 개념

(1) 반두라의 사회학습이론

인간행동은 외적 환경의 자극과 인간 내적 사건이 상호작용하여 결정된다고 본다.

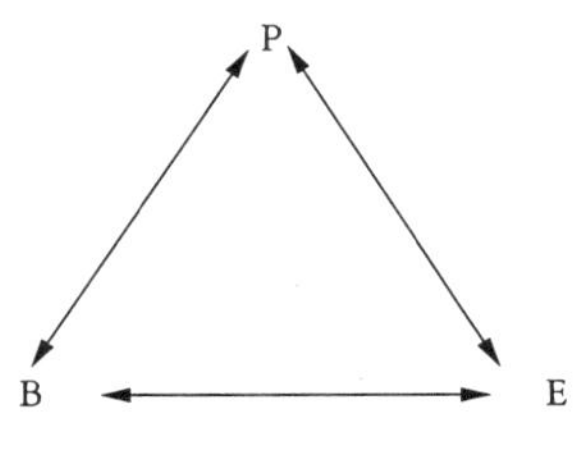

[범례]
P : 개인의 인지적 요인 및 내적 사건
B : 행동
E : 외적 환경

▌그림 2-6▐ 반두라의 인간행동에 대한 패러다임

(2) 상호결정주의로서의 사회학습

반두라는 인간과 환경 그리고 인간의 행동 자체가 인간의 연속된 행동을 낳기 위해 상호작용한다고 하였다. 이 세 요소 중 어떤 것도 인간행동을 결정하는 다른 요인과 분리되어 설명될 수는 없다는 것이다.

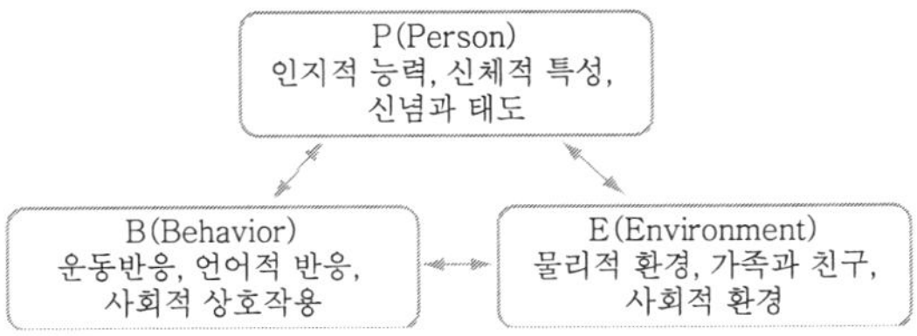

【그림 2-7】 반두라의 상호결정론 모델

행동은 인간과 환경에 영향을 주고 인간이나 환경 역시 행동에 영향을 준다고 설명한다. 반두라는 인간발달은 "능동적인" 개인, 그 사람의 행동, 환경 사이의 상호작용을 나타낸다는 상호결정론(reciprocal determinism) 개념을 제안했다. 개인, 행동, 환경 사이의 관계는 양방향적(bidirectional)이라고 제안했다. 요약해서 말하면, 인지학습이론가들은 인간발달을 아동과 아동의 환경 사이의 연속적인 호혜적 상호작용(reciprocal interaction)으로 기술하였다. 아동이 경험하는 상황이나 환경은 아동에게 영향을 주고 마찬가지로 아동의 행동도 환경에 영향을 주는 것으로 생각한다. 이것은 아동이 자신의 성장과 발달에 영향을 주는 환경을 만드는 데 능동적으로 개입한다는 것을 시사한다.

(3) 관찰학습에 대한 설명

사회학습이론은 인간의 행동은 보상이나 처벌의 조작결과로서 형성되는 것이 아니라, 다른 사람의 행동을 관찰하고 모방한 결과로서 이루어진다고 주장한다. 대표적인 학자로는 반두라를 들 수 있으며, 그는 모방과 관찰학습을 강조하였다. 지금까지는 모방과 관찰학습이란 용어를 구분하지 않고 사용해 왔으나, 반두라는 이 두 용어의 구분이 아주 중요하다고 하였다. 관찰학습에는 모방이 포함될 수도 있고, 그렇지 않을 수도 있다고 하였다. 예를 들면, 운전 중에 차 앞에 웅덩이가 있는 것을 보고, 이것을 관찰하여 차가 손상되지 않고 웅덩이를 피하기 위해서 차를 비껴가게 운전할 것이다. 이 경우 운전자는 자신의 관찰로부터 학습은 했으나, 관찰한 것을 모방하지는 않았다. 반두라에 따르면, 운전자가 학습하는 것은 인지적인 처리를 거친 정보이며, 이롭다고 생각되는 방식으로 실행하였다. 그러므로 관찰학습은 타인의 행동을 흉내내는 단순한 모방 이상의 복잡한 것이다.

(4) 관찰학습

학습과 실행 간의 구분은 반두라의 연구에서 잘 드러난다. 이 실험에서 4세 아동에게 커다란 인형을 때리고 차는 모델이 등장하는 영화를 관찰하게 하였다. 반두라의 이론에서는 정보를 줄 수 있다면 어떤 것도 모델이 될 수 있다고 하였다. 이 경우, 영화에서는 공격성의 모델을 제시한 것이다. ① 한 집단은 공격성에 강화를 받은 모델을 보았고, ② 또한 집단은 공격적 행동을 처벌받는 모델을 보았다. ③ 세 번째 집단은 공격성 때문에 처벌이나 강화를 받지 않는 중립적인 모델을 보았다. 영화를 본 후, 3집단의 아동 전원에게 인형을 주고, 공격성을 측정하였다. 그 결과, 공격성을 강화 받은 모델의 영화를 본 아동이 가장 공격적이었으며, 공격적 행동을 처벌받는 모델의 영화를 본 아동의 공격성이 가장 덜 하였고, 중립적 모델에 노출된 아동의 공격성은 중간 정도였다.

이 실험을 통해서 간접적 혹은 대리 경험으로도 아동의 행동은 영향을 받는다는 것이다. 즉, 다른 사람의 경험을 관찰한 것이 아동 자신의 행동에 영향을 준다는 것이다. 아동들은 모두 모델의 공격적인 반응을 학습했으나 모델이 강화받느냐 처벌받느냐, 중립적인 결과를 보이느냐에 따라 다르게 행동했다. 인간의 학습과정은 직접적인 강화에 의한 경험을 통하여 학습되는 행동도 있지만, 타인의 행동을 관찰하고, 이를 모방함으로써 새로운 행동을 학습할 수 있다. 또한 자신의 행동에 대해서 직접적인 강화를 받지 않더라도, 다른 아동이 보상이나 벌을 받는 것을 관찰함으로써 간접적으로 강화받기 때문에 학습이 이루어지는 것이라 설명한다. 그래서 관찰학습을 대리학습(vicarous learning)이라고도 한다.

(5) 관찰학습의 4가지 구성 요소

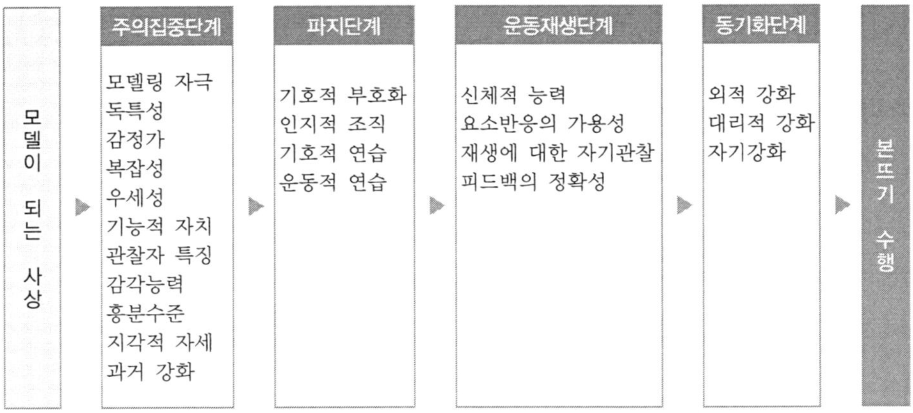

주의과정	기억과정	재현과정	동기과정
모델의 행동에 집중하고, 정확하게 지각한다.	이전에 관찰된 모델의 행동을 기억한다(장기간 보유).	모델의 행동을 상징적으로 부호화해서 기억한 것을 새로운 반응 유형으로 해석한다.	만약 정적 강화(외적, 대리적, 자기강화)가 주어지게 되면 모델의 행동을 수행한다.

▎그림 2-8▎ 관찰학습의 단계

① 주의집중(attentional)단계

어떠한 행동이 관찰을 통해서 학습되려면 그 행동이 관찰자의 주의를 끌어야 한다. 그러기 위해서는 모델에게 주의를 기울여야 한다.

② 기억(파지)(retention)단계

관찰을 통해 얻은 정보를 사용하기 위해서는 정보를 보유(기억)해야 한다. 정보가 상상이나 언어의 두 가지 방식으로 상징적으로 저장되어야 한다. 관찰학습과 파지는 쉬운 형태로 저장되도록 정보의 대부분을 변형시키기 때문에, 상징적 부호에 의해 촉진된다.

③ 운동재생(motor reproduction)단계

기억되고 있는 모델의 행동을 외현적으로 재생산하는 과정이 있어야 한다. 즉, 이 과정에서 학습된 것을 실행으로 전환시키는 정도가 결정된다.

④ 동기화(motivational processes)단계

동기, 강화과정의 요소로, 이 요소는 처음에 모델의 행동에 주의를 기울이게 하는 요소로서도 중요하나, 관찰된 것을 행동으로 재현시키는 데에 필요한 요인으로서 동기와 강화가 중요하게 된다.

관찰학습에는 주의, 파지, 운동 능력과 동기과정이 포함된다. 그러므로 관찰학습이 일어나지 못하면, 관찰자가 모델의 관련 행동을 관찰하고, 그것을 파지하고, 신체적으로 수행할 수 없거나, 수행으로 이끌 만한 것이 없다고 할 수 있다.

반두라는 대리적 강화와 자기 강화가 행동에 영향을 미칠 수 있다는 점을 강조하였다. 대리적 강화란 자신이 아닌 모델이 받은 강화를 관찰함으로써 간접적으로 강화를 경험하는 것을 말한다. 그러므로 어떤 행동에 대해 강화를 받는 모델이 벌을 받는 모델보다 관찰학습될 가능성이 높다. 자기 강화란 자기 자신의 행동에 대해 자기 스스로 내리는 평가로서 자신이 갖고 있는 기준에 따라 자신의 행동을 강화해 줌으로써 그 자신의 행동을 통제하는 것을 의미한다. 따라서 반두라는 아동의 행동발달은 주위 사람들이 아동에게 주는 직접적인 강화나 벌은 물론 아동 스스로가 자기 자신에게 가하는 강화나 벌에 의해서도 많은 영향을 받는다고 강조하였다.

(6) 대리적 조건화와 학습

관찰학습은 이전에 하지 않았던 행동을 학습하는 과정을 말한다. 그러나 어떤 경우에는 모델을 관찰함으로써 이미 알고 있는 행동이 강화되는 경우도 있다. 이와 같이 모델이 하는 행동을 보고 강화를 받는 것을 대리적 강화라고 한다. 예를 들면, 식당에서 좋은 서비스를 받고 지배인에게 팁을 주는 것을 보았을 때, 그 행동을 본 사람은 좋은 서비스를 받기 위하여 팁을 줄 가능성이 높아진다.

이러한 대리적 강화와 아울러 대리적 조건화에 의한 학습도 이루어질 수 있다. 예를 들어, 어떤 사람에게 벨소리에 이어 계속 고통스런 전기 충격을 주는 장면을 보여주게 되면, 그 모델행동을 관찰한 사람은 대리적 조건화가

이루어져 벨소리에 공포를 경험하게 된다. 이와 같이 사람들은 직접적인 개인적 경험이 아니라 타인의 경험을 봄으로써 이미 알고 있는 행동이 더욱 강화되기도 한다.

(7) 자아강화와 자기효능감

반두라는 개인은 감정, 사고, 행동을 통제할 수 있는 자기 반응적 능력을 지니고 있기 때문에 개인의 행동은 자아강화와 외적 영향요인에 의해서 결정된다고 보았다. 이러한 자아강화는 각 개인이 수행 또는 성취의 기준을 설정하고 자신의 기대를 달성하거나 초과하거나 또는 그 수준에 못미치는 경우에 자신에게 보상 또는 벌을 내린다는 개념이다.

개인은 이러한 자아강화의 기준을 학습을 통해 획득하게 된다. 예를 들어, 동생을 때려서 어머니의 꾸중을 들은 아이는 자신의 공격적 행동과 어머니의 사랑의 감소를 연관시켜 생각하게 된다. 결국 이 아이는 폭력이 나쁘다는 어머니의 기준을 따르지 못할 경우에는 애정의 감소가 뒤따른다는 사실을 알게 된다. 이후에 공격적 행동을 하려는 충동이 일어났을 때 어머니에 의해서 설정된 행동평가기준에 따를지의 여부를 스스로 평가하여 반응을 하게 된다.

반두라는 이러한 자신의 내적 행동평가기준과 자아강화기제에 의하여 자아효능감이 형성된다고 보고 있다. 자기효능감은 자신이 특정 행동을 성공적으로 수행할 수 있다는 신념이다. 개인은 자신의 자아효능감에 근거하여, 자신이 행동해야 할 지의 여부를 결정할 뿐만 아니라, 얼마나 오래 수행할 수 있을지, 행동을 수행하였을 때 얼마나 많은 처벌을 감수해야 할지를 결정하기도 한다. 그리고 자아효능감은 과제에 대하여 얼마나 많이 준비할지, 어떤 과제들을 선택할지를 결정하기도 하며, 개인의 사고와 정서에도 영향을 미친다.

(8) 교육의 시사점

교육에 있어서의 모델의 중요성에 대한 인식을 높여 주고 있다. 모델링이 어떻게 영향을 줄 수 있는가에 대해서 생각해야 한다. 모델링에는 많은 형태가 있다. 또한 사회학습이론가들은 행동은 사람이나 살아 있는 모델에 의해서만 영향을 받는 것이 아니고, 대중매체에서 제시되는 모델에 의해서도 영향을 받을 수 있음을 보여주었다.

발달에 내적 과정의 중요성을 강조하는 정신분석학적 이론과는 대조적으로, 사회학습이론가들은 대부분의 행동이 외적 환경의 사건, 특히 강화(보상과 벌)와 모델링에 의해 학습되고 조성된다는 점을 언급하고 있다. 어떠한 행동에 대한 보상체계는 근본적으로 인간의 행동이 외부의 통제나 조정에 의해 결정된다는 점에서 오늘날의 많은 이론가에 의해 비난을 받고 있으나, 사회학습이론가들은 외적 조정에 의해 형성된 행동반응이라도 반복된 학습경험을 통해 결국은 자신의 보상과 벌을 스스로 조정할 수 있게 된다는 점을 주장하였다. 특히 모델링이나 모방은 사회학습이론의 기본 개념이 된다. 사회학습이론가들은 직접적 강화 없이도 모델의 행동을 관찰하고 모방함을 통해 사회적 행동이 획득될 수 있다고 주장한다.

반두라(1974)는 부모와의 동일시는 부모의 행동과 어린이의 모방이 조직적으로 일치함으로써 일어나는 현상이라고 설명한다. 부모는 유아기의 중요한 강화의 분배자일 뿐만 아니라, 일관성 있는 행동의 모델로서 어린이의 사회화 과정에서 중요한 역할을 한다고 본다.

3) 반두라 이론의 평가

사회학습이론가들은 실험실 연구에 매우 중점을 두었기 때문에, 그들의 원리와 결과가 일상생활 상황에 얼마나 잘 적용될 수 있는가에 대해서 확신 할 수가 없다는 것이다. 반두라의 이론이 환경론적이라는 점에 비추어서 외적 환경이 상당한 영향을 발휘하고 있다는 것이다. 그러나 아동은 적당히 신기한 사건에 대해서 내적인 흥미로부터 자발적인 학습을 할 수 있다는 것을 과소평가하였다. 예를 들면, Bobo 인형의 공격성 비디오에서 몇몇의 아이들이 아무런 강화도 없었는데 쉽게 공격적인 행동을 모방했다. 때로는 강화받지 않은 자발적인 모방도 가능하다는 것이다. 반두라의 이론에서 보면 인지구조나 단계(발달단계, 인지적 수준)의 중요성을 간과하고 있다고 하였다. 인간발달의 설명을 전체적으로 지나치게 단순화 한 것으로 보고, 각각 사람의 개별성이나 개인차의 문제를 지나치게 단순화했다는 비판을 받기도 하였다.

4) 행동주의의 관점 비교

행동주의 이론의 인간관은 스키너를 비롯한 전통적 또는 급진적 행동주의자의 관점과 반두라를 비롯한 사회학습이론가와 인지적 행동주의자들 간에 많은 차이점이 있다.

〈표 2-2〉 행동주의 이론의 관점 비교

		전통적, 급진적 행동주의자 (스키너 등)	사회학습이론가, 인지적 행동주의자 (반두라 등)
차이점	인간행동의 결정요인	• 자율적 인간이란 존재할 수 없으며, 인간의 자기결정과 자유의 가능성을 완전히 배제 • 환경적 요인에 의해 인간의 본성이 결정된다는 기계론적인 환경결정론의 입장	• 인간은 단지 사회문화적 조건의 산물은 아니며 그 자신의 환경을 산출해내는 주체자 • 인간행동은 인지특성, 행동 그리고 환경이 서로 상호작용한 결과라고 보는 상호적 결정론에 입각하여 인간의 본성을 설명
	인간이 어느 정도 합리적인 존재인가에 대한 관점	인간의 내면세계, 즉 성격, 심리상태, 느낌, 목적, 의도 등은 연구할 필요조차 없다고 하여 인간본성이 합리적인지 아니면 비합리적인지에 대한 논의 자체를 거부함	인간은 자신의 인지적 능력을 활용하여 사려 깊고 창조적인 사고를 함으로써 합리적 행동을 계획할 수 있는 능력이 있다고 봄
	인간본성의 주·객관성에 대한 관점	인간행동을 객관적인 자극-반응의 관계에서만 설명할 수 있다고 보고 인간본성에 대해 강한 객관적 관점	환경으로부터의 객관적 자극에 반응할 때 인간 내면의 주관적인 인지적 요소가 관여한다고 보고 있기 때문에, 인간에 대한 주관적 관점과 객관적 관점을 동시에 지니고 있음
공통점	인간본성이 가변적 속성을 지니고 있다고 인정	강화속성을 변화시킴으로써 인간행동은 얼마든지 변화시킬 수 있다고 주장	자기강화와 환경적 자극과 강화의 변화를 통하여 인간행동의 변화가 가능하다고 주장
	과학적 연구를 통하여 인간본성을 설명	관찰가능한 행동에 초점	관찰가능한 행동에 초점

요약

1. 반두라의 사회학습이론은 계속되는 행동, 인지구조, 환경의 상호작용적 관점에서 심리적인 기능을 설명하고 있다. 행동과 환경적인 힘의 상호작용, 즉 인간활동의 조직과 규제에 있어서 인지적 요인이 중심 역할을 수행하는 유동적, 역동적인 과정이 중시된다.
2. 반두라의 주요 이론적 개념은 모델링, 즉 관찰을 통한 학습의 개념이다. 그 기본 과정은 모델형성의 영향력이 주로 정보적 기능을 통하여 학습을 일으킨다는 것이다. 즉, 학습에 대한 인지적 특성을 강조한 것이라고 할 수 있다.
3. 관찰학습은 4가지 관련 요인, 즉 주의(attentional), 기억(retention), 운동발생(motor reproduction), 동기형성과정(motivational processes)에 의하여 이루어진다.
4. 관찰학습에서의 강화(reinforcement)에 관한 반두라의 해석은 인지적 경향성을 나타낸다. 사회학습에서 외적 강화는 흔히 개인에게 정보와 유인(incentive)의 2가지 기능을 갖는다. 그뿐만 아니라 대리적 강화(다른 사람이 강화를 받는 것을 관찰하는 것), 자기 강화(자기 자신이 스스로 강화하는 것)를 강조한다.
5. 자기 규제(self-regulation), 즉 사람이 어떻게 그들의 행동을 규제 할 것이냐 하는 것 역시 사회학습이론의 중요한 특징이다. 자기 규제에서는 자기 관찰, 판단, 자기 평가가 중요시 된다. 자기 규제의 과정에 있어서 자기 평가와 자아 개념의 역할 등에 대해서 얘기한다.
6. 반두라의 자기효능감이란 바람직한 효과를 산출하는 행동을 성공적으로 수행할 수 있다는 개인의 믿음을 말한다. 자기효능감은 인간의 사고, 동기, 행위를 관장하는 데 있어 핵심적인 역할을 한다.

연습문제

1. 반두라의 사회적 학습모델의 단계를 설명하라.
2. 반두라가 제시한 상호결정론의 3요인에 대해 설명하라.
3. 반두라의 4가지 관찰학습과정을 간략하게 설명하라.
4. 자기효능감의 4가지 원천에 대해 설명하라.
5. 반두라의 학습 관점을 바탕으로 스키너의 조작적 조건형성을 비판하라.

지피지기 8 반두라 성격연습

❖ 자기효능감

다음의 문항은 귀하의 태도와 특성에 대해 알아보고자 하는 진술문입니다. 각 문항은 일반적으로 갖고 있는 신념을 나타냅니다. 각 문항을 읽고 그것이 당신에 대해 어느 정도로 설명하고 있는지 결정하십시오. 옳고 그른 답은 없습니다. 당신은 아마도 어떤 문항에는 동의하지만 다른 문항에는 동의하지 않을 것입니다. 현재 귀하의 태도 혹은 감정을 가장 잘 설명하고 있다고 생각되어지는 번호에 "○"표 하여 주십시오.

1	2	3	4	5
전혀 그렇지 않다	거의 그렇지 않다	때때로 그렇다	자주 그렇다	항상 그렇다

NO	내 용					
1	나는 집에서 식물을 가꾸기를 좋아한다.	1	2	3	4	5
2	나는 계획을 세울 때, 그러한 계획을 완수할 수 있다고 믿는다.	1	2	3	4	5
3	나의 한 가지 문제는 해야할 때, 바로 일을 착수할 수 없는 것이다.	1	2	3	4	5
4	나는 첫 번에 일을 잘못하더라도, 잘 할 수 있을 때까지 계속 시도한다.	1	2	3	4	5
5	나의 성격은 타고났다.	1	2	3	4	5
6	나는 새로운 친구를 사귀는 것이 어렵다.	1	2	3	4	5
7	나는 나를 위한 중요한 목표를 설정하고서 거의 완수하지 못한다.	1	2	3	4	5
8	나는 어떤 일을 완수하기도 전에 포기한다.	1	2	3	4	5
9	나는 요리하기를 좋아한다.	1	2	3	4	5
10	나는 내가 만나고자 하는 누군가를 보면, 그 사람이 내게 오기를 기다리는 것보다 내가 그에게 간다.	1	2	3	4	5
11	나는 어려운 일에 직면하기를 피한다.	1	2	3	4	5
12	어떤 일이 너무 복잡하게 보이면, 나는 그 일을 시도조차 하지 않는다.	1	2	3	4	5
13	모든 사람에게는 좋은 면이 있다.	1	2	3	4	5
14	나는 친구로 만들기에 매우 까다로운 누군가를 만나면, 곧바로 그 사람을 친구로 사귀려는 것을 포기할 것이다.	1	2	3	4	5
15	나는 할 일이 유쾌하지 않을 때조차 그 일을 마칠 때까지 포기하지 않는다.	1	2	3	4	5

NO	내 용					
16	나는 어떤 일을 하기로 마음먹으면 곧바로 실행한다.	1	2	3	4	5
17	나는 과학을 좋아한다.	1	2	3	4	5
18	나는 새로운 어떤 일을 배우려고 시도해서 처음에 성공하지 못하면 곧바로 포기한다.	1	2	3	4	5
19	나는 처음에 호감이 가지 않는 누군가를 친구로 사귀려고 할 때조차 쉽게 포기하지 않는다.	1	2	3	4	5
20	나는 예기치 않은 문제가 발생했을 때 그 일을 잘 처리하지 못한다.	1	2	3	4	5
21	만약 내가 예술가라면, 나는 아이들을 그리고 싶다.	1	2	3	4	5
22	나는 새로운 어떤 일을 감당하기에 어렵게 보이면, 그 일을 배우려고 하지 않는다.	1	2	3	4	5
23	실패는 나로 하여금 더욱 열심히 노력하도록 채찍질할 뿐이다.	1	2	3	4	5
24	나는 사교적 모임에서 적절하게 대처하지 못한다.	1	2	3	4	5
25	나는 말을 타는 것을 매우 좋아한다.	1	2	3	4	5
26	나는 어떤 일을 수행할 나의 능력에 불안감을 느낀다.	1	2	3	4	5
27	나는 나 자신을 신뢰한다.	1	2	3	4	5
28	나는 나의 사교능력을 통해 친구들을 사귀었다.	1	2	3	4	5
29	나는 쉽게 포기한다.	1	2	3	4	5
30	나는 살아가면서 부딪힐 대부분의 문제를 처리하지 못할 것 같다.	1	2	3	4	5

Chapter 03

인지이론

인지이론은 사고의 획득과 기능에 초점을 두는 이론으로서 한 개인이 무엇을 어떻게 알게 되고 생각하게 되는지, 무엇을 느끼고 행동하는지에 초점을 두기 때문에 인간의 잠재력과 행동을 이해하고 이를 변화시키는 데 있어서 필수불가결한 이론적 기반이 된다.

인지이론이란 용어는 여러 인지이론을 집합적으로 표현하는 용어로서, 본 장에서 다루는 인지이론에는 다음의 3가지 이론적 관점이 포함되어 있다. 첫째, 피아제(J. Piaget)로 대표되는 인지발달이론가들은 인간의 인지체계의 발달과 속성을 설명하고, 인지기능의 모델을 제시하고 있다. 이들은 연령에 따라 사고의 질과 인지능력의 정도에 어떠한 차이가 있으며, 사회적·정서적 발달과 기능에 따라 이러한 특성이 어떻게 강화되는가 하는 것에 관심을 갖고 있다. 둘째, 인지학습이론가와 인지행동이론가는 행동과 그 행동에 대한 환경적 반응이 사고에 미치는 영향뿐 아니라 개인의 사고가 행동에 영향을 미치는 기본적인 과정을 설명한다. 셋째, 엘리스와 벡(Ellis & Beck)을 비롯하여 인지발달과 기능에 대한 개념을 임상적 영역으로 확대하여 인지치료에 적용한 학자들이 있다. 이러한 이론에서는 사람이 혼란에 빠지고, 어려움을 겪고, 부적절하게 기능하는 이유를 파악하려 하며, 이러한 문제를 변화시키는 전략을 제시하고 있다.

사회복지사는 이와 같은 다양한 인지이론에서 도출된 개념을 활용함으로서 개인의 사회적 기능상의 문제를 이해하고 융통성 있는 원조관계를 수립하는 데 많은 도움을 받을 수 있을 것이다. 아동을 유기한 부모, 알코올 중독자, 중증환자, 만성정신질환자의 독립적 기능을 증진시키는 데 인지이론에 근거한 전략들이 사용되고 있다. 또한 관리자와 노동자 사이에서 만족스러운 또는 불만족스러운 수행도의 원인에 대한 신념 차이와 같은 조직 갈등의 원천을 이해하는 데 인지적 접근방법이 활용되고 있으며, 전문가의 자아인식 증진에도 많은 기여를 하였다.

1. 피아제의 인지발달이론

1) 피아제(Jean Piaget)의 생애

피아제는 1896년 8월 9일 스위스의 뉴사텔에서 태어났으며, 아버지는 주의 깊고 논리적인 중세 역사가였고, 어머니는 매우 지적이었으나 감정적으로 불안했던 사람으로 중년에 접어들면서 정서불안과 히스테리 증후를 보였으며 이로 인해 집안이 불행하게 되었다고 한다. 그러나 이는 피아제로 하여금 정신분석학이나 병리심리학에도 관심을 두게 한 동기의 일부였다고 한다.

피아제는 일찍부터 자연에 대한 관심을 보였으며 그의 천재적인 과학자로서의 소질은 이미 10세 때 공원에서 본 알비노 스페로우라는 새에 관한 논문을 써 학술지에 게재했음을 통해 알 수 있다. 21세에 생물학에서 박사학위를 받았으나 이후에는 심리학을 공부하였는데, 23세 때는 정신분석학과 아동심리학의 관계에 대한 논문을 발표하였다. 1923년에서 1932년까지 『아동의 언어와 사고』 외 4권의 책과 논문을 출판하였다. 이들은 아동심리학자들에게 선풍적인 인기를 얻었으나 동시에 그의 연구결과가 반복될 수 없으므로 증명할 길이 없다는 이유로 비판을 받기도 했다.

1950년까지 아동의 지능발달과정을 이해하기 위해 실험연구에 열중했다. 여기에서 그는 개인의 사고발달이란 과학적 사고가 발달해 온 발자취를 꼭 같이 따른다는 사실을 지적했다. 그 후에 피아제는 1952년에서 1962년까지 파리대학교에서 발생심리학 교수로 임명되어 교수생활을 하였다. 이때는 대상에 대한 과학적이고 수량적인 접근보다는 철학적 접근에 치중하였다. 그는 사고나 인지에 있어서 대단히 전문적인 측면을 다루었으며, 그 개념이 아동에게서 어떻게 생겨나는가에 관한 것에서 출발하여 그 개념이 어떻게 성숙한 단계인 청년기까지 옮겨가는가를 설명하고자 하였다.

그는 40여 년 간의 심리학 연구를 끝내고 본래의 관심이었던 인식론과 생물학에 대한 이론적인 문제로 되돌아가서 이 두 가지 사이를 연결지어 설명하고자 하였다. 1980년 9월 16일 임종까지 피아제는 생의 마지막까지도 그의 집에서 아동의 사고의 본질과 발달에 관한 저술과 연구를 계속하였다(김억환, 1984 : 11-25).

2) 주요 개념

인간을 피동적 학습자로 보는 행태주의 학파와는 달리 인간은 아이 때부터 능동적으로 새로운 인지 구조를 만들어 가는 것으로 본다. 피아제는 아이의 인지발달을 설명하는 데 도식(schema), 동화(assimilation), 조절(accomodation), 평형(equilibration)이라는 4가지 기본 개념을 사용하고 있다(전병제, 1997 : 151-152).

도식은 사물이나 사건에 대한 전체적인 윤곽을 말한다. 유아는 많은 도식들을 지니고 태어나며, 적응의 과정을 통해서 새로운 도식을 개발하고 기존의 것들을 변화시킨다. 동화는 새로운 자극 환경에 반응함으로써 기존의 도식을 사용해 새로운 자극을 이해하는 것을 말한다. 조절은 기존의 도식을 가지고는 새로운 사물을 이해할 수 없을 때 기존의 도식을 변경하는 것을 말한다. 평형은 동화와 조절의 균형을 의미한다(정옥분, 2004 : 82-107).

(1) 인지발달의 기본요인

인지발달의 기본요인을 보면, 4가지 요인이 인지발달의 단계를 결정한다. 첫째, 유전적 요인(내적 요인)은 신생아가 외부세계의 문제에 적응하는 최초의 상태를 결정할 뿐 아니라 성장, 발달의 각 시점에서 어떤 새로운 발달 가능성을 전개할 것인지 결정한다. 그러나 유전 혹은 내적 성숙이 발달을 촉진하는데 필요하지만 그것만으로 충분하지는 않으며, 직접적 경험으로부터 논리나 지능이 발달한다. 둘째, 신체적 경험은 자발적, 심리적인 지적발달에 기여한다. 신체적 경험이 정신발달에 본질적이지만 그것만으로는 지적발달에 불충분하다. 셋째, 사회적 전달(교육)은 외부로부터 지식을 전수 받는 것이다. 부모, 학교, 사회가 전달하려는 것에 동화될 수 있는 도식을 준비하는 것은 내적 성숙과 신체적 경험에 달려있기 때문에 사회적 전달만으로 정신발달을 기대할 수 없다. 사회적 전달은 인지발달에 심리사회적 측면에 기여한다. 넷째, 평형화(동화와 조절의 통합과정)는 인지발달의 핵심기능이다. 이러한 내적 성숙, 직접경험, 사회적 전달은 서로 잘 조화되어야 하고, 평행상태가 유지되어야 한다. 이 4가지 요인이 인지발달의 단계를 결정한다.

(2) 발달의 원칙

피아제는 아동의 발달이 단계에 따른 이행에 있어서 발달이 계속적으로 천천히 일어난다고 보았다. 발달의 본질에 대한 견해는 아동이 생의 특정 시기에 특정 종류의 경험과 행동을 찾아내고자 하는 자발적인 욕구의 발현으로 보았다. 발달의 원칙은 첫째, 발달은 개인차가 있다. 둘째, 발달은 순차성이 있다. 셋째, 다음 단계로 이동하는 과도기에는 두 단계의 인지적 특징이 함께 나타날 수 있다. 넷째, 형식적 조작기에 도달한 아동이나 고도로 인지발달이 된 성인도 때로 낮은 단계의 사고를 한다.

3) 인지발달단계

피아제의 인지발달은 감각운동기, 전조작기, 구체적 조작기, 형식적 조작기의 4단계로 이루어진다. 그는 인간은 모두가 이와 같은 4단계의 과정을 거친다고 주장하였다. 주된 관심은 인간의 인지능력으로 어린이가 연령이 증가함에 따라 사고의 과정이 어떻게 발달해 나가는가 하는 것에 관심을 가지고 연구하였다. 즉, 각 연령단계에 있어서의 지적 발달수준 또는 인지적 발달수준을 구분하고 그 수준에 맞는 학습과제가 무엇이 있는지를 밝히려 하였다. 이 4단계는 각 단계에서의 일반적인 사고방법을 말하는 것이며, 모든 개인에게 동일하게 적용이 되는 획일적인 것은 아니다(서봉연 · 이순형, 1988 : 91－114).

(1) 감각운동기 : 0～2세

감각운동기에는 신체적 양식을 조직화하며(㉬ 빨기, 쥐기, 때리기), 행동양식은 자극에 대한 반응과 감각운동에 기초를 둔다. 감각운동기는 6단계로 설명하며, 감각운동기 전체에 대상영속성의 개념이 발달한다.

〈표 3-1〉 피아제의 인지발달단계

발달단계	연령범위	단계의 특징	목 표	성 취
감각운동기 반사활동기 일차순환반응 이차순환반응 이차도식의 협응 삼차순환반응 상징적 표상	**0~24개월** 0~ 1개월 1~ 4개월 4~10개월 10~12개월 12~18개월 18~24개월	**지능은 감각적 경험에 기초한다.** 반사가 효율적으로 된다. 즐거운 행위의 반복, 습관형성, 반사의 협응 의도적 반복행동, 인과개념 의도적, 목적적 행동 인과적 상황에 대한 실험, 시행착오적 행동 행위의 내면화, 모방학습	대상의 획득	대상 영속성
전조작기	2~7세	상징의 사용, 직관적 · 자기중심적 사고, 비가역성	상징의 획득	언어
구체적 조작기	7~11세	논리적 사고, 가역성 획득, 언어의 복잡화, 보존개념의 발달	현실의 획득	원인과 결과
형식적 조작기	11~성인기	추상적 사고와 개념의 이해, 가설검증능력, 연역적 추론	사고의 획득	현실과 환상의 구별

① 1단계–반사작용 : 0~1개월

제1단계는 어떠한 의도가 개입된 행동, 목적을 두는 행동을 하지 않는 반사적 행동을 한다(예 재채기, 잡기, 빨기). 환경에서 주어지는 자극에 그대로 반응하는 것이 아니라 자극을 받아들여 그에 적응할 수 있는 반응을 창출하는 내적 체계를 형성한다. 이 단계의 도식은 환경에 대처하기 위한 보기, 잡기, 치기, 때리기와 같은 행동으로 최초의 도식은 이러한 타고난 반사이다. 이 시기의 가장 우세한 반사는 빨기반사이다.

② 2단계–1차 순환반응 : 1~4개월

제2단계는 1차 순환반응이라고 하는데 우연히 새로운 경험을 하게 되고, 그러한 단순 행동이 반복해서 나타나는 것이다. 예를 들어, 우연히 손가락이 입에 닿게 되면 입에 넣고 빨다가, 손이 멀어지면 또다시 가져와 빨려고 애를 쓴다.

③ 3단계–2차 순환반응 : 4~10개월

전단계인 1차 순환반응의 관심이 자기 내부에서 일어난 것이라면, 2차 순환반응인 제3단계는 자신이 아닌 외부에서 흥미로운 사건을 발견하게 된다. 예를 들면, 우연히 손으로 유모차 옆에 붙어 있는 막대기를 건드려 움직이는 것을 보고 재미를 느끼면 그것을 반복하면서 매우 즐거워하는 것이다. 이 단계부터는 자신의 행동이 외계에 미치는 영향과 그 결과들에 관심을 가지면서 사회적뿐만 아니라 인지적으로도 외향적이 된다. 자신의 힘으로 외부에 영향을 미쳐 사건을 만들어 내는 것에 흥미이다.

④ 4단계－2차 도식의 협응(이차반응 협응기)－모방 : 10～12개월

제4단계인 2차 도식의 협응은 어떤 결과를 얻기 위해 둘로 분리된 도식을 협응하여 의도적이며, 수단-목적적인 행동을 수행하여 어떤 목적을 이루기 위한 수단으로 다른 도식을 이용한다. 예를 들면, 아이가 잡으려는 성냥갑을 손으로 막고 있으면, 그것을 잡고자 하는 목적을 위해 손을 치우는 도식을 수단으로 활용한다. 치우는 것과 잡는 것에 있어 어느 것이 공간적・시간적으로 앞서야 하는지에 관해 그 순서를 알고, 두 도식을 협응하게 되며, 여러 번의 시행착오를 거친 뒤 성냥갑을 쥐기 위해 그것을 막고 손부터 치워야 하는 것을 알게 된다.

⑤ 5단계－3차 순환반응 : 12～18개월

제5단계인 3차 순환반응은 외부세계에 대하여 명백히 실험적이며, 탐색적 접근을 한다. 새로운 대상이 제시되면, 이리저리 탐색하고, 다른 행동양식을 적용해 봄으로써 그 대상의 구조와 기능을 밝히려고 노력을 한다. 예를 들면, 수도꼭지에 손을 대고 물이 퍼지는 장난을 할 때도 각도를 달리하여 여러 방향으로 퍼지게 끔 시도한다. 학습이 없이도 선천적 호기심에 의해 가능하다.

⑥ 6단계－상징적 표상기 : 18～24개월－사고의 시작

제6단계는 상징적 표상기로 진정한 의미의 사고 작동이 시작되는 시기이다. 제5단계에서는 어떤 다른 결과를 보기 위해 시행착오를 경험하지만 6단계에서는 직접 경험하지 않고 상상하거나 생각함으로써 시험한다. 어떤 문제를 해결함에 있어 체득된 경험의 결과를 고려하여 사고 후 행동을 하게 된다. 예를 들어, 성냥갑 속에 들어 있는 구슬을 찾기 위해 성냥갑을 한참 쳐다보다가 방법을 생각해 낸 후 상자를 열고 그 안의 구슬을 꺼내는 것

이다 . 단순히 시행착오라기보다 통찰을 통한 새로운 도식을 습득한다.

⑦ 감각운동기 전체 = 대상영속성의 개념 발달

대상영속성이란 어떤 대상이 우리 시야에서 사라졌다 해도 그 존재가 소멸되지 않고 살아 있다는 것을 아는 것이다. 우리 자신의 지각, 운동적 접촉과는 완전히 독립적인 존재로서 사물을 보는 것으로 감각운동기 전반에 걸쳐 서서히 발달한다. 타고난 것이 아니라 경험을 통해 획득하고 보편적이며, 일정한 순서를 갖고 획득된다.

감각운동기의 대상영속성의 발단단계를 보면, 제1~2단계의 아동은 사물이 시야에서 사라지면 잠시 그곳을 응시하다가 더 이상 찾으려 하지 않고 잊어버린다. 즉, 시야에서 사라진 뒤 그 대상의 지속적인 존재에 대한 어떠한 관심도 표현하지 않는다. 제3단계의 아동은 대상이 움직이는 대로 따라가 움직이는 방향을 추정하여 응시하게 된다. 예를 들어, 침대 위에서 놀다가 침대 밑으로 장난감이 떨어지면 몸을 숙여 침대 밑을 내려다보게 된다.

제4단계의 아동은 사라진 대상을 불투명한 덮개로 덮어도 그 대상을 찾아낸다. 그러나 한번 찾아낸 장소에 대한 심상에 의해 영향을 받는다. 예를 들어, 아동이 가지고 놀던 장난감을 여러 번 파란색 덮개에 씌워 찾은 후 아동이 보는 앞에서 분홍색 덮개에 씌우면, 파란색 덮개를 들춰 본 뒤 없으면 탐색을 포기한다.

제5단계의 아동은 파란색 덮개(A)뿐 아니라 분홍색 덮개(B)에 싸여진 장난감을 찾을 수 있게 된다. 물론 과도기적으로 A와 B를 갈등하며 찾는 모습을 보이지만 점차 A를 살피지 않고도 B에서 대상을 찾게 된다. 그러나 이 시기의 아동도 역시 시야에서 사라진 후의 위치 변화까지는 상상하지 못한다. 예를 들어, 공을 숨기는 것을 보면 찾을 수 있어도 공이 소파 밑으로 굴러가서 보이지 않게 되면 소파 밑에서 공이 이동할 수 있다고는 생각하지 않는다. 즉, 보이는 이동에 대해서는 대처할 수 있어도 보이지 않는 이동에 대해서는 대처하지 못한다.

끝으로 제6단계의 아동은 완전히 대상영속성의 개념을 획득한다. 즉, 자신의 지각적・운동적 접촉과는 상관없이 완전히 독립적으로 존재하고 움직일 수 있는 외적 실체로 대상을 간주한다. 따라서 공이 소파 밑으로 굴러가 보이지 않아도 소파 밑에 공이 있다는 것을 알게 된다(이인정 · 최혜경, 2000).

(2) 전 조작적 사고기 : 2~7세

전 조작적 사고기는 감각운동적 양식으로 기능을 수행할 수 있는 사람으로부터 개념적, 상징적 양식으로 기능을 수행할 수 있는 사람으로 발달하게 된다. 언어를 시작하고 언어능력이 발달하기 시작한다. 언어습득을 통해 개념적 사고를 하는 것이다. 언어습득으로 사물이나 사건을 내재화 할 수 있는 능력이 생기고 보이지 않는 것을 지적하는 표상이 가능하다. 직접적으로 지각적 경험을 하지 않는 대상을 조작하는 능력은 제한되어 있다.

① 보존개념

이 시기는 보존개념이 형성되지 않는다. 동일성, 보상, 역조작의 개념이 형성되지 않는다.

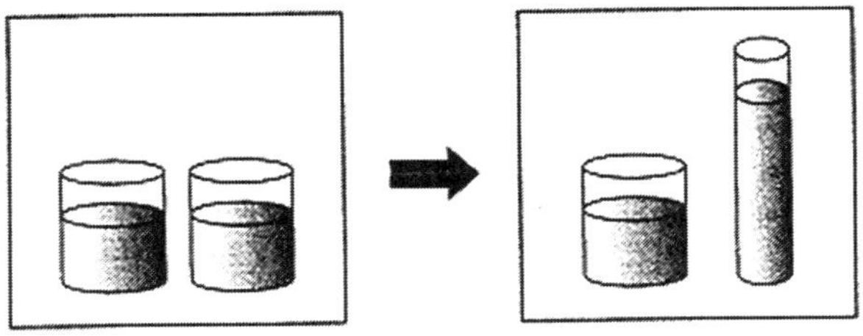

┃그림 3-1┃ **보존개념 실험 Ⅰ**

예 1 한 컵에 우유를 다른 컵에 부으면, 그 양이 달라져 긴 컵의 우유가 많다고 대답한다.

┃그림 3-2┃ **보존개념 실험 Ⅱ**

예 2 계란과 컵을 나란히 놓은 뒤 어느 것이 더 많냐고 하면 같다고 한다. 그러나 오른쪽 그림처럼 둘 중에 하나를 모아 놓으면 긴 컵 쪽이 더 많다거나 아니면 더 오밀조밀한 계란 쪽이 더 많다고 한다.

② 유목화

전 조작적 사고기에는 유목화가 형성되지 않는다. 예를 들어 18개의 갈색 구슬과 2개의 흰 구슬이 모두 나무구슬이라 한 뒤, "갈색구슬이 더 많니? 나무구슬이 더 많니?"라고 물으면, 아동은 갈색구슬이 더 많다고 대답한다. 하위유목을 알지 못한다.

③ 자아중심성

사물을 자기의 입장에서 보기 때문에 타인의 관점은 이해하지 못한다. 즉, 외부세계에 대해 자신이 생각하는 것이 전부이고, 유일하고, 가능한 것으로 생각하기 때문에 모든 사람이 다 자신과 똑같은 방식으로 사물을 보고 생각한다는 것이다.

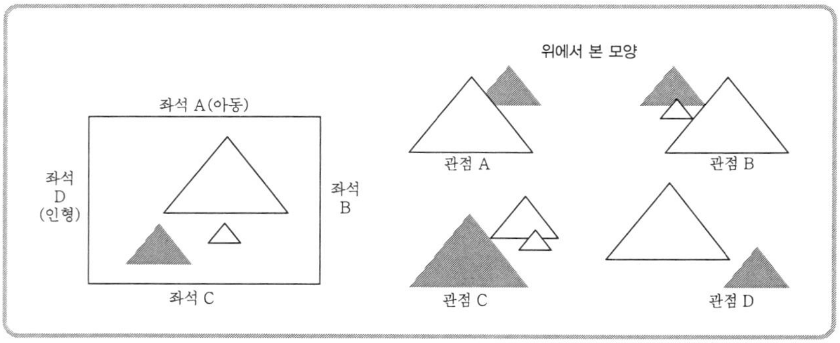

❙그림 3-3❙ 피아제의 세 산 모형을 이용한 조망능력 실험

예 아동에게 산의 모양을 제시하여 각각 다른 방향에서 산을 관찰하게 한다. 그리고 인형은 D자리에서, 아동은 A자리에서 산을 관찰하게 한 다음 자신의 쪽에서 본 산의 모양을 그림 중에서 찾아보라 하면 아동은 자신과 인형이 같은 것을 보았다고 생각하여 둘 다 관점 A를 선택한다.

여기서 자아중심성은 이기적・독단적이라는 뜻과는 다르다. 따라서 이 시기의 아동은 함께 놀아도 상대방의 입장을 이해하지 못하므로 따로 노는 것이나 마찬가지이다. 이러한 자아중심성은 성인과의 관계보다 또래와의 상호작용을 통해 극복해야 한다.

④ 상징놀이

상징놀이는 감각운동기 6단계에서 최초로 나타나 전 조작기에서 가장 많이 발달한다. 이 시기의 아동은 베개를 아기라 하면서 업고 다니고 손을 문질러 씻는 흉내를 내면서 비누라고 하기도 한다.

⑤ 물활론

물활론이란 생명이 없는 대상에게 생명을 부여하는 것이다. 예를 들어, 인형에 생명을 부여하여 인형을 던지면, 인형이 다친다고 생각한다. 4~6세 정도의 아동은 활동하는 모든 것에 생명을 부여하여 태양을 그릴 때도 그 안에 눈과 코를 그려 넣는다.

⑥ 도덕론

피아제의 도덕론은 전 조작적 사고기에 아동의 도덕관을 알아보기 위해 아동이 흔히 하는 공기놀이의 규칙을 임의로 바꿀 수 있는지 질문하였을 때, 아동은 규칙은 지켜져야 하고 지키지 않으면 벌을 받는다고 대답한다. 따라서 이 시기의 아동은 산타클로스가 있다고 믿으며, 거짓말을 하면 피노키오처럼 코가 길어진다고 믿는다. 의도보다 결과를 더 중요시하여 엄마를 도와주려다가 컵을 5개 깨뜨린 아이가 엄마 몰래 우유를 먹으려다가 1개의 컵을 깬 아이보다 더 나쁘고 더 많은 벌을 받아야 한다고 대답한다. 컵을 깨는 것은 나쁜 것이고, 의도와는 상관없이 결과적으로 더 많은 컵을 깬 아이가 그만큼 더 나쁘다고 판단하는 것이다. 이러한 타율적 도덕성은 구체적 조작기에 들어간 10세까지도 대부분 지속되다가 점차 자율적 도덕관을 받아들이게 된다.

(3) 구체적 조작기 : 7~11세

구체적 조작기에는 구체적인 사물과 구체적인 행위에 대해서만 체계적으로 사고한다.

① 보존개념의 획득(동일성, 보상성, 가역성)

이 시기의 아동은 보존개념이 획득되어 동일성(identity : 물을 더 붓거나 덜지 않았으니 양은 같다), 보상성(compensation : 이 컵이 긴 반면, 저 컵은 넓다. 따라서 물의 양은 같다), 가역성(inversion : 이것을 전에 있던 컵에 그대로 다시 부을 수 있기 때문에 두 컵의 양은 같다)의 논리를 사용할 수 있게 된다. 즉, 수, 길이, 넓이, 부피 등을 그 차례나 형태를 바꾸어 여러 가지 다른 방법으로 제시한다고 할지라도 그것이 변하지 않는다는 것을 안다.

② 탈중심화

구체적 조작기의 아동은 또래와의 관계 속에서 점차 자아중심성으로 부터 벗어나게 된다. 탈중심성은 언어의 발달로 의사소통이 이루어지면서 더 활발해진다.

③ 관련성의 이해

사물판단에 있어 한 요소에만 집착했던 시기의 각도에서 벗어나 판단요소의 종합능력이 생겨나고, 언어구사 의사소통에서도 탈중심화를 보인다. 유목화 개념의 발달은 사물의 어떤 공통된 특징과 차이점 및 관련성을 이해하고 속성에 따라 어떤 대상물을 구분해내는 능력을 습득한다(분류). 사물 간의 관련성을 이해할 수 있기 때문에 한 대상을 여러 대상과 서로 비교할 수 있게 된다.

④ 자율적 규범(도덕적 자율)

구체적 조작기에 도달하면, 자신을 통제하고 도덕적 결과에 대한 가치체계가 형성된다. 10세를 전후로 아동은 규칙이 사람 간의 상호 합의이며, 서로가 동의하면 언제든지 변할 수 있는 것임을 알게 된다.

(4) 형식적 조작기 : 11~15세

자신의 지각이나 경험보다는 논리적 원리의 지배를 받으며, 추상적 사고가 가능하기 때문에 경험하지 못한 사건에 대한 가설적이고, 추상적인 합리화를 통해 과학적 사고를 할 수 있게 된다. 이 시기는 다양한 사회적 경험, 특히 학교교육을 통해 사회적 인지가 많이 발달하는 단계로 자기성찰이나 자기개선을 할 수 있다.

〈표 3-2〉 피아제의 형식적 조작기의 특성(정옥분, 2005 : 239)

<table>
<tr><th>단 계</th><th>연 령</th><th colspan="2">특 성</th></tr>
<tr><td>형식적 조작기
Ⅳ-A
(초기 청소년기
또는
형식적 조작적
사고 출현기)</td><td>11,12세
~14,
15세</td><td rowspan="2">• 이 시기 청소년의 사고는 아동의 사고와 급격히 달라지기 시작
• 유연한 사고(사고의 융통성)발휘
• 내성(생각에 대한 생각)
• 추상적 사고(현실 이상의 가능한 것을 생각하는 것)
• 논리적 사고(모든 중요한 사실과 생각을 고려하고, 정확한 결론을 사출할 수 있는 것, 인과 관계를 결정하는 능력)
• 가설적 추론(가설을 세우고 여러 가지 변인을 고려하여 증거를 찾는 것)</td><td>• 형식적 기능이 거의 다 이루어지는 시기
• 예비적 단계, 정확한 발견을 하고 특정한 형식적 조작적 사고 가능
• 사고의 접근방식은 여전히 미숙한 수준
• 자기 주장에 대해 체계적이고 정밀한 근거는 제시 할 수 없음</td></tr>
<tr><td>형식적 조작기
Ⅳ-B
(후기 청소년기)</td><td>14,15세
이후</td><td>• 형식적 기능이 완전히 이루어지는 시기
• 보다 수준 높은 일반화, 더욱 포괄적인 원칙을 수립 가능, 사고하는 방법의 중요성을 이해하고 자기 주장에 대해 자발적으로 좀더 체계적인 근거를 제시 가능
• 이 시기까지 도달하지 못하는 청소년 또는 성인도 많이 있음</td></tr>
</table>

① 추상적 사고

이 시기의 청소년은 미래에 대해서 자신이 나아갈 사회에 대해 생각하기 시작하며, 종교, 윤리, 철학 등의 주제에 관심이 많아진다. 삶의 의미를 음미하고 사회적 가치관을 이해하며, 예술작품이 상징하는 것을 이해한다.

② 상징적 추론(연역적 사고)

가설을 세우고 체계적으로 검증하고, 추상적 개념을 사용하여 여러 가지 사태를 일반화 할 수 있게 된다. 즉, 가능성이 현실 속에서 어떻게 실현될 수 있는지 탐구하고, 명제를 검증한다(만일~이면~이다 : 가설 검증적).

③ 조합적 사고

구체적 조작기의 아동은 하나의 명제적 사고를 하지만, 형식적 조작기는 문제에 직면했을 때, 모든 가능한 해결책을 논리적으로 궁리해 봄으로써, 결국 문제해결에 이르게 되는 여러 가지 명제 간의 조합이 가능하다.

3) 피아제 이론의 특징

피아제 이론의 특징은 기능적인 측면과 구조적인 측면이 밀접하게 연결되어 있는데 그 특징은 다음과 같다. 구조의 모든 요소는 조직화의 원리에 의해

서로 관련되어 있다. 한 요소가 다른 것에 영향을 주지 않고는 변화될 수 없다. 동화와 조절의 작용에 의해 구조가 변형되며, 구조는 정적이라기보다는 역동적이고 변화될 수 있는 것이다. 구조는 단순한 형태에서 좀더 복잡한 형태로 발달한다. 구조를 구성하는 데 있어서 아동은 능동적인 역할을 한다. 즉, 구조는 외적인 자극이나 경험으로부터 주어지는 것도 아니고 성숙에 따라 나타나는 유전적인 것도 아닌, 기능적인 측면의 자기 조절 기제인 평형화에 의해 구성되는 것이라고 할 수 있다.

〈표 3-3〉 **피아제의 인지발달단계**[1)]

단계/연령	단 계	특징 및 주요 개념	주요 과업
1단계/ 0~2세경	감각 운동기	• 영아가 자신의 감각이나 손가락을 입에 넣고 빠는 등의 운동을 통해서 자신의 주변세계를 탐색 • 반사활동에서부터 제법 잘 조직된 활동을 할 수 있기까지 간단한 지각능력이나 운동능력이 이 시기에 발달	• 주변의 여러 대상물로부터 자신을 분리시키기 • 빛과 소리 자극에 반응하기 • 흥미 있는 일을 계속하기 • 조작을 통한 물체의 속성 알기 • 대상 영속성의 개념 획득하기
2단계/ 2~7세	전조작기	• 개념발달을 위해서 다양한 언어활동과 신체활동에 참여(언어가 급격히 발달) • 자기중심적이며, 흔히는 잘못된 개념, 현실에 위배되는 개념들을 가지고 있음(상징놀이, 물활론, 자기중심적 사고, 직관적 사고 등)	• 자아중심성 • 사물 분류(반드시 그것을 이해하는 것은 아님) • 사물을 단계별로 배열가능(그러나 직접적으로 접하지 않는 사물을 추리해서 배열할 수는 없음) • 논리적 관계를 이해하기 시작 • 수의 개념을 사용하기 시작 • 보존성의 원리를 어렴풋이 이해하기 시작
3단계/ 7~11세	구체적 조작기	• 구체적 논리의 시대로 구체적인 문제에 대한 논리적 사고가 가능 • 사물을 위계에 따라 분류하는 것이 가능	• 양, 무게, 부피의 보존개념을 확실하게 획득(보상성, 가역성의 원리 이해) • 유목, 분류, 서열화 • 탈중심적 사고로 전환
4단계/ 11~ 15, 16세	형식적 조작기	• 논리적 사고, 추상적 사고의 시기 • 새로운 상황에 직면하였을 때에 현재 경험뿐만 아니라 과거와 미래의 경험을 이용(시간을 초월하여 다룸) • 체계적, 과학적 사고 가능 • 추상적 사고가 가능 • 이상주의적 사고	• 도덕적, 정치적, 철학적인 생각과 가치문제 등을 이해하기 시작 • 타인의 사고과정을 이해하고, 다른 사람들은 문제를 어떻게 보고, 어떻게 생각할까 등의 문제에도 관심

1) http://my. dreamwiz.com/ezfree/th/pi/pi-40.htm(2005.03.25.)

4) 인지발달이론의 한계와 비판

(1) 피아제 이론에 대한 가장 일반적인 비판은 각 단계에 도달하는 연령에 대한 것이다.

(2) 인지능력과 다른 사회적·정서적 능력의 동시성을 강조하고 있지만, 사회적 인지능력이 다른 인지능력보다 더 빨리 획득되었다.

(3) 최종적인 인지발달이 15~16세경의 청소년기에 완성되는 것이 아니라 그 이후 성인기에도 가능하기 때문에 이에 대한 새로운 단계를 설정이 필요하다.

(4) 피아제는 모든 아동이 같은 속도로 동일한 논리적 구조의 지배를 받으며 발달한다고 보았는데 보통 아이에 대한 연구라 하지만, 보통에 대한 정의가 불분명하고 과도하게 결정적이며, 문화적, 사회경제적, 인종적 차이를 고려하지 않았다. 발달단계가 불변적인 순서로 진행되는 것이 아니라 특정 단계로 이동할 수 있다는 견해가 있다.

(5) 피아제의 단계이론과는 달리 정보처리적 접근을 취하는 학자들은 인지발달은 뚜렷한 단계를 거쳐 이루어지는 과정이 아니라 계속적으로 진행되는 비단계적 과정으로 설명한다.

(6) 사용한 절차와 해석에 대한 것으로 예를 들어, 용액보존 과제에서 용액을 붓기 전과 후에 질문을 두 번 한다. 그런데 일상생활에서 성인이 두 번 질문을 한다는 것은 첫 번째 답이 틀렸다는 것을 의미한다. 따라서 이 경우 아동은 관습적인 규칙에 근거하여 새로운 답을 고안했을 수도 있다.

(7) 인지발달이 자연적이고 자발적이어서 어른으로부터 직접적인 가르침 없이도 자신의 인지구조를 발달시킨다고 하였는데 훈련효과를 들어 수동적으로 인지발달을 가져온다고 반박하고 있다.

(8) 실험실 상황에서의 연구가 아니라 자신의 아이를 대상으로 한 임상 연구이므로 개인적 편견이 삽입될 가능성이 높다.

(9) 인간발달의 왜곡된 부분에 대한 언급이 없다.

(10) 아동이 어떻게 하여 인지발달의 한 단계로부터 다음 단계로 넘어가는지를 명확히 설명해 주지 못하며, 성숙과 경험 모두가 인지발달에 영향을 미친다고 주장하지만 너무 애매하므로 자세한 기술 정도로 간주된다.

(11) 4단계(감각운동기, 전 조작기, 구체적 조작기, 형식적 조작기)가 순서에 따라 나타나고 질적으로 다르며, 사고의 일반적인 속성을 나타내고 전 문화에 걸쳐 보편적으로 나타나는지를 의문시 하고 있다.

(12) 이러한 피아제 이론의 약점이 있다 하더라도 피아제의 이론이 인지발달의 필수적인 측면을 다룬 것은 틀림이 없다.

요약

1. 피아제 이론의 주요 개념에는 도식, 동화, 조절, 평형이 있다.
2. 인지발달의 단계를 4단계로 구분하여 대상영속성 개념이 획득되는 감각운동기, 상징적 사고의 시기인 전 조작기, 사고의 급진적 발달을 이루는 구체적 조작기, 추상적 사고를 할 수 있는 능력을 갖추는 형식적 조작기로 구분하였다.
3. 피아제는 발달을 아동의 능동적인 행동을 통하여 보다 분화되고 포괄적인 인지구조를 수립해 가는 능동적 구성과정이라고 했다.

2. 콜버그의 도덕발달이론

1) 콜버그(L. Kohlberg)의 생애

콜버그는 1927년에 뉴욕 주의 브롱스빌(Bronxville)에서 태어나 그곳에서 자랐다. 그는 미국의 명문 사립 고등학교 Andover Academy를 졸업한 후, 대학에 진학하는 대신 이스라엘 난민을 수송하는 일을 도왔다. 사회적 정의를 행동으로 실천한 이 경험은 훗날 그의 도덕발달이론의 기초가 되었다. 1948년 콜버그는 시카고 대학에 입학하여 2년 만에 학사학위를 취득하고, 같은 대학원의 심리학과에 입학하였다. 학부시절 그는 철학과 문학을 통해 도덕적 전통을 배웠으며, 대학원 과정에서 베들레헴(Bruno Bettlheim), 로저스(Carl Rogers), 백(Sam

Beck)과 같은 학자들로부터 임상적 이론과 실제를 배웠다.

콜버그는 피아제의 이론에 영향을 받아 도덕성 발달에 관심을 갖게 되었으며, 도덕적 문제에 관해 아동과 청소년을 면접하기 시작했다. 그 결과로 10~16세까지 사고와 선택유형발달(The development of modes of thinking and choice in the 10 to 16 years-old, 1958)이라는 박사학위논문을 저술하게 된다. 콜버그는 어느 시대 사회를 막론하고 인간에게는 반드시 지켜야 할 보편적인 정의의 원리와 도덕률이 있다고 생각하고, 인간이 개인적인 욕구중심의 단계로부터 원리적 도덕성으로 이행해가는 과정을 그의 도덕성발달이론의 근간으로 하였다.

2) 주요 개념

최근 도덕성에 관해 가장 초점을 모으고 있는 것은 콜버그의 이론과 연구이다. 도덕성 발달의 '인지발달적 접근'이란 콜버그가 자신의 이론과 자신이 계승한 피아제 이론을 가리키는 말로 썼다. 콜버그는 약 15년 동안 피아제의 연구를 계승 발전시켰다. 그러나 피아제처럼 타율적 도덕성과 자율적 도덕성으로 양분하는 것은 도덕성 발달을 지나치게 단순하게 본 것이라고 하고 연구대상을 아동은 물론 성인에게까지 확대하여 도덕성 발달단계를 체계있게 분류했다.

콜버그는 피아제의 이론에 대한 관심에서 출발하여 도덕적 사고에 초점을 두고 연구하였으며, 이 이론을 확장시켜 도덕적 갈등 상황(도덕적 딜레마)에서 개인이 어떻게 판단하고 그 판단을 어떻게 추론하는가를 분석하여 도덕발달단계를 구체화하였다. 콜버그가 사용한 도덕적 딜레마는 다음 <표 3-4>와 같다.

〈표 3-4〉 **'하인츠가 약을 훔치다'의 상황**

하인츠는 암에 걸려 죽어가는 아내를 살리기 위해 필요한 약을 구하고자 한다. 의사는 아내를 구할 수 있는 약이 한 가지 있다고 하였다. 그 약은 최근에 그 마을의 약사가 발견한 라디움의 일종이었다. 그 약을 만드는 데에도 값이 비싼 편인데 약사는 제조비 대가로 열 배나 더 요구하였다. 약사는 약의 원료는 200달러밖에 되지 않는데 한 알에 2000달러를 달라고 한다. 하인츠는 아는 사람을 모두 찾아가 돈을 빌렸으나 약값의 절반인 1000달러 밖에는 구하지 못하였다. 그는 약사에게 아내가 죽어가고 있으니 그 약을 싸게 팔거나 나중에 돈을 갚겠다고 해 보았지만 약사는 "안 돼요. 나는 약을 발견했으니 돈을 벌어야겠소"라고 말하며 거절하였다. 결국 하인츠는 절망하게 되어 약방문을 부수고 들어가 아내를 위해서 약을 훔쳤다. 하인츠는 그렇게 해도 되었을까요?(Kohlberg, 1963 : 10).

이 상황을 제시하고 하인츠의 행동이 옳은지, 왜 그렇게 판단하였는지를 질문하여 아동의 도덕적 판단이 어떻게 추론되는지 그 과정에 관심을 가지며 도덕발달이론을 체계화하였다.

3) 도덕발달단계

(1) 전 인습적 도덕(preconventional morality)

전 인습적 도덕단계는 외부적 요인에 의해 행위를 결정한다. 어린 아동의 외부 지향성(external orientation) 때문에 이렇게 이름 붙였다. 표준은 부모와 다른 권위자로부터 전해졌고, 비복종에 대한 처벌은 자동적이고 외벌적이다. 이 수준에서 아동은 행위의 결과가 가져다주는 보상이나 처벌에 의해 옳고 그름을 판단하거나 규칙을 정하는 사람의 물리적인 권위에 따라 도덕성을 고려하여 판단한다. 이 수준은 다음의 두 단계로 구분된다. 수준 1은 도구적 행동(instrumental behavior)으로 구성되어 있다. 아동은 어떤 반응이 벌을 받는가를 배우고(제1단계), 그것이 보상이 된다(제2단계).

〈표 3-5〉 콜버그의 도덕발달단계

수 준	단계	단계의 기본특성	도덕적 행위의 동기	인생의 가치에 대한 태도
전인습적 도덕	1	벌 또는 복종지향	벌을 피하기 위해 규율에만 복종한다.	삶의 가치가 신체적 대상의 가치와 혼동되고 인생의 가치는 사회적 지위나 그 지위인의 신체적 속성에 기초를 둔다.
	2	초보의 도구적 쾌락주의	반환되는 이익이나 보상을 받는 데에 동조한다.	인생의 가치는 그와 다른 사람의 욕구를 만족시키는 도구로서 간주한다.
인습적 도덕	3	착한 아이 지향, 타인과 우호적 관계나 타인의 인정유지	타인의 불인정이나 과오를 피하는 데 동조한다.	인생의 가치는 가족이나 다른 가족의 애정과 연민에 기초한다.
	4	권위유지적 도덕성 법률과 질서지향	법적 권위와 그에 다른 죄책감에 의해 책망되는 것을 피한다.	인생은 그가 처한 범주적, 도덕적 또는 종교적 질서라고 생각한다.

후인습적 도덕	5	계약이나 개인의 권리 또는 민주적으로 인정된 법률의 도덕성	공동사회의 복지라는 관점에서 판단된 공명정대한 방관자의 존중을 유지하는 데 공헌한다.	인생의 가치는 공동사회의 복지뿐만 아니라 보편적 인간의 권리라고 생각한다.
	6	개인적 법칙이나 양심의 도덕성	자기의 비난을 받지 않은 곳에 동조한다.	개인을 존중하는 보편적 인간 가치를 표상하는 것에 인생을 희생하는 신념이 있다.

(2) 인습적 도덕(conventional morality)

인습적 도덕단계는 착한행동 수행과 인습적인 사회질서를 유지하는 것으로 도덕성을 정의한다. 아동은 그에게 기대되는 것을 순종함으로써 사회지향성(social orientation)을 반영한다. 아동은 이제 극도로 타인-지향적(other- directed)이다. 이 수준에서는 개인의 가정이나 집단이나 국가의 기대를 따르는 것이 즉각적인 결과와는 상관없이 그 자체로써 가치를 가진다. 아동은 자기 자신에 대한 기대나 사회의 질서에 단순히 동화하는 것이 아니라, 그것을 충실히 따르고자 하며, 그 질서를 적극적으로 유지하고 지지하고 그 질서에 관련된 개인이나 집단과 자기를 동일시한다. 이 수준은 다음의 2단계로 나누어진다. 만약 수준 2를 특징화하는 단일 단어가 있다면, 그것은 수치심(shame)이다. 어린 아동은 비교 사태에서 다른 사람에게 나쁜 것으로 비교되거나 사회적 승인을 상실할 것을 원하지 않는다(제3단계). 제도적 벌과 불명예를 느끼지 않기 위해 법칙(laws)에 복종하고 그들의 의무에 따라 행동하기를 원한다(제4단계).

(3) 후인습적 도덕(postconventional morality) : 자기 수용적 도덕

후인습적 도덕단계는 가장 진보된 수준으로, 행동의 판단은 도덕원리(moral principle)에 따른다. 그러나 성숙된 인간이라는 것이 평가된 행위에 드러나야 하는가? 여기에는 넓게 제5단계와 제6단계가 있다. 공통적인 기준, 또는 권리와 의무에 따라서 행동한다. 즉, 집단의 권위나 권리를 행사하는 사람들과는 무관하게 도덕적 가치와 원리를 규정하려는 노력을 보인다.

제5단계의 사회 지향성(social orientation)은 일반 복지(general welfare)를 조직하고 합리적인 사회의 제도를 지지하는 전형적으로 훌륭히 사회화된 인간(wellsocialized person)이다. 제6단계의 개인적 성향(personal orientation)은 전형적으로 '부당한 법칙'을 깨고 현행의 제도와 법칙을 고통스럽게 인식하는 이상주의적 인간(the idealistic person)이다.

〈표 3-6〉 **하인츠의 행동에 대한 구체적 반응 예**

단계	괜찮다	나쁘다
1	훔친 약값이 실제로는 200불밖에 안 될지도 모른다.	남의 것을 함부로 훔칠 수 없다. 그것은 죄다.
2	약국 주인에게 큰 해를 끼치는 것도 아니고, 또 언제나 갚을 수도 있다. 아내를 살리려면 훔치는 길밖에 없다.	약사가 돈을 받고 약을 팔려는 것은 당연한 일이다. 그것은 영업이고, 이익을 내야 한다.
3	훔치는 것은 나쁘지만, 이 상황에서 아내를 사랑하는 남편으로서는 당연한 행동이다. 아내를 살리려 하지 않는다면 비난받을 것이다.	아내가 죽는다고 해도 자기가 비난받을 일은 아니다. 훔치지 않아도 자기가 할 일을 다 한 것이다.
4	사람이 죽어가는 데 약사가 잘못하는 것이다. 아내를 살리는 것이 하인츠의 의무이며, 약값은 반드시 갚아야 하고 처벌도 받아야 한다.	훔치는 것은 역시 나쁘다. 자기감정이나 상황과 관계없이 규칙은 항상 지켜야 한다.
5	훔치는 것이 나쁘다고 말하기 전에 전체적인 상황을 고려한다. 이 상황이라면 약을 훔칠 수밖에 없을 것이다.	약을 훔쳐서 아내를 살릴 수 있지만 목적이 수단을 정당화 하지 못한다.
6	법을 준수하는 것과 생명을 구하는 것 사이에 생명을 구하는 것이 더 높은 수준의 원칙이다.	암은 많이 발생하고 약은 귀하니 필요한 모든 사람에게 다 돌아갈 수 없다. 감정이나 법에 따라 행동할 것이 아니라 인간으로서 무엇이 이성적인가를 생각했어야 한다.

위의 분석 예에서 보듯이 도덕발달 수준은 괜찮다거나 나쁘다는 도덕적 판단 자체에 의해 결정되는 것이 아니라 그러한 판단을 낳게 한 사고의 내용에 의해 결정된다. 이처럼 도덕적 갈등 상황을 제시하여 그 상황에서 주인공의 행동을 어떻게 생각하며, 왜 그렇게 생각하는가를 물어 대상자의 형성된 성숙의 단계를 유추할 수 있다.

4) 콜버그 이론의 평가

콜버그의 이론은 도덕교육의 방향과 내용을 설정하는 이론적 근거가 되었으며, 도덕적 사고의 발달단계를 촉진하는 방안으로 제시한 소집단 토론 법은 도덕교육 방법을 혁신적으로 바꾸어 놓는 계기가 되었다. 그러나 이 이론의 한계와 문제점은 다음과 같다. 첫째, 개인의 가치와 권리를 높이 평가하는 서구사회의 문화적 편향성을 보여 실제 사회적 조화와 집단적 가치를 우선시하는 문화에서는 후인습적 수준을 발견할 수 없다.

둘째, 남성만을 대상으로 연구결과를 제시하였는데, 실제 여성은 남성과 다른 도덕적 관점을 가지고 있다. 남성은 인간복지에 관한 관심이나 책임보다 법을 통한 정의에 초점을 두는 정의의 도덕성을, 여성은 배려에 더 많은 초점을 두는 타인 배려의 도덕성을 가진다. 셋째, 도덕적 판단과 도덕적 행위 간의 불일치이다. 일상의 경험에 비추어 바른 판단능력을 갖는다고 해서 반드시 바른 도덕적 행동이 나타난다고 보장하기는 어렵다.

넷째, 콜버그의 이론이 추구하는 도덕적 정의는 개인의 권리와 공정성이라는 도덕성의 한 측면만을 반영하고 있으며 인간관계 속에서 타인을 배려하고 타인과의 관련성을 중시하는 관계적 측면을 등한시 하고 있다.

다섯째, 도덕적 퇴행 현상이다. 노년기 인지능력의 감퇴가 일어나기 전까지는 도덕성발달단계가 퇴보하는 일이 있을 수 없다고 되어 있으나 일부 연구(Kohlberg & Krammer, 1969: Turiel, 1974)에서 고등학교 시기 사이에 4단계에서 5단계로 진전하는 대신에 전인습적 수준으로 퇴행하는 경향을 찾을 수 있었다.

5) 피아제와 콜버그 이론의 비교

피아제의 인지발달이론과 콜버그의 도덕발달이론은 인간과 환경의 적응성과 상호작용을 강조한 이론으로 인간을 사고하는 합리적인 존재로 보아 인지발달을 '자발적이고 단계적인 과정'으로 보았다는 점에서 인간의 성장의 가능성을 시사하고 있고 아동발달에 폭넓은 관점을 제공해 주어 아동에 대한 이해를 넓혀 주었다.

〈표 3-7〉 발달단계이론의 비교

단 계	연령범위	특징 및 발달과업	인지발달 (Piaget)	심리성적발달 (Freud)	심리사회발달 (Erikson)	도덕성발달 (Kohlberg)
영아기	0~24개월	신체이동, 기본언어습득, 사회적 애착	감각 운동기	구강기 항문기	신뢰 대 불신	전 도덕기
유아기	2~6세	언어발달, 성차발달, 집단유희, 취학준비기	전 조작기	남근기 외디푸스 컴플렉스	자율성 대 수치심 주도성 대 죄책감	복종과 처벌 상호성

아동기	6~12세	인지발달이 성인수준으로 발달, 협동놀이	구체적 조작기	잠복기	근면성 대 열등감	착한 아이 오리엔테이션
청년기	12~20세	사춘기 시작, 성숙의 끝남, 최고수준의 인지습득, 부모로부터 독립, 이성관계 형성	형식적 조작기	성기기	정체감 대 역할혼란	법과 질서
성년기	20~45세	직업선택과 가정형성			친밀감 대 고립감	사회규약
장년기	45~60세	직위가 가장 높아짐, 상실감, 은퇴, 위기			생산성 대 정체감	도덕률
노년기	60세~	죽음에의 공포극복 건강역할			자아통합 대 절망감	

6) 콜버그 이론의 한계

콜버그의 연속적인 발달은 피아제에 의해 기술된 인지적 과정을 수단으로 어린이가 성인도덕을 향해 어떻게 발전되는지를 이해하도록 돕는다. 그럼에도 불구하고 체계적 조직화에는 다소 결점이 있다.

첫째, 도덕 사태에 대한 아동의 판단은 아동이 행동했을 때, 성인이 적절한 언급을 해 줌으로써 간단히 성숙 쪽으로 쉽게 바뀔 수 있다(Bandura & McDonald 1963). 이것은 각 단계가 이론이 가정한 것처럼 고정되어 있지 않다는 것을 제시한다. 도덕판단의 발달은 아동 인지의 기본변화를 기다릴 필요가 없다. 둘째, 단계의 계열, 특히 도덕의 후기 단계는 이론이 제시한 것처럼 고정된 것이 아니다. 호간(Hogan, 1970)의 연구에 의하면 급진적인 대학생은 다른 사람의 기대와 일치하는 쪽으로 움직일 수 있었으며(단계3), 중간 단계의 경험 없이 '보다 높은 법칙(단계 6)'의 개인적 양심으로 직접 움직일 수 있었다. 게다가 서로 다른 사회는 다른 관계를 가질 뿐만 아니라, 성인기에 다른 결과로 나타난다. 단계에 대한 언급은 성인 도덕 · 판단의 본질에 대해 우리를 잘못 이끌고 있음이 틀림없다. 어떤 성인은 도덕성의 마지막 수준을 결코 도달할 수 없으며 항상성 있게 그 수준을 유지할 수 없다.

따라서 인지가 도덕성의 필수적인 한 부분이기는 하나, 그들은 전체 형태 중 한 부분을 형성할 뿐이다. 부족한 부분은 행동주의 학습이론(instrumental or the S-R Theory)과 정신분석이론(affective aspects or the dynamic approach)이라고 하겠다.

지피지기 9 콜버그의 도덕발달

❖ **도덕판단력 검사(DIT : The Defining Issues Test)**

도덕판단력 검사는 미네소타(Minnesota) 대학의 레스트(Rest, 1979)가 개발한 DIT를 문용린(1994)이 번안하여 표준화하였다. 질문 문항을 읽고 충분히 이해할 수 있는 12세 이상의 아동의 도덕성 판단력을 측정하기 위한 도구이다. 이 척도는 콜버그의 주관적인 도덕성 발달이론을 객관화한 척도로 '가난한 상인의 아내', '축구부', '탈옥수 김씨' 등의 갈등상황을 제시하고 각 문제에 12개씩의 도덕적 판단문항을 제시하여 가장 중요하다고 생각되는 4가지 문항을 순서대로 기록하도록 구성되어 있다.

검사의 출처는 최영욱(2004). 사회계층과 아동의 인지적 도덕성 발달단계. 단국대학교 대학원 박사학위청구논문, 문용린(1994). 한국청소년의 도덕성 발달 진단을 위한 연구 : 도덕판단력 진단검사(DIT)를 위한 표준화 연구. 한국학술진흥재단. 등이 있다.

3. 엘리스(Ellis)의 REBT이론

1) 엘리스의 생애

인지행동 치료의 대부인 엘리스는 1913년 미국 피츠버그에서 태어나 4살 때부터 뉴욕에서 살았다. 그는 어렸을 때 신장염으로 9번이나 병원에 입원했고 19살 때는 신장 당뇨, 40살 때는 당뇨병으로 고생했다. 그러나 건강에 조심하고 건강문제로 비참하게 살지 않기로 결심하면서 강건하고 활력 있는 삶을 살았다.

엘리스는 청년기 동안 자기문제를 심리상담·치료하기 위해 자신의 문제를 연구하기 시작했다. 그는 한 때 대인공포증을 느꼈다. 사춘기 때는 여성 주위에 가면 극도로 수줍어했다. 19살 때 그는 1달 동안에 길거리에서 100명의 여성에게 억지로 말을 걸었다. 이 짧은 만남이 데이트로 연결되지 않았지만 그는 여성에 의한 거부의 공포를 둔감하게 했다고 보고했다. 엘리스는 인지행동적 기법을 적용하여 그는 자신의 최악의 장애를 극복하게 되었다. 그리고 자신이 한 때 매우 불안했던 군중 앞의 연설이나 다른 활동을 실제로 즐길 수 있게 되었다. 그는 50년 이상 심리상담·치료, 집단 심리상담·치료, 부부와 가족 심리상담·치료, 성 심리상담·치료를 해왔다. 그는 바쁜 교수생활 중에서도 1주일에 80명의 클라이언트를 만나고 매주 5개의 집단심리상담·치료를 하고 매년 전문가와 시민을 대상으로 200개의 강연과 워크숍을 개최할 정도로 매우 활동적이고 심리상담・치료 분야에서 가장 저술이 많은 사람 중에 한 사람이다.

2) 엘리스의 합리적 정서행동 치료(REBT)

합리적 정서행동 치료는 가장 오래된 인지재구성법이고 그 내용도 널리 알려져 있다. 엘리스에 의하면 정서장애를 유발하는 것은 생활사건 자체가 아니라 사건에 대한 왜곡된 지각 때문이라는 가정에서 출발한다. 이 왜곡된 지각 및 잘못된 생각의 뿌리에는 비합리적이고 자기 패배적인 관념이 깔려 있다고 본다. 치료에서는 비합리적 관념과 생각을 합리적이고 생산적인 것으로 대치하는 작업이 진행된다. 엘리스에 따르면 인간은 스트레스에 대처하기 위하여 스스로 다짐하는 자기 말을 배우게 되며 만일 자기 말이 비합리적이고 패배적이면 당면한 문제를 해결하기보다는 더 복잡하고 어렵게 만들게 되는 것이다.

3) 주요 개념

(1) 인간관

합리적 정서행동 치료(REBT : Rational Emotive Behavioral Therapy)는 인간이 합리적이고 올바른 사고와 비합리적이고 올바르지 못한 사고를 할 수 있다는 가능성을 모두 가지고 태어난다는 가정에 기초를 한다. REBT는 인간이 실수를 할 수 있다는 것을 인정하고, 계속 실수를 하면서 더 평화롭게 사는 것을 배우는 창조물로서 자신을 수용하도록 돕는다.

인지행동적 접근에서는 사람들의 감정과 행동은 모두 인지에서부터 나온다는 입장을 취한다. 이러한 입장을 따른다면, 부적응을 겪는 사람들을 변화시키기 위한 가장 효율적인 방법은 그 사람의 생각을 변화시키는 것이다.

(2) 정서장애에 대한 관점

인지적 치료의 모든 방법은 '정서장애가 주로 비적응적인 사고과정의 결과이며, 치료의 주요 과제는 이 잘못된 사고과정(또는 인지과정)을 재구성하는 것'

이라는 가정을 토대로 하고 있다. 인간은 아동기 동안 중요 타인으로부터 비합리적 신념을 처음으로 학습한다. 그때 우리는 자기 암시와 자기 반복의 과정(학습됨)에 의해, 그것이 당연한 것으로 받아들이고, 사고와 신념으로 자리 잡는다.

REBT는 인간은 누구나 타인에게 인정과 사랑을 받고 싶어 하지만 반드시 그래야만 하는 것은 아니라고 한다. 치료자는 클라이언트가 중요 타인에게 인정받지 못하고 사랑받지 못할 때에도 울적하지 않도록 가르친다. REBT가 사람에게 인정받지 못한 것에 대한 슬픔을 경험하도록 하는 것은 사람에게 우울・불안・상처・자기 가치의 상실・증오를 극복하는 방법을 찾도록 돕고, 인간의 불완전함에도 불구하고 자신을 수용하는 것을 배우도록 하는 것이다.

〈표 3-8〉 **비합리적인 신념들**

- 나는 나의 인생에서 의미 있는 모든 이에게서 사랑받거나 인정받아야 한다.
- 가치 있다고 느끼기 위하여 사람은 가능한 모든 점에서 유능해야 한다.
- 사람은 자신에게 일어나는 나쁜 일의 외부 원인에 관해서는 통제 할 수 없다.
- 나는 중요한 과제를 유능하고 완벽하게 수행해야 한다.
- 인간의 문제에 대해서는 항상 완전한 해결책이 있는데, 그것을 발견하는 것은 필수적이다.

(3) 성격의 A-B-C(DE) 이론 : REBT의 실제의 중심이다.

A : 사건, 사실, 개인의 행동이나 태도
B : 신념, 사고
C : 정서적 결과, 행동의 결과
D : 비합리적 관념의 치료자의 논박
E : 클라이언트의 비합리적 관념을 직면 또는 논박한 효과

이 도형에서 핵심은 클라이언트를 정서적으로 곤란하게 하는 것(C)은 선행사건(A)이 아니고 말로 표현되는 클라이언트의 관념(B)이다. 엘리스는 이혼이라는 A(사건) 지점이 우울증 C(정서) 지점을 일으키는 것이 아니라 배우자는 잃어버린 패배감 B(신념) 지점이 우울증 C(정서) 지점을 일으키는 것이라고 한다. 즉, 인간의 정서적 반응이나 혼란을 일으킨 책임은 주로 자기 자신에게 있고 REBT의 핵심은 사람에게 혼란스러운 정서적 결과를 야기시키는 비합리적 신념을 변화시킬 수 있는 방법을 가르쳐 주는 것이다. D(논박)는 비합리적 신념

에 대해서 치료자는 클라이언트가 도전하도록 도와주기 위한 과학적인 방법을 적용하는 것이다.

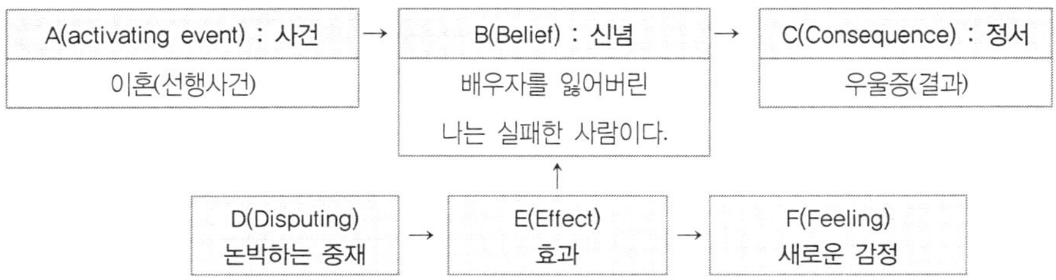

▌그림 3-4▐ **엘리스의 ABCDE 모형**

논박은 탐지, 반박, 변별의 3요소가 있다. 결국 REBT는 클라이언트의 비합리적인 신념을 최소화하기 위해 많은 다른 인지적, 정서적, 행동적 기법을 사용하여 합리적이고 경험에 바탕을 둔 결론에 도달하게 된다.

4) REBT 치료의 기법

(1) 인지적 기법들

REBT 치료자들은 치료과정에서 강력한 인지적 방법을 사용하여 클라이언트가 스스로에게 계속해서 말하고 있는 것이 무엇인가를 신속하고 직접적인 방법으로 보여준다. 그리고 클라이언트가 더 이상 그러한 자기 진술을 믿지 않게끔 현실에 기초한 철학을 획득하도록 독려하면서 자기 진술을 다루는 방법을 가르친다.

① 비합리적인 신념을 논박하기

"나는 ○○○해야만 한다, 왜냐하면 나는 ○○○를 원하기 때문에 그것은 반드시 그렇게 되어야만 한다." 클라이언트의 비합리적인 신념을 논박해서 스스로 비합리적인 신념을 버리고 합리적인 신념을 다룰 수 있도록 가르친다.

〈표 3-9〉 논박하기 위한 3단계

단계	내 용	예
Ⅰ	클라이언트에게 바람(want)과 당위(must) 사이의 차이를 분명히 설명해 주어야 한다.	이 세상에 어떤 법에서 그것이 반드시 그렇게 되어야 한다고 쓰여 있습니까?
Ⅱ	'바람'이나 '선호적 사고'는 수용된다는 것과 논쟁대상이 아님을 확인한다.	저에게 한번 설명해 주세요. 왜 그가 반드시 그래야만 합니까?
Ⅲ	당위(must)에 도전하여 논박한다.	어떻게 당신의 바람이나 소망이 반드시 그래야만 합니까?

② 인지적 과제

클라이언트는 일상생활에서 부딪히는 문제 목록표를 만들고, A-B-C 이론에 적용하도록 한다.

③ 클라이언트의 언어를 변화시킴

"당연히 해야 한다", "하지 않으면 안 된다"라는 말을 "~하고 싶다~. 하겠다"로 대치한 다음, 생각하고 행동하게 되면 그 결과가 다르다는 것을 느끼도록 가르친다.

④ 유머의 사용

유머는 클라이언트의 고집스럽게 유지하고 있는 생각이 비합리적인 것을 보여주고 덜 진지하게 생각하도록 돕는다.

(2) 정서적 기법들

REBT는 정서적이고 강력한 치료기법을 다양하게 사용하고 있지만 선택적으로 변별해서 사용하고 있다.

① 합리-정서 상상

클라이언트가 생활에서 생각하고 느끼고 행동하고자 하는 것을 상상한다. 이것을 통해서 클라이언트는 부정적 상상을 통해 부정적 감정을 경험하여 적절한 감정으로 변화시키는 방식을 배울 수 있다.

② 역할 연기

역할 연기에는 정서적 요소와 행동적 요소가 모두 포함되어 있다. 클라이언트가 자신의 말을 통해 스스로 혼란을 야기하는 것과 그들의 부적절한 감정을 적절한 감정으로 변화시킬 수 있다는 것을 보여주기 위해 치료자가 개입한다.

③ 수치심 – 공격연습

비합리적인 수치감을 감소시킨다. 엘리스는 사람이 누군가가 자신을 멍청하다고 생각하더라도 그것이 비극적인 것이 아니라고 보며, 우리 자신이 말함으로써 우리가 수치감을 느끼는 것을 완강히 거부 할 수 있다고 주장하였다. 이러한 연습으로 클라이언트는 자신이 하고 싶은 행동을 타인의 반응이나 불안정 때문에 못할 이유가 없다는 것을 알게 된다.

(3) 행동적 기법들

REBT 치료자는 일반적 행동치료 절차, 특히 조작적 조건형성, 자기관리 원칙, 체계적 둔감법, 이완기법, 모델링 등을 사용한다. 특히 실생활에서 행동해 보도록 하는 숙제는 중요하다. 벡과 엘리스는 모두 행동적인 실습을 새롭고 교정적인 정보를 얻는 수단으로 생각하였다. 이런 점에서 볼 때, 이들은 행동적 실습을 치료의 핵심으로 본 행동치료자들과 약간은 관점을 달리하였다.

5) 엘리스 이론의 공헌과 비판

엘리스의 REBT의 공헌을 보면, 인지행동치료의 A-B-C 모형은 사람이 장애가 일어나는 방식과, 문제 행동이 변화될 수 있는 방법을 간단・명료하게 보여준다. 또한 클라이언트에게 심리상담・치료자의 직접적인 개입 없이도 스스로 심리상담・치료를 이행할 수 있는 방법을 가르친다. 마지막으로 REBT의 중요한 공헌은 포괄적이고 절충적인 심리상담・치료 실제를 강조하는 것이다.

엘리스 이론의 한계와 비판을 보면, REBT는 이익과 불이익 모두 줄 수 있는 직면적 심리상담・치료이다. 첫째, 모든 인지행동적 접근은 무의식적 요인과 자기방어에 관심이 적거나 무시하였다. 둘째, REBT 치료자들은 합리적 사고를 구성하는 자신들의 생각을 강요함으로써 권위를 잘못 사용할 수도 있다. 따라서 엘리스의 REBT 스타일만이 효과적이라는 것을 강조하기보다는 각각의 치료자가 클라이언트에게 지시하는 정도를 달리하기, 활동의 정도를 변화시키기, 자신의 성격과 일치하는 양식을 발달시켜 적용하는 것 등이 바람직하다.

요약

1. 엘리스는 사건보다는 우리가 사건을 어떻게 생각하는가의 신념체계가 우리의 감정이나 행동에 영향을 미친다는 가정하에 인지정서행동치료를 발달시켰다.
2. 엘리스가 제안한 성격의 3가지 측면은 생리적 측면, 사회적 측면, 심리학적 측면이다. 성리적 측면은 사람이 비합리적으로 생각하고 스스로에게 해를 끼치려는 예외적으로 강력한 선천적 경향성이 있다는 것을 의미한다. 사회적 측면은 개인이 타인의 인정과 승인을 절대적이며 긴박하게 추구하려는 것과 관련된다. 심리학적 측면을 부적절한 감정이나 행동은 비합리적인 신념에서 유발된다는 것을 강조한 것이다.
3. 엘리스는 비합리적인 신념의 주요한 원천으로 3가지 당위성, 즉 자신에 대한 당위성, 타인에 대한 당위성, 조건에 대한 당위성을 제안하였다.
4. 엘리스가 제안한 ABC 이론에서, A는 활성화된 사건, B는 신념체계, C는 정서적 · 행동적 결과를 의미한다. 이러한 이론을 통해 엘리스는 정서적 · 행동적 결과가 활성화된 사건에 의해 유발되는 것이 아니라, 사건을 보는 신념체계가 결정적으로 영향을 미친다는 것을 강조하였다.

연습문제

1. 엘리스가 제안한 성격의 3가지 측면을 설명하라.
2. 당위주의에 대해 설명하고, 비합리적인 신념의 뿌리가 되는 3가지 당위성을 설명하라.
3. 엘리스가 제안한 11가지 비합리적 사고를 바탕으로 당신의 비합리적인 신념이 무엇인지 확인하라.
4. 엘리스가 제안한 ABC이론에 대하여 설명하라.
5. REBT의 6가지 주요한 원리, 각각에 대한 당신의 입장을 기술하라.

지피지기 10 엘리스 성격연습

❖ 비합리적 신념 검사

다음은 Jones(1968)가 개발한 당신이 비합리적 신념을 알아보기 위한 것입니다. 다음 보기를 참고로 하여 응답하시오.

1	2	3	4	5
전혀 그렇지 않다	거의 그렇지 않다	때때로 그렇다	자주 그렇다	항상 그렇다

NO	내 용					
1	나는 모든 사람으로부터 사랑받고 인정받아야 한다.	1	2	3	4	5
2	나는 철저히 유능하고, 적절하며, 성취적이어야 한다.	1	2	3	4	5
3	어떤 사람은 사악하고 나쁘기 때문에 비난받고 처벌받아야 한다.	1	2	3	4	5
4	내가 바라는 대로 일들이 잘 되지 않으면 끔찍하다.	1	2	3	4	5
5	불행은 외적 요인에서 비롯되기 때문에 나는 불행을 거의 통제할 수 없다.	1	2	3	4	5
6	나는 위험스럽고 두려운 일이 발생할까봐 걱정하며 그런 생각을 떨쳐버릴 수 없다.	1	2	3	4	5
7	어려움에 직면하고 책임감을 갖는 것보다 피하는 것이 보다 쉽다.	1	2	3	4	5
8	나는 나보다 더 힘있는 누군가에게 의존해야 한다.	1	2	3	4	5
9	과거는 나의 현재 행동의 가장 중요한 결정요인이다.	1	2	3	4	5
10	인간의 문제에는 항상 옳고, 정확하고 완전한 해결책이 있다. 만약 그러한 해결책을 찾아내지 못하면 끔찍하다.	1	2	3	4	5
	총 점 : ________					

4. 벡의 인지치료이론

1) 벡(Aaron T. Beck)의 일생

인지치료의 주창자인 벡은 1921년 미국 로드 아이랜드 주의 프로비텐스에서 태어났다. 그의 아동기는 불행했고 생명이 위험할 정도의 투병생활로 초기 학교생활을 중단하였지만 그는 이 문제를 극복하고 결국에는 또래집단보다 1년 앞서게 되었다. 그는 일생동안 많은 공포에 맞서왔다. 피 흘리는 상처를 보는 두려움, 질식의 두려움, 터널에 대한 공포, 건강에 대한 불안, 대중 앞에서 말하는 불안 등 벡은 자신의 문제를 타인을 이해하고 자신의 이론을 발전시키는 토대로 이용하여 인지치료의 대가가 되었으며, 예일대학교 의과대학에서 박사학위를 받았고, 펜실베이니아대학교 정신의학 교수 및 동 대학 인지치료센터 소장을 맡고 있다. 그는 심리적 문제에 대한 연구로 저명한 상을 여러 번 수상하였고, 우울과 불안에 대한 영향력 있는 저서들을 세상에 내놓았다.

2) 벡의 인지치료(CT : Cognitive Therapy)

대표적인 인지행동치료 모델인 벡의 인지치료는 적응적 사고방식의 개발(교육)을 궁극적 치료목표로 한다는 점에서 합리적 정서치료와 유사하다. 벡의 이론을 바탕으로 많은 경험적인 연구가 이루어졌으며 지금은 대표적인 심리치료이론의 하나로 인정받고 있다. 그의 접근방법은 우울증, 불안, 성격장애 등 많은 심리적 문제에 적용하고 있다.

벡의 인지적 치료는 인간이 자기의 심리장애를 이해하고 해결 할 수 있는 자각능력과 의식기능을 보유하고 있다는 전제에서 출발한다. 치료자는 환자의 생각 중 왜곡된 부분을 발견하여 시정하도록 돕고 생활경험을 보다 현실적으로 소화하는 대안적 안목 및 태도를 학습하도록 돕는다. 벡은 자신의 치료법이 비교적 단기간에 좋은 결과를 나타내고 클라이언트와의 관계를 중시하며, 클라이언트 스스로 답을 찾아가게 하는 소크라테스 식의 질문을 사용하고 문제중심적이며 교육적 · 지시적이고 숙제를 중요시하고 있다.

3) 주요 개념

(1) 인지치료이론

심리적 장애가 나타나고 지속되는 것에 대하여 비합리적 사고를 조건 반응과 같은 자동적 사고(automatic thoughts)라고 말한다. 이것은 클라이언트의 왜곡된 사고가 이전의 어떤 내용을 반영하거나 추론하는 과정 없이 반사적으로 일어나는 것을 의미한다. 이런 자동적 사고는 클라이언트에게 그럴듯하고 타당해 보이기 때문에 개인의 감정과 행동에 막강한 영향력을 끼친다. 심리적 장애는 사람이 세상을 위협적인 것으로 인식할 때 나타난다. 따라서 사람은 추론하는 데 실수를 범한다. 예를 들어, 불안한 아동은 친화적인 상황을 적대적인 장소로 오해할 수 있고 공황장애를 가진 성인은 자신의 신체적 예민함을 엄청난 문제행동으로 표현할 수 있다(전윤식 · 강영심 · 황순영, 2004 : 269－270). 심리적 스트레스를 경험할 때 흔히 범하는 6가지의 인지 왜곡이나 논리적 오류를 아래와 같이 정리하였다.

〈표 3-10〉 심리적 질환과 관련된 인지적 왜곡

인지적 왜곡	정 의	예
임의적 추론	충분한 증거가 없거나 반대되는 증거가 분명히 있는데도 결론을 내리는 것	자신의 해고가 나쁜 회사 상황 때문임에도 불구하고 자신의 무능력 때문이라고 생각하는 것
과일반화	하나의 사건을 토대로 일반적인 결론을 도출하는 것	첫 번째 시도에서 실패한 이후 다시는 성공하지 못할 것이라고 생각하는 것
선택적 축약	전체적인 맥락을 무시한 채 세부적인 것에 주의를 기울이는 것	대화가 끝나지 않았는데 버스를 타려고 달려간 친구 때문에 거절당했다고 느끼는 것
자기중심적 사고	모든 일이 자신에게서 기인한다고 생각하는 것	사람이 웃으면 자신을 비웃는다고 생각하는 것
이분법적 사고	극단의 사고, 흑백, 모든 것-아무 것도 없는 것 등으로 생각하는 방식	지갑을 잃어버리고 나서 자신이 극빈자라고 믿는 것
과장과 축소	어떤 것을 보고 너무 확대해석하거나 중요성을 축소하는 것	몇 차례 글이 수정되어 돌아왔을 때 자신을 재능 없는 작가라고 생각하는 것

또한 인지매개 사슬을 설명한 인지모델을 ▮그림 3-5▮와 ▮그림 3-6▮으로 제시하면 다음과 같다.

이전 경험(previous experience)

↓

역기능적 가정 형성(formation of dysfunctional assumptions)

↓

주요 사건(critical incidents)

↓

역기능적 가정의 활성화(activation of dysfunctional assumptions)

↓ 부정적 사고 | ↓ 부정적 감정 | ↓ 부적응 행동

▮그림 3-5▮ **벡의 인지모델**[2)]

핵심 믿음

나는 무능력하다.

↓

중간 믿음(태도, 규칙, 가정)

만약 내가 완전히 이해 할 수 없다면 나는 우둔한 것이다.

↓

사건·상황: 책을 읽는다.

→ **자동적 사고**: 이 책은 너무 어렵기 때문에 나는 결코 이 책을 다 이해할 수 없을 거야.

→ **반응들**

↓ 감정(슬픔)

↓ 행동(책을 덮는다)

↓ 생리적 반응(땀이 난다)

▮그림 3-6▮ **인지모델(최영희 · 이정흠, 1999)**

2) 마음사랑 인지행동치료 워크숍 자료

2) 인지치료의 적용

벡의 인지치료는 우울한 클라이언트의 왜곡된 사고를 통해 연구가 발전되었다. 그래서 그의 인지치료는 우울증에 주 초점이 되므로 우울증에 적용한 이론은 다음과 같다.

(1) 인지치료의 정의

벡의 인지치료는 다양한 정신과적 장애를 다루는데 사용되는 적극적이고 지시적이며, 시간제한적이고 구조화된 접근이다.

치료기법들은 왜곡된 신념화와 이러한 인지 밑에 깔린 역기능적 신념을 파악하고 현실을 검증하여 수정하기 위해 고안된 것이다. 환자는 그의 사고를 재평가함으로써 그가 전에는 극복할 수 없다고 생각한 문제나 상황에 대처하는 것을 학습하고 인지치료자는 환자가 자신의 문제에 대해서 보다 더 현실적이고 적응적으로 생각하고 행동하도록 도움으로써 증상을 경감시킨다. 인지치료에서는 다양한 인지적 책략과 행동적 책략을 사용한다. 인지기법은 환자의 잘못된 생각과 부적응적인 가정을 파악하고 검증하는 것이 목표이고 인지적 접근은 매우 특수한 학습경험으로 이루어진다.

(2) 인지모형

우울증에 관한 벡의 인지모형은 우울증의 원인과 치료에서 우울증을 유발하는 인지, 즉 왜곡된 사고의 패턴이 중심적인 역할을 한다는 것이다. 즉, 벡은 광범위한 임상경험과 실험적 접근을 병행함으로써 우울증 환자의 인지형태와 그 사고과정상의 왜곡을 발견하고 이를 정신병리와 결부시켜 우울증의 모형으로 정립한 '기본적 삼제(primary triad)' 이론을 제안했다. 벡은 우울증의 인지모형이 체계적인 임상적 관찰과 실험적 검증으로부터 발전된 것이라고 주장하는데, 그가 주장하는 3가지 주요한 개념의 가정인 인지삼제, 인지도식, 인지적 오류의 내용은 다음과 같다.

① 인지의 3가지 구성요소(cognitive triad)

인지의 3가지 구성요소는 환자가 독특한 방식으로 자기자신, 자신의 미래, 자신의 경험을 바라보는 3가지 주요 인지패턴으로 구성된다. 첫 번째 요소는 자기 자신에 대한 부정적 견해에 관한 것이다. 그는 자기 자신을 결점이 많고 부적절하며 연약하고 아무것도 없는 존재로 본다. 두 번째 요소는 자신의 경험을 부정적으로 해석하는 경향으로 이루어진다. 우울증 환자는 세상을 삶의 목표달성을 방해하는 극복 불가능한 장애물로 생각하거나 자신에게 과도한 요구를 가해오는 존재로 생각한다. 세 번째 요소는 미래에 대한 부정적 견해이다. 우울한 사람은 미래를 보면서 자신이 현재 어려움과 고통이 무한히 계속될 거라고 예상하고 조만간 착수하게 될 어떤 과제를 떠올리면서 실패를 먼저 예상한다(원호택 외, 1997 : 18).

② 부정적 인식도식

개인이 어떤 상황에 직면하면 그 상황과 연관된 도식이 활성화한다. 개인은 도식이라는 주형을 통해 자신의 경험을 범주화하고 평가한다. 경미한 우울증 클라이언트는 자신이 부정적 사고를 어느 정도 객관적인 눈으로 바라볼 수 있으나 우울증이 심해짐에 따라 점점 부정적인 생각에 의해 지배를 받게 된다. 매우 심한 우울증 상태에서 클라이언트의 사고는 전적으로 왜곡된 도식에 의해 지배된다. 도식은 의식적 노력없이 작용하는 것이므로 인지이론가는 이를 '자동적 사고'(automatic thoughts)라고 부른다.

③ 인지오류

우울한 사람에게는 다음과 같은 체계적인 사고의 오류가 있어 반대 증거에도 불구하고 부정적 사고의 타당성에 대한 환자의 신념이 유지된다. 이는 위에서 설명한 것과 같다. 인지왜곡의 유형은 이처럼 다양하게 우울증 클라이언트의 사고에 깊이 내재하여 체계적으로 그들의 정상적이고 합리적인 사고를 왜곡시킨다.

(3) 인지치료의 특징

인지치료는 2가지 측면에서 전통적인 심리치료와 상이하다. 그것은 면담의 고정형태와 초점을 두는 문제의 종류에서 그러한데 내용은 다음과 같다.

① 단기상담 모형

인지치료는 일반적으로 10~12회 상담을 기본으로 한다. 다른 단기 심리치료와 달리 인지치료는 현재의 증상뿐 아니라 과거의 사건에도 관심을 가진다.

② 공조적 경험주의(collaborative empiricism)

정신분석 치료나 인간중심 상담과는 대조적으로, 인지치료자는 클라이언트의 참여와 공조를 이끄는 특별한 방법에 따라서 치료를 구성하고 매일의 생활요구에 적응할 수 있도록 클라이언트의 사고와 행동을 조직하도록 돕는다.

③ '지금 – 여기(here-and-now)'에 문제점의 초점을 둔다.

주된 관심은 클라이언트의 사고와 치료 회기 중과 회기(session) 사이의 느낌을 관찰하는 데로 향한다. 인지치료자는 활동적으로 환자의 심리적인 경험, 활동 스케줄 구성과 가정에서 할 과제를 만드는 일에 환자와 공조(collaborate)한다.

④ 인지치료는 행동치료와 대조적이다.

인지치료는 클라이언트의 사고, 느낌, 바람, 태도, 꿈(daydream)과 같은 내면적 경험을 강조한다는 면에서 행동치료와 대조적이다.

⑤ 구조화된 체계

인지치료는 고도로 구조화되어 있고 목적지향적이다. 인지치료를 위한 6단계의 안내도는 다음과 같다.

〈표 3-11〉 **인지치료의 6단계**

단 계	내 용
Ⅰ	문제의 사고와 문제 감정을 파악한다.
Ⅱ	역기능적인 자동적 사고를 찾아낸다.
Ⅲ	클라이언트가 자동적 사고를 논박하게 한다.
Ⅳ	기저에 있는 핵심신념을 찾아낸다.
Ⅴ	클라이언트가 핵심신념을 논박하게 한다.
Ⅵ	클라이언트가 얻을 것을 유지하도록 돕는다.

3) 벡 이론의 공헌과 비판

벡의 인지치료의 공헌은 클라이언트의 내적 세계를 중요시하는 구조적이고 강조적이며, 능동적인 접근을 제공했다. 현재 중심적이고 문제지향적인 구조화된 심리상담・치료가 비교적 단시간에 우울과 불안을 다루는데 매우 효과적일 수 있다. 인지치료의 공헌 중 하나는 자세한 사례 개념화를 발달시켜서 클라이언트가 자신의 세계를 바라보는 관점을 이해하게 된 것이다. 또한 개인적 경험을 논리적인 과학적 연구의 영역으로 이끌어냈다는 것이다.

벡의 인지치료의 비판점은 긍정적 사고의 힘을 지나치게 강조하고 너무 피상적이고 극단적으로 단순하며, 과거의 중요성을 부정하고, 기법에 지나치게 의존하며, 치료관계를 제대로 활용하지 못하고, 증상제거에 관해서만 치료하여 문제의 근원을 탐색하지 않으며, 무의식적 요인의 역할을 무시했고, 감정의 역할을 부정했다고 비판받아 왔다.

요약

1. 벡이 제안한 인지의 4가지 수준은 자동적 사고, 중재적 신념, 핵심 신념, 도식이다. 자동적 사고는 정서적 반응으로 이끄는 특별한 자극에 의해 유발된 개인화된 생각으로 노력 혹은 선택 없이 자발적으로 일어난다. 심리적 장애를 가진 사람의 자동적 사고는 흔히 왜곡되어 있거나, 극단적이거나, 부정확하다. 도식은 '인지의 3가지 구성요소'인 자신, 세계, 미래를 보는 개인의 특유하고 습관적인 방식이다. 벡은 도식작업을 치료과정의 핵심이라고 여겼다.
2. 인지적 왜곡의 유형에는 임의적 추론, 선택적 축약, 과일반화, 과장과 축소, 자기중심적 사고, 이분법적 사고, 정서적 추론, 명명 혹은 잘못된 명명 등이 있다.

연습문제

1. 벡이 제안한 인지의 4가지 수준을 구별하여 설명하라.
2. 사람이 흔히 사용하는 인지적 왜곡 유형 가운데 임의적 추론, 과일반화, 선택적 축약에 대해 설명하라.

Chapter 04

인본주의 이론

인본주의 이론은 무의식적 결정론에 근거한 정신분석이론과 환경결정론에 근거한 행동주의 이론의 입장에 반대하는 '제3세력의 심리학'에 속한다.

인본주의 이론은 실존주의 이론, 형태치료(gestalt therapy)와 같이 실존주의 철학에 기원을 두고 있으며, 치료자와 내담자의 관계를 중시한다는 공통점이 있다. 그러나 실존주의 이론이 소외, 무의미, 불안 등과 같은 인간존재의 제한성과 비극적 측면에 초점을 두는 반면 인본주의 이론에서는 사랑, 선택, 창조성, 의미, 가치, 자아실현과 같은 인간의 자아실현경향과 긍정적 측면에 초점을 둔다는 점에 차이가 있다(김동배 · 권중돈, 2001 : 437-438).

인본주의 상담이론은 1940년대에 로저스(C. R. Rogers)에 의해 창시된 상담이론이다. 이 이론의 애초의 명칭은 비지시적 상담이었는데, 이론이 발전해 나가는 과정에서 70년대까지는 내담자 중심적 상담으로 불렸고, 그 이후로는 인간중심적 상담으로 명칭이 바뀌었다. 인간중심적 상담이론은 구체적인 문제해결 기법보다는 내담자에 대한 상담자의 태도를 더 중요시한다. 그 이유는 이 이론이 나름대로 독특한 인간관에 기초하고 있기 때문이다.

인간의 잠재능력과 가능성에 대한 이 같은 믿음은 이 이론의 핵심을 이룬다. 이 이론은 단순히 여러 개의 상담이론 중의 하나가 아니라, 모든 상담에서 상담자가 지녀야 할 기본적인 태도를 제공한다. 이런 의미에서 상담에 관심을 가진 사람은 인간중심적 상담이론의 기본 철학을 보다 철저히 이해하는 것이 필요하다(조현춘 · 조현재, 2003 : 190).

한편 아들러(A. Adler)는 개인 심리이론학자로 그의 치료방법은 로저스의 치료방법과 완전히 상반되기는 하지만 인간을 자기 일관적이고 창조적이며, 변화할 수 있는 존재로 본다는 점에서 두 사람 모두 현상적이고 목표지향적이며 총체론적이라는 점에서 두 사람의 이론에는 많은 공통점이 있다(김정희, 2004 : 94).

1. 로저스의 현상학적 이론

1) 로저스(Carl Rogers)의 생애

로저스는 1902년 미국 일리노이 주에서 태어났다. 그는 화목하고 경제적으로 안정된 집안에서 성장했으며, 고교시절까지 가족 외에는 친구가 없이 대부분 혼자서 사색과 독서로 보냈다. 1919년 위스콘신대학교에 입학하여 세계기독학생연합회의 파견단원으로 많은 활동을 하였으며, 1924년 사학과를 졸업했다. 1928년 컬럼비아대학교에서 석사학위를 받았으며, 1931년 임상심리학으로 박사학위를 받았다. 로저스는 박사학위를 마치고 아동학대방지협회 아동연구부의 심리학 연구원으로 일하면서 비행아동과 불우한 아동을 위한 심리학적 치료활동을 하였다. 1940년 오하이오주립대학교의 심리학과 교수가 되었으며, 임상환경에서 학구적 환경으로의 전환은 그로 하여금 임상심리학 분야의 폭넓은 인식을 갖게 했다. 1945년부터 1957년까지 시카고대학교의 심리학과 교수로 재직하다가 1957년부터는 위스콘신대학교 심리학과 교수가 되었다. 1964년 교수직을 사임하고 캘리포니아에 있는 서부행동과학연구소와 인간연구소에서 연구활동을 계속 했으며, 1987년 85세에 사망했다. 로저스의 가장 유명한 저서로는 『상담과 심리치료』(1942)가 있으며, 이 책에서 그는 상담의 이론과 실천에 대한 기반을 학립했다. 그의 대표적인 저서로는 『클라이언트중심치료』(1951), 『심리요법과 성격변화』(1954), 『심리학 : 과학의 연구』(1959), 『인간형성에 관하여』(1961), 『존재방식』(1980) 등이 있다.

2) 로저스 이론의 기본개념

로저스의 인간 이해는 4가지로 요약할 수 있는데, 첫째, 인간은 개인 특유의 의식적 경험의 소유자이며, 둘째, 인간은 현상학적 존재라는 것, 셋째, 인간은 자기실현의 잠재력을 지닌 존재이며, 넷째, 인간은 자율적이고 자유로운 존재라는 것이다. 또한 자신의 개념과 생각을 검증가능한 가설로 진술하고 연구하려고 노력하였고, 이러한 임상경험을 토대로 발견한 인간의 기본적인 성향에 대해 밝힌다. 이러한 로저스의 인간이해를 구성하는 기본개념들에는 유기체, 현상적 장, 자기와 자기개념, 부조화 및 불일치, 실현경향 등을 들 수 있는데, 이 부분에서는 인간중심상담의 기본적 전제가 되는 그의 인간 이해에 대해 살펴보고자 한다(한기태, 1996 : 283).

〈표 4-1〉 **로저스의 인간중심적 접근방법의 기본가정**

① 인간은 믿을 수 있고 능력이 있으며, 자기이해와 자아실현을 위한 잠재력을 갖고 이런 능력의 발현을 통하여 점진적으로 되어가는 존재(becoming)이다.
② 인간행동은 각 개인의 주관적 경험 또는 내적 준거체계에 따라 달라진다.
③ 인간행동의 궁극적 목표는 자아실현이다.
④ 치료적 관계나 다른 관계에서 신뢰와 존경의 분위기가 조성된다면 인간은 긍정적 방향으로 성장하고 발달할 것이다.
⑤ 진정한 관심, 수용, 감정이입적 이해 등을 포함한 원조자의 긍정적 태도는 효과적 원조관계의 필수적 조건이다.
⑥ 클라이언트의 주관적 경험을 존중하고 자유와 개인적 책임성 및 자율성을 고양하며, 선택권을 부여함으로써 클라이언트의 성장을 촉진시킬 수 있다.
⑦ 치료자는 권위적 인물이 아니다. 치료자는 존경과 긍정적 관심을 통하여 클라이언트의 긍정적 성장을 고양하여야 할 사람이다.
⑧ 클라이언트는 자아인식을 할 수 있는 능력이 있고, 더욱 적절한 행동을 할 수 있는 능력을 가지고 있다. 모든 사람들과 마찬가지로 클라이언트는 부적응적 상태에서 심리적으로 건강한 상태로 옮겨 갈 수 있는 성향을 가지고 있다.
⑨ 치료자는 원조관계에서 나타나는 현재 행동에 초점을 두어야 한다. 원조관계에서는 클라이언트가 자신의 세계를 다루는 방법을 강조하여야 한다.
⑩ 원조관계의 목적은 진정한 자아에 대한 인식을 획득하고 클라이언트가 더욱 독립적이고 통합된 상태로 변화하게 하는 것이다.

(1) 통합된 유기체

유기체란 그 개인의 사상, 행동 및 신체의 존재 모두를 포함하는 전체로서의 한 개인을 지칭한다. 로저스에 의하면 이러한 인간 유기체는 통합적으로 조직된 체계를 이루고 있다. 로저스의 유기체 이론은 신경정신과 의사인 골드슈타인(K. Goldstein)의 유기체 이론에 근거한 것으로서 로저스의 인간이해의 핵심적인 구성요소이다. 로저스에 의하면 유기체는 심리학적 측면에서 모든 경험의 소재지이다. 유기체 내에서 경험이 진행되고 어떤 특정한 순간에 유기체 내에서 진행되고 있는 의식을 잠재력으로 활용할 수 있는 전부를 포함한다. 이런 경험의 총체가 현상적 장(場)을 구성한다.

(2) 현상적 장

현상적 장(phenomenal field)이란 인간이 경험하는 모든 것을 일컫는다. 이 개념은 물리학의 장이론에서 유래된 것으로 레빈(K. Lewin)의 개념이다. 레빈의 장이론은 행동이 인간과 그의 현재 환경과의 상호작용의 함수라는 것이다. 이 개념에서 유래된 로저스의 이론은 현재의 상황에서 클라이언트에게 미치는 모든 영향을 분석한다는 의미에서 장이론과 같은 원리를 취하며, 클라이언트의 과거를 분석하지 않는다는 의미에서는 발생학적(genetic) 이론과 다른 원리로 움직이고 있다고 로저스는 밝힌 바 있다.

개인이 경험하거나 지각하는 장은 그 개인의 사적이고, 주관적인 경험 세계이다. 이 주관적 경험의 세계가 로저스가 말하는 현상적 장, 혹은 경험적 장인 것이다. 그는 현상적 장을 그 개인의 실제 세계로 보고 있다. 따라서 현상적 장은 그 사람 자신에게만 알려질 수 있는 그 개인의 사적인 세계이며, 내적 참조체제(the internal frame of reference)이다. 로저스는 그러한 내적 참조체제인 현상학적 장, 즉 개인의 경험적 세계는 공감적 추론에 의하지 않고는 타인에게 알려질 수 없는 것이라고 주장하였다. 따라서 개인의 행동을 이해하려면 그 개인의 내적 참조체제를 관찰함으로써 가능하다는 것이다.

(3) 주관적 경험과 행동

로저스는 개개인의 현실지각에 관한 지식이 인간행동을 이해하는 데 필요하며, 인간 개개인은 자기 자신과 주변의 세계에 관한 주관적인 인식이 일치하는 방향으로 행동한다고 주장한다. 그러므로 인간행동의 결정인자는 객관적인 현실이 아니라 오히려 개인이 현실을 보는 방식에 기초한다는 점이다. 개인이 그의 미래를 어떻게 예견하는가가 현재의 행동에 강하게 영향을 준다고 믿으며, 인간의 성격은 현재-미래의 틀 속에서 연구되어야 한다는 생각을 지지한다. 로저스가 성격이론에서 현상학적 접근을 택한 것은 인간행동의 복잡성을 이해하고 설명하는 데 있어서 오직 전체적 인간을 살펴봄으로써 그것이 가능하다는 그의 신념을 반영한 것이다(이근홍, 2006 : 233).

(4) 자기와 자기개념

로저스의 성격이론에서 자기(self)는 가장 중요한 구성개념이다. 그러나 그의 이론에서 자기에 대한 강조가 항상 우선되지는 않는다. 그에 의하면 자기는 개인의 전체적 현상적 장 또는 지각적 장에서 분화된 부분이며, 개인의 의식적 지각과 가치를 포함한다. 로저스에 따르면 자기 또는 자기개념의 형성은 유아가 자기 안에서 비롯된 자기경험과 외부환경에서 타인이나 사물이 겪는 경험을 구별하기 시작하면서 발달한다. 유아가 자신의 존재와 기능에 대하여 인식하기 시작하면서 자기에 관한 감(感)을 가지게 되는 것이다.

로저스는 자기와 자기개념을 비슷하게 사용하는데, 자기개념은 그의 이론에서 인간행동을 이해하는 데 중요한 개념이다. 자기개념은 현재 자기가 어떤 사람인가에 대한 개인의 개념을 나타내며, 그 자신의 자아상을 의미한다. 자기개념은 자기의 현재 모습에 대한 지각뿐만 아니라 자기가 되어야 한다고 생각하는 자기 혹은 되고자 생각하는 자기까지도 포함하는 의미인 것이다. 이때 자기가 되어야 한다거나 되고자 하는 자기를 "이상적 자기(ideal self)"라고 할 수 있는데 이것은 근본적으로 초자아의 개념과 같다.

(5) 부조화 및 불일치

로저스는 관계에 있어서 불안, 우울, 방어의 원천이 되는 것을 "부조화(incongruence)" 혹은 현실의 자기와 이상적 자기 사이의 분열이라고 하였다. 그는 인간이 경험과 자기의 인식 사이에 부조화가 있을 때 위협을 느낀다고 하였다. 인간은 이러한 위협을 느낄 때, 자기가 위험에 처했다는 신호로 불안의 반응을 보이는데, 이러한 불안을 느낄 때 인간은 경험과 자기의 인식 사이에 부조화를 감소시키려고 방어를 일으키고 이러한 방어 중 하나가 자신의 자기개념에 맞도록 경험을 변경하거나 왜곡하여 해석하는 지각적 왜곡(perceptual distortion)이다.

(6) 가치의 조건(condition of worth)

가치의 조건은 조건 긍정적 관심(conditional positive regard)이라고도 하며, 아동이 타인의 기대에 따라 행동함으로써 칭찬을 받고 주의를 끌며 인정이나 또 다른 형태의 보상을 받는 상황을 의미한다. 로저스의 성격형성을 이해하는 데 중요한 개념인 가치의 조건화이다. 우리 각자는 경험을 통해 가치를 형성하는 것이 중요하다. 로저스는 모든 인간이 중요한 사람으로부터 따뜻함, 존경, 숭배, 사랑, 수용과 같은 태도를 받고 싶어 하는 기본적 욕구를 갖고 있다고 주장한다. 이것이 긍정적 대우에 대한 욕구인데 아동은 긍정적 대우에 대한 강한 욕구를 가지고 있으며, 점차로 자기 인생에서 중요한 사람의 자기에 대한 기대와 태도에 영향 받고 민감해진다.

(7) 무조건적 · 긍정적 대우

무조건적 · 긍정적 대우는 아동이 그의 행동, 생각, 느낌이 어떻든 간에 부모가 진실로 사랑하고 대우하는 데서 분명히 나타난다. 아이가 전기톱을 가지고 놀려고 할 때 궁둥이를 때려 주거나 나쁜 아이라고 하기보다 전기톱을 가지고 노는 것은 재미있지만 그것은 위험하다고 얘기해 주면 그 아동은 한 인간으로 대우를 받게 되는 것이다.

(8) 위협과 방어

위협이란 인간이 그의 경험과 자아개념 사이의 부조화를 인식할 때 발생된다. 부조화 상황에서 개인이 하는 반응은 긴장과 내적 혼란이다. 그러나 한 개인이 의식 없이 위협을 받는다는 느낌을 가질 수 있으며 이로 인해 자아개념과 경험 사이에 부조화가 존재하며 이때 불안을 갖게 된다. 로저스는 위협에 대한 유기체의 행동적 반응으로 방어의 과정을 정의하며 방어 목적은 현재 자기구조를 유지하는 것이며 자기에 대한 위협을 부정하는 방법으로 달성된다고 설명한다(임은희, 2005 : 150).

(9) 실현경향성과 자기실현경향성

로저스는 실현경향성과 자기실현경향성을 구별하여 설명하는데, 자기는 자기실현경향성을 가지고 유기체는 실현경향성을 가진다. 즉, 로저스가 말하는 실현경향성은 인간이 자기 유기체를 유지, 강화, 실현시키고자 하는 기본적인 경향과 노력을 의미한다. 로저스는 유기체를 유지, 강화, 실현하도록 하는 동기로서의 실현경향을 인간의 행동의 고유한 동기로서 가정한다. 로저스에게 있어서 이 경향성은 인간 행동의 최상의 동기가 되는 것이다.

로저스에 따르면, 실현경향성은 유기체가 그 자신을 유지하고 목표를 향한 길이 차단되었을 때에조차도 목표를 달성하려고 하는 경향성이며, 이는 자기실현을 포함하는 것이다. 자기실현성은 유기체가 자기조절과 자율성을 증가시키는 방향으로, 그리고 타율적인 통제에서 벗어나는 방향으로 자기 자신을 실현하는 것이다. 유기체의 실현경향성은 목적적인 개념이며, 신체 전체의 생리적 과정에서 기인되며 심리학적 경향이 아닌 생물학적 사실이다. 즉, 로저스는 실현경향을 유기체로서의 인간에게 있는 한 가지 중심적인 에너지원으로 보고, 그 에너지원은 유기체의 일부분이 아니라 전체의 기능과 관계된 것이라고 말한다.

로저스는 인간유기체가 실현경향성을 가지고 있다고 믿기 때문에 상담자로서 클라이언트의 경험에 대해 어떤 작위적인 개입을 하지 않는다고 말한다. 왜냐하면 상담자가 지시하거나 간섭하거나 명령하지 않아도 클라이언트는 스스로 목적성과 방향성을 가지고 잘 찾아가며, 상담자가 자신의 바람을 투사하여 클라이언트를 변화시키려 하지 않을 때에 비로소 클라이언트는 있는 그대로의 자신이 될 수 있다는 것이다.

로저스에 따르면, 자기를 실현시키는 과정에서 각 개인은 유기체적 평가과정을 갖게 된다. 유기체적 평가과정에서 자기를 유지시키거나 향상시키는 것으로 지각된 경험은 더욱 추구되고 긍정적으로 평가되고, 개인은 이러한 긍정적 경험으로부터 만족감을 얻는다. 즉, 유기체적 평가과정은 인간으로 하여금 모든 경험을 그들의 기본적 자기실현경향을 용이하게 하거나 또는 방해한다는 관점에서 평가하게 한다. 이상과 같은 로저스의 자기실현이라는 개념은 인본주의 이론의 기본전제로서 골드스타인, 매슬로우, 로저스에 의해 발전된 개념이다.

(10) 자율성

로저스가 생각하는 자율성의 개념은 이타주의적이며, 사회적인 존재의 의미이기보다는 자기 유기체의 경험을 신뢰하는 사람으로 어떠한 상황에서 어떤 행동을 선택할 것인지를 판단함에 있어서 제도적인 규칙이나 타인의 기대나 판단 등에 의존하지 않는 것을 의미한다. 즉, 외적인 압력이나 강압으로부터 자유롭고, 내적이고 잠재적인 긴장이나 근심으로부터도 자유로우며, 그 자신이 자신의 세계를 형성시켜 나가는 주체가 되는 독자적인 사람을 의미한다.

3) 성격의 발달

로저스에 의하면 성격발달은 대체로 자기를 중심으로 이루어진다. 자기(self)는 처음 형성될 때 유기체적 평가과정에 의해 지배되는데 모든 새로운 경험은 그 경험이 인간의 선천적인 유기체적 경향을 촉진하는지 혹은 방해하는지에 따라 평가된다. 자기의 발달은 환경과의 상호작용을 포함한 여러 요인에 달려있는데 그 중에서 긍정적 관심에 대한 욕구가 결정적 역할을 한다. 타인에게 사랑받고 싶은 욕구를 기본적인 욕구로 보았는데 아동의 자기발달은 어머니에 의한 영향이 가장 크다. 어머니가 긍정적 관심을 주지 않으면 아동의 지각에 영향을 미쳐 자라면서 타인에게 긍정적 관심을 받고 싶어 한다.

(1) 무조건적인 긍정적 수용

모든 인간은 그 자체로 존중하고 신뢰받아야 한다는 관점으로, 무조건적인 긍정적 수용이 필요하다고 생각하였다. 어떠한 조건 없이 따뜻함, 호감, 경외, 공감, 적응 등을 얻게 됨으로써 스스로가 긍정적인 자기인식을 하게 되며 내담자는 이를 바탕으로 자기탐색의 기회를 가질 수 있다. 상담자가 내담자를 수용한다면 내담자 자신도 스스로를 받아들일 수 있게 되며, 내담자가 자기를 받아들일 때 자신의 진정한 감정을 경험하고 발생한 감정을 받아들일 수 있게 된다.

(2) 적당한 감정이입

적당한 감정이입이란 내담자의 생각, 감정, 경험에 대해 내담자의 입장에서 듣고 반응하는 공감적 태도이다. 각 개인이 지각하는 현상적 장은 모두 다르기 때문에 내담자가 지금-여기에서 어떻게 느끼고 생각하는가에 대한 이해와 그 느낌을 공유하는 것은 내담자만의 지각세계를 더 깊이 있게 끌어내는 것을 가능케 한다.

(3) 관계의 일치와 통합

관계의 일치는 상담자와 내담자 간의 열린 관계를 의미하며 진실성과도 관련되는 것으로 상담자가 상담의 관계 내에서 가식적인 행동을 하지 않고 자신의 모습을 진솔하게 드러내는 것을 말한다. 이것은 상담과정에 대한 신뢰를 높이게 됨으로써 상담의 효과를 높일 수 있다. 설사 상담자가 내담자의 생각과 달랐다 하더라도 상담자는 자신이 생각하지 못하는 것을 생각하는 내담자에 대한 긍정적 관심을 표현해야 한다. 만일 상담자와 내담자간의 열린 관계가 형성되지 못한다면 결국 내담자의 변화를 지연시키는 결과를 낳게 될 것이다.

4) 충분히 기능하는 사람

로저스가 생각하는 건강한 인간 혹은 이상적인 인간은 자기 실현하는 사람이라고 할 수 있는데, 자기실현은 하나의 상태가 아닌 과정이다. 한편 자기실현을 하고 있는 사람은 진정한 자기 자신이 되며 자기가 아닌 어떤 것을 과장하거나 진정한 자기의 일부를 숨기지 않는다. 이러한 사람을 로저스는 "충분히 기능하는 사람(fully-functioning person)"이라고 불렀다. 로저스에게 있어 충분히 기능하는 사람은 상담과 교육의 이론적 목표이며, 개인의 성장과 이상적인 삶의 최종점이다. 충분히 기능한다는 것은 자신의 잠재력을 인식하고 능력과 자질을 발휘하여 자신에 대한 충분한 이해와 경험을 풍부하게 하는 방향으로 이동해나가는 사람을 의미한다. 이것은 정적인 상태를 의미하는 것이 아니라 지향하는 과정을 의미한다.

로저스는 충분히 기능하는 사람의 특징으로 경험에의 개방성, 실존적 삶, 자기 유기체에 대한 신뢰라는 일반적인 특성을 제시하였다. 이러한 특성은 동시적이고 통합적이어서 실제로는 서로 명확하게 구별하기 어렵다고 말한다.

(1) 경험에의 개방성(openness to experience)

충분히 기능하는 사람은 경험에의 개방성을 가진다. 경험에 개방적이라는 것은 개인이 지금까지 부인해 왔던 경험들을 인식하고 그것을 자신의 경험으로 수용하는 것을 의미한다. 경험에 개방적이라는 것은 방어하거나 왜곡했던 경험을 있는 그대로 받아들이는 것을 의미한다. 어떤 경험을 억압하거나 부인하는 일에는 그 경험이 개인의 자기개념과 상충되기 때문이다. 그러나 경험에 개방적인 사람은 긍정적인 감정뿐만 아니라 경험과 자기개념이 상충되는 부정적인 감정들까지도 자신의 부분으로 인정하고 수용함으로써 일치하고 진실한 자신이 되어간다.

(2) 실존적인 삶의 양식(existential living)

충분히 기능하는 사람의 2번째 특징으로는 실존적인 삶의 양식이다. 충분히 기능하는 사람은 삶의 순간순간에서 보다 충실하게 살고자 하는 경향, 즉 실존적 삶의 태도가 증가되는 과정에 있다. 그는 자신의 새로운 경험에 대하여 방어적이지 않고 충분히 개방적인 사람이며, 삶의 순간이 새로운 것이라는 것을 깨달을 수 있다. 그리하여 그는 삶의 매순간이 새롭게 느껴져서 항상 현재의 순간에 몰두하므로 다음 행동을 미리 예측할 수 없다.

(3) 유기체에 대한 신뢰(organismic trusting)

충분히 기능하는 사람의 3번째 특징으로는 유기체에 대한 신뢰이다. 앞서 말한 바와 같이 경험에 개방적인 사람은 자기 자신이 경험하는 모든 측면을 부인하거나 왜곡함 없이 있는 그대로를 받아들인다. 그는 자기 자신, 즉 유기체의 경험과 판단을 신뢰하는 사람이다.

따라서 인간 유기체의 경험을 신뢰하는 사람은 더 이상 어떠한 상황에서 어떤 행동을 선택할 것인지를 판단함에 있어서 제도적인 규칙이나 타인의 기대나 판단 등에 의존하지 않는다. 이들은 또한 자신의 경험에 개방적이기 때문에 자기 자신의 경험을 수용하고 신뢰할 줄 안다. 따라서 자기 유기체의 판단이 그 상황에서 가장 적합한 결정이며 신뢰할 만한 것임을 안다는 것이다.

(4) 자유의 경험(Experiential freedom)

충분히 기능하는 사람의 3가지 일반적인 특성 이외에도 로저스가 말하는 충분히 기능하는 사람은 내면에서 가장 완전하고 절대적인 자유를 경험한다. 그는 외적인 압력이나 강압으로부터 자유롭고, 자신의 내적인 혹은 잠재적인 긴장이나 근심으로부터도 자유로운 사람이다. 또한 인생을 자유롭게 선택하며 살아간다. 그것은 자기가 세계를 형성시켜 나가는 주체가 된다는 것을 의미한다.

(5) 창의적인 사람

충분히 기능하는 사람은 창의적인 사람이다. 충분히 기능을 발휘하는 사람은 그의 삶 속에서 창조적 산물과 삶의 방식이 나타난다. 창조적인 사람은 문화 내에서 건설적이고 만족하는 삶을 창조하지만 자신의 문화에 필연적으로 적응할 필요는 없다. 이것은 문화 내에서 창조적이지만 완전한 동조자가 되는 것을 의미하는 것은 아니다. 문화에 단순히 적응하는 것이 아니라 자신이 원하는 방식으로 자신만의 독특한 방식으로 살아간다는 것을 의미한다.

(6) 통합된 전인적 인간

충분히 기능하는 사람은 통합된 전인적 인간이다. 그는 존재의 가장 깊은 차원에서부터 가장 표면적인 차원에 이르기까지 완전한 통합성을 가진다. 로저스에 따르면 통합된 전인적 존재란 신체적, 지적, 감성적, 인간관계적 측면 모두를 포괄하는 의미이다.

이상에서 말한 로저스의 충분히 기능하는 사람은 현실적, 주체적, 적극적, 사회적, 창조적 특성을 갖는다. 로저스의 이러한 견해는 올포트(G. Allport)의 "성숙"과 같은 맥락이며, 매슬로우의 "자기를 실현해가는 사람(self-actualizing people)"과 동일한 맥락의 의미이다.

5) 로저스 이론의 평가

로저스는 초기에는 정신분석이나 랑크의 기능주의 접근법 등 다양한 치료 방법에 관하여 관심을 가졌다. 그러나 당시의 심리치료 분야의 주류였던 정신분석과 지시적인 상담에 회의를 느끼면서 클라이언트를 위한 독특한 관점을 개발시켜야 함을 인식하여 클라이언트 중심의 비지시적 치료방법을 개발하였다.

성격발달에 관한 로저스의 이론은 현상학적 자기에 초점을 두고 있다. 현상학적 자기란 각 사람이 자기만의 고유한 방법으로 인식하는 자기에 관한 이미지이다. 잘 적응하는 사람은 자신이 어떻게 진실되게 행동하고, 생각하며 경험하는지에 대하여 정확하게 인식하는 사람이다. 반면에 부적응적인 사람이란, 자기 이미지와 현실 사이에 부조화를 이루어서 결국은 심한 불안상태가 되어 버리는 사람이다.

로저스는 유아가 내적 평가중심을 지니고 있어서 부모의 도움 없이도 자신이 무엇을 좋아하는지를 안다고 믿었다. 유아는 자신이 원하는 것을 평가하는 것이 자유롭기 때문에 자신의 감정이나 느낌에 있어서 유아의 유기체적 가치과정이나 신뢰가 융통성이 있고 개방되어 있다. 유아가 발달해 감에 따라서 외부세계로부터 오는 평가를 받아들이게 되고 점차로 유기체적 가치부여 과정이 변형되어 간다. 그러므로 유아는 부모나 교사, 기타 권위 있는 사람들이 자신을 어떻게 생각하는가에 따라서 스스로를 평가하는 방법을 배운다고 하였다. 이러한 외부로부터의 평가과정은 그 개인의 자아실현이나 성장발달에 영향을 끼치는데, 특히 타인으로부터의 부정적인 평가는 부정(denial)이나 왜곡(distortion)과 같은 심리적인 방어기제를 발전시켜서 결국은 정신병리를 발생시키기도 한다. 반면에 무조건적인 긍정적 관심을 주고받는다면 그 개인은 완전히 기능하는 사람으로 발전하고 건강한 자아구조가 발달하게 된다.

이러한 로저스의 이론은 이론보다는 치료기법에 관하여 영향을 많이 끼쳤으며, 치료적 관계의 구성요소로서 비위협적인 환경, 비심판적 태도, 공감과 진실성, 무조건적 긍정적 관심, 문제 해결자로서의 클라이언트에 중요성을 두고 있다는 점이 장점이라고 할 수 있다. 반면에 이 이론의 한계점도 있다.

첫째, 클라이언트가 자신의 문제를 해결하는 방식에 초점을 두지 않고 문제에 대한 클라이언트 자신의 인식과 이해를 증가시키는 통찰지향적 접근이기 때문에 대안 제시가 어렵고 개입의 효과성을 파악하기 어렵다. 둘째, 치료자는 비지시적이어야 하기 때문에 상담의 주제를 제시하거나 어떤 제안을 하지 않고, 또한 해석도 하지 않아야 하는 반면에 클라이언트가 면접의 방향을 잡아야 할 책임이 있다. 그러나 치료자는 클라이언트가 제시하는 어떤 주제에 대해서는 관심을 보이다가 어떤 주제에 대해서 이야기할 때는 관심을 덜 나타내는 등 비언어적인 의사소통을 통하여 교묘하게 클라이언트를 유도하는 경우가 있다. 셋째, 성격발달에 관한 자료를 제공해 주지 못하고 있으며, 우울증, 슬픔, 수치심과 같은 정서적인 문제가 왜 생기는지에 대해 설명하지 못하고 야뇨증, 지나친 음주, 공격적인 행동, 폭력행동 등과 같은 문제행동이 왜 생기는지에 대하여 설명하지 못하고 있다. 넷째, 치료자는 클라이언트에게 진실되어야 한다는 점을 강조하고 있지만 현실적으로는 클라이언트에 대한 자신의 진실된 감정을 표현하는 것은 힘든 작업이다. 다섯째, 클라이언트는 긍정적이거나 부정적인 결과로부터 자유로운 치료환경 내에서 반복적으로 자신의 관심사를 이야기하기 때문에 클라이언트의 문제가 감소하고 결국은 긍정적인 변화가 발생한다. 이러한 현상은 오히려 환경을 중요시하는 학습이론적인 관점에서 해석될 수 있는 부분이다(C. Rogers, 2007 : 297－306).

요약

1. 로저스는 유기체의 경험을 중시하였는데 경험은 주어진 순간에 유기체 내에서 진행되는 잠재적으로 자각에 이용될 수 있는 모든 것을 포함한다. 이러한 경험의 전체가 현상적 장을 구성하는데 현상적 장은 단지 경험하는 개인에게만 알 수 있는 자신의 참조 틀이다. 개인이 행동하는 방식은 자신의 현상적 장에 의존한다.
2. 로저스는 유기체가 하나의 기본적 경향성과 추구를 갖고 있는데 그것을 경험하는 유기체를 실현·유지·향상시킨다. 이러한 실현화 경향성은 선천적인 것으로 개인이 가진 모든 생리적·심리적인 욕구와 관련된다. 실현화 경향성은 유기체를 유지·성장·향상시키고 발달을 촉진·지지한다. 자아실현 경향성은 실현화 경향성의 한 부분이다.
3. 아동은 기본적 욕구인 긍정적 자기존중을 얻기 위해 노력한다. 이러한 긍정적 자기존중으로부터 가치의 조건화 태도가 형성되고, 이러한 태도는 실현화 경향성을 성취하는 것을 방해하는 주요한 원인이 된다.
4. 로저스가 강조한 충분히 기능하는 사람의 특성은 경험에 개방적이고 실존적 삶을 영위하며, 자기 자신을 신뢰하고 창조적이며, 선택의 자유를 갖고 어려움에 직면할 수 있다.

연습문제

1. 로저스의 가치의 조건화 개념을 근거로 부적응적 성격을 설명하라.
2. 로저스가 제시한 충분히 기능하는 사람의 특성에 대해 간략하게 서술하시오.
3. 무조건적 긍정적 수용의 개념을 설명하시오.
4. 로저스의 자기와 자기개념에 대해 기술하시오.

지피지기 11 로저스 성격연습

❖ 자아실현

다음의 척도는 Jones와 Crandall(1986)이 개발한 자아실현을 측정하는 척도입니다. 다음 보기를 참고로 하여 해당 문항에 응답하시오.

〈보 기〉

1	2	3	4
그렇지 않다	어느 정도 그렇지 않다	어느 정도 그렇다	그렇다

NO	내 용					
1	나의 감정에 부끄럽지 않다.	1	2	3	4	5
2	다른 사람이 내게 기대하는 것을 해야만 한다고 느낀다.*	1	2	3	4	5
3	사람들은 본질적으로 선하고 믿을 만하다고 믿는다.	1	2	3	4	5
4	내가 사랑하는 사람에게도 화를 낼 수 있다.	1	2	3	4	5
5	내가 하는 일을 다른 사람들이 인정해 주는 것이 항상 중요하다.*	1	2	3	4	5
6	나는 내 자신의 약점을 수용하지 않는다.*	1	2	3	4	5
7	사람들에게 찬성해야 하는 경우가 아니더라도 그들을 좋아할 수 있다.	1	2	3	4	5
8	나는 실패가 두렵다.*	1	2	3	4	5
9	나는 복잡한 영역의 것을 분석하고 단순화시키려는 시도를 하지 않는다.*	1	2	3	4	5
10	다른 사람에게 인기를 얻는 것보다 자기 자신이 되는 것이 더 낫다.	1	2	3	4	5
11	내가 특별히 헌신해야 하는 인생의 사명이 없다.*	1	2	3	4	5
12	비록 내가 감정을 표현함으로써 바람직하지 못한 결과가 온다고 해도 나는 감정을 표현할 수 있다.	1	2	3	4	5
13	다른 사람을 도울 만한 책임감을 느끼지 못한다.*	1	2	3	4	5
14	부적절하게 행동할 것 같은 두려움에 성가시다.*	1	2	3	4	5
15	내가 사랑을 주기 때문에 사랑을 받는다.	1	2	3	4	5

■ 채점방식 : 2, 5, 6, 8, 9, 11, 13, 14번 문항을 우선 역으로 계산합니다(예 1=4, 2=3, 3=2, 4=1). 그리고 나서 15문항의 점수를 합산합니다.

총 점 : ______________.

2. 매슬로우의 욕구위계이론

1) 매슬로우(Abraham Maslow)의 생애

매슬로우는 러시아로부터 이민 온 유태인의 집안에서 7남매 중 장남으로 1908년 뉴욕의 부르클린에서 태어났다. 그는 유태인 소년으로서 아버지의 압력에 못 이겨 대학에서 법학을 전공하기 시작하였으며, 뉴욕 시립대학에서 코넬대학으로 다시 대학 3학년 때에 위스콘신 대학으로 전학하여 심리학을 전공하기 시작하였다. 1930년에 학사학위를 받은 후 1931년에 석사학위, 1934년에는 박사학위를 취득했다. 매슬로우가 위스콘신에서 심리학을 공부하기로 결심한 것은 왓슨의 행동주의에 결정적인 영향을 받았기 때문이다. 그의 박사학위 논문은 '원숭이의 성적 특성과 지배 특성에 관한 관찰 연구'였다. 그의 관심은 동물 연구에서 인간에 대한 연구로 옮겨졌으며, 성, 특히 동성애에 대한 연구가 인간성을 깊이 이해하는 데 필수적이라고 생각하였다.

행동주의에 대한 그의 열정은 첫 딸이 태어나면서 사라지기 시작하였다. 아이가 나타내는 복잡한 행동은 그로 하여금 행동주의 심리학이란 사람보다는 동물을 이해하는 데 더 적절한 것이라는 생각을 하게 만들었다. 제2차 세계대전은 그의 인생방향을 크게 바꾸어 놓았다. 인간의 본성과 미움, 전쟁과 평화, 형제애 등에 대한 깊은 관심을 나타내며 자신의 실험과 연구조사를 통해서 검증할 수 있는 인간본성에 대한 이론의 발전에 전념할 수 있는 계기가 되었다. 그는 인간의 어두운 면보다는 더 밝고 긍정적인 부분에 관심을 가지고서 전체적인 인간의 모습을 제공하고자 시도하였다.

1951년부터 1969년까지 브랜다이스 대학 심리학과 교수로 지내면서 미국 심리학계의 인본주의 운동에 있어서 가장 유명한 인물이 되었다. 그는 발달심리에 관심이 많았으며 말년에는 인간의 잠재성에 대한 운동을 벌이는 단체들을 지원하는 일을 하였다. 매슬로우는 62세 되던 해인 1970년 6월에 지병인 심장병이 악화되어 심장마비로 사망했다(최옥채 외 3인, 2005 : 154-155).

2) 매슬로우 이론의 기본가정

매슬로우는 성격발달에 관한 공식적인 틀을 제시하지 않고 욕구의 계층화를 통하여 동기와 정신병리에 관한 자신의 견해를 제시하였다. 특히 사람은 인생 초기에 사랑, 보금자리, 음식 등과 같은 욕구가 잘 충족되지 않으면 병리나 일탈행동이 발생한다고 하였다(Maslow, 1968). 즉, 사랑의 욕구가 강한 초기 아동기에 지속적인 사랑을 받지 못하면 그 아이는 남을 이용하는 성향이 생기거나 죄책감이 없는 사회병질적인 사람이 될 수 있다. 인생 초기의 좌절감은 부적응적인 반응 유형을 발생시켜 인생 후기의 동기나 욕구를 왜곡시킨다.

매슬로우가 인간에 대해서 가지고 있는 기본가정은 다음과 같다(Gatchel & Mears, 1982 : 427).

(1) 인간의 본성은 원래 선하다.

(2) 인간은 자율적이며, 인간행동은 내면으로부터 나오지만 무의식적 동기의 산물이 아니다.

(3) 동물에 관한 연구는 복합적인 인간 경험의 본질을 설명해 주지 못한다.

(4) 인간행동을 연구하고 이해하기 위해서는 인간의 병리적인 측면보다는 건강한 사람의 행동과 지각에 대해서 탐구해야 한다. 즉, 정신병리를 이해하기 위해서는 정신건강에 대하여 먼저 이해해야 한다.

(5) 사람은 능력 있는 존재이며 기본적인 욕구가 충족되면, 인간성을 성취하고 결국은 자아실현자가 된다.

3) 주요 개념

매슬로우는 사람의 성격이나 행동을 설명하기 이전에 그 동기가 되는 욕구를 위계화하였다. 욕구 위계화가 되어 조직된 욕구를 유목화 해 보면, 배고픔, 갈증, 수면, 안전, 소속감과 같은 욕구는 충족되지 않으면 부족함을 느끼고 그것을 채우려 하기 때문에 이런 요구들을 결핍욕구라고 한다. 이 결핍욕구가 제대로 충족되지 않으면 그 상위욕구를 성취하고자 하는 동기가 없어진다. 하위욕구가 충족되어야만 상위욕구로의 진전이 일어나며, 만약 하위욕구가 충족되지 않으면 다시 하위욕구를 충족하기 위해 퇴보한다. 이렇게 하위욕구가 충족되고 난 뒤 더 상위욕구를 충족하고자 하는 욕구를 성장욕구라고 한다. 성장욕구의 최고점은 바로 자아실현이다. 인간은 누구나 더 나은 욕구충족을 위해 행동하고 그 목표는 바로 자신에게 내재되어 있는 잠재력을 발휘하는 일이기 때문이다.

매슬로우는 건강한 성격을 이렇게 자아실현한 사람에게서 찾았다. 물론 자아실현한 사람이 긍정적인 부분만을 가지고 있는 것은 아니다. 그들의 특징은 긍정적인 부분과 부정적인 부분을 모두 가지고 있되 이 양 극단의 성격을 시기적절하게 판단하여 실행한다(윤가현 외, 2005 : 278).

(1) 잠재적 창조성

매슬로우는 인간의 가장 보편적인 특질은 창조성이라는 사실에 최초로 관심을 가진 사람이다. 모든 사람은 태어날 때 창조성을 잠재적으로 가지고 있으나 문명화되면서 창조성을 잃게 되었다고 생각하였다. 인간이 온화한 환경에서 성장할 때 자신의 본성을 실현시키기 위한 능동적인 노력을 함으로써 사람의 창조성은 더욱 뚜렷하게 발전된다. 창조성이란 누구에게나 잠재해 있는 것이기 때문에 특별한 자질이나 능력을 요구하지 않는다.

(2) 형성되어 가는 것

인간은 결코 정적이지 않고 항상 무엇인가 다른 존재가 되려고 하는 과정중에 있다. 현재는 10년 전의 모습과 다르고, 5년 후의 상태도 지금과는 다를 것이다. 자기 잠재력을 가능한 한 많이 인식하는 것이 자유로운 인간으로서 개인이 갖는 책임이다. 매슬로우는 형성되어 가는 과정을 자아실현의 과정으로 보았으며, 이는 인간본성의 고유한 것으로 간주하였다. 그러므로 형성되어 가는 것(becoming)을 거부하는 사람은 성장하기를 거절하는 것이고, 스스로 인간 실존의 가능성을 부정하는 것이다. 또한 이것은 인간의 실현 가능성에 대한 왜곡이며 비극이라고 하였다. 사람은 자신의 선택과 운명을 결정할 책임을 져야 한다. 자기가 원하든지 원치 않든지 간에 이 세상에 있는 한 자신의 삶에 대하여 책임을 져야 하는 것이다. 자신에게 주어진 자유와 책임으로부터 도피하는 것은 잘못된 신념을 가진 것이고 결국은 자포자기하는 삶을 사는 것이다.

(3) 욕구계층이론

매슬로우는 인간의 행동을 활성화시키고 이끄는 다섯 가지 타고난 욕구를 제안하였다. 이러한 인간의 선천적 욕구는 생리적 욕구, 안전욕구, 소속감과 사랑욕구, 존중욕구, 자아실현의 욕구가 있다. 욕구는 그 자체로서 본능적이며 우리는 출생하면서부터 이러한 욕구로 무장하게 된다. 그러나 이러한 욕구를 충족시키기 위해서 우리가 하는 행동은 선천적인 것이 아니며 학습에 의한 것이다. 따라서 이러한 행동은 사람마다 매우 큰 차이를 보이게 된다. 욕구위계에서 아래에 있는 욕구는 그 위의 욕구가 충족되기 전에 충족되어야 하며, 중요한 것은 모든 욕구가 동시에 생기지는 않는다는 것이다. 어느 한 시기에는 하나의 욕구만이 우세하게 된다. 그것이 어떠한 욕구인가는 다른 욕구가 충족되었느냐 그렇지 않느냐에 따라 결정된다(노안영 · 강영신, 2003 : 304).

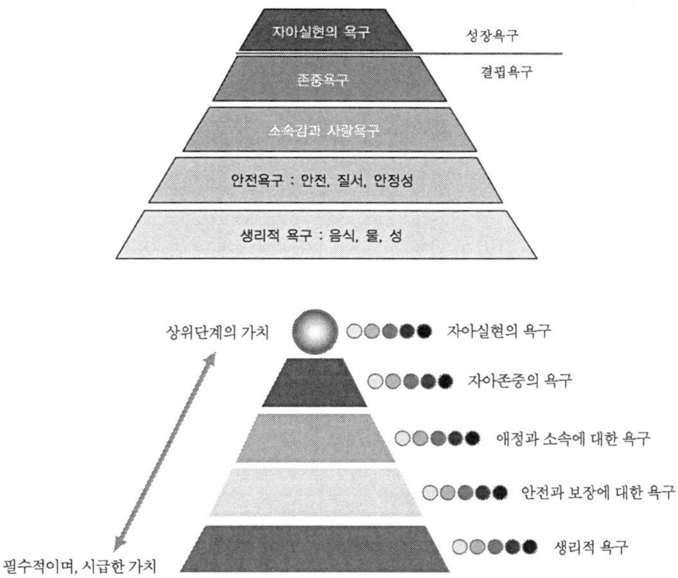

그림 4-1 매슬로우의 인간욕구단계

① 생리적 욕구

인간의 욕구 중에서 가장 기본적이고 강한 욕구이다. 예를 들면, 음식물, 물, 산소, 활동과 수면, 성, 추위나 더위로부터의 보호, 감각적인 자극에 대한 욕구 등이다. 사람들은 이러한 기본적인 욕구가 만족되지 않으면 더 높은 단계의 욕구를 충족하려는 시도를 하지 않으려 한다. 항상 배고픈 사람에게는 음식이 중요한 요소인 반면에 자유, 사랑, 공동체 의식, 존경, 철학 등은 일차적인 관심 밖의 일이다. 그 이유는 이러한 것이 고픈 배를 채우지 못하기 때문이다. 생리적 욕구는 인간행동을 이해하는 데 있어서 중요한 요소이다.

② 안전욕구

사람은 생리적인 욕구가 만족되면 안전욕구에 대해서 관심을 가진다. 안전욕구로는 안정감, 보호, 의존, 질서, 구조, 제한성, 공포나 불안, 위험으로부터의 자유 등이 있다. 안전에 대한 욕구는 유아와 어린 아동이 많이 갖고 있는데 이는 상대적인 무력감과 어른에 대한 의존성 때문이다. 가정 내에서 부모가 갖는 어느 정도의 엄격성은 아동의 안전에 대한 욕구를 충족시켜 주는 역할을 한다. 자녀를 개방적이고 자유롭게만 양육하는 부모는 아동의 안전욕구를 만족시키지 못한다. 또한 가정 내에서 부모 간의 싸움, 별거, 이혼, 가족원의 죽음 등은 아동이 자신이 처해 있는 환경을 불안전하게 느끼게 만든다. 안전에 대한 욕구는 전쟁, 범죄, 홍수, 지진, 폭동, 사회조직의 해체 등이 발생할 때도 나타난다.

③ 소속과 사랑의 욕구

소속과 사랑의 욕구로는 사랑, 애정, 가족이나 집단에 대한 소속감, 우정, 사람과 시간을 함께 보내는 것 등이 있다. 사람은 친구나 가족, 사랑하는 사람이 없을 때 심한 외로움을 느낀다. 그러므로 소속에 대한 갈망과 소외, 고독, 낯설음, 고립감 등을 극복하고자 하는 욕구는 오늘날 우리 사회가 전통적 집단의 붕괴, 가족의 분산과 해체, 계속되는 도시화와 익명성, 이웃 간의 낯설음, 잦은 사회적 이동성 등이 심해질수록 더욱 심화되어 간다. 사랑에 대한 욕구는 사랑을 받는 것뿐 아니라 주는 것까지 포함한다. 사람은 사랑을 받고 포용되는 것을 통하여 자기가 가치 있다고 느끼며, 사랑을 받지 못하는 경우에는 공허감, 무가치감, 적대감 등을 가진다.

④ 자아존중의 욕구

자아존중의 욕구에는 2가지 유형이 있는데, 이는 자기에 대한 존중과 타인으로부터의 존중이다. 자기에 대한 존중이란 개인 스스로가 가치 있다고 생각하며 능력, 신뢰감, 개인적인 힘, 적합성, 성취, 독립, 자유 등의 개념을 가지는 것이다. 이러한 욕구가 충족되면 사람은 자기 가치감, 확신감을 가지며, 자신이 능력있고 유용하며 중요한 사람이라고 느낀다. 반면에 자아존중의 욕구를 충족하지 못하는 사람은 열등의식, 무력감, 나약함 등을 경험한다. 이러한 부정적인 자기 인식은 스스로 좌절감을 느끼며 타인과 비교하여 자기비하감을 경험한다. 타인으로부터의 존경이란 수용, 주목, 평판, 인정 등의 개념을 포함하며, 타인으로부터 좋게 인식되고 평가받음으로써 자신이 가치있는 사람이라고 느낀다. 매슬로우는 건전한 자아존중의 욕구란 개인의 실제 능력을 근거로 타인으로부터 얻어 낸 존경에 근거한다면서 타인으로부터 받는 존경보다는 자신에 대한 자아존중의 욕구가 더욱 중요하다고 하였다.

⑤ 자아실현 욕구

발달의 마지막 단계이며, 최고의 단계로서의 자아실현은 자신의 모든 잠재력과 능력을 인식하고 충족시키는 것을 말한다. 앞에서 언급한 4가지 욕구가 충족되었다 하더라도 자신의 잠재력을 이용하지 못하는 사람은 불만족스럽고 불안할 것이며 좌절감을 맛볼 것이고 결국에는 다른 어떠한 욕구도 충족시키지 못하게 될 수 있다. 모든 인간은 인생의 노정에서 자신의 잠재력을 충족시킬 만한 자아실현의 기회를 갖고 있다고 매슬로우는 지적하였다(노안영 · 강영신, 2003 : 306−311).

자아를 실현하기 위해서는 많은 전제조건이 필요하다. 첫째는 사회와 자기자신의 구속으로부터 자유로워야 하며, 둘째는 욕구위계에서 하위에 있는 생리적 욕구와 안전의 욕구에만 집착해서는 안 되며, 셋째 가족 및 타인과 친밀감을 느끼며, 남과 사랑을 주고받을 수 있어야 한다. 마지막으로, 무엇보다도 자신의 강점과 약점, 선악에 대한 현실적 지식을 가져야 한다(Schultz & Schultz, 1998 : 291).

(4) 욕구의 특성

욕구의 특성을 보면, 하위에 있는 욕구는 보다 생존에 필요하고 상위에 있는 욕구는 성장에 필요함을 알 수 있다. 이러한 특성은 다음과 같다. 첫째, 욕구위계에서 하위에 있는 욕구가 더 강하고 우선적이다. 하위에 있는 욕구일수록 강도와 힘이 세고, 우선순위가 높다. 상위에 있는 욕구일수록 반대로 강도와 힘이 약하고, 우선순위가 낮다. 둘째, 욕구위계에서 상위의 욕구는 인생의 나중에 나타난다. 즉, 생리적 욕구와 안전의 욕구는 유년기에, 소속과 존중의 욕구는 청년기에 나타나며, 자아실현 욕구는 인생의 중반에 접어들기 전까지는 나타나지 않는다. 셋째, 욕구위계에서 상위의 욕구는 생존을 위해 덜 필요하기 때문에 그러한 욕구의 만족은 지연될 수 있다. 즉, 상위의 욕구를 만족시키지 못하더라도 하위의 욕구를 충족시키지 못했을 때처럼 즉각적인 비상사태나 위급한 반응은 일어나지 않는다. 이런 하위의 욕구를 결핍욕구(deficit or deficiency needs)라고 한다. 넷째, 욕구위계에서 상위의 욕구는 생존을 위해 덜 필요하지만, 그러한 욕구는 생존과 성장에 기여한다. 상위의 욕구가 충족되었을 때 갖게 되는 성취감은 보다 건강한 삶을 만들 수 있으며 생명의 연장할 수 있고 생물학적인 효율성도 증가시킬 수 있기 때문에 이러한 상위욕구를 성장욕구(growth or being needs)라고 한다. 다섯째, 욕구위계에서 상위의 욕구 만족은 생리적·심리적·생산적이고 유용하다. 보다 심오한 행복감과 마음의 평화, 인생의 내적인 성취감을 제공하기 때문이다. 여섯째, 욕구위계에서 상위의 욕구 만족은 하위의 욕구 만족보다 더 좋은 외적(사회·경제·정치적) 환경을 요구한다. 끝으로 어떤 욕구는 위계의 다음 욕구가 중요하게 되기 이전에 충분히 만족될 필요가 없다. 욕구위계에서 위로 올라갈수록 각 욕구의 만족 비율이 낮아진다고 보았다.

(5) 결핍 및 성장 심리학

매슬로우는 인간행동을 설명하고 이해하려는 심리학을 크게 결핍심리학(deficiency psychology)과 성장심리학(growth or being psychology)으로 구분하였다. 결핍심리학은 기본적 욕구충족 영역에서 인간행동에 관심을 두는 반면, 성장심리학은 가장 높은 자각의 상태 및 자아실현 욕구의 추구에서 인간행동과 경험을 조사한다.

① 결핍동기

결핍동기는 유기체 내에 있는 부족한 어떤 것을 충족시키려는 욕구를 말한다. 불만족 혹은 좌절감 때문에 현재 상태를 변화시키려는 욕구가 결핍동기이다. 결핍동기의 대표적 예는 기아, 고통, 공포 등이다. 성장동기는 유기체가 일차적으로 현재 상태에서 즐거움과 만족을 느끼면서 긍정적으로 가치 있는 목표를 추구하는 것을 의미한다. 자아실현 욕구는 인간의 동기 중에서 제일 상위의 단계에 위치하고 있지만, 이러한 욕구는 다른 욕구와 함께 계층화하기에는 적합하지가 않다. 생리적 욕구, 안전욕구, 소속과 사랑의 욕구, 자존감 욕구들은 결핍으로부터 인간을 동기화시키지만 자아실현 욕구는 성장에 의해서 동기화되기 때문이다.

② 성장동기

성장동기는 결핍동기만큼 본능적이거나 선천적인 것은 아니지만, 인간이 심리적으로 건강하고 완전한 성장에 이르려면 성장동기 또한 충족되어야 한다고 한다. 그렇지 못할 때 인간은 심리적으로 병들게 되는데, 매슬로우는 이것을 메타병리(Metapathologies)라고 불렀다. 소외, 고민, 냉담, 냉소, 무관심, 우울, 무기력 등이 메타병리로 인해 나타나는 증상이다.

(6) 자아실현자의 특성

매슬로우에 따르면 자아실현자는 존재가치에 의하여 동기화되며, 성장 동기를 가지고서 자신의 체험을 확장하고 삶을 풍부하게 한다. 매슬로우는 그가 생각하기에 건강하고 창의적인 사람을 대상으로 자아실현을 연구한 결과, 자아실현을 성취한 인물의 성격의 특성은 다음과 같이 제시하였다(Maslow, 1970 : 149－180).

① 현실의 효율적 지각

자아실현자는 현실에 대한 보다 정확한 지각과 그것에 대해 보다 수월하고 안정된 관계를 가지고 있다. 자아실현자는 자기 주변의 세계 및 사람을 명확하고 객관적으로 지각할 능력을 가진다. 자아실현자는 세계를 있는 그대로 보며 선입관에 치우쳐 상황을 파악하지 않는다.

② 자신, 타인, 자연의 수용

자아실현자는 자아(self), 자연(nature) 및 타인을 잘 받아들인다. 죄악감, 수치심 또는 불안에 휩쓸리지 않는다. 자아실현자는 자신의 강점뿐만 아니라 약점까지도 왜곡하지 않고 있는 그대로 받아들였으며, 실패한 일에 대해서도 지나친 부끄러움이나 죄책감을 갖지 않는다. 또한 타인이나 일반적인 사회의 약점에 대해서도 있는 그대로 수용한다.

③ 자발성, 단순성, 자연성

자아실현자의 행동은 비교적 자발적이며 자연스럽고 솔직하며 꾸밈이 없고 노력으로 인한 긴장 같은 것이 없다. 자아실현자의 행동은 지극히 개방적이고 솔직하고 자연스럽다. 그는 생각과 이상에 있어 주관이 뚜렷하며, 그의 행동은 인습에 사로잡혀 있지 않다.

④ 자신 외의 문제에 초점

자아실현자는 자아중심적이기보다는 문제중심적이다. 자아실현자는 자신의 인생에 대한 사명감을 가지며, 자신 밖의 일이나 자신의 범위를 벗어나는 일에 많은 에너지를 쏟는다. 자아실현자는 열심히 일하면서, 큰 기쁨과 흥분을 경험한다. 자아실현자는 자신이 하는 일이나 방향이 성장가치에 집중되어 있다.

⑤ 초연함 및 사적 자유 욕구

자아실현자는 개인생활(privacy)을 위한 욕구를 가진다. 즉, 자기만의 세계를 불편없이 즐길 수 있다. 자아실현자는 때로는 고독을 느끼며 그러한 고독에 압도되지 않으면서 사적인 자유를 즐긴다. 자아실현자는 독립적이고 자율적이기 때문에 때로는 홀로 자신만의 시간을 가지면서 사색하며, 타인의 지지 및 애정에 매달리거나 요구하지 않는다.

⑥ 인식의 신선함

자아실현자는 신비, 쾌락 및 황홀감에 쌓인 인생의 훌륭한 것에 대하여 항상 감상할 수 있는 사물에 대한 감상력의 신선감을 유지한다. 자아실현자는 주위의 세계를 늘 새로움, 놀라움, 경외심을 갖고 받아들이고 경험하는 능력이 있다.

⑦ 신비 혹은 절정경험

자아실현자는 강렬한 무아경, 놀라움, 경외심, 즐거움의 경험을 한다. 이러한 경험을 하는 동안 그는 극도로 확신에 차고, 명확하고 강력한 힘을 느끼며, 경험은 강화되고 그 강도가 절정에 달하게 된다. 절정경험(peak experiences)을 가진다. 이 경험은 프로이드가 사용한 '대양경험(oceanic feeling)'과 같은 것이라고 매슬로우는 설명한다.

⑧ 사회적 관심

매슬로우는 아들러의 개념인 사회적 관심을 인용하여, 자아실현자는 성격의 구성요소로서 보편적으로 갖추는 동정과 공감을 보여주는 사회적 관심을 가진다고 보았다. 즉, 지역사회 의식, 형제애, 일반적으로 인간에 대한 동정심과 애정을 갖는다. 자아실현자는 타인을 마치 자신의 형제처럼 대한다.

⑨ 깊은 대인관계

대인관계는 심오하고 매우 순수하며, 정열, 애정, 동일시를 수반하며 자기 경계선이 크게 축소되어 있다. 자아실현자의 우정은 보통 사람의 우정보다 매우 강하며 심오하다. 또한 자아실현자 주위에는 종종 찬양자나 제자들이 모여든다.

⑩ 민주적 성격구조

자아실현자의 민주주의적 태도는 계층, 인종, 교육 및 정치 등에 침투되어 있으며 포함되어 있다. 자아실현자는 지극히 관대하여 모든 사람을 받아들이며, 인종적이거나 종교적 혹은 사회적 편견을 갖지 않는다.

⑪ 창의성

자아실현자는 창의성, 독창성, 발명력이 뛰어나다. 자아실현자는 자기 분야에 있어서 창의성과 독창성을 갖고 있으며, 모든 활동 속에서 적응력이 있고 자발적이며 실수를 두려워하지 않는다.

⑫ 문화화에 대한 저항

자아실현자는 어떤 특정한 문화를 초월하기 때문에 문화의 동화를 거절한다. 자아실현자는 자발적이고 독립적이며 자부심이 매우 강하다. 결과적으로는 그는 일정한 틀에 맞춰 생각하라고 강요하는 사회·문화적인 압박에 자유스럽게 저항한다.

⑬ 자아실현자의 기타 특성

자아실현자는 도덕적으로 고결한 주의를 갖고 있으며, 비웃거나 냉소적인 것이 아닌 유머감각을 가지고 있다. 또한 자아실현자가 평가하는 가치는 사회적 또는 신체적 실체와 마찬가지로 인간의 본성과 성격을 그들이 철학적으로 어떻게 수용하는가에 따라 결정하며, 이원적인 사고방식이 그들에게 있어서 통합된다.

이상과 같이 매슬로우는 어디까지나 인간이 지향하여야 할 이상적인 존재형태, 심리치료의 궁극적인 목표를 기술하고 표현하려 했기 때문에 그의 이론은 일반적인 것이며, 행동예측이 곤란하다고 하는 것 등의 결점도 지적받고 있다. 그러나 학교나 직장, 임상장면에서 인간의 기본적 능력의 개발이나 촉진에 대해 생각할 경우, 매슬로우의 이론은 큰 시사점을 준다(박아청, 1984 : 211－212).

4) 매슬로우 이론의 평가

매슬로우는 동기에 관한 이론을 개발하였는데, 특히 자아실현 동기의 역할에 대하여 심도 있는 연구를 하였다. 인간은 자아실현 욕구에 의해서 동기화되며, 자아실현자가 가지고 있는 특성으로는 인지하고 지각하는 능력, 수용, 지속적인 감사, 자발성, 문제중심적인 경향성, 수단과 결과의 구분, 분리와 독립, 문화와 환경으로부터의 독립, 문화화에 대한 저항, 남을 도우려는 열망, 민주적 특성, 심오한 대인관계, 철학적인 유머감각, 창조성, 신비한 경험 등이 있다. 그러나 자아실현자는 완벽한 인간이거나 항상 고도로 지적인 활동을 하거나 유명한 사람은 아니라고 하였다.

매슬로우의 인간욕구에 관한 준거틀은 사회복지사들에게 의미하는 바가 크다. 어떤 사람이 음식이나 옷, 거주지와 같은 자원이 부족한 경우에는 기본적인 생리적 욕구가 충족되지 못한 상태이고, 이는 다른 종류의 욕구를 충족하는 데 있어서 극복하기 힘든 장애물을 만든다. 특히 노숙자 가정들이나 개인들에게 서비스를 제공하기 어려운 경우의 예를 보아서 알 수 있듯이 사람은 기본적인 생리적 욕구가 채워져야 다른 욕구를 채우기 위한 에너지를 발견할 수 있기 때문에 매슬로우의 이론은 설득력이 있다. 그러나 사람들이 기본적인 생리적 욕구를 먼저 충족하려고 하지 않는 경우도 있다. 소위 '배고픈 예술가'처럼 자신의 예술활동에 전념하기 위해서 음식과 잠을 전폐하는 경우가 그 예이다. 어떤 사람들은 자신들의 정치적 투쟁을 위해서 개인적인 안전을 돌보지 않는 경우도 있다. 또한 세계 도처에는 많은 사람들이 빈곤과 박탈로 인하여 고통을 당하고 있지만, 그들 중 많은 사람들은 여전히 타인과 사회에 대한 소속감을 가지고서 정서적 유대감을 맺고 있고, 자존감을 유지하고 있다. 이것은 안전하고 보장된 환경에 있지 못하는 사람들은 타인과의 의미 있는 관계를 맺지 못한다고 볼 수가 없다는 뜻이다. 역사적으로 보더라도 재난이 있던 시기에도 사람들은 긴밀하고 지지적인 공동체를 이룰 수 있었기 때문에 매슬로우의 욕구이론은 인간행동을 설명함에 있어서 나름대로의 제한성을 지니고 있다.

요약

1. 매슬로우는 생리적 욕구, 안전욕구, 소속감과 사랑의 욕구, 존중의 욕구, 자아실현 욕구로 구성된 5가지 타고난 욕구를 제안하였다.
2. 인간행동을 설명·이해하기 위해 심리학을 결핍심리학과 성장심리학으로 구분하였다.
3. 자아를 실현하기 위해서는 첫째, 사회와 자기 자신의 구속으로부터 자유로워야 하며, 둘째, 욕구위계에서 하위에 있는 생리적 욕구와 안전의 욕구에만 집착해서는 안 되며, 셋째, 가족 및 타인과 친밀감을 느끼며, 남과 사랑을 주고받을 수 있어야 한다. 넷째, 무엇보다도 자신의 강점과 약점, 선악에 대한 현실적 지식을 갖는 등 전제조건이 필요하다.
4. 자아실현을 성취한 인물의 성격의 특성은 ① 현실의 효율적 지각, ② 자신·타인·자연의 수용, ③ 자발성·단순성·자연성, ④ 자신 외의 문제에 초점, ⑤ 초연함 및 사적 자유 욕구, ⑥ 인식의 신선함, ⑦ 신비 혹은 절정경험, ⑧ 사회적 관심, ⑨ 깊은 대인관계, ⑩ 민주적 성격구조, ⑪ 창의성, ⑫ 문화화에 대한 저항 등이 있다.

지피지기 12 매슬로우 성격연습

❖ 자기지향성 척도

당신이 자신에 대해 어떻게 생각하는지를 <보기>에 따라 평가해 보시오.

1	2	3	4	5
전혀 그렇지 않다	거의 그렇지 않다	때때로 그렇다	자주 그렇다	항상 그렇다

NO	내 용					
1	나는 가치있는 사람이다.	1	2	3	4	5
2	스트레스에 효과적으로 대처하고 있다.	1	2	3	4	5
3	남성 혹은 여성으로서의 나의 역할에 만족하고 있다.	1	2	3	4	5
4	내가 소속되어 있는 집단의 문화는 독특하며 유익한 측면들이 많다	1	2	3	4	5
5	내 자신이 불만족스럽다.*	1	2	3	4	5
6	내가 겪는 스트레스를 잘 처리하지 못한다.*	1	2	3	4	5
7	주위 사람들로부터 유머감각이 풍부하다는 말을 자주 듣는다.	1	2	3	4	5
8	나는 남성(여성)으로서 나의 역할에 불만이 많다.*	1	2	3	4	5
9	나의 일처리 능력에 만족하지 못한다.*	1	2	3	4	5
10	새로운 문제 상황에서 적절하게 대처하지 못한다.*	1	2	3	4	5
11	유머감각이 풍부한 사람을 보면 부러움을 느낀다.*	1	2	3	4	5
12	건강과 관련하여 음식조절 능력이 부족하다.*	1	2	3	4	5
13	내가 종사하고 있는 영역에서 성공할 수 있는 충분한 능력을 가지고 있다.	1	2	3	4	5
14	건강과 관련하여 신체적 활동에 관심이 없다.*	1	2	3	4	5
15	나의 비합리적인 사고나 행동 때문에 자주 비난을 받는다.*	1	2	3	4	5
16	나는 정서상태에 대한 이해나 표현이 부족하다.*	1	2	3	4	5
17	나는 나 자신을 돌보는 데 소홀하다.*	1	2	3	4	5
18	내가 소속한 집단의 문화에 이질감을 느낀다.*	1	2	3	4	5
19	나는 합리적이고 현실적으로 느끼며 행동한다.	1	2	3	4	5
20	나는 규칙적으로 운동을 한다.	1	2	3	4	5
21	나의 정서상태를 잘 이해하고 있으며 이를 적절하게 표현한다.	1	2	3	4	5
22	나는 평소에 창의적으로 생각하며 문제를 해결한다.	1	2	3	4	5
23	나는 영양섭취에 관심이 많다.	1	2	3	4	5
24	철저한 안전습관, 건강검진 등을 통해서 내 자신을 보살핀다.	1	2	3	4	5
	'*'는 역점수 문항입니다.					

인간행동과 사회환경

P·A·R·T 02

인간발달의 이해

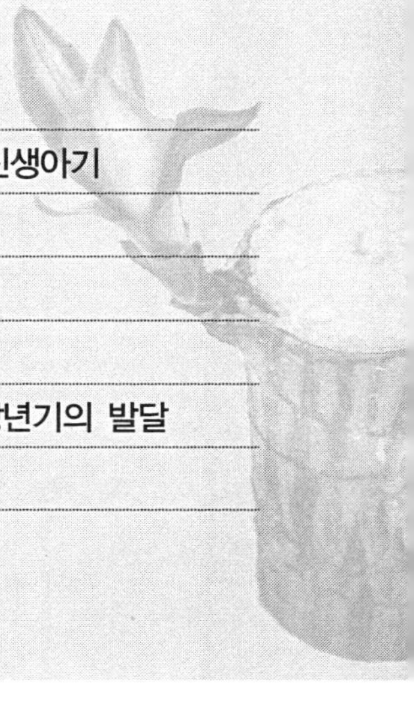

인간발달의 이해

인간은 수정되는 순간부터 사망에 이르는 전 생애에 걸쳐 안정 또는 정체되어 있는 것이 아니라 역동적 변화를 거듭한다. 이러한 인간의 역동적 변화를 설명해줄 수 있는 개념이 바로 발달이다. 발달이란 어원적으로는 유기체 내에 잠재해 있는 본질 또는 가능성이 점차 그 모습을 드러내는 현상을 의미한다. 이러한 발달에 대해 학자마다 다양한 정의를 내릴 수 있지만, 이를 종합하여 보면 발달이란 일반적으로 체계적인 과정을 따라 이루어지는 일련의 변화를 의미한다.

1) 발달의 개념과 정의

발달이란 인간의 신체적, 심리적, 사회적 요인이 상호작용하여 출생에서부터 사망에 이르기까지의 전 생애에 걸쳐 일어나게 되는 질서정연하고 연속적이며, 상승적 또는 퇴행적 변화과정을 의미한다(권중돈 · 김동배, 2004 : 28).

〈표 Ⅱ-1〉 인간발달에 대한 정의

학자	정의
그린 (Greene, 1986)	발달은 신체 · 심리 · 사회적 변인을 포괄하며, 일생에 걸쳐 일어나는 안정성과 변화의 역동이다.
셸과 홀 (Schell & Hall, 1979)	발달이란 일정한 방향으로 질서정연하게, 점진적으로 증진되며, 보다 복잡해지는 변화이다.
스펙과 그레이그 (Specht & Craig, 1982)	인간발달은 생리적 요인과 문화적 요인을 혼합하는 과정이며, 시간이 지남에 따라 한 개인의 구조, 사고, 행동이 변화하는 것을 말한다. 임신에서부터 시작하여 노년기까지 지속되는 이러한 변화는 진보적이며, 축적적인 특성을 지니고 있으며, 체형이 커지고, 보다 복잡한 활동을 하고, 기능이 더욱 통합되는 결과를 낳는다.
젠덴 (Zanden, 1985)	발달이란 임신에서부터 사망에 이르기까지의 시간적 흐름에 따라 유기체에서 일어나는 질서정연하고 연속적인 변화이다. 발달은 유전적 요인과 환경적 요인 그리고 두 요인간의 상호작용을 모두 포함하고 있다.

발달에 대한 정의와 기존의 인간발달에 대한 연구결과들을 종합하여 볼 때, 발달은 일생에 걸쳐 일어나는 체계적인 변화이며, 연령이 증가함에 따라 나타나는 신체적, 심리적, 사회적 변화를 포함하는 것으로 보고 있다. 발달에는 크기의 변화, 구조의 변화, 비율의 변화, 기능의 변화가 모두 포함된다. 또한 발달에는 첫째, 유기체나 기관이 양적으로는 증대하고, 구조적으로는 분화, 정밀화, 통합되며, 기능적으로는 유능화되는 현상과 관련된 상승적 변화이다. 둘째, 양적 감소, 구조의 단순화, 기능의 무능화 현상과 관련된 퇴행적 변화까지도 포함된다. 이러한 발달과 유사한 의미로 사용되는 용어로는 성장, 성숙, 학습이라는 용어가 있다.

성장(growth)은 신체 크기의 증대, 근력 증가 등과 같은 양적 확대를 의미하며, 생래적으로 이미 설계되어 있는 계획표(programing)에 따라 양적 확대가 이루어지다가 일정한 시기가 지나면 정지되는 인간의 부분적 측면, 특히 신체적 부분에 국한된 변화를 설명하고자 할 때 주로 사용되는 용어이다. 이에 반하여 발달은 신체뿐만 아니라 심리적 측면과 사회적 측면에서의 변화를 모두 포함하며, 양적 확대뿐만 아니라 양과 질에서의 상승적 또는 퇴행적 변화를 모두 포함하기 때문에 발달이 성장보다 넓은 개념이다.

성숙(maturation)은 경험이나 훈련에 관계없이 인간의 내적 또는 유전적 기제의 작용에 의해 나타나는 체계적이고 규칙적으로 진행되어 가는 신체 및 심리적 변화를 의미한다. 즉, 성숙은 부모로부터 받은 유전인자가 지니고 있는 정보에 따라 일어나는 변화이다(김태련 · 장휘숙, 1994; 권중돈 · 김동배, 2004). 이에 반해 발달은 유전과 환경 사이의 상호작용에 의해 이루어지는 변화를 의미하므로, 발달이 더욱 광의의 개념이다.

학습(learning)은 경험, 훈련 또는 연습의 결과로써 일어나는 개인 내적인 변화이다. 만약 이러한 내적 변화가 영속적인 행동의 변화로 나타날 경우에 학습이 일어났다는 사실을 인식할 수 있게 된다. 그러나 발달이란 경험이나 훈련은 물론 유전적 요인에 의해 일어나는 변화까지도 포함하고 있으며, 내적인 변화뿐만 아니라 외적인 변화까지도 포함하고 있기 때문에 발달이 더욱 넓은 의미를 지니고 있다.

하지만 성장, 성숙, 학습은 상호 분리되어 있는 것이 아니라 서로 연결되어 있으며, 인간의 발달은 성장, 성숙, 학습이라는 3가지 과정이 공존할 때 비로소 이루어진다. 즉, 일생을 통한 성장, 성숙, 학습에 의해 이루어지는 복합적 과정이 바로 인간발달이다.

2) 발달의 원리

인간발달에는 반드시 개인차가 존재하긴 하지만 발달적 변화는 예측 불가능하거나 무작위적인 변화는 아니며 체계적이고 규칙적인 변화이다. 따라서 전체적 존재인 인간에게서 전 생애에 걸친 삶의 과정에서 이루어지는 발달은 일관성 있는 원리에 따라 진행된다. 이러한 발달의 원리를 요약하여 제시하면 다음과 같다. 첫째, 발달에는 일정한 방향이 있다. 즉, 발달은 두부(head)에서 미부(tail)의 방향으로 또는 상부에서 하부로, 중심부위에서 말초부위로 전체운동에서 특수운동으로 진행된다. 둘째, 발달은 연속적인 과정이긴 하지만 발달의 속도는 일정하지 않다. 셋째, 발달은 유전과 환경의 상호작용에 의해 이루어진다. 넷째, 발달에는 개인차가 존재한다. 다섯째, 발달은 점성적 원리를 따른다. 즉, 특정단계에서의 발달은 이전단계의 발달과업 성취 정도에 기초하여 이루어진다. 여섯째, 발달에는 결정적 시기(critical period)가 있다(김태련 · 장휘숙, 1994 : 30).

3) 발달의 견해

체계적인 과정을 따라 이루어지는 발달변화를 설명하는 데는 크게 성숙론, 환경론, 상호작용론으로 나누어진다(조복희 · 정옥분 · 유가효, 2003 : 23－26).

(1) 성숙론(maturationism)

성숙론을 지지하는 학자는 인간의 발달이 유전에 의해 결정된다고 본다. 이들에 따르면 유전이 발달의 중요하고 직접적인 요인이다. 성숙론의 개념은 17세기 후반 루소(J. J. Rousseau)의 『에밀(Emile)』에서 언급된 것이 시초이다. 루소는 발달의 변화는 유전적으로 이미 결정된 단계대로 일어난다는 사실을 처음으로 제시하였다. 그는 유전이나 생물학적 요인이 발달 변화의 본질과 과정에 영향을 미친다는 성숙론의 확고한 이론적 근거를 마련하였다(Gardner, 1978).

다윈(C. Darwin)은 『종의 기원(Origin of Species)』에서 성숙론적 개념을 설명하고 있다. 다윈은 인류의 많은 행동이 유전에 의한 것이라고 언급하고 있는데, 그의 견해에 따르면 발달 변화는 자연도태라는 과정을 통해 일어난다는 것이다. 다윈의 진화론적 생물학과 루소의 자연주의적 철학을 잘 조화시킨 홀(G. Stanley Hall)은 성숙론적 발달 변화의 견해를 제시하였다. 태내 발달의 연구로부터 발달에 순서가 있다고 발표한 사람은 게젤(A. Gesell)이다. 그는 태내에서 태아의 기관이나 조직이 유전적인 계획에 따라 순서대로 발달하듯이 이런 유전적 물질은 생의 전반에 걸쳐 발달의 과정에 계속적으로 영향을 미친다고 보았다. 그는 대부분 아동의 특정 연령에 나타나는 특정 행동에 대한 규준적 자료를 수집하였다. 그의 이런 방법을 규준적 접근(normative approach)이라 한다.

(2) 환경론(environmentalism)

성숙론의 개념에 상반되는 발달변화에 대한 개념은 환경론이다. 환경론자는 발달 변화란 학습과 훈련 경험의 결과라고 강조한다. 루소가 성숙론의 초기 이론가라면 로크(J. Locke)는 환경론의 가장 초기 지지자이다. 로크는 인간이 출생 시에는 백지상태(tabula rasa)와 같다고 믿고 개인의 인성, 지능, 행동 특성은 경험에 의해 학습된다고 믿었다. 이런 그의 견해는 20세기 초반에 파블로프(I. Pavlov)와 왓슨(J. Watson) 두 사람에 의해 새로운 각도로 연구되었다. 파블로프는 고전적 조건이론(classical conditioning)을 정립하였으며, 왓슨은 파블로프 이론을 기초로 행동주의(behaviorism)를 심리학의 하나의 큰 영역으로 만들었다.

(3) 상호작용론(interactionism)

유전이나 환경요인 중 어느 하나가 발달 변화의 과정이나 특성에 작용하지 않고, 유전과 환경이 모두 상호 관련되어 있다는 견해가 발달의 상호작용의 견해이다. 상호작용론자에 의한 발달의 개념은 다음과 같다. 첫째, 능력, 인성, 행동 유형에의 개인차는 유전이나 환경 중 어떤 고립된 요인에 의한 것이 아니라 두 요인의 상호작용에서 비롯된다. 둘째, 가장 최적의 환경적 조건에도 학습은 일어나지 않을 수 있고, 유전적 요인이 발달의 한계를 결정한다. 셋째, 발달이 일어날 수 있는 시기는 유전적 요인과 환경적 요인의 상호작용에 의해 결정된다. 환경요인의 질이나 양의 차이가 여러 행동이나 기능에 똑같이 작용하지는 않는다. 환경조건이 매우 나빠도 어느 정도 수준 이상이면 특정 행동이나 기능의 발달에 이상이 없을 수도 있고, 반대로 환경조건이 아무리 좋다 하더라도 발달의 한계가 있을 수 있다.

4) 발달의 유형

(1) 계속적인 변화

발달은 일생에 걸쳐 계속해서 일어난다. 수정의 순간에서부터 죽을 때까지 변화는 계속된다. 변화는 누적적이고 부가적인 특성이므로 개인은 연령이 증가함에 따라 더욱 복잡해지고 조직적인 행동을 하게 된다. 이 견해에서의 발달적 진보는 언덕을 기어오르는 것과 같아 사람은 목적지와 가까워지기 위해 한 발자국씩 옮겨 간다. 변화는 지속적으로 일어난다고 생각되나 마지막 목적지에는 도달하지 못한다. 목적을 온전히 달성하는 것은 환상이라 할 만큼 지극히 어려운 일이다.

(2) 단계적 변화

발달을 단계적 변화로 보는 견해는 발달을 불연속성의 개념으로 설명하고 있다. 변화가 계단을 오르는 것과 같은 방식으로 일어나는 것으로 간주한다. 각 단계는 다른 단계와 구분되고 독특하다. 각 개인은 각각의 단계에서 성취해야 하는 과업이 있다. 이 과업을 달성해야만 다음 단계도 무난히 맞게 되고 바람직한 발달의 양상을 띠게 된다.

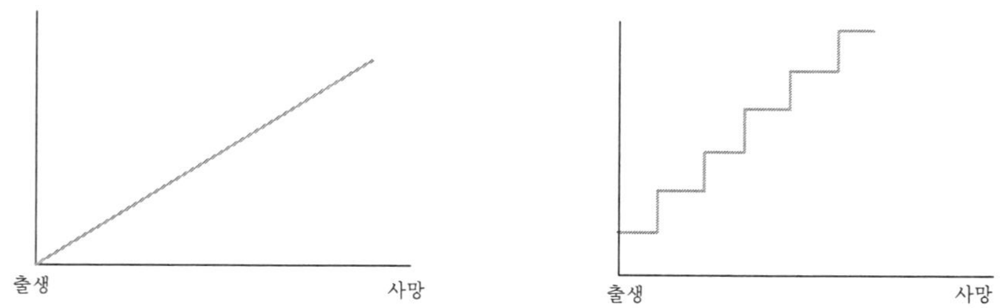

【그림 Ⅱ-1】 계속적 변화와 단계적 변화

(3) 점성적 파도 모형(epigenetic waves)

변화를 설명하는 또 다른 견해로는 점성성(epigenesis)이다. Epigenesis(epi는 upon의 뜻이며, genetic이란 emergence의 뜻이다)란 생물학적 용어로서 발달의 과정 동안 나타나는 특성, 성질, 기능들을 묘사하는 데 사용되고 있다. 발달의 이런 견해는 단계적 견해와 유사하여 한 단계에서의 발달 특질과 본질은 다음 단계에 발생하는 특성에 영향을 미친다. 이 모델에 따른 발달이란 일생을 통해 일련의 파도처럼 진행된다고 제시하고 있다.

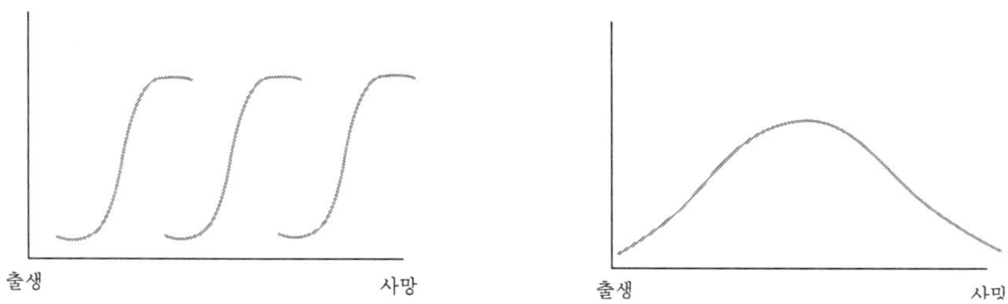

┃그림 Ⅱ-2┃ 점성적 모형과 발달적 곡선

(4) 발달적 곡선

전 생애에 걸쳐 일어나는 변화는 종 모형의 곡선으로 표시된다. 발달을 인생의 특수 시점까지는 변화가 증가되었다가 그 이후는 감소되는 연속적 과정으로 본다. 일생의 전반부에서의 발달은 그 속도가 느리지만 서서히 변화의 비율이 증가한다. 중반부에서는 발달의 속도가 빨라지고 발달의 정도도 정점을 이루게 된다. 후반부에서는 변화는 급속하게 하강하면서 주기의 끝에 이르면 변화는 매우 느린 속도로 떨어진다.

5) 인간발달 단계의 구분

발달은 지속적인 역동적 변화의 과정이지만, 전 생애를 놓고 볼 때 기간에 따라서 서로 다른 생리, 심리, 사회적 발달의 특성이 나타난다. 이와 같이 시간의 흐름에 따라 나타나는 인간의 특징적인 발달을 근거로 하여 그 과정을 세분화한 것을 인간발달 단계라고 한다. 이러한 인간발달 단계를 몇 단계로 구분하는가에 대해서는 아직도 학자들 간에 이견이 존재하고 있다. 인간발달이론에서 제시하고 있는 단계별 연령 구분은 엄격한 구분이 아니며 단지 그러한 연령대를 전후해서 특징적인 발달전환이 이루어진다는 점을 밝히기 위한 것이다(권중돈 · 김동배, 2004 : 30－32).

〈표 Ⅱ－2〉 인간발달단계의 구분

학 자	발달단계명	연령구분
하비거스트 (Havighurst) (1970)	아동 초기	출생~5-6세
	아동 중기	5-6세~12-13세
	청년기	12-13세~18세
	성인 초기	18세~35세
	성인 중기	35세~60세
	성인 후기	60세 이후
불러와 마자릭 (Buhler & Massarik) (1968)	아동기	출생~15세
	청년기	15세~25세
	성인 중기	25세~45세
	성인 후기	45세~65세
	노년기	65세 이상
뉴만 부부 (Newman & Newman) (1984)	태내기	임신~출생
	영아기	출생~2세
	걸음마기	2세~ 4세
	학동 초기	5세~ 7세
	학동 중기	8세~12세
	청년 초기	13세~17세
	청년 후기	18세~22세
	성인 초기	23세~39세
	성인 중기	40세~60세
	성인 후기	61세 이상
레빈손과 그 동료들 (Levinson et al.) (1978)	아동기 및 청소년기	0세~17세
	성인 초기	17세~40세
	성인 중기	40세~60세
	성인 후기	60세 이상

수정에서 사망에 이르기까지의 시기를 구분하는 방식은 학자들 간에 다소 차이가 있으나, 대략 출생 이전의 태내기(prenatal period), 출생 후부터 약 2세경까지의 영아기(infancy), 2세부터 6~7세경까지의 유아기(pre-childhood), 7~8세경부터 12~13세까지의 아동기(childhood), 12~13세경부터 22~23세경까지의 청년기(adolescence), 40세까지의 초기 성인기(early adulthood), 40대에서 60~65세까지의 중기 성인기 또는 중년기(middle adulthood), 60대 이후의 후기 성인기 또는 노년기

(late adulthood)의 8단계로 구분할 수 있다. 보다 근래에는 출생 후 약 1개월까지를 신생아기로 세분하기도 한다(성균관대 응용심리연구소, 2004 : 217). 각 발달단계에서 수행해야 할 발달과업에 대해서는 하비거스트(Havighuurst)의 발달단계 이론을 중심으로 하여 단계별 주요 발달과업을 요약해 보면, 다음 <표 Ⅱ-3>과 같다.

〈표 Ⅱ-3〉 **인간발단단계별 주요 발달과업**

발달단계	발달과업
영·유아기	① 보행학습, ② 고형분 음식의 섭취학습, ③ 언어학습, ④ 배설 통제학습, ⑤ 성차 인식, ⑥ 생리적 안정 유지, ⑦ 환경에 대한 단순개념 형성, ⑧ 타인과의 정서적 관계 형성 학습, ⑨ 양심의 발달
아동기	① 놀이에 필요한 신체 기술학습, ② 자신에 대한 건전한 태도형성, ③ 또래친구 사귀는 법 학습, ④ 성역할 학습, ⑤ 기본학습기술(3R)의 습득, ⑥ 일상생활에 필요한 개념획득, ⑦ 양심, 도덕, 가치체계의 발달, ⑧ 사회집단과 제도에 대한 태도발달
청소년기	① 자신의 신체 및 성역할 수용, ② 동성 또는 이성친구와의 새로운 관계형성, ③ 부모와 다른 성인으로부터 정서적 독립, ④ 경제적 독립의 필요성 인식, ⑤ 직업선택 및 준비, ⑥ 유능한 시민으로서의 기본적인 지적 기능과 개념획득, ⑦ 사회적 책임에 맞는 행동, ⑧ 결혼과 가정생활 준비, ⑨ 과학적 세계관에 근거한 가치체계의 발달
청년·성인 초기	① 배우자 선택, ② 배우자와의 생활방법 학습, ③ 가정 형성, ④ 자녀양육과 가정관리, ⑤ 시민으로서의 의무 완수, ⑥ 친밀한 사회적 집단 형성
중·장년기	① 사회적 의무의 완수, ② 경제적 표준생활 확립과 유지, ③ 10대 자녀의 훈육과 선도, ④ 적절한 여가활용, ⑤ 배우자와의 친밀한 관계 유지, ⑥ 중년기의 생리적 변화 인정 및 적응, ⑦ 노년기 부모에의 적응
노년기	① 신체적 건강쇠퇴에의 적응, ② 은퇴와 수입 감소에의 적응, ③ 배우자와의 사망에 대한 적응, ④ 동년배와의 유대관계 재형성, ⑤ 사회적 시민의 의무 수행, ⑥ 생활에 적합한 물리적 환경의 조성

Chapter

05 태내(胎內)기와 신생아기

발달이란 정자와 난자의 수정에서부터 죽음에 이르기까지 연령의 증가와 함께 일어나는 모든 변화과정을 의미한다. 따라서 태내기에서부터 노년기에 이르는 동안에 나타나는 신체적 · 심리적 변화뿐만 아니라 임신 전의 유전적 기초까지 모두 발달의 범주에 포함시키게 된다(김태련 외 15인, 2004 : 100). 여기서는 발달의 범주 중에 태내발달과 태내환경 출산과 신생아기에 대해 다룰 것이다. 좀더 세부적으로 설명하면 수정에서 출생까지 약 40주간의 태아기와 의학적으로는 생후 약 2주간이라고 정의내리고 있지만 심리학적으로는 약 1개월간의 시기로 주장되는 신생아기까지 살펴볼 것이다.

1. 인간발달의 유전적 기초

1) 유전의 기제

모든 종에는 한 세대에서 다음 세대로 그 특성을 전달하는 기제가 있다. 이 기제는 유전의 법칙으로 설명된다. 즉, 우리 인간은 부모로부터 물려받은 유전정보를 가지고 있고, 이 정보는 우리 신체 내의 모든 세포에 저장되어 있다. 인간의 유전정보는 한 가지 점에서 중요한 동일성을 지니고 있다. 그것은 모든 인간은 인간의 유전정보를 갖고 있다는 점이다.

(1) 유전인자

유전인자에는 배우체, 염색체, DNA 등이 있다. 배우체(gametes)에는 남성의 배우체인 정자(♂)와 여성의 배우체인 난자(♀)가 있다. 정자는 대부분의 동물의 수컷에서 생성되는 생식세포로 편모로 된 꼬리가 있으며, 난자의 1/40정도이다. 난자는 여성의 생식세포로 여성의 생식기관인 난소에서 방출되는 단세포이다. 정자와 수정하여 같은 종의 새로운 개체를 만드는 유성생식에 가담한다. 인체에서 가장 큰 세포(0.14~0.2mm)이다. 접합체(zygote)는 난자와 정자가 만나 수정이 되고 그것을 통해 형성된 단세포를 말한다. 염색체(chromosome)는 정자와 난자가 결합하는 순간 정자로부터 23개의 염색체가 발생하고 난자로부터 23개의 염색체가 방출되어 새로운 46개의 염색체 배합이 형성된다. 유전적 잠재성을 결정하는 요인으로 유전의 기본단위인 유전인자를 담고 있다. 23쌍의 염색체 중 22쌍의 상(常)염색체와 23번째 1쌍을 성(性)염색체라고 한다. DNA는 유전인자를 구성하고 있는 화학물질로 부모의 어떤 특성이 자손에게 전해질 것인가를 결정하며, 일생을 통한 성장과 발달을 관리한다.

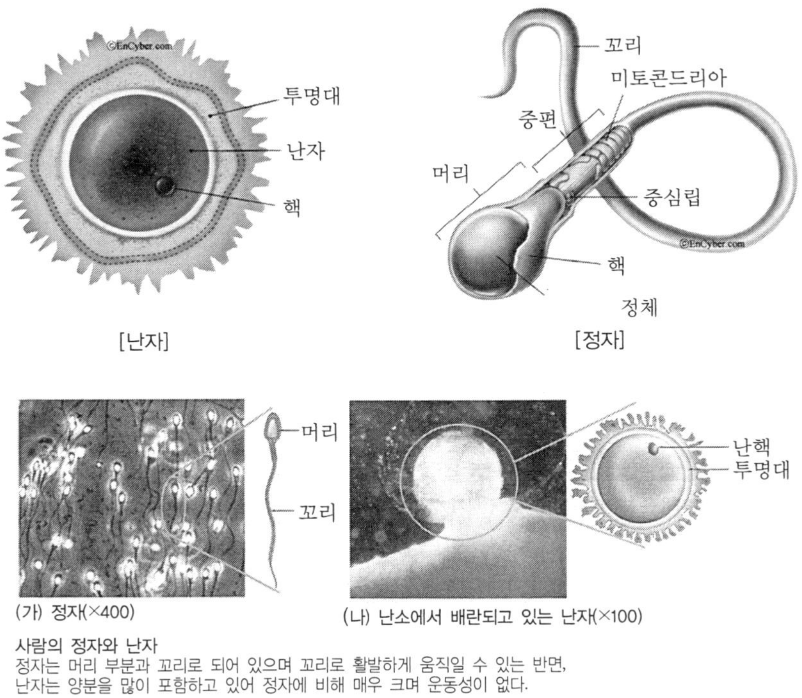

┃그림 5-1┃ 정자와 난자[네이버백과사전(http://100.naver.com 2008. 5. 6)]

(2) 세포분열

인간의 성장과 발달은 세포분열로써 진행된다. 세포분열에는 유사분열과 감수분열이 있다. 유사분열을 통해 신체세포(body cells)를 재생산하고 골격, 신경, 근육, 소화기관 등을 형성한다. 염색체가 스스로 복제(duplication)하고 모세포의 양쪽 끝으로 옮겨가 분열을 시작하며, 모세포와 동일한 2쌍의 자세포를 형성한다. 접합체를 통해 유전정보를 그대로 전달받는다(23쌍 → 23쌍). 난자와 정자를 만드는 생식세포(germ cells)는 감수분열을 한다. 46개의 염색체를 복제하는 데 유전자 교환(crossing over)을 통해 유전자 조합의 수가 무한대가 되기 때문에 똑같은 사람이 존재하지 않게 된다.

2) 임신의 유전적 기초

임신은 정자와 난자의 결합으로 이루어지므로 수정란으로 시작한 생명체는 정자에 있는 아버지로의 유전적인 특성과 난자에 있는 어머니의 유전적인 특성이 혼합된 독자적인 유전적인 청사진, 즉 유전형을 지니게 된다.

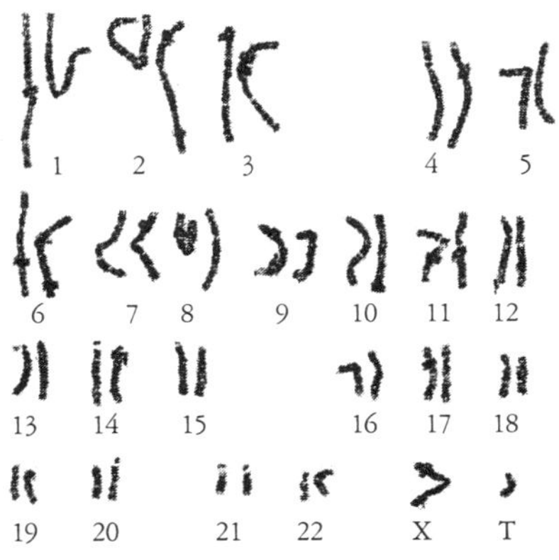

▌그림 5-2▐ 정상남아 염색체

우리 몸의 각 세포(체세포)는 어머니와 아버지로부터 각각 23개의 염색체를 받아 23쌍으로 이루어진 46개의 염색체를 가지고 있다. 이러한 염색체들에는 피부색이나 지능, 기질 등 개인의 특성과 관련된 독특한 유전정보를 담고 있을 뿐 아니라 앉고, 서고, 말하는 등 인간으로서 공통적으로 가지고 있는 유전정보를 포함하고 있다. 그러나 예외적으로 우리 몸 중 성세포, 혹은 배우체라고 불리는 난자나 정자는 23쌍이 아니라 23개의 염색체를 가진다(그림 5-2 참조).

세포가 발달하는 과정에서 체세포는 유사분열을 통해 23쌍의 염색체가 똑같은 숫자로 반복 분열한다. 그러나 성세포는 발달의 초기단계에서는 체세포와 동일하게 유사분열을 하나 마지막 단계에서는 원래의 23쌍의 염색체가 감수분열을 하여 배우체인 난자와 정자는 23쌍 대신 23개의 염색체를 지니게 된다.

수정 시에 23개의 염색체를 가진 정자와 23개의 염색체를 가진 난자가 결합하여 46개의 염색체가 완전히 갖추어지게 된다.

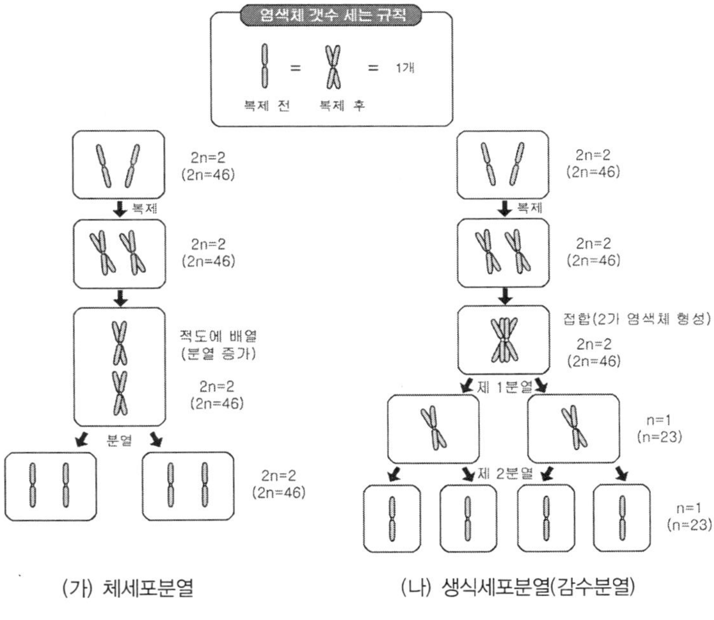

▮그림 5-3▮ **체세포 및 감수분열**

각 염색체는 사다리 모양으로 꼬여 있는 이중나선형 형태의 DNA라고 불리는 화학적 물질의 집합체라고 할 수 있으며, DNA에는 수많은 유전인자가 있어 개인이나 인간의 각종 발달 양상에 영향을 주게 된다. 인간의 독특한 특성과 관련된 모든 유전인자는 항상 염색체상의 같은 장소에 위치하므로, 유전학에서는 다양한 특성을 나타내는 각 유전인자의 위치를 규명하고 도식화함으로써 출산 전에 유전적인 결함이나 선천적인 질환을 진단할 수 있다. 예를 들어, 혈액형을 결정하는 유전인자는 9번 염색체상에 위치하며, 혈액의 Rh요인은 1번 염색체상에 있다(박성현 · 도현심, 2002 : 70).

3) 우성 유전인자와 열성 유전인자

인간은 23쌍의 염색체 각각에 대해 어머니와 아버지로부터 각각 한 개씩의 염색체를 물려받기 때문에 어떤 일정한 위치에 있는 한 쌍의 유전적 정보는 서로 동질적일 수도 있고 이질적일 수도 있다. 어머니와 아버지로부터 동일한 유전적 정보를 물려받은 경우 대개 그 특성이 자녀에게 그대로 나타나지만 이질적인 경우에는 각 특성을 나타내는 유전인자에 따라 다르게 표현된다. 즉, 때로는 중간적인 특성이 표현되기도 하고(예 부모 중 한 명은 키가 크고 한 명은 키가 작을 경우 자녀는 중간정도의 키를 갖게 된다), 둘 다의 특성이 표현되기도 하지만(예 혈액형이 A인 아버지와 B인 어머니의 자녀는 AB형), 가장 보편적인 형태는 두 종류의 유전인자 중 보다 강한 인자인 우성인자의 유전적 특성이 표현되는 것이다. 예를 들어, 부모 한쪽으로부터 검은머리(또는 곱슬머리), 다른 한쪽으로부터는 갈색머리(또는 곧은 머리)의 유전인자를 물려받았을 경우, 자녀는 열성인 갈색머리나 곧은머리보다, 우성인 검은머리나 곱슬머리를 타고난다. 한편 상대적으로 약한 유전인자인 열성 유전인자는 당대에는 그 특성이 표현되지 않으나 감수분열을 통해 다음 세대로 전달되며, 보유자인 부모 모두로부터 결함보유 인자를 받았을 때 나타난다(송길연 외 3인, 2000 : 80).

4) 성의 결정

난자와 정자가 결합한 수정체는 46개의 염색체가 있으며, 총 23쌍으로 그 중 22쌍은 크기, 구조, 기능이 유사한 상동체를 이루고 나머지 23번째의 염색체는 성염색체를 이룬다. 어머니의 성염색체는 XX이므로 모든 난자는 X염색체만을 가지나 아버지의 성염색체는 XY이므로 일부는 X, 일부는 Y염색체를 갖고 있다. 따라서 수정 시에 X염색체를 가진 정자와 난자가 결합하면, XX의 여아가 되며, Y염색체를 가진 정자와 난자가 결합하면, XY의 남아가 된다(송명자, 2004 : 46).

정자의 절반은 X염색체를 가지고 있고, 나머지 절반은 Y염색체를 가지고 있으므로 이론적으로는 남아 또는 여아로 성이 결정될 확률은 50 : 50이다. 그런데 Y염색체를 가진 정자가 X염색체를 가진 정자보다 쉽게 난자와 결합하므로 수정 시에는 남녀의 비율이 130 : 100 정도이다. 그러나 유전자의 결합이나 자연유산의 위험이 남아의 경우가 높기 때문에 출생 시 남녀의 비율은 106 : 100 정도가 된다.

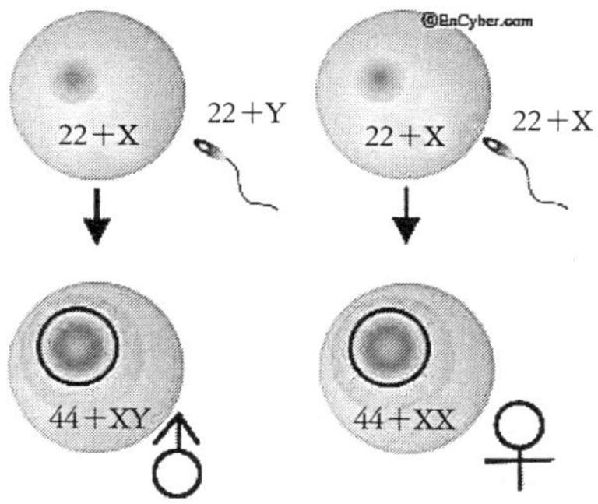

▌그림 5-4▌ **성의 결정**

유전학상으로 보면 남성이 여성보다 약한 성이라 할 수 있다. 수정된 순간부터 여아는 남아보다 더 많이 살아 남고, 신체적 결함이나 정신적 결함도 남아보다 적다. 남성의 취약성은 어쩌면 남성의 Y염색체에 기인하는 것인지 모른다. Y염색체는 X염색체보다 길이가 훨씬 짧기 때문에 유전인자가 위치한 자리가 X염색체보다 작다. 따라서 남성의 경우 X염색체의 유전적 이상은 모두 표현형으로 나타나게 된다. 대부분의 경우 이러한 유전적 이상은 태아에게 치명적인 것이 된다. 한편 여성의 경우 어떤 질병의 원인이 되는 유전인자가 있다 하더라도 다른 하나의 X염색체의 자리에 있는 유전인자에 의해 수정 보완될 가능성이 있다(정옥분, 2006 : 162).

5) 쌍생아

두 사람이 동일한 유전자형을 갖게 되는 한 가지 상황이 있다. 때로는 복제하기 시작한 염색체가 두 개의 동일한 세포로 분열하여 나중에 두 명의 사람이 되기도 한다. 이 경우를 단일 접합체 또는 일란성 쌍생아라고 부르는데 그 이유는 그들이 단일 접합체에서 발달해 왔거나 동일한 유전자를 가지고 있기 때문이다. 세계 출산 수의 250분의 1이 일란성 쌍생아이다. 만일 유전인자가 인간발달에 막대한 영향을 끼친다면 일란성 쌍생아들은 유전적으로 동일하기 때문에 유사한 발달적 진보를 보여줘야 한다. 그리고 더 흔하게 발생하는 쌍생아는 이란성 쌍생아들이다. 전체 출산의 약 125분의 1인 이란성 쌍생아들은 어머니가 동시에 두 개의 난자를 방출하고 이 두 개의 난자가 각각 서로 다른 정자를 만나 수정된 결과이다(송길연 외 3인, 2000 : 81－82).

2. 태내기 : 임신과 출산

생애주기 중 인간의 첫 번째 단계는 영아기이다. 이 시기는 인생의 다른 어떤 시기보다도 신체, 심리, 사회적 측면에서 중요한 의미를 지닌다. 영아기는 학자마다 조금씩 다르기는 하지만 보통 수정이 되어 어머니의 뱃속에 있는 태내기부터 생후 2년까지의 시기를 모두 포함한다. 이 시기는 인간이 세상에 태어나 모든 새로운 것을 경험하는 시기로 부모의 역할이 무엇보다 중요하다. 특히 어머니는 영아와의 신체접촉과 상호작용을 통하여 올바른 애착관계를 형성해야 한다.

1) 생명의 잉태 : 가족적 맥락

최근 결혼연령과 출산연령의 증가로 첫 아이의 출산이 지연되고 있기는 하지만, 전통적으로 대부분의 신생아는 20대나 30대의 부모에게서 태어난다. 결혼한 부부가 자녀를 갖겠다는 결심은 여러 가지 요인에 의해 이루어진다. 그들은 부모나 동료들의 압력에 의해서 자녀를 갖기도 하지만 그들 자신의 경제적 문제나 인생계획에 의해, 부모와의 성역할 동일시에 의해 혹은 어린 아동을 좋아하기 때문에 등 그 이유는 다양하다.

부부가 자녀를 갖는 이유는 문화에 따라서도 차이가 있다. 어떤 문화에서는 자녀를 경제적 자산으로 혹은 부모의 노년기 동안 부모를 부양할 사람으로 인식하는가 하면 어떤 문화에서는 가족 전통을 유지하기 위하여 혹은 부모의 개인적 욕구나 목표를 성취하기 위한 수단으로 인식되기도 한다. 때로 자녀 출산은 당연한 의무로서 부부의 의사결정의 대상이 아니라고 생각하는 문화도 많이 있다. 물론 계획되지 않은 채 우연의 결과로서 임신이 이루어지기도 하지만, 자녀출산은 부부의 부모역할 실현에 기여하는 중요한 사건임에 틀림없다.

임신은 어머니의 신체적 외모를 변화시키고 남편-아내관계의 본질을 변화시킨다. 임신기간 동안 남편은 아내를 정서적으로 지원하고 아내에게 더 큰 관심을 나타낸다. 남편은 아내와 함께 태어날 새로운 생명에 대한 기대로 기쁨과 의기양양함을 경험하지만, 출산과정의 복잡성과 태아 이상의 발생 가능성에 대한 공포를 경험하기도 한다. 그들은 가장으로서 큰 책임감을 경험하고 태어날 아기를 잘 양육할 수 있을지 걱정한다. 이미 자녀가 있는 아버지들은 그들과 더 많은 시간을 보내고 태어날 아기를 위해 자녀들이 준비할 수 있도록 돕는다.

특히 첫 아기를 임신한 부부는 자녀의 출산 이후에 나타날 실제적인 가정환경 변화나 가족관계의 변화를 예상하지 못하고 흥분된 상태에서 유아용품을 준비한다. 때로 기다리던 첫 아이의 출생이 수면부족이나 자녀양육의 미숙함에서 오는 불안, 부부 간의 성적 친숙성 감소, 부부 어느 한편의 아기에 대한 질투 혹은 자녀양육에 대한 부부의 의견불일치 등 예상하지 못한 어려움을 가져다 주기도 한다.

그러나 대부분의 부부는 자녀출산을 통하여 남편과 아내 사이의 유대를 강화하고 부모로서의 역할을 개념화하며, 자녀출산에 기인한 여러 어려움에 잘 대처할 수 있다. 한 때 자녀출산은 결혼생활의 불만족을 증가시키는 원인으로 생각되기도 하였으나 그것은 부부가 함께 여가를 보낼 수 있는 시간을 감소시킬 뿐 부부의 만족이나 애정을 감소시키지는 않는다. 맥더미드와 그 동료들(MacDermid, Huston, & McHale, 1990)은 자녀가 있든 없든 결혼생활 3년이 경과

하면 부부의 사랑과 만족은 어느 정도 감소하며, 그것은 자녀출산 여부와 관계가 없다고 보고하였다(장휘숙, 2007 : 42-43).

2) 생식의 역동성

(1) 수정

정자와 난자가 만나서 수정(conception)를 하게 된다. 그러나 수정은 실제로 그렇게 간단하게 이루어지지 않는다. 아이를 가지려는 강한 욕구가 있는 부부 가운데 많은 수가 수정에 어려움을 겪는다. 반면 또 많은 부부가 쉽게 수정하기도 한다. 일반적으로 보면, 피임을 하지 않은 상태에서 1개월 동안 성관계를 했을 때 임신할 가능성은 약 25%이다. 6개월 동안은 63%, 1년 동안은 80%이다.

수정이란 임신이 이루어지는 행위이다. 여성의 몸에서 배란(ovulation : 난소에서 성숙된 난자가 나와 한쪽 나팔관의 끝을 통해 체강으로 들어가는 것)이 일어날 때 정자가 질 안에 있어야 한다. 수정은 실제로 난소에서 가장 가까운 나팔관의 1/3지점에서 일어나며, 정자가 그곳에 도착하면 수정이 일어날 수 있다. 사정을 한 후 혹은 성기에서 정자가 배출된 후에 정자는 자궁으로의 여행을 시작하며, 난자를 만나기 위해 나팔관으로 거슬러 올라간다. 정자는 꼬리가 있어 자유롭게 움직일 수 있으며 앞으로 나아갈 수도 있다. 여성이 한정된 수의 난자를 생산하는 데 비해 남성은 지속적으로 새로운 정자를 만들어 낸다. 그러므로 수정은 매우 경쟁적으로 이루어진다. 정자의 대부분은 멀리 나아가지 못한다(김규수 외 6인, 2002 : 62-63).

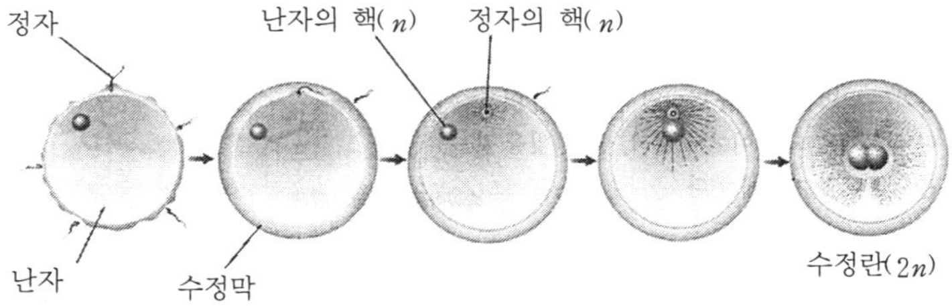

【그림 5-5】 수정과정[네이버백과사전(http://100.naver.com 2008. 5. 6)]

많은 정자가 여성의 질 안에 흘려 버려지거나 질의 중력 혹은 산성성분 때문에 죽는다. 결과적으로는 약 3억 개의 정자 중 단지 2백 여 개만이 난자에 도달한다. 난자를 만나기 위한 여행은 2시간 가량 걸린다. 이는 정자가 자신의 몸길이에 비해 3천배 정도나 긴 거리를 헤엄치는 것이다. 즉, 인간이 되기 위한 여행은 3마일 이상이 소요된다.

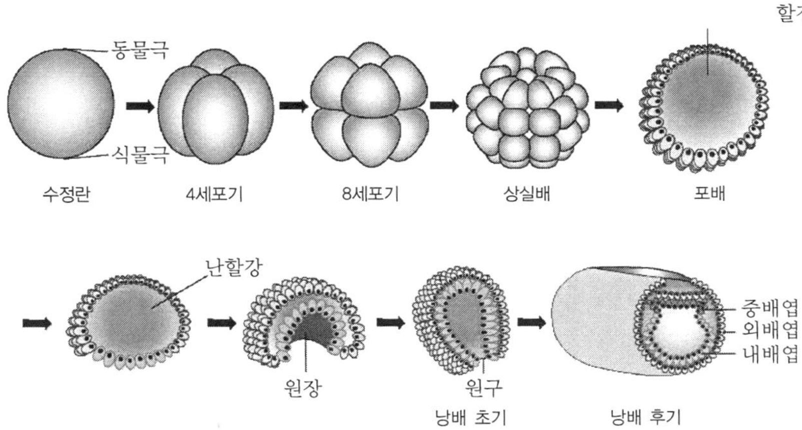

▮그림 5-6▮ **수정란의 분열**[네이버백과사전(http://100.naver.com 2008. 5. 6)]

대부분의 정자는 사정 후 12~48시간 동안 난자와 수정할 수 있다. 그러나 예외적으로 일부 정자는 72시간까지 생존할 수 있다. 그러므로 배란 전 3일, 수정이 일어나기 하루 전에 성관계가 이루어져야 한다. 난자는 배란 후 12~24시간 동안에 수정할 수 있다.

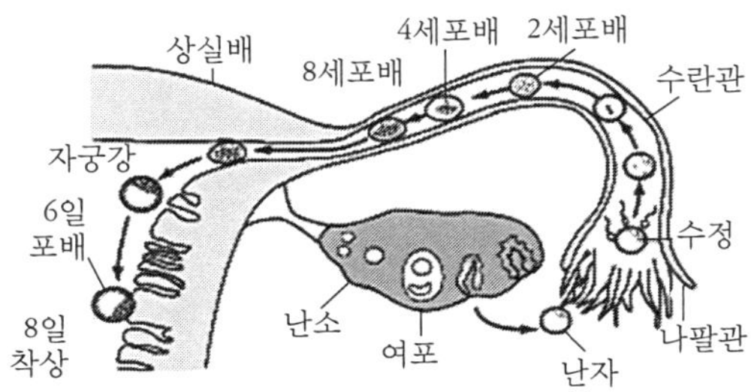

[배란에서 착상까지의 과정]

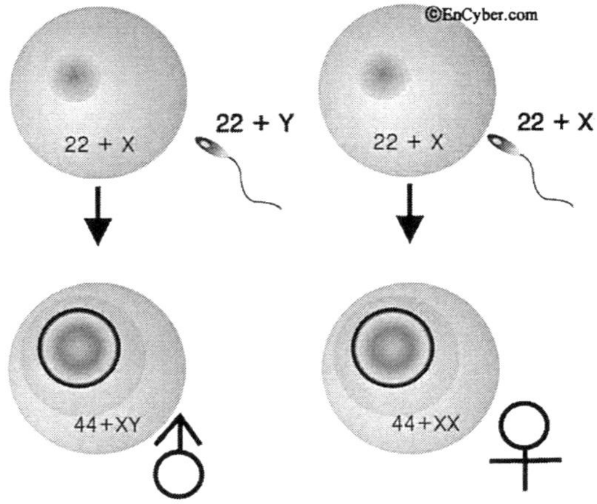

▌그림 5-7▐ **착상과정과 성의 결정**[네이버백과사전(http://100.naver.com 2008. 5. 6)]

단세포 염색체는 수정 후 약 30시간이 되면 세포분열과정을 시작한다. 세포는 먼저 2개의 세포로 분열한다. 이 세포들은 다시 4개, 8개 등으로 분열한다. 4~7일이 지나면 배반포(blastocyst)라 불리는 새로운 세포군이 자궁 안으로 내려가 착상한다. 착상이 일어나지 않으면 배낭은 유실되기 쉽다. 착상부터 임신 8주까지, 수면상태 혹은 수정의 결과를 배아(embryo)라고 부른다. 8주부터 출산까지의 발생 중인 인간을 태아(fetus)라고 한다. 임신은 수정 후 출산에 이르는 기간을 말한다.

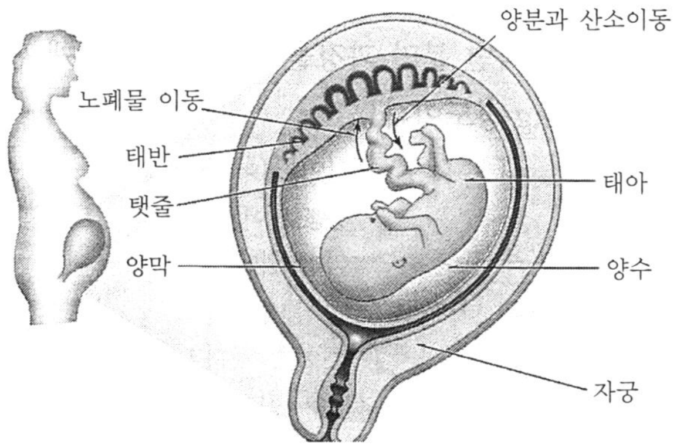

▌그림 5-8▐ **태아와 태반**[네이버백과사전(http://100.naver.com 2008. 5. 6)]

3) 임신의 진단

임신 여부를 일찍 아는 것은 건강검진을 조기에 실시할 수 있다는 점과 출산 여부를 결정하는 데 있어 매우 중요한 부분이다. 임신은 임상적 검사, 여성의 신체증상을 관찰하는 것, 혹은 신체검사를 통해서 진단할 수 있다. 스트레스, 질병 혹은 임신에 대한 염려 등으로 생리가 없을 수도 있다. 그리고 임신한 여성 중에는 한 달 혹은 그 이상 동안 생리를 계속할 수 있다. 따라서 임신을 확인하기 위해서는 종종 임상적 검사가 필요하다. 임상적 검사는 98~99%의 정확도를 보인다. 보건소나 병・의원에서 쉽게 검사를 받을 수 있다.

임신검사는 대부분 여성의 소변이나 혈액 속에 있는 인간융모막성생식호르몬(human chorionic gonadotropin : HCG)을 조사하는 것이다. HCG는 태반에서 생성되는 호르몬이다. 보다 정확한 결과를 얻기 위해서는 혈액의 경우 수정 후 1주 이내, 소변의 경우 생리 예정일 다음 날에 HCG를 검사한다.

가정용 임신테스트도 많이 사용한다. 보통 조기임신 테스트 또는 e.p.t.s.로 널리 알려져 있다. 이것도 역시 HCG를 측정한다. 이 검사방법은 사용이 간편하고 저렴할 뿐 아니라 생리 예정일 바로 다음 날에 빨리 확인할 수 있는 장점이 있다. 또한 테스트를 시행한 후 20분 이내에 결과를 알 수 있다.

4) 태아의 성장과 출산

여성의 평균 임신기간은 266일이다. 이것을 개월 수로 환산하여 3개월 단위로 하면 3개의 기간으로 구분할 수 있다. 각 기간은 태아성장의 어떤 특징적인 발생현상을 보여준다.

〈표 5-1〉 **태아의 성장과정**

- **임신 초기** : 가장 중요한 시기, 태아의 급속한 세포분열기
  - 1개월 : 원시적인 형태의 심장과 소화기관 발달
  - 2개월 : 인간적인 모습을 갖추기 시작, 얼굴 전체 모습이 드러남
  - 3개월 : 팔, 다리, 손, 발의 형태가 나타남, 태아의 움직임이 감지됨
- **임신 중기** : 손가락, 발가락, 피부, 지문, 머리털 등이 형성됨
- **임신 말기** : 태아발달이 완성, 나올 준비함

(1) 임신 1단계(수정~3개월)

배아가 빠른 속도로 분화하고 조직이 발달하기 시작한다.

① 임신 1~2개월

접합자는 수정 후 1~2주일 지나 자궁벽에 부착되어 착상한다. 착상 후 3주 동안 태아에 대한 외부의 충격을 방지하고 적정 온도를 유지해 주는 역할을 하는 양수가 들어 있는 양막 주머니와 태반을 형성한다. 태반의 기능은 모체의 신체와 태아를 연결시키고 성인에게 적합한 상태로 되어 있는 물질을 태아에게 적합한 물질로 변형시켜 태아에게 유해한 물질의 침입을 막아준다. 이 태반은 탯줄을 통해 수분, 산소, 혈액 등 태아가 필요로 하는 영양분 공급, 불필요한 노폐물을 배출하는 기능을 한다.

〈표 5-2〉 임신 1단계의 성장내용

임신 기간	내 용
임신 1개월	원시적인 형태의 심장과 소화기관이 발달하기 시작하여 두뇌와 신경계의 기본 구조도 나타난다. 팔과 다리가 될 부위가 나타나고, 일반적으로 발달은 두뇌에서부터 몸 전체로 내려가면서 이루어진다. 이런 측면에서 보면 발이 가장 늦게 발달한다.
임신 2개월	배아가 인간의 모습을 갖추기 시작하고 내부기관이 복잡해가며, 눈, 코, 입을 비롯한 얼굴의 전체 모습이 드러난다.
임신 3~8주	빠르게 세포분열하는 배아기에 발달을 방해하는 사건이 생기면 영구적 손상을 입는다. ① **접합자의 외배엽** : 피부의 표피, 손톱, 발톱, 머리카락, 신경계, 감각기관으로 발달한다. ② **접합자의 중배엽** : 피부의 진피, 근육, 골격, 순환계, 배설기관으로 발달한다. ③ **접합자의 내배엽** : 소화기관, 간, 췌장, 호흡기관으로 발달하고 유사 세포가 조직화되어 긴 원통형의 신체, 뇌와 심장의 원형이 형성된다.
임신 4주 말	뇌, 사지, 눈, 귀의 전구체가 발달한다.
임신 2개월 말	입, 눈, 귀, 팔, 다리, 손, 발 등이 형성되어 인간의 모습에 가까워지며, 체중은 약 2.23g이 되고, 신장은 28mm로 성장한다.

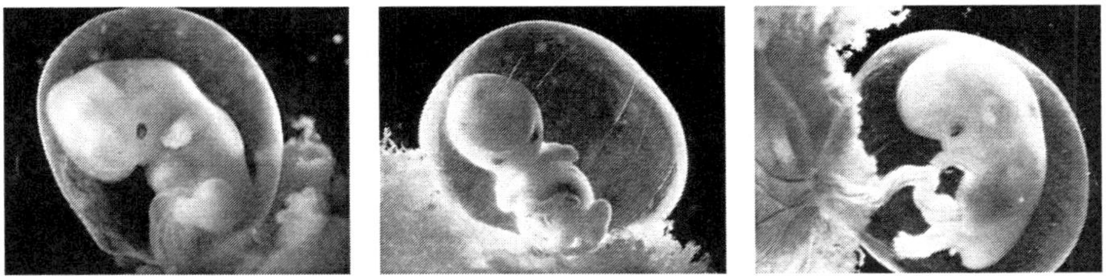

5주된 태아　　　7주된 태아　　　2개월 된 태아

▌그림 5-9▌ 태아의 성장(Kail & Wicks-Nelson, 1992 : 66).

② 임신 3개월

신장은 7~8cm로 성장하고 체중은 14g정도로 불어난다. 머리는 몸의 1/3을 차지하고 눈이 붙어 있다. 팔, 다리, 손, 발의 형태가 나타나고, 손톱과 모낭, 눈꺼풀이 발달하며, 팔은 얼굴 쪽으로 무릎은 위장 쪽으로 구부리고 있는 자세를 취한다. 내부생식기, 외부생식기가 형성되고, 자유롭게 움직인다. 아직 덜 발달하긴 했지만 모든 기관의 기본적인 형태를 갖추게 된다. 연골도 뼈로 대체되기 시작하며, 파악반사, 바빈스키반사가 나타난다. 심장 박동기를 이용하여 태아의 심장박동 소리를 들을 수 있다. 산모는 호르몬 분비의 증가로 피로, 유방 확대, 잦은 소변, 식욕증가, 메스꺼움 등을 느낀다.

(2) 임신 2단계(4~6개월) : 태아의 계속적인 성장

이 단계에서는 신장이 25cm로 성장하고, 체중은 900g으로 늘어난다. 발가락과 손가락이 나누어지고, 피부, 손금, 머리카락, 눈이 발달하며, 심장박동도 규칙적으로 이루어진다. 태아는 정해진 시간에 자고 일어나며, 엄지손가락을 입에 넣기도 한다. 산모는 태아가 활발하게 움직이는 것을 더욱 느낀다. 복부가 팽창되고 부종이 나타날 수도 있다.

〈표 5-3〉 임신 2단계의 성장내용

임신 기간	내 용
임신 4개월	탯줄과 입을 통해 양수를 흡입하여 필요한 영양분을 흡수하고 단맛을 선호한다.
임신 5개월 말	하루에 2~3cm 정도로 급성장하며, 태동이 활발해진다. 피부가 두꺼워지고 팔다리에 솜털이 나며 머리카락과 눈썹이 만들어진다.

임신 6개월	감각 수용기의 발달로 촉각에 민감해지고 근육 움직임에 의한 접촉을 인식한다. 쓴맛에 반응하고 빛에 반응한다. 임신 25주 시 영양분의 흡수와 배설, 엄지손가락 빨기, 휴식 등이 가능하다. 자궁 밖에서 생존가능성은 없다.

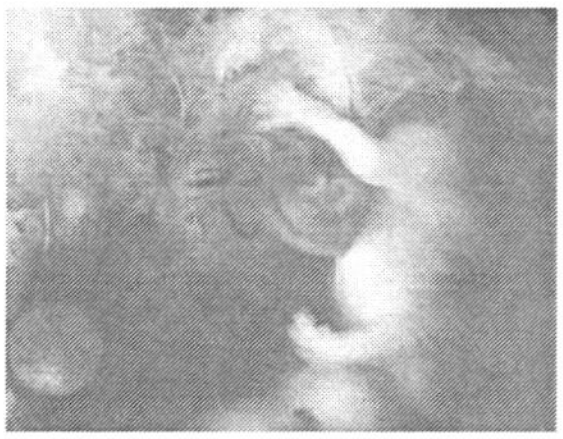
3개월 된 태아

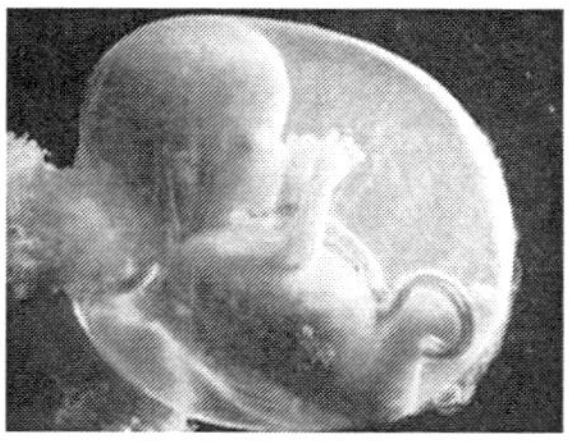
4개월 된 태아

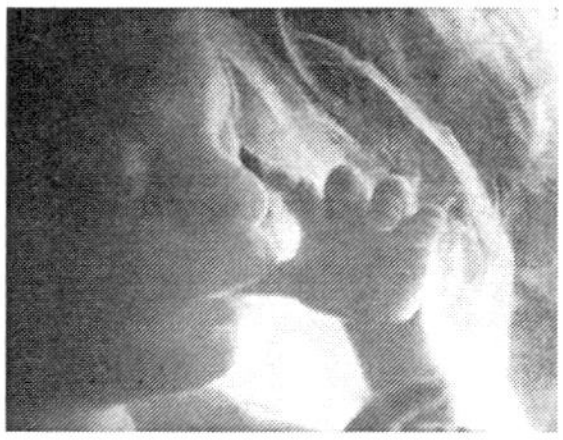
6개월 된 태아

❙그림 5-10❙ 태아의 성장(Kail & Wicks-Nelson, 1992 : 67)

(3) 임신 3단계(7~9개월) : 태아의 발달이 완성

임신 7~9개월에 태아의 발달이 완성된다. 피부 아래 지방조직이 만들어지고, 내부 조직도 완성되어 출산 후 자궁 밖에서 생존하기 위한 준비를 마친다. 두뇌와 신경계가 완전히 발달한다. 임신 7~9개월 동안 무엇보다 중요한 것은 태아의 생존능력이다. 이것은 태아가 어머니에게서 분리되어 자신의 힘으로 생존할 수 있는 능력을 말한다. 일반적으로 6개월 혹은 26주가 되면 태아는 생존이 가능하다.

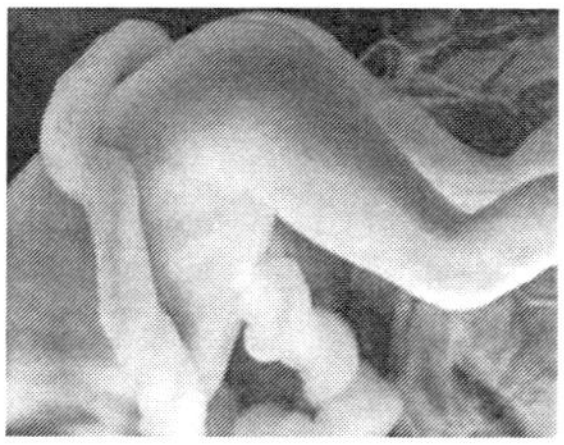
7개월 된 태아

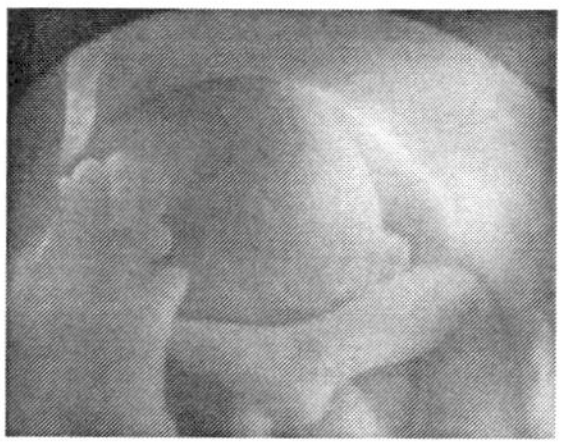
8개월 된 태아

❙그림 5-11❙ 태아의 성장(Kail & Wicks-Nelson, 1992 : 67)

또 하나의 중요한 문제는 낙태의 시기이다. 낙태가 가능한 시기가 언제인지 논의하는 것은 중요하다. 생존능력이 있는 태아를 의료적인 처치를 통해 낙태하는 것이 과연 윤리적인가에 대한 질문을 제기할 수 있다. 따라서 낙태를 선택한다면 가능한 임신 초기에 하는 것이 바람직하다.

산모에게는 이 시기는 매우 불편한 기간이다. 자궁이 확대될 뿐만 아니라 배가 많이 불러오고 무거워진다. 몸무게가 증가하면서 근육과 골격에 무리를 주게 되고, 통증과 근육경련을 일으킬 수 있다. 또한 자궁이 커지면서 주위 장기들이 압박을 받아 불편을 느끼게 된다. 임산부의 몸무게는 임신기간 동안 대략 11～16kg 증가한다. 임신 중 지나치게 마르는 것은 몸무게가 증가하는 것보다 더욱 위험하다. 따라서 적절한 수준에서 몸무게가 증가하는 것은 사산, 저체중아, 조산의 가능성을 줄여주며 태아에게뿐만 아니라 양수와 태반에도 좋은 영향을 미친다.

5) 출산의 과정과 태위(胎位)

분만이란 자궁으로부터 태아와 그 부속물들이 자연적 방법이나 수술 등에 의해 외부로 나오게 되는 전 기간을 의미한다. 분만은 분만의 3요소(3p)로 구성되어 있다. 만출물질(passenger : 태아, 태반, 난막, 양막, 양수 등을 의미), 산도(passage : 골반, 자궁, 질강, 골반층 등으로 구성됨), 만출력(power : 태아와 태반을 밖으로 내보내는 힘) 등이다.

(1) 출산의 과정 : 3단계

분만진행과정을 보면, 첫째, 이슬단계로 출산일이 가까워지면 산모의 질내에서 분비물이 많이 나온다. 분비물에 혈액이 약간 섞이는데 이를 이슬 즉 오로(惡露)라고 하며, 오로의 빛깔은 홍색, 담녹색, 갈색, 암갈색 등이 있다. 둘째, 진통단계로 가벼운 복통이나 요통이 온다. 출산 수일 전에 불규칙적인 복통이 자주 오는데 이것을 전진통이라고 한다. 셋째, 자궁부가 전부 열린 다음 난막이 파열되면 양수가 나오는데 이를 파수라고 하는데, 파수에는 전기파수, 조기파수, 적기파수가 있다. 넷째, 진통이 시작되어 자궁구가 태아를 통과시킬 수 있을 만큼 열리는 시기를 개구기(開口期)라 한다. 자궁 위쪽의 자궁체부가 규칙적으로 수축하며 태아를 아래쪽으로 밀어내리는 작용을 하고 자궁의 아래쪽 경관은 진통이 시작되어서 태아가 밀려내려 오면 점점 넓어진다. 다섯째, 만산기로 자궁구가 완전히 열리면 태아의 머리는 자궁구를 지나 질내로 들어가고 질내를 넓히면서 다시 태아의 머리는 외부로 나오는데 머리, 어깨, 몸, 허리, 다리의 순서로 안출된다. 이 시기가 태아가 방출되는 시기이다. 여섯째, 후산기로 태아 출산 후 자궁은 급격히 수축되어 태반을 밀어내는데 혈액과 함께 태반이 배출된다. 이것이 곧 출산의 완료이다.

〈표 5-4〉 **출산과정의 3단계**

단 계	내 용
진 통	태아, 태반, 태반막이 밖으로 나오기 위해 자궁이 주기적이고 규칙적으로 수축하는 것
1단계	자궁수축이 일어나고, 양수가 터지며, 자궁경부가 완전히 열릴 때까지이다.
2단계	자궁경부가 완전히 열리고~진통과 복압의 작용으로 태아가 질을 통해 밖으로 나온다.
3단계	태아의 분만, 태반, 기타 부산물이 지속적인 자궁수축으로 방출되며, 시간은 5~10분 정도 걸린다.

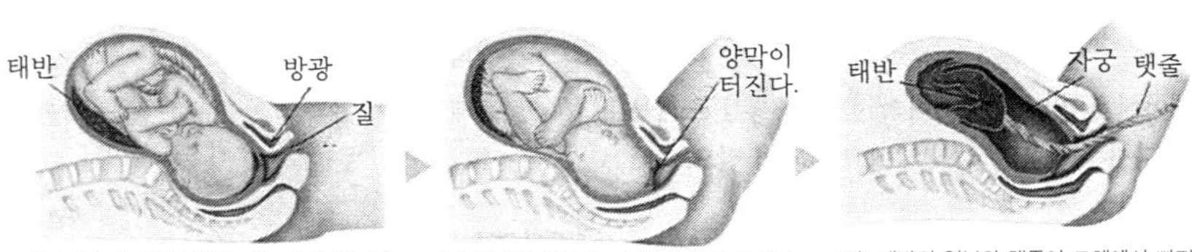

(가) 양막이 터져 양수가 방출되고 자궁이 규칙적으로 강하게 수축한다.

(나) 아기가 머리부터 모체 밖으로 빠져나온다.

(다) 태반의 일부와 탯줄이 모체에서 빠져나온다. 탯줄을 자르면 태아는 모체에서 분리되며 탯줄이 붙어 있던 자리는 배꼽이 된다.

[그림 5-12] 태아의 분만과정

(2) 태위의 종류

출산 시 자세에 따라 태위의 종류를 보면, 두정태위, 둔부태위, 횡단태위가 있다. 두정태위는 출생 시 신생아의 95% 정도가 머리가 먼저 나온다. 두정태위는 가장 정상적인 출생자세로서 도구를 이용한 어떠한 조치도 필요하지 않다. 둔부태위는 엉덩이와 발이 먼저 나오고 가장 마지막에 머리가 나오는 것이다. 이 유형의 출산은 매우 신중해야 한다. 이러한 자세는 출산 전에 미리 알 수 있기 때문에 안전한 분만이 가능하다. 횡단태위는 자궁에서 아이가 거꾸로 누워있는 것으로 출생 시에 질을 통해 손과 팔이 먼저 나온다. 이 태위는 특별한 주의가 필요하다. 분만 동안 아이의 자세를 바꾸어 주어 정상분만을 유도하거나 경우에 따라서는 제왕절개술을 해야만 한다.

6) 태내발달에 영향을 미치는 요인

(1) 유전요인

유전적 요인은 부모로부터 자녀에게 전달되는 특성이나 기질을 유전인자라 하는데 유전인자는 염색체 이상과 다양한 요인에 의해 전달된다. 염색체 이상에는 터너증후군, 클라인펠터증후군, X염색체 결함 증후군, 다운증후군, 혈우병, 그 외 대사이상증후군 등이 있다.

첫째, 터너(Turner's)증후군은 X체 염색체가 한 개이고 전체 염색체 수가 45개인 성염색체 이상(XO의 염색체 배열)으로 외견상 여성이지만 여성 호르몬 부족으로 2차 성징이 나타나지 않는다. 난소가 기능을 제대로 하지 못하여 생식을 하지 못하고 목이 가늘며, 키가 작다. 지적장애 가능성이 높다. 둘째, 클라인펠터(Klinefelter's)증후군은 XXY, XXXY, XXXXY 성염색체를 가지고 있어 남성의 특성이 약하고 사춘기에 가슴과 엉덩이가 커지는 등 여성적 2차 성징이 나타나며, 고환이 미성숙하여 정자의 생산이 불가능하므로 생식이 불가능하다. 셋째, X염색체 결함 증후군은 여성보다 남성에게 더 많고, 얼굴이 길며, 당나귀 모양을 하고 고환이 비대하며, 지적장애, 언어장애, 자폐성장애 등의 장애가 나타나기도 한다. 넷째, 다운(Down's)증후군은 몽고증이라고도 부르며, 23쌍의 염색체 중 21번 염색체 이상에 의해 유발된다. 머리가 작고 뒷머리가 납작하며 팔, 다리가 짧고 통통하며, 지능은 40~60정도이고 성격이 밝고 다정하며 쾌활하여 사교성이 좋다. 다섯째, 혈우병은 혈액이 응고되지 않는 선천적 장애로 성염색체인 X염색체 이상에 의해 발병한다. 질병의 저항력이 약하다.

대사이상증후군의 기타 요인을 보면, 페닐케톤뇨증(PKU)은 페닌알라닌이라는 단백질 분해 효소의 결여로 소변에 페닐피부산이 함유되어 배출되는 증상이 있다. 금발, 백안, 치아 사이가 많이 벌어져 있으며, 굽은 자세, 과잉행동, 매너리즘적 손가락 놀림 등의 특성이 있다. 갈락토세미아(Galactosemia)는 우유 속에 있는 당분을 소화시키는 효소가 결핍되어 일어나는 것으로 황달, 구토, 백내장, 영양실조 등의 결과를 초래한다. 조기치료를 하지 않으면 신체적, 지적 발달에 장애가 있다. 타이삭스병(Tay-Sachs disease)은 지방을 소화, 흡수하지 못해 발생하는 것인데, 심한 경우 실명이나 지적장애를 유발하기도 한다. 그

외에 겸상 적혈구 빈혈증은 헤모글로빈을 만드는 유전자의 부족으로 인한 장애이고, 흑내장성 지진아는 안구 진탕, 수정체 혼탁으로 시력이 매우 낮고 전신 쇠약 증세를 보이며 보통 2~3세경에 사망하는 경우가 많다.

(2) 환경요인

환경적 요인에는 산모의 영양상태, 연령, 생리적 상태, 정서적 상태, 혈액의 Rh요인 및 다양한 질병 등이 있다. 산모의 영양상태는 모체의 영양상태가 좋지 못하면 조산 및 사산의 가능성이 높으며, 태아의 신체발육 및 신경계 발달에 지장을 가져온다. 임산부는 음식을 평상 시보다 15~30%(300~500cal) 정도 더 섭취하는 것이 바람직하다. 영양부족 시 유아가 모든 측면에서 발달이 저조하고 신경계의 발달이 잘 이루어지지 않는다. 여러 가지 장애를 가진 영아를 출생할 가능성이 높다.

임신의 가장 적절한 모체의 연령 시기는 20~35세라고 한다. 모체의 연령이 높으면 다운증후군의 영아가 태어날 확률이 8~11배 가량 높아진다. 유산이나 임신중독의 가능성이 높으며, 사산이나 난산이 되기 쉽다. 모체의 연령이 낮으면(10대) 미숙아와 저체중아를 나을 가능성이 높아진다. 질병 등 임산부의 생리적 기능상태는 태아의 발달지체나 장애를 유발 할 수 있는 중요한 요인이다. 산모의 정서상태에서는 모체가 공포, 분노, 불안 등 스트레스를 심하게 받으면, 아드레날린의 분비가 촉진되어 태아의 발육에 지장을 준다. 출생 후, 정서불안정을 나타내기도 하며, 임신 중에 이혼, 남편이나 자녀의 사망 등 큰 충격을 받으면, 유산이나 조산이 유발될 수 있다.

혈액의 Rh요인은 모체가 Rh−, 태아가 Rh+일 때 혈액상반 현상이 나타난다. 첫 아이 일 때는 태반으로 인해 혈액상반 현상이 나타나지 않으나 분만과정에서 피가 섞이게 되면 모체혈액은 Rh+인자에 대항하기 위해 항체를 형성한다. 그 결과 둘째 아이는 혈액상반 현상이 나타나 적혈구 파괴 및 산소호흡을 방해하여 태아를 유산 및 사산시킨다. 출생하여도 빈혈, 청각장애, 뇌성마비, 지적장애 등을 동반한다. 하지만 임신 직후부터 로감주사를 주기적으로 맞음으로써 예방이 가능하다.

산모의 질병을 보면, 풍진은 감기증상으로 임신 4개월 이전이 위험하다. 여러 가지 신체장애 및 지적장애의 가능성이 높아지며, 5개월 이후부터는 거의 영향을 받지 않는다. 성병(임질, 매독 등)은 태아에게 치명적이며 사산 및 기형아, 지적장애의 가능성이 높다. 당뇨병은 건강한 임산부보다 기형아를 낳을 확률이 3배 이상 높다. 기생충감염은 동물의 배설물을 통해 감염, 4개월 이전이 결정적 시기, 잦은 설사증상, 유산 및 사산, 지적장애의 가능성이 높다.

산모에게 영향을 미칠 수 있는 약물을 보면, 이뇨제, 항생제, 호르몬제, 안정제, 식욕 억제제 등은 선천성 기형, 발달지체를 가질 확률이 높고, 신경안정제는 팔다리가 없거나 사지결함을 가져온다. 카페인 과다복용은 골격이상을 초래하고, 마약은 선천성 기형이나 지적장애가 될 확률이 높다. 탈리노마이드는 구개파열, 심장이나 비뇨기계의 기형, 팔, 다리가 없거나 청각이 손상 될 수 있으며, 피임약은 염색체 이상을 보이는 비율이 높다. 아스피린은 혈관장애를 일으킬 수 있고, 헤로인은 수면장애와 신경계 혼란을 일으킬 수 있으며, 분만과정에서 마취제 과다 투여는 지각기술, 운동기술, 주의력 장애를 유발할 수 있다.

산모의 음주, 흡연, 환경적 공해 등은 태아에게 다양한 영향을 미친다. 모체의 음주는 태아 알코올 증후군(안면기형, 체중미달, 중추신경계의 장애)이 유발될 수 있고, 태아의 대뇌피질의 성장을 방해하여 지적장애를 일으킬 가능성이 높으며, 임신 3개월 이전이 결정적 시기이다. 흡연은 유산・조산・저체중아・신생아 사망원인이 되며, 태아는 만성적 산소부족 증상이 나타나며, 조산 또는 두개골이 작거나 저체중아를 출산하기도 한다. 방사능 및 환경공해로 중금속이 함유된 농산물을 섭취하면 태아에게 체중미달기형 및 뇌신경계 발육장애 등이 유발된다고 밝혀졌다.

〈표 5-5〉 **태아발달 이정표(김경중 외 11인, 2002 : 25)**

5주된 태아	손에는 5개의 손가락이 식별되고 눈의 색소가 형성되면서 눈이 거무스름하게 된다.
6주된 태아	임신 6주만에 심장이 뛰고, 피가 돌고, 뇌가 급속도로 발달하며 뼈대의 중심부가 이루어진다. 간장이 혈구 생산 작업을 떠맡게 되고 뇌는 근육과 장기의 운동을 통제하기 시작한다. 어머니는 두 번째의 월경 주기를 갖지 못하며 자신의 임신을 거의 확신하게 된다.
7주된 태아	배아는 자발적으로 움직이기 시작한다. 잇몸에 치순을 가진 턱이 생기고, 눈꺼풀은 빛에 민감한 눈을 덮었다가 약 7개월이 되면 뜨게 된다.

2개월 된 태아	이 시기의 생명을 태아(Fetus)라고 부른다. 이제 완전히 성숙한 성인에서 발견할 수 있는 모든 신체 각 부위가 형성되며, 심장은 한 달 이상 뛰고 있다. 어머니는 4개월, 혹은 5개월이 되어도 태동을 느낄 수 없지만 태아의 몸체는 어떠한 접촉에도 반응을 나타낸다.

임신 2개월(만 4~7주)

- **눈, 귀, 입이 생긴다.** : 태아는 이 시기에 접어들면서 눈부신 성장을 한다. 머리와 몸통의 구별이 생기고 몸통 끝의 꼬리부분도 차츰 짧아지며 팔다리도 형태를 갖춘다.
- **뇌가 급속도로 발달한다.** : 뇌가 급속도로 발달함에 따라 눈과 귀 등의 시신경, 청각신경이 발달하고 턱과 입이 나타난다. 손가락, 발가락이 만들어질 모양새를 갖추고 위장, 간장, 신장, 폐 등도 서서히 갖추어져 간다.
- **태반의 기초가 만들어진다.** : 수정란의 표면에 돌기처럼 나와 있는 섬모조직이 늘어나면서 자궁내막으로 들어가 태아에게 필요한 영양이나 산소를 갖다 주고 태아로부터 불필요해진 탄산가스와 노폐물을 받아오는 역할을 한다. 이 섬모조직이 발달되어 태반이 만들어지며 탯줄이 될 조직도 생기게 된다. 아직 태반이 완전히 형성된 것이 아니므로 유산을 주의한다.

임신 3개월(만 8~11주)

- **성별을 알 수 있다.** : 몸의 절반을 차지하던 머리 부분 대신에 하반신이 점점 발달하게 된다. 팔다리도 발달하며 고리 부분이 없어져 몸 전체가 사람다운 특징을 드러낸다. 8~11주 사이에 태아는 3~4배로 급성장을 한다. 발가락도 자라나 11주 무렵에는 거의 형태가 갖춰진다. 외음부도 발육이 진행되어 이 시기 끝무렵이면 외형상 남녀의 구별을 할 수 있다.
- **심장 뛰는 소리를 들을 수 있다.** : 10주 무렵부터 초음파 도프러법을 사용해 심장이 뛰는 소리를 들을 수 있다.
- **양수 속에서 움직인다.** : 초음파 검사를 하는 동안에도 양수 속에서 활발하게 움직이는 것을 볼 수 있다. 뇌신경계가 아직 완전히 발달되어 있지 않을 때이므로 의식적인 행동이라기보다는 팔다리의 근육이 수축되기 때문에 일어나는 현상으로 볼 수 있다.

임신 4개월(만 12~15주)

- **태반이 완성된다.** : 4개월 말 무렵 태반이 완성되어 수정란이 착상한 곳을 중심으로 완전히 자리를 잡아간다. 태반과 태아를 잇는 탯줄을 통해 모든 영양소를 비롯, 산소가 태아에게 전달된다.
- **장기의 기능이 좋아진다.** : 각 장기가 거의 발육되어 사람으로서의 기능이 한층 좋아진다. 심장도 제 기능을 다해 피를 순조롭게 순환시킨다.
- **외관이 발달한다.** : 투명했던 피부에 붉은 기운이 돌고 이물질의 침입을 막도록 두꺼워진다. 눈이나 귀도 형태가 확실해지고 얼굴과 온몸에 가는 솜털이 돋아난다. 손가락, 발가락도 정확히 나눠지며 남녀 성별을 확실히 구별할 만큼 외부 생식기도 성장한다.

임신 5개월(만 16~19주)

- **양수 속을 힘차게 돌아다닌다.** : 손발과 전신운동이 활발해진다. 손발을 구부렸다 폈다 하면서 양수 속에서 힘차게 돌아다닌다. 출산경험이 있거나 예민한 사람은 좀더 빨리 뱃속에서 태아가 움직이는 느낌을 받을 수 있다.

임신 6개월(만 20~23주)

- **태지의 분비가 이루어진다.** : 피하의 각 선에서 치즈 같은 물질을 생산하기 시작하는데 이것이 바로 태지이다. 태지는 양수 속에 잠겨 있는 태아의 피부 손상을 막고 분만 때에는 아기가 순조롭게 나오게 하는 역할을 하기도 한다.

• **태아의 심음을 들을 수 있다.** : 양수의 양이 늘어나 태아의 운동이 더욱 활발해져 태동이 더욱 확실해진다. 각 기관의 작용도 활발해져 양수를 삼키기도 하고 신장에서는 묽은 소변을 배설하기도 한다. 이 시기부터 청진기로 태아의 심음을 들을 수 있고, 재채기와 딸꾹질도 할 수 있다.

임신 7개월(만 24~27주)

• **뇌의 사고력이 발달하기 시작한다.** : 뇌가 더욱 커지고 복잡해지며 사고력도 발달하기 시작해 각 기능을 조절하는 듯이 보인다. 그래서 통증을 느끼기도 한다. 그러나 폐의 호흡기능이나 근육발달은 아직 미숙한 편. 머리를 아래로 향하는 자세를 취하기 시작한다.

• **주름투성이의 얼굴에 안구운동도 한다.** : 피부색이 불그스레 해지고 주름이 많아 노인과 같은 모습이다. 피부의 지방 분비가 많아져 피부에 지방이 축적된다. 눈꺼풀의 경계선이 확실해지며 안구운동도 가능해진다.

임신 8개월(만 28~31주)

• **머리를 아래로 내리는 자세가 된다.** : 태아는 자궁 속을 꽉 채울 정도로 자라게 되며 자궁 속에서 위치와 자세도 일정하게 자리를 잡게 된다. 대부분의 태아가 머리를 아래로 하고 엉덩이와 발을 위로 한 자세를 취하게 된다. 태아가 아직 이런 자세를 취하고 있지 않더라도 두 달 정도의 여유가 있으므로 태아가 제자리를 잡을 수 있도록 자세를 교정하면 된다.

• **청각이 완성된다.** : 근육이 발달해 몸 전체가 단단해지고 피하지방이 붙기 시작한다. 청각이 거의 완성되어 엄마가 하는 얘기나 외부 소리에 반응을 보이며 몸을 움직이기도 한다. 이전만큼 양수의 양도 늘어나지 않아 태아의 몸이 자궁벽에 부딪히는 등의 태동을 강하게 느낄 수 있다.

임신 9개월(만 32~35주)

• **신생아다운 모습을 갖춘다.** : 머리와 몸의 비율이 균형 잡히게 되고 피하지방이 늘어 주름이 없어지며 몸매가 둥그스름해지는 등 신생아다운 모습을 갖추기 시작한다.

• **폐, 신장 기능이 성숙된다.** : 폐와 신장 기능이 많이 성숙되어 호흡을 하거나 젖을 빠는 동작도 어느 정도 가능해진다. 이 시기에는 조산이 되더라도 인규베이터 안에서 정상적으로 자랄 수 있게 된다. 성기도 거의 완성되어 남자아이는 고환이 음낭 속으로 내려오고 여자아이는 대음순이 부풀어 좌우가 밀착된다. 손톱, 발톱도 끝까지 자란다.

임신 10개월(만 36~39주)

• 몸의 균형이 잡히고 4등신이 된다.
• 머리부분이 골반 안으로 들어간다.
• 병에 대한 면역력을 갖게 된다.

3. 신생아기

어느 기간까지 '신생아'라고 하느냐는 학자들마다 다르기 때문에 정확한 기간을 단정하기는 어렵다. 세계보건기구(WHO)에서는 생후 4주까지 신생아로 규정하고 있으며 우리나라에서도 4주까지의 기간을 신생아로 본다.

1) 신생아의 신체, 생리적 특징

신체모양과 균형 면에서 질병관리본부(2008)에서 발표한 신생아의 평균 신장은 남아 50.12cm, 여아 49.95cm, 체중은 남아 3.41kg, 여아 3.29kg이다. 하지만 생후 3~4일 동안 체중의 약 5~10% 정도 감소하는데 이를 생리적 체중감소라고 한다. 낯선 환경에서 적응하기가 어려운 점도 있고 또 신생아의 몸 표면에서 수분이 빠지고 대소변이 배출되기 때문이다. 7~8일이 경과하면 다시 출생 시의 몸무게를 유지하게 된다. 신생아는 머리가 키의 1/4정도 되며, 머리둘레(약 34cm)가 가슴둘레(약 33cm)보다 크다. 머리의 앞쪽에는 여섯 개의 정문(fontanelles)이 있는데 출생 후 18개월이 지나면 두개골이 완전히 결합된다.

호흡은 신생아의 첫 울음을 시작으로 한다. 신생아의 호흡은 불규칙적이고 성인이 호흡하는 횟수의 두 배 이상으로 빠르며 1분에 30~60회 정도이다.

혈액순환은 신생아의 심장조절기능이 미숙하기 때문에 심장박동이 빠르며 불규칙적이므로 항상 주의하여야 한다. 맥박은 1분에 약 120~160번 정도이다.

체온은 출생 시 신생아가 새로운 환경에 접하면서 일시적으로 체온이 떨어지나 8시간 후에는 다시 정상적으로 회복된다. 신생아의 체온은 성인보다 높은 37℃이다. 그밖에 신생아는 외부 온도의 영향을 받기 쉽고 피부에서 열이 많이 발산되므로 온도에 민감하게 반응한다.

소화는 위가 수직으로 되어 있어 한 번에 많이 먹지 못하므로 2~3시간 간격으로 하루 7~8번 정도 자주 먹여야 한다. 1회 수유양은 30~60CC이다.

배설은 출생 후 8~24시간 이내에 처음으로 배설을 하는데 이것을 태변이라 한다. 태변은 태내에서 형성된 노폐물이 배출된 것으로 끈적끈적하며 냄새가 없고 암갈색 또는 암녹색을 띤다(이숙재 · 김봉선, 2000). 모유수유 시 신생아는 하루에 3~4회 정도 배설하며, 인공 수유 시 하루에 1~2회 배설하는데 모유수유의 신생아보다 조금 단단한 편이다. 소변의 양은 출생 후 24시간 이내에 30~40g의 소변을 보고 생후 2일부터는 하루에 10~20회 정도로 소변보는데 그 양이 매우 적다. 수면을 보면, 신생아는 하루에 16~20시간 정도 잔다. 보통 3~4시간을 자고 잠시 깨어났다 다시 잠을 자는데 점점 1회 수면시간이 길어진다.

피부의 특징을 보면, 피부색은 붉으며 주름이 많고 몸 전체가 끈적끈적한 태지와 솜털로 덮여 있으나 며칠이 지나면 피부는 건조해지고 솜털도 없어진다(이숙재 · 김봉선, 2000). 아기피부는 몽고반점이나 패립종 등의 반점이 나타나는데 이는 일시적인 것으로 자연히 사라진다. 우리나라 아기의 경우 엉덩이에 푸른 점이 있는데 이것을 '몽고반점'이라 한다. 대부분 엉덩이에 나타나지만 등이나 넓적다리에 나타나는 경우도 있다. 성장하면서 서서히 색이 없어져 10세경이 되면 완전히 없어진다. 코나 코 주변에 또는 볼에 노르스름한 좁쌀모양의 '패립종'이 생기기도 하는데 7~8일이 지나면 자연히 없어지므로 별다른 치료가 필요 없다. 신생아 황달의 경우 신생아는 아직 간 기능이 미숙하여 '빌리루빈'이라는 색소를 몸 밖으로 내보내지 못하고 혈액 속에 그대로 축적하는 경우가 많다. 이로 인해 생후 2~3일경이면 피부가 황색을 띠는데 이를 '신생아 황달'이라고 한다. 생후 4~5일경에 황색이 제일 심해지지만 생후 10일경에는 차츰 없어져 시일이 흐르면 깨끗해진다(권육상 · 이명재, 2002).

2) 신생아의 반사운동능력

신생아는 대뇌피질의 억제작용이 잘 발달되지 않아 자발적인 운동을 거의 못하며 반사적 운동만 한다. 반사운동은 생존반사(survival reflexes)와 원시반사(primitive reflexes)로 나눌 수 있다.

〈표 5-6〉 신생아의 반사(장휘숙, 2007 : 90)

생존반사	젖찾기반사 (rooting reflex)	신생아의 뺨을 만지면 아기는 접촉된 방향으로 고개를 돌리고 뺨에 닿는 물건을 빨려고 한다. 출생 시에 존재하는 이 반사는 젖꼭지를 찾고 음식물을 먹을 수 있도록 돕는다.
	빨기반사 (sucking reflex)	신생아의 입이나 입술을 둥근 물체로 자극하면 리드미칼하게 빨기 시작한다. 생후 1년경에 이르면 사라지기 시작한다.
	삼키기반사 (swallowing reflex)	입 속에 음식물이 들어오면 신생아는 그것을 삼킨다.
비생존반사 혹은 원시적 반사	바빈스키반사 (babinski reflex)	신생아의 발바닥을 자극하면, 발가락을 발등 위쪽으로 부챗살처럼 편다. 생후 6개월 이후에 사라지기 시작한다.
	모로반사(경악반사) (Moro or stsrtle reflex))	갑작스럽게 큰 소리가 나거나 머리의 위치가 변하면, 아기는 팔과 다리를 벌리고 손가락을 펴며 마치 무엇을 껴안으려는 듯이 몸쪽으로 팔과 다리를 움츠린다. 생후 3~4개월경에 사라진다.

비생존반사 혹은 원시적 반사	파악반사 (grasping reflex)	신생아의 손바닥을 가볍게 두드리거나 얇은 물체를 사용하여 살짝 누르면, 그것을 잡으려고 주먹을 쥔다. 신생아의 쥐는 힘은 매우 강해서 막대기에 매달리면 약 1~2분은 견딜 수 있다. 생후 3~4개월 이후에는 사라진다.
전생애 동안 지속되는 반사	눈깜박거리기반사 (blinking reflex)	신생아의 눈에 빛을 비추거나 물체가 신생아를 향하여 이동해오면 신생아는 눈을 깜박거린다.
	슬개건반사 (knee-jerk reflex)	무릎뼈 아래를 가볍게 두드리면 신생아는 갑자기 무릎을 뻗는다.
	재채기반사 (sneezing reflex)	신생아의 코 속을 자극하거나 간지르면, 기도를 깨끗하게 하기 위해 재채기를 한다.

(1) 생존반사(survival reflexes)

생존반사는 적응이나 생존을 위해 필요한 반사행동으로 호흡반사, 젖찾기반사, 빨기반사, 동공반사, 눈깜박반사 등이 있다. 호흡반사(breathing reflexes)는 산소를 얻기 위해 흡입하고 이산화탄소를 방출하기 위해 내뿜는 반사이다. 젖찾기반사(rooting reflexes)는 신생아의 볼에 접촉하면 자극을 향해 고개를 돌리며 젖꼭지를 기대하는 것처럼 입을 벌리는 반사로 탐색반사(searching reflexes)라고도 한다. 빨기반사(sucking reflexes)는 입에 닿는 무엇이나 빨려고 하는 반사이다. 동공반사(pupillary reflexes)는 신생아의 눈의 동공이 밝은 빛이 들어오거나 잠을 잘 때 좁아지며, 희미한 빛이 들어오거나 깨어있을 때 넓어지는 반사이다. 눈깜박반사(eye-blink reflexes)는 신생아의 눈을 향해 물체가 빨리 움직이거나 불어오는 공기에 대한 반응으로 눈을 깜박이는 반사이다(이근홍, 2003).

(2) 원시반사(primitive reflexes)

원시반사에는 생존을 위해 필요한 것은 아니지만 진화론적 관점에서 중요한 반사행동으로 모로반사(moro reflexes), 바빈스키반사(Babinski reflexes), 손바닥반사(palmar reflexes), 걷기반사(stepping reflexes), 수영반사(swimming reflexes) 등이 있다. 모로반사는 모로가 발견한 반사로 신생아의 위치가 갑자기 바뀌거나 높은 소리 및 강한 빛의 자극을 받게 될 때, 신생아가 팔다리를 뻗치고 누군가를 껴안는 것처럼 행동하는 것으로 생후 3~4개월부터 사라진다. 바빈스키반사는 바빈스키가 발견하였으며, 신생아의 발바닥에 자극을 주면 발가락을 부채처럼 쫙 펴는 반사로 생후 6개월 정도가 지나면 없어진다. 손바닥 반사는 신생아의 손바닥에 어떤 자극을 주면 강하게 쥐고 놓지 않는 반사이다. 걷기반사는 신생아의 발을 바닥에 대고 들어주면 무릎을 구부리고 두 발을 번갈아 움직이는 반사로 생후 2~3개월이 지나면 없어진다. 수영반사는 신생아를 수그린 자세로 물에 넣으면 수영하려는 행동을 보이는 반사이다(이근홍, 2003).

3) 감각능력

신생아의 시각은 아직 미숙하여 물체에 초점을 맞추지 못하고 시선을 고정시키지 못한다. 생후 1~2주가 지나면 물체에 시선을 고정시킬 수 있으며 15일이 지나면 색채식별이 가능하며, 엄마의 얼굴을 알아본다.

청각은 임신 7개월쯤에는 청각기능이 거의 완성되어 있기 때문에 외부의 소리에 반응 할 수 있다. 출생 직후에는 귓 속에 양수가 차 있어 소리에 반응하지 못하나 2~4일이 지나면 소리가 나는 쪽으로 고개를 돌릴 수 있다. 일반적으로 엄마의 음성에 반응을 더 잘하는 것으로 나타나 있다.

신생아의 미각은 태어 날 때부터 기본 맛인 단맛, 쓴맛, 짠맛, 신맛을 구별할 수 있다. 신생아는 단맛을 가장 선호하는데 이러한 단맛선호 현상은 태내기 때부터 발달된다고 한다.

후각은 기본적인 후각기관의 발달이 태내기 동안 이루어져 있기 때문에 신생아의 후각능력도 어느 정도 발달되어 있다고 볼 수 있다. 단 냄새에 호의적인 반응을 보이며, 젖 냄새와 다른 냄새를 구별할 수 있으며 특히 엄마냄새에 민감하여 다른 여성과 엄마냄새를 구별할 수 있다(이옥형, 1997; 박성연 · 이영, 1997; 김재은, 1984; Snow, 1998; 이숙재 · 김봉선, 2000).

촉각은 태내기 동안 발달되어 있으며, 발달에 아주 중요한 역할을 한다. 촉각에는 온도감각과 통각(痛覺)이 포함된다. 신생아는 온도변화에 민감하여 실내온도가 내려가면 신체운동을 더 많이 하는 것으로 알려져 있다. 우유가 차갑거나 뜨거우면 호흡과 맥박이 불규칙해진다. 아픔에 대한 반응은 다소 둔한 편으로 출생 직후에는 아픈 자극에 대한 반응이 없으나 차츰 빠르게 발달한다(주정일, 1980; 이옥형, 1997; Sonw, 1998; 이숙재 · 김봉선, 2000).

4) 심리적 발달

신생아의 정서는 미분화되어 있기 때문에 잠을 자거나 젖을 빠는 등 극히 본능적인 정서가 지배적이다. 신생아는 출산과정의 외상을 회복하기 위하여 출생 후 15~30분 동안은 깨어 있지만 곧바로 깊은 잠에 빠진다. 출생 직후부터 감각적 탐색을 통하여 자신의 주변환경과 접촉을 시작한다. 이러한 감각적 경험을 통하여 사물을 판단하고 적응능력이 발달해 간다(권중돈・김동배, 2005).

5) 사회적 발달

신생아는 태내발달을 통하여 최소한의 생존능력을 갖추긴 하였지만 생존하기 위해서 절대적으로 안정된 보호가 필요하다. 신생아는 자신의 긴장상태를 해결해주고 만족을 주는 인물에게 기본적인 신뢰감을 형성하게 된다. 만약 적절하지 못한 보호 및 양육이 이루어 질 경우 기본적으로 타인을 불신하게 된다. 신생아의 사회적 발달은 미소반응을 통해서 알 수 있다. 생후 1개월 전에는 무의식적인 반사적 미소를 보이지만, 생후 5주부터 사회적 미소를 보이며, 생후 4개월경이 되면 분화된 미소를 보인다.

Chapter 06 영 · 유아기

1. 영아기(嬰兒期, 4주～24개월)

1) 영아기의 신체발달

(1) 신체성장

영아기의 가장 큰 변화는 스스로 이동하거나 움직일 수 있는 독립된 존재로 발달하는 것이다. 생후 24개월간의 영아기는 일생 중 가장 신체적 발달이 빠른 시기로 신체의 모든 부분이 급성장한다. 신체크기의 변화는 출생 후 첫 1년간 신체와 뇌의 성장이 급속도로 이루어지므로 영아기를 제1성장 급등기(first growth spurt)라고도 한다(권중돈 · 김동배, 2005). 개인차가 있지만 출생 1년 후의 키는 출생 시의 1.5배가 되며, 몸무게는 1년이 되면 출생 시의 3배가 된다.

영아의 골격 및 근육의 발달은 뼈의 조직이 연골에서 경골화되어가며, 6개의 정문(숨구멍) 중 앞이마에 위치한 대천문은 18～24개월 사이에 닫히고 작은 소천문은 생후 4～8개월 만에 닫힌다. 뼈의 수 또한 영아가 성장하면서 증가한다. 생후 12개월경에는 손과 손목은 3개의 뼈로 구성되어 있으나 성인이 되면서 28개로 증가한다. 팔과 다리는 연령이 증가함에 따라 점점 길어진다. 영아의 뼈는 유연하기 때문에 크게 손상을 입는 경우가 거의 없으며 회복 또한 빠르다. 출행 후 1년까지는 근육이 완전히 발달되지 않았기 때문에 신체활동에 빨리 피곤함을 느끼나 반면 회복은 상당히 빠르다.

영아의 유치는 일반적으로 개인차가 있으나 6개월경에 유치가 나타난다. 맨 처음은 아래 가운데 앞니가 2개 나오며, 24～30개월이 되면 20개의 젖니가 모두 나게 되지만 조직도 연하고 뿌리가 얕아서 충치가 되기 쉽다.

(2) 운동발달

신체조직의 성숙과 감각기능의 발달로 신생아기에 나타나던 단순반사가 사라지고 머리와 몸통의 통제, 손의 조절능력, 보행운동 능력이 발달된다. 영아의 머리와 몸의 통제는 생후 3개월경에 머리를 더 높이 들 수 있으며, 4개월경에 몸을 옆과 뒤로 돌릴 수 있게 된다. 5~6개월이 되면 빛을 따라 눈을 돌릴 수도 있으며, 뒤집기도 가능하다.

손의 조절능력은 잡기반사가 2개월경에 사라지고, 근육의 조정능력과 눈과 손의 협응력이 발달되면서 물체에 손 뻗기, 숟가락 쥐기, 옷 벗기가 점차적으로 가능해진다. 개인차가 있지만 3개월경에는 손을 폈다 쥐었다 하며, 4~5개월경에는 어설프게 딸랑이를 잡기도 한다. 12개월경에는 양말이나 모자를 벗기도 하며, 물을 마시기도 한다. 24개월이 되면 숟가락을 사용하며, 옷도 벗을 수 있게 된다. 영아의 보행은 고개 들기, 가슴 들기, 뒤집기, 앉기, 기기, 일어서기, 걷기가 순서적으로 진행된다. 걷기는 보통 개인차가 있지만 10~13개월 정도에 시작한다.

2) 신경계의 발달

영아기의 뇌 크기의 놀라운 성장은 뇌의 구조적·기능적 발달과 관련이 있다. 뇌의 각 분위는 발달하는 시기가 각기 다르다. 반사운동과 신체기능을 통제하는 뇌간은 출생 시 이미 완전한 기능을 한다. 뇌의 또 다른 부위는 출생 시에도 기능을 하지만, 출생 후 계속해서 발달하고 재편성된다. 감각정보가 대뇌피질에 전달되도록 하는 시상, 운동기능과 자세조정을 관장하는 쇠뇌, 기억을 관장하는 해마 등이 여기에 속한다.

대뇌피질은 뇌의 좌우에 각각 한 개씩 모두 2개의 반구로 구성되어 있다. 좌뇌와 우뇌는 매초 40억 번의 신경충돌을 하면서 두 반구 사이에 정보를 전달하는 신경다발로 연결되어 있다. 좌반구는 주로 추상적이고 논리적인 사고의 기능을 하면서 신체의 오른쪽 부분을 통제한다. 또한 왼쪽 뇌는 주로 말, 독서, 계산, 배열, 분류, 언어, 기억, 시간관념 따위를 관할하며, 신속성, 질서성, 분석성의 특징을 가지고 있다. 우반구는 주로 종합적이고 형상적인 사고를 하는 기능을 하면서 신체의 왼쪽 부분을 통제한다. 또한 오른쪽 뇌는 주로 시각, 형상기억, 공간관계의 인식, 도형식별, 상상, 꿈, 모방, 음악, 무용, 태도, 정서 등을 관할하며, 비연속성, 무질서성, 종합성의 특징을 갖는다.

영아기에 뇌의 발달은 전적으로 생물학적 프로그램에 따른 것이 아니라 환경의 영향에 민감하게 작용한다. 뇌의 구조는 또한 환경으로부터 받는 자극의 양과 종류에 의해서도 영향을 받는다. 영아의 노는 경험에 의해 뇌의 구조나 기능이 수정될 수 있는 유연성 또는 가소성에 영향을 미친다. 외배엽에서 분화된 신경계는 영아기 동안 대단히 빠른 성장을 거듭한다. 정상적인 신생아는 거의 모든 뉴런의 기본구조를 갖추고 있으나 기본구조 사이의 연결이 이루어지지 않기 때문에 축색을 싸고 있는 절연물질로 신경충동의 전달을 촉진시킨다. 인접한 뉴런으로 충동이 흘러가는 것을 막는 역할을 하는 수초화의 속도는 대뇌부위에 따라 서로 차이를 보인다. 반사를 통제하는 신경들은 출생 시에 이미 수초화되어 있으나 시각, 청각, 기타 다른 감각을 관장하는 대뇌의 감각영역과 수의적 활동에 관여하는 신경들은 생후 1년 동안 수초화된다. 대뇌영역별 수초화는 ① 운동영역, ② 체성감각, ③ 시각정보영역, ④ 청각정보영역 순으로 이루어지며, 신체하부로의 수초화는 두미방향의 발달원리를 따른다. 수상돌기와 축색의 연결망의 확장은 영아의 뇌를 기능하는 뇌로 변화시키는 중요한 역할을 한다. 글리아 세초, 수초, 연결망의 확장은 외부 환경적 영향에 의해 촉진되기도 하고 지연되기도 하는데 특히 영양부족은 신경계의 발달을 저해하는 가장 중요한 요인이다.

3) 영아기의 생리적 기능

영아는 독립적인 생존을 위해 스스로 자신의 생리적 기능을 조절해야 한다. 영아의 수면은 개인차가 있으나 표준적인 수면시간을 보면 다음과 같다.

〈표 6-1〉 영아의 표준적인 수면시간

연 령	낮잠횟수	총 수면시간
0~2개월	7~8회	18~20시간
2~6개월	3~4회	16~18시간
6~12개월	2~3회	14~16시간
12~24개월	1~2회	12~14시간

영아의 영양은 활동이 왕성해짐에 따라 필요한 열량 및 영양소의 섭취가 증가하게 된다. 또 일정시기가 되면 이유를 시작해야 한다. 이유란 영양원이 모유나 우유에서 점차 고형음식으로 바뀌어가는 것을 뜻한다. 이유의 시기는 개인차가 있겠지만 WHO와 UNICEF에서는 체중이 출생 시의 2배가 될 때나 7Kg이 될 때가 바람직하다고 권하고 있다(삼성복지재단 편, 1996; 이숙재 · 김봉선, 2000). 영아 초기의 배설은 방광이나 직장이 가득 차면 괄약근이 자동적으로 열리면서 이루어진다. 이것은 대소변 통제에 필요한 신경과 근육이 성숙되지 않았기 때문이다. 수의적으로 괄약근이 통제되는 시기는 배변훈련이 시작될 수 있는데 대변은 13개월, 소변은 20개월부터 가능해진다.

4) 언어발달

영아기의 언어발달은 울음과 소리내기, 옹알이, 한 단어 표현, 두 단어 표현 등으로 나누어 살펴보겠다. 신생아기의 울음은 미분화된 울음이지만 생후 1개월이 지나면서 울음의 고저, 강도 등으로 분화시켜 정확한 의사전달 수단이 되도록 한다. 생후 6주경부터 울음 이외에 모음으로 구성된 소리를 내기 시작하는데 "아아아", "우우우" 등의 소리를 낸다. 옹알이는 생후 2개월경부터 시작되며 자음과 모음의 음절로 구성된다. 옹알이("부부", "다다" 등)는 생후 6~8개월에 절정을 이루다가 1년이 지나면서 점차 사라진다. 옹알이는 발성연습의 효과가 있으며, 또 다른 사람과 의사소통 욕구가 커지게 되며 이를 통해 자신이 사회집단의 일원이라는 것을 느낄 수 있다(주변사람의 다양한 반응으로 다양한 의사소통방법을 강구).

한 단어 표현은 1년을 전후에서 한 단어의 말을 하는데 주로 엄마, 아빠, 멍멍 등이다. 이때 한 단어는 여러 가지 다양한 의미를 가진다. 엄마라고 불렀을 때, '엄마 이리와, 엄마 배고파' 등 여러 가지 의미로 사용될 수 있다. 때로는 과잉 축소 및 과잉 확장이 되기도 하는데 '인형'이라고 했을 때 자신의 인형에만 한정하여 사용(과잉 축소)하기도 하고 4발 달린 동물을 모두 강아지(과잉 확대)라고 하는 것 등이다. 두 단어 표현은 보통 18~20개월이 되면 두 단어를 조합한 말을 하게 된다(예 엄마 맘마, 엄마 자). 하지만 조사, 관사, 전치사 등의 기능어는 생략되기 때문에 중요한 단어만 나열된 전보문과 유사하다고 주장하는 학자도 있다.

5) 정서표현

영아의 정서표현에는 기쁨, 분노, 공포, 불안 등이 있다. 영아의 기쁨 표시는 외부의 자극과는 전혀 상관없이 배냇미소를 지어 기쁨을 표시한다. 진정한 의미의 기쁨은 생후 2~3개월에 표현되기 시작하는데 친숙한 사람이나 장난감을 보거나 신체적으로 안락감을 느낄 때 미소를 짓는다. 생후 4개월이 되면 큰소리로 웃기도 하고 6~7개월이 되면 손발을 버둥대면서 웃는다(김재은, 1984; 이숙재·김봉선, 2000). 2세경에는 깡충깡충 뛰면서 즐거워하기도 한다. 분노는 생후 4개월부터 분노의 감정을 지어낸다. 자신의 움직임을 제한받아서 욕구가 좌절될 때 분노를 느낀다. 분노의 감정은 생후 1~2년 사이에 독립심이 강해지면서 자주 표출되나 나이가 많아짐에 따라 점차 감소한다. 영아기에는 공포의 감정을 유발하는 자극물이 적다. 이 시기에는 부모로부터 보호를 받고 있어 위험한 장소나 대상물이 주변에 없기 때문이다. 또한 영아의 지능발달이 제한되어 있어 공포를 유발하는 대상이나 위험물을 인지하지 못하기 때문이다. 영아기에 경험하는 불안으로는 낯가림과 격리불안이 있다. 낯가림은 생후 7개월 전후로 나타나며 12개월경에 가장 심하게 나타나다 점차 사라진다. 분리불안은 생후 8개월경에 나타나는데 어머니와 함께 있다 떨어지면 우는 현상으로 생후 12개월에 최고조에 달한다.

6) 인지발달

(1) 시지각 발달

신생아는 태어나면서 형태를 식별할 수 있는 시각능력을 가지고 있다. 그러나 다른 감각기관에 비해 지각능력이 부정확해서 3m 거리에 있는 사물이 어떤 것인지 잘 알 수 없다. 영아가 사물이나 사람을 명확하게 지각하기 위해서는 지각적 항상성을 획득해야 한다. 지각적 항상성이란 감각기관에 수용되는 사물의 물리적 속성이 변하더라도 그 사물은 변하지 않는 채로 느끼는 현상이다. 지각적 항상성에는 형태 항상성(shape constancy), 크기 항상성(size constancy), 색깔 항상성(color constancy)이 있다. 이러한 지각적 항상성은 생후 몇 년에 걸쳐 계속 이루어진다(Bee, 1989; 이숙재·김봉선, 2000).

영아가 시각적 자극에 선택적으로 주의를 기울이며 특정 형태를 선호하는데, 이를 시각적 주의라 한다. 일반적으로 직선보다는 곡선, 규칙적인 형태보다는 불규칙한 형태, 비대칭보다는 대칭을 선호하며, 지나치게 단순한 형태보다는 적당하게 복잡한 형태를 좋아한다. 한편 영아는 사물보다는 사람 얼굴의 형태에 더 주의를 기울이는 것으로 나타나 있다.

(2) 청지각 발달

영아의 청지각 능력은 시지각 능력보다 우수하다. 2개월 된 영아는 서로 다른 목소리에 다르게 반응하고 같은 사람이 내는 다른 목소리를 구분하기도 한다. 1년 후 더 정교해져서 서로 다른 높낮이의 소리를 구별할 수 있다.

(3) 감각운동지능(sensorimotor intelligence)

피아제는 영아의 인지를 감각운동지능이라 하였으며, 감각지능운동은 6단계 발달과정을 거치게 된다. 제1단계는 반사기(reflexes : 출생~1개월)로 타고난 반사행동을 통해서 더욱 더 반사체계를 발전시킨다. 예를 들면, 고무젖꼭지를 주면 빨기를 멈춘다. 제2단계는 1차 순환반응(primary circular reactions : 1~4개월)으로 처음 했던 행동을 반복함으로써 흥미로운 결과를 다시 얻으려고 한다. 흥미로운 결과가 얻어지면 다시 그 과정을 반복하는 것으로 이러한 반응을 '순환'이라 한다. 순환에는 행동(action)－사건(event)－행동(action)의 순으로 진행되며, 1차라고 하는 것은 자신의 신체에만 국한되기 때문이다. 제3단계는 2차 순환반응(secondary circular reactions : 4~8개월)으로 환경에 있는 사물이 관련되었기 때문에 2차라고 불린다. 순환과정은 1차와 같다. 예를 들어, 영아가 우연히 팔을 들어 모빌이 흔들렸으면, 모빌을 다시 흔들려고 하는 과정을 말한다. 제4단계는 2차 순환반응조정(coordination secondary circular reactions : 8~12개월)단계로 피아제는 이 시기를 처음으로 지능이 작용하는 시기로 보았다. 영아가 어떤 목적을 가지고 행동(목표지향적 행동)했는데 성공적이지 못할 경우 그것을 인식하고 성공할 수 있는 방법을 생각한다. 이리하여 영아는 도식(schemes)을 만들거나 적절한 방법을 끌어낸다. 예를 들어, 장남감 상자를 잡고 싶은데 방해물이 있을 경우, 이전에 획득한 치우는 도식과 잡는 도식을 연합하여 방해물을 제거하고 상자를 잡는다. 제5단계는 3차 순환반응(tertiary circular reactions : 12~18개월)단계로 영아는 행동의 결과를 살피기 위해 의식적으로 자신의 행동을 다양하게 변화시킨다. '목표성취'에 관심이 덜하며 '다양한 방법시도'에 관심을 갖는다. 예를 들어 퍼즐을 할 경우 여러 가지로 놓아봄. 어떻게? 왜? 등에 관심을 가진다. 제6단계는 정신적 연합(mental combination : 18~24개월)으로 정신적 표상을 사용하는 시기이다. 기억, 상상, 생각을 통해서 판단할 수 있는 단계로 시행착오가 아닌 '통찰'로서 문제를 해결한다. 예를 들어, 퍼즐을 관찰한 후 퍼즐을 맞춘다.

(4) 대상영속성(object permanence)

영아가 대상이 지각되지 않았을 때도 그 대상이 여전히 존재한다는 것을 인식하는 것이다. 이것은 선천적이 아니라 여러 가지 학습에 의해 나타나게 된다. 대상영속성에는 6단계가 있다. 제1단계(0~1개월)는 시야에서 사라진 물체를 찾지 않고 다른 행동을 한다. 제2단계(1~4개월)는 대상이 사라진 곳을 잠시 응시하다가 수동적으로 나타나기를 기다린다. 제3단계(4~8개월)는 부분적으로 가려진 친숙한 대상을 찾아낸다. 제4단계(8~12개월)는 숨겨지는 경로를 보는 경우 대상을 찾을 수 있다. 여러 번 옮기면 대상을 잘 찾아내지 못한다. 제5단계(12~18개월)는 여러 번 옮겨도 대상을 찾아 낼 수 있지만 옮기는 경로를 집중해야만 찾아낼 수 있다. 보이지 않는 단계를 상상한다. 제6단계(18~24개월)는 눈앞에 없는 대상의 이미지에 대한 내적표상이 가능해진다. 대상에 대한 기억이 가능하고 보이지 않는 연속동작이라도 대상을 찾아낸다.

7) 사회성 발달

영아는 출생하면서부터 다른 사람과 사회적 관계를 맺으면서 사회성 발달을 시킨다. 영아기에 이루어지는 사회성 발달은 사회적 표현행동과 애착관계 형성, 자아인식발달로 특징 지울 수 있다.

영아의 사회적 표현행동에는 울기, 미소짓기, 모방하기가 있다. 울기는 2개월경부터 분화된 울음으로 울음을 통해 자신의 의사를 전달함으로써 타인과 관계를 맺는다. 3개월이 되면 안아줄 때보다 안아주지 않을 때 더 많이 울고, 9~12개월경에는 엄마가 보이지만 안아주지 않을 때 더 많이 우는 것으로 나타났다.

미소짓기는 반사적 미소(배냇미소, reflexive smiling), 무선택적 사회적 미소(unselective social smiling), 선택적 사회적 미소(selective social smiling)의 순으로 발달해 간다. 생후에는 반사적 미소를 보내며, 4~6주가 되면 처음 보는 사람에게도 미소를 짓는다. 5~6개월경에는 사람의 얼굴을 알아보면서 선택적인 사회적 미소를 짓는다. 이러한 미소를 통해 다른 사람의 관심을 끌고 사회적 관계를 맺게 된다.

모방하기는 12개월경에 활발하게 나타나는데 주로 자신과 애착관계에 있는 성인의 말이나 행동을 따라 한다. 모방은 영아와 성인 간의 상호적인 강화로 작용하기 때문에 애착을 촉진하기도 한다(김성희 · 허혜경, 1998; 이숙재 · 김봉선, 2000).

애착이란 특정한 두 사람 간에 형성되는 능동적이고 애정적인 유대관계로, 영아기에 안정된 애착을 형성하지 못하면 신뢰감과 자신감을 발달시킬 수 없게 된다. 애착에는 4단계가 있다. 애착형성 이전단계(출생~3개월 : 비변별적으로 반응하는 단계)는 영아가 한 사람의 양육자에게 일관된 선호를 보이지 않고 다른 사람들에게도 비슷하게 반응한다. 애착형성단계(3개월~6－8개월 : 낯익은 사람에게 초점을 맞추는 단계)는 생후 3개월이 되면 애착행동은 몇 사람의 친숙한 사람에게 한정되지만 아직 한 명의 특정 개인에게 완전히 애착된 것은 아니다. 분명한 애착단계(6－8개월~18－24개월 : 능동적으로 접근하는 단계)는 낯가림이 심해지고 격리불안이 나타나는 시기로 영아는 기어 다닐 수 있기 때문에 양육자를 자기에게로 유인할 수도 있고 양육자에게 쉽게 다가갈 수도 있다. 다양한 인물에 대한 애착단계(2세 이후)는 한 사람에게만 강도 있게 형성되었던 애착을 형제, 할머니 등 여러 사람에게 확장시킨다.

영아의 자아인식이라 함은 다른 사람과 자신이 분리되어 있다는 것을 인식하는 것이다. 영아의 분리된 자아감각은 출생 초기에 엄마와 자신의 몸이 분리되어 있다고 생각하지 않는다. 생후 6~8개월경에 자신과 엄마의 몸이 분리되어 있다고 막연히 생각하며 9~12개월경에 자신과 타인의 차이점을 파악한다. 21~24개월에는 분리된 자아감각을 거의 확립한다. 영아의 자아인식발달로 영아의 자아인식(self recognition)은 자신과 타인이 별개임을 아는 것으로 존재자아(existential self)라고도 부른다. 자아인식은 생후 초기에 부모나 주위 사람과 사회적 접촉을 통해 형성되며, 지적발달과 함께 자아인식이 발달되어간다(유효순 · 이영자, 1991; 이숙재 · 김봉선, 2000). 거울놀이를 통해 자아 인식의 정도를 알 수 있는데 2~3개월경에는 거울에 비친 자신의 모습에 가끔씩 주의를 기울인다. 6개월이 되면 자신의 모습에 방긋거리고, 옹알거리고 쓰다듬어 주려고 한다. 15개월 이후에는 거울에 비친 자신의 몸을 의식하는 행동을 하기도 하며, 21~24개월경에는 자신의 머리카락을 만지거나 입 안에 있는 것을 만지다. 자아인식은 연령이 증가함에 따라 함께 발달한다.

2. 유아기

1) 유아기 신체운동 및 발달

(1) 신체성장

유아의 신체크기의 변화는 영아기에 비해 성장속도가 완만해진다. 몸무게는 키보다 불규칙적인 성장을 보이며 개인차가 상당히 크다. 그리고 유아기는 팔다리가 급속히 성장하면서 머리의 비율이 낮아져 성인의 신체비율과 비슷해진다. 유아의 골격 및 근육의 발달은 2세 이후 연골이 빠르게 경골화 되어간다. 뼈가 단단해지고 근육도 발달되면서 내부기관도 보호된다. 골격의 발달과 함께 몸의 균형도 잡혀가며, 6세가 되면 볼록 나왔던 배가 들어가고 살이 빠지며 근육이 단단해진다. 그러나 아직 어깨와 골반의 근육이 발달되지 않아 남성적 · 여성적 신체적 특징이 함께 나타난다. 유아의 치아는 5~6세부터 젖니가 빠지면서 영구치가 나온다. 이 시기에는 치아와 턱뼈가 함께 발달하므로 얼굴의 턱부분이 둥글게 커진다.

〈표 6-2〉 **한국 소아발육 표준치**

남아			연령	여자		
체중 (kg)	신장 (cm)	머리둘레 (cm)		체중 (kg)	신장 (cm)	머리둘레 (cm)
3.41	50.12	34.70	출생 시	3.29	49.35	34.05
5.68	57.70	38.30	1~2개월	5.37	56.65	37.52
6.45	60.90	39.85	2~3개월	6.08	59.76	39.02
7.04	63.47	41.05	3~4개월	6.64	62.28	40.18
7.54	65.65	42.02	4~5개월	7.10	64.42	41.12
7.97	67.56	42.83	5~6개월	7.51	66.31	41.90
8.36	69.27	43.51	6~7개월	7.88	68.01	42.57
8.71	70.83	44.11	7~8개월	8.21	69.56	43.15
9.04	72.26	44.63	8~9개월	8.52	70.99	43.66
9.34	73.60	45.09	9~10개월	8.81	72.33	44.12
9.63	74.85	45.51	10~11개월	9.09	73.58	44.53
9.90	76.03	45.88	11~12개월	9.35	74.76	44.89
10.41	78.22	46.53	12~15개월	9.84	76.96	45.54
11.10	81.15	47.32	15~18개월	10.51	79.91	46.32
11.74	83.77	47.94	18~21개월	11.13	82.55	46.95
12.33	86.15	48.45	21~24개월	11.70	84.97	47.46

* 질병관리본부(http://www.cdc.go.kr 2008.5.8.21:03)

(2) 운동발달

유아기는 대·소근육이 발달하고 신체의 균형 유지 및 각 부분의 협응력 등 기초능력이 발달하는 시기이며 또 몸 움직임을 통해 자신의 신체적인 이미지를 형성해간다. 즉, 자신의 신체에 대해 어떤 개념을 가지느냐에 따라 자신의 능력을 인식하고 자신감을 갖게 된다. 그러므로 신체발달은 정서발달과 사회성 발달에 아주 큰 영향을 미친다.

유아기의 운동발달 특성은 3가지 관점에서 살펴볼 수 있다(이기숙 외, 1966; 이숙재·김봉선, 2000). 첫째, 유아기는 신체적 안정성을 발달시키는 시기이다. 안정성이란 신체의 각 부분을 자율적으로 움직일 수 있고 바른 자세를 형성할 수 있으며, 균형을 유지할 수 있는 능력을 말한다. 둘째, 유아기는 이동능력을 발달시키는 시기이다. 유아기에는 걷기, 뛰기, 뛰어오르기, 미끄러지기 등의 운동능력이 급속도로 발달하는 시기이다. 따라서 이 시기는 운동능력을 발달시키는 결정적 시기이며, 이후의 더욱 정교하고 복합적인 이동능력의 기초를 결정하는 시기이다. 셋째, 유아기는 조작적 능력을 발달시키는 시기이다. 굴리기, 끼우기, 두드리기 등 사물에 대한 다양한 조작적 능력(눈과 손의 협응능력)을 발달시키다.

유아의 대근육 운동발달은 3~4세가 되면 걸어다니기보다는 뛰어다니길 좋아하며, 4~5세가 되면 어느 정도 속도를 내어 달릴 수 있게 된다. 6세 이후에는 뛰는 형태가 더욱 능숙해진다. 3세경에는 자전거의 페달을 돌릴 수 있으며, 5~6세경에는 두발 자전거 타기도 가능하다. 그러나 이러한 운동능력은 각자의 공포심에 따라 나타나지 않을 수도 있다.

소근육 운동발달은 유아기에 접어들면서 블록쌓기, 종이접기, 그림 그리기, 쓰기 등 손으로 사물을 조작하는 소근육 운동능력은 어린이의 놀이 속에서 특히 발달한다. 숟가락, 젓가락 사용, 옷 입기는 기본생활과 관련된 신체조절 능력은 반복적인 연습으로 점차 능숙해진다. 3세경에는 엄지손가락과 집게손가락으로 숟가락을 잡으며, 4세경에는 젓가락 사용을 하려고 한다. 6세경에는 정교하게 젓가락 사용을 할 수 있게 된다.

2) 유아기의 언어발달

유아기 어린이는 문법에 대한 규칙을 이해하고 적용할 수 있게 된다. 3~4세가 되면 대명사, 조사, 형용사, 부사를 포함한 복합문장을 사용하게 되고, 4~5세가 되면 문법적으로 정확한 문장을 사용하며 대부분 기본언어 규칙을 터득한다.

(1) 구어발달

유아기가 되면 기본적인 의사소통이 가능해진다. 유아의 문장 및 어휘는 3~4세경에 3~4개의 단어로 문장을 구성하고, 5~6세가 되면 문법에 적합한 언어를 사용하는데 대개 6~7개의 단어로 이루어진 문장을 사용한다. 어휘는 2세에는 25개 정도의 단어를 알고 있으며, 3세경에는 약 600개, 5세 이후에는 2000개 이상의 단어를 획득하게 된다(김경희, 1986; 이숙재 · 김봉선, 2000). 문법에서는, 어린이가 3개 단어 이상의 문장을 사용하면서부터 성인의 말과 비슷하긴 하지만 주격조사를 주격의 명사 형태에 관계없이 일반화하여 사용하는 경우가 많다. 예를 들어, 인형'이' 대신 인형'가' 또는 인형'이가'를 사용한다.

의사소통 면에서는, 유아기의 언어는 반복, 독백, 집단적 독백 등의 자기중심적 언어를 주로 사용한다. 반복은 일정한 뜻 없이 어떤 발음을 되풀이하여 사용하는 것('아아아' 등)이다. 독백은 상대존재에 상관없이 자신의 생각을 말하는 것('선영이는 화장실 가야 해!')이다. 집단적 독백은 주변의 사람들과 말을 하지만 자신의 생각을 혼자 말하는 것으로 두 어린이가 모래놀이를 하고 있을 경우, "여기에 굴을 파자", "내 옷 예쁘지"라고 표현하는 것 등을 볼 수 있다.

유아기에는 자기중심적 언어를 자주 사용하지만 나이가 들어 성숙되면 자기중심적 언어를 덜 사용하고 자신의 생각을 관철시키기 위해 사회화된 언어를 사용하게 된다(예 부가 의문문 사용－맞지?, 그치?).

(2) 문어발달

유아의 문어발달에는 읽기발달과 쓰기발달이 있다. 유아의 읽기발달을 살펴보면, 주변 환경에 있는 상징을 인식함으로써 읽기를 시작하게 된다고 우드워드와 부루케(Woodward & Burke, 1984)는 주장한다(Barbour, 1987; 이숙재 · 김봉선, 2000). 예를 들어, 상표, 간판, 표지나 표지판 등을 전반적으로 볼 때, 3세경에 인쇄글자 유형을 구별하고 왜 사용되는가를 이해하며, 4세경이 되면 주변 환경의 인쇄글자를 읽기(주로 자기 이름) 시작한다. 5세경이 되면 흔히 몇 가지를 읽을 수 있다.

유아의 쓰기발달에 관한 대부분의 연구 결과에 의하면, 쓰기능력도 다른 능력과 마찬가지로 일정한 단계를 거쳐 점진적으로 발달한다. 우리나라 3～5세 유아의 쓰기 발달단계를 연구한 이연섭(1987)에 의하면 쓰기단계를 7단계로 구분한다(이숙재 · 김봉선, 2000). 제1단계는 긁적거리는 단계, 제2단계는 한두 개의 자형이 우연히 나타나는 단계, 제3단계는 식별 가능한 글자가 나타나나 획이 생략, 첨가되거나 역전(거꾸로) 현상을 보이는 단계, 제4단계는 글자형태는 갖추었으나 획순, 모양이 바르지 않는 단계, 제5단계는 획순, 바른 모양이 나타나는 단계, 제6단계는 단어가 나타나는 단계, 제7단계는 문장이 나타나는 단계 등이다.

3) 유아기의 정서표현

유아의 정서표현에는 기쁨, 분노, 공포, 질투, 애정, 호기심 등이 있다. 유아의 기쁨을 보면, 유아기는 영아기 때보다 훨씬 다양하게 기쁨을 느낀다. 안락감, 새로운 것을 발견했을 때, TV, 친구 놀리기 등 기쁨의 표현은 영아기 때보다 훨씬 세련되어 언어로 표현을 하기도 하며, 미소, 웃음 등으로 표현되지만 때로는 과장되게 소리를 지르거나 깡충깡충 뛰기도 한다. 유아는 분노의 감정을 떼쓰기로 표현하기도 한다. 3~4세 때에는 분노의 표현으로 신체적인 공격을 많이 보이며, 신체적 공격이 문제해결에 도움이 안 된다는 것과 사회적으로 용인될 수 없음을 차츰 인식하는 6~7세 때부터는 신체적인 공격보다는 언어적 공격으로 분노를 표현한다. 영아기 때에는 알지 못했던 공포는 지능발달과 더불어 유아기 때부터 많이 느낀다. 3세 경에는 시각적인 공포를 무서워하는 경향이 있고(피부색이 다른 인종, 노인, 어두운 곳 등), 4세경이 되면 청각적인 공포(사이렌 소리 및 쇠 긁는 소리)에 예민하게 반응하고, 5세가 되면 공포대상이 줄어드나 상상력의 발달로 도깨비나 귀신 등을 무서워한다. 공포에 대한 반응은 울거나 무서운 대상을 피해 도망을 가거나 "저리가. 저리가" 등과 같이 언어적으로 표현하기도 한다.

유아기에 자주 볼 수 있는 질투는 형제 간의 질투로 특히 동생이 출생하면 몰래 꼬집거나 퇴행 행동 등이 나타나기도 한다. 애정표현은 여자아이가 남자아이보다 애정적인 표현을 더 많이 하고, 이성보다 동성의 성인이나 자신보다 나이가 어린 아기에게 애정표현을 많이 한다. 애정표현을 할 때는 사랑하는 사람이나 장난감에게 껴안거나 입맞춤 등의 행동으로 많이 표현을 하지만 점차 성장함에 따라 언어로 애정을 표현한다. 호기심은 초기에는 자신의 옷이나 신체, 주변의 사물을 두드리거나 보고, 입에 넣어보면서 호기심을 충족시킨다. 3~6세 경에는 언어발달이 이루어지는 시기로 호기심을 질문으로 표현한다. 예를 들어, '이것 뭐야?, 이 사람 누구야?, 왜 이렇게 생겼어?' 등으로 호기심을 표현한다.

4) 유아기의 인지발달

(1) 지능발달

지능이 발달하는 시기 중에서도 결정적 시기(가장 최적의 시기)를 주장한 부룸(Bloom, 1964)은 17세의 지능을 100%로 볼 때, 0~4세까지 약 50%, 4~8세까지 30%, 8~17세까지 마지막 20% 발달이 이루어진다고 보았다. 부룸은 또한 어릴 때의 문화적 결손이 성장 후의 지능발달에 훨씬 큰 영향을 미친다는 증거를 제시하였다. 그의 연구에 의하면 지능이 생후 4년 동안에 가장 많이 발달하기 때문에 그 시기의 문화적 결손이 다른 시기보다 미치는 영향이 심각하며, 환경이 지능발달에 미치는 영향은 어릴 때일수록 더 큰 것으로 나타났다(윤운성 · 정정옥, 1998 재인용).

〈표 6-3〉 지능발달과 환경

연령 구분	지능 성숙도	문화적 지극 결손	보 통	풍부한 문화적 지극	차
0~4세	50	−5	0	+5	10
4~8세	30	−3	0	+3	6
8~17세	20	−2	0	+2	4
계	100	−10	0	+10	20

(2) 기억

유아의 기억은 저장된 정보를 머릿속에 유지하는 시간에 따라 기억은 감각기억(sensory memory), 단기기억(short-term memory), 장기기억(long-term memory)의 세 종류로 구성된다. 감각기억은 감각기관에 제시된 정보를 보유하나 2~3초 동안만 지속되는 기억을 말하며, 단기기억은 30초까지 정보가 지속되는 것으로 정보의 처리량은 7±2(예 전화번호) 정도이다. 장기기억은 비교적 영구적인 기억을 말한다. 감각기억은 5세 이하의 경우 3~4개 정도 낱자를 기억할 수 있으며, 7세 정도 된 어린이는 5개 정도 기억 할 수 있다. 감각기관에 등록된 이미지는 단기기억으로 전환되고, 단기기억은 장기기억의 발달을 돕는다.

(3) 개념발달

유아의 개념발달을 분류개념, 서열개념, 수개념으로 나눌 수 있다. 분류개념은 2~4세경에 사물을 동그라미, 삼각형, 사각형 등 초보적인 형태로 분류를 한다. 그러나 4~7세가 되면 모양뿐 아니라 색깔, 크기 등 나름대로 어떤 기준을 정해서 분류한다. 7세 이후에는 부분과 전체의 관계에 대한 이해나 둘 이상의 속성을 동시에 고려한 복잡한 분류를 한다.

서열개념은, 4세의 어린이는 한 속성에 따라 2~3개를 서열에 따라 배열 할 수 있으며, 5~6세경에는 여러 번의 시행착오를 거쳐 배열하나 자주 1~2개를 빼고 배열하기도 한다. 6~7세에는 전체와의 관계를 파악하여 체계적인 배열을 한다. 예를 들어, A < B, B < C, A < C 등이 있다. 유아에게 수개념은 상당히 어려운 개념이다. 처음 수세기를 할 때 기계적인 암기에 의해 하지만 점차 수 단어 생성의 규칙성을 스스로 이해하게 된다. 3세경에는 3~5개의 물건을 셀 수 있으며 5~6세경에는 10까지 셀 수 있다. 수의 크기에 대한 개념은 4~5세에 많이 발달한다.

4~5세의 유아는 물체의 위치 변화를 보고 시간을 파악하며, 물체가 놓인 공간적 순서에 따라 시간의 흐름을 혼돈하기도 한다. 시간개념을 갖게 되는 것은 8~9세경이다.

5) 유아기의 사회성 발달

(1) 사회적 행동발달

유아가 친사회적 행동을 하기 위해서는 다른 사람의 감정이나 정서상태를 추론하고 공감하는 조망수용 능력, 감정이입, 도와줄 적당한 행동을 선택하고 수행하기 위한 문제해결 기술력을 가지고 있어야 한다(탈 자기중심적 사고). 2~3세의 유아도 다른 유아를 도와주거나 장난감을 나누어 주기도 하고 위안해 주려고 노력한다. 4~6세부터는 이타적 행동이 증가하기 시작하여 초등학고 저학년 시기에 절정을 이룬다. 연령이 증가함에 따라 타인의 입장과 감정을 이해하는 경우를 많이 접하게 되므로 친사회적 행동의 증가는 인지적 발달과 더불어 다양한 사회적 관계형성의 결과이다.

(2) 성역할(gender role)

성역할이란 행동양식, 인성 특성 및 태도 등에 대해서 남녀 성에 적합하도록 기대하고 요구하는 것이다(유아교육학회, 1996). 성역할에는 3가지가 있다. 성동일시(gender identity, 3세)는 자신이 남자 혹은 여자라는 것을 구분하여 정확하게 분류한다. 성안정성(gender stability : 4~5세)은 사람이 평생을 같은 성으로 있다는 것을 이해하는 것이다. 성항상성(gender constancy)은 다른 성이 머리나 옷으로 변화를 준다 해도 여전히 같은 성임을 인식하는 것이다.

(3) 도덕성의 발달

피아제(1932)는 도덕성 발달단계를 타율적 도덕성과 자율적 도덕성으로 나누어 설명했다. 타율적 도덕성(3~8세)은 부모가 제시하는 도덕적 규범은 무조건 복종해야 되는 것으로 생각하고, 옳고 그름의 이분법적인 사고를 한다. 자아중심적인 사고로 다른 사람의 입장을 이해하지 못하기 때문에 행위의 결과만을 놓고 도덕성을 판단한다. 예를 들어, 엄마의 설거지를 도와주다가 그릇을 여러 개 깼을 때, 엄마 몰래 사탕을 훔쳐 먹다 그릇 한 개를 깼을 때보다 더 잘못 했다고 생각한다. 자율적 도덕성(8세 이후)은 상대주의적 사고를 할 수 있으며, 공정성과 정의를 생각한다. 또 도덕적 행동을 판단할 때 다른 사람의 내면적 동기나 의도를 고려한다. 예를 들어, 불쌍한 친구를 주려고 큰 공을 훔친 친구보다 자기가 하려고 작은 공을 훔친 친구를 더 나쁘게 생각한다.

Chapter 07

아 동 기

우리는 아동발달에 대한 학자들의 주요한 이론을 근거로 삼아 아동발달 단계에 대해 정확하게 이해하고 이를 바탕으로 아동기에 발생할 수 있는 문제들에 대한 예방과 치료를 사회복지실천에 적용할 수 있다.

1. 아동기의 개념과 특성

아동기는 초등학교 입학부터 졸업까지의 시기, 만 6~12세로 생활의 중심이 가정에서 학교로 옮겨가고, 공식적 학교교육을 통해 사회가 요구하는 기본적 기술을 습득하는 발달단계이다. 공식적 학습이 시작된다는 의미에서 학동(령)기, 사회적 행동이 현저하게 증가하면서 또래끼리 어울려 다니기 시작한다고 하여 도당기, 영·유아기나 청소년기의 역동적 변화에 비해 상대적으로 조용한 발달이 이루어지는 시기라고 하여 잠복기로도 불린다.

생활의 중심이 가정에서 이웃, 학교, 사회로 확대되는 시기이며, 친구, 또래, 선생님과의 관계에 영향을 받게 되며 친구와의 관계가 가장 중요해지는 시기이다. 신체발달보다는 이미 획득한 지각과 운동기능을 보다 효과적이고 기술적으로 사용하는 능력을 키우게 된다. 인지적인 측면에서는 지각에만 의존하거나 자기중심성에서 벗어나 객관적으로 사물을 바라보고 판단하게 된다. 학습에 기초를 이루는 시기로 학교에서의 학습을 통해 여러 측면의 발달이 이루어진다. 교사나 부모에 대한 동일시 과정을 통해서 또는 주위 성인이나 또래의 강화에 의해서 성격을 발달시켜 나간다(권중돈·김동배, 2005 : 127).

2. 주요 발달내용

1) 신체적 발달

신체적 발달은 영·유아기에 비해 완만하여 성장의 잠재기라고 한다. 신장과 체중의 발달은 아동의 행동, 성격, 주위의 환경 등에 많은 영향을 받지만 유전적 요인도 무시할 수 없다. 성장속도가 둔화되기는 하지만 아동기에도 성장은 꾸준히 계속된다.

아동기 말에는 사춘기의 성장급등으로 인해 신장과 체중이 급격히 증가한다. 머리의 크기가 신체에서 차지하는 비중이 작아져서 성인의 수준에 가까워지고 팔, 다리의 성장과 더불어 유아기 지방이 빠져 날씬해 보인다. 유치가 빠지고 영구치가 나오기 때문에 얼굴모양은 길쭉한 모습으로 변하고, 코와 입이 커지고 넓어져 전체적인 얼굴모습이 달라진다. 뇌의 중량은 12세경에 이르면 성인의 약 95% 정도로 성장하게 된다. 근육은 연령이 증가함에 따라 길이와 폭이 증가하여 몸통에서 먼 부위보다는 가까운 부위에서 더 왕성하게 이루어진다. 근육조직의 성장은 12세가 되면 6세 때 근육조직의 2배 정도까지 성장한다.

(1) 신장과 체중의 증가

아동의 키는 평균 6cm정도씩 성장한다. 전형적인 8세 남아의 키는 125.6cm, 체중 24.20kg이며 여아의 키는 124.9cm, 체중 23.48kg이다. 특징적인 발달양상을 보면, 11~12세경의 여아의 신체적 성숙이 남아에 비하여 더 우세해진다. 이러한 현상은 신체적 급성장이 이루어지는 사춘기가 남아보다 여아에게서 약 2년 정도 먼저 시작되는 데 기인하는 것이다. 따라서 여아가 성장급등을 시작하는 10세경부터 몇 년 동안은 남아보다 신장이 더 자라고 체중이 더 늘어난다. 이때가 일생동안 유일하게 여자가 남자보다 더 큰 시기이다. 그러나 남아가 12~13세경에 성장급등을 하면 이러한 경향은 역전되기 시작한다(Tanner, 1990).

(2) 신체비율의 변화 : 아동의 신체구조

아동의 신체구조의 변화를 보면, 몸통보다 팔과 다리의 성장이 빠르다. 말라보이고 키가 훌쭉하게 크고, 얼굴의 면적이 전체 면적의 10% 정도로 줄어든다. 근육성장기 골통(growing pain)은 뼈와 근육의 성장이 균형 있게 이루어지는 것이 일반적이지만 뼈의 성장이 근육의 성장을 앞지르는 경우 발생한다. 이러한 경우에 아동들은 근육통으로 인하여 밤잠을 설치는 경우가 있다. 임파선의 발달이 급격하게 일어나 편도선이 최대크기에 이른다. 심장의 발달은 12세경이 되면 출생 시의 7배 정도에 이르게 되지만 전체 체중에서 차지하는 비율은 가장 작다. 폐의 발달은 10세까지 비교적 완만하게 진행되지만 이후부터는 급격히 발달하여 운동기능의 왕성한 발달을 뒷받침할 수 있게 된다. 위의 발달은 미각이 발달하고 운동량이 증가함에 따라 식사량이 늘어나면서 위의 용적도 성인의 2/3정도에 이르게 된다.

아동기는 성적 중성기로 성적 기관의 발달이 별로 이루어지지 않는 시기이다. 그러나 최근에는 성적으로 성숙하는 연령이 점점 낮아져 예전보다 일찍 어른의 신체구조를 갖는다. 이와 같은 성숙의 가속화 현상에는 영양적 요인과 환경적 요인이 작용하는 것으로 보인다.

(3) 사춘기의 시작

최근에는 성적으로 성숙하는 연령이 점점 낮아지고 있다. 이것은 예전보다 영양섭취가 개선되었다는 점과 영화나 TV 등의 매체를 통해 쉽게 성적 자극에 노출된다는 점 등이 그 요인인 것으로 보인다. 사춘기는 호르몬의 변화로 인해 급격한 신체적·성적 성숙이 이루어지는 기간을 의미한다. 사춘기가 되어 성적 성숙이 이루어지면 외모에서 남녀의 차이가 뚜렷해진다. 그 이유는 각각의 생식기관이 발달함에 따라 성호르몬이 활발하게 분비되기 때문이며, 이로 인해 2차 성징이 나타난다.

2) 아동의 신체발달에 영향을 주는 요인들

아동의 신체발달에 영향을 주는 요인으로는 유전, 성차, 영양, 질병 등이 있다. 정상적인 신체 성장은 주로 유전에 의해 통제된다. 뇌의 뇌하수체에서는 유전적 지시를 따라 성장 호르몬과 성장에 영향을 주는 다른 호르몬을 산출해 낸다.

남녀의 신체 성장의 차이에 따른 성차를 보면, 첫째, 유전적 요인에 의한 차이는 신생아의 경우 여아의 뼈 조직이 남아보다 몇 주 더 성숙한 것으로 나타나고 청소년기에 들어서면 여아의 뼈 조직이 남아보다 평균 3년 정도 더 성숙된다. 남아는 던지기, 때리기, 치기 등에서 여아보다 우수하다. 둘째, 사회적 요인에 의한 차이는 사회·경제적 지위가 높은 가정의 아동과 지능이 높은 아동일수록 신체성장이 빠르다. 최근 연구에 의하면, 운동발달의 성차는 거의 차이가 없다는 것으로 나타났다. 과거 여아에 비해 남아가 우세했던 것은 운동능력의 성차를 사회적인 기대나 운동에 참여하는 기회의 차이에 기인하는 것으로 보고 있다.

영양의 신체적 의미를 살펴보면, 아동기에 걸쳐 평균 몸무게는 2배가 되고, 아동의 놀이는 많은 에너지를 필요로 하는데 꾸준하게 성장하고 지속적으로 힘을 발휘하기 위해서는 충분한 영양을 필요로 한다. 영양이 부족하면 성숙이 지체되는데 영양실조의 시기가 빠르면 빠를수록, 그 정도가 크면 클수록 아동발달에 미치는 영향이 크다. 영양의 사회적 의미를 살펴보면, 아동이 충분한 영양을 섭취하지 못한다면 놀지도 못하고 민첩하게 지낼 수도 없으며, 이러한 영향은 오랫동안 지속될 수 있다. 비만은 현대 문명 발달의 부산물이라 볼 수 있는 인스턴트 식품의 출현으로 적절한 영양공급에 대한 관심이 대두되고 있다. 최근 많은 아동이 햄버거, 튀김 감자, 콜라 등 서구식 음식을 선호하면서 지나치게 설탕을 많이 섭취하고, 미네랄이나 비타민 등의 섭취는 상대적으로 작다. 이 결과로 소아비만 등이 급증하고 있다.

아동의 질병과 방임(neglect)은 바이러스나 박테리아로 인해 발생하는 병, 예컨대 홍역, 감기 등은 아동의 신체 성장에 큰 영향을 미치지 않는 반면 심장, 폐, 콩팥 등에 결함을 갖고 태어난 아동은 키나 몸무게가 정상적으로 성장하지 못하는 경우가 많다. 하지만 대부분의 병은 적절히 치료만 되면 아동의 성장이 곧 회복되는 것으로 알려지고 있다. 아동의 성장에 영향을 미치는 변인으로 또 하나 생각할 수 있는 것은 심한 정서적 스트레스이다. 사랑이 없는 양육이나 지나친 방치는 아무리 적절하게 영양을 섭취하여도 아동의 성장이 중지되는 요인이 된다. 이는 아동의 뇌하수체에서 정상적 신체발달을 위한 호르몬의 방출이 중지되기 때문이다.

3) 운동발달

(1) 운동발달의 변화

유아기에 비하여 속도, 정확성, 안정성, 호응성, 역량 등이 더욱 발달되고 정교해진다(강봉규, 1992). 힘은 근육의 성숙과 병행하는 것으로 전 아동기를 통해 점차 증가한다. 예를 들어, 손으로 꽉 쥐는 힘은 6세에서 12세 사이에 2배가 되며, 남아가 여아보다 모든 연령에서 약간 더 강하다. 뛰기, 신호에 대한 반응, 짧고 빠른 동작의 연결 등의 운동속도도 아동기를 통해 점차 증가한다. 남아가 여아보다 대부분의 과정에서 빠르나 작은 물체를 조작하는 것은 여아가 더 빠르다.

아동의 운동발달은 유연성(flexibility), 균형(balance)에 있어서도 증가를 보인다. 유연성은 춤, 공놀이, 체조 등의 활동에 아주 중요한 것으로, 이러한 능력도 연령이 높아짐에 따라 증가를 보이며 여아가 남아보다 모든 연령에 있어 약간 우세하다. 게임이나 운동에서 중요한 것은 균형이다. 이것은 공간에서 몸을 일정한 위치로 유지하는 능력이다. 이 능력도 청소년기까지 계속 증가하나 전반적인 균형 유지에 있어서 남녀의 차이는 없다.

(2) 운동발달의 성차

최근 연구에 의하면, 운동발달의 성차는 유전적인 차이라기보다 사회적인 기대나 운동에 참여하는 기회의 차이에 따른 사회적 요인에서 비롯된다고 알려지고 있다. 남아는 격렬한 신체활동의 참여를 권장 받는 반면, 여아는 소극적이며 정적인 신체활동에 참여하도록 권장 받아왔기 때문이다.

아동기에는 장난감보다는 자신의 신체를 이용한 달리기, 던지기, 뛰기 등의 능력을 활용한 스포츠와 조직적인 단체놀이에 강한 관심을 보인다. 이러한 아동기의 운동능력은 신체적 성숙과 학습의 상호작용에 의해 결정된다. 예를 들어, 자전거를 타려면 근육, 뼈, 신경 구조가 성숙되어 준비가 되어야만 한다. 일단 아동이 신체적으로 성숙하여 준비가 되면 운동발달은 아동의 동기, 학습의 기회, 기술 발달을 위한 연습 및 아동이 받은 지도에 따라 다르게 된다. 팔, 어깨, 손목의 근육을 통제할 수 있는 능력은 12세경이 되면 거의 성인수준에 도달하므로 성인이 할 수 있는 운동은 대부분 할 수 있다.

(3) 아동의 신체 · 운동 발달에 대한 이해

아동의 신체적 발달은 아동이 이러한 다양한 운동을 통하여 신체적 균형을 시험해보기도 하고, 신체 각 부분의 조정과 통합을 추구하며, 신체적 유연성을 기른다. 심리사회적 발달은 아동기에 자신의 운동기술과 역량을 다른 아동과 비교하여 자신의 능력을 평가하는데 이러한 신체의 크기나 골격은 운동이나 친구와의 놀이에 중요한 영향을 미친다. 또한 이것은 자아개념과 자존감 형성의 밑바탕이 된다. 아동기의 신체적 특징은 아동 자신의 태도와 관심을 달리할 뿐 아니라 타인이 자신에 대한 기대와 태도의 차이를 유발하기도 한다. 그러므로 아동기에는 신체운동을 할 수 있는 환경과 기회를 제공하여 자존감을 갖게 하는 것이 매우 중요하다.

4) 심리적 발달

아동기의 심리적 발달은 인지능력의 발전에 기인한다. 즉, 직관적 사고는 논리적 사고로, 중심화 현상은 탈중심화로, 비가역적 사고는 가역적 사고로 발전한다. 아동기의 성역할에 대한 인식을 보면, 이 시기에 아동은 자신의 성역할에 대한 인식이 생기며 전체적인 자아 개념에 자신의 성을 연결시키게 된다. 자신의 성과 그에 맞는 행동 및 사회적 관계에 관심을 가지며 자기와 같은 성의 친구와 어울리면서 성에 따르는 옷차림, 놀이, 직업에 대한 사회적 기대를 의식하고 이를 따르고자 한다. 자신의 에너지를 내면화하여 이것을 사회문화적 기술을 익히는 데 사용하게 되며 자신에 대한 개념도 형성된다.

(1) 인지발달

아동기는 기본적 학습이 가능해지는 시기로서 개인이 환경에 대해 인식하고 반응하는 양식이 발달하여 아동의 성격을 반영하고 아동의 인지적 수행에도 영향을 미친다. 지적 기능이 분화됨에 따라 객관적인 지각이 가능해지고, 공간지각, 시간지각이 완성되는 시기로서 현상들 간의 인과관계 추론이 가능하고, 물리적 세계의 규칙과 대상 사이의 관계를 지배하는 원리를 이해하며, 그 원리에 따라 대상 분류가 가능하다. 문제해결과정에서는 직관보다 논리적 조작이나 규칙을 적용하기 시작하는 단계(구체적 조작기)이며(피아제의 인지이론),

보존개념, 조망수용, 유목화, 서열화 능력을 습득하는 단계이다.

〈표 7-1〉 인지의 양식과 특성

인지양식	특 성
수렴적 사고	• 문제에 대한 해결책으로 다양한 방법 중 최선의 한 가지 정답만을 추구하는 사고방식
확산적 사고	• 다양한 해결책이나 답을 모색하는 사고 • 유창성, 융통성, 독창성 등이 확산적 사고에 포함 • 창의성과도 연관됨
장의존성	• 사물을 인식할 때 그 사물을 둘러싼 배경, 즉 장(field)의 영향을 많이 받고 지각대상을 전체적인 관점에서 지각하는 사고 • 타인의 견해를 잘 받아들이고 자신의 견해를 수정하며 사회적 관계를 잘 조율하고 사회정보를 잘 기억함 • 사회사업, 인문학에 적합
장독립성	• 사물을 인식할 때 장의 영향을 거의 받지 않으며 사물을 여러 개의 부분으로 나누어서 지각하는 사고 • 자신을 다른 사람과 분리시켜 자율적으로 행동(예, 숨은 그림 찾기) • 수학이나 과학 등 분석적 능력이 요구되는 일에 적합 • 장의존집단보다 사회성이 높게 나타남 • 창의성의 하위요인 중 유창성, 독창성과 높은 상관
사려성	• 주어진 문제에 대해 한참 생각한 후 반응 • 사려적인 아동의 자기통제 행동이 더 높게 나타남
충동성	• 주어진 문제에 즉각적 반응

〈표 7-2〉 구체적 조작기의 특성

개 념	개념이해	비 고
보존개념	• 물체의 모양이 바뀌어도 물리적 특성은 동일하다는 사실을 인식	• 가역성, 보상성, 동일성 획득이 전제가 됨 • 보존개념은 수평적 위계에 의해 획득됨(수, 길이, 양 → 무게 → 부피 순으로 획득됨)
탈중심화 (조망수용)	• 어떤 상황의 한 면에만 주의를 집중하지 않고 여러 측면을 한꺼번에 고려함 • 자기중심성에서 벗어나 타인의 입장, 감정, 인지 등을 추론하고 이해할 수 있는 능력	• 예 피아제의 '세 개의 산' 실험 • 사회적 조망수용능력은 고학년일수록, 여아일수록 더 높다.
유목화	• 사건이나 사물을 일정한 규칙에 따라 분류하는 능력	• 단순유목화, 다중유목화, 유목포함
서열화	• 사물을 영역별로 차례대로 배열할 수 있는 능력 • 사물을 상호관계에 따라 순서대로 배열할 수 있음	• 단순서열화, 다중서열화 • 수들 간의 관계를 이해하는 역할을 하므로 산수를 학습하는 데 필수적임

(2) 주의와 기억발달

아동기는 주의집중력에 필요한 효율적인 전략을 사용함으로써 주의집중 능력이 크게 증가하고 다양한 기억전략을 사용함으로써 기억능력이 크게 발달한다. 주의집중력은 중추신경계의 성숙으로 인해 아동기에 크게 증가한다. 아동은 선택적 주의, 상황에 따른 주의집중, 행동에 앞서 계획을 세우는 주의전략을 사용한다. 학령기 아동의 학습에 중요한 요인이 된다. 시연, 조직화, 정교화, 인출전략 등 다양하고 효율적인 기억전략 사용이 가능하고 확장된 지식기반을 통해 기억을 더 잘 할 수 있다. 어떤 주제에 대해 많이 알면 알수록 그 주제에 대한 학습과 기억이 용이해진다.

(3) 언어발달

아동기는 언어의 유창성을 판가름 하는 시기이고, 읽기와 쓰기 능력의 발달이 시작되며, 어휘와 문법이 확장되는 시기이다. 각 단어가 가진 여러 가지 의미를 이해할 수 있으며, 은유적 표현, 유머에 대한 이해가 가능해진다. 의사소통기술의 발달, 즉 상대방이나 자신의 메시지가 불분명할 때 다양한 정보를 통해 불명확한 부분을 분명하게 만드는 의사소통기술로 분명한 언어적 메시지를 전달 할 수 있는 능력이 생긴다. 창조적 의사소통이 가능해지는데 이는 인지적 발달로 자기중심성이 완화되고 역할수용 기술을 획득하게 되며, 사회언어학적 이해능력이 발달하기 때문이다.

(4) 지능과 창의성의 발달

아동의 지능은 일반적인 사고능력으로 서로 관련이 깊은 몇 가지의 특수능력으로 구성되어 있으며 환경에 대한 적응력이 포함된다(조복희, 2003 : 243-244). 지능에 대하여 피아제는 환경에 대한 적응능력을, 터만(Terman)은 추상적 사고를 할 수 있는 능력을, 휘슬러(Wechsler)는 합리적으로 사고할 수 있는 능력, 목적을 갖고 행동하는 능력, 환경에 효과적으로 대처하는 능력에 대해 언급하고 있다.

지능은 언어능력(문장의 뜻을 이해하고, 효과적인 의사소통을 할 수 있는 능력), 논리적-수학적 능력(논리적 사고와 수리능력), 음악적 능력(자기표현의 수단), 공간능력(입체적 공간관계를 이해하는 능력), 대인관계능력(상대방의 기분이나 동기 및 의도를 이해하는 능력), 문제해결능력, 환경에 대한 적응능력 등으로 구성된다.

지능검사 도구는 매우 다양한데 많이 사용되는 검사도구는 다음과 같다. 비네(Binet) 지능검사는 정신연령의 개념을 구성하고 학업성취도와 매우 높은 상관관계로 나타낸다. 웩슬러(Wechsler) 지능검사는 11개의 하위 지능검사로 구성되며, 언어능력 검사, 비언어능력 검사, K-WISC, K-WIPSI 등이 활용되고 있다. 지능발달과 관련하여 유전의 영향을 받는 관점과 환경적 자극에 의해 변화한다는 관점이 맞선다. 오늘날에는 유전이 지능에 강한 영향을 미치지 않으며 가정환경, 학교환경, 지역사회환경 등 외부환경을 개선함으로써 지능발달을 도모할 수 있다고 본다(Weinberg, 1989).

창의성은 판에 박힌 사고에서 벗어나 융통성 있는 사고를 통해 새로운 아이디어를 고안해 내는 능력과 경향을 의미하며, 언뜻 보기에 관계가 없는 것 간의 유사점을 찾아내는 능력이다. 지능과 상관성이 없으며, 확산적 사고에서 비롯된다고 하며, 일생을 통해서 계속되는 꾸준한 노력의 결과이다.

(5) 정서발달

아동기는 정서적 안정기로, 정서적 통제와 분화된 정서표현이 가능해진다. 아동기의 대표적인 정서는 공포감과 분노이다. 아동기의 공포감은 상상적, 가상적인 것, 비현실적이고 초자연적인 것에 대한 공포가 많아진다. 불안정서는 미래의 위험을 예상할 때 생기는 약한 공포반응, 상상력 발달과 관련 질책, 벌, 성적 하락이나 운동능력 미발달에 대한 친구들의 조롱 등에 대한 불안반응, 가정생활과 학교생활 사이의 부조화로 인한 불안정서, '공포증'이라는 정서장애 등으로 나타나며, 등교거부증, 학교공포증 등으로 표출되기도 한다(권중돈 · 김동배, 2005 : 134).

분노는 아동기에 접어들어 사회적 관계범위가 넓어지면서 빈번하게 발생한다. 욕구좌절, 행동에 방해, 놀림, 꾸중, 불쾌한 비교, 무시 등의 요인으로 발생한다. 그러나 분노감정을 통제하거나 간접적인 방법으로 분노감정을 표현할 수 있는 정서적 통제가 가능하다. 즉, 아동이 어떤 상황에 대해 있는 그대로 받아들이거나 감정을 표현하면 일어날 수 있는 극도의 불안으로부터 자신을 보호하기 위해 자아가 사용하는 일종의 적응장치인 방어기제를 사용한다.

(6) 자아개념의 발달

아동의 자아개념(self-concept)은 신체적 특성, 개인적 기술, 가치관, 희망, 지위와 역할, 사회적 신분 등을 포함한 '나'는 누구이며, 무엇인가를 깨닫는 것이다. 자신이 독특하고 타인과 구별되는 분리된 실체라고 인식하는 데서 발달하며, 한 개인이 가진 고유한 속성과 그 사람이 속한 세계의 속성, 그 사람과 환경 간의 상호작용을 반영한다. 자아개념은 성숙해 감에 따라 안정적인 것으로 변하며, 추상적이고 분화된 개념으로 발달하는데 아동기의 자아개념에 대한 큰 변화는 자신이 가진 개인적 특성으로 자신을 묘사하기 시작하는 것이다. 자신의 신체적 특성, 소유물, 좋아하는 놀이활동을 통한 자기 묘사로서 심리적 특성이나 타인과의 관계 등을 중심으로 자신을 묘사한다.

스트랭(Strang, 1957)은 자아개념을 3가지 범주로 구분했는데 첫째, 전체적 자아개념으로 자신의 능력, 신분, 역할에 대해 전반적으로 인식하는 개념이고, 둘째, 일시적 자아개념으로 순간적인 기분에 의해 영향을 받는다. 예를 들어, 학기말고사 성적이 나쁘거나 부모로부터 심한 꾸중을 듣고 순간적으로 자신을 가치 없는 인물로 생각하는 것 등이 있다. 셋째, 사회적 자아개념은 주요 타인과의 상호작용에서 타인이 자신을 어떻게 보느냐에 따라 자신을 평가하는 것이다. 쿨리(Cooley, 1902)는 사회학적 자아이론에 바탕을 두어 자기 주위의 인물과의 관계에서 반영되는 평가인 '면경자아(面鏡自我)' 개념을 중시했고, 미드(Mead, 1973)는 중요한 타인과의 사회적 상호작용에서 형성된다고 보았다.

아동기의 자아존중감(self-esteem)은 자신의 존재에 대한 긍정적 또는 부정적 견해를 말한다. 자기 자신에 대해 갖고 있는 개인적 가치감이나 긍정적 평가로서 자아개념을 구성하는 하위요인이다. 자아개념과 자아존중감의 차이를 보면, 자아개념은 인지적 측면이고, 자아존중감은 감정적 측면을 말한다. 자아존중감은 영혼의 생존이라고 하며, 인간이 존재에 존엄성을 부여하는 요인이다. 인간 상호작용으로부터 싹트고, 작은 성취나 칭찬, 성공을 통해 형성되며, 인간의 정신건강에 결정적 역할을 한다. 자기평가의 필수적 요소는 자신에게 주어진 기대와 자기가 실제로 성취한 것을 비교하고, 타인의 인정, 사랑, 지지의 표시 등을 들 수 있다.

자아존중감 형성에 영향을 미치는 요인을 보면, 첫째, 부모의 양육태도로 남아는 어머니, 여아는 아버지의 양육행동과 높은 상관관계가 있다. 둘째, 출생순위로 맏이나 외동이 높게 나타난다. 셋째, 사회경제적 지위로 낮은 집단은 높은 집단에 비해 낮게 나타난다. 넷째, 아동이 지각한 사회적 지지수준으로 사회적 지지를 많이 받는다고 지각한 아동이 높게 나타난다. 자아존중감의 재조정은 자신을 객관적으로 평가하고 타인의 견해를 수용할 수 있는 능력이 발달함에 따라 재조정(분화) 된다. 특히 학교에서의 성공이나 실패경험이 중요한 영향을 미치는데 긍정적 평가는 긍정적 자아상을 만든다.

아동기의 자기효능감(self-efficacy)은 자신이 스스로 상황을 극복할 수 있고, 자신에게 주어진 과제를 성공적으로 수행할 수 있다는 신념이나 기대를 말한다. 아동기에는 일반적으로 자아효능감이 높아지지만 거듭된 실패로 인해 학습된 무력감으로 잠재력 발휘를 방해받을 수도 있다. 높은 자기효능감은 긍정적 자아개념을 촉진하고, 지속적으로 과제지향적 노력을 하게 하여 높은 성취수준에 도달하게 한다. 자기효능감은 아동기에 증가하며, 가정의 사회경제적 수준, 어머니의 심리적 요인 등이 자기효능감에 영향을 미친다.

아동기의 자기통제(self-control)는 목표를 달성하기 위해 순간의 충동적 욕구나 행동을 억제할 수 있는 능력, 유혹에 저항하는 능력, 만족을 지연하는 능력 등을 의미한다. 인지발달에 따라 자신의 사고와 행동을 통제하는 보다 효율적인 전략을 사용하고, 자기통제와 관련된 사회적 기준을 내면화하기 때문에 아동기에 급격히 발달한다. 자기통제의 발달에 관한 이론의 2가지 가정을 살펴보면, 첫째, 아동의 행동은 거의 전적으로 외적인 감독(부모 등에 의한)에 의해 통제된다. 둘째, 연령이 증가하면서 자기통제는 점차 내면화 되어 스스로 통제할 수 있게 된다는 것이다. 사려성이 높은 아동이 자기통제도 높게 나타나며, 성숙한 인간으로 성장하는 과정에서 매우 중요한 의미를 가진다.

아동기의 사회인지와 타인이해를 보면, 사회인지는 사회적 관계를 이해하는 능력으로 타인의 감정, 생각, 의도, 사회적 행동들을 이해하는 능력이며, 모든 인간관계의 기본이 된다. 셀만(Selman)은 타인이 되어 그 기분을 이해하는 능력인 역할수용을 통해 자신뿐 아니라 타인에 대한 이해를 높이며, 역할수용이 뛰어날수록 친구의 욕구에 민감하여 보다 효율적인 의사소통을 하게 된다고 하였다.

5) 사회성 발달

아동기의 생활은 풍요롭고 다양하며, 이러한 여러 가지 경험에 대한 그들의 감정 또한 복합적이다. 이 시기 동안의 아동은 자기 자신에 대해, 또는 자기가 속한 문화 속에서 견디어 내고 성공하기 위해 필요한 것이 무엇인지에 대해 보다 현실적인 개념들을 발달시키게 된다. 아동기에는 사회적 관계의 장이 부모로부터 점점 더 독립적이 되어가고, 이웃과 학교로까지 확대된다. 이 시기에 아동은 학교나 이웃의 또래친구들과의 횡적인 대인관계 속에서 집단생활의 규범을 준수하고, 상호협력하며, 자신의 욕구를 통제할 수 있는 기본적인 사회적 기술과 태도를 학습하게 된다.

(1) 학교와 사회적 발달

학교는 아동생활의 중심이기 때문에 발달의 모든 면에 영향을 미치고 또 영향을 받는다. 또한 학교는 아동의 사회적 활동의 장으로서 사회적 발달에도 많은 영향을 미친다. 가족과 구별되는 학교의 구조적 특징(Dreeben, 1967)을 보면, 첫째, 학교는 통제와 교육에 대한 책임이 그들과 친족관계에 있지 않은 성인에게 주어진다. 둘째, 아동은 매일 아침 집을 떠나 학교에 가지만 하루가 끝나기 전에 집으로 돌아감으로써 가족의 한 구성원으로서의 기능과 능동적인 참여를 지속한다. 셋째, 아동은 1년을 단위로 한 학년씩 통과해 나가며, 매 학년이 끝날 때마다 그 학년의 선생님과 관계를 끝내고, 새로운 학년의 선생님과 관계를 확립한다. 넷째, 구성원의 연령분포가 다양한 가족과는 달리 아동은 연령적으로 동일한 집단의 일원으로서 학교에 소속된다. 다섯째, 학교와 가족은 다 같이 성인과 아동으로 구성되지만, 구성비율이 달라서 학교의 아동 수가 훨씬 많다(이인정 · 최해경, 2000 : 65)는 것 등을 들 수 있다.

학교가 아동발달에 기여하는 측면을 보면, 첫째, 아동의 사회화로 학교는 아동의 인지적 발달에 주로 관여하는 것으로 보이지만 이러한 과정에서 성격이나 자아개념 형성에 중대한 영향을 미친다. 학교가 아동에게 영향력을 발휘하기 위하여 사용하는 방법은 다음과 같다. ① 수업과 지도, ② 상과 벌에 의한 사회적 강화, ③ 주로 아동의 능력과 성취에 입각한 사회적 비교 등이다(Rosenberg, 1975).

둘째, 사회적 규범의 학습으로 학교의 역할은 가족과 직장 사이의 중요한 전환적 기관(Dreeben, 1968)이고, 아동에게 자주성, 성취의 중요성, 획일성 등과 같은 규범을 학습하는 경험을 제공함으로써 서로 다른 규범적 원리에 의해 지배되는 가족과 직장을 연결하는 역할을 한다. 학습하게 되는 사회적 규범은 보편주의(교사가 아동을 다루고 평가하는 데 있어서의 획일적인 기준이나 공평한 대우), 교사와 학생 간의 관계의 특수성(영속적인 엄마의 존재와는 다른 각자의 역할에 한정되어 일시적으로 나타나는 관계에 대한 이해), 자주성(자신의 일을 스스로 처리하며, 행동에 대한 책임을 받아들이는 것), 성취(우수하다는 기준에 도달하기 위해 하는 노력) 등을 들 수 있다.

(2) 또래친구와 사회적 발달

또래란 사회적 위치, 인지능력, 행동의 복합도가 유사한 사람(Lewis et al., 1975)이다. 아동기의 또래집단은 이웃에 살고 연령이 비슷한 동성의 아동으로 주로 구성되며, 외모, 성숙정도, 운동기술, 학업성적이나 지도력 등에 따라 서열이 정해지게 된다.

아동기의 또래집단의 기능(정옥분, 2005 : 537)을 보면, 첫째, 사회화의 기능으로 또래와의 관계에서는 또래집단의 규칙을 준수해야 하고 협동심이나 타협을 필요로 한다. 이로 인해 자기중심적 사고나 행동은 줄어들고 성공적인 사회적 상호작용을 위한 기술, 규범 등을 배워나간다(Rubin, Bukowski, & Parker, 1998). 둘째, 또래집단의 영향으로 또래 상호간의 강화와 모방을 통해 영향을 주고받는다. 또래는 아동의 공격성(공격적 행동이 다른 아동을 굴복시킨다는 사실 인지)과 친사회적 행동(평등한 관계에서 상호작용이 이루어짐을 인지)에 중요한 영향을 미친다. 또한 성 유형화된 행동을 강화시키는 역할을 한다. 셋째, 태도나 가치관의 형성으로 또래집단은 다른 가치에 우선하는 집단만의 고유한 가치를 공유한다. 또래집단의 행동에 동조하고자 하는 욕구가 강하며, 그들의 가치관이 부모와 상치하면 가족 내 갈등을 일으키기도 한다. 넷째, 정서적 안정감 제공으로 또래집단으로부터 수용되고 인정받음으로써 부모가 제공할 수 없는 정서적 안정감을 갖게 되며 긍정적 자아개념을 형성하게 된다(Bukowki & Hoza, 1989). 이에 거부당하는 아동은 공격적이고 부적절한 행동을 보이는 적응상의 문제를 갖게 된다(Shantz, 1986). 다섯째, 인지발달과 정보제공으로 아동은 또래와의 갈등을 경험함으로써 자신과 다른 관점이 존재한다는 사실을 인식하며, 이를 조정해 나가는 과정에서 인지발달이 향상된다(Piaget, 1983). 또래집단은 수평적 지식이나 정보교환의 기능을 가지고, 성인을 통해 이루어지는 것보다 더 효율적인 정보전달이 이루어진다.

아동기의 우정의 정의는 애정(affection), 상호성(reciprocity), 헌신(commitment) 등을 특징으로 하여 서로 비슷한 위치에 있는 사람 간에 형성되는 관계로 정의된다(박성연·도연심, 2003 : 348). 아동의 친구 선택의 경향은 저학년의 경우 집이 가깝고, 앉는 자리가 가깝고, 가족끼리 교류가 있는 또래를 친구로 선택하는 지역적 친구선택 경향이 있다. 고학년은 성격적 친구선택 경향이 높아진다. 즉, "그 애는 바로 길 건너에 살고, 좋은 장난감을 많이 가졌어"라는 식의 친구의 의미에서, 점점 함께 있어 편하고, 감정이나 비밀을 나눌 수 있는 사람이 친구라는 인식으로 변해간다(박성연, 1986 : 571). 여아와 남아의 우정의 의미를 보면, 여아는 정서적 친밀감과 신뢰감이 중요한 역할을 한다(Buhrmester & Furman, 1987; Bukowski & Kramer, 1986). 강렬한 감정과 친밀감이 강조되기 때문에 관계에서 긴장, 질투, 갈등을 경험하며 이러한 경험은 친구로부터의 거부와 배신에 대한 두려움에서 온다(Miller, 1990). 남아는 운동경기를 함께 하거나 관람하는 등과 같은 활동을 함으로써 친밀감을 형성한다. 자기감정을 노출하는 것은 남자답지 못하다는 인식을 학습해왔으며, 이성 친구에 대한 혐오감이나 부정적 태도도 학년이 올라갈수록 최고조에 달한다.

또래집단의 영향이 현저히 눈에 띄는 사회화의 영역은 성역할 학습의 영역이다. 아동은 서로에게 적합한 성행동의 모델이 되며, 이러한 모델을 엄밀히 따른다(Langlois & Downs, 1980). 초등학교 아동은 자신의 성에 적합하지 않은 행동을 하지 않으려고 특히 애쓴다. 남녀아동이 서로 바둑을 두는 행동은 어느 정도 수용되지만, 줄넘기와 같은 여아놀이를 하려고 하는 남아나 남아들 가까이서 배회하는 여아들은 보통 남녀아동 모두에게 소외되거나 놀림을 당한다. 이렇게 함으로써 아동은 먼저 안전한 동성집단의 틀 안에서 또래와의 친교를 형성하고자 노력하는 기회를 가지고, 다음으로 청소년기와 성인기에는 이성의 상대에게까지 확대된 친교를 경험하게 된다.

〈표 7-3〉 우정의 단계(박성연, 1986 : 573)

단 계	연 령	특 성
0 (미분화) 일시적인 놀이친구 의식	3~7세	아동은 자기중심적이다. 그들은 어떤 관계에서 자기가 원하는 것만 생각한다. 아동은 얼마나 가까이 사는가에 따라 친구로 생각한다.
1 (단독적) 일방적인 원조	4~9세	아동은 자기가 원하는 것을 해주는 친구를 좋은 친구로 정의한다.
2 (상호호혜적) 쌍방적으로 유리한 때만 협력	6~12세	주고받는 우정을 보이지만 여전히 공통관심보다는 각각의 자기이익에 따른다.
3 (쌍방적) 서로 친밀하게 공유하는 관계	9~15세	아동은 그 자신의 인생으로 우정을 본다. 우정을 서로를 위해 일하는 것 이상의 지속적이고, 체계적이며 책임 있는 관계이다. 아동은 친구를 독점하고 싶어 하게 된다.
4 (상호의존적) 자율적인 상호의존	12세 이후	아동은 의존과 자율에 대한 친구의 요구를 모두 존중한다.

(3) 단체놀이와 사회성 발달

아동은 단체놀이를 통한 학습을 통해 개인의 목표가 단체의 목표에 종속된다는 것을 인식하게 된다(Newman & Newman, 1987). 단체목표를 위해 서로 협동하고 약한 성원들을 돕게 되어 노동배분의 개념을 학습하게 된다. 부여된 지위와 역할을 충실히 하여야 승리를 보장받을 수 있음을 인식하게 되며 경쟁의 본질과 승리의 중요성을 학습하게 된다. 실패 뒤에 따르는 비난을 회피하기 위한 노력과 서로 협력하는 유용한 경험을 하게 된다(권중돈 · 김동배, 2005 : 193).

오늘날의 사회에서는 학령기의 아동이 이러한 전통적 놀이형태를 통해 사회적 발달의 기회를 삼고 있느냐의 문제가 의심스럽다. TV매체의 발달로 인해 많은 아동이 활동적인 놀이 대신 수동적인 시청에 빠져들게 되었고, 컴퓨터의 급속한 발달과 확산으로 온라인 게임 등의 놀이에 쉽게 빠짐으로써 사회적인 기술이 거의 필요하지 않게 되었다.

대중매체가 아동에 미치는 영향을 보면, 첫째, 대중매체에 의한 영향으로 TV는 다양한 정보를 제공하는 효과적인 교육매체인 동시에 오락의 근원이 되므로 그것이 갖는 역기능 때문에 비판의 대상이 되고 있다. 둘째, 대중매체(TV) 내용의 이해로 아동은 특정 프로그램의 줄거리나 상황이 복잡하면 제대로 이해하지 못하는 경우가 많다. 이야기의 중심테마를 놓치고 전체 줄거리를 이해하는 데 도움이 되는 사소한 사건을 잘못 해석하며 보이지 않는 사물이나 사건에 대해 추론하는 데 어려움을 겪는다. 아동의 제한된 이해능력은 이야기의 진정한 의미나 목적을 파악하지 못하게 하고, 단지 주인공의 피상적인 행동을 모방하게 할 가능성이 크다. 셋째, 대중매체(TV)의 폭력성과 공격성으로 적어도 어느 정도의 물리적 폭력을 포함하지 않는 프로그램은 없다고 해도 과언이 아닐 정도로 TV의 폭력장면은 보편화되어 있다. TV의 폭력장면을 많이 시청하면 할수록 아동은 공격성을 문제해결의 효과적인 방법으로 사용하게 된다고 연구들은 제안하였다. 넷째, TV시청과 공격성과의 관계에서 TV의 폭력장면에 가장 민감한 연령은 8, 9세 정도이고, TV의 폭력장면과 아동의 공격성과의 관계는 양방향적이다. 즉, TV의 폭력시청은 아동이 공격적이 되도록 하고 아동의 공격성은 TV의 폭력장면을 더 많이 시청하도록 유도한다. 다섯째, 대중매체(TV)의 친사회적 행동과 사회적 태도로 아동은 TV의 폭력장면을 모방할 뿐만 아니라, 주인공의 도움행동, 협동, 타인의 감정이해 등 친사회적 행동을 모방한다. 또한 TV시청을 통하여 아동은 사회적 태도나 생각을 학습한다. 올바른 견해를 묘사하기 위한 노력에도 때때로 왜곡된 견해를 제시하기도 한다. 일반적으로 남녀평등 문제나 직업에 대한 귀천의식 등을 은연 중에 암시한다. 부모는 아동이 정확한 견해를 가질 수 있도록 함께 토론함으로써 도와주어야 할 것이다.

(4) 가정(부모와의 관계) 내의 사회화 과정

사회화란 개인이 자기가 속해 있는 사회집단에 적합하다고 생각되는 행동양식을 습득하는 과정이다. 가족은 개인의 사회화에 가장 큰 영향을 미치는 집단이며, 그 중 부모는 아동이 태어나 최초로 관계를 형성하는 대상이며, 가장 오랫동안 개인의 사회화에 영향을 미친다. 아동기의 부모의 양육방식 및 양육행동은 개인의 성격형성에 큰 영향을 미친다(정옥분, 2005). 바움린드(Baumrind, 1991)는 애정과 통제라는 2가지 차원에 의해 부모의 유형을 4가지로 나누어 설명하고 있다.

높음 ↑ 〈애정〉 ↓ 낮음	허용적 부모	권위적 부모
	무관심한 부모	권위주의적 부모
	낮음 ←	〈통제〉 → 높음

▌그림 7-1▌ **애정과 통제 두 차원에 의한 4가지 부모유형**

이 중 권위 있는 양육방식이 가장 효과적인데 그 이유는 첫째, 다정하고 수용적인 부모는 자녀로 하여금 지시에 순종하고 싶은 동기를 유발한다. 둘째, 합리적 방식으로 자녀를 통제하며 이유를 쉽게 설명해 준다. 셋째, 자녀의 능력에 맞추어 기준, 요구를 조절한다. 그러나 자녀를 바람직하게 발달시키는 효과는 부모의 바람직한 양육방식의 사용만이 중요한 것이 아니라 자녀의 성격이 부모로 하여금 양육방식의 패턴을 이끌어 내는 경향도 있으므로 가족 내의 사회화는 부모가 자녀에게 일방적으로 행하는 것이 아니라 서로 영향을 미치는 과정이다.

〈표 7-4〉 **부모의 유형과 아동기 사회적 행동**

부모의 유형	특 성	아동의 사회적 행동
권위적 부모	애정적·반응적이고 자녀와 항상 대화를 갖는다. 자녀의 독립심을 격려하고 훈육 시 논리적 설명을 이용한다.	책임감, 자신감, 사회성이 높다
권위주의적 부모	엄격한 통제와 설정해 놓은 규칙을 따르도록 강요한다. 체벌을 사용하고 논리적 설명을 하지 않는다.	비효율적 대인관계, 사회성 부족, 의존적, 복종적, 반항적 성격
허용적 부모	애정적·반응적이나 자녀에 대한 통제가 거의 없다. 일관성 없는 훈육.	자신감이 있고 적응을 잘하는 편이나, 규율을 무시하고 제멋대로 행동한다.
무관심한 부모	애정이 없고, 냉담하고, 엄격하지도 않으며, 무관심하다.	독립심이 없고 자기통제력이 부족하다. 문제행동을 많이 보인다.

Chapter 08 청소년기 발달

Chapter 08 청소년기 발달

청소년기를 결정하는 기준으로는 연령, 신체적·생리적 성숙도 및 심리적 성숙도 등 여러가지를 들고 있으며, 그 중 무엇을 기준으로 결정하느냐에 따라 청소년기를 정의하는 그 기간이 달라질 수 있다. 일반적으로 청년 초기는 약 11~14세까지로 하여 대략 중학교 시기를, 청년 중기를 약 15~18세까지로 대략 고등학교 시기를 이야기 한다. 청년 후기는 약 18~20세까지로 대학재학 또는 고등학교를 졸업한 이후 시기가 여기에 해당하는데 여기서는 청년 초기와 중기에 해당하는 사람을 청소년이라 부르기로 한다.

1. 청소년기의 특성

1) 청소년기의 의미

청소년기(adolescence)는 라틴어의 "성장하다"라는 의미의 adolescre에서 유래한다. 사춘기에서 시작하여 성인기의 시작과 함께 끝나는 청소년기는 아동기와 성인기 사이의 과도기에 해당한다. 여기서 사춘기란 개인이 성적 성숙을 이루고 생식이 가능해지는 시기를 의미한다(장휘숙, 2000 : 218). 청소년기는 자주 아동이 성숙한 성인으로서의 지위를 획득하기 전에 통과해야만 하는 건널목이나 교량으로 비유되는 시기이기는 하지만, 어느 문화에서나 청소년기가 존재하는 것은 아니다. 기술적으로 발달되지 못한 문화에서는 아동기의 역할이 성인에게도 그대로 유지되므로 성년식이나 사냥의식과 같은 통과의례(rites of passage)를 치름으로써 곧바로 성인이 될 수 있다. 그러나 고도의 기술발달이 이루어진 사회에서는 아동기의 지식만 가지고 성인기 동안 살 수 없으므로 성인기 준비를 위한 학습이 요구되며 그 준비기간이 청소년기에 해당한다.

따라서 청소년기는 전형적인 학생역할에서 벗어나 하나 이상의 성인역할을 수행할 때 끝난다. 청소년기의 전체 기간은 과거와 비교하여 많이 연장 된 상태에 있다. 그 이유는 사춘기 시작연령이 낮아졌고, 성인역할을 위한 준비가 점점더 많아짐으로써 부모에 대한 의존기간이 길어졌기 때문이다.

2) 청소년기의 특징적 현상

(1) 청소년기와 심리적 불평형

청소년기는 심리적으로 특징되는 혼란과 갈등의 양상에 놓여 있다.

① 질풍노도의 시기

스텐리 홀은 최초로 청소년기에 대한 과학적 연구를 수행한 사람으로 청소년기를 '질풍노도의 시기'라고 명명하였다. 다윈의 진화과정을 인간발달에 적용한 홀은 청소년기를 야만과 문명의 중간단계로 가정하고 원시적 충동을 교양 있는 행동으로 대치시키는 시기이기 때문에 혼란은 불가피하다고 가정했다. 청소년의 혼란과 갈등은 생물학적 변화로부터 시작되며 사춘기의 신체적 변화와 사회적 및 정서적 성숙에 대한 사회의 요구에 의해 청소년들은 혼란과 갈등을 경험할 수밖에 없다. 그 결과 청소년의 기분은 기쁨에서 우울, 이기주의에서 자기비하, 원기왕성에서 무기력 등 극단적으로 동요한다고 하였다.

② 정신적 갈등의 시기

청소년기는 정서적 갈등과 별난 행동으로 특징되는 심리적 불평형의 시기라고 가정하였다. 이 시기의 청소년은 대단히 이기적이고 자아 중심적이어서 모든 사람의 관심이 자기에게 집중되어 있다고 생각한다. 그러나 한편으로는 타인의 욕구에 관심을 가지고 자신을 잊고 타인을 돌보는 데 몰두할 수 있다. 그들은 열렬히 사랑하다가도 갑자기 사랑을 버리는가 하면 집단 속에서 타인과 함께 있기를 원하다가도 다음 날에는 홀로이기를 원한다. 또한 반항과 동조 사이에서 동요하고 이기적이고 물질주의적이면서도 도덕적으로 이상주의자이며, 거칠고 사려 깊지 못한가 하면 애정적이고 부드러우며, 자신만만함과 자기의심, 지칠 줄 모르는 열정과 무관심 사이를 왔다 갔다 한다. 이러한 갈등적 행동의 원인은 사춘기의 성적 성숙에서 야기된다. 사춘기의 호르몬 변화와 생리적 변화는 잠복기 동안 억압되었던 리비도 에너지를 더 강한 성적 충동으로 재출현하게 하므로 생식기와 성적 충동에 대한 관심이 증대된다. 그 결과 반항과 같은 본능적 충동에 기초한 행동이 증가하고 더러움과 무질서를 선호하는 경향이 나타난다. 이와 같은 청소년의 행동은 정상적 발달과정의 일환일 뿐 병리적 현상은 아니다

(2) 정체감 형성

정체감이란 전체적 자기를 구성하는 여러 가지 요소, 즉 개인의 성적, 사회적, 신체적, 심리적, 도덕적, 이념적, 직업적 특성을 모두 포함하는 복합적 개념이기 때문에 청소년기의 정체감 확립은 통합적인 자기상의 확립을 의미한다. 청소년기 동안 변화하는 신체상과 본능적 충동의 출현 및 그들의 인지능력의 증가는 "내가 누구인가", "나는 무엇을 할 수 있는가?"의 물음을 제기하게 하므로 정체감 확립을 위한 의식적, 무의식적 노력이 이루어진다(장휘숙, 2000 : 223). 정체감 속에는 개인적 "나"는 물론, 사회집단 내의 "우리"를 포함한다. 자신을 수용하고 긍정적 정체감을 획득하는 개인은 그렇지 않은 사람보다 정신적으로 더 건강하다. 정체감을 구성하는 여러 가지 요소 중에서 신체적 자아와 성적 자아가 가장 먼저 형성되며 직업적, 이념적, 도덕적 정체감은 점진적으로 형성되는 특징을 지닌다.

(3) 청소년기와 발달과업

발달과업(developmental task)이란 신체적 성숙과 개인적 노력 및 사회적 기대를 기초로 그들의 삶의 어떤 시점에서 개인이 획득해야 하는 지식과 태도 기능 및 기술을 의미한다. 각 발달단계에서의 발달과업의 성공적 숙달은 적응을 가져오고 미래에 대한 성취해야 할 어려운 과업을 준비할 수 있게 하며 더 큰 성숙을 이루도록 한다. 이러한 발달과업을 제대로 성취하지 못하면 불안하고 미성숙하며 사회적 불승인을 초래하기 쉽다(Gavazzi 등, 1993).

허비거스트(Havighurst, 1970)가 제안한 청소년기의 발달과업은 다음과 같다. ① 자신의 체격을 인정하고 자신의 성역할을 수용한다. ② 동성이나 이성의 친구와 새로운 관계를 확립한다. ③ 부모와 다른 성인들로부터 정서적으로

독립한다. ④ 사회적으로 책임 있는 행동을 원하고 이를 실천한다. ⑤ 직업을 준비한다. ⑥ 유능한 시민으로서 갖추어야 할 지적 기능과 개념을 획득한다. ⑦ 결혼과 가정생활을 준비한다. ⑧ 행동의 안내자로서 가치관과 윤리체계를 획득한다.

2. 청소년기의 신체발달

청소년기에는 급격한 신체변화, 성적 성숙과 더불어 인지적·정서적 변화가 일어난다. 또한 다른 단계와 쉽게 구별될 수 있을 만큼 급격한 신체변화를 보인다. 신장과 체중이 증가하고 체형이 변화하며 제2차 성징(체모, 변성, 가슴 발육 등)이 나타나서 이제까지의 소년, 소녀의 모습에서 벗어나 어른이 되어간다. 이러한 신체변화의 중요성은 이에 수반되는 청년의 심리적 작용으로 인해 더욱 의미가 있다. 청소년기의 신체적 성장과 발달에는 여러 가지 측면이 있는데 그 중 가장 눈에 띄는 부문이 신장, 체중, 골격, 생식기관의 발달, 호르몬의 변화 등이다. 이러한 신체적 변화는 모두 다 같은 성장속도를 갖고 있는 것은 아니며 ‖그림 8-1‖과 같이 각자 서로 다른 성장속도 곡선을 나타낸다.

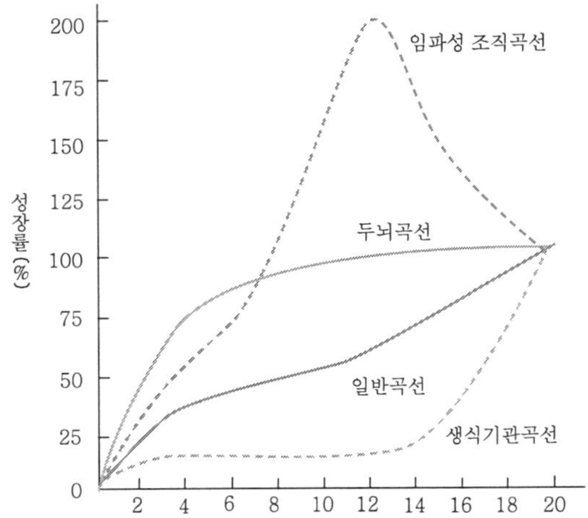

‖그림 8-1‖ **성장속도 곡선**

출처 : J. W. Santrok.(1998). Adolescence(7th ed). Mcgraw-Hill.

신장과 체중, 간과 신장 등을 포함하는 일반곡선(general curve)은 처음에는 서서히 증가하다가 12세경에 이르면 급격한 변화를 보인다. 이처럼 청소년기에 있어서 신장과 체중의 급격한 성장을 청소년기 성장급등이라 한다. 생식기관의 성장곡선(reproductive curve)은 청소년기 이전까지는 거의 변화가 없다가 청소년기에 이르면 그야말로 극적인 성장을 보인다. 이와 같은 발달을 보이는 이유는 청소년기에 급격히 증가하는 성호르몬 때문이다.

두뇌곡선(brain and head curve)은 두뇌, 눈, 귀 등의 발달을 포함하는데 이 부분은 신체의 다른 어느 부분보다도 일찍 성장하여 아동기를 거치면서 거의 발달을 완성한다. 이것은 머리부분이 몸통이나 사지보다 일찍 발달한다는 발달원칙의 영향 때문이다. 아데노이드, 림프노이드 등의 임파성 조직곡선(lymphoid curve)은 매우 독특한 양상을 보이는데 이것은 청소년기 이전에 절정에 도달해서 성인발달의 거의 두 배에 달했다가 청소년기에 이르면 증가하는 성호르몬의 영향을 받아 이때부터 급격히 감소한다(조복희 · 정옥분 · 유가효, 1999 : 321). 이러한 성장급등현상이 끝날 무렵 청소년의 신체적 외모와 운동능력은 거의 성인수준에 도달한다.

1) 일반적 신체발달

(1) 성장급등

청소년기가 되면 신장과 체중의 급격한 증가가 그 전형적인 특징이다. 이 기간(성장역주) 동안, 소년 · 소녀는 5~13cm씩 키가 자란다. 소녀가 소년보다 2~3년 정도 빨라서 보통 여자의 경우 11세경에, 그리고 남자의 경우는 13세경에 시작해서 4년 정도 지속되는 데 여기에는 물론 개인차(소녀의 경우 9세에서 늦게는 15세, 소년의 경우 10세에서 늦게는 16세)가 있다. 이와 같은 성차를 보이는 이유는 소녀가 좀더 성숙한 골격구조와 신경구조를 가지고 태어나며 이와 같은 발달은 아동기를 거치면서 점차 증가하기 때문이다. 소년의 신장증가는 대부분 21세까지 지속되는 반면 소녀의 경우는 좀더 일찍 증가를 멈춘다. 평균적으로 청년 신장의 98%가 16~17세에 이루어진 것이다.

체중의 증가는 일반적 곡선을 나타내기는 하나 신장에서와 다른 점은 골격의 성장 외에도 근육, 지방, 그 외 여러 가지 신체기관의 크기 증가를 반영한다. 역시 남녀 간의 성차를 보이는데 평균적으로 태어나서 7세까지는 여아가 남아보다 가벼우나, 9세경에서 약 14세까지는 여아가 남아보다 무거워진다. 근육은 남아에게 있어서 체중의 증가를 가속화시키며 피하지방은 여아의 체중증가를 가속화시킨다.

신장과 체중의 증가와 더불어 다른 신체변화도 나타나는데, 남자는 어깨가 넓어지고 근육이 발달하여 남성다운 체형으로 변모하고, 여자는 골반이 넓어지고 피하지방이 축적되어 여성다운 체형으로 변모한다. 또한 머리 크기가 신체에서 차지하는 비중이 작아지고 얼굴 모양은 둥근 형에서 길쭉한 형으로 변화하여 코와 입이 크고 넓어져 전체적인 윤곽이 달라진다.

외적인 신체변화와 더불어 신체 내부에서도 변화가 일어나는데, 즉 소화기관, 폐, 심장 등에서의 변화가 그것이다. 이들의 변화는 순환, 호흡, 소화, 신진대사에 중요한 영향을 미친다. 예를 들어, 혈류량은 청소년기에 증가하는데 특히 남자에게서 뚜렷하며, 혈압은 유아기부터 꾸준히 증가하며 남자가 여자보다 혈압이 높다. 폐의 크기나 호흡기능에서의 변화는 11세경에 나타난다. 남자는 더 많은 활동을 하는 까닭에 여자보다 폐의 발달이 크게 증가한다.

(2) 운동발달

근육조직의 증가와 함께 근육의 힘도 증가한다. 이 시기 동안 소년의 근육조직이 소녀보다 더 많이 증가되고 근육의 힘도 강해지기 때문에 소년의 체력이 더 우세해진다. 근육의 발달과 함께 운동능력은 계속적으로 증가된다. 소년은 속도, 기민성, 균형, 던지기, 뛰기 등의 전신운동기술이 계속적으로 발달되는 반면, 소녀는 오히려 감소되는 경향을 보인다. 그러나 현대의 여성은 과거보다 기민하고 활동적이기 때문에 운동능력은 계속 향상될 것으로 보인다.

(3) 성적 성숙

여성이 사춘기의 정점에 이르렀다는 가장 강력한 표시는 첫 월경이다. 월경은 매월 수정에 실패했을 때 자궁에서 피와 조직 파편을 배출하는 것이다. 이것은 여자아이의 신장이 빨리 자라는 시기가 끝날 무렵 시작한다. 평균 연령은 12.8~13.2세이다(김규수 외 6인, 2002 : 223).

소년이 사춘기의 정점에 들어왔음을 알기는 좀더 어렵다. 신뢰할 만한 표시의 하나는 소변에 살아있는 정자가 존재한다는 점이다. 정자를 가지고 있는 정액과 소변은 '요도'라는 같은 통로를 통해 나온다. 때때로 사정 후 정자가 요도에 남아서 소변을 통해 배출된다.

그 외 체모의 성장, 유방의 발달, 변성, 피부 변화 등을 겪는다.

2) 신체적 발달의 영향

신체적 성장이 완만하던 아동기와는 달리 급격한 신체변화를 겪는 청소년기에는 여러가지 혼란이 생긴다. 신체성장의 결과는 과제를 수행하는 개인의 실제 능력을 변경시킬 수 있으며 청소년 자신에 대한 지각은 물론 타인이 보는 청소년에 대한 지각방식에도 영향을 준다. 청소년은 어린 아동에 비해 키가 크고 힘이 세며 조화로운 행동을 함으로써 훨씬 더 유능하게 과제를 수행할 수 있으므로 자신을 성인으로 지각하기 시작한다. 동시에 주위의 성인도 그들을 더 이상 귀여운 어린 아동으로 보지 않으며 오히려 위협적인 존재로 생각하기도 한다. 그러나 청소년기의 신체적 성숙은 소년·소녀에게 동일한 문제를 일으키진 않는다. 남녀 모두 자신의 변화하는 신체상(body image)에 적응해야 하지만 그가 속한 문화는 각기 다른 가치와 금기를 부여하고 있다.

(1) 소년이 받는 영향

신체적 힘에 대하여 큰 관심을 갖는 청소년기 소년은 키와 근육의 발달을 가장 중요시한다. 그들은 자신의 신체크기에 적절할 것으로 기대한 과업을 수행할 수 없을 때 실망한다. 신체 각 부분의 성장속도가 일정하지 않으므로 신장급등현상이 최고에 도달하고 난 약 12～14개월 후에 근육의 힘이 절정에 도달하기 때문에 청소년은 자신의 신체에 대한 어색함을 경험한다. 따라서 비록 일시적인 현상이긴 하지만 청소년기 소년은 부정적인 자아존중감을 지니게 될 수도 있다.

고환과 음경의 성장은 또한 소년에게 중요한 문제를 야기시킨다. 부모로부터 사정에 대한 설명을 듣지 못한 소년은 자연발생적으로 일어나는 사정을 경험하면 당황하고 불안해 하는 등 성적 성숙에 대한 기대감과 불안감이 공존하는 상태에 있다(장휘숙, 2000 : 228).

(2) 소녀가 받는 영향

소년보다 2년 정도 먼저 사춘기가 시작되는 소녀는 같은 학급의 남학생보다 신체발달이 빨라 그들보다 큰 신장 때문에 당황하는 경우가 생긴다. 대부분의 소녀는 갑작스런 신체 성장에서 나타나는 체중증가에 대해 지나친 관심을 갖게 되며 비만을 걱정한다. 체중의 증가현상은 급속한 성장과 지방질의 재배치에 의해 야기되는 것임에도 불구하고 그들은 엄격한 식사조절이나 다이어트를 시도한다. 따라서 급격한 성장 시기에 요구되는 균형 있는 식사를 소홀히 하게 되고 증가된 열량요구를 충족시킬 수 없게 된다(김태련·장휘숙, 1994 : 224).

가슴의 발육과 생리의 시작은 소녀들에게 중요한 의미를 준다. 소녀는 가슴의 발육을 성숙한 여자로 성장해 가는 표시로 인식한다. 대부분의 소녀는 어머니로부터 생리에 관한 지식을 얻긴 하지만 전체 생식과정으로서의 생리현상이 아닌 다만 여성의 고유한 특성으로 받아들인다. 청소년기의 소녀는 생리현상에 대하여 긍정적 태도와 부정적 태도를 동시에 나타낸다. 그들은 월경을 통하여 여성으로서의 성숙을 자랑스러워하는 동시에 불편함과 당황함을 경험한다.

3) 조숙과 만숙의 영향(Early maturer, late maturer)

(1) 소년에게 주는 영향

청소년들이 같은 학급에서 공부하고 동일한 과목을 배우며 유사한 운동을 하는 동일한 연령이라고 할지라도, 신체의 성장비율은 큰 개인차를 지니고 있다. 이러한 신체발달의 변이는 이 시기 청소년의 심리적·사회적 발달에 많은 영향을 준다. 조숙한 남아는 그들의 친구보다 강하고 체중도 무겁기 때문에 더 우수한 운동능력을 갖게 된다. 그들은 뛰어난 운동기술을 바탕으로 능동적으로 운동경기에 참여함으로써 부러움의 대상이 되며, 학생집단의 지도자로서 학교활동에서도 적극적이다. 또한 일찍부터 이성에게 관심을 갖는 조숙한 남아는 그들의 어른 같은 외모와 세련된 사회적 기술로 소녀들 사이에 인기가 있다.

조숙아와는 대조적으로 만숙아는 많은 사회적 불이익을 경험하고 열등감을 발달시킬 수 있다. 그들은 조숙아보다 힘도 약하고 보잘것 없는 운동능력을 지니고 있기 때문에 인기도 매력도 없으며 미성숙한 사람으로 간주된다. 또한 자의식이 강하고 위축되는 만숙한 소년들은 불안정하고 의존적이며 부적절감을 지니고 있으며 주의집중 행동을 자주 시도하기도 한다.

(2) 소녀에게 주는 영향

초등학교 시기에 사춘기에 들어가는 조숙한 소녀는 동년배보다 신체적으로 더 많이 발달되어 있으므로 자의식이 강하고 자주 어색함을 느낀다. 그러나 중학교에 들어가면 그들의 어색함은 다소 완화된다. 그들의 조숙한 외모는 더 나이 많은 소년의 관심을 끌고 동년배보다 더 일찍 데이트를 시작하게 한다. 그들은 정서적으로 성적 유혹을 처리할 준비가 되어 있지 않음에도 불구하고, 더 어린 연령에서 성적 경험을 할 가능성이 높다. 물론 조숙한 소녀는 만숙아보다 더 어린 연령에서 발달적 긴장을 처리해야 하기 때문에, 성인기에 이르러 더 유능하게 문제해결을 할 수 있다는 의견도 있다.

만숙한 중·고등학교 소녀는 그들의 신체적 매력에 대해 긍정적 견해를 갖지 못하는 것은 물론 동성이나 이성의 친구 사이에서도 인기가 없다. 만숙한 소녀는 그들의 신체적 미성숙으로 인해 연령에 상응하는 책임이나 역할을 부여받지 못하므로 부모나 주위 성인으로부터 비판을 받는 일도 없다. 따라서 만숙한 소녀가 더 많은 심리적 문제를 갖는다는 연구 결과도 있다. 근래의 성장가속화 현상은 빠른 성적 성숙을 오히려 당연시하는 사회 분위기를 조성하고 있다. 그 결과 조숙한 청소년보다는 만숙한 청소년이 더 부정적 영향을 받기 쉽다. 한국의 초, 중, 고등학생을 대상으로 연구한 결과(이춘재 등, 1991)에서도 조숙한 청소년이 만숙한 청소년보다 약간 유리한 경험을 하는 것으로 나타났다.

3. 인지발달

신체적, 생리적 발달과 마찬가지로 청소년기의 지적, 인지발달 또한 눈부시다. 청소년은 아동과는 다른 방식으로 세계에 대한 개념을 형성하기 시작한다. 그들은 아동보다 더 많은 것을 알고 있을 뿐 아니라 더 진보되고 더 유능하며 더 효과적인 방식으로 생각할 수 있다. 청소년기에 와서 현저한 성장을 보이게 되는 인지발달의 특징은 양적인 면에서뿐만 아니라 질적인 면에서도 증가를 보인다. 양적인 증가란 전 단계인 아동기에 비해 훨씬 용이하고 빨리, 효율적으로 지적 과업을 성취하는 것을 말하며, 질적 증가란 인지과정에 있어서의 변화, 이를테면 추상적인 사고, 가설적·연역적 사고, 은유에 대한 이해가 가능해지는 것 등을 말한다. 또한 모든 가능한 개념적 조합을 고려할 수 있으며, 미래에 대한 상상과 공상이 많아지는 이상적 사고가 발달하게 된다.

4. 사회적 관계

1) 가족관계

청소년기의 특징적인 사회발달 중의 하나는 부모나 가족으로부터 분리되어 자기 자신에게 의존하려는 경향이 높아진다는 점이다. 청소년기에는 신체적 성숙이 이루어짐에 따라 부모의 통제를 받지 않으려 하며, 부모의 지시를 논리적으로 비판하거나 반항하고, 친구관계에서 배운 가치관을 가족관계에 적용하려고 한다. 이에 부모들은 청소년 자녀를 바라보면서 부모로서의 자신의 역할을 완수하고 있다는 기쁨과 함께 자녀로부터 거부당한다는 느낌을 갖는다. 부모의 애정과 지원에 깊이 뿌리내리지 못한 상태에서 독립을 위한 날개짓을 하게 되면 실패할 가능성이 높다. 지금까지 청소년기의 발달에 대한 연구에서는 청소년의 독립과 자율성만을 강조해 왔으나, 최근 들어서는 청소년의 건강한 발달에 부모와 안정적인 애착관계와 지원이 필수적이라는 점을 강조하기 시작하였다.

청소년이 부모의 보호로부터 벗어나서 자기의 판단에 의해 독립적으로 행동하려는 성향을 '심리적 이유'라고 하는데 부모에게 의존함과 동시에 부모로부터 독립해야 하는 상황에서 끊임없이 갈등을 하게 됨으로써 갈등이 형성되기도 한다. 청소년이 '심리적 이유'를 추구하는 과정에서 부모에게 반항하는 행동적 특성 때문에 제1의 반항기인 걸음마기에 비유하여 청소년기를 제2

의 반항기라고도 부른다. 이렇게 청소년이 가족관계의 질적 변화를 기대하기는 하지만 그렇다고 해서 가정에서 배운 행동규범을 무조건 거부하는 것은 아니며, 부모와 형제자매와 좋은 관계를 유지하면서 자신과 관련된 문제를 결정할 때 점점더 많이 참여하기 시작한다.

(1) 청소년 – 부모의 갈등

어느 시대에나 연령집단 간의 세대차는 존재한다. 일반적으로 성인은 청소년을 무책임하고 고집세며, 난폭하다고 생각하는 반면, 청소년은 성인을 진부하고 구식이라고 생각한다. 청소년-부모의 갈등은 문화적 가치, 교육기회, 직업경쟁에서 큰 세대 차이가 있을 때 증가한다. 프로이드와 그 동료들은 청소년 자녀와 부모의 갈등은 불가피하며 독립성과 자아의 확립을 위해 필요하다고 주장하였다. 갈등은 청소년이 도덕적 규칙, 아이디어, 태도, 가치관에 대한 의문을 제기하게 할 수 있도록 하고, 그 결과 자신과 세계에 대한 보다 나은 이해를 획득하게 하기 때문에 유용하다고 간주하였다(김동배 · 권중돈, 2005 : 213–216).

부모와 청소년 사이에 존재하는 견해 차이는 우리가 생각하는 것보다 그렇게 심각하지 않다. 앞에서 말한 바와 같이 한때 청소년기의 초기를 질풍노도의 시기라고 명명하고 부모와 청소년 자녀의 갈등이 첨예화되는 시기로 생각하였다. 그러나 이 분야의 많은 연구는 대부분의 청소년이 부모와 심각한 갈등 없이 순탄하게 청소년기를 보내고 있으며 단지 의복과 헤어스타일 혹은 문화적 기호와 같은 사소한 문제에서 갈등을 경험할 뿐이라고 지적한다. 그들은 부모와 대단히 유사한 가치관과 태도를 지니고 있고 부모를 사랑하고 존경한다고 말한다. 부모의 생활이 불행하고 높은 수준의 갈등으로 고통을 받고 있는 가정의 청소년들은 그들의 증가된 불확실성을 반항행동으로 표현한다. 그러므로 청소년 초기의 부모-자녀관계에서 가장 중요한 것은 세대 간의 차이를 발견하고 그 차이를 토론하여 해결책을 모색하는 것이다.

(2) 형제자매 관계

형제자매 관계는 청소년의 사회적 발달에 중요한 영향을 준다. 개인은 형제자매 관계를 통하여, 우정과 동료애를 경험하고 더 나아가 애정의 욕구를 충족시킬 수 있다. 그러나 연령차가 적거나 동성의 형제자매들은 자주 경쟁관계를 형성하게 되는데 청소년 초기 동안에는 경쟁관계를 형성하지만 연령 증가와 함께 그 갈등도 점차 완화되기 시작한다.

청소년기 후기에 들어서면 그들은 형제자매를 인생에 있어서 중요한 타자(significant others)로 지각하고 점점더 중요시하게 된다. 손위의 형제자매는 동생에게 자주 막역한 친구, 교사나 양육자 혹은 대리 부모가 되기도 하며 성역할 동일시의 대상도 된다. 그들은 동생을 돌보는 경험을 통해 성인의 역할과 책임을 배울 수 있다. 애정적 형제자매관계는 어린 동생의 소속감과 안정감에 기여하나, 거부적이고 적대적인 형제자매 관계는 적대감과 원한, 불안정 혹은 불안을 야기시키고 이러한 감정은 성인기까지 계속된다.

2) 친구관계

청소년기에는 우정이 가족 간의 애정보다 더 중요한 시기가 되므로, 청소년은 가족과의 대화보다는 친구를 만나거나 전화나 인터넷을 통해 친구와 연락하는 데 더 많은 시간을 보내게 된다. 따라서 청소년들은 동년배 집단과 강한 유대관계를 형성하고 자신의 집단 내 지위와 역할을 예측하고 평가하며, 필요한 사회적 기술을 학습한다. 따라서 청소년기의 원만한 친구관계는 사회적 적응과 정신건강에도 많은 영향을 미친다.

(1) 동년배 집단

친한 친구나 동년배 집단은 청소년에게 우정의 기쁨은 물론 정서적 지원과 안정감을 제공해 준다. 타인의 욕구와 감정을 고려하는 인지적 기술을 획득한 청소년들은 우정을 통하여 자신을 표현하고 타인을 이해한다. 그러나 청소년은 지나치게 강한 정서와 자기애적 경향성을 지니고 있기 때문에 그들의 우정은 오래 지속되지 못하며 사회적 스트레스의 근원이 되기도 한다.

청소년의 동년배 집단 형성은 성인기의 사회적 집단형성을 위한 기초가 되기 때문에 중요하다. 동년배 집단의 구성원으로서 청소년은 집단의 구조와 집단 내에서의 자신의 위치를 평가하는 기술을 학습하는 동시에 집단 동일시의 결과에 대한 통찰을 획득한다. 동년배 집단 구성원으로서 획득한 사회적 기술은 성인기의 성숙한 집단 구성원으로서의 역할수행을 위한 필수적인 요소가 된다.

(2) 동조 압력

청소년 초기의 청소년은 동년배 집단에 가입함으로써 집단 압력의 영향을 받는다. 청소년은 집단이 자신에게 무엇을 기대하고 있는가를 인식할 수 있는 지적 능력을 지니고 있으므로 친구가 집단 내에서 용감하고 사교적이며 자신감 있는 행동을 요구한다고 지각되면 청소년은 그와 같은 집단 동일시를 통해 긍정적으로 자기상을 형성할 수 있다.

동년배 집단은 구성원인 개인으로서의 역할은 물론 단체행동을 통해 집합적 영향력의 효과를 경험할 수 있도록 도와준다. 이 집단활동에 참여함으로써 자기 가치감을 확장시키고 외로움에서 보호받을 수 있으며 가족 간의 갈등으로 고민할 때에도 친구들에게 위안을 얻을 수 있다. 그러나 동년배 집단이 기대와 청소년 자신의 가치관 사이의 불일치 정도가 지나치게 크면 긴장과 갈등이 초래된다. 청소년의 탈선은 성공을 경시한 극단적인 동년배 집단 참여의 결과일 수도 있다.

3) 이성관계

청소년은 동성 간의 친구와 긴밀한 관계를 형성하고 우정을 나누는 것이 사실이긴 하지만, 이성의 친구에 대해서도 중요한 의미를 갖기 시작한다. 청소년기의 이성교제는 대체로 또래집단과의 활동이나 단체활동을 통해 이루어지는 경우가 많다. 이성교제를 하는 단계를 보면 동성끼리만 상호작용을 하다가 남녀 청소년의 집단 간 상호작용으로 접촉을 하다가 점차 개인적인 데이트를 하고 사랑에 빠져드는 단계로 옮겨간다. 이러한 이성교제의 과정에서 청소년이 이성을 대하는 태도는 매우 소극적이다. 즉, 청소년기에는 이성의 관심을 끌기 위하여 많은 노력을 하지만 막상 이성을 만나면 자신의 감정을 솔직하게 표현하지 못하는 것이 일반적이다. 그러나 시기에 따라 이성교제의 패턴이 달라지기도 한다.

청소년기 초기에는 자기중심성이 강하여 이성의 근사한 용모나 또래 간의 인기를 통해 자기를 과시하려는 목적으로 상대를 선택하는 등 이성교제의 목적이 주로 오락성 기능이다. 그러나 청소년기 후기에 접어들게 되면, 상호성을 강조하여 친밀감 형성이 주된 기능이 되고, 미래지향적으로 장래 문제를 고려하는 경향이 나타나게 된다. 청소년기에 이성교제를 함으로써 즐거운 여가시간을 가질 수 있고 남녀 간의 사랑의 본질과 기쁨을 알게 되며, 자신의 장단점을 인식하고 자기반성을 통하여 정상적인 성격발달을 도모할 수 있게 된다. 그리고 이성교제를 통해 타인과의 관계형성에 필요한 사회적 기술을 습득하고 친밀감과 정체감 형성에 도움을 받게 된다.

5. 컴퓨터와 가상공간

IT사회로 전환됨에 따라 컴퓨터는 생활필수품이 되었으며, 컴퓨터와 가상공간의 영향력이 더욱 커지고 있다. 대다수의 청소년이 인터넷을 통해 친구와 이메일을 주고받고, 채팅이나 카페, 블로그 등의 가상공간에서 공동체 활동을 하고 있으며 컴퓨터 게임이 주된 여가활동으로 자리 잡아 가고 있다. 이러한 컴퓨터의 활용은 청소년기의 발달에 긍정과 부정 두 가지 모두에 영향을 미친다.

긍정적 측면에서는 컴퓨터를 사용함으로써 빠르게 정보를 수집하고, 교과수업이나 과외활동에 필요한 지식과 정보를 습득하는 등 학습활동에 도움 받을 수 있으며, 학업으로 인하여 제한되는 친구관계를 유지해 나갈 수 있게 해준다. 이에 반해 현실세계에서의 대인관계의 위축으로 인해 비인간화를 초래할 수 있고 익명성이 보장되는 점을 악용한 음해성 글의 게재, 음란 및 불법디스켓의 유통, 스팸메일 발송 등과 같은 도덕성이나 사회적 책임성의 발달에 부정적 영향을 미치기도 한다.

Chapter 09

성인기 및 중·장년기의 발달

성인기 및 중·장년기는 신체적·심리적으로 성숙된 시기이며, 전 생애 과정에서 가장 활력이 넘치고 활동적 시기여서 많은 업적이 이뤄지는 시기라고 볼 수 있다. 이 시기에 대한 발달단계 구분은 매우 다양하지만, 우리는 성인기를 19~39세까지로 구분하고, 세부적으로 고등학교를 졸업하면서 취업과 결혼을 통해 부모로부터 완전한 독립을 성취하는 청년기와 우리나라 평균 초혼연령이 남자가 30세, 여자가 27세 정도(통계청, 2006b)를 감안하여 만 19~27세로 구분하였고, 청년기가 끝나는 28세부터 39세까지를 성년기로 구분하였는데, 하비거스트(Havighurst, 1972), 뉴만과 뉴만(Newman & Newman, 1987)의 발달단계 구분에 따르면 성인 초기에 해당하는 시기이며, 40대부터 신체적 노화현상이 가속화되므로 중·장년기로 구분하고자 한다.

1. 성인기 및 중·장년기의 개념

1) 성인기 개념

성인기는 배우자로서의 역할, 직업적 역할수행에 대한 몰두, 자녀를 양육하고 사회화시키는 부모의 역할 등을 수행하는 시기로 28~39세까지로 규정한다. 사회인으로서 자기가 속한 사회 전체의 구조와 크고 작은 사회의 특징과 성격을 이해하고, 사회문화와 규범 속에서 자신이 정상적으로 통합이 되면서 공민적인 권리와 의미를 수행하게 된다(장휘숙, 2000 : 219).

성인기의 발달과업은 동년배와 새롭고 성숙한 관계를 맺고 남성·여성으로서의 사회적 역할을 성취하며, 자신의 신체변화를 수용하고 이를 효과적으로 사용하며, 부모와 다른 성으로부터 정서적 독립심을 갖고 경제적 독립의 필요성을 확인하며, 직업 선택을 준비하고 결혼과 가족생활을 준비하며, 시민으로 필요한 지적 기술과 개념을 발달시키고 사회적으로 책임 있는 행동을 원하고 성취해야 하며, 행동지침으로서 가치와 윤리체계를 갖추는 것 등이다.

2) 중 · 장년기의 개념

신체적 변화에 적응, 부부 간의 애정 재확립과 중년기의 위기의 극복, 직업 활동에 대한 몰두와 여가선용 등의 발달과업을 수행해야 하는 40세에서 64세의 발달단계를 말한다. 중 · 장년기의 발달과업은 가정생활을 하고 자녀를 양육하며, 배우자와 원만한 인간관계를 맺고, 부모로서의 역할수행, 직장에서의 직무수행, 동료들과 원만한 인간관계를 맺고, 신체의 건강을 위해 운동과 규칙적인 생활을 하며, 여가활용, 생활의 경제적 표준 확립 등을 한다(김경희, 1999 : 246-274).

2. 성인기의 발달단계

1) 신체적 발달

청소년기와 성년기가 되면 모든 신체적 성장과 성숙이 거의 완성된다. 성인기는 정력, 활력, 신선함, 젊음의 육체적 매력 등으로 특징지어지는 시기이다. 특히 20대는 체력이 절정에 달하고, 생식기관에도 아무런 문제가 없으며, 운동수행능력도 절정에 달한다. 이 모든 것은 신체체계가 절정에 달한 것을 반영하는 것이다. 체력은 이 시기의 모든 사회적, 경제적, 정서적 과업을 수행하기에 충분하다. 성인은 또한 대체로 건강한 편이다. 이 시기에 신체의 모든 체계가 정점에 도달하며 질병에도 덜 걸리게 된다. 양호한 건강상태는 유전적인 요인, 연령, 의학적 치료능력 등과도 관련이 있다.

(1) 신체상태 및 감각기관

성인기가 되면 신체상태는 절정에 달하지만 점진적으로 감퇴하기 시작한다. 신체수행 능력, 체력, 정력, 지구력도 성년기에 절정에 이른다. 근력은 2

5~30세 사이에 절정을 이루며, 30~60세 사이에 10% 정도의 근력 감퇴가 일어난다. 손의 날렵함은 성년기에 가장 능률적이며, 손가락과 손의 움직임의 기민성은 30대 중반부터 감퇴하기 시작한다.

감각 역시 성인기에 가장 예민하다. 시력은 20세경에 가장 좋으며, 40세쯤 되면 노안이 진행되어 독서할 때에 돋보기 안경을 써야 하는 경우가 많다. 청력의 점진적인 감퇴는 보통 25세 이전에 시작되어 25세 이후에는 감퇴가 보다 뚜렷해진다. 미각, 후각 및 통각과 온도에 대한 감각은 40세에서 50세경까지는 전혀 감소되지 않는다. <표 9-1>은 주로 성년기에 일어나는 신체변화를 요약한 것이다.

〈표 9-1〉 **연령과 신체기능의 변화**

신체 기능	변화가 시작되는 시기	변화상태
시 각	40대 중반	수정체가 두꺼워져 조절력이 떨어진다. 가까이 있는 물체가 잘 안 보이고(원시) 빛에 민감하다.
청 각	50~60세	아주 높거나 아주 낮은 음조의 소리를 잘 듣지 못한다.
후 각	40세경	냄새를 구분하는 능력이 감소한다.
미 각	없음	맛을 구별하는 능력의 변화는 거의 없다.
근 육	50세경	근육조직의 상실
골 격	30대 중반, 여성은 폐경 이후 가속화	뼈 속의 칼슘성분이 상실(골다공증)된다.
심폐기능	35~40세	가만히 앉아 있을 때는 연령변화가 거의 없지만 운동을 하거나 일을 할 때 연령변화가 나타난다.
신경계	성인기 내내 점차적인 변화	뇌속의 신경계 상실, 전체 뇌 크기와 무게감소, 신경세포의 수지상 돌기 감소한다.
면역체계	청소년기	T세포의 감소
생식기능	여성(30대 중반) 남성(40세경)	여성 : 가임능력의 감소, 폐경 후 완전 상실 남성 : 약 40세경에 활동성 있는 정자의 수가 감소하기 시작하며, 성년기부터 테스토스테론의 점차적인 감소
세 포	점차적	피부, 근육, 힘줄, 혈액을 포함한 대부분의 세포가 점차적으로 감소한다.
신 장	40세	척추디스크의 압축현상으로 80세까지 1~2인치 정도 신장이 감소한다.
체 중	일정변화 없음	체중은 연령에 따른 일정한 변화패턴이 없으나 일반적으로 중년기에 체중이 제일 많이 나가고 노년기에 서서히 감소한다.
피 부	30~40세	탄력성을 잃으면서 주름이 생기기 시작한다.
모 발	50세경	모발이 가늘어지고 점차 흰색으로 변한다.

출처 : Bee, H.(1998). Lifespan development(2nd ed.). Addison-Wesley.

(2) 건강과 질병

① 건강상태

성년기 동안 건강상태는 최상이다. 자신의 건강상태를 평가해 보라는 질문을 받으면 대부분의 성인기 사람들은 "매우 좋다"라고 답한다. 성인들은 병에 잘 걸리지 않고, 병에 걸렸다 하더라도 곧 회복된다. 18~44세의 성인 중 10%만이 당뇨, 심장질환, 암에 걸린다. 만성질환이나 손상 때문에 생활에 제한을 받는 사람은 1%도 채 안 된다. 그러나 좋은 건강이 단지 운에 달린 것은 아니다. 건강은 생활양식의 영향을 받는다. 인간은 유전의 수동적인 피해자나 수혜자가 아니다. 인간은 자신의 건강을 증진시키기 위해 큰 역할을 할 수 있다. 40년 이상 진행된 버클리 종단연구에서 보면 30세 때의 건강상태를 가지고 70세 때의 생활만족도를 예측할 수 있었다.

② 건강과 영향요인

세계보건기구(WHO)가 정의하였듯이 건강이란 "완전한 신체적, 정신적, 사회적 안녕상태이고, 단순히 질병이나 질환이 없는 상태를 말하는 것은 아니다"(Danish, 1983). 사람은 어떤 활동을 추구함으로써(예 과도한 흡연이나 음주) 그와 같은 안녕상태를 확보할 수 있다. 건강은 성인의 생활양식과 관련이 있다. 음주, 흡연, 약물남용, 스트레스에 대한 반응, 음식물, 치아관리, 운동 등은 건강에 영향을 미친다. 좋은 건강습관이 질병으로부터 우리를 완전히 자유롭게 해 주지는 못하지만 그러한 위험을 상당히 감소시킬 수는 있다. 특히 일찍부터 시작한다면 더욱 그러하다.

음식물을 어떻게 무엇을 섭취하는가 하는 것은, 우리가 어떤 모습으로 보이고, 신체적으로 어떻게 느끼고, 여러 가지 질병을 얼마나 이겨낼 수 있는가를 크게 좌우한다. 특히 비만은 고혈압, 심장질환, 암 등의 성인병을 유발할 뿐만 아니라 수명을 단축시키기 때문에 심각한 건강문제가 된다. 비만의 위험이 가장 높은 때가 바로 이 성인기이다. 또한 날씬한 것에 가치를 두고 신체적인 매력으로 사람을 평가하는 사회에서는 체중이 많이 나가는 것은 심각한 심리적 문제가 될 수 있다. 가장 효과적인 체중 감량법은 식사량을 줄이고, 식습관을 바꾸며, 운동을 하는 것이다.

운동은 아리스토텔레스가 일찍이 삶의 질은 우리가 어떤 활동을 하느냐에 달려 있다는 점을 강조하였다. 삶의 질을 개선시킬 수 있는 주요활동 중의 하나가 운동이다. 규칙적인 운동을 하면 많은 이득이 있다. 정상 체중을 유지할 수 있고, 근육을 단련시키고, 심장과 폐를 튼튼하게 하며, 혈압을 낮추고 심장마비, 암, 골다공증 등을 예방하여 수명을 연장시킨다.

흡연은 흡연자에게 암, 심장병 등 여러 질병에 걸릴 위험을 노출시킨다. 흡연은 폐암, 후두암, 구강암, 식도암, 방광암, 췌장암, 경부암뿐만 아니라 궤양과 같은 위와 장의 질환 및 심장마비와 관련이 있으며, 기관지염, 폐기종과 같은 호흡기 질환과도 관련이 있다. 그래서 어떤 이들은 흡연을 "느린 동작의 자살"이라고까지 표현하기도 한다. 비흡연자도 '간접흡연', 즉 자기 주위에서의 흡연에 영향을 받으며, 특히 임신한 여성이 흡연을 하게 되면 자신의 건강뿐만 아니라 태아의 건강까지 해친다. 임신 중 흡연은 조산, 저체중, 자연유산, 난산과 관계가 있다.

음주는 인간에게 불안을 덜어주고 인생에 즐거움을 더해주며, 골치 아픈 문제로부터 도피할 수 있게 해준다. 적당한 양의 음주는 인간관계에서 윤활유 역할을 하지만 양이 지나치면 중추신경에 의해 통제되는 활동이 크게 영향을 받는다. 음주운전은 교통사고로 인한 사망의 주 원인이 되고 있으며 신장과 간을 해치게 되고, 위염이 생기고 감각장애를 일으켜 기억상실에 걸린다. 더 심하면 혼수상태에 빠지고 죽음에까지 이르게 된다.

술을 지나치게 많이 마시면 알코올 중독자가 될 위험이 있다. 알코올 중독은 자신의 인생뿐만 아니라 주위 사람의 인생도 망친다. 많은 경우 알코올 중독은 가정폭력을 초래하여 가족해체의 원인이 되기도 한다.

약물남용으로 이어지는 약물은 인체에 미치는 영향에 따라 마약, 환각제, 흥분제, 진정제 등으로 분류한다. 헤로인, 아편, 코카인, 모르핀과 같은 마약은 처음에 강렬한 도취감에 빠지게 하고, 곧이어 평온하고 행복한 상태가 몇 시간 지속된다. 마약은 중독현상이 강하고 내성이 빨리 생긴다. 처음 약을 복용할 때 느끼던 강렬한 쾌감은 계속 복용하면 같은 효과를 내기 위해서는 양을 늘려야 한다. 일단 중독이 되면 약값이 엄청나기 때문에 약값을 구하기 위해 범죄행위에 가담하기도 한다. 마약은 주로 주사를 사용하기 때문에 오염된 주사바늘을 사용함으로써 간염, 파상풍, 에이즈 등에 감염될 수 있다.

스트레스는 생활의 변화로 말미암아 심리적·생리적 안정이 흐트러지는 유쾌하지 못한 상태로 정의할 수 있다. 따라서 스트레스를 받게 되면 일반적으로 불안해하거나 긴장하게 된다. 스트레스원은 스트레스를 일으키는 원인이 되는 사건이다. 어떤 사건이 스트레스원이 되는지의 여부는 개인이 그 사건을 어떻게 해석하느냐에 달려 있다.

성인기는 인생에서 스트레스가 가장 많은 시기이다. 특히 25～44세의 성인들이 다른 어떤 연령집단보다도 스트레스를 많이 받는 것으로 보인다. 이들은 인생에서 크고 작은 변화를 수없이 경험한다. 그 중에서 가장 보편적인 스트레스원은 경제적인 것이다. 우리 신체가 스트레스에 반응하는 능력은 연령이 증가하면서 감소한다. 정상적인 상황에서는 신체체계가 제대로 기능을 하지만, 스트레스를 주는 사건에 직면하면 젊은이들처럼 효율적으로 대처하지 못한다.

2) 심리적 발달

(1) 인지발달

청소년기의 인지발달에 대해서는 아직 학자들 간에 합의에 이르지 못하고 있다. 피아제의 청소년기에 형식적 조작사고가 발달한 이후에는 인지발달이 거의 이루어지지 않는 것으로 보는 반면 알린(Arlin, 1975)이나 리에겔(Riegel, 1973)은 그 이후에도 인지발달은 지속적으로 이루어진다고 하였다. 최근에는 피아제의 인지발달이론에 대한 많은 비판이 제기되면서, 기계적 암기나 지적 과제의 수행속도 등은 10대 후반이 가장 뛰어나지만 판단, 추론, 창의적 사고 등은 청소년기는 물론 전 생애를 통하여 발달하는 것으로 보는 견해가 우세해지고 있다(권중돈·김동배, 2005 : 168). 알린, 리에겔, 페리(Perry, 1981), 샤이에(Schaie, 1990) 등은 성인기에도 인지발달은 지속적으로 이루어진다고 하였다.

알린은 성인기에는 청소년기의 형식적 조작사고와는 달리 창의적 사고, 확산적 사고, 새로운 문제해결방안의 발견을 특징으로 하는 문제발견적 사고가 발달한다고 하였고, 리에겔은 성숙한 사고로서 어떠한 사실이 진실이 될 수도 있고, 진실이 아닐 수도 있다는 점을 인식하는 변증법적 사고가 발달한다고 하였다. 페리는 성인기에는 이원론적 사고에서 벗어나서 다원론적 사고로 옮겨 간다고 하였으며, 샤이에는 청소년기까지는 생활에 필요한 지식을 습득하는 단계이며, 성인기부터는 습득한 지식을 실생활에 적용하는 단계로 전환된다고 보고 있다(정옥분, 2004 : 508).

〈표 9-2〉 성인기의 인지발달단계

구 분	piaget	Arlin	Riegel	Labouvie-Vief	Perry/Sinnott	Schaie
청소년기	형식적·조작적 사고	형식적·조작적 사고	형식적·조작적 사고	형식적·조작적 사고	형식적·조작적 사고	형식적·조작적 사고
성년기		문제발견적 사고	변증법적 사고	실용적 사고	다원론적 사고	성취단계
중년기	↓	↓	↓	↓	↓	책임·실행단계
노년기						재통합단계

① 지능과 연령 : 결정성 지능과 유동성 지능

혼(Horn, 1967, 1970, 1982)과 카텔(Cattell, 1965)은 성인기의 지적 능력에서 결정성 지능과 유동성 지능의 구분을 제안한다. 결정성 지능은 학교 교육과 일상생활에서의 학습경험에 의존하는 정신능력을 반영한 것으로 이는 교육이나 문화적 배경 또는 기억에 의존한다. 어휘력, 일반상식, 단어연상, 사회적 상황이나 갈등에 대한 반응을 통해 결정성 지능을 측정한다.

유동성 지능은 '타고난 지능'으로 생물학적으로 결정되며 경험이나 학습과는 무관하다. 유동성 지능은 새로운 정보를 처리하는 능력으로서 사전 지식이나 학습을 필요하지 않는다. 유동성 지능은 공간 지각, 추상적 추론, 지각 속도와 같은 검사를 통해 측정된다. 결정성 지능과 유동성 지능은 절정에 달하는 시기가 각기 다르며 유동성 지능은 10대 후반에 절정에 도달하고, 성인기에는 중추 신경 구조의 점차적인 노화, 즉 지적 기능에 필요한 생리적, 신경학적 구조가 연령이 증가하면서 손상됨으로써 점차 감소하기 시작한다. 반면, 결정성 지능은 성인기에서의 교육이나 경험의 축적된 결과의 반영으로 생의 말기까지 계속 증가한다.

② 성인기 지능의 성차

지적 능력의 성차는 성인기 내내 계속된다. 웩슬러(Wechsler)의 성인용 지능 검사에서 남성은 산수, 상식, 블록짜기, 기호 쓰기 등에서 여성보다 우세하였으며, 시애틀 종단연구의 정신능력 검사에서 남성은 공간지각이나 산수 문제에 우세하고 여성은 귀납적 추론, 언어기억, 지각속도에서 우세하였다. 단, 이러한 남녀의 성차는 단지 평균차를 의미할 뿐이다.

③ 창의성과 연령

에디슨, 모차르트의 '피가로의 결혼' 등의 옛 선인들을 보면 성인기에 창의성이 저하된다고 말하기 어렵다. 몇몇 연구에 의하면 가장 생산적이고 창의적인 업적은 30대에 제일 많으며 80%가 50세 전에 이루어진 것이다. 일반적으로 창의성은 일생동안 지속되며 성인기에 절정에 달한다. 노년기에 창의성이 감소하는 것은 질병, 개인적 문제, 스트레스, 창의적인 노력에 대한 관심이나 동기결여와 같은 몇 가지 요인 때문인지 모른다. 그리고 대부분의 노인들에게서 창의적 생산성이 감소하는 것은 사실이지만, 미켈란젤로, 베르디, 괴테, 피카소 등과 같은 천재들의 생애를 보면 고도의 창의적인 작품들은 70~80대, 심지어 90대에도 가능하다는 것을 알 수 있다.

(2) 자율성 발달

청소년기에 부모로부터 독립하여 자립적 생활을 영위하기 위해 먼저 사회적으로 요구되는 기술을 습득하여야 한다. 즉, 일상생활능력, 신체적 성숙, 자율적 판단을 내리고 이에 따라 행동할 수 있는 능력의 발달이 선행되어야만 부모나 가족으로부터 독립하여 생활할 수 있게 된다.

이와 같이 청소년기의 진정한 독립은 부모와 분리되는 것에 대한 불안의 극복, 경제적 확실성 그리고 자율적 의사결정능력의 보유 등과 같은 신체·심리·사회적 영역 모두에서 분리가 가능할 때 이뤄진다. 그러나 청소년기에 부모로부터 분리, 독립하여 자율성을 찾는 과정에서 대부분의 청년들은 양가감정을 갖게 된다. 부모는 이러한 청년의 양가감정을 최소화하고 자율성 획득을 지원하기 위해서는 자녀에게 부과하던 금지나 제한을 줄이고, 가족의사결정에 자녀의 참여를 격려하고, 자녀를 독립된 개인으로 인정해 주어야 한다.

(3) 애정발달

청소년기의 이성에 대한 관심은 청소년기가 되면서 인생의 동반자를 구하는 사랑으로 변해간다. 인생의 동반자를 구하기 위해서는 먼저 자아정체감을 형성하여야 한다. 또 상대방의 개성을 인정해주고, 상대방에게 자아실현의 기회를 부여해주며, 외롭고 힘들 때 정서적 동반자가 되어 줄 수 있어야만 진정한 사랑을 나눌 수 있을 것이다.

스턴버그(Sternberg, 1988)는 사랑에는 친밀감, 열정, 전념 또는 헌신이라는 3가지 요소가 있다고 하였다. 친밀감은 사랑의 정서적 요인으로서 상호이해, 격의 없는 친밀한 대화, 정서적 자원 등을 포함한다. 열정은 사랑의 동기유발 요인으로서 신체적 매력, 성적 욕망 등을 포함한다. 전념 또는 헌신은 사랑의 인지적 요소로서 애정적 관계를 유지하기 위한 약속과 책임감을 의미한다. 스턴버그는 사랑의 3가지 구성요소가 얼마나 강하게 나타나는가에 따라 사랑을 4가지 유형으로 구분하고 있다(권중돈 · 김동배, 2005 : 170).

〈표 9-3〉 **스턴버그의 애정 유형 구분**

구성요소	열 정	친밀감	전념 / 헌신
열정적 사랑	+	−	−
온정적 사랑	−	+	+
환상적 사랑	+	−	+
원숙한 사랑	+	+	+

(4) 친밀감의 발달

성인기의 주요한 심리적 발달과업은 가족과 그 외의 사람들과 친근한 관계를 형성하는 것이다. 친밀감은 자신의 정체성을 잃을지도 모른다는 두려움이 없이 타인과 개방적이고 지지적이며 조화로운 관계를 형성하는 능력이다. 친밀감을 형성하기 위해서는 감정이입능력, 자기통제능력, 타인의 장단점 수용능력을 갖추어야 한다.

남성과 여성의 사회화 과정의 차이로 인하여 성인기의 친밀감 형성과정에서는 성에 따른 차이가 존재한다. 남성의 경우는 사회화 과정에서 독립성, 남성다운 행동을 남성의 덕목으로 수용한 관계로 상호의존적 관계형성이나 정서적 표현력에서 제한을 받게 된다. 이에 반해 여성은 사회화 과정에서 표현적, 양육적, 지원적 역할이 수행해야 할 역할로 받아들였기 때문에, 성인기의 친밀감 형성에 보다 유리하다.

청소년기와 청년기에 자아정체감을 확립하지 못한 성인은 고립감을 형성할 가능성이 높으며, 군입대, 취업준비, 부부 간의 흥미와 취미의 상이성 등과 같은 상황적 요인도 고립감 형성에 기여한다(김태련·장휘숙, 1998). 만약 성인기에 고립감이 형성되게 되면, 타인과 친밀한 관계를 형성하는 것이 오히려 자신의 정체감 혼란을 초래할 것이라 보고, 타인과의 관계형성 자체를 제한하게 된다.

(5) 성격의 성숙

성숙된 성격은 일반적으로 원기가 왕성함, 낙천적이고 명랑함, 일을 즐기는 경향, 놀이를 즐길 수 있는 것, 목적을 달성할 수 있는 능력, 자기 통찰력, 사태에 대한 적절한 반응, 책임감 있는 강함 등의 성격 특질을 가진다. 성격심리학자인 올포트(G. Allport, 1961)는 성숙된 성격을 6가지 측면에서 조망하고 있다.

첫째, 자아의 확장은 인간이 자신에 대해 가지고 있는 심상인 자아가 경험을 다양하게 하고 여러 활동에 참여함으로써 점차 자기를 확대시켜 나가는 것이다. 둘째, 타인과의 따뜻한 관계는 자아 확장을 통해 자아를 동일시하고 사랑할 수 있는 것, 객관적 입장에서 존경과 이해심을 가지고 타인을 대하는 것, 따뜻한 관계란 다른 사람에 대한 동정과 친밀감을 뜻하며 다른 사람에게 해를 끼치지 않고 자유를 침해하지도 않는 너그러운 태도이다. 셋째, 정서적 안정성으로 성숙된 성격은 정서적으로 변화가 심하지 않고 균형이 잡혀 있어서 화를 잘 내거나 쉽게 격정에 사로잡히지 않고 중립적이다. 넷째, 현실적 지각기술 및 역할수행능력은 인식능력뿐 아니라 문제해결이 정확해야만 가능하다. 어떤 일에 당면했을 때 자기방어에 급급하지 않고 문제중심으로 생각하고 열중하는 습관이 있으며, 따라서 자기 임무와 역할을 훌륭하게 해낼 수 있다. 성숙된 성격의 소유자는 자기의 역할을 싫어하지 않고 당연한 것으로 받아들이기 때문에 맡은 바 일을 잘 해낼 수 있다. 다섯째, 자기 객관화는 자기를 객관화시켜 볼 수 있는 데 2가지 요소가 있다. 하나는 통찰력이고 다른 하나는 유머감각이다. 자기 객관화는 자기에 대한 지식이 정확하여 자신의 결정을 인정하고 다른 사람에게 투사시키지 않고 자기 능력과 분수에 맞추어 행동하는 것이다. 따라서 불필요한 갈등이나 정서적 불안이 없기 때문에 원만하고 행복한 생활을 할 수 있다. 유머는 스스로를 웃으면서 아끼는 능력으로 높은 교양에서 나오는 것이며 일시적인 도피나 적대적 습관이 아니다. 이러한 유머감각은 성숙된 성격의 특징이다. 여섯째, 통합된 인생관으로 성숙된 성격은 지식체계로서 확고하고 통합된 인생목표를 가진다. 이러한 지식체계는 단편적 지식을 주어 모은 것이 아니라 객관적 지식에 기초를 둔 통합된 체계로서 굳은 신념을 가질 수 있는 철학이어야 한다(김경희, 1999 : 277).

3) 사회적 발달

(1) 성역할 정체감 확립

성역할 정체감이란 사회가 특정성에 적절하다고 인정하는 특성, 태도, 흥미와 동일시하는 과정으로 성에 따른 사회의 역할기대를 내면화하는 과정이다. 청소년기는 경제적 성취, 정서적 통제와 정서적 민감성의 겸비, 자기주장능력 등과 같은 현대사회의 남성다움과 동일시하여야 하므로 성역할 정체감 형성에 있어서 많은 갈등과 긴장을 경험한다. 여성의 경우에는 아동기에는 성과 관련된 제약을 적게 받지만 청소년기에 이르게 되면 엄격한 성역할을 강요당한다. 그리고 청소년기가 되어서는 전통적 여성상인 현모양처와 현대적 여성상인 유능한 여성이라는 2가지 성역할 사이에서 갈등과 긴장을 경험한다.

현대사회에서는 남성은 남성다워야 하고, 여성은 여성다워야 한다는 전통 성역할 기대에 많은 변화가 초래되고 있다. 그러므로 남녀를 불문하고 현대사회에서는 전통적으로 여성의 고유한 특성으로 간주되는 온화함, 이해심, 부드러운 감정 표현뿐만 아니라 모험심, 지성, 야망, 성취 등과 같은 남성적 특성을 고루 갖추는 것이 보다 바람직하다는 주장이 우세해지고 있다.

(2) 결혼과 부부관계

결혼이 이루어지기 전에 성인 남녀는 데이트과정을 통해 결혼상대자를 만나게 된다. 결혼상대자의 선택은 상호작용이 가능한 사람, 상대방의 매력, 개인적 특성, 성격, 사회적 배경, 태도와 가치관이라는 기준에 입각하여 이루어지게 된다. 물론 결혼상대자 선택에 있어 이 기준들 중에서 어떤 기준을 더욱 중시하는가는 개인에 따라 차이가 있다.

결혼 만족도 또는 상호작용의 질을 결정하는 요인은 사회경제적 지위와 결혼생활기간, 남편의 심리사회적 성숙도, 부부 간의 의사소통 유형이다. 첫 번째 요인과 관련하여서는 사회경제적 지위가 높고, 결혼기간이 길수록 부부 사이에 친밀한 관계가 형성될 가능성이 높다(Scanzoni & Scanzoni, 1981). 그리고 임신, 출산, 가사 등으로 인하여 남성보다 여성이 결혼생활에 더 많은 긴장을 경험하기 때문에 심리사회적으로 성숙한 남편일수록 부인이 이러한 긴장을 적절히 해결 할 수 있도록 더 많은 지지를 해 줄 수 있기 때문에 남편의 심리사회적 성숙도가 높을수록 결혼만족도가 높아진다(Barry, 1970).

부부 사이의 의사소통 유형에 따라서는 상호간에 자유롭게 의견을 개진하고 상대방의 의견도 수용하는 접촉적 의사소통을 하는 부부의 결혼생활 만족도가 더 높은 것으로 나타났다(Hawkins et al., 1980). 이러한 요인에 의해 결정되는 결혼만족도는 가족생활주기에 따라 차이가 난다. 즉, 신혼기인 성인기에는 결혼만족도가 가장 높지만 자녀출산과 양육을 하게 되는 중년기에는 전반적으로 낮아지며, 자녀가 출가 또는 독립한 이후에는 다시 결혼만족도가 높아지는 변화를 보인다(White et al., 1986).

오늘날에는 배우자가 자신의 삶을 풍요롭게 해 주고, 자신의 잠재력을 실현 할 수 있는 기회를 부여해 주며, 인생의 동반자이자 사랑과 열정의 대상이 되어 주기를 기대한다. 결혼생활이 이러한 기대를 충족시켜 주지 못하면 이혼을 고려하게 되는데, 최근 10년 사이에 이혼율은 3배 가까이 증가하고 있다. 이러한 이혼율의 증가와 아울러 재혼하는 비율도 높아지고 있는데, 전체 혼인건수에서 재혼건수가 차지하는 비율이 36% 정도에 이르고 있어 대안적 생활양식으로 등장하고 있다. 그러나 우리 사회에서는 이혼가족이나 재혼가족에 대한 부정적인 고정관념이 아직도 강하게 자리 잡고 있어 이들 가족은 역할 상실, 경제적 어려움, 사회적 고립, 자녀양육이나 질병의 문제와 같은 이혼이나 재혼에 따르는 어려움 이외에 사회적 낙인을 동시에 겪게 되는 이중고를 당하고 있는 실정이다.

① 배우자 선택과정

배우자 선택의 과정을 일련의 '여과' 과정으로 보는 심리학적 접근법이 있다. 머스타인(Murstein)의 여과이론에 의하면, 첫째, 외모나 예절로 사회계층과 같은 외적 특성에 기초하여 얼마나 잘 맞는가를 점검한다. 둘째, 태도나 신념(정치적 또는 종교적). 셋째, (서로 호감이 갈 경우) '역할조화'가 쟁점이 된다. 이와 같이 여과과정이 순서대로 진행되는 것이 아니라 위에서 언급한 요소들이 처음부터 동시에 존재하는 것으로 보인다.

우드리(Udry, 1971)의 여과이론에는 6가지 여과망을 제시하고 있다. ㉠ 근접성 여과망; 지리적으로 가깝고, 만날 기회와 상호작용의 가능성이 많은 사람으로 대상이 제한된다. ㉡ 매력의 여과망, ㉢ 사회적 배경; 인종, 연령, 교육수준, 종교 등이 유사한 사람으로 범위를 좁힌다. ㉣ 일치의 여과망; 태도, 가치관의 유사성, ㉤ 상호보완성의 여과망; 욕구, 성격 특성에서 서로의 단점을 보완해 주는 사람을 선호한다. ㉥ 결혼준비 상태의 여과망; 결혼 적령기, 결혼하라는 부모의 압력, 결혼하고자 하는 강한 욕구 등이 있다.

사회학자들은 '동류교배'를 이야기 하며, 외적 특성을 더 강조한다. 배우자 선택에서 강력한 단일요소는 유사성으로 연령, 교육수준, 사회계층, 종교, 태도, 기질, 관심분야가 비슷한 사람에게 끌리게 되는 것 등이 있다.

(3) 자녀양육

자녀는 부부 간의 사랑을 연결해 주고, 친구가 되기도 하며, 부부 간의 외로움을 감소시켜 주기도 하지만 첫 자녀의 임신, 출산준비 등이 결혼생활에 긴장을 야기하고, 결혼만족도나 행복감을 감소시키기도 한다. 따라서 자녀 출산 이후에도 부부 간의 적응상태를 적절히 유지하기 위해서는 부모로서의 역할전환에 대한 준비가 되어 있어야 하며, 육아에 대한 지식을 가지고 있어야 한다.

(4) 가족구조의 변화

20세기 말이 되면서 나타난 주요한 사회변화는 가족구조의 변화일 것이다. 젊은이들을 중심으로 두 남녀가 결혼을 하지 않은 상태로 함께 사는 동거가족이 새로이 등장했으며, 독신자의 수가 증가하는 추세에 있고, 결혼한 부부 사이에 자녀가 없는 무자녀 가족 또한 계속 증가하고 있는 것으로 보인다. 이혼율의 증가로 한부모 가족이 증가일로에 있으며, 재혼으로 인한 계부모 가족도 점점 증가하고 있다(정옥분, 2004 : 560).

독신생활은 1990년 102만 명에서 1995년에는 164만 명으로 늘어나 점점 증가하는 추세에 있다(통계청, 1995). 스타인(Stein, 1976)은 22세에서 62세 사이의 독신남녀 60명 이상을 대상으로 면접조사를 하였는데 그 결과로 독신생활의 장점으로는 직업기회, 자급자족, 성적 자유, 신나는 생활양식, 이동성, 변화에의 자유지속적인 우정, 다양한 경험, 다양한 역할, 심리적, 사회적 자율성에 관한 기회 등을 열거하였다.

동거생활은 두 남녀가 공식적으로 결혼식이나 혼인신고를 하지 않고 함께 사는 것을 말한다. 우리나라의 경우 10여 년 전의 동거가족은 진보적인 성향을 갖고 있는 젊은이들의 전유물이나 저소득층의 경제적 어려움을 이유로 선택했었지만, 최근 새로운 풍속도의 하나로 보고 있다. '혼전동거에 관한 대학생의 의식조사'라는 연구에서 대다수 남학생은 혼전동거에 대해 긍정적으로 생각한 반면, 여학생들은 대다수가 부정적인 반응을 보였다.

무자녀 가족은 피임법의 보급, 여성의 역할변화, 개인주의적 사고의 증가 등으로 점차 자발적인 무자녀가족을 증가시키고 있다. 무자녀 가족은 신체적으로는 아무런 문제가 없으면서 의도적으로 자녀를 갖지 않는 경우와 아이를 갖기를 원하지만 가질 수 없는 경우 등 두 가지가 있는데, 두 경우 모두 증가 추세에 있다.

한부모가족은 이혼이나 사별로 인한 한부모가족도 전 세계적으로 증가하는 가족형태이다. 한부모가족을 모자가족과 부자가족의 비율로 살펴보면 약 5:1정도로 모자가족의 수가 부자가족보다 월등히 많음을 알 수 있다.

특히 모자가족의 문제는 첫째, 경제적 곤란이다. 왜냐하면 모자가족의 경우 소득이 1/2 혹은 1/3로 감소될 뿐만 아니라 여성의 사회진출 그 자체가 어렵기 때문이다. 둘째, 일반적으로 아버지의 부재 시 동일시 대상의 상실과 "아버지 없이 자라서 아이가 버릇이 없다"는 사회적 통념에서 오는 압박감, 열등감, 가족 내 역할구조상의 문제로 인해 자녀에게 정서적 불안과 심리적 갈등이 생겨날 수 있다. 셋째, 모자가족의 경우 어머니와 자녀 모두가 일반가족에 비해 문제해결능력, 가족원 간의 의사소통, 역할기능, 정서적 반응, 정서적 관여, 자녀에 대한 행동통계 등 가족기능의 모든 영역에 있어서 많은 어려움을 겪고 있다(권복순, 2000).

부자가족도 문제가 없는 것은 아니며, 재산분할로 인한 재산 감소, 생활의 불규칙함에서 오는 지출과다 등 편모가 양육과 가사역할 등 가정관리의 문제와 직장생활을 병행해야 하는 데서 오는 어려움이 있다. 둘째, 자녀양육과 가사역할 등 가정관리의 문제와 직장생활을 병행해야 하는 데서 오는 어려움이 있다.

(5) 직업발달

직장생활을 하는 성인들은 청소년기에 자신에게 맞는 직업을 선택하고 사전 직업훈련도 어느 정도 받았지만 특정 직업을 수행할 수 있는 실질적인 직무기술에 대한 훈련을 거의 받지 못한 상태이다. 그러므로 직업생활 초기에는 직업역할 수행에 필요한 여러 가지 훈련들을 받아야 하는데, 직업훈련 기간은 짧게는 몇 주에서부터 길게는 10년 이상을 필요로 하는 경우도 있다.

직업역할을 성공적으로 수행하기 위해서는 자신이 수행해야 할 특정 직무와 관련된 전문지식과 기술을 학습해야 하며, 그 직무에 따르는 지위와 의사결정과정 등의 권위관계에 대해서도 학습해야 한다. 그리고 직업적 요구사항과 위험요인을 정확히 인식하여 대처능력을 기르고, 직장동료와의 우애로운 상호관계를 형성할 수 있어야 한다. 이러한 직업훈련과정을 충실히 이행하고 자신에게 부여된 직무를 수행하고 그 결과에 따라 만족을 느끼는 정도는 직무 특성이나 개인적 특성에 따라 차이가 있다. 연령이 낮을수록, 특히 30대 이하의 젊은이들이 직업에 대해 불만족하는 경향이 더 강하지만 연령이 증가함에 따라 자신의 직업에 대해 만족을 느끼는 비율이 높아지는 것이 일반적이다.

성인기에는 직업생활, 부부관계, 자녀출산, 양육, 친척, 친구관계와 같은 다양한 생활영역을 고려하여 기본적인 가족생활 시간을 결정하는 데 있어서 가장 중요한 영향을 미치는 것이 직업생활이다. 특히 가장이 직업적 요구에 어떻게 반응하는가에 따라 가족의 생활시간이 달라질 수밖에 없다. 직업적 요구를 중시하는 가장은 부부나 자녀와 함께 여가생활을 할 수 있는 시간이 적은 반면에 작업적 요구보다는 가정생활을 더욱 중시하는 경우에는 가족과의 여가시간이 더 많아진다. 그 외에도 직장동료와의 관계, 친척관계, 친구관계, 이웃관계 등의 생활영역에서 어느 영역에 더 많은 비중을 두는가에 따라 생활시간이 달라진다.

성인기에는 이와 같이 다양한 역할기대를 재조정해야 하기 때문에, 여러 생활영역에서 갈등이 야기될 수 있다. 특히 맞벌이 부부의 경우에는 사회적 관계망의 역할기대와의 부조화, 역할과중의 문제로 인하여 가족 내에 갈등이 야기될 소지가 많다. 맞벌이를 하는 아내의 경우에는 자녀양육과 집안일, 직업여성으로서의 역할을 동시에 수행하는 과정에서 역할갈등과 역할과중을 경험하게 됨으로써 맞벌이 남편에 비하여 더 큰 어려움을 겪을 수밖에 없다. 이때 맞벌이를 하는 여성이 아내, 어머니, 직업인 등의 역할을 지나치게 완벽하게 수행하려 할 경우, 슈퍼우먼 증후군(superwoman syndrome)을 보이기도 한다.

① 직업선택과 영향요인

직업선택에 대한 영향요인을 보면, 첫째, 부모의 영향으로 부모가 직접 자신의 직업을 물려받기를 강요하거나 직업기술을 전수함으로써 직업계승을 요구하는 등, 직업에 대한 포부, 성공의 크기는 부모의 성취동기와 관계가 있다. 둘째, 사회계층으로 직업에 대한 지식과 이해에 영향을 미친다. 학업성취와도 관계가 있다. 셋째, 지능, 적성, 흥미, 지능으로 개인의 의사결정능력, 포부수준, 선택한 직업의 성공 여부와 관련 있다.

② 직장생활

직장생활에서 고려할 내용을 살펴보면 첫째, 직장동료와의 관계로 직장에서의 대인관계는 직장동료나 상관, 부하직원 등과의 관계를 포함한다. 직장에서 이러한 대인관계는 직업만족도의 중요한 요인으로 작용한다. 많은 시간을 함께 하면서 성취감, 경쟁심 등을 통해서 직업능률과 자기 성숙에 발전을 가져오므로 대단히 중요하다. 그러나 직업 성질상 경쟁을 너무 요구하거나 상사가 너무 권위적이거나, 부하직원이 예의가 없거나 하는 경우 갈등이 커지므로 이를 해결하고 이에 적응하는 능력과 노력이 필요하다. 둘째, 직무수행으로 젊은이나 나이든 사람 간에 직무수행을 연구한 결과에 의하면, 생산성과 연령 간에는 관계가 없었다. 즉, 30대 근로자와 50대 근로자를 비교하여 지각, 결근, 수행속도, 수행시간 간에 차이가 없었다(Meier & Kerr, 1977). 셋째는 직업 만족도로 산업 심리학자들의 연구에 의하면, 직업에 대한 만족도는 연령에 따라 변화된다. 일반적으로 30세 이하의 근로자들은 직업에 대해 불만족스럽게 느끼는 데 비해서, 30세 이상의 근로자들은 직업에 만족하는 경향이 있다. 이러한 현상은 봉급수준이 낮은 직종에 종사하는 근로자에게서 뚜렷하다.

직업에서의 성공요인은 직업에서 성공하는 데 영향을 주는 결정요인으로 지능, 적성, 흥미 및 특정 직업에 대한 훈련, 사회화된 성격, 새로운 국면에 대처하는 능력 등을 들 수 있다. 지능정도는 직업의 종류에 따라 달라질 수 있으나, 지능이 높은 것은 승진이나 보수 등이 높아지는 직업 성공도와 관계가 있다. 적성은 어떤 특정한 분야의 능력으로 직종에서 요구하는 능력인 적성이 있을수록 직업 성공률도 높다. 흥미는 직업에서의 만족과 그로 인한 동기부여로 산업 심리학자들의 보고에 의하면 적성보다는 흥미가 높은 것이 직업 효율성, 생산성을 높이는 데 기여하므로, 결국 직업 성공도와 더 높은 관계가 있다. 직업에 대한 훈련에서는 특정 직업에 필요한 지식이나 자격을 위해 훈련과 경험을 가진 경우가 그렇지 않은 경우보다 직업에서 성공할 확률이 더 크다. 성격 면에서는 정서가 불안정하거나 다른 사람과 잘 어울리지 못하는 등의 성격 소유자에 비해서 정서가 안정되고 사교적이며 사회화된 성격의 소유자는 직업 성공도가 더 높다. 뿐만 아니라 경직되지 않고 융통성이 있는 성격을 가진 사람이 직업 만족도와 성공 확률이 더 높다. 직업상의 스트레스는 직업 만족도가 낮은 경우 이는 종종 직업상의 스트레스 때문이다. 스트레스의 근원은 진급이나 승진기회의 부족, 낮은 임금, 단조롭고 반복적인 작업, 의사결정에서의 배제, 과중한 업무나 초과 근무, 불분명한 업무내용, 상사와의 불화, 부족한 휴식시간, 성희롱 등의 다양한 신체적, 정서적 장애와 관련 있다.

3. 중 · 장년기 발달단계

1) 신체적 발달

(1) 신체 및 감각기관의 발달

대부분의 중 · 장년기 성인은 비교적 양호한 건강상태를 유지하고 있지만, 이 시기부터 신체적 능력과 건강이 감퇴되기 시작한다. 먼저 신체구조상의 변화를 보면, 척추 사이의 디스크의 감퇴로 인하여 신장이 줄어드는데, 50세경까지는 0.3cm 정도, 60세경에는 약 2cm 정도 줄어든다(santrock, 1995). 40세 이후부터는 신진대사 활동이 둔화되면서, 허리둘레와 체중이 늘고 배가 나오기 시작하며, 머리카락이 빠지기 시작하여 심한 경우에는 대머리가 되기도 한다. 피부는 탄력이 줄어들고, 주름이 생기며, 수분이 줄어들어 건조해지고 때로는 갈라지기도 한다.

중 · 장년기가 시작되면서부터 활기를 잃고, 육체적 힘이 약화되기 시작하고, 질병에 대한 저항력이 약해질 뿐만 아니라 질병에서 회복되는 데 소요되는 시간도 늘어나게 된다. 심장기능은 30세를 100%로 하였을 때 50세에는 80%로 저하되며, 신경자극이 뇌에서 신체의 근육조직으로 전달되는 속도가 50세경에는 5% 정도 감소한다. 폐의 탄력성이 줄어들고, 흉곽도 작아지기 때문에 호흡능력 역시 30대를 100으로 하였을 때 중 · 장년기에는 75%정도로 감소하게 된다.

감각기능에 있어 시각은 중 · 장년기에 눈에 띄는 변화 중의 하나로 눈의 수정체가 나이가 듦에 따라 탄력성을 잃게 되면서 초점이 잘 모아지지 않고 그 결과로 많은 사람이 노안이 되어 가까이 있는 물체를 잘 볼 수 없게 된다. 따라서 독서용 돋보기가 필요하게 된다. 청각은 점진적인 감퇴가 일어나며, 높은 진동 수의 소리에 대한 청력감퇴는 남성이 여성보다 더 심한데, 이러한 성차는 어쩌면 남성의 직업이 소리에 노출이 더 크기 때문이라고 본다. 미각과 촉각능력 또한 떨어지고, 후각은 그대로 지속되는 것으로 보이며, 제일 나중에 감퇴하는 감각 중 하나이다. 이와 같은 신체구조 및 기능상의 변화로 인하여 중 · 장년기에는 관절염, 당뇨병, 심장병, 고혈압 등과 같은 만성적이고 심각한 성인병에 이환될 가능성이 다른 어떤 시기보다도 높다. 그리고 감각기관의 노화로 인하여 시력이 낮아지고 원시가 되어가며, 청각도 예민성이 줄어드는 등 감각기능의 쇠퇴도 동시에 이루어진다(정옥분, 2004 : 575).

(2) 생식과 성적 능력의 변화

중·장년기에 이르게 되면, 남녀 간에 차이가 있긴 하지만, 남녀 모두 성적 능력의 저하가 이루어지는 갱년기를 경험하게 된다. 먼저 여성의 경우 고정된 수의 난자를 가지고 태어나므로 월경을 시작한 지 30~40년 정도가 되면 난자가 거의 다 배출되며, 40대 후반에서 50대 초반에 여성이 배란과 월경을 멈추어 폐경(menopause)을 경험하게 된다. 그러나 약 10% 미만의 여성들은 40세 이전에 조기 폐경을 경험하기도 한다. 폐경이 이루어지면 생식능력을 상실하게 되고, 에스트로겐(estrogen)이라는 여성호르몬이 1/6 정도로 줄어들며, 자궁과 유방의 퇴화가 이루어지고, 다양한 신체적 증상과 심리적 증상을 경험한다.

폐경으로 인하여 나타나는 전신증상을 보면 폐경기 여성의 2/3 정도는 번열증(煩熱症, hot flashes), 즉 몸 전체가 달아오르는 갑작스러운 열 반응을 경험한다. 그리고 폐경으로 인하여 질 내벽이 얇아지고 질이 위축되고 분비물이 적어지므로 성관계 시 통증을 느낄 수 있다. 또한 에스트로겐의 감소로 인하여 골밀도가 더욱 낮아져 골다공증에 이르는 경우도 있으며, 두통, 메스꺼움, 현기증, 골반통, 유방통증, 호흡장애 등이 나타나기도 한다.

폐경으로 인하여 여성은 가벼운 우울증, 일시적인 정서불안, 분노감 등을 경험할 수 있다. 그러나 폐경을 경험한 여성 대부분이 폐경으로 인한 심리적 변화나 생활변화를 거의 경험하지 않았거나 폐경이 자신의 생활에 별다른 영향을 미치지 않은 것으로 보고하고 있다. 심지어는 월경의 불편함이나 임신 공포에서 벗어나 보다 활동적으로 생활하는 등 예전보다 생활이 더욱 활발해졌다는 경우도 있다(Unger & Crawford, 1992).

여성과는 달리 중·장년기 남성의 갱년기는 정자나 정액 생성의 종결을 의미하지 않으며, 여성에 비해 비교적 늦게 찾아오는 것이 일반적이다. 갱년기가 되면 남성의 경우 남성호르몬의 생산이 감소되어 정자 수의 정자의 활동성이 저하되어 수정능력이 감소하며, 성적 능력이 저하되지만 성적 무능력을 초래하지는 않는다. 남성의 성적 무능력은 남성호르몬 분비의 감소보다는 성공에 대한 과도한 욕심, 정신적 피로, 과음과 과식, 만성질환, 성적 수행에 대한 실패공포 등에 의해 유발된다(Masters & Johnson, 1985).

성적 변화로 인하여 5%정도의 중년기 남성이 우울증, 피로, 성적 무력감, 약한 번열증 등을 경험하며, 음성이 고음으로 변하고, 머리카락이 줄어드는 등의 변화가 나타나지만 특별한 신체적 어려움은 야기되지 않는다.

(3) 건강과 질병

건강상태가 주요 관심사가 되는 시기이며, 주된 건강문제는 심장질환, 암, 체중 문제이다. 과체중은 고혈압, 소화기 장애 등의 질병을 초래할 확률이 높다. 중·장년기의 건강문제 중 첫째는 비만으로 정상체중보다 20% 이상의 체지방이 과다하게 축적되는 것을 비만이라고 한다. 규칙적인 운동부족과 좋지 못한 식습관은 일반적으로 비만의 원인이 되며 심장질환, 암, 뇌졸중을 비롯한 만성질환과 관련이 있다. 나이가 많을수록 사망할 확률이 더 높으며, 의학적 위험요소와 더불어 사회적 차별을 경험하고, 부정적인 신체상을 갖게 되며, 자아개념도 낮아지게 된다(Anspaugh, Hamrick, & Rosato, 1991).

둘째, 고혈압은 순환계의 장애로 55세 이후 여성이 남성보다 더 큰 문제가 된다. 고혈압은 "침묵의 살인자"라고도 하며, 이는 눈에 보이는 증상이 나타나지 않기 때문이다. 연령과 관련된 혈압의 변화를 보면 18세 미만의 정상혈압은 120/80이지만 18～50세의 정상혈압은 140/85이다. 고혈압은 유전적인 요인, 과다한 염분 섭취, 비만, 장기간 스트레스, 지나친 음주 등이 고혈압을 발생시킨다. 이를 위해 체중감소 프로그램, 규칙적인 운동, 스트레스를 덜 받게 도와주는 이완기법이 추천된다.

셋째, 동맥경화는 동맥이 딱딱해져 굳어지는 것을 말한다. 정확한 원인은 알려져 있지 않지만, 유전, 고혈압, 당뇨병, 흡연, 운동부족, 스트레스 등이 위험요인이다. 동맥경화의 치료는 식습관과 생활양식을 바꾸는 데 있다. 즉, 콜레스테롤의 섭취를 줄이고, 저지방 식이를 하고, 금연과 규칙적인 운동을 하며, 체중을 감소하는 것이 좋다(Cooper, 1990; Piscatella, 1990).

넷째, 암은 비정상적인 세포가 성장해서 퍼져나가는 질병이다. 모든 암의 1/2이상은 65세 이상의 노인에게서 발생하지만 어떤 연령도 암은 발생할 수 있다. 20～40세 사이에는 암이 남성보다 여성에게 더 보편적이지만, 60～80세 사이에는 남성에게서 암이 더 많이 발생한다. 전반적으로 여성보다 더 많은 남성이 암으로 사망한다. 여성에게 치명적인 암은 유방암, 결장암, 직장암, 폐암, 자궁암 등이며, 남성에게 치명적인 암은 전립선암, 폐암, 결장암, 직장암, 방광암 등이다. 특히 중년기에는 폐암과 유방암이 보편적이다.

2) 심리적 발달

(1) 인지변화

중·장년기의 인지변화에 대해서는 서로 상반된 주장이 존재하지만, 속도에 크게 의존하는 능력을 제외하고는 중년기에 인지능력의 감소는 크지 않다는 것이 일반적인 견해다. 중·장년기에 인지적 반응속도가 늦어진다는 점에 대부분의 학자들이 동의하고 있으나, 일상생활에 지장을 초래할 정도로 늦어지지는 않는다(salthouse, 1993). 중·장년기에 인지적 반응속도가 늦어지는 것이 중추신경계의 기능 저하 때문인지 아니면 조심성, 심사숙고, 불안 등의 요인에 의해 둔화되는 것인지에 대해서는 이견이 있다.

중·장년기에는 기억의 감퇴현상이 나타난다. 실제로 50세 이후에 저장되어 있는 기억정보를 활성화시키는 데 소요되는 시간은 20대가 필요로 하는 시간보다 60% 정도 증가한다(santrock, 1995). 그러나 중·장년기에 나타나는 기억능력의 감퇴는 크지는 않은 것으로 알려지고 있다. 그런데도 중·장년기에 기억능력이 감퇴하는 것처럼 보이는 이유는 정보처리 시간이 길어지는 데 기인한 것으로 보인다(송명자, 1994).

중·장년기에는 새로운 것을 학습할 수 있는 능력은 저하되지만 오랜 경험을 통해 획득한 지혜가 있기 때문에 문제해결능력은 오히려 높아진다. 중·장년은 풍부한 경험과 높은 수준의 문제해결능력 덕택으로 회사 등을 비롯한 사회조직에서 '지휘하는 세대(command generation)'로서의 지위를 구가할 수 있는 것이다.

(2) 심리적 위기

에릭슨(E. Erikson, 1963)은 중·장년기를 자신과 타인의 행동방향을 제시하고 미래를 계획하고 타인의 욕구를 예측할 수 있는 시기라고 규정하고, 이 시기에 직면하게 되는 심리사회적 위기를 생산성 대 침체(generatively vs self- stagnation)

라고 하였다. 생산성이란 자녀를 양육하고, 능동적으로 직업에 몰두할 수 있으며, 사회의 발전에 관심을 갖는 것, 즉 자신보다는 타인, 현재보다는 미래를 위한 일을 하는 것이라 하였다. 이러한 생산성을 확립하기 위하여 중 · 장년기의 성인은 부모역할, 직업적 성취, 사회봉사 등의 활동에 적극적으로 참여해야 한다.

이에 반하여 가정생활, 자녀양육, 직업역할을 만족스럽게 성취하지 못할 경우 침체상황에 이르게 된다. 에릭슨이 말하는 침체란 심리적 성장의 결핍, 자신의 에너지와 기술을 오로지 자기확대와 자기만족을 위해 사용하는 것을 의미한다. 이러한 침체는 주로 직장에서의 승진탈락, 노부모 부양, 부부갈등과 이혼 등으로 인하여 무능력을 경험할 때 형성되며, 새로운 기술의 발달과 생활양식의 변화도 중장년기의 성인을 침체상태에 이르게 하는 주요 요인이 되고 있다.

중 · 장년기에는 신체적 노화, 직업생활 및 가족생활에서의 변화에 성공적으로 적응해야 하는 과업을 지니고 있고, 자아의 성장에 더 큰 관심을 가지므로 중년기 위기(mid-life crisis)를 경험할 가능성이 높다. '중년의 위기' 라는 용어는 젝퀴스(Jacques, 1967)와 융(Jung, 1966) 같은 정신분석학자들에 의해 처음 소개된 용어인데, 중년기의 우울증, 혼외정사, 또는 직업전환에 대한 설명으로 급격히 대중화되어 유행어가 되었다. 젝퀴스에 의하면, 위기를 가져오는 것은 죽음에 대한 인식으로 성인기가 끝나고 이 시기의 과업은 대체로 완수된 데 따른 것이다. 사람은 가정을 이루고 어느 정도의 성공도 이룬다. 부모로부터 독립하며 부모는 이제 거꾸로 그들에게 도움과 조언을 구한다. 그들은 인생의 절정에 있으면서도 그들의 시대가 얼마 남지 않았고, 젊은 시절의 모든 꿈을 다 이룰 수 없다는 것과 그 꿈을 이루었다 해도 기대할 만큼의 만족을 얻지 못했다는 것을 깨닫는다.

레빈손(Levinson et. al., 1978)의 연구 결과에 의하면, 40～45세 남성의 80% 정도가 정서적 갈등이나 실망감을 경험하는 것으로 나타났다. 남성의 경우에는 이혼, 결혼갈등, 직업전환, 교통사고 등으로 자살을 시도하거나, 우울, 불안, 피로, 수면장애 등의 정신장애를 경험하기도 한다. 트롤(Troll, 1982)의 연구에 의하면 여성의 경우에는 자녀에 대한 염려, 남편과 노부모 걱정, 자아실현의 문제를 더 많이 경험하기 때문에 남성보다 심한 위기감을 경험하는 것으로 나타났다. 그러나 중년기의 위기가 반드시 존재하는 것인가에 대해서는 아직 학자들 간에 합의에 이르지 못하고 있으며, 문화에 따라 차이가 있다는 점에 대해서만 서로 동의하고 있는 실정이다.

중년기 여성의 경우에는 자녀가 모두 집을 떠나고 부부만 남게 되는 빈둥지(empty nest) 시기에 인생의 무의미함을 느끼고, 자신이 더 이상 쓸모없게 되었다는 느낌을 갖기도 한다. 그러나 실제로 빈둥지 시기가 되었을 때 부모로서의 책임에서 벗어나 자신을 더 이상 아내로서 또는 어머니로서 정의하지 않으며, 정체성에 다른 의미를 부여하고, 자신감, 안정감, 독립심을 나타내기도 한다.

3) 사회적 발달

(1) 안정된 가족생활 환경

중·장년기에는 가족원의 성장과 발달을 지원할 수 있는 안정된 가족환경을 조성하여야 한다. 즉, 중·장년기에 이른 부모는 가족성원의 욕구, 기호, 기술이나 재능을 개발할 수 있는 적절한 기회를 부여해 줄 수 있어야 한다. 이러한 가족환경을 조성하기 위하여 중·장년기의 부모는 가족원의 지위에 따라 책임과 권리를 공평하게 배분하고, 가족생활과 관련된 합리적 의사결정을 할 수 있는 능력을 지니고 있어야 한다.

뉴만과 뉴만(Newman & Newman, 1987)은 가족 내 의사소통 유형과 가족역동의 관계를 설명하면서 가족주도형 의사결정 구조가 가장 바람직하다고 하였다. 전체 가족원이 의사결정에 대한 책임을 분담하는 가족주도형 의사결정 구조를 가진 가족에서는 가족원 모두가 가족문제에 대한 의견이나 해결책을 제시하며, 성인의 영향을 받기는 하지만 자녀의 참여와 만족도가 높다고 하였다. 우리나라의 경우에는 지금까지 남성 주도적 의사결정 구조가 유지되고 있긴 하지만, 여성의 지위향상으로 인하여 최근에는 성인주도형과 가족주도형 의사결정유형을 지닌 가족이 점차 늘어나고 있는 추세다.

부모가 중·장년기가 되면 자녀는 청소년기에 접어들게 된다. 똑같이 삶의 전환기를 경험하는 중년 부모와 청소년 자녀 간에는 갈등이 일어날 가능성이 많아지게 된다. 중년의 부모들은 어려운 부모역할 이외에 자녀로서의 역할도 동시에 수행해야 하므로, 2가지 상반되는 역할수행으로 인하여 어려움을 겪게 된다. 즉, 청소년 자녀는 오직 자녀로서의 역할만을 수행하면 되고, 가장 윗세대인 노부모는 부모로서의 역할만을 수행하면 되지만, 중간세대인 중·장년기의 사람은 부모역할과 자녀역할을 동시에 수행해야 하는 '샌드위치 세대'가 된다.

중·장년기에는 가족원 이외의 친척 관계망, 직업 관련 단체, 종교단체 등과의 상호작용을 통하여 원만한 외부적 관계를 유지하고, 외적 압력이나 요구로부터 자신의 생활과 가족을 보호할 의무를 지닌다. 따라서 중·장년기의 성인은 외부의 사회적 관계망과 가족생활 간에 역동성 균형성을 유지하기 위한 노력을 아끼지 말아야 한다.

(2) 자녀교육 및 훈육

부모는 아동의 변화에 맞는 적절한 자녀교육 및 훈육방식을 선택적으로 활용할 수 있는 능력을 지니고 있어야 한다. 즉, 중·장년기 부모는 자녀의 발달단계에 맞는 자녀훈육 방법을 습득하여, 자녀의 요구뿐만 아니라 변화하는 상황에 융통성 있게 대처하여야 한다. 자녀의 발달단계를 기준으로 하여 볼 때 중·장년기 부모가 직면하는 가족발달단계는 부모가 규칙을 설정하고 자녀들이 이에 순응하도록 훈육하고, 자녀들이 해야 할 일을 적절히 수행할 수 있도록 원하는 교육자 또는 비서로서의 역할을 수행해야 하며, 부부 하위체계 내에 자녀를 위한 공간을 마련해 주어야 한다.

자녀가 청소년기로 이행하는 시기에는 청소년의 독립을 인정하는 방향으로 부모-자녀관계를 재조정해야 한다. 부모는 지나친 간섭이나 통제보다는 스스로 판단하여 행동하도록 허락하면서 동시에 적절한 한계를 규정지어 줌으로써 부모로서의 권위를 유지할 수 있어야 한다.

첫 자녀의 결혼에서부터 시작하여 막내 자녀가 독립하기까지의 자녀 독립기에는 자녀를 성인으로서 인정하고 그들의 의사를 존중해 주며, 결혼준비를 지원할 뿐만 아니라 출가한 이후에도 지속적인 관심과 지원을 할 수 있어야 한다. 이와 함께 부부관계를 친밀한 2인군 관계로 재조정함과 동시에 며느리, 손자녀 등을 위한 공간을 마련하는 등 전체적인 가족관계를 재조정하여야 한다.

(3) 직업적 성취와 직업전환

중·장년기의 직업생활은 가족의 생계유지, 사회적 관계의 유지뿐만 아니라 자신의 생활 전반에 영향을 미칠 정도로 매우 중요한 요인이다. 중·장년기 동안에는 대부분의 직업분야에서 직무수행능력(job performance)이 매우 높은 편이다. 하지만 체력이나 빠른 속도를 요구하는 직업에서의 직무수행능력은 오히려 감소하게 되지만, 그 외에 직업분야에서는 오랜 경험을 통한 축적된 지식과 기술을 활용하여 높은 수준의 직무성취도를 보인다. 발테스와 발테스(Baltes & Baltes, 1990)는 중·장년기에 높은 수준의 생산성과 직무수행능력을 유지할 수 있는 것은 '선택적 능력 발휘를 통한 보상(selective optimization with compensation)'을 할 수 있기 때문에 가능하다고 하였다. 즉, 중·장년기의 근로자 본인은 가장 핵심적인 업무에 집중하고 다른 업무는 위임하거나 업무량을 줄이며, 직무에 필요한 기술에 있어서만큼은 최고 수준을 유지하기 위하여 노력하고, 기억력이나 감각기능의 감퇴를 극복하기 위한 실용적 대안을 마련하여 자신의 약점을 최소화하고 강점을 최대화 할 수 있는 능력이 있기 때문에, 높은 수준의 생산성과 직무수행능력을 유지할 수 있다.

중·장년기는 직업적 성취도가 최고조에 이를 가능성과 직업적 전환을 해야 하는 가능성이 공존하는 시기이기 때문에 직업으로 인하여 야기되는 긴장이 많은 편이다. 연령에 따라서는 40대의 성인이 다른 연령층보다 직업적 성취를 위한 열의가 가장 높기 때문에 직업적 성공에 가장 많은 긴장을 경험한다. 이에 반해 하류층은 더 이상 잃을 것이 없기 때문에 상류층은 이미 안정된 생계기반을 갖추었기 때문에 직업적 성공에 대한 긴장은 별로 없다(Bischof, 1976).

중·장년기 성인의 직업만족도에 영향을 주는 변인은 급여수준, 직업의 미래, 노력에 대한 결과의 만족도, 과업수행과정에서의 즐거움, 직장동료와의 관계 등이다. 만족스러운 직업생활과 효과적인 과업수행을 위하여 중·장년기의 성인은 직장의 상사나 동료부터 신임을 얻을 수 있는 대인관계 기술을 습득하여야 한다(김태련·장휘숙, 1998). 직장에서 타인에게 영향을 미치기 위하여 사용하는 대인관계 전술로는 독단, 합리성, 아첨, 제재, 상호교환, 상관에게 호소, 방해, 제휴 등 매우 다양한 전술이 있을 수 있다.

중 · 장년기는 직업적 성공의 기회이기도 하지만 직업을 바꾸어야 하는 위기상황에 직면하기도 한다. 중 · 장년기에 이루어지는 직업전환은 자발적 전환과 비자발적 전환으로 나눌 수 있다. 자발적 직업전환의 결정에는 개인의 동기나 성격, 취업기회, 가족생활의 안정도 등이 복합적으로 작용한다. 대체적으로 맞벌이 가족의 경우에는 생계비 걱정이 없으므로 전환이 용이하며, 비전문직에 종사하는 사람의 직업전환이 많으며, 적극적인 성격의 소유자가 직업전환을 하는 경우가 많은 편이다. 그러나 직장에서의 과도한 업무, 가족과 직업의 시간계획의 불일치, 직업활동에서 오는 피로 등을 이유로 직업전환을 하고 싶어도, 배우자나 부모로서의 역할 때문에 직장을 바꾸지 못하는 경우도 많이 있다.

비자발적 직업전환은 개인뿐만 아니라 전체 가족생활에도 중대한 위기를 초래할 수 있다. 이러한 비자발적 직업전환은 개인의 직무수행능력이 다른 직장동료에 비하여 지나치게 떨어지거나 회사나 전체 사회가 경제적 불황상태에 있는 경우에 특히 많이 일어난다. 경기침체로 인하여 기업이 강도 높은 구조조정을 단행하는 과정에서 주로 40~50대 근로자가 그 대상이 되어, '사오정', '오륙도'라는 신조어가 등장하게 되었으며, 최근에는 그 대상이 30대로까지 확대되어 '삼팔선'이라는 말까지 등장하고 있는 실정이다. 이와 같이 명예퇴직, 조기퇴직, 정리해고 등 기업의 구조조정의 여파로 우리 사회의 중년은 본인의 의사와는 관계없이 실직자가 되며, 고용사정이 불안해지면서 아예 구직을 포기하는 구직 단념자가 늘고 있는 실정이다.

중 · 장년기에 속한 가장이 비자발적 퇴직을 당했을 경우에는 퇴직금이나 저축 등으로 짧은 기간 동안 기본적인 생계를 유지해 갈 수는 있다. 그러나 대부분의 가족은 비자발적 퇴직에 대한 재정적 대비를 못하고 있기 때문에 가족원 중의 한 명이 가장의 역할을 보완 또는 대행하기 위하여 직업생활을 시작하는데, 대부분이 가장의 배우자인 중년 여성이 취업하는 경우가 많다.

(4) 여가활동

여가(recreation)는 직업활동, 생리적 욕구충족 등과 같은 생활시간을 제외한 잔여시간에 휴식, 기분전환, 사회적 성취 및 개인적 발전을 도모하는 활동이다. 현대사회에서는 이전에 비하여 자녀 양육기간의 축소, 평균수명 연장, 조기정년제도의 시행 등으로 인하여 여가시간이 큰 폭으로 증가하고 있어 여가활용의 문제가 매우 중요한 중·장년기의 과제로 등장하고 있다. 그러나 우리 사회에는 흔히 여가를 시간낭비로 보고, 우리 사회의 신성한 가치인 일의 성취에 반대되는 무의미하고 부정적인 활동으로 간주하는 경우가 많다. 따라서 주 5일제의 확산과 아울러 여가에 대한 중요성이 부각되고 있지만, 많은 사람이 여가활용과 인생을 즐기는 법을 몰라 당황하고 있다.

여가를 적절하게 사용하기 위해서는 여가에 대한 예비사회화가 필요하다. 그러나 우리나라의 공교육제도에서는 학업적 성취나 지식의 습득에만 치중할 뿐 '잘 노는 법' 또는 '즐기며 사는 법'과 같은 여가교육의 중요성을 무시함에 따라 대부분의 사람이 여가에 대한 예비사회화의 기회를 갖지 못하고 있다. 건전한 여가생활을 위해서는 늦어도 중·장년기에는 여가에 대한 예비사회화가 이루어져야 한다. 따라서 중·장년기의 성인은 여러 가지 사회교육 프로그램이나 여가선용 프로그램에 참여하여 미리 여가기술을 익혀 두어야 한다.

Chapter 10

노년기의 발달

많은 사회에서 '노인'이라는 말 대신 어르신, 연세가 지긋하신 분, 고참시민, 결실기 또는 황금기의 사람이라는 표현을 많이 쓴다. 노인에 대해 말할 때 왜 이와 같이 완곡한 어구가 필요한가? 한 가지 이유는 모든 사람이 오래 살기를 원하지만 아무도 늙고 싶어 하지 않는다는 것이다. 많은 노인연구학자는 오늘날의 70대 노인은 10~20년 전의 50대처럼 행동하고 사고한다고 말한다.

인간의 발달의 단계를 명확히 구분 짓는 것은 어려운 일이지만, 그 중에서도 중년기의 끝과 노년기의 시작을 한계 짓기가 갈수록 더 어려워지고 있다. 노년기의 전형적인 분류기준인 은퇴는 더 이상 신뢰할 만한 기준이 못된다. 오늘날 많은 사람이 50세에 이미 은퇴하는가 하면, 어떤 노인은 70대 이후까지도 계속해서 일을 하기 때문이다. 노인 세대가 차츰 젊어질 뿐만 아니라 그 수가 점점 더 많아지고 있다. 65세 이상의 건강하고 활기찬 노인의 숫자가 급격히 늘어나고 있기 때문에 머지않아 노년은 80세부터 시작된다고 해야 할지도 모른다(정옥분, 2004 : 631).

따라서 인생의 황혼기인 노년기의 발달에 따른 주요 개념을 이해하고, 노년기에 관련된 이론들을 근거로 삼아 발달의 주요 관점을 다루며, 노년기의 발달과정상의 문제점을 사회복지적 접근을 통한 정책적 제안과 실천적 개입 방안을 제시하고자 한다.

1. 노년기의 개념과 일반적 특징

1) 노년기의 개념

노년기는 인생의 마지막 단계를 말한다. 서구의 노인연령은 사회보장제도의 급여 수급자격을 기준으로 노년기를 65세부터 시작된다고 본다. 우리나라 노인복지법은 65세를 노인으로 규정하고 있으며, 노인복지기관 및 시설에서는 60세 또는 65세로 설정하고 있다. 노년기의 연령대별로 연소노인(young-old, 74세 이하), 고령노인(old-old 또는 middle-old, 75~84세), 초고령 노인(oldest old, 85세 이상)으로 구분한다.

2) 일반적 특징

노년기는 60세 이후부터 사망할 때까지를 지칭하며, 이 시기에는 노쇠되어서 자기중심적이고 외양에 무관심하며, 사회적으로 은둔적이며, 적응을 잘 못하는 특징을 나타낸다. 이러한 특징 때문에 허록(Hurlock, 1959)은 노년기를 가리켜 '제2의 아동기'라 명명하였다(김경희, 1999 : 300).

노년기에 대해 생물학적·심리사회적 측면을 보면, 모두 늙어가는 시기로서 시간의 흐름에 따라 유기체의 생물학적·심리적·사회적 측면에서 나타나는 점진적이고 퇴행적 발달, 즉 노화가 이루어진다. 신체적 측면을 보면, 신체적 노쇠와 심리적 변화에 적응해야 하는 발달과업을 갖는다. 즉, 신체적으로 줄어가는 체력과 건강에 적응하고, 노인에게 알맞은 간단한 운동을 규칙적으로 하고, 건강 유지에 알맞은 섭생을 하고, 지병이나 쇠약에 대해서 바르게 처방해야 한다. 심리적 측면을 보면, 적극적으로 일하고 생활하려는 태도를 유지하고, 취미를 살리고 여가를 즐겁게 보내며, 정년퇴직과 수입 감소에 적응해야 하며, 소외감과 인생에 대한 허무감을 극복하여 인생의 의미를 찾고, 배우자 사망 후에 홀로 생활하는 데 적응해야 하며, 자신이나 동료들의 죽음에 대하여 마음의 준비를 해야 한다. 사회적 측면을 보면, 동년배 노인과 친교를 계속 유지하고, 가정이나 사회에서 어른답게 행동하고, 자녀와 손자와 좋은 관계를 유지해야 한다. 뿐만 아니라 자기개발을 위한 노력도 경주해야 한다. 구체적으로 세대차와 사회변화를 이해하고, 은퇴생활에 필요한 지식과 생활을 배워야 하며, 정치・경제・사회・문화에 관한 최신 동향을 알고, 건강 증진을 위해서 폭넓은 지식을 가져야 한다.

따라서 노년기에는 신체변화에 대한 적응, 인생에 대한 평가, 역할 재조정, 여가시간 활용, 죽음에 대한 대비 등의 발달과업을 적절히 수행하고, 노후생활에 적합한 생활환경을 조성하여야 한다.

3) 노년연구

아동기와 청소년기에 비해 성인기와 노년기 발달연구는 그 역사가 짧으므로 성인과 노년기 발달을 설명해주는 이론체계 또한 빈약한 편이다. 미국을 중심으로 하는 발달심리학은 그 기초를 주로 아동심리학에 두고 있다. 따라서 미국에서 발달심리학이 성인기와 노년기를 포함하는 전 생애적 변화에 관심을 기울이게 된 것은 1970년대 초반부터 시작된 비교적 근래의 일이다. 그러나 독일 발달심리학은 일찍부터 발달을 전 생애에 걸친 변화과정으로 고려하는 역사적 전통을 가지고 있는 것으로 알려져 있다. 현재 생애발달연구가 주로 독일 플랑크(Max Planck) 인간발달 및 교육연구소에 있는 벨테스(Baltes) 등을 중심으로 이루어지고 있는 것은 그 전통을 잘 보여주는 것이다.

발달심리학에서 성인기와 노년기 연구는 주로 2가지 접근으로 이루어진다. 첫째는 우리의 전 생애에서 가장 긴 기간을 차지하고 있는 성인기 및 노년기의 지능, 기억, 성격 등 여러 영역에서의 심리적 특성을 진단하고 이해하며, 아동기나 청소년기 발달양상과의 차이점을 밝히려는 단계중심적인 접근이다. 두 번째는 특정 심리적 특성이 전 생애에 걸쳐 어떻게 달라지는지 그 변화의 양상을 밝히고자 하는 과정중심적인 접근이다. 예를 들어, 인간의 성격을 구성하는 여러 요인 중 노년기까지 전 생애에 걸쳐 가장 일관성 있게 지속되는 요인은 무엇이며 환경의 영향에 의해 가장 쉽게 변화하는 요인은 무엇인가를 찾고자 하는 연구는 후자에 속한다(김경희, 1999 : 21－22).

4) 노화의 이론

노화는 2가지 요인으로 인해 나타난다. 일차적 노화(primary aging)는 인체의 내재적인 생물발생학적 과정으로 인해 일어나는 노화이며, 이차적 노화(secondary aging)는 신체의 사용정도, 질병, 장애와 같은 통제가능한 외적 요인으로 인해 나타나는 노화이다. 이차적 노화요인을 이해하고 통제하면 예상수명을 크게 증가시킬 수 있다. 일차적 노화가 나타나는 원인에 대해 다음과 같은 여러 가지 이론이 제시되고 있다(송명자, 2004 : 409−410).

(1) 사용으로 인한 마모이론

노화를 장기간 인체를 사용함으로써 기능이 약화되고 구조가 와해되기 때문에 나타나는 현상으로 설명한다. 마모이론에서 보는 노화는 자동차의 사용기간이 늘어나면 각종 부품에 손상이 오며 급기야 폐차하게 되는 과정과 다를 바 없다. 자동차를 함부로 쓰면 사용기간이 줄 듯이 인체도 함부로 사용하면 예상 수명이 줄어든다.

마모이론은 상식적으로 타당해 보이지만 이 이론이 설명해주지 못하는 부분이 많이 있다. 특히 인체를 기계에 유추하는 것이 적합한가에 대해서는 의문이 제기된다. 예를 들어, 규칙적으로 강력한 운동을 하여 에너지를 소모하는 것이 노화를 방지하고 수명을 연장시켜 주는 현상에 대해 이 이론은 설명해주지 못한다.

(2) 유전적 계획이론

노화는 세포의 생존과 죽음에 의해 일어난다. 우리 인체 각 세포의 수명은 유전적으로 정해진 한계가 있다. 살아있는 동안에도 세포는 크기의 증가, 염색체 수의 증가 또는 감소, 효소의 감소 등의 변화가 일어난다. 이와 같은 세포의 변화나 죽음이 곧 인체의 노화와 죽음을 유발하는 것으로 생각된다.

(3) 면역이론

노년기에는 면역체계에 변화가 와서 감염 등 외부에서 오는 바람직하지 않은 요인에 의해 인체가 손상당하기 쉬우므로 노화가 일어난다고 설명한다.

심장, 근육세포와 신경원은 특히 면역체계의 변화에 영향을 많이 받으므로 노년기에 심장병과 알쯔하이머와 같은 노인성 치매가 흔히 나타난다. 면역체계 변화에 의한 T세포의 손상은 암의 발생을 설명해줄 수 있다.

(4) 노화시계이론

호르몬이 노화에 미치는 영향을 강조한다. 사춘기의 시작이나 폐경 등에서 보듯이 호르몬 분비는 전 생애 변화과정에 중요한 역할을 하고 있다. 노화시계이론에서는 인체의 호르몬 분비체계 중 죽음 호르몬이 있다고 가정한다. 예를 들어, 사춘기 이후부터 뇌하수체는 소량의 죽음호르몬을 분비하는데, 시간이 지나면서 죽음호르몬이 축적되어 신진대사에 결정적인 역할을 하는 갑상선 호르몬의 활동을 막으며, 이것이 곧 죽음으로 연결된다.

(5) 유전적 변이이론

노화를 DNA의 손상수선체계의 쇠퇴에 기인한다고 생각한다. 각종 세포는 여러 바람직하지 않은 환경의 영향에 의해 세포의 손상이 누적될 수 있다. 인체는 이러한 각종 손상을 회복하는 세포효소를 갖고 있는데, 70세까지 사는 동안에 세포효소는 약 1,280억 번의 손상수선을 감당하는 것으로 추산되고 있다. 시간이 가면서 손상수선체계는 점차 비효율적이며 덜 철저해지게 된다.

5) 성공적 노화

인간은 인생주기 가운데 어느 한 시기에만 성공했다 해서 성공하는 것이 아니라 장기적으로는 노년기에 이르러 지난 일생을 되돌아보고 자신의 삶이 만족할 만한 수준에 도달했다고 평가할 수 있을 때 성공적이었다고 말할 수 있다. 그렇다면 생의 마지막 부분이라 할 수 있는 노년기에 성공적으로 노화해간다는 것은 어떤 것일까? 단일한 길이 있다기보다는 개인의 성격과 상황에 따라 다를 수 있으나 성공적 노화를 설명하려는 몇 가지 접근법이 제시되어 왔다.

(1) 이탈이론

이탈이론은 노년기를 신체적, 심리적, 사회적으로 점진적인 철회를 하는 시기로 본다(Cumming & Henry). 철회는 일방적이 아닌 개인과 사회 간의 상호과정이다. 신체적으로도 감퇴되어 가고 심리적으로도 다른 사람이나 자신을 둘러싼 세상에 관심이 적어지면서 내면을 탐색하는 데 더 많은 시간을 보내게 된다. 동시에 노화에 대한 고정관념과 사회적 기대가 은퇴와 같은 형식으로 노인을 철회시키기도 한다. 이탈이론은 이러한 과정을 부정적으로 보지는 않는다. 노년기의 점진적인 철회는 자신의 삶에 대해 보다 반성적이 되게 하고 사회적 역할에 덜 얽매이게 하며 사회적 관계에서도 분별력 있게 되어 자신의 욕구와 잘 맞는 사람에게만 집중할 수 있으므로 어떤 의미에서 이탈은 자유롭게 되는 것이다. 그러나 노인이 일상생활이나 일에 지속적으로 참여하고 활동적이며 바쁘게 지내는 문화권도 많이 있다. 이런 사회에서 노년기는 이전의 생활과 특별히 달라지는 시기가 아니다. 따라서 이탈이 모든 노인에게 자연적이고 보편적인 과정이라 할 수는 없다.

(2) 활동이론

활동이론에 따르면 노인은 세상에 적극적으로 참여하여 활동할 때 제일 행복하고 만족감이 높다고 본다(Maddox). 따라서 성공적 노화는 중년기를 통해 추구해 온 활동과 관심사를 계속 유지할 때 이루어지는 것이다. 은퇴를 하더라도 대치할 수 있는 일을 찾아 이전과의 연속성을 계속 유지해야 한다고 본다. 활동이론에 대한 비판은 어떤 유형의 활동을 해야 하는지에 대해 구체적으로 제시하지 않았다는 것이다. 모든 활동이 개인의 행복과 만족에 영향을 주는 것은 아니므로 활동의 빈도나 양보다는 질적인 것이 더 중요할 수 있으며 또한 활동하지 않는 것에 더 큰 만족감을 느끼는 노인들도 있다.

결국은 성공적인 노화가 활동이냐 이탈이냐 하는 문제는 개인의 이전 생활양식과 관련 있다고 볼 수 있다. 젊었을 때 사회에 적극적으로 참여했던 사람은 계속 활동하는 경우 만족도가 높고 독립적이고 많은 참여를 하지 않았던 사람은 노년기 동안 이탈하는 것을 만족해할 수 있다.

(3) 성공적 노화와 성격유형

이탈이론과 활동이론은 모두 성공적인 노화를 단일한 유형으로 규정지으려 할 뿐 개인차를 크게 고려하지 않았다. 뉴가텐 등은 70~79세 노인을 대상으로 6년간 종단적으로 추적하여 연구한 결과를 토대로 <표 10-1>과 같은 개인의 성격유형과 사회적 역할활동 및 생활만족 간의 관계를 확인하였다. 이러한 결과로 성공적인 노화를 노인의 활동 및 생활만족 간의 관계를 확인하였다. 이러한 결과는 성공적인 노화를 노인의 활동 및 관여 수준만으로 평가하기보다는 개인의 성격과 관련시킬 때 더 효과적으로 설명할 수 있음을 의미한다.

〈표 10-1〉 **성격유형, 사회적 활동 및 생활만족과의 관계**

성격유형	특성 및 사회적 활동	생활 만족도
통합형 : 인생을 수용하고 유능한 자아를 소유하며 통제를 유지한다. 융통성 있고 성숙하다.	• **재구성형** : 은퇴 후에도 자신의 생활양식을 재구성하여 모든 분야의 활동에 적극적이고 잘 적응한다.	높음
	• **집중형** : 여러 분야에 개입하기보다는 1~2가지 역할에 선택적으로 몰두한다.	높음
	• **유리형** : 생활적응 수준은 높지만 조용히 물러나 자신의 생활에 몰두한다.	높음
무장형 : 불안을 방어하고 충동을 엄격하게 통제한다.	• **유지형** : 나이를 먹는다는 사실을 두려워하여 바쁜 생활을 계속하고 성취지향적이다.	높음
	• **위축형** : 노화로부터 자신을 방어하려고 열심히 노력하며 에너지를 축소시켜 쇠퇴를 회피하려고 한다.	중간
수동의존형 : 강한 의존욕구를 가지고 있어 가족이나 친지에게 심리적으로 의존하려고 한다.	• **원조요청형** : 보통 정도의 사회활동을 유지하나 타인에게 정서적으로 의존한다.	중간
	• **무감각형** : 인생을 수동적으로 살고 거의 활동을 하지 않고 무기력하고 무감각하다.	낮음
미성숙형 : 인지적 결함을 가지고 있고 모든 것을 감정적으로 처리한다.	• **와해형** : 사고능력이 퇴화하고 정서통제가 불가능하며 심리적 기능에 문제가 있다.	낮음

(4) 성공적 노화와 개인적 통제력

슐츠와 헥카우젠(Schulz & Heckausen)은 성공적 노화의 가장 핵심적 요소를 개인적 통제력이라고 주장하였다. 성공적 발달과정에서 개인의 통제능력의 역할과 그 중요성은 이미 여러 선행 연구를 통해 입증되어 왔다(Lachman, Schulz & Hanusa). 인간이 자신을 둘러싼 환경을 통제하려는 욕구는 생의 초기부터 나타나 성인기 이후에 노화에 따른 신체적, 인지적, 사회적 기능에서 변화가 나타나도 노인은 이에 수동적으로 대처하기보다는 가능한 자신의 환경에 개입하여 적극적으로 통제하려는 시도를 한다. 그러나 노년기의 생물학적 쇠퇴와 사회적 기능의 변화는 불가피하게 통제력에서의 변화를 가져올 수 있다. 이러한 변화를 개인이 어떻게 조정하고 적응해 가는지의 여부가 개인의 행복과 적응에 영향을 주므로 생의 후기에서도 통제력을 지속시키는 능력은 성공적인 노화를 위한 핵심요소라 할 수 있을 것이다.

통제력은 환경을 변화시키기 위해 직접적인 행동을 취하는 1차 통제(primary control)와 인지과정을 통해 개인 내부의 변화를 시도하는 2차 통제(secondary control)로 구분된다. 2차 통제의 예는 자기 보호적 구인, 목표와 포부의 조정, 긍정적 재평가, 하향적 사회 비교 등이다. 헥카우젠과 슐츠는 20~85세의 성인을 대상으로 한 연구에서 1차 통제는 성인기를 통해 계속 안정되고 지속되는 반면 2차 통제는 나이가 들수록 유의하게 증가함을 발견하였다. 예를 들어, 노인은 이 시기의 여러 상실에 대응하기 위해 하향적인 사회비교를 사용한다. 노인은 자신이 대부분의 다른 노인보다는 나은 상태에 있다고 생각함으로써 자긍심을 유지하고 개인적으로 심각한 문제가 있더라도 이러한 문제는 대다수의 다른 노인도 겪는 것이라고 생각한다. 이러한 하향적 사회 비교를 통해 노인은 자긍심의 손상 없이 자신의 발달적 쇠퇴를 받아들이게 된다.

따라서 전 생애 통제이론 관점에서 볼 때 성공적 노화란 1차 통제력을 발달시키고, 유지시키는 것이다. 성공적 삶을 이루기 위해서 개인은 생애를 통해 가능한 오랜 기간 동안 자신을 둘러싼 환경에 개입하고 영향을 줄 수 있는 능력이 있어야 한다. 개인의 1차 통제력의 잠재력은 우선 신체적 기능을 바탕으로 한다. 손상 없고 무능력한 상태에 있지 않은 정상적인 신체기능은 성공적 노화의 일차적 기준이 될 것이며 인지적, 지적, 사회적 영역 등에서도 제 기능을 해야 할 것이다. 인지적으로나 지적으로 높은 능력을 가지고 있고 사회적 관계기술이 유능한 사람일수록 1차 통제와 2차 통제 방략의 적절한 사용을 통해 노년기에 부딪힐 수 있는 발달적 위기들에 효율적으로 대처할 수 있다.

2. 노년기의 주요 발달

1) 노년기의 신체적 발달

노년기에 이루어지는 신체적 발달을 생물학적 노화라 하는데, 이는 생물학적 퇴화과정이 생물학적 재생산과정을 능가하여 유기체 내에 퇴행적 변화가 나타나는 현상이다. 이는 시간이 지남에 따라 또는 나이가 들어감에 따라 신체구조 및 신체 내부의 세포, 조직, 장기 등 유기체 전반에 걸쳐 일어나는 쇠퇴적 발달현상을 의미한다(Atchley, 2000).

(1) 신체구조의 변화

노년기의 체중은 60세부터 점차 줄어들고 연골조직의 퇴화로 인하여 신장도 30대에 비해 60대에는 2% 정도 줄어들며, 치아는 60대에 14개, 70대에 11개, 80대에는 6개 정도로 줄어들게 된다. 머리카락은 멜라닌 세포의 감소로 인하여 은빛으로 변하게 되는데, 이러한 머리색에 비유하여 노인을 실버세대라고 부르고 있다.

피부는 멜라닌 색소의 불규칙한 감소로 인해 전체적인 피부색이 동일하게 유지되지 않으며, 얼굴은 창백해지고, 얼룩반점이 생기며 건성화 된다. 노출된 피부는 표피 증식이 감소하여 얇아지게 되고, 피하지방의 감소로 주름살이 생기며, 피부 탄력성이 현저하게 줄어들게 된다. 또한 피하조직과 피부의 신경세포 감소로 인하여 체온유지능력이 감소되어 추위를 많이 느끼고 온도변화에 쉽게 적응하지 못하여, 환절기에 호흡기질환에 이환되기 쉽고 새벽운동과 같이 갑작스런 온도변화로 인하여 쓰러지는 경우도 발생한다.

지방분은 증가하는 반면 고형분과 수분은 줄어드는 신체조직상의 변화가 일어나며, 뼈 속의 칼슘분이 고갈되어 뼈의 질량이 감소하고 골밀도가 낮아짐으로써, 골절을 당하기 쉽고 골다공증에 걸리기 쉬워진다. 여성은 폐경기 이후 성호르몬 분비가 감소하고 신체활동이 줄어들어 남성에 비해 더욱 증가한다. 연골조직이 얇아지거나 탄력이 약화되어 관절염을 일으키기도 하며, 팔다리 및 골격 일부에 붙어 있는 수의근의 근육 용적이 감소되고 수축력이 약화되어 운동능력이 감퇴된다. 중추신경계의 변화를 보면 뇌 크기는 약간 감소하고, 노인반, 신경원섬유 농축체, 수상돌기의 감소 등으로 인하여 뇌의 기능이 저하되기도 하지만, 노화에 따라 현저하게 저하된다는 확실한 증거는 없다.

(2) 신체 내부기능의 변화

노년기의 신체 내부의 장기는 40세부터 중량이 감소하는데, 25세 청년을 100으로 하였을 때 75세 노인의 뇌 중량은 95% 정도, 신장 중량은 81% 정도, 간장은 67% 정도, 비장은 45% 정도로 줄어들지만 오히려 심장은 140% 정도로 증가하는 것으로 나타나고 있다(장인협 · 최성재, 2002).

심장근육 주변 모세혈관의 동맥경화에 의한 심장비대, 지방분 증가 등이 원인이 되어 심장의 중량이 오히려 늘어나서 심박출량과 심장박동능력은 감소하게 되며, 심장판막의 석회화로 인하여 세포가 사멸하게 되어 노년기에는 각종 심장질환에 이환될 가능성이 높아진다. 혈관계의 변화는 주로 동맥벽이 비대해지고 경화되고 탄력성이 줄어들게 되어 동맥의 구조적 변화와 기능저하로 인하여 혈액순환이 원활하지 못하여, 고혈압, 동맥경화, 뇌졸중 등의 순환기계 질환을 앓게 될 가능성이 높아진다.

폐조직의 탄성이 저하되고, 폐 용적이 감소되며, 죽은 공간이 증가하는 반면 기관지는 약간 확장되며 기관지 점액선은 증가하게 됨으로써, 호흡기계의 변화로 폐 속에 나쁜 공기가 남아 있는 잔기량이 증가하여 기관지 질환이나 호흡기 질환에 이환될 가능성이 높아진다.

치아결손, 타액과 위액 등의 소화효소 분비량의 감소, 위 근육의 약화 등으로 인해 소화기능이 감퇴하며, 60세 이상이 되면 소장과 대장조직이 변형되고 운동성이 저하됨에 따라 변비, 숙변, 각종 장질환에 이환될 가능성이 높아진다.

신장질환에 이환될 가능성이 높고, 방광이나 요도 기능의 저하로 인해 야간에 소변을 보는 횟수가 증가하게 된다. 실제로 60세 이상 노인은 밤에 평균 1~2회 정도 소변을 보는 것으로 나타났다(아산사회복지사업재단, 1985). 성기능 또는 생식기능에 있어서의 저하현상으로 인해 여성의 경우 폐경으로 인한 월경중단과 생식능력이 상실되고, 남성의 경우에도 생식기능이 저하되고 발기능력과 음경크기의 감소, 음경 강직도의 저하, 발기각도의 변화 등과 같은 불완전한 발기문제로 인하여 성교능력이 저하되긴 하지만 여성보다는 기능 저하가 덜하다.

펙(Peck, 1968)은 노인이 이러한 신체적 노화에 성공적으로 적응하고 이를 극복하게 되면 생활만족도가 높아지지만, 신체적 노화에 지나치게 몰두하게 되면 생활만족도가 낮아지고 심리사회적 기능에 손상이 일어난다고 하였다.

2) 노년기의 심리적 발달

노년기의 심리적 발달, 즉 심리적 노화는 감각기능, 인지기능, 정서 및 정신기능, 성격 등의 심리내적 측면과 심리외적 측면과의 상호작용에 있어서의 퇴행, 유지 및 성숙을 동시에 내포하는 심리적 조절과정이다.

(1) 감각기능

노년기의 시각은 70세 이후부터 교정시력으로도 정상시력을 유지하기 어렵고, 청각은 55세 이후부터 음의 고저에 대한 변별력이 감소하고 노년기 후기에는 보청기와 같은 청력보조기구의 사용 필요성이 증가한다. 미각은 50세부터 서서히 저하되다가 80세 이후 맛봉우리가 감소하여 미각 구별능력이 현격히 쇠퇴하며, 후각은 65세 이후부터 감소하다가 80세 이후 노인의 75% 정도가 후각의 문제를 경험한다.

노년기의 감각기관이 수집한 정보를 의식적 수준에서 처리하고 평가하는 지각기능의 반응속도가 저하되어 운동반응, 반응시간, 문제해결, 기억력, 정보처리과정에서 반응속도가 둔화된다. 따라서 환경변화에 즉각적으로 대처할 수 없게 되어 안전사고를 유발할 가능성이 높아진다. 일일평균 5~6시간으로 수면시간이 감소되므로 취면장애, 조기각성, 주야전도, 숙면장애 등의 수면장애를 경험하는 경우가 많아 피로 회복률이 낮아짐으로써 낮 동안의 일상적 활동에 지장을 받는 경우가 많아진다.

(2) 인지 및 정신기능

① 지능의 변화

노년기에 지적능력이 감퇴해 간다는 사실은 주로 횡단연구의 결과로부터 나온 것이었다. 횡단연구의 문제점은 동일한 지능검사 도구로 젊은이와 노인을 단순히 비교하는 것이므로 출생 당시 집단효과를 고려하지 않는 단점이 있다. 이러한 문제를 해결하기 위해 종단연구를 사용했을 경우, 종단연구는 연령에 따른 개인변화에 대한 타당한 정보를 제공할 수는 있으나 같은 검사를 반복 시행하는 데서 오는 연습효과, 선택적 탈락으로 인해 우수한 피험자들만 남게 될 가능성 등이 문제가 될 수 있다.

샤이에(Schaie)의 시애틀 종단적 연구(노년기 지능변화를 가장 잘 보여주는 대표적인 연구)는 횡단연구와 종단연구의 결점을 해결하기 위한 시도로 횡단법과 종단법을 결합시킨 순차적 접근법을 사용하였다. 이 연구에서 노년기 지능변화는 큰 폭의 개인차가 있으나, 대체로 60세 이전까지는 지능검사점수에 감퇴가 없지만 70세경부터는 인지능력이 감소된다고 결론지었다.

샤이에는 시애틀과 워싱턴에서 20~70세까지의 연령에 걸쳐 무선적으로 표집된 500명을 대상으로 인지능력 검사를 하였고 피험자들은 7년마다 한 번씩 재검사를 받았다. 또한 새로운 피험자들이 연구에 계속 포함되었다. 그 결과 5,000명 이상이 검사에 참여하였는데 이 연구를 통해 발견한 노년기 지적 변화에 대한 몇 가지 결론은 다음과 같다.

㉮ 지능변화는 다차원적이다. 모든 지적능력에서 성인기에 연령과 관련된 단일한 형태의 변화는 없다. 어떤 능력은 25세부터 감퇴가 시작되나 어떤 능력은 비교적 일정하게 지속된다.

㉯ 지능변화의 패턴에는 개인차가 있다. 어떤 사람은 지적 감퇴가 30대부터 시작되는가 하면 70세가 되어도 쇠퇴하지 않는 사람이 있다. 실제로 70대의 1/3은 성인들의 평균점수보다 높다.

㉰ 환경적·문화적 요인이 지능변화에 영향을 준다. 인지적 감퇴가 적게 일어나는 사람들의 특성은 만성적 질병이 없고 사회경제적 지위가 높으며 지적으로 자극적인 환경에 놓여있는 경우가 많다. 또한 생활양식에서 융통성이 있고, 지적으로 우수한 배우자와 결혼했으며, 지각적 처리속도 기능이 좋고 성인기와 중년기의 성취에 대해 만족감을 가지고 있었다.

② 연령과 지적능력의 변화

노년기 언어능력은 대체로 70세까지 지속되거나 증가한다. 독해능력은 큰 개인차가 있으나 대체로 50~60세경부터 감퇴하기 시작하며, 수리능력은 50세경까지 유지되다가 이후부터 감소한다. 공간능력은 가장 빨리 감퇴되는 영역으로서 성인 전기부터 감퇴가 시작된다.

환경적 요인이 지적 감퇴와 관련된다는 사실은 지적 기능유지를 위한 방법을 개발할 수 있음을 시사한다. 샤이에와 윌리스(Schaie & Willis)는 64~95세 사이에 걸쳐있는 피험자들을 대상으로 추론 및 공간기술 과제에 대해 훈련 프로그램을 실시하여 유의미한 훈련효과를 나타내었다. 노년기에 지적 감퇴가 일어날 수 있는 이유는 좋지 못한 건강, 지적으로 자극을 받지 못하는 생활환경 등이 원인이 될 수 있다. 건강이 나빠지면 뇌에 혈액순환이나 산소공급이 원활하게 이루어지지 않을 가능성이 높아지고 병을 치료하기 위해 복용하는 약물도 지적 감퇴를 촉진시킬 수 있다. 직업이나 생활환경을 통해 인지능력을 활발히 사용할 기회가 자주 있는 경우에는 지적 감퇴를 예방할 수 있으나 고립되어 있거나 생활양식이 지나치게 단순한 경우, 예를 들어 배우자가 없고 사회경제적 지위가 낮은 여성노인의 경우가 가장 큰 지적감퇴가 나타났다. 이들은 삶에 대한 만족도가 낮으며 지적인 자극을 거의 받지 못하는 생활을 하고 있는 경우가 많다.

노년기 지적능력에 영향을 미칠 수 있는 또 하나의 요인으로는 킬리마이어(Kleemeier)의 '최종 급강하'가 있다. 최종 급강하는 킬리마이어가 12년 동안 4회에 걸쳐 노인의 지적능력을 검사하였는데 검사 후 얼마 있다 사망한 노인이 생존해 있는 노인보다 급격한 지적능력의 감퇴를 보였음을 발견하였다. 이 연구에 참여하다 사망한 피험자들의 76%가 사망 직전에 감퇴를 보였다. 그러나 이러한 감퇴는 비교적 점진적이었고 20%만이 급격한 감퇴를 보였다.

시애틀 종단연구에서는 아주 나이 든 노인에게서만 최종 급강하가 나타났고, 젊은 노인의 경우는 사망 전 지적능력의 감퇴가 크다는 증거는 발견되지 않았다. 따라서 최종 급강하는 지능뿐 아니라 지각능력, 정신운동기능, 성격영역 등 전반적인 영역에서 나타난다. 사망하기 직전에 신체와 뇌에 혈액을 공급하는 심혈관계 기능의 저하가 나타나고 동시에 영양 공급도 원활히 이루어지기 어려우므로 뇌 기능의 수행이 떨어지는 것은 당연하다고 할 수 있을 것이다.

③ 기억능력의 변화

노화과정 중에서 눈에 띄는 변화 중의 하나는 기억력의 감퇴이다. 대부분의 노인은 기억력 문제를 호소하는데 대개 물건을 둔 장소, 약속시간을 지키는 것, 사물의 이름을 명명하는 것, 전화번호 등을 잊거나 혼동하는 것으로 나타난다. 이러한 기억감퇴는 반드시 불가피한 것이 아니다. 한 연구에 의하면 노인을 존중하고 대접하여 노인이 자존감을 크게 잃지 않는 아시아권 문화의 노인은 노인을 중시하지 않는 문화권 사람보다 기억 감퇴가 크지 않다고 한다. 이는 기억력의 변화에 심리적인 요인도 영향을 미칠 수 있음을 의미한다.

그럼에도 불구하고 기억능력에 연령에 따른 변화가 있는 것은 사실이다. 노년기에 가장 두드러지는 것은 단기기억의 감퇴이다. 특히 언어적으로 빠르게 제시되는 정보, 낯선 사람의 이름과 얼굴을 기억하는 것, 문장에 대한 기억력 등을 효과적으로 처리하고 저장하는 데 어려움을 보인다. 이러한 능력에서의 감퇴는 일상생활에 영향을 주게 되므로 기억력의 문제는 노인에게 매우 현실적인 문제로 다가오는 것 같다.

㉮ 단기기억 : 단기기억은 작업기억이라고도 하는데 마음 속에 여러 가지 정보를 동시에 갖고 있다가 의사결정 시 그 정보를 사용하는 경우에 사용한다. 전통적으로 단기기억은 기억폭을 검사하여 측정해 왔다. 일련의 숫자를 제시하고 즉각적인 기억을 요구하는 단순한 기억폭 측정에서는 연령차가 거의 나타나지 않는다. 그러나 보다 능동적인 정보처리과정을 필요로 하는 작업기억은 연령에 따른 변화가 나타난다.

작업기억에서의 연령감퇴가 일어나는 이유는 나이가 들면서 새로운 정보를 처리하는 동시에 저장소에서 정보를 유지하는 능력이 쇠퇴하는 현상을 처리속도의 감소와 억제 결함의 2가지 관점으로 설명할 수 있다. 우선 속도결함 가설은 작업기억에서 연령과 관련된 감퇴는 처리속도가 떨어지기 때문이라고 본다. 노인의 반응속도가 느려지는 것도 이러한 이유 때문이다.

작업기억에서 연령차가 나오는 또 하나의 이유는 억제결함가설로 설명할 수 있다. 정보처리 시에 비관련정보가 활성화되면 작업기억 처리과정을 방해하기 때문에 작업기억이 효율적이기 위해서는 과제와 관련 없는 정보를 억제하는 것이 필요하다는 것이다. 그러나 노인은 작업기억에 일단 들어온 비관련정보를 효율적으로 억제하지 못하므로 작업기억의 수행이 떨어지게 되는 것이다.

㉯ 장기기억 : 입력된 정보는 작업기억에 계속 남아 있는 것이 아니라 잊혀지거나 장기기억으로 넘어가 저장되어 있다가 필요 시에 인출된다. 장기기억에서 연령효과는 기억요소에 따라 달라진다. 일화적 기억과제의 경우 노인은 젊은이에 비해 기억하는 데 시간이 더 걸리고 정확성도 떨어졌다. 이에 비해 의미적 기억은 덜 손상되는 것으로 보이는데 이는 노인이 젊은 사람보다 알고 있는 것이 더 많아 보다 풍부하고 정교화된 의미적 연결망을 이루고 있기 때문인 것으로 볼 수 있다.

흔히 노인은 과거의 오래된 기억은 잘하지만 오히려 최근의 것은 잘 기억하지 못한다고 여겨져 왔다. 그러나 노인에게 시청한 텔레비전 쇼의 내용을 회상하도록 했을 때 이전의 것보다는 최근에 방영된 것을 더 잘 기억하였고 시간이 지남에 따라 과거 사건에 대한 기억은 덜 생생해지고 상세함도 떨어졌다. 그러나 옛날 기억이 개인적으로 중요한 사건, 즉 자녀 출생이나 직업에서의 성취와 같은 자서전적 기억과 관련된 경우는 수차례 반복되어 회상하는 경향이 있으므로 비교적 분명하게 기억되는 경향이 있다. 노인은 특히 10~30세 사이에 경험했던 개인적으로 중요하고 자기 삶에서 두드러지는 사건을 가장 잘 기억하였다.

성인기 기억에서 흥미로운 또 하나의 형태는 전망적 기억(prospective memory)이다. 전망적 기억은 사건을 중심으로 한 기억과 시간을 근거로 한 기억으로 나눌 수 있다. '점심식사 후 친구 집에 가기'와 같은 사건 중심 기억은 연령감퇴가 크지 않지만 '특정 시간에 친구 만나기'와 같은 시간을 근거로 한 기억에는 연령감퇴가 보고되고 있다.

전망적 기억에서의 감퇴는 일상생활에 영향을 줄 수 있다. 예를 들어, 약을 먹는 시간을 자꾸 잊어버리면 건강에 문제가 올 수 있고 타인과의 약속을 지키지 못한다면 사회적 관계도 위축될 가능성이 있다.

기억과 노화에 대한 결과들을 요약하면 의미적 기억이나 자서전적 기억과 같이 친숙하고 자주 인출되는 것은 특별한 의식적 처리과정을 요하는 것이 아니므로 비교적 잘 보존되어 있다. 그러나 인지적 자원에 부담을 많이 주는 작업기억의 처리형태에 많이 의존해야 하는 과제에서는 연령에 따른 감퇴가 나타난다고 볼 수 있다.

노년기에 기억감퇴가 일어나는 원인은 첫째, 생물학적 가설에서는 중추신경계의 손상 등 생물학적 요인으로 인해 기억능력의 쇠퇴가 일어난다고 믿는다. 둘째, 정보처리 가설에서는 관련 정보에 주의를 기울이며, 중요한 정보에 주의를 할당하는 주의능력의 결함과 정보를 처리하는 전반적인 인지적 역량의 감소를 노년기 기억능력의 감퇴의 원인으로 보고 있다. 셋째, 노인이 복용하는 약물, 지적인 자극을 덜 받는 생활양식, 일상생활에서 꼭 기억해야 할 일들이 적어지는 것, 기억에 대한 동기가 낮아지는 것 등의 환경적 요인이 기억감퇴에 영향을 주는 것으로 보고 있다.

④ 기억장애 : 노인성 치매

노년기의 가장 보편적인 병리적 기억장애로 치매(dementia)를 들 수 있다. 나이가 들면서 기억력이 떨어지는 것은 흔히 나타나는 현상이지만 이러한 증상이 일상생활에 장애를 가져올 정도로 심할 때 문제가 될 수 있다. 수 세기 동안 사람들은 이를 노망이라고 부르면서 나이를 먹게 되면 피할 수 없이 필연적으로 오는 것으로 생각했다. 그러나 치매는 정상노화와는 구분되는 병리적인 현상이므로 질병으로 이해해야 한다. 문제는 치매의 초기에 나타나는 증상들이 정상 노화현상과 쉽게 구분되지 않아 무심코 넘기게 되어 치료시기를 놓치게 되는 경우가 많다는 것이다.

우리나라의 경우도 65세 이상의 노인 중 약 8%에 해당하는 사람이 치매환자로 집계되고 있고, 2020년에는 노인인구의 약 10%가 치매환자일 것으로 전망하고 있다. 치매 발병률은 연령이 높아짐에 따라 증가하여 65~75세에서는 약 3%정도이나 85세 이상이 되면 20% 이상의 높은 비율을 나타낸다. 또한 남성에 비해 여성의 발병률이 높다. 전체 치매 환자의 50%는 알츠하이머형으로 가장 많은 비율을 차지하고 있고 20~30%는 혈관성 치매로 추정되며, 나머지 20%정도는 파킨슨병, 두부 손상, 헌팅턴병 등의 기타 질병으로 인한 치매에 해당된다. 치매의 증상은 원인 및 질환의 종류와 정도에 따라 매우 다양하게 나타나는데, 초기에는 아주 가벼운 기억장애를 보이다가 점차 사고력, 추리력, 언어능력, 문제해결능력 등의 전반적 영역에서 감퇴가 나타나며, 진행됨에 따라 정서조절능력의 손상, 신체운동기능의 결함과 더불어 모든 심리적 기능이 와해되어 가면서 인격의 황폐화가 나타난다(김태련 외 15인, 2005 : 518-522).

⑤ 노년기 정신병리의 종류

㉮ **기능적 장애** : 노년기 정신병리의 기능적 장애에는 정신분열증, 조울증, 망상증이 있다. 정신분열증은 사고, 감정, 감각, 의욕, 행동 등의 측면에서 인격의 황폐를 일으키는 병으로 노년기에 와서 생기는 것이 아니라 청소년기부터 시작된 것이 계속되는 경우가 많다. 조울증은 사고의 장애가 없고 정서적 장애만 갖는다. 발병 연령은 여자의 경우 45~55세, 남자의 경우 50~65세이다. 조울증은 울상태와 조상태가 극단적으로 변하는 주기를 나타내는 징후로서, 50대 이후에는 주로 우울증 하나만 나타나는 것이 보통이다. 망상증은 피해망상, 과대망상, 관계망상, 부정망상(의부증, 의처증) 등이 주된 징후로서, 망상이 조직적이고 체계화된 것이 특징이다. 이러한 망상증은 청각 장애인, 감옥생활, 고립상태, 전염병 감염, 시력 상실 등의 경우에도 나타난다. 노년기에는 물리적, 환경적 제한 때문에 과잉반응으로 나타나는 경우가 많다(Allen & Clow, 1950).

㉯ **기질적 장애** : 노년기 정신병리의 기질적 장애에는 노인성 정신병, 전노인성 치매 등이 있다. 노인성 치매로 인해서 나타나는 노인성 정신병의 원인은 분명하지 않다. 노인성 정신병은 75세 이후에 발병하여 인지적 기능이 점점 쇠퇴해 가는 만성적 정신장애이다. 이 병은 여자에게서 더 많다. 환자들의 시체 해부 결과에 의하면 대뇌판막과 신경

조직의 심한 손상을 나타냈다. 임상적 징후로는 초기에는 판단 착오, 신체 청결 습관의 감퇴, 추상적 사고능력의 손상, 흥미의 상실과 무감각 등이 나타난다. 그 다음으로 불안, 우울증이 나타나는 동시에 신체적, 정신적 기능이 쇠퇴하기 시작하면서 전형적인 징후인 환각, 이해의 혼란, 시간, 장소, 사람에 대한 지남력 상실, 횡설수설, 불면증 등이 나타나는 망상도 함께 나타나는 수도 있다.

㉠ **전 노인성 치매** : 노인성 정신병과 증세는 비슷하지만, 전 노인성 치매는 중년기부터 발생하는 기질적 장애로서 대표적인 것으로 알츠하이머씨병, 파킨슨씨병, 정상압력 수뇌증, 피크씨병, 빈스방거씨병 등이 있다.

알츠하이머씨병은 정신능력이 급속도로 쇠퇴하는 것으로, 정신능력의 심한 결핍과 흥분경향까지 수반한다. 행동 불일치, 실어증, 실인증, 실행증, 파킨슨씨 병에서 나타나는 걸음걸이, 흥분성 발작을 보인다. 몸 전체가 경직되고 서지도, 걷지도 못하다가 완전히 무기력하게 된다. 발병은 50대 전후하여 나타나며 발병 후 5년 이내에 죽는다. 이 병의 원인에 대해서는 아직 알려진 바가 없으나 대개는 노화과정, 유전요인, 약물과 세균감염 등에 의한 것으로 추측하고 있다. 따라서 치료방법이 없는 절망적인 노인성 질환으로 알려져 있다.

버틀러와 루이스에 따르면, 파킨슨씨병은 남자에게 많고 40~65세 사이에 발병률이 높다. 이 병의 징후는 환자가 깨어 있을 때 몸 전체를 떨면서 경련을 일으키며, 움직이거나 잠잘 때는 떠는 행동이 줄어든다. 이 병의 원인은 아직 모른다. 정상압력 수뇌증은 상당히 드문 병으로, 뇌척수액의 압력은 정상적으로 유지되는데 뇌실이 확장되는 징후이다. 원인은 척수염, 대뇌부상의 결과로 인해서 척수액의 흡수가 원활하지 못하기 때문이다. 피크씨병은 알츠하이머씨 병과 매우 흡사하여 시체 해부 전까지는 대뇌병리를 알기 어렵다고 한다. 주로 40대부터이며, 알츠하이머씨병이 활동과잉인 데 비해서, 피크씨병은 주도성이 결핍된 것이 다르다.

발병이 되어 시간이 지나면 실어증, 실행증이 나타나고 죽을 때에는 식물인간처럼 된다. 발병 후 2~15년을 전후하여 사망한다. 병리적으로는 대뇌피질 전두엽과 측두엽의 내부 부분에 손상이 집중적으로 나타난다.

빈스방거씨병은 노인성 치매와 대뇌부피질의 신경수초의 퇴화로 인하여, 뇌동맥혈관이 경화증을 일으켜서 생긴다. 발병은 50~65세 사이이고, 시체를 해부해야만 어느 정도 그 원인을 알 수 있다. 헌팅턴병은 뇌의 특정 부위의 신경세포들이 파괴되어 가는 퇴행성 뇌질환으로 병이 진행됨에 따라 인지능력이 점차 떨어지고 기억력, 언어능력, 판단력에서의 감퇴와 함께 성격의 변화가 동반된다. 헌팅턴병은 유전적 질환으로 알려져 있고 젊은 사람에게서도 나타날 수 있으며 팔이나 다리가 춤추는 듯이 저절로 움직여지기 때문에 무도병이라 불리기도 한다. 뇌조직이 스펀지처럼 구멍이 나는 크루츠펠트-야콥병은 젊은층과 중년층에서도 치매증상이 나타난다. 크루츠펠트-야콥병은 매우 드문 질환이나 치명적인 뇌질환으로 프라이언 단백질이라 불리는 물질에 의하여 발생하는 것으로 여겨지고 있다. 이 병의 초기 증상으로는 기억력장애에서 시작되어 시야장애나 행동장애가 나타나고 이후 의식장애와 불수의적 운동장애가 나타나면서 결국은 혼수상태에 이르게 된다(김경희, 1999 : 320−322).

ⓛ 혈관성 치매 : 치매의 원인 중에서 2번째로 흔한 것이 혈관성 치매이다. 혈관성 치매는 뇌졸중이나 뇌출혈 등으로 인해 뇌혈관이 막히거나 좁아져 혈액순환이 잘 안 되고, 그 결과 산소와 영양공급이 제대로 안 돼 뇌세포에 손상이 생겨 발생하게 된다. 혈관성 치매를 보이는 사람은 인지능력이나 정신능력의 저하가 대개 돌발적이고 급속하게 나타나며, 일정 수준을 유지하다가 갑자기 나빠졌다가 다시 유지되는 식의 단계적 악화 양상을 보인다. 또한 팔과 다리의 마비, 언어장애, 시야장애도 흔하게 나타난다. 일단 혈관성 치매가 발병하면 완치되기는 어려우나 초기에 적절한 치료

를 받는다면 더 이상 악화되는 것은 방지할 수 있다.

치매증상을 유발하거나 치매와 비슷한 임상소견을 보이는 질환 중에서 완치가 가능한 것들도 있다. 이런 질환은 뇌종양, 두부 손상, 대사성 뇌질환, 갑상선 질환, 영양결핍증 등이다. 만성 알코올 중독을 포함한 독성물질에 의한 뇌기능 장애 또는 다른 약물에 의해서도 인지장애나 치매증상이 나타날 수 있다. 정상압 수두증은 뇌 안을 흐르고 있는 뇌척수액의 흐름이 막혀 뇌실 안에 척수액이 점차 많이 고임으로써 발생하는 것이다. 이 병의 증상으로는 치매, 소변장애, 보행장애가 나타나는데 조기에 발견된다면 간단한 수술로도 완치가 가능하다.

노인의 경우 우울증에 걸리게 되면 치매와 비슷한 증상을 보일 수가 있다. 우울증의 증상으로는 슬픈 기분, 사고장애, 집중력 부족, 절망감, 활동성 저하 등이 나타난다. 또한 치매 환자들에게 우울증이 동반되는 경우가 많다. 치매 환자의 약 40%에서 우울증이 나타나는데 치매와 우울증이 같이 나타나게 되면 지적능력의 장애가 더욱 심해질 수 있다. 치매와 비슷한 증상으로는 일시적이고 매우 갑작스럽게 정신상태의 혼동을 보이는 섬망이 있다. 섬망은 폐질환이나 심장질환, 감염, 영양부족, 장기간의 약물 복용 및 호르몬 장애 등을 겪고 있는 노인에게서 흔하게 나타나는 일시적인 현상이다. 따라서 갑작스러운 인지능력의 장애를 보이거나 지남력 상실 또는 의식 소실 등의 증상을 보이는 경우에는 치매보다는 섬망일 가능성이 높다.

(3) 노년기의 성격발달

노년기는 노화와 죽음을 앞두고 자신의 삶을 통합하고 점검해야 하는 시기이다. 노년기 삶의 통정성(ego intergrety)은 자신의 과거의 모든 과오, 실패, 결점, 절망 등을 인정하고 이를 수용하는 어려운 과업을 통해서 획득하는 성격 특성이다. 노년기 지혜가 이러한 통합과정에 필요하다.

① 노년기의 성격이론

㉮ 에릭슨의 자아통합과 절망 : 에릭슨의 심리사회적 발달 8단계 중 마지막 단계인 노년기는 자신의 삶을 되돌아보고 평가하며 통합하는 때이다. 통합은 지난 날 자신의 과오, 결점, 실패 등을 인정하고 수용하는 데서 온다. 자신의 삶에서 이루고자 했던 것을 실현시키고 이루었으며 후회없이 만족하며 받아들이는 과정이다. 어떤 사람은 자신의 삶에 불만족감을 가지고 되돌아보기도 한다. 자신에게 주어졌던 삶의 중요한 기회를 놓쳤고 원하던 것을 이루지 못했다고 느낄 때 절망과 우울을 경험하게 된다.

노년기는 쇠퇴를 경험하고 죽음을 준비해야 하는 시기이다. 노인은 자신의 죽음에 직면해서 자신이 살아온 삶을 되돌아보게 된다. 비록 살아온 과정이 힘들고 후회스러운 부분이 있었다 해도 전체적으로 자신의 삶이 의미 있었다고 긍정적으로 수용할 때 통합감이 이루어진다. 통합감은 이전 단계와의 연속선상에서 이루어지는 것이다. 청소년기에 자아정체감 확립에 실패한 사람은 친밀감을 이루기 어렵고 이는 중년기의 침체성으로 연결된다. 이러한 부정적 발달이 계속되어 온 사람은 노년기에 자신의 삶을 통합하기 어렵고, 후회와 불만족감으로 자신의 삶을 평가하게 되고 이러한 절망감을 다른 사람에 대한 원망과 비난으로 표현한다.

㉯ 레빈손(Levinson)의 인생의 마지막 계절 : 레빈손은 60대 초반에 전환기를 거쳐 노년기에 진입한다고 보았다. 이 시기의 노인에 대한 사회의 부정적 고정관념을 인식하고 이제 자신이 더 이상 사회의 중심인물이 아니라는 사실에 갈등을 느낀다. 힘과 존경과 권위의 상실을 받아들이는 것은 자신의 삶을 통제할 수 있다고 여겨온 사람에게 쉬운 일은 아니다. 그러나 결국에는 신체적 쇠퇴와 질병, 가까운 사람의 죽음을 통해 자신이 늙었다는 사실을 받아들이게 된다. 마지막 단계에서 궁극적인 과업으로써 죽음을 이해하고 자아에 대한 관심이 증가하며 자신과 화해를 하게 된다.

㉰ 펙(Peck, 1968)의 발달과업 : 펙은 노년기 심리적 과업에 대한 에릭슨의

관점을 바탕으로 이 시기에 해결해야 하는 중요한 위기를 강조하였고 이러한 위기의 성공적인 해결을 통해 자신의 인생 목적에 대한 폭넓은 이해를 할 수 있다고 보았다.

첫 번째 위기는 자아분화 대 과업역할 몰입(redefinition of self vs preoccupation with work role)이다. 노년기에는 직업역할과 관련시키지 않고도 자신의 가치를 발견하고 자신을 재정의해야 한다. 은퇴는 사람이 자신을 보는 관점에 변화를 일으키므로 직업역할 없이도 자존감과 자기 개념을 유지시킬 수 있도록 자신에 대한 재정립이 필요하다. 두 번째 위기는 신체초월 대 신체몰두(body transcendence vs body preoccupation)이다. 노년기에는 신체적으로 쇠퇴를 경험하므로 이러한 변화에 지나치게 걱정하거나 몰두하지 않고 다른 사람과의 친밀한 관계, 관심을 기울일 수 있는 다른 활동을 찾아야 신체적인 불편함을 극복할 수 있다. 세 번째 위기는 자아초월 대 자아몰두(ego transcendence vs ego preoccupation)이다. 노인은 죽음이 곧 다가올 것이고 불가피하다는 것을 받아들일 때 현재의 자기 자신과 삶을 뛰어 넘을 수 있게 된다. 죽음에 대한 수용을 통해 타인의 행복과 안녕에 기여함으로써 자아초월이 이루어진다. 그렇지 못하면 자신의 삶이 가치있었는지 타인에게 도움이 되었는지에 대해 의문을 갖게 된다.

〈표 10-2〉 뉴가텐의 노년기의 성격유형

성격유형	성격적 특성
통합된 성격	성숙하고 유연성이 있으며 새로운 자극에 개방적이며 자신의 삶에 만족하고 활발한 지적 기능을 유지하고 있는 유형. 노인의 약 38%
재구성형	젊은 시절의 활동을 버리고 노년기에 맞는 새로운 활동을 선택하여 높은 수준의 활동을 유지하는 유형. 대체된 활동 속에서 자신의 삶을 활기 있게 재구성함으로써 성공적인 노년기를 보낸다.
집중형	만족할 만한 소수의 역할만 선택하며, 선택된 영역에서는 적절한 활동을 유지하는 유형. 자원봉사・정원관리 등 자신이 보람과 흥미를 갖는 한두 가지 역할을 통해 노년기 삶의 보람을 추구한다.
단절형	젊은 시절에 비해 활동수준을 낮추고 고립적이지만, 자신의 삶에 만족하는 유형
무장－방어적 성격	야심적이며 성취지향적인 성격유형. 노화를 인정하지 않고 노년기 불안에 강한 방어를 보인다. 노인의 약 25%

지속형	가능한 한 하던 일을 계속하고 성인중기 삶의 양식을 지속시키려는 유형 성공적으로 성인중기 삶을 유지하면 노년기 삶의 만족도는 높지만, 유지되지 못할 때는 생활만족도에 손상이 온다.
억제형	노화의 속도를 늦추기 위해 에너지 소모나 사회적 상호작용을 가능한 제한하려는 유형. 사람에 대한 관심도 점차 줄여감으로써 자신을 철저히 방어하려 한다. 방어적인 만큼 자아통합수준이 낮다.
수동 - 의존적 성격	자신의 욕구를 충족시키기 위해 타인에게 의존하는 유형. 노인의 20%
원조추구형	자신을 의지하고 기댈 사람이 있어야 삶의 만족을 갖는 유형 의지하거나 도움을 받을 사람이 있을 때는 적정수준의 활동수준과 생활만족도를 유지하지만, 불가능한 경우에는 문제가 발생할 수 있다.
냉담형	수동적이며 성취지향성이 낮은 유형 주변에서 일어나는 일이나 사람들에게 거의 관심을 보이지 않는다. 활동수준이나 생활만족도가 낮은 편이다.
통합되지 못한 성격	노화에 잘 적응하지 못하며, 지혜와 같은 노년기 특유의 정신적 기능을 제대로 발휘하지 못한다. 사고의 고착성과 퇴보가 있고, 정서적 유연성도 부족하다. 또한 활동수준과 생활만족도 모두 비교적 낮다.

② 노년기 성격의 가변성

노년기에는 보다 내성적이며, 보다 주의 깊고 느리며 실제적으로 변화한다. 또한 야심·용기·능력 등 도구적 가치로부터 성취감, 자유감 등 절대적 가치로 변화하지만, 개방성과 외향성 수준은 지속된다. 휜(Finn, 1896)은 1947년에 17~25세와 43~53세 두 집단의 피험자를 대상으로 MMPI를 실시하고 30년 후인 1977년에 재검사를 실시하였다. 이 종단적 연구에서 성인전기에서 중기 사이의 성격변화가 성인중기에서 후기 사이의 변화보다 크게 나타났다. 일반적으로 노년기에 강하게 지속되는 경향은 비행과 종교적 성향이다(송명자, 2004 : 423).

노년기에 나타나는 특징적 성격변화를 보면 다음과 같다.

㉠ 내향성과 수동성의 증가 : 외부 사물이나 행동보다는 내적인 측면에 관심과 주의를 기울이며, 자신의 사고나 감정에 따라 사물을 판단하고 능동적 문제해결보다는 타인에 대한 의존성이 증가한다.

㉡ 조심성의 증가 : 노인 자신이 정확성을 중시하고, 감각능력이 감퇴하며, 결정에 대한 자신감의 결여로 인하여 확실한 것을 추구하는 경향

이 강해진다.

㉢ 경직성의 증가 : 자신에게 익숙한 습관적 태도와 방법을 고수하며, 이로 인해 학습능력과 문제해결능력이 저하되는 것이 일반적이다.

㉣ 우울성향의 증가 : 신체질병, 배우자 사망, 경제사정 악화, 사회로부터의 고립, 일상생활에 대한 통제력 약화, 과거에 대한 회상의 증가로 인하여 우울성향이 증가하고, 이로 인한 불면, 무감각, 강박관념, 증오심, 체중감소 현상이 나타나기도 한다.

㉤ 생에 대한 회상의 경향 : 과거의 인생을 회상하여 남은 시간에 지금까지 해결하지 못한 것을 찾아서 새로운 해결을 시도하고 새로운 인생의 의미를 발견하려 한다.

㉥ 친근한 사물에 대한 애착 증가 : 사용해 온 물건에 대한 애착이 증가하며, 이를 통해 과거 인생을 회상하고 마음의 평온을 추구한다.

㉦ 성역할 지각의 변화 : 남성은 친밀성, 의존성, 관계지향성이 증가하는 반면 여성은 공격성, 자기주장, 자기중심성, 권위주의 성향이 상대적으로 높아진다.

㉧ 의존성의 증가 : 노화가 진행됨에 따라 경제적 의존, 신체적 의존, 정서적 의존, 사회적 의존성이 전반적으로 증가한다.

㉨ 시간 전망의 변화 : 40세 이후부터 시간전망의 변화가 나타나는데, 남아 있는 시간을 계산하고 시간이 얼마 남지 않았다는 사실을 회피하기 위해서 과거에 대한 회상에 집중하거나 또는 과도하게 미래지향적이 된다.

㉩ 유산을 남기려는 경향 : 죽기 전에 자손, 예술작품, 기술, 지식, 재산 등 뭔가를 남기려는 성향이 강해진다.

③ 생의 회고와 회상

노인은 지난 날 경험했던 사람, 사건, 감정에 대해 자주 되돌아보고 이야기한다. 에릭슨, 레빈슨, 펙은 모두 노년기 성격발달의 주요한 특징을 자신의 삶을 회고하는 것이라 보았다. 회고는 과거를 되돌아보면서 오래 해결되지 않았던 문제나 갈등을 좀더 객관적으로 바라보고 새로운 시각으로 보게 함으로써 미결의 과제를 끝내거나 현재의 삶을 더 진지하게 바라보도록 해

주는 기능을 한다. 또한 사람은 나이가 들수록 자신의 삶을 되돌아보는 것을 통해 죽음에 대한 인식을 보다 분명히 해나가고 수용하게 된다. 따라서 자신이 살아온 인생을 되돌아보는 것은 과거와 현재 사이에 연속성을 부여하고 현재에 대한 인식을 증가시키면서 지나간 일에 대한 통찰력을 줄 수 있다. 이러한 의미에서 회고과정은 노년기 자아통합감을 촉진시키고 현재에 더 효율적으로 기능할 수 있게 해 주는 것으로 보인다.

〈표 10-3〉 **레이챠드의 노년기의 성격유형**

성격유형	성격적 특성
성숙형	• 매사에 신중하며, 은퇴 후의 변화를 수용하고 과거에 집착하지도 않으며, 여생이나 죽음에 대해 과도한 불안이 없음
방어형	• 노화에 따른 불안을 방지하기 위하여 사회적 활동 및 기능을 계속 유지하는 형
은둔형	• 은퇴 후 과거에 힘든 일이나 복잡한 대인관계에서 벗어나 조용히 수동적으로 보내는 것에 만족하는 형
분노형	• 젊은 시절 인생목표를 달성하지 못하고 늙어 버린 것에 비통해 하고, 실패원인을 외부에 투사하여 남을 질책하고, 자신의 늙음에 타협하지 않으려는 형
자학형	• 지난 인생에 대한 후회가 많고, 불행이나 실패의 원인이 자신에게 있다고 여겨 자신이 무가치하고, 열등하다고 생각하여 의기소침하거나 우울증을 보임

(4) 노년기의 사회성 발달

사회화(socialization)란 개인이 사회에 참여할 수 있는 유능한 사회적 존재로 발전하는 결과를 가져오는 제반 절차를 의미한다. 이러한 사회화는 개인적 측면과 사회적 측면으로 나뉜다. 개인적 측면에서의 사회화는 자신이 속한 집단이나 사회 내에서의 지위에 적합한 기술, 지식, 가치, 역할 등을 학습하는 과정이다. 사회적 측면의 사회화는 사회의 생존과 발전을 위하여 구성원에게 적절한 기술, 지식, 가치, 역할 등을 학습시키는 과정이다.

그러나 사회는 신참성원의 훈련과 사회화에 주력하는 관계로 노인은 새로운 지식이나 기술을 습득할 수 있는 기회가 제한됨으로써 사회에서 분리될 수밖에 없다. 노인 스스로도 노화에 따른 새로운 기술의 학습에 어려움을 겪기 때문에, 사회적으로 고립되어 간다. 현대사회에서는 노년기의 사회적 역할이나 지위가 명확히 확립되어 있지 않기 때문에, 이전의 발달단계에서 노년기에 대한 예비적 사회화 기회를 갖지 못하여 노년기의 사회화는 더욱 어려워지게 된다.

노년기에 있어서 역할은 사회적 관계의 매개체가 되고 자아정체감 유지의 기반이 되기 때문에 매우 중요한다. 역할(role)은 지위의 동적인 표현으로서, 어떤 지위에 있는 개인에게 기대되는 행동을 의미한다. 노년기에는 직업인의 지위에서 물러나 퇴직인의 지위를 갖게 됨으로써, 생계유지자 및 남편과 아내로서의 역할에서 피부양자, 독신, 조부모의 역할로 전환하게 된다. 그리고 2차 집단에서의 역할보다는 1차 집단 내에서의 역할이 더 중요해지며, 1차 집단 내에서도 의존적 지위로 전락하게 됨으로써 적절한 역할을 발견하지 못하여 무위상태에 이르기도 한다. 이러한 노년기의 역할전환을 어렵게 만들고 적절한 역할수행을 방해하는 요인으로 장인협・최성재(1987)는 퇴직, 지식과 기술의 낙후, 경제력 약화, 노년기로의 전환에 대한 부정적 인식 등을 지적하고 있다. 노년기에는 직장 등과 같은 2차 집단과의 유대관계 및 참여 정도가 줄어들고 가족, 친구, 이웃 등과 같은 1차 집단과의 관계가 사회적 관계의 중심이 되며, 그중에서도 가족이나 자녀와의 관계가 핵심적 관계축이 된다(김태련 외 15인, 2005 : 524−527).

① 사회적 관계망과의 상호작용

㉮ 부부관계 : 노년기의 부부관계는 매우 중요하다. 자녀들이 독립해 나가고 친구도 하나둘씩 세상을 떠남으로써 친밀한 감정을 나눌 수 있는 유일한 대상이 배우자로 좁혀진다. 즉, 인생의 반려자로서의 의미가 그 어느 때보다 절실해진다.

노년기까지 결혼생활을 지속해 온 부부는 이 시기에 서로에 대한 만족감이 비교적 높은 것으로 보인다. 웨이샤우스와 필드(Weishaus & Field, 1988)는 17쌍의 부부를 50～69세 사이에 걸쳐 종단연구하였다. 그 결과 이들은 환경의 변화에 실질적으로 잘 대처하는 능력을 갖고 있었는데, 예를 들어 한쪽 배우자가 병이 날 경우 이러한 일이 관계를 악화시키기보다는 유대관계를 더 단단하게 하는 역할을 하였고 결혼에 대한 기대도 시간이 지나면서 부부 간에 더욱 일치해가는 특징을 보였다. 또한 레빈손 등은 중년 부부와 노인 부부를 비교한 연구에서 노인 부부가 중년 부부에 비해 갈등이 더 적었고 만족을 더 많이 했으며, 서로에 대해 긍정적인 감정을 더 많이 갖고 있었다. 아마도 이 시기까지 함께 한 부부는 서로에 대해 동반자 의식을 느끼고 정서적 지지를 제공하고 서로에 대한 더 많은 통찰력이 있는 것으로 보인다.

그러나 결혼의 모든 측면이 만족스러운 것은 아니며 상황에 따라 심각한 스트레스를 경험할 수도 있는데, 예를 들어 한쪽 배우자가 은퇴하거나 병이 나는 것은 부부 간의 관계에 영향을 줄 수 있다. 배우자를 간병해야 하는 경우, 간병하는 사람은 이 경험을 배우자에 대한 사랑과 헌신의 마지막 기회로 여기고 배우자에 대한 책임을 다하는 데서 만족감을 느낀다는 보고도 있다(Zarit & Reid). 그러나 대부분의 경우, 도움을 제공해야 하는 배우자는 이를 스트레스로 지각하며 생에 대한 만족감이 떨어지고 오랜 간병은 부부 간의 동반자 의식과 친밀감을 저하시킨다(Aneshensel et al., Cavanaugh). 이러한 이유는 돌보는 배우자 자신도 같은 노화과정을 겪고 있으므로 신체적으로 힘들고 부담이 되기 때문이다.

㉯ **결혼만족도** : 직업, 자녀 양육 부담의 감소, 윤택해진 경제적 여건 등으로 만족스러웠던 결혼생활이 은퇴 후 점점 나이 들고 병들면서 감소하게 된다(Miller et al., 1997). 일반적으로 노년기의 결혼만족도는 건강상의 문제로 위협을 받기 이전까지는 높은 편이다(Gilford, 1984; Pearson, 1996). 노년기에는 결혼만족도뿐만 아니라 갈등 또한 증가한다. 우리나라 부부의 가족생활주기에 따른 결혼만족도와 부부갈등에 관한 연구(박영옥, 1986)에 따르면, 신혼 초기부터 자녀를 양육하는 시기까지는 부부갈등이 증가하나, 자녀의 결혼에 즈음하여 감소하다가 다시 노년기에 들어 약간 증가하는 경향이 있는 것으로 나타났다. 노년기에 자녀와 동거하는 경우, 노인부부의 행동이 자유롭지 못하므로 만족도가 떨어진다고 한다.

㉰ **성적 적응** : 질병이나 신체의 쇠약으로 노인들이 자신의 성적 감정에 따라 실제로 행동할 수 없을지는 모르지만 그 감정은 유지된다. 실제로 성은 육체적인 목적 이외에도 여러 가지 목적으로 작용한다. 적극

적인 성관계는 부부의 애정과 친밀감을 확인시켜 주고, 서로의 계속적인 생명력을 확인시켜 준다(Turner & Rubinson, 1993). 우리나라 60세 이상의 남녀노인 250명을 대상으로 노인의 성의식을 조사한 이윤숙(1990)의 연구에서는, 남성의 성적 능력은 정도의 차이는 있어도 89.4%가 지속되고 있으며, 80세 이상까지도 유지되고 있음을 나타내고 있다.

㉣ 이혼 : 노년기의 이혼은 매우 드문 현상이다. 그러나 최근에 와서는 '황혼이혼'이 증가하고 있다. 노년기의 이혼이 증가하는 이유에 대해 박재간 등(1995)은 다음과 같이 설명한다. 첫째, 가족생활주기의 변화 때문이다. 자녀들이 독립한 뒤 부부만 함께 사는 '빈둥지(empty nest) 시기'가 등장하면서 부부 간의 문제가 발생한다. 이때 원만한 부부관계를 형성하면 '제2의 신혼기'가 되겠지만, 부부관계가 원만하지 못하면 여생을 고통 속에서 보내는 것보다 다소 희생이 따르더라도 이혼을 선택하게 된다. 둘째, 여성의 경제적 능력이 증대되어 여성 쪽에서 그동안 누적된 불만으로 인해 이혼을 청구한다. 셋째, 결혼생활에 대한 남편과 아내의 사고의 차이 때문이다. 이혼이나 별거 중인 노인은 기혼자, 배우자를 사별한 노인, 혹은 평생 독신인 노인보다 생활만족도가 낮은 것으로 나타났다. 정신질환과 사망률도 높은 것으로 나타났는데, 이것은 아마도 이혼한 노인을 위한 마땅한 사회적 지원체계가 없기 때문인 것으로 보인다(Uhlenberg & Myers, 1981).

㉤ 사별 : 오랜 결혼생활 후에 배우자를 사별한 사람은 정서적 문제와 실제적 문제에 부딪치게 된다. 결혼생활이 원만했다면 크나큰 정서적 공허가 생겨 상실감은 더욱 커진다. 남녀노인 모두가 사별 후 겪게 되는 심각한 문제 중 하나는 경제적 곤란이다. 남편의 수입에 주로 의지했던 미망인은 사별 후 수입이 끊긴다. 반면, 아내를 사별한 노인은 아내가 해 주던 서비스의 대부분을 돈으로 해결해야 한다. 사별 후 겪게 되는 또 다른 문제는 의기소침해진다는 점이다. 또한 정신질환, 우울증을 보이며, 남성은 아내와 사별한 후 6개월 이내에 사망할 가능성이 높으며, 여성은 무기력해지기 쉽다.

배우자 사별 시 남은 배우자는 과부 또는 홀아비로서의 새롭고 낯선 사회적 역할을 수행해야 한다. 배우자 사별은 부부중심의 사회에서 모임과 같은 사회적 교류에 더 이상 참여하지 못하게 될 수 있으며, 혼자 식당이나 영화관에 가는 것이 익숙지 않아 집안에만 머물거나 고립될 수 있다. 홀아비가 되는 것은 과부보다 더 많은 스트레스를 경험하는 것으로 보여 남성은 배우자 사별 후 여성에 비해 6개월 내에 사망하는 비율이 더 높으며, 75세 이상의 경우는 12배가 높다고 한다(Gallagher-Thompson et al.). 이러한 이유로는 나이 든 남성에게 아내는 가장 가까운 친구이자 믿을 만한 존재이며 요리, 장보기, 세탁과 같은 일상의 일을 제공해 주는 사람이었기 때문으로 보인다. 남성은 여성에 비해 재혼하는 경우가 더 많다. 여성은 재혼보다는 새로운 친구, 이웃과 관계를 맺는 다양한 사회적 지지망을 형성함으로써 독신생활에 적응해 나간다. 그러나 남성의 경우는 실질적으로 집안일을 도와주는 사람의 존재 여부가 원활한 적응에 더 중요한 요인이 된다(Lamme et al.).

㉥ **재혼** : 노년기의 재혼은 남성이 여성보다 3배 정도 많은 것이 보통이다. 노년기에는 남성이 여성보다 재혼하기 쉬운데, 남성은 어떤 연령이든 여성보다 재혼하기가 쉽다. 남성의 높은 재혼율은 잠재적인 결혼상대가 훨씬 더 많으며, 남자 노인이 재혼의 필요성을 더 많이 느끼기 때문인 것으로 보인다. 재혼의 가장 큰 이유는 고독감 때문이다. 그 외에도 노후에 부양해 줄 자식이 없는 경우, 자녀들로부터 재혼의 권유를 받는 경우 등이 그 이유이다.

㉦ **성인 자녀와의 관계** : 우리나라 노부모와 성인 자녀관계에서 대부분의 노부모는 자녀에게 물질적인 혜택을 주고, 자녀에게 어려운 일이 발생하면 정서적으로뿐만 아니라 경제적으로도 도움을 주고자 한다. 반면, 자신의 노후부양을 자녀에게 기대한다. 우리나라 노인이 자녀에게 기대하는 도움은 잦은 방문과 대화, 정신적, 경제적 도움인 것으로 나타나고 있다(김태현, 1994).

㉧ **손자녀와의 관계** : 조부모는 부모보다 자녀 양육경험이 많으므로 손자

녀에게 정서적 안정감을 제공해 줄 수 있으며, 손자녀에 대한 직접적인 의무감이나 책임감이 없기 때문에 순수하게 애정적인 관계에서 유대감을 형성 할 수 있다. 또한 손자녀에게 노화에 대한 긍정적인 태도를 심어 줄 수 있고, 조부모의 무릎학교를 통해 문화가 전수되기도 한다. 손자녀에 대한 조부모로서의 역할을 통해 조부모는 자신의 존재가치를 확인하고 상실감을 극복하며, 삶에 대해 보다 의욕적인 자세를 가질 수 있다.

손자녀와의 관계를 통해서 노인은 생산성을 표현할 수 있는데 조부모의 역할을 자기개념에서 가장 중심에 놓는 노인은 손자녀를 돌보는 데 적극적으로 참여하였고, 특히 노년기에 양육의 역할을 보다 잘 수용하는 남성은 조부의 역할을 적극적으로 수용하였다(Kivett). 이들은 손자녀의 존재를 생물학적으로 자신의 존재가 영속되는 것으로 느끼고 손자녀의 성취에 자부심을 가지고 있었다. 그 결과 손자녀와 관계를 갖는 노인은 그렇지 않은 노인에 비해 젊은 사람에 대해 더 많은 것을 알고 있었고 생에 대해서도 보다 넓은 조망을 가지고 있었다(Neugarten & Weinstein). 노년기 배우자 상실 시에 손자녀의 존재는 상실감을 극복하고, 잘 대처할 수 있게 해 줄 수 있다. 조부모와 손자녀 관계에서 부모는 중요한 요인이 된다. 부모가 조부모와 친밀한 관계를 유지하면 자연히 손자녀도 조부모와 친밀한 관계를 갖게 된다. 다음 <표 10−4>는 뉴가텐과 와인스타인의 조부모 역할유형을 설명한 표이다.

〈표 10−4〉 **뉴가텐과 와인스타인의 조부모 역할유형 분류**

역할구분	역할수행의 특성
공식형	손자녀에게 선물을 주고 열중하지만 부모의 역할을 침해하지 않음
재미추구형	손자녀를 여가활동의 원천으로 보며, 손자-조부모 상호간에 만족함
대리부모형	부모를 대신하여 손자녀의 육아와 교육을 담당함
가족지혜 저장형	가족 내의 권위적인 위치를 유지하면서 지식과 기술을 전수
원거리형	휴일 또는 가족의 특별한 의식 외에는 별로 접촉을 하지 않음

그러나 모든 조부모가 조부모 역할을 맡고 싶어 하거나 즐기는 것은 아니다. 손자녀의 양육방법에 관해 자녀와 갈등을 겪기도 하고, 바쁜 딸이나 며느리를 위해서 손자녀의 양육을 담당하기를 원치 않는 경우도 있다.

노인 인구의 급증으로 조부모의 형태에서도 다양한 변화가 나타나는데 특히 이혼의 증가로 조부모가 부모의 역할을 대신하는 경우도 많아지고 있다. 또한 평균수명이 길어지면서 증조부모의 비율이 증가하고 있는데 이러한 경우 부양해야 하는 자녀의 나이 역시 너무 많아 부양 부담이 커질 수 있다. 일반적으로 조모는 조부보다 손자녀와 더 가깝게 지내고 손자녀도 조모를 더 가깝게 지각한다. 또한 대부분 손자녀들은 외조부모를 친조부모보다 더 친밀하게 지각하는 경향이 있다(Kalliopuska).

㉶ 형제자매 관계 : 나이가 들면 들수록 형제자매와의 관계는 더욱 중요해진다. 어린 시절 경쟁심이 성인기까지 계속될 수 있지만, 대부분의 형제자매는 서로에게 친밀감을 느끼며, 그 관계에서 상당한 만족감을 얻는다. 형제자매 관계에서 자매 사이가 접촉이 가장 빈번하고, 가장 친밀한 반면, 형제 사이는 접촉빈도가 가장 낮다. 우리나라는 노년기 형제자매 관계의 특성에 관한 연구(전혜정, 1992)에 의하면 노년기 형제자매 간 친밀도에 영향을 미치는 변인은 종교일치 여부로 나타났으며, 사회적 상호작용을 가장 잘 설명해 줄 수 있는 변인은 지리적 근접성, 교육수준, 형제자매의 수인 것으로 나타났다.

㉷ 친구관계 : 노년기의 친구관계는 노후적응에 매우 중요하며, 자아의 중요한 지지기반이 된다. 노년기에는 직장동료 관계 등과 같은 기존의 사회적 관계가 축소됨에 따라 친구의 수가 줄어들게 되지만 새로운 친구를 사귀기가 쉽지 않으며, 대부분 지역적으로 가까운 곳에 사는 이웃노인이 친구가 되는 경우가 많다. 대다수의 노인은 자신이 거주했던 집에서 살고 싶어하며, 주거지를 변경하는 경우가 많지 않다. 그러나 노년기에는 퇴직이나 자녀와의 동거를 위하여 새로운 지역사회로 주거환경을 바꾸는 경우가 있는데, 이와 같이 노년기에 주

거환경을 바꿀 경우 사회적 관계망의 위축, 지역사회에서의 상징적 지위의 상실, 새로운 이웃과의 관계설정 과정에서의 어려움 등 부정적 영향을 받는 경우가 많이 있다(정옥분, 2004 : 667－673).

② 사회화

사회화는 사회적 상호작용을 통하여 사회의 규범, 가치, 역할기대 등을 학습하고 사회생활에 필요한 사회적 기술을 발전시키게 하는 사회적 학습과정을 사회화라 한다. 노인은 사회의 연령규범[1]과 사회화에 대한 기대에 순응하여야만 적응적인 삶을 영위할 수 있게 된다. 노인은 사회의 연령규범을 기준으로 하여 자신이 무엇을 어떻게 할 것인지를 결정하게 되나, 급격한 변화를 경험한 우리 사회는 아직 노년기에 적합한 연령규범에 대한 합의가 이루어지지 않고 있다. 즉, 노년기에 대한 긍정적 시각과 부정적 시각이 혼재해 있고, 노년기의 사회적 역할과 연령 적합행동에 대한 사회적 합의가 이루어지지 못하고 있는 실정이다.

노년기와 관련된 명확한 연령규범의 부재와 이로 인한 사회화과정의 혼란으로 인하여, 노인은 노년기에 적합한 행동을 수행하지 못하는 경우가 많아지게 된다. 노인이 연령에 적합하지 못한 행동, 즉 '나이값 못하는 행동'을 하게 되면, 사회구성원으로부터 인정을 받지 못하고, 비난이나 사회적 차별을 받게 될 가능성이 높아지게 된다.

③ 사회적 지위와 역할

노년기에는 친구와 가족의 죽음, 직업적 지위와 수입의 상실, 신체적인 건강, 아름다움의 저하, 전체적인 삶의 목적 상실 등 얻는 것보다는 잃는 것이 더 많은 시기이므로 상실의 시기 또는 역할이 없는 역할(roleless role)을 갖는 시기라고도 한다. 로소우(Rosow, 1985)는 사회적 지위와 역할을 4가지로 유형화 하였다. 첫째, 제도적 지위와 역할로 기업체의 과장, 가정의 생계유지자 등과 같이 지위와 역할이 분명한 경우, 둘째, 희박한 지위와 역할로 명예총장, 실직한 과장, 퇴직가장 등과 같은 지위는 있지만 역할이 없거나

1) 연령규범이란 동 시대인들이 특정 연령대에 적합한 행동을 하도록 각 개인에게 요구하는 사회적 기대나 가치를 의미한다. 이러한 연령규범은 한 개인이 무엇이 옳고 그른가를 판단하는 데 영향을 미칠 뿐만 아니라, 특정 연령대에 속한 사람의 권리와 의무를 규정하게 된다.

있어도 아주 작은 경우, 셋째, 비공식적 지위와 역할로 비공식적 지도자, 사기꾼 등과 같이 공식적 지위는 없으나 역할은 있는 경우, 넷째, 무역할의 지위와 역할로 지위도 역할도 없는 상태로서 실제적으로는 사회적인 의미가 전혀 없다고 할 수 있다.

노년기에는 중요한 지위와 역할을 상실하고 사회적 가치가 낮은 지위와 역할을 획득하게 됨으로써 노인 스스로 자신의 가치를 평가절하하게 되고, 그로 인하여 자아존중감, 삶의 만족도 등이 낮아지게 된다. 노년기에 이루어지는 역할변화는 대부분 점진적으로 이루어지기 때문에 심리적으로 준비할 수 있는 시간을 충분히 가질 수 있고 대다수의 노인은 이러한 역할 전환에 성공적으로 적응하고 있으며, 새롭게 획득한 지위와 역할에 만족하는 경우도 많이 있다.

3. 노년기의 은퇴[2)]

노년기가 되면 대다수의 사람은 은퇴의 문제에 부딪히게 된다. 은퇴는 단순히 직업의 상실로 인한 경제적 문제나 역할의 상실만을 의미하는 것이 아니다. 대부분의 사회에서 개인의 정체감은 직업을 중심으로 이루어지기 때문에 일은 개인에게 자신에 대한 가치감과 자존감을 형성하는 근원이 된다. 따라서 은퇴는 경제적 문제에 대한 조정뿐 아니라 역할 전환 및 자아 정체감의 재확립을 요구하는 전환기적 사건이다.

노년기에 이르게 되면 신체 및 정신기능의 약화로 인한 노동능력의 저하, 현재화에 따른 경제적 생산기술과 생산체계의 변화에 대한 적응능력의 부족 등으로 인하여 노인은 노동시장에서 탈락하게 되는 경향이 있다. 노년기에 어떤 사회적 지위에서 물러나 그 지위에 관련된 역할수행을 중단하게 된 현상을 은퇴(retirement)라 하며, 은퇴의 가장 대표적인 유형이 일에서 물러나는 퇴직이다.

관심영역에 따른 퇴직의 개념을 보면, 첫째, 사건으로의 퇴직은 퇴임식, 퇴

2) 김태련 외 15인 공저(2005). 발달심리학. 서울 : 학지사. pp. 528-534.

직연금이나 사회보장급여를 받기 위한 서류제출, 업무의 연계, 퇴직 여행 등의 사건을 중심으로 한 개념이다. 둘째, 과정으로의 퇴직은 퇴직준비, 퇴직결정, 실질적인 퇴직사건, 밀월단계, 안정단계, 재지향단계, 종결단계 등의 단계적 절차를 의미한다. 셋째, 역할로서의 퇴직은 소위 은퇴자 또는 퇴직자라고 불리는 지위에 따르는 권리나 의무와 관련된 사회적 규범을 의미한다. 넷째, 생활단계로서의 퇴직은 생활주기상의 마지막 단계로 막내 자녀가 분가한 이후 등을 의미하는 것으로, 이 단계는 대략 15~20년 동안 지속된다.

퇴직과정에 따른 생활변화를 보면, 수입이 급격하게 줄어들거나 상실되는 반면, 지출은 지속적으로 이루어지기 때문에 퇴직 이후의 경제적 어려움을 경험할 가능성이 높아지게 된다. 퇴직 이후에 신체적 건강상태나 정신건강이 악화될 가능성이 높다고 알려지고 있지만, 신체 및 건강상태는 퇴직 전과 비교하여 변화가 없거나 오히려 스트레스 수준이 낮아지고, 규칙적인 운동을 포함한 건강 관리기간이 늘어남에 따라 오히려 건강이 더 좋아지는 경우도 있다.

퇴직으로 인하여 직장동료와의 관계가 단절되고 사회활동 참여도가 낮아짐으로써 사회적 소외와 고독을 경험할 가능성이 높지만, 이전부터 사회적 관계망과 빈번한 교류를 통하여 원만한 관계를 유지해 온 경우에는 사회적 관계망이 다소 위축되기는 하지만 사회적 소외를 경험하지는 않는다. 또한 자신의 정체감을 유지해 왔던 직업적 지위를 상실하게 됨으로써 부정적 자아개념을 형성할 가능성이 높아지고 자기 자신의 가치를 낮게 평가할 가능성이 높아지며 이에 따라 삶에 대한 만족도 역시 낮아질 수 있다. 그러나 삶의 만족도는 퇴직의 영향을 직접 받는다기보다는 개개인의 성격적 특성에 따라 결정되는 경향이 강하다(Reis and Gold, 1993).

퇴직 이후의 여가시간이 증가함에 따라 일반적으로 여가활동의 참여도는 증가하지만, 퇴직 이전의 여가에 대한 예비사회화 정도와 재정상태, 건강상태 등에 따라 여가활동 참여도가 달라질 수 있다. 퇴직 전에는 남성은 대외적 지위에 요구되는 수단적 역할, 여성은 가정 내 지위에 요구되는 표현적 역할을 주로 수행하지만 퇴직 이후에는 2가지 역할 모두를 수행하는 경향이 높아진다. 퇴직생활에 대한 적응에 미치는 요인은 퇴직에 대한 태도, 퇴직의 유형, 퇴직 전 직업, 여가에 대한 예비사회화, 교육수준, 경제 및 건강상태 등이 있다.

노년기의 주요 발달과업 중의 하나가 퇴직에 대한 적응일 정도로, 퇴직 이후의 생활적응은 노년기의 삶의 질을 결정하는 가장 중요한 요인 중의 하나다. 따라서 노년기에는 퇴직에 따르는 지위와 역할의 변화, 경제적 조건의 변화, 상황적 요인의 변화, 사회적 관계망의 변화 등과 같은 생활 전반에 나타나는 변화를 수용하고 자신이나 주변의 대체 자원을 활용하여 능동적으로 적응해 나갈 수 있어야 한다.

1) 은퇴에 대한 관점

(1) 역할이론(role theory)

개개인은 역할수행을 통해 사회와 연결되고 통합을 이루므로 역할이 다양할수록 신체적으로나 심리적 안녕감이 높다고 본다. 많은 역할 중 직업 역할은 특히 개인의 활동 및 지위, 정체감을 규정해 주는 것이므로 은퇴는 사회적 역할 상실을 의미하는 것이다. 은퇴자들은 사회와의 연결이 상실되었다고 생각하여 우울해지고 고립감과 불안을 느끼게 된다. 이러한 결과들은 개인의 건강에 부정적 영향을 주어 은퇴 후 사망률을 높게 만드는 원인이 된다는 것이다. 그러나 이러한 관점은 잘못된 것이라는 주장이 나오고 있다. Bosse는 은퇴자가 흔히 건강상의 문제를 갖게 되는 것은 은퇴 자체가 아니라 노화의 결과이며 역으로 건강상 문제가 있어서 은퇴했을 가능성이 높기 때문이라고 한다. 또한 일 때문에 받았던 스트레스에서 벗어나 은퇴 후 건강이 좋아진 사람들도 많이 있고 심리적으로도 은퇴가 자기존중감 손상이나 우울증을 일으키기보다 안녕감을 갖는 데 보다 긍정적인 영향을 준다고 보았다.

(2) 연속성 이론(continuity theory)

연속성 이론에 따르면 은퇴는 개인의 정체감이나 사회와의 연결, 생산성에 심각한 영향을 주는 것이 아니므로 은퇴를 반드시 위기라고 할 수는 없다고 본다. 노인들은 대부분 은퇴를 생의 또 하나의 단계로 여기고 사전에 계획하고 긍정적으로 바라본다. 공식적으로는 물러나더라도 어떤 형태로든 소일거리를 찾으면서 생산성을 발휘해 나간다고 한다(Atchley).

(3) 생애과정적 관점(life course perspective)

이 관점은 은퇴를 직업발달상의 규범적 단계의 하나로 본다(Elder). 따라서 은퇴 시의 변화는 이전의 직업발달과의 연계성에서 볼 수 있으므로 초기에 직업에 영향을 주었던 요인들이 은퇴 시에도 계속 작용하게 된다. 은퇴를 규범적 사건으로 본다면 은퇴의 시기가 중요한 요인이 된다. 즉, 은퇴가 예상된 규범적 사건이라면 별다른 어려움 없이 수용할 수 있으나 예기치 못했던 경우에 이루어지면 커다란 스트레스로 작용할 수 있다.

2) 은퇴의 단계

앳첼리(Atchley)는 사람은 일련의 단계를 거쳐가면서 은퇴에 적응해 간다고 보고 다음과 같은 단계를 제안하였다. 은퇴자는 은퇴 직후에는 밀월기에 있어서 생활만족도가 높았으며, 13~18개월 된 사람은 탈환상기의 특징을 나타냈고 6~7년이 지나야 은퇴의 상황에 무난히 적응할 수 있었다(Ekerdt, Bosse, & Levkoff). 그러나 모든 사람이 이러한 단계를 겪는 것은 아니며 순서도 일정하게 나타나는 것은 아니다. 그보다 은퇴에 대한 반응은 은퇴의 원인, 경제적 상태, 사회적 지원망의 존재 여부, 개인의 성격 등 여러 요인이 복합적으로 상호작용하여 영향을 미치는 것으로 보인다.

〈표 10-5〉 은퇴단계별 생활양상

구 분	은퇴자의 생활양상
퇴직전 단계	먼 단계와 근접단계로 세분됨. 세부단계별 반응 • 먼 단계 : 은퇴에 대한 막연한 인식 • 근접단계 : 은퇴를 의식하게 되고, 말년의식을 보이거나 퇴직 후 생활에 대한 환상을 가지기도 함
밀월 단계	일로부터의 해방으로 도취된 시기 대부분의 시간을 자신의 관심사나 흥미와 관련된 영역에 참여하면서 여유를 가짐 경제적 지출이 요구되므로 재정상태에 따라 밀월단계 지속기간이 결정됨
환멸 (탈환상) 단계	밀월단계를 거친 후 은퇴 후의 일상생활이 어느 정도 안정되기도 하며, 흥미로운 일에 대한 활동이 줄어들고 휴식과 이완상태에 이르기도 하지만, 대다수 은퇴자들은 자신이 생각했던 것과는 다르다고 느끼고 일이 주는 자극을 그리워하거나 은퇴로 인해 상실한 지위, 권력, 수입에 대한 상실감을 느낀다.

재지향 (적응) 단계	재정상태, 어떤 일의 실천가능성을 재고하여 비교적 정확한 현실인식을 하고 현실적 생활양식을 선택하려 한다. 새로운 인간관계 속에서 자아를 정립해나간다.
안정 단계	은퇴생활을 일상으로 자연스럽게 받아들이면서 안정단계로 들어간다. 은퇴자는 현실을 깨닫고 생의 이러한 새로운 국면을 수용하여 새로운 역할과 정체감을 받아들인다. 모든 사람이 이 단계로 이동하는 것은 아니고 일부는 탈환상기에서 오래 머물기도 한다.
종결 단계	질병이나 장애에 의해 은퇴자의 역할이 중단된다. 독립적 생활이 감소되고 가족 등의 원조망에 대한 의존성이 증가함

3) 은퇴 후 적응

은퇴 후의 적응 여부는 은퇴 시기, 원인, 준비기간, 사회경제적 지위, 수입, 성격, 사회적 지지망 등의 여러 요인이 복합적으로 상호작용한다고 볼 수 있다. 제 시기에 예상되었던 은퇴가 아닌 조기 은퇴의 경우와 60세 전의 은퇴인 경우, 은퇴자는 더 많은 스트레스와 부적응을 경험하는 것으로 나타났고 예상치 못한 강제 은퇴자보다 자발적 은퇴자가 스트레스가 적고 흥밋거리나 부업을 더 많이 계획하는 경향이 있었다(Stallings, Dunham, Gatz, Baker, & Bengston).

은퇴를 준비한 시간도 개인의 적응에 영향을 미쳐 대개 약 2년 전부터 은퇴를 준비해 온 사람은 6개월 전에 은퇴를 결정한 사람보다 은퇴를 더 긍정적으로 받아들인다(Hardy & Quadagno). 일반적으로 사회경제적 지위가 높은 사람은 은퇴 경험을 덜하며 하더라도 매우 늦게 한다. 이들은 대개 전문직에 종사하거나 경영자, 지도자의 위치에 있는 경우가 많기 때문에 원한다면 일을 할 기회가 훨씬 더 많이 있고, 은퇴 후에도 즐길 만한 여가활동의 기회가 더 많기 때문이다.

은퇴자로서 자신을 어떻게 지각하느냐도 은퇴의 질과 관련되어 있다. 은퇴에 대한 자기 효율성이 높은 사람, 즉 자신이 은퇴라는 사건에 무난히 만족스럽게 잘 적응하리라 생각하는 사람은 자기 효율성이 낮은 사람보다 불안수준이 낮다(Carter & Cook). 내적 통제 소재자도 은퇴에 만족도가 높으며 자신을 일에 있어 유능한 사람으로 지각하고 있거나 은퇴 전에 높은 자존감을 가진 사람은 은퇴 후에도 높은 수준의 자존감을 유지하고 있었다(Reitzes, Mutran, & Fernandez). 가족이나 사회적 지지의 여부도 은퇴 후 적응에 영향을 준다.

은퇴 후 부부관계에 대해서는 부부가 갑자기 하루종일 같이 지내야 하는 것이 서로를 힘들게 하고 적응하기 어려워 긴장과 갈등이 높아진다는 입장이 있고, 오히려 이 시기를 부부관계에서 제2의 허니문으로 보는 관점도 있다. 그러나 은퇴 후의 부부관계는 은퇴 전 부부관계의 연속선상에서 볼 수 있는 것 같다. 이전부터 돈독한 관계를 유지하던 부부는 은퇴 후에도 결혼만족감이 높으며 더 많은 시간을 같이 보낸다(Reitzes, Mutran, & Fernandez). 따라서 은퇴에 대한 지각과 만족도 및 적응 여부는 은퇴 이후뿐 아니라 은퇴 이전의 생활양식이나 적응도와 관련된 연속선상에서 평가할 필요성이 있다.

4. 죽 음

죽음은 우리 모두가 언젠가는 겪게 될 보편적인 사건이며, 기나긴 발달의 전 과정을 마무리하고 완성하는 사건이다. 죽음이 무엇인가에 대한 논의는 오랫동안 철학적, 종교적 주제였다. 이전 사람들에게 죽음은 삶의 일부로서 자연스럽게 받아들여져 왔다. 그러나 현대사회에 이르러 젊음에 대한 지나친 숭배와 열망은 죽음을 오히려 특별한 사건, 부자연스러운 것, 생각하고 싶지 않은 두려움과 공포의 대상으로 여기게 되었다. 일상생활에서 죽음은 완곡하게 표현되며 죽음에 대한 이야기는 금기시된다. 이제 대부분의 사람은 죽음을 자신이 살던 집에서 자연스럽게 편안히 맞기보다는 병원이나 요양소와 같은 특별한 격리된 장소에서 맞게 된다. 생의 마지막 단계에서 죽음을 어떻게 수용하고 이에 대처해 갈 것인지는 우리가 발달의 과정에서 마지막 성장을 이룰 수 있느냐와 관련된다.

우리나라 60세 이상의 노인을 대상으로 죽음에 대한 공포를 연구한 자료에 의하면, 에릭슨이 노년기 성격 특성으로 제시한 통정성이 낮을수록 죽음에 대한 공포가 높았다. 가족 간 또는 타인과의 사회적 상호작용 양상과 종교는 노년기 통정성에 직접적인 영향을 미치는 것으로 밝혀져 죽음에 대한 불안과 공포의 간접적인 지표가 된다. 그러나 우리나라 노인의 죽음에 대한 태도는 미국과 비교해 죽음을 거부하기보다는 받아들이는 성향이 강한 것으로 밝혀졌다. 특히 나이가 많은 남자 노인일수록 죽음 불안이나 공포는 낮은 것으로 나타났다(송명자, 2004 : 429−430).

1) 죽음의 정의

전통적으로 죽음은 심장의 박동이 끝나고, 호흡이 멎으며, 동공이 고정되고, 반응이 없어지는 상태로 규정되었다. 그러나 보다 근래에 죽음의 개념은 뇌사를 기준으로 판단된다. 뇌사는 완벽하게 반응이 없어지며, 1시간 동안 움직임이 없고, 3분 동안 호흡이 정지되며, 반사기능과 뇌간의 활동이 없고, EEG의 오르내림이 없는 상태를 의미한다. 발달단계에 따른 죽음에 대한 지각은 다음 <표 10−6>과 같다.

〈표 10−6〉 **발달단계에 따른 죽음에 대한 지각**

발달단계	죽음에 대한 지각
유아기	아직 죽음을 완전히 이해하지 못한다. 죽음을 일시적으로 잠자는 것으로 여기거나 다시 깨어날 수 있는 것으로 여긴다. 따라서 죽음은 두려운 것이라기보다 호기심을 불러일으키는 것이다.
아동기	5세경이 되면 죽음은 끝이며, 되돌릴 수 없다는 죽음의 비가역적 특성을 이해하기 시작한다. 7~8세경에 죽음의 보편성과 죽은 사람은 전혀 기능하지 못한다는 기능정지의 특성을 이해하게 된다.
청소년기	인지발달이 이루어지면서 죽음에 대한 좀더 이성적이고 사려 깊게 생각할 수 있다. 그러나 여전히 비현실적인 면이 있다. 죽음이 비가역적이고 끝이라는 개념은 있지만 죽음에 대해 낭만적으로 생각하는 경향이 있고 여전히 자기중심적이라 개인적 우화에 빠질 수 있다. 이러한 생각은 청년이 모험적이고 위험한 행동을 서슴없이 하게 되는 이유가 되기도 한다.
성인기	대부분의 사람이 자신의 삶이 절정이라고 느끼는 시기이며 삶의 목표를 적극적으로 추구하는 시기라 죽음의 가능성에 대해서는 거의 생각해 보지 않는다. 타인과의 친밀한 관계를 발전시키고 직업상으로나 가족을 위해 새로이 시작하려는 시기이므로 이때 죽음을 맞아야 한다면 수용하기 어렵다. 대부분은 극도로 좌절하고 분노와 불공정하다는 느낌을 가지며, 이러한 감정을 의료진이나 가족에게 표출하기도 한다.
중년기	삶에 대한 시간적 조망이 바뀌는 시점이며, 이제까지는 살아갈 날이 살아온 날보다 많았지만 앞으로는 살아갈 날이 상대적으로 적다는 인식을 하게 된다. 중년기에 많은 사람은 부모의 노화과정과 죽음을 겪게 되면서 죽음에 대해 진지하게 생각하게 된다. 부모의 죽음은 이제 다음 차례가 자신이라는 것을 의미한다.
노년기	이제 자신의 삶이 끝나간다는 것에 대한 인식을 보다 자연스럽게 하게 된다. 죽음에 대해 많이 생각하고 준비하며 가까운 주변의 사람의 죽음을 통해 자신의 죽음을 받아들여 간다. 노인은 죽음에 가장 가까이 다가왔지만 오히려 죽음에 대한 두려움과 불안은 가장 적다고 한다. 그 이유는 죽음을 많이 접해 오면서 심리적으로 준비할 기회가 있었으며, 이미 가까운 사람을 대부분 잃어 삶의 가치를 그다지 크게 느끼지 못하고 만성적 질병이나 노화과정에 따른 신체적 불편함과 고통을 겪고 있는 경우가 많아 삶에 대한 집착이 적어지기 때문이다. 그러나 실제로 죽음을 대하는 방식에는 개인차(종교, 성격, 삶에 대한 만족감 등에 따라)가 있다.

2) 죽음 전의 심리적 변화

쿠블러-로스(Kubler-Ross)는 우리가 죽어가는 사람들에게 어떻게 다가가야 하는지, 죽음을 어떤 방식으로 맞게 되는지를 인식시켰고 죽음의 현상을 학문적으로 다룰 수 있게 끌어냈다는 점에서 큰 기여를 하였다. 그러나 이 이론은 몇 가지 점에서 비판을 받아왔다. 우선 이 연구는 자신의 죽음과 그 시기에 대해 어느 정도 명확히 알고 있는 사람을 대상으로 하였기 때문에 죽음의 시기가 애매하고 분명치 않은 사람에게는 위의 단계가 적용되지 않는다는 것이다. 또한 죽음의 과정을 단계이론으로 본 것은 모든 사람이 보편적으로 같은 순서를 거친다는 것을 의미하는데 실제로 모든 사람이 이러한 단계를 거치는 것은 아니며, 어떤 사람은 순서가 바뀌어 나타나기도 하고 어떤 사람은 단계를 건너뛰기도 한다. 쿠블러-로스의 환자는 대부분 젊어서 죽음을 선고받았으므로 가장 먼저 부정이 나타났으나 노인의 경우는 부정이 첫 번째로 나타나는 반응이 아닐 수 있다. 또한 죽어가는 사람이 겪는 다른 정서과정, 예를 들어 불안, 호기심, 희망, 안도, 무감각 등의 감정을 다루지 않았다. 결국 죽어가는 과정은 개인차가 커서 연령, 성별, 생활사, 문화적 배경, 주변 사람의 존재 및 지지 여부 등에 따라 달라질 수 있는 것이다.

〈표 10-7〉 **쿠블러-로스의 죽음 단계**

단 계	죽음 전의 심리적 변화
부정단계	대부분의 사람은 자신의 죽음을 선고받게 되면 충격을 받고 믿지 않으려 한다. 즉, 불치병을 인정하지 않고 의사의 오진이라고 생각한다. 초기에 나타나는 부정은 부정적인 방어기제라기보다는 충격에 대한 일종의 완충장치로 보아야 한다.
분노단계	자신의 죽음을 더 이상 부정할 수 없게 되면 분노하는 단계가 온다. 불평과 요구가 많고 까다로우며, 모든 것에 비판적이 된다. '왜 하필 나인가?'라는 의문을 표현하기도 한다. 분노를 극복하기 위해 분노를 표현할 수 있도록 도와주어야 한다.
협상단계	죽음을 받아들이고 생명을 연장하거나 고통을 감소하기 위해 여러 가지 약속을 한다. 해결하지 못한 인생과업을 해결할 때까지라도 살 수 있도록 기원한다. 즉, '딸이 결혼할 때까지', '손주 볼 때까지' 생명을 연장할 수 있다면 무슨 일이든 하겠다고 절대자나 불가사의한 힘과 타협하거나 의사에게 간청한다.
우울단계	위와 같은 시도에도 불구하고 죽을 수밖에 없는 현실을 받아들이게 되면서 깊은 상실감을 느낀다. 다가오는 생명의 상실과 사랑하는 사람으로부터의 이별의 아픔을 극복하기 위한 필수적인 과정이다. 이 단계에서 슬픔과 애통함을 표현하는 것이 필요하다.

수용단계	작별을 고하기 위해 친척과 친구를 만나기를 원한다. 이 단계에 많은 사람은 위안을 주는 한 사람과 함께 있기를 원한다. 생명을 체념한 것은 아니지만 평화롭게 죽음을 맞을 준비는 되어 있다.

3) 사별과 비탄

죽음은 죽는 사람뿐 아니라 남는 사람에게도 큰 고통과 상실감을 안겨준다. 남아있는 사람은 사별과 비탄의 과정을 겪게 되는데 사별은 이를 경험하는 사람에게 신분상의 변화를 가져오게 한다. 예를 들어, 아내에서 미망인으로, 자녀에서 고아로 변하게 되는 것이다. 비탄은 사별에 대한 정서적 반응으로 슬픔, 상처받은 느낌, 분노, 죄책감, 혼란, 우울 등의 다양한 감정으로 나타나게 된다.

이러한 비탄과정과 상실에 대응하고 적응해가는 과정을 일련의 단계로 나누어 볼 수 있다. 비탄과정의 첫 단계에서는 충격, 멍함, 믿기지 않음, 부인 등의 감정이 나타난다. 현실을 받아들이려 하지 않으며 분노, 두려움, 깊은 슬픔을 나타낸다. 이러한 과정은 처음 며칠 또는 몇 주일 또한 지속된다. 두 번째 단계에서는 죽음을 인정하면서 죽은 사람과 영원히 헤어지게 되었다는 현실을 받아들이게 된다. 이 단계에서는 죽은 사람에 대한 그리움, 우울, 깊은 불행감을 느끼지만 죽은 사람과의 지난 관계에서 좋았던 점과 좋지 않았던 점을 좀더 현실적으로 뒤돌아보게 된다. 셋째 단계에서는 자신의 삶을 다시 추스르고 새로운 정체감을 확립해가고자 하며 마지막으로는 사람을 만나면서 관계를 회복하고 새로운 사회활동을 시작하게 된다(김태련 외 15인, 2005 : 534-540).

그러나 모든 사람이 이러한 단계를 거치는 것은 아니다. 비탄과정 역시 개인차가 많으며 특히 개인의 성격, 죽은 사람과의 관계, 남은 사람이 앞으로 살아갈 수 있는 기반이 어느 정도 되어 있는지의 여부 등에 따라 달라질 수 있다. 또한 비탄과정에서는 사실상 회복이라는 용어 자체가 부적절할 수 있다. 사랑하는 사람과의 사별로 인한 상실감은 매우 오래 지속되며 평생 갈 수도 있기 때문에 우리가 상실로부터 완전히 벗어날 수 있다기보다는 상실감을 가지고도 살아가는 방법을 배워 나가야 하는 것이 더 적절할 수 있다.

인간행동과 사회환경

PART 03 사회환경의 이해

사회환경의 이해

사회환경은 인간의 제반 생활에 직접 혹은 간접으로 영향을 미치는 조건이나 형편을 일컫는다. 사회환경은 그 사회를 구성하는 대다수에 의한 공통된 성격(예컨대, 국민성), 문화를 형성하고 활용하는 체계, 제도와 전통, 인간을 둘러싸고 있는 조건과 상황, 인간의 상호작용을 포함한다(Zastrow & Kirst- Ashman, 2001 : 8). 사회환경은 인간의 삶에 직접 혹은 간접으로 크고 작게 영향을 미치며, 개인은 이들 사회환경과 교류하기 때문에 서로 영향을 주고받는다. 자연환경도 인간의 삶에 영향을 미친다.

사회환경을 이해하기 위해서는 첫째, 초기 사회학에서 강조하는 사회환경은 인간에 의해 구성된 집합체에 중점을 두었고, 특히 이 관점은 이들 집합체가 독립적으로 존재하는 것으로 본다. 둘째, 생태학에 기반한 사회환경에 대한 관점은 인간이 접하고 있는 자연환경에 중점을 둔다. 셋째, 생태체계적 관점은 "체계의 모든 부분이 서로 관계 · 연계 · 의존하고 있다"(Andreae, 1996 : 601)는 사회체계이론을 부가함으로써 개인의 기능과 관련하고 있는 상 · 하위체계는 물론 여타 체계의 영향을 중시한다.

1) 환경 속의 인간(PIE) : 사회복지의 이중적 초점

인간과 환경 간의 상호작용을 향상시키는 것은 사회복지의 주된 임무로서 강력하게 재확인될 필요가 있다.

사회복지의 역사적 발달에 있어서 지속적이고 통일된 주제는 환경 속의 인간(person-in-environment)에 대한 관심과 흥미였다. 환경 속의 인간이라는 관점은 사회복지라는 전문직의 이론적 기초와 실천을 위한 접근에 중심이 되는 영향을 끼쳐왔다. 이 관점은 전문직의 기초적인 임무가 인간과 환경에 대한 이원적인 초점과 원조과정에서 보편적이고 구조적인 접근을 필수적으로 한다는 점이다(Gordon, 1962). 다양한 체계수준에서 이루어지는 사회복지의 사정과 개입을 위한 청사진 혹은 하나의 조직화하는 데 지침역할을 함으로써, 환경과 인간의 초점은 사회복지사로 하여금 "그들의 상이한 이론적 지향과 전문성이 무엇이든지 그리고 사회복지사들이 어떠한 클라이언트 집단과 어디에서 실천을 함께 하든 간에 관계없이"(Meyer, 1987 : 409) 효과적인 개입을 가능하게 하였다. 개인-환경 관점은 사회복지사로 하여금 모든 관련된 사회체계의 광범위한 맥락 속에서 교과과정을 완성시키는 교육자의 역할을 가능하게 하는 하나의 다차원적인 체계와 절충적인 정신의 세트(eclectic mind-set)이다. 요약하면, 개인-환경이라는 관점은 사회복지의 개념적 준거점을 확립하였으며, 실천가의 역할을 명확하게 규정하였다(Greene & Watkins, 1998).

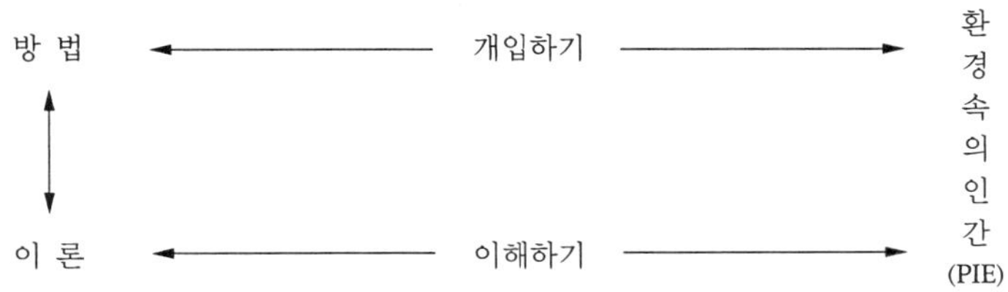

▌그림 Ⅲ-1▐ **환경 속에 인간, 이론, 방법**

수많은 비판적 사상가들은 개인과 상황 속에서 효과적인 개입을 위한 필요성과 이중적인 관심을 표출하였다. 예를 들어, 바틀렛(Bartlett, 1970)은 사람의 대처행동과 환경으로부터의 요구 간의 관계를 강조하였다. 제메인(Germain, 979)은 사람의 적응적 잠재력과 유익한 환경의 성격과 관련된 이원성에 초점을 맞춘 반면, 제메인과 기터만(Germanin & Gitterman, 1980)은 인간의 잠재력을 표출하는 것을 지원하거나 지원하지 못하게 하는 인간 잠재력과 환경 특성 간의 상호작용을 강조하였다.

포스트모던 사회복지이론가들은 사회복지의 환경 속에 개인이라는 접근을 견지하는 데 확고부동한 위치를 차지하고 있다(Collins, 1986; Freeman, 1990; Gould, 1988; Wetzel, 1986). 예를 들어, 반덴버그(Van Den Bergh, 1995 : 8)는 개인-환경과 같은 "다계층적인(many layered)" 접근은 포스트모던 사상과 "동질적(syntonic)"이라고 주장하였으며, 랜드(Land, 1995 : 4)는 "우리가 오늘날 알고 있는 임상사회사업에서 중요한 원리는 다음과 같다: 생리심리사회적 접근, 환경 속에 개인이라는 패러다임, 임파워먼트 실천은 패미니스트 관점의 선구자들이 이루었던 업적만큼이나 획기적인 것이다"라고 주장하였다.

지금까지 개인이 상호작용을 하는 체계뿐만 아니라 개인을 온전하게 이해하는 도전적인 과업을 완수하게끔 조직화된 원리를 제공할 수 있는 단일의 이론은 없었다. 사회제도를 향상시키고 사회와 문화적 환경 속에서 클라이언트를 도우는 이원적인 목표는 서로 다른 학문분야에서 개념을 채굴하는 작업을 이끌어왔다. 각각의 개념 혹은 이론은 인간행동을 형성하는 신체적, 심리적, 인지적, 사회적, 문화적 변수의 복잡한 상호작용을 설명하고자 시도하는 것이다. 그 결과, 전문직의 이론적 기초는 각각의 이론에서 가치, 목적, 가정, 개입적 행동을 위한 처방의 유용한 조합의 과정을 거쳐서 다수의 이론을 통합하고자 하였다(Northen, 1982).

현대의 사회복지실천은 광범위한 목적, 조직구조, 클라이언트 체계, 구체적인 분야를 망라한다. 기대했던 대로, 각 분야는 고유의 역사가 있다. 보건보호(health care) 분야는 현대의 전문적 사회복지보다 수 천년이나 역사가 앞서 있다. 다른 분야는 아직도 발달과정 중에 있다. 아동학대의 예방과 개선과 같은 분야는 사회복지 역사의 일부분이 되었으나 일정 기간 동안 주된 관심을 받지 못하고 사라지고 다시 재발견되는 역사를 가지고 있다. 무엇이 하나의 사회문제를 더욱 두드러지게 만드는가는 그 자체로 하나의 복잡한 질문이 된다(Blumer, 1969). 이에 대한 답은 역사, 인간생태학, 경제학의 거시사회적 과정을 포함하게 된다.

특정한 이론이 사회복지실천에서 개인-환경 간의 관점에 기여하는 방식을 이 책에서 탐구하게 될 것이다. 뒤에 계속되는 장에서 "개인, 가족, 집단과 환경 간의 가장 적합한 적응을 만들어내는"(Meyer, 1987 : 409) 환경 속의 개인이라는 구조에 대하여 특정한 이론이 전문직의 이해를 돕는 방식을 탐구하게 될 것이다.

> 개인 - 환경의 관점을 활용함으로써 사회복지사는 개인적, 사회적 변화라는 이중적 임무를 달성할 수 있게 되었다.

2) 심리사회적 기능을 향상시키는 상황 속의 개인에 대한 사회복지실천 개입

역사적으로 사회복지실천(direct practice of social work)에서 사회복지사는 하나의 특정한 방법, 실천분야, 혹은 기관의 기능에서 정체성을 확인하여 왔다. 최근에는 많은 사회복지사가 케이스웍(case work), 그룹웍(group work), 지역사회 조직(CO) 방법과 사회복지사가 상호작용을 하는 다수의 사람에 의해서 사회복지를 정의하는 것은 적절하지 못하다고 생각하고 있다. 오히려, 그들은 방법을 슈왈츠(Schwartz, 1961, 148)가 적절하게 표현한 대로 "하나의 기능을 수행할 때 사회복지사의 활동이 갖는 체계적인 과정의 순서"라고 정의하는 것이 좋다고 제안하였다.

오늘날의 사회사업의 직접실천은 개인, 가족, 집단 혹은 지역사회의 사회적 기능을 향상시키는 데 도움을 주도록 고안된 다양하고 광범위한 직접적인 전문적 활동으로서 특징지워진다. 전문직의 영역이 너무 넓기 때문에 목적의 공통성과 중심성이 흐려질 가능성도 있다. 그럼에도 불구하고, 공통적인 특징은 전문직을 묶을 수 있고 세팅과 서비스가 무엇이든 간에 일정함을 유지한다. 이러한 특징에는 사회복지사의 목적과 광범위한 전문적 역할을 포함한다(Anderson, 1981; Meyer, 1987). 길잡이가 되는 것은 또한 공유된 지식, 가치, 기술의 기반을 포함한다(Bartlett, 1970; CSWE, 1971, 1974, 1984). 이에 더하여, 사회복지의 목적은 개인과 사회 간의 상호 이득이 되는 상호작용을 촉진하는 것이라고 일반적으로 받아들여지고 있다(Karls, Lowery, Mattaini, & Wandrei, 1997, 그림 Ⅲ-2 참조)

사회복지에서 직접실천의 위상에 관한 토론에서 메이어(Meyer, 1987 : 409)는 전문직의 중심 목적을 강조하였다.

> 사회복지실천의 중심이 되는 목적은 개인, 가족, 집단과 그들이 속한 지역사회 간에 가장 적합한 적응을 달성하는 것이다. 사회복지에서 이러한 심리사회적 혹은 환경 속의 개인이라는 초점은 지난 70여 년 동안 사회복지사의 상이한 이론적 지향과 전공지식에 상관없이, 그들이 실천하는 클라이언트 집단이 누구인지 혹은 어디에서 실천을 하든 관계없이 사회복지실천가는 탐색, 사정, 개입을 이끌어왔다.

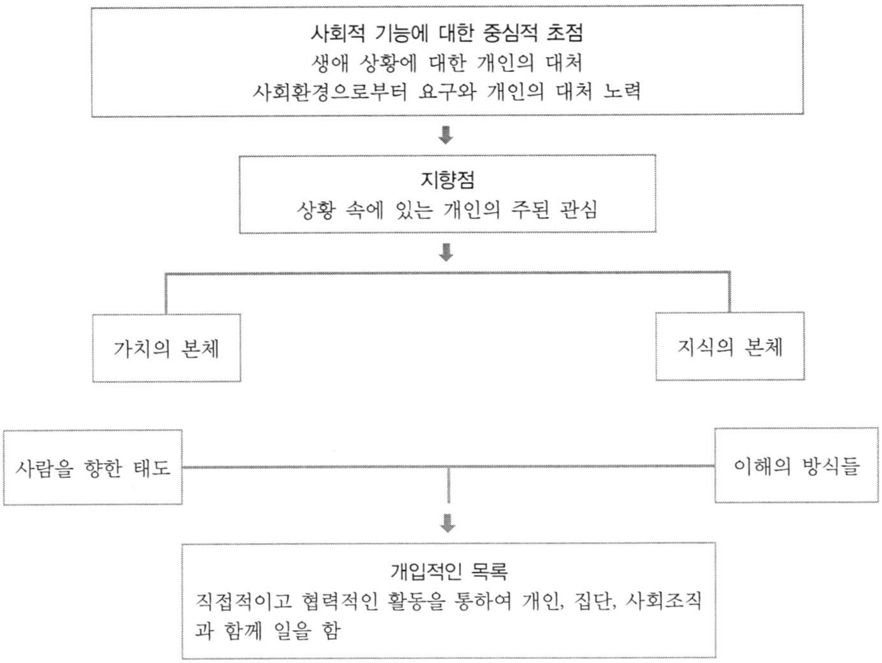

그림 Ⅲ-2 보편적인 사회복지실천의 기초(Bartlett, 1970)

본질적으로 모든 사회복지의 방법은 하나의 공통된 패러다임에 기초하고 있다. 환경 속의 개인이라는 틀 속에서 효과적으로 개입한다. 이러한 점을 더 확장하여, 저메인과 기터맨(1980 : 20)은 사회복지사는 어떠한 형태(gestalt)의 개인-집단-환경의 부분에 개입하더라도 충분히 유능해야만 한다고 주장하였다. 개인-환경 관점은 또한 페미니스트 이론가인 콜린스(B. Collins, 1986 : 216)가 표현했듯이, 포스트모던 이론가에게도 잘 받아들여지고 있다:

> 개인과 환경 둘 사이의 과정에 관한 생태학적 관점으로 사회사업이 통합된 사고를 보이는 것은 페미니스트 사고와 일치하는 점이 있다. 두 가지 이데올로기는 개인의 안녕, 존엄성, 자기결정을 지원하는 개인과 환경 간의 바람직한 교류를 그리고 있다.

비록 실증주의와 포스트모던 이론가, 둘 다 개인-환경 관점의 핵심적 내용을 받아들이지만, 치료적인 방법에 대해서는 동의하지 않는다. 단일의 통합된 사회복지실천의 관점을 제시한 실증주의 이론가들은 또한 핵심적인 전문적 과업이 있다고 암시한다. 핵심적인 전문과업의 아이디어는 역사적으로 서술된 원조과정의 측면에 대하여 정밀하게 분석하는 것을 요구한다. 1917년 리치몬드(M. Richmond, 1917 : 38−40, 342−363)의 저작에서 시작된 이래로, 실천에 대한 일반적 접근은 "사회적 증거의 성격"을 수집하고 "사회진단(social diagnosis)"을 이끌어 낼 수 있는 데이터를 해석하는 것이었다. 이후에 펄만(H. Perlman, 1957 : 88−95)도 케이스웍(casework)을 다음과 같이 묘사하면서 이러한 주장을 되풀이 하였다. "케이스웍은 사회복지실천가가 사실을 분석하면서 진단을 하고 이어서 사실이 가지고 있는 문제를 명확히 하는 연구 단계로부터 시작한다." 케이스웍은 사회복지실천가와 클라이언트가 그 문제를 해결하고자 시도하는 처치(treatment)로 끝나게 된다.

이왈트(Ewalt, 1980)도 임상사회사업의 관심은 상황 속에 개인을 생리사회심리적(biopsychosocial)으로 사정하고 이러한 사정에 기초하여 개입을 수행하는 능력이라고 말함으로써 비슷한 제안을 하였다. 이와 유사하게, 메이어(Meyer, 1987 : 415)는 사회복지의 직접 실천에서 "핵심적이고 전문적인 과업"은 다음과 같다고 주장하였다.

> 사례에서 보는 변수 간의 관계를 사정하는 것이다. 실천가는 무엇이 두드러진 혹은 드러난 특징이고 개입의 필요성을 말해주는 것은 무엇인지를 결정해야만 하고 적절한 것은 무엇이며, 실천하기 위해서 적절하게 무엇을 해야 하는가를 결정해야 하고, 유지되어야 하거나 아니면 다시 도입되어야 하는 균형과 불균형은 무엇인지를 결정해야만 한다. 그 이후에 개입을 도입하는 것은 접근의 목록에서 도출될 수 있다.

사회복지의 방법이 모든 전문분야와 경계를 가로지르는 공통적인 요소를 갖고 있다는 주장은 원조과정에서 하나의 공통된 구조적 접근이 있다는 생각에 기초하고 있다. 비록 변화과정에 대한 단계는 수 년 동안 다소 다르게 개념화되어 왔지만, 방법론 교과서에서 발견되는 대부분의 개념화는 리치몬드(M. Richmond)가 원래 기술하였던 연구-진단-처치(study-diagnosis-treatment)의 형태를 유지하고 있다(그림 Ⅲ−3을 볼 것). 그러나 사회복지실천의 포스트모던적인 형태가 출현함에 따라서 직접적 실천에서 하나의 새로운 견해가 제시되었다.

포스트모던 실천가들은 전통적인 사회복지의 사정과 개입과정에 대하여 의문을 제기하였다.

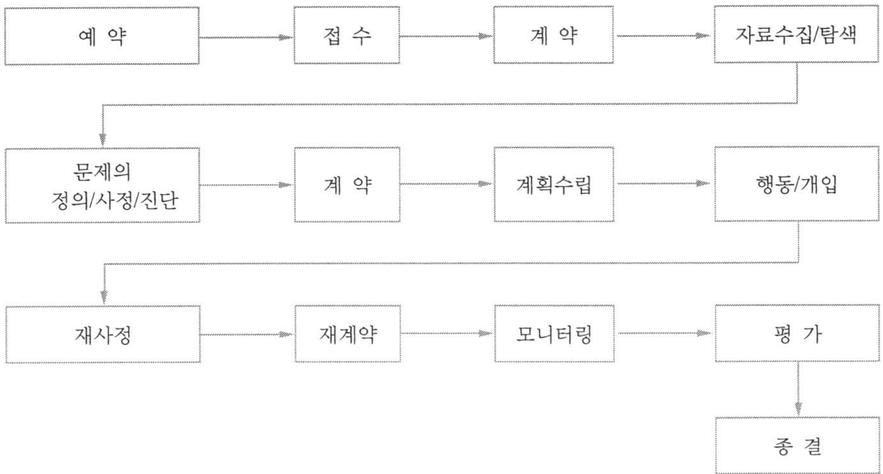

【그림 Ⅲ-3】 사회복지 원조과정의 단계들

사회복지실천 가치 중에서 특별히 인간으로서 클라이언트의 존엄성과 개별성에 관한 이해는 인간행동에 관한 이해를 바탕으로 이루어져야 하며, 사회복지사는 사회복지실천의 목표가 클라이언트의 변화라고 할 때 그 목표를 온전히 이해하고 충실히 수행하기 위해서는 인간행동과 사회환경에 관한 철저한 이해가 필요하다. 인간행동은 클라이언트의 욕구나 문제를 파악할 수 있는 핵심체로서 중요한 의미를 가지며, 사회환경은 클라이언트에의 중요한 영향체계로서 의미를 지닌다. 따라서 인간행동과 사회환경은 사회복지사가 갖추어야 할 광범위한 지식 중 한 가지로서 매우 중요한 위치를 차지하고 있고 복잡한 기술을 익히거나 활용하는 시점에서 인간행동과 사회환경은 기초지식으로 적용되며, 인간행동과 사회환경은 사회복지실천에 관련하고 있는 환경을 이해하는 데 중요한 기초지식이 된다.

Chapter 11

체계이론

1. 일반체계이론

일반체계이론은 생물학자인 버털란피(Ludwig von Bertalanffy)에 의해 1940년대에 처음으로 제시된 이후 1960년대부터 주목을 받게 되었다. 일반체계이론은 앞에서 제시한 이론들과 다른 점이 많이 있다. 버털란피(Bertalanffy, 1962)는 일반체계이론은 이론이 아니고 현상을 설명하고 예측하며, 통제할 수 있는 이론적 모형을 제시해 주는 기능을 하는 작업가설이라고 하였다. 따라서 일반체계이론은 매우 추상적이며 현실을 관찰하고 구성요소 간의 관련성을 파악하여 조직화할 수 있는 방법을 제시해 주며, 세포에서부터 사회 그리고 모든 형태의 인간연합체에 적용될 수 있다.

체계란 독특한 방식으로 상호작용하고 지속적으로 존재하는 구성요소를 포함한 조직화된 전체이다. 버털란피(1968)는 체계를 구성하는 요소의 속성과 이들 간의 상호작용의 속성을 이해하기 위하여 일반체계이론을 개발하였다. 즉, 일반체계이론의 원칙은 매우 복잡한 체계의 관계속성 또는 체계 내부에서 이루어지는 상호작용의 특성을 파악하기 위하여 개발된 것이다. 모든 체계가 유사한 관계속성을 지니고 있다는 인식에 기초해 있는 일반체계이론의 등장으로 원조전문직에서는 이전의 기계적이고 환원적인 사고에서 벗어날 수 있었다. 체계요소 간의 상호관련성과 상호의존성을 강조하는 체계적 시각은 과학적 사고의 급격하고 중요한 변화를 가져왔다.

일반체계이론은 사회복지실천에 매우 중요한 영향을 미쳤으며 많은 변화를 초래하였다. 일반체계이론의 영향으로 사회복지에서는 X가 Y를 일으킨다는 직선적 원인론에 입각한 의료적 모형(medical model)에서 벗어나 여러 가지 원인에 의하여 행동이 일어난다고 보는 순환적 원인론(criclar casuality)으로 전환할 수 있게 되었다. 일반체계이론은 행동을 단순한 원인에 입각하여 설명하기보다는 다양한 변인 간의 상호작용을 이해할 수 있는 개념적 준거틀을 제시하였다.

일반체계이론은 원조과정에서 수집한 정보를 조직화하고 통합할 수 있는 길을 열어주었기 때문에, 인간행동을 이해하는 데 매우 유용한 이론적 준거틀을 제공해 주었다. 예를 들어, 직선적 관점에서는 성별 행동차이를 호르몬 분비상의 차이에 기인한 것이라고 볼 것이다. 하지만 일반체계이론은 역할행동, 성적 정체감과 같은 복잡한 현상과 관련된 다양한 기여 요인을 동시에 고려하여 행동차이를 설명하고 해결하려 할 것이다. 이와 같이 일반체계이론은 사회복지사가 인간이 기능하는 다양한 체계를 동시에 고려해야 한다는 인식을 갖게 해줌으로써 사회복지실천에 많은 영향을 미쳤다.

사회적 현상 간의 상호관련성에 초점을 두는 일반체계이론은 사회복지실천의 초점을 변화시켰다. 일반체계이론은 인간과 상호작용하는 체계의 다면성에 강조점을 두기 때문에, 통합적 관점 또는 개념적 가교를 제공해 주는 이론으로 받아들여지고 있다. 일반체계이론의 영향으로 사회복지실천에서는 개인의 행동에 초점을 두던 것에서 벗어나 체계 구성원 간의 역동적 상호작용에 다시 초점을 두게 되었다. 헌(Hearn, 1979)은 사회복지사는 체계이론을 활용함으로써 인간-환경 복합체에 대한 이중적 초점을 유지할 수 있게 된다고 하였다. 웨익(Weick, 1981)은 사회복지전문직에서는 일반체계이론을 통하여 개인과 사회체계 사이의 새로운 관계, 즉 나누어진 개인과 환경을 새롭게 융합할 수 있는 이론적 기반을 구축할 수 있게 되었다고 하였다.

일반체계이론은 인간이 상호작용하는 많은 체계를 고려할 수 있는 접근방법이기 때문에 사회복지실천의 사정과 개입의 영역을 확대시켰다. 즉, 일반체계이론의 영향으로 사회복지실천의 사정에서는 내담자에 국한되지 않고 관련 체계의 영향력을 사정에 포함시키게 되었으며, 문제나 욕구를 보다 상황적이고 환경적인 맥락에서 이해하려는 경향을 부활시켰다. 그리고 일반체계이론의 원칙은 개인의 생활문제를 이해하고 개입하기 위한 사회복지실천뿐만 아니라 가족, 사회집단, 지역사회를 포함한 다양한 형태의 사회조직에 개입할 때 모두 적용될 수 있다.

일반체계이론은 체계의 구성요소 간의 상호의존성, 상호작용, 사회체계의 적응 또는 부적응에 강조점을 두고 있기 때문에 사회복지실천에서도 매우 유용하게 사용될 수 있다. 특히 일반체계이론은 사회체계 내부 및 체계 간의 안정성과 변화를 설명할 수 있는 수단을 제공해 주기 때문에 사회복지실천에 매우 유용하다. 사회복지사가 문제해결과 개입 및 변화의 가능성을 결정하고자 할 때 사회체계가 정적 상태에 머물러 있는 것이 아니라 환경과 지속적으로 상호작용하고 목적적이며, 목적지향적이라는 일반체계이론의 개념을 활용할 수 있다.

1) 인간관

일반체계이론에서는 인간을 통합된 하나의 체계로 간주하는 전체적 인간관을 갖고 있다. 일반체계이론에서는 체계를 상호의존적이고 지속적으로 상호작용하는 부분의 총체로 규정하고 있다. 또한 체계 내 어느 한 부분의 변화는 다른 부분 간의 상호작용의 속성을 변화시키기 때문에 체계 전체의 속성을 변화시킨다고 보고 있다. 이러한 일반체계이론의 체계관에 근거해 볼 때, 인간은 신체, 심리, 사회적 부분으로 분리된 존재가 아니라 통합된 전체로 기능한다. 이러한 전체의 기능수준은 신체, 심리, 사회라는 각 부분의 기능정도를 단순히 합한 것 이상의 것이며, 한 영역의 변화는 전체 인간의 사회적 기능에 영향을 미친다고 보고 있다.

일반체계이론의 인간본성에 대한 또 다른 관점은 환경 속의 인간관이라 할 수 있다. 일반체계이론에서는 하나의 통합된 총체인 인간은 외부 체계와 끊임없이 상호작용하며 상호의존하는 존재로 보고 있다. 즉, 인간은 자신의 욕구에 맞게 환경을 수정할 수 있을 뿐만 아니라 환경의 요구에 맞게 자신의 행동을 수정할 수 있는 능력을 지니고 있다. 이와 같이 일반체계이론에서는 인간행동이 환경과의 끊임없이 역동적 상호작용의 산물이라고 본다. 즉, 체계적 관점에서는 인간의 행동을 집단, 가족, 또는 다른 사회적 단위를 포함하는 전체적인 사회적 상황의 결과로 본다. 따라서 한 개인의 부적응적 행동은 한 개인에게 원인이 있는 것이 아니라 그를 둘러싸고 있는 사회체계와의 역기능적 상호작용에 그 원인이 있다고 할 수 있다(김동배 · 권중돈, 2001 : 419-420).

2) 기본가정

체계는 어떤 형태의 규칙적 상호작용이나 상호의존성에 의해 통합된 조직이다. 한 체계의 요소는 상호간에 상호작용하고 영향을 미친다. 이러한 상호작용에 의하여, 구성요소가 독특한 전체를 형성한다. 즉, 체계는 전체를 형성하기 위하여 서로 조화를 이룬 통합된 부분으로 구성되어 있다. 이러한 체계는 자체의 경계를 초월하여 외부환경과도 지속적인 에너지 교환을 함으로써 생존이 가능해지고, 내적 기능에 있어서의 변화와 발달이 이루어진다. 그리고 이러한 한 체계의 변화는 체계 자체의 변화에 머무르는 것이 아니라 환경의 변화를 야기시킨다.

〈표 11-1〉 **일반체계이론의 기본가정**

- 사회체계는 하나의 단위 또는 전체를 형성하는 상호관련된 성원으로 구성되어 있다.
- 사회체계의 조직적 한계는 임시적인 또는 정립된 경계나 성원에 의해 설정된다.
- 경계는 사회체계에 하나의 체계로서의 정체감과 초점을 부여한다.
- 체계환경은 체계경계선 외부의 것으로 규정되는 것이다.
- 사회체계의 생활은 그 참여자의 활동을 단순히 합산한 것 이상이다. 오히려 사회체계는 독특한 구조와 의사소통 유형을 지닌 독특하고 상호관련된 관계망으로 볼 수 있다.
- 사회체계의 성원 사이에는 높은 정도의 상호의존성과 내적 조직이 있다.
- 모든 체계는 다른 체계의 하위체계와 상위체계일 수 있다.
- 사회체계의 한 성원의 변화는 전체 사회체계의 속성에 영향을 미친다.
- 사회체계와 외부환경과의 상호작용은 사회체계의 기능적 능력과 내적 구성에 영향을 미친다.
- 사회체계 내·외부의 변화로 인하여 체계의 구조적 불균형상태가 야기될 경우에 체계는 균형상태를 회복하기 위한 시도를 한다.

3) 주요 개념

체계(system)란 상호의존적이고 상호작용하는 부분으로 구성된 전체, 즉 "부분 간에 관계를 맺고 있는 일련의 단위"로 정의된다. 또한 체계는 인과적인 관계 속에서 직접 또는 간접으로 관련된 구성요소의 복합체이며, 이때 각 구성요소는 어떤 특정한 기간 내에서 다른 구성요소와 안정적으로 관련되어 있다. 다시 말해서, 체계란 서로 관련을 맺고 상호작용하는 요소의 집합이다. 또한 사회체계(social system)란 우리가 살고 있는 사회적 환경 안에 존재하는 다양한 형태의 인간 공동체에 적용할 수 있는 사회조직의 모형이라고 할 수 있다. 사회체계는 그것의 구성부분을 초월하여 하나의 특수한 단위를 이루고 있는 집합체로서 가족, 조직, 지역사회, 문화 등이 포함된다. 이러한 사회체계는 명백하게 규정된 경계에 의해 외부환경과 구별되는데, 그 경계 내의 하위단위는 비교적 안정된 상태로 상호관련 되어 있다. 간단하게 말해서, 사회체계란 단일사례를 함께 구성하고 있는 경계 지어진 일련의 상호관련 활동을 말한다.

(1) 체계의 구조적 특성

체계란 정보, 에너지, 자원 등을 교환하면서 역동적으로 존재하는 실체를 말한다. 체계의 유형은 다양하며, 체계 간에는 일정한 경계가 있다. 또한 모든 체계가 원칙적으로 개방적인 속성이 있지만 현실적으로는 완전한 개방체계나 완전한 폐쇄체계가 존재하지 않으며, 개방체계와 폐쇄체계의 연속선상에 위치한다. 또한 대상체계(subject system)를 중심으로 상위체계(suprasystem)와 하위체계(subsystem)가 존재하며, 각 체계 간에는 위계(hierarchy)가 존재한다.

① 개방체계와 폐쇄체계

체계는 크게 개방체계와 폐쇄체계로 나누어진다. 먼저 개방체계(open system)란 다른 체계와 에너지, 정보, 자원 등을 상호 교류하는 체계이다. 즉, 체계 내 사람이 환경 또는 다른 체계와 빈번한 상호작용을 하는 경우를 말한다. 반면 폐쇄체계(closed system)란 다른 외부체계들과 상호교류가 없거나 혹은 교류할 수 없는 체계를 말한다. 즉, 폐쇄체계에서는 사람들이 주로 그 체계 안에서만 상호작용을 하고 체계 밖의 환경 혹은 다른 체계와는 상호작용을 하지 않는다. 체계 안의 에너지, 정보, 자원 등이 외부로 나갈 수가 없으며, 외부로부터의 유입도 없는 상태이다. 이러한 개방체계와 폐쇄체계의 특징을 도식화하면, 다음 ‖그림 11-1‖과 같다.

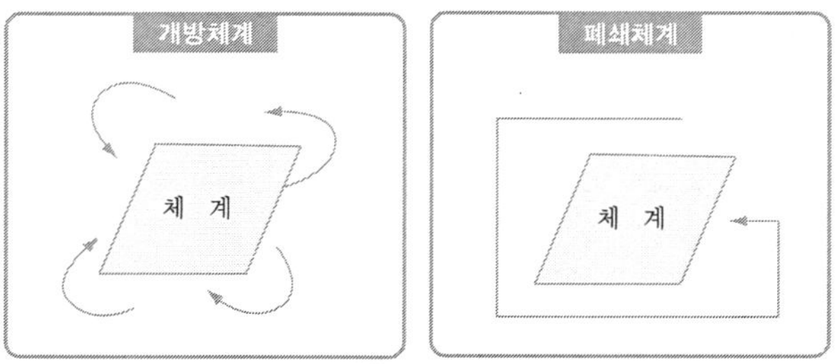

‖그림 11-1‖ 개방체계와 폐쇄체계

그러나 현실에서는 어느 체계도 완전한 개방상태 혹은 완전한 폐쇄 상태로 존재하지 않는다. 즉, 완전히 개방적인 사람이나 가족, 혹은 완전히 폐쇄적인 사람이나 가족은 우리 사회에 존재하지 않는다. 환경과 상호작용을 하면서 살아가는 인간은 불가피하게 어느 정도의 개방성을 갖고 있기 때문에, 중요한 것은 얼마만큼 개방적이고 폐쇄적인지를 알아보는 것이다.

② 경계

경계(boundary)란 외부환경으로부터 대상체계(subject system)를 구분해 주는 일종의 테두리이다. 또한 전체체계와 부분체계, 상위체계와 하위체계를 구분하는 것도 경계에 의해서 이루어진다. 경계는 체계와 체계 사이에 이루어지는 상호교류의 특징을 구분해 주기 때문에 체계의 독특성 혹은 정체성을 유지하는 기능을 한다. 경계를 통해서 에너지, 정보, 자원 등이 체계 내에서 밖으로 나가거나 혹은 외부로부터 안으로 들어오는데, 이때 경계는 마치 삼투막과 같이 에너지, 정보, 자원의 흐름과 피드백을 조절하고 통제하는 역할을 수행한다. 이때 정보의 흐름과 피드백은 경계선의 모양에 따라 조금씩 달라진다.

경계는 눈으로 볼 수 있거나 혹은 볼 수 없는 경우가 있다. 예를 들어, 물리적 의미로 생각하면 경계는 눈에 보인다. 건물의 안과 밖은 건물의 벽과 문에 의해서 구분된다. 벽과 문은 눈에 보이는 경계인 것이다. 반면에 추상적 의미를 갖는 체계는 경계가 눈에 보이지 않는다. 예컨대, 한 가족은 규칙에 의해서 다른 가족과 구분된다. 이때 가족규칙은 눈에 보이지 않는다.

③ 공유영역

공유영역(interface)은 2개의 체계가 함께 공존하는 곳으로 체계 간의 교류가 일어나는 곳이다. 즉, 어떤 대상체계가 상위체계나 하위체계와 교류하면서 만들어지는 독특한 상호작용의 유형 혹은 공유된 경계이기도 하다. 경계와 공유영역은 서로 다른 두 체계가 공통의 이익이나 관심을 추구하기 위해 필요하다는 점이다.

예를 들어, 어떤 사람이 결혼하여 가족을 이루면 자신이 출생했던 원가족과의 교류에서 공유영역이 만들어진다. 다시 말해서, 두 체계 간에 심리적으로 합의된 관계유형이 바로 공유영역인 것이다. 이러한 공유영역은 사람들 사이의 접촉과 관계를 통해 만들어지는데 예를 들면, 직장동료, 종교집단, 정치집단, 친구와 이웃, 치료자와 내담자, 가족원 사이에 나타난다. 관계와 공유영역이 다른 점은 어떤 사람이 타인과 연결되는 것이나 연결되어 있거나 교류하는 상태를 관계(relationship)라고 한다면, 공유영역은 어떤 사람이 자기자신으로서뿐 아니라 한 체계 혹은 하위체계의 성원이거나 혹은 어떤 집단의 이익을 대변하는 사람으로 기능하기 때문에 그 의미는 더욱 복잡한 상호작용을 나타낸다. 따라서 공유영역이란 두 체계 사이의 상호작용을 의미할 뿐 아니라 상호간에 미치는 영향까지를 고려해야 하는 개념이다.

(2) 체계의 진화적 특성

사회체계가 변화하거나 유지하려는 속성은 결코 상반된 개념이 아니다. 왜냐하면 어떤 체계든 완전한 변화나 완전한 현상 유지의 상태로 존재하지 않기 때문이다. 체계는 항상 일정 부분 자신을 변화시키고 있을 뿐 아니라 유지도 하고 있다. 이것이 바로 체계의 진화적 속성이다. 진화적 속성을 나타내는 개념에는 균형, 항상성, 안정상태가 있다. 진화과정에서의 에너지 흐름을 엔트로피와 네엔트로피, 시너지의 개념으로 설명한다. 그리고 체계의 진화적 속성은 기능주의 이론가인 파슨즈(Parsons)가 제시한 사회체계의 4가지 기능(적응, 목표달성, 통합, 형태 유지)을 통해서도 이해할 수 있다.

① 균형

균형(equilibrum)은 주로 폐쇄체계에서 나타나는데, 이는 체계가 고정된 구조를 가지고 주위환경과 수직적인 상호작용을 하기보다 수평적인 상호작용을 하면서 거의 교류를 하지 않는 상태이다. 즉, 외부와의 교류나 체계의 구조 변화가 거의 없는 고정된 평형상태를 말한다. 예를 들면, 폐쇄적인 관료조직이나 엘리트 집단은 변화보다는 현상 유지를 가장 바람직한 상태로 여기면서 다른 조직이나 집단과 거의 교류를 하지 않는다.

② 항상성

항상성(homeostasis)은 균형보다 일정한 수준의 개방체계를 전제로 한다. 이는 환경과 지속적으로 상호작용하면서 정적인 균형보다 역동적인 균형을 이루고 있는 상태이다. 이때 체계의 구조는 크게 달라지지 않는다.

체계가 갖는 변화와 유지라는 2가지 기능 중에서 항상성은 체계의 일관성을 유지하려는 기능이다. 항상성의 기능은 체계에 안정을 줄 뿐 아니라 외부의 정보를 적절히 통제함으로써 체계를 혼란과 무질서로부터 보호한다. 또한 미래에 대한 예측을 가능하게 함으로써 체계의 구성원들에게 안정과 편안함을 준다. 체계는 어떤 변화를 이루기 전에 먼저 체계 자체를 유지하려고 노력한다. 즉, 변화보다는 유지의 속성이 먼저 나타나는 것이다. 따라서 체계의 일관성을 유지하기 위해 체계는 일정한 범위 안에서만 변화하게 된다. 이러한 범위를 항상성의 범위라고 한다. 항상성의 범위는 체계가 자신의 모습을 일정하게 유지하기 위해서 필요한 체계 자체의 변화의 폭을 말한다. 예를 들어, 냉방기의 온도를 섭씨 25도에서 30도로 맞추어 놓았다고 하자. 그러면 이 냉방기는 25도에서 30도의 범위 내에서 자율적으로 변화하게 된다. 이러한 변화의 폭이 바로 항상성의 범위이다.

③ 안정상태

안정상태(steady state)는 환경과의 교류뿐 아니라 환경에 적응하기 위해 체계의 구조를 변화시키는 상태로서 개방체계에 존재한다. 또한 체계가 건강한 상태 혹은 안녕(well-being) 상태를 의미한다. 안정상태는 모든 사회체계의 기본 속성이며, 체계의 목표와 정체성을 유지하려는 체계의 의도적인 노력에 의해서 수정된다. 안정상태는 고도의 조직성, 복잡성, 환경에 대한 개방성이 특징을 이룬다. 안정상태의 한 예로, 에릭슨의 정체성 개념을 들 수 있다. 이때 정체성은 성격체계의 안정상태에 해당한다. 따라서 안정상태는 체계의 지속적인 정체 유지이며, 체계가 거쳐 오기 이전의 연속상태를 의미한다.

안정상태는 균형이나 항상성에 비해 더욱 개방적이고 역동적이다. 즉, 항상성이 체계의 일관성을 유지하기 위해 일정한 범위 내에서만 변화하려고 하는 데 비해서, 안정상태는 체계 자체를 변화시키는 노력을 통해 외부자극을 받아들인다. 이러한 변화의 원리를 형태변형성(morphogenesis)이라고 한다. 형태변형성은 체계 변화의 과정과 결과를 모두 지칭하는 개념이다. 환경의 요구에 반응할 뿐 아니라 적응을 위해서 체계 스스로를 변화시키는 특성을 말한다. 체계가 변화하기 위해서는 먼저 체계 안에 존재하는 항상성의 원리를 평가하고, 그 평가결과에 따라 스스로를 변화시키게 된다. 항상성 원리에 따라 체계는 일정 기간이나 범주까지 생존할 수는 있다. 그러나 시간이 흐르면서 기존의 틀은 더 이상 유용하지 않게 된다. 이런 경우에 체계는 스스로 변화해야 하는데, 그렇지 않고 계속해서 항상성의 원리만을 고집한다면 체계 안에는 역기능이 증가하게 될 것이다.

예를 들어, 자녀가 성인이 되었음에도 불구하고 기존의 체계대로 모든 것을 아버지가 결정하려고 한다면 성인이 된 자녀는 이에 반발할 것이다. 의사결정을 아버지 혼자서 하는 기존의 항상성 체계는 달라진 환경의 요구를 수용하지 못하게 된다. 달라진 환경의 요구에 적응하기 위해서 체계는 한 사람에 의한 의사결정체계에서 두 사람 혹은 여러 사람에 의한 의사결정체계로 넘어간다. 이러한 변화를 거부하는 체계는 결국 체계 자체의 붕괴를 가져오게 된다. 그러나 체계의 붕괴를 막기 위해서 체계는 스스로 변화해야만 한다. 체계 안에 형태변형성이 효과적으로 작용하면 기존 체계가 가지고 있던 규칙과 그 규칙을 유지하는 신념을 전반적으로 검토하고 이를 바꾸거나 수정하는 작업을 한다. 이러한 수정과 변화를 통해서 체계는 새로운 규칙을 만들거나 체계 자체의 구조를 바꾸게 되는 것이다.

(3) 엔트로피와 넥엔트로피

사회체계 내의 사람 혹은 집단 사이에 에너지가 발생하고 교류된다. 이 때, 교류되는 에너지는 직접 관찰할 수 없다. 에너지의 존재는 체계와 그 부분에 미친 효과를 통해서 추론할 수 있다. 사회체계에서 의미하는 에너지란 '행동역량', '행동' 혹은 '변화발생력'을 말한다. 다시 말해서, 행동할 수 있는 체계의 능력, 즉 체계 자체를 유지하고 변화시킬 수 있는 힘을 의미한다. 이 에너지는 체계 구성원의 신체적인 능력, 충성, 공유감정, 공통가치 등의 내적 자원뿐 아니라 환경체계로부터 유입되는 자원을 포함한다. 이때 외부환경 자원은 체계에 대해 정보, 아이디어와 인력을 제공한다.

에너지의 구체적인 예를 들면, 성격체계를 위한 에너지에는 음식, 신체적 상태, 지적·정서적 능력, 친구나 가족 또는 동료의 정서적 지지, 사회와 조직 상급자의 지위 인정 등이며, 그 중에서 가장 중요한 것은 자신을 가치 있고 정체성을 가진 존재로 인식하는 것이다. 체계의 에너지와 관련되는 기본 개념에는 엔트로피, 넥엔트로피, 시너지가 있는데 이에 대해 살펴보면 다음과 같다.

① 엔트로피

엔트로피(entropy)는 체계 구성요소 간의 상호작용이 감소함에 따라 유용한 에너지가 감소하는 상태를 말한다. 즉, 체계 내에 질서, 형태, 분화가 없는 무질서한 상태로서 폐쇄체계의 특징과 관련이 있다. 엔트로피는 체계가 서서히 무질서와 혼돈의 상태를 향해 나아가는 것으로 체계 내에 유용하지 않듯이 완전한 엔트로피 상태는 존재하지 않는다. 예를 들어, 가정 안에서 부부 사이가 좋지 않아 서로 대화가 없어지고 긴장이 흐르게 되면 그로 인해 부모-자녀관계도 불안정해지고 자녀가 일탈에 빠질 수 있다. 이때 부부간 상호작용의 감소는 가족 내 질서 및 위계를 불안정하게 만들고, 부모-자녀 간 경계도 불명확하게 만들게 된다. 따라서 이러한 역기능적 행동의 증가가 바로 엔트로피 상태인 것이다.

② 넥엔트로피

넥엔트로피(negentropy)란 체계 내에 질서, 형태, 분화가 있는 상태를 말한다. 이는 부정적인 의미가 아니라, 체계 외부로부터 에너지를 유입함으로써 체계 내부에 유용하지 않은 에너지가 감소되는 것을 말한다. 넥엔트로피가 증가하면 체계 내에 질서와 법칙이 유지되며, 정보의 필요성이 높아진다. 예를 들어, 부부 갈등으로 인해 가족 내 엔트로피가 증가한 경우, 부부가 외부 자원인 상담실을 통해 부부상담을 받고 관계가 회복되는 계기를 맞게 된다. 따라서 외부 도움으로 가족 내 역기능적 관계가 개선되고 가족원 간 긴장이 감소하게 되는데, 바로 이때가 넥엔트로피 상태인 것이다. 체계 유형과 에너지 교환을 도식화하면 다음 <표 11-2>와 같다.

〈표 11-2〉 **체계 유형과 에너지 교환**

폐쇄체계				개방체계
높 다	←	엔트로피	→	낮 다
낮 다	←	넥엔트로피	→	높 다
낮 다	←	질 서	→	높 다
높 다	←	혼 란	→	낮 다
낮 다	←	법 칙	→	높 다
적 다	←	정보의 필요성	→	많 다

③ 시너지

시너지(synergy)란 체계 내에 유용한 에너지가 증가하는 것을 말하는데, 이는 체계 구성요소 사이에 상호작용이 증가하면서 나타난다. 이러한 시너지는 개방적이고 살아 있는 체계에 적합하다. 왜냐하면 개방체계는 에너지를 고갈시키지 않고 구성요소의 상호작용을 촉진함으로써 계속해서 에너지를 만들어 내기 때문이다. 예를 들어, 앞서 언급한 부부갈등이 있는 가족의 경우, 부부가 외부 상담을 통해 관계가 개선되면 가족 전체의 분위기가 긍정적으로 바뀌고 경우에 따라서는 예전에 없었던 가족 단위 모임이나 행사에 적극 참여하거나 자녀들이 더욱 성숙해지는 등의 긍정적 변화가 나타날 수 있다. 여기서 이러한 변화들이 바로 시너지 효과인 것이다.

(4) 체계의 기능적 요건

파슨즈에 의하면, 사회체계는 다음의 4가지 요건을 필수적으로 충족시켜야 한다고 주장하였다(김경동, 1982 : 95). 즉, 체계의 4가지 기능적 요건으로는 적응(adaptaion). 목적달성(goal attainment), 통합(integration), 형태유지(pattern maintenance : latency)가 있다. 이러한 4가지 기능을 도식화하면 ▮그림 11-2▮와 같다.

▮그림 11-2▮에서 보면, 수직축은 체계의 외적-내적 차원을 나타내는데, 외적 차원은 환경을 말하고 내적 차원은 체계 내부를 말한다. 또한 수평축은 도구-완성 측면을 나타내는 것으로 수단-목적 차원을 의미한다. 즉, 도구(수단) 차원은 외부로부터 에너지를 확보하고 보존하는 것을 말하며, 완성(목적) 차원은 목적지향적 활동을 말한다. 모든 체계는 안정상태를 유지하기 위해서 다음의 4가지 기능을 수행해야 한다.

	도구적	완성적
내적	적응 기능	목적 달성
외적	형태 유지	통 합

▌그림 11-2▐ **체계의 4가지 기능적 요건**

(1) 적응 기능이란 체계가 외부환경으로부터 자원을 얻어 이를 분배하거나 보존하는 활동을 말한다(예 경제제도).

(2) 목표 달성이란 체계가 내부적으로 목표의 우선순위를 정하고 그 목표를 달성하기 위해 상위체계인 외부환경과 교류하면서 체계 내부의 구성 부분들을 동원하는 기능을 말한다(예 정부).

(3) 통합이란 체계가 내부적으로 부분들의 상호작용을 조정하고 유지하는 활동을 말한다(예 법).

(4) 형태유지란 체계 내에 발생하는 긴장을 다루는 활동을 말한다(예 종교). 이러한 형태 유지는 체계가 목표 달성과 통합을 성취하도록 하는 데 매우 중요한 기능을 수행한다. 이렇듯 사회체계는 고정되거나 정지상태에 있는 것이 아니라 외부체계와 상호교류하면서 끊임없이 변화한다.

4) 체계의 행동적 특징

체계의 행동적 양상은 보다 짧은 시간과 빠른 속도를 특징으로 한다. 체계 내부 혹은 체계와 외부환경 간의 상호작용은 일방적이 아니라 상호적이어서 체계가 외부환경으로부터 영향을 받기도 하지만 때로는 체계가 외부환경에 영향을 주기도 한다. 즉, 체계를 둘러싼 상호작용은 역동적이며 쌍방적인 과정이다. 체계의 행동적 특징을 설명하는 개념에는 투입-전환-산출과 피드백의 개념과 적합성과 적응, 스트레스, 대처, 유능성의 개념이 있다.

(1) 투입 - 전환 - 산출의 과정

모든 사회체계는 투입(input) - 전환(through put : conversion operation) - 산출(output)이라는 교환과정을 통해서 사회환경과 교류한다. 한 사회체계가 갖고 있는 자원의 대부분은 그 체계를 둘러싼 외부환경 혹은 상위체계로부터 유입한 것이다. 즉, 체계가 적절히 기능하기 위해서는 외부로부터 많은 자원을 받아들여야 한다. 투입 - 전환 - 산출 - 피드백의 과정은 다음 ‖그림 11-3‖과 같다.

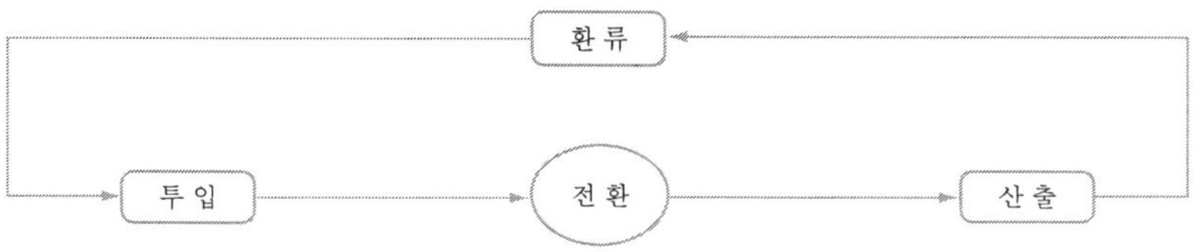

‖그림 11-3‖ **체계의 투입 - 전환 - 산출 과정**

투입(input)이란 환경으로부터 에너지와 정보를 받아들이는 것을 말한다. 모든 체계는 과업 관련 투입과 유지 관련 투입을 필요로 한다. 과업 관련 투입은 대상체계(subject system)가 관심을 갖는 지각된 욕구, 문제, 혹은 기회에서 발생한다. 유지 관련 투입은 체계가 지각된 욕구를 충족시키거나 문제를 다루고, 또는 기회를 모색하거나 이용하기 위해 필요로 하는 자원이다. 사회복지실천에서 클라이언트는 과업 관련 투입이 되고, 사회복지사나 사회복지기관이 갖고 있는 프로그램을 클라이언트의 욕구나 문제를 해결하는 데 요구되는 유지 관련 투입이 된다.

전환(conversion operation)이란 투입을 산출로 변환시키기 위해 체계가 갖고 있는 구조적 배열을 말한다. 이 구조적 배열은 구조(structure)와 기능(function)으로 구성되는데, 구조란 체계 사이에 혹은 체계 내의 사회적 기능 수행에 영향을 미치는 공식적·비공식적 형태를 말한다. 여기에는 역할, 목표, 서비스 계획안, 장소, 공식적인 행정적 준비, 가치, 다른 체계와 유대 등이 포함된다. 기능이란 체계가 목표 달성을 위해 상호작용하는 실제행동으로서, 체계 내에서 일어나는 상호작용을 수평적 상호작용이라 하며, 경계를 넘어 두 체계 사이에서 발생하는 상호작용을 수직적 상호작용이라고 한다. 예를 들어, 가족 내에서 부모-자녀 사이에 혹은 형제 사이에 이루어지는 상호작용은 수평적 상호작용이며, 자녀와 학교교사나 부모와 직장상사 간의 접촉은 수직적 상호작용에 해당된다.

산출(output)이란 투입된 자원을 전환과정을 통해 내놓는 결과물이다. 즉, 과업 관련 투입은 유지 관련 투입으로 가동되는 전환과정을 통해 산출을 낳게 된다. 산출은 과업산출, 유지산출, 소모로 분류된다. 과업산출은 과업 관련 투입이 처리된 결과로 예를 들어, 원조를 요청한 클라이언트의 문제가 종결된 결과가 과업산출이다. 즉, 목표달성 과정의 결과물이다. 유지산출은 체계의 통합기능과 관련이 있는데, 그 예로는 클라이언트가 사회복지기관과의 접촉으로부터 습득한 대인관계에 관한 지식과 기술을 들 수 있다.

(2) 피드백

모든 사회체계는 순환적인 성격을 띠고 있다. 이러한 순환적 성격을 가장 잘 나타내주는 개념이 피드백(feedback)이다. 피드백이란 체계의 작동을 점검하고, 적응적 행동이 필요한지를 판단하여 이를 수정하는 능력을 말한다. 산출(output)이 과업산출과 유지산출로 나누어지듯 피드백도 마찬가지이다. 먼저, 과업 피드백은 체계와 관련하여 외부적이며, 대상체계와 상위체계 간의 관계에 영향을 미치며, 체계로 하여금 목표 달성의 기능을 수행하도록 돕는다. 한편 유지 피드백이란, 체계와 관련하여 내부적이며, 체계 내부의 상태에 영향을 미친다. 이런 측면에서 유지 피드백은 체계가 통합의 기능을 수행하도록 돕는다. 이 두 가지 피드백 모두 체계가 안정상태를 유지하는 데 필요하다.

사회체계에서 이루어지는 피드백의 종류에는 긍정적인 피드백(positive feedback)과 부정적인 피드백(negative feedback)이 있다. 두 피드백의 차이는 내용의 차이가 아니라 체계가 상호작용하는 방향과 관련이 있다. 긍정적인 피드백이란 체계가 한쪽 방향으로 계속 이탈되어 가는 것을 말한다. 예를 들면, 부부 사이의 싸움이 심각해져서 그 어느 배우자도 결과를 통제할 수 없는 상태에 도달한 경우를 말한다. 또한 자주 화를 내는 클라이언트가 자신의 분노를 통제하기 위해 사회복지기관에 도움을 요청한 경우, 사회복지사의 도움에도 불구하고 분노의 문제가 전혀 해결되지 않고 오히려 분노의 빈도가 심각해진 경우를 들 수 있다. 긍정적 피드백은 엔트로피가 증가하고 있는 체계에서 나타나기 때문에 이러한 상황이 변화되지 않는다면 체계는 결국 안정상태를 위협받게 될 것이다.

부정적 피드백은 체계의 이탈을 수정하거나 변화시키는 것을 말한다. 즉, 원래의 행동을 감소시키거나 혹은 지속하지 못하도록 상호작용의 형태를 바꾸거나 목표를 수정하는 것이다. 예를 들어, 아동이 밖에서 놀다가 저녁 늦게 들어온 경우 부모는 아동의 행동을 야단침으로써 똑같은 행동을 반복하지 않게 한다. 야단을 맞는 아동이 다음 날 일찍 집에 들어왔다면 부모는 성공적으로 아동이 늦게 들어오는 행동을 감소시킨 것이다. 이 경우 부모의 야단행위는 부정적 피드백의 역할을 한 것이다. 또한 자주 화를 내는 클라이언트가 자신의 분노를 통제하기 위해 사회복지기관에 도움을 요청한 경우, 사회복지사의 도움으로 화를 내는 빈도와 횟수가 상당히 줄어든 경우를 들 수 있다. 부정적인 피드백에서는 행동감소가 어느 정도 나타났는가보다는 어떤 방향으로 달라졌는가에 일차적인 관심을 둔다.

5) 일반체계이론의 평가

사회복지실천에서의 유용성을 보면, 첫째, 과거의 다른 실천모델보다 넓은 관점과 관심영역을 포괄한다. 문제를 사정할 때, 문제와 관련된 많은 체계를 접촉하여 정보를 얻어내므로 개인으로부터 나오는 정보에만 의지하던 과거의 방법보다 훨씬 다양하고 객관적인 정보를 획득할 수 있다. 둘째, 개인, 집단, 공동체를 포함한 다양한 크기의 체계에 적용되는 이론이다. 개입을 위한 실천모델을 활용함에 있어 어느 한 가지 모델에 치우치지 않고 보다 다양한 모델을 절충적으로 선택하고 활용할 수 있다. 따라서 사회복지사는 클라이언트를 돕기 위해 다양한 수준의 사람 혹은 체계와 일할 수 있으며, 또한 그들에게 다양한 실천모델을 적용할 수 있도록 해 준다. 셋째, 문제를 총체성(wholeness) 속에서 이해하도록 한다. 개입 시에 어느 한 부분에 치중하지 않고 전체체계를 변화시키는 전략을 세우도록 해준다. 따라서 개입이 종료되어도 이미 발생한 체계의 변화는 체계 자체의 적응기능에 의해 지속되는 특성이 있어서 그 효과가 지속된다고 할 수 있다.

한편 일반체계이론의 제한점을 보면, 첫째, 이론이라기보다는 하나의 모델이나 도표적 접근방법이며, 지나치게 추상적이고 총체적이다. 둘째, 체계와 관련되는 복잡한 요인을 정확하게 측정하고 기술하기가 어렵고 인과관계를 구체화하기가 힘들기에 과학적 검증이 어렵다. 셋째, 기간이 경과함에 따라 변모하는 체계의 규칙과 원인을 기술하기가 쉽지 않으므로 체계가 지나치게 단순화될 수 있다. 넷째, 전체론적 관점 때문에 하위의 요인 특성을 무시 할 수 있다. 다섯째, 일반체계이론은 변화를 체계의 본질적 성격으로 전제하여 변화에 저항하는 것을 병리의 근원이라고 보는데, 이는 실제적이라기보다는 일반체계이론의 이념적 경향으로 사회복지에서는 변화만을 긍정적인 것으로 받아들일 수 없는 경우도 많다. 여섯째, 체계 간의 상호연관성과 상호교류작용을 매우 중요시하면도 사회복지의 개입의 장이 되는 체계 간의 공유영역에 대해서는 충분한 설명이 없다는 점이다.

이상과 같이 일반체계이론에 대해 개괄적으로 고찰해 보았다. 고찰해 본바와 같이 일반체계이론이 사회복지실천의 변화와 성장에 많은 기여를 하였지만 1980년대 이후부터 일반체계이론에 대한 전문직의 평가는 상반되고 있다. 커네이(1986)는 체계이론의 중심개념들은 개인과 체계 간의 상호적 영향력을 이해하는 데 있어서 아직도 중요한 역할을 하고 있다고 평가하였고 이에 반하여 시포린(1980)은 체계이론은 그 인기를 잃어가고 있으며, 생태학적 이론에 의해 대치되어가는 중이라고 하였다.

일반체계이론에 대한 이와 같은 상반된 평가에도 불구하고 많은 사회복지사가 일반체계이론을 절충적으로 활용하고 있다. 혼(Hearn, 1970)은 일반체계이론이 사회복지전문직에 소개된 이래로 발전을 거듭하여, 현재의 체계이론은 인공두뇌이론, 의사소통이론, 생태학적 이론들까지도 포함하는 것으로 확대되고 있다. 하지만 체계이론의 개념들은 여전히 난해하고, 복잡하고, 고도로 추상적이기 때문에 일반체계이론을 처음 접하는 사람들은 매우 생소하게 느껴 질 수도 있다. 그럼에도 불구하고 콤프톤과 갈라웨이는 환경 속의 클라이언트를 더욱 잘 이해하기 위해서는 기본적인 체계이론의 개념들을 이해하는 것이 필수적이라고 하였다. 따라서 이러한 일반체계이론이 주목할 때 비로소

사회복지실천에 중요한 기초이론으로서 체계이론은 앞에서 언급된 유용성을 활용할 수 있게 될 것이다.

2. 생태체계이론

다양한 사회과학과 행동과학의 지식은 생태체계이론(eco-systems theory)이라는 이론적 틀을 통해 사회복지실천에 적용된다. 생태체계이론은 일반체계이론(general systems theory)과 생태학 이론(ecological theory)을 결합한 것으로서 하나의 이론이라기보다는 다양한 이론과 결합할 수 있는 '시각' 혹은 '관점'의 개념으로 이해할 수 있다. 생태체계모델(eco-system model)은 일반체계이론의 주요 개념을 그대로 받아들이면서 일반체계이론이 지닌 한계점을 극복하기 위해 생태학적 관점을 도입한 통합모델이다. 이것은 인간과 환경의 상호작용방법에 대한 실천가의 관점을 중시한다. 그러므로 생태체계모델의 근간이 되는 체계이론과 생태이론에 대한 이해 없이 생태체계모델을 이해하기는 어렵다.

브론펜브레너(Urie Bronfenbrenner, 1979)는 생태체계이론을 '활동적이고 성장하는 인간과 환경 간의 일생을 통하여 이루어지는 진보적이고 상호적인 적응과정을 과학적으로 연구'하는 것이라고 규정하고 있다. 즉, 생태체계 이론에서는 유기체를 환경과 분리할 수 없으며 상호작용하는 체계라고 보기 때문에 개인과 환경을 이분화 하는 것을 방지할 수 있으며, 양자 간의 상호작용에 초점을 둘 수 있게 해 준다. 사회복지전문직에서 생태체계이론을 실천에 적용함으로써 내담자의 정신 내적 생활과 환경적 조건을 개선하는 데 목적을 두고 실시하는 서비스, 즉 직접적 서비스와 간접적 서비스를 통합할 수 있는 방법을 발견할 수 있게 되었다. 생태체계이론은 개인-환경 간의 적합성, 개인과 환경 사이의 상호적 교환, 교환을 지지 또는 방해하는 힘 등과 같은 폭넓고 통합적인 실천적 지식을 제시해 주고 있다.

생태체계이론이 사회복지실천에 미친 또 다른 영향은 환경 속에 있는 개인에게 긍정적 영향을 미치는 복잡한 힘의 관계에 관심을 갖게 만든 것이다. 생태체계이론에서 억압과 빈곤, 실업, 환경오염과 같은 성장, 건강, 사회적 기능을 방해하는 부정적 생활환경을 감소시키는 데 많은 관심을 갖고 있다. 내담자가 사회복지사와의 상호작용과 긍정적 생활경험을 통하여 성장할 수 있으며 원조과정이 회복과 역량강화의 과정이라는 생태체계이론의 신념은 사회복지전문직의 인본주의 철학과 일치한다.

1) 인간관

생태체계(ecological)라는 용어는 '개인의 적응능력과 환경의 양육적 특질, 모두에 관심을 기울인다'는 의미를 지니고 있다.

(1) '환경 속의 인간'이라는 총체적 인간관

인간과 환경은 분리될 수 없으며, 인간과 환경은 지속적인 상호작용과 상호교환을 통하여 서로에게 영향을 미치고 서로를 형성하며 상호적응하는 호혜적 관계를 유지하고 있다고 본다. 인간본성에 대한 유전적 결정론, 정신적 결정론, 환경적 결정론을 모두 배격하고, 인간을 환경적 요구에 적응하고 때로는 환경을 자신의 요구에 맞게 수정 또는 변화시킴으로써 발달해 가고 만족스러운 삶을 영위하는 존재라고 보고 있다.

(2) 인간에 대한 낙관론적 관점

인간은 환경적 자원과 사회적 지지를 자율적으로 이용할 수 있으며, 환경 속에서 효과적으로 기능할 수 있는 능력을 지니고 있다고 본다. 즉, 인간은 자기 내면세계의 요구와 외부세계의 요구로부터 비교적 자유로운 존재로서, 환경과의 상호교류에서 성공적 경험을 획득하고 자율성, 자기규제능력, 유능성을 확보할 수 있는 능력이 있다고 보고 있다.

(3) 사회문화적 존재

사회적 관계를 유지하지 못하고 소외되어 있는 인간은 인간적일 수 없다고 본다. 인간은 생활환경 속에서 타인과 가치 있는 사회적 관계를 맺고 존경과 관심을 주고받음으로써 자아를 발달시키고 사회적 역할기대를 적절히 이행하고, 일생동안 타인과 상호의존성을 유지할 수 있어야지만 생존을 보장받고 삶의 적절성을 확보할 수 있게 된다.

2) 기본가정

생태체계이론은 다른 이론의 기본과정과 주요 개념을 차용하고 있다. 생태학, 동물행동학, 자아심리학, 스트레스이론, 형태심리학, 역할이론, 문화인류학, 인본주의 심리학, 상징적 상호작용이론, 일반체계이론, 권력관계의 역동이론과 같은 다양한 이론의 영향을 받았다.

생태체계이론의 기본가정을 보면, 첫째, 인간이 환경의 모든 요소와 지속적인 상호교환을 하는 존재로 보는 적응적, 진화적 관점을 지니고 있다. 따라서 인간과 환경은 분리될 수 없으며, 동시에 고려하여야만 한다. 둘째, 인간과 환경이 서로를 형성하는 단일체계를 구성한다. 환경의 개인에 대한 영향이나 개인이 속해 있는 환경에 관심을 두는 것이 아니라 인간과 환경 사이의 상호적 관계 또는 상호작용에 관심을 둔다. 셋째, 개인과 환경이 상호간에 영향을 미친다. 교류(transaction), 즉 개인과 환경 사이의 상호교환은 개인-환경 단위 내에서 변화를 일으킨다. 상호영향의 순환적 원인론과 관련되어 있다. 이 관점에서는 '개인+환경'이라는 합산적 효과에 관심을 두는 것이 아니라 상호작용적이고 축적적인 효과에 관심을 갖는다.

〈표 11-3〉 **생태체계학적 이론의 기본가정**

- 환경과 상호작용하고 타인과 관계를 맺는 능력은 타고난 것이다.
- 유전적 및 다른 생물학적 요인은 환경과 상호작용하는 과정에서 다양한 방식으로 표현된다.
- 개인과 환경은 상호영향을 미치는 단일체계를 형성한다.
- 적합성이란 적응적 개인과 양육적 환경 사이의 상호작용을 통하여 형성되는 상호적 인간-환경이다.
- 인간은 목적지향적이고 유목적적이다. 인간은 유능성을 획득하기 위하여 노력한다.
- 개인의 환경에 대한 주관적 의미는 발달에 매우 중요하다.
- 개인을 자연적 환경과 상황 속에서 이해할 필요가 있다.
- 성격은 개인과 환경 사이의 상호작용의 산물이다.
- 생활경험에 따라 긍정적 변화가 일어난다.
- 생활상의 문제는 전체 생활공간 내에서 이해하여야 한다.
- 내담자를 원조하기 위해 사회복지사는 내담자의 생활공간에 개입할 준비가 되어 있어야 한다.

3) 주요 개념

생태체계이론의 주요 개념을 보면, 첫째, 인간과 환경 간의 상호교류와 관련된 개념인 적합성, 적응, 스트레스와 대처가 있고, 둘째, 인간의 속성과 관련된 개념인 유능성, 관계성, 역할이 있으며, 셋째, 환경의 특성에 관한 개념인 인간의 성장과 발달을 촉진하는 물리적 및 사회적 환경이 있다.

(1) 적합성(goodness of fit)

개인의 적응적 욕구와 환경의 질이 어느 정도 부합되는가와 관련된 개념이다. 적합성은 다른 종의 경우에는 진화에 의하여, 인간의 경우에는 일상을 통하여 성취된다. 적합성은 인간과 환경 사이의 상호교류를 통하여 성취된다. 개인과 환경 사이의 적합성은 양자의 기능이다. 상호교류는 적응적일 수도 있으며 부정적일 수도 있다. 대부분의 개인과 환경 사이의 상호작용이 성공적이고 적응적일 때, 즉 주요 타인, 사회조직, 정치경제적 구조와 정책, 물리적 환경이 개인의 성장, 발달, 물리적 및 정서적 안녕을 지지할 때 적합성이 이루어진다.

생태체계이론에서는 환경과 인간의 공동의 힘(conjoint forces)을 발휘할 때 각각이 발휘하는 개별적 힘의 총합보다 더 큰 효과를 생산해 낼 수 있다고 본다. 따라서 인간과 환경이 서로의 요구에 적응하면서 변화하고 발달해 감으로써 서로에게 더 유익한 효과를 얻어 낼 수 있다고 보고 있다. 하지만 인간과 환경 사이에는 항상 협력적 상호관계가 유지되는 것은 아니며 어느 일방이 희생함으로써 다른 부분의 생존과 발달이 보장되기도 한다. 그러나 이럴 경우 양자 간에는 갈등과 힘의 불균형이 야기되고 결국에는 양자의 생존과 발달을 저해하게 되는 부적합성이 야기된다.

(2) 적응(adaptation)

적응은 개인과 환경 사이의 활발한 상호교환을 포함한 개인-환경이라는 하나의 단위 내에서 이루어지는 과정이다. 개인과 환경이 상호영향을 미치고 최적합 상태를 성취하기 위하여 상호간에 영향을 미치고 반응한다고 본다. 따라서 인간은 환경이 자신의 욕구에 적합하도록 변화시키고 이러한 환경의 변화에 또한 적응할 수 있어야 한다. 인간은 새로운 환경적 상황에 처할 경우 그 상황의 요구에 적응하고 상황은 그 인간 존재로 인하여 구조적 변화를 경함하게 된다. 인간은 끊임없이 창조하고, 재구조화하며, 환경이 인간에게 어떤 영향을 미친다고 해도 환경에 적응해 나간다. 이와 같이 적응은 인간의 내적 영향력과 생태적 환경의 영향력에 의해 이루어지는 상호의존적인 과정이다.

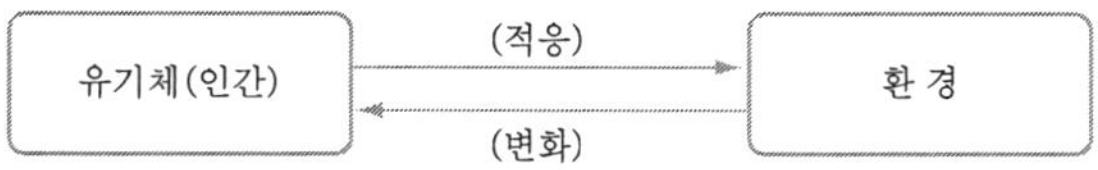

【그림 11-4】 인간과 환경의 상호교류

(3) 스트레스(stress)

개인과 환경 사이의 상호교류는 생활 스트레스를 야기할 수도 있다. 스트레스는 개인이 지각한 요구와 이러한 요구를 충족시킬 수 있는 자원을 활용할 수 있는 능력 사이에 불균형이 일어난 것이라 할 수 있다. 또한 개인과 환경 사이의 상호교류에서 나타나는 불균형에 의해 야기된 생리·심리·사회적 현상이라고 할 수 있다.

스트레스는 반드시 문제가 되는 것은 아니다. 개인이 긍정적 자존심을 가지고 있고, 유능성이 있다고 생각하는 경우에는 스트레스에 대한 반응은 부정적이지 않다. 그리고 어떤 스트레스는 개인의 성장과 발전을 도모하는 하나의 동기로 작용할 수 있다. 신체 및 사회적 요구와 이러한 요구에 대한 개인의 대처능력 사이에 균형이 심하게 손상될 때가 있다. 이와 같이 개인과 환경 사이에 적응적 균형이 혼란되었을 때 생활문제가 발생하는 것이다.

(4) 대처(극복)

스트레스를 경험함으로써 자연적으로 발생하게 되는 대처기술(coping skill)은 정서적 고통을 통제하기 위하여 개인이 수행하는 행동이다. 대처능력을 갖추기 위해서는 내적 자원과 외적 자원이 필요하다. 내적 자원은 자존감과 문제해결기술 등을 말하고, 외적 자원은 가족, 사회적 관계망, 조직의 지원 등을 말한다. 적응전략으로는 생활경험을 통하여 유능함을 증진시키는 것과, 성격의 진보적 힘을 강화하고 환경적 장애를 제거할 수 있도록 원조하는 것이 적응력과 생활만족도를 증진시키는 중요한 수단이 된다.

(5) 관계(relatedness)

관계는 인간관계를 형성하거나 타인과 연결될 수 있는 능력이다. 가족과 같은 친밀한 1차 집단 내에서 시민집단과 같은 개인적 교류가 많지 않은 집단에서 일어나는 일은 인간발달에 매우 중요하다. 이 이론에 따르면, 관계를 맺고자 하는 욕망과 능력은 초기의 양육과정에서 시작되고 일생을 통하여 상호적 보호행동의 유형을 결정하게 된다. 예를 들어, 대상관계이론가인 볼비(Bowlby, 1973)는 인간은 환경을 탐색함에 있어서 애정적 결속의 형성과 행동을 위한 유전적 기반을 소유하고 있다고 주장하였다.

(6) 역할(role)

역할이론의 개념을 원용하여 문화적 영향과 환경적 영향에 따라 개인적 및 대인관계적 과정이 어떻게 달라지는가를 설명하고 있다. 역할이론은 발달의 사회적 영역을 이해할 수 있게 해 준다. 역할은 특정 사회적 지위를 갖고 있는 개인이 타인에게 어떻게 행동해야 하는지에 대한 기대뿐만 아니라 타인이 그 사람에게 어떻게 행동해야 하는지에 대한 기대까지도 포함하고 있다. 즉, 역할은 일련의 기대되는 행동유형일 뿐만 아니라 상호적 요구와 의미의 유형이다. 감정, 정서, 지각, 신념은 역할수행과 직접적으로 연관되어 있다. 간단히 말해, 역할은 내적과정과 사회적 참여 사이에서 가교(架橋)의 기능을 수행한다. 역할수행 또는 사회적 참여는 개인의 자아존중감과 밀접한 연관성을 지니고 있다.

(7) 유능성(competence)

생태체계이론에서는 유능성의 발달이 인간발달에 필수적인 요소라고 보고 있다. 생태체계이론에서는 자아심리 이론과 상징적 상호작용 이론을 원용하여 유능성을 개념화하고 있다. 자아심리 이론에서는 유능성을 개인이 환경과 효과적으로 상호작용할 수 있는 능력이라고 보았다. 상징적 상호작용이론에서는 대인관계적 관점에서 유능성의 개념을 제시하고 있는데 이들은 유능성을 어떤 과업을 수행하고 상호작용으로 인해 일어나는 결과를 통제할 수 있는 능력이라고 규정하였다.

유능성은 자신의 환경 속에서 효과적으로 기능할 수 있는 능력은 환경과의 성공적 상호작용을 통하여 형성된다. 이러한 유능성의 개념 속에는 확고한 결정을 내리고, 자신의 판단을 신뢰하고, 자기 확신을 갖고, 환경에 바람직한 영향을 미칠 수 있는 능력이 포함되어 있다. 이와 아울러 환경적 자원과 사회적 지지를 유목적적으로 활용하는 것도 유능성의 개념에 포함된다.

(8) 환경

생태체계이론에서는 생활상의 문제가 환경적 문제와 어떤 연관성을 지니고 있는가에 관심을 갖는다. 환경은 층(layer), 조직, 구성물(texture)로 구성되어 있다. 층은 사회적 환경과 물리적 환경이고, 조직은 공간과 시간적 리듬이다.

사회적 환경은 2인군의 관계에서부터 시작하여 사회 내에 존재하는 다양한 수준의 조직 내의 인간관계망까지를 포함하는 것이다. 물리적 환경은 인간에 의해 만들어진 인위적 세계(built world)와 자연적 세계(world of nature)를 포함한다. 이러한 사회적 환경과 물리적 환경은 복잡한 방식으로 상호작용하며, 이들의 상호작용은 문화적 환경으로까지 확대되어 나간다. 생태학적 이론에서는 생활을 영위하고 있는 물리적 환경과 사회적 환경뿐만 아니라 문화적 환경에도 관심을 갖는다.

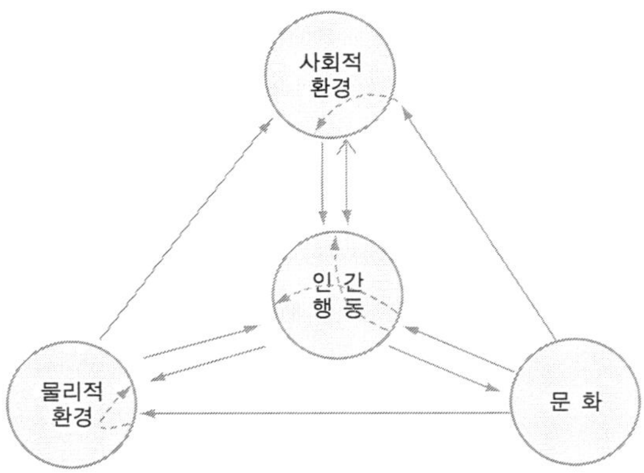

▌그림 11-5▐ 인간행동과 환경의 관계

① 사회적 환경

현대인의 생활에서 가장 많은 영향을 미치는 사회적 환경은 관료제 조직(bureaucratic organization)이다. 보건, 교육, 사회서비스 조직은 적절한 노동문화, 정책과 절차, 권위와 의사결정과정을 통하여 인간의 욕구를 효과적으로 충족시키기 위한 목적으로 만들어진 것이다. 그러나 이러한 조직은 본래의 목적보다는 체계유지에 더 많은 관심을 기울이고 있기 때문에, 그 조직을 이용하는 인간의 욕구나 인간에 대한 서비스 기능이 조직의 욕구와 관심사에 종속되는 현상을 초래하게 되었다. 따라서 이러한 조직은 이용자의 생활 스트레스를 극복할 수 있도록 도와주기보다는 오히려 생활문제를 야기하는 사회적 환경이 되어 버리는 경우가 많이 있다.

다른 사회적 환경인 사회적 관계망(social network)은 가족, 친척, 친구, 이웃, 직장동료 등을 포함한 주요 타인 간의 관계체제다. 사회적 관계망은 타인과 관계를 맺고 자원과 사회적 지지를 상호 교환할 수 있는 기회를 제공하기 때문에 성장과 적응에 상당한 기여를 한다. 사회적 관계망은 개인의 행동에 영향을 미치는 일련의 관계상의 연결성이며 의사소통 통로이기도 하다. 이러한 사회적 관계망은 개인의 관계욕구를 충족시켜줄 뿐만 아니라 자원의 교환, 정보제공 대처기술의 교습과 같은 도구적 기능과 정서적 지지를 제공하는 표현적 기능을 담당한다. 사회적 관계망은 이러한 기능을 적절히 수행함으로써 구성원에게 정체성, 자율성, 유능성, 지속적 인간관계의 터전을 마련해 주는 환경이 될 수 있다. 하지만 이러한 사회적 관계망의 상실이나 역기능은 각 개인에게 긴장을 야기하며, 소외와 고립을 조장하여 개인의 정체성을 와해시키고, 사랑과 애정의 욕구를 충족시켜 주지 못하며, 나아가 자율성을 유지시키는 환경과의 연결고리를 파괴시켜 버리게 된다.

② 물리적 환경

물리적 환경은 자연적 환경과 인위적 환경으로 구성된다. 자연적 환경에는 기후와 지리적 조건 등이 포함되며, 인위적 환경에는 건축물, 대중매체, 교통체계 등의 자연적 환경 내에 인간이 배치한 구조나 대상이 모두 포함된다. 물리적 환경의 색상, 온도, 후각적 단서는 인간에게 있어서 자양분적인 자극이 되는데, 이러한 자극의 결핍은 대처와 적응에 부정적 영향을 미치게 된다. 기압, 습도, 온도, 계절적 변화와 같은 기후적 특성 또한 인간의 감정과 행동에 영향을 미치며, 긴장의 원인으로 작용하기도 한다. 자연환경은 또한 밤과 낮, 하루, 계절, 1년이라는 리듬의 변화를 포함하고 있는데, 이러한 자연적 환경의 리듬변화는 인간의 모든 생활 속에 반영되고 있다.

개인이 거주하는 건물, 이용하는 교통편의 체계, 대중매체 등과 같은 인위적 세계도 인간의 생활에 영향을 미친다. 이러한 인위적·물리적 환경은 이웃주민과의 상호작용, 생활양식에 영향을 미친다. 특히 인위적 환경의 변화는 개인의 사회적 관계망에 손실을 일으키며, 친숙한 장소와 구조를 상실하게 만들기 때문에 정체감의 혼란을 가져오기도 한다.

③ 공간과 시간적 리듬

개인의 안녕상태에 중요한 영향을 미치는 환경적 측면은 공간(space)이다. 공간의 개념은 사회복지관, 병원, 공공기관, 요양원의 설계와 같은 건축양식에도 적용 될 수 있다. 또래집단, 갱 집단과 같은 관계영역에도 적용될 수 있으며, 거리감이나 정서적 공간과 같은 개인적 지각에도 적용될 수 있다. 생태학적 관점에서는 공간과 관련된 변인들이 도시지역과 농촌지역 모두에서 개인-환경단위의 적응에 중요한 영향을 미친다고 보고 있다.

생태체계이론에서는 속도, 기간과 같은 시간적 리듬(temporal rhythms)이 적응과 밀접한 관련성을 지니고 있다고 본다. 저메인(Germain, 1976)에 의하면 시간적 리듬에는 ㉠ 시계상의 시간, ㉡ 위장운동, 생리주기, 호흡, 맥박, 혈압과 같은 생리적 시간, ㉢ 기간 및 연쇄과정 감각의 발달과 같은 심리적 시간, ㉣ 생활사건의 시점에 대한 신념과 태도에 근거한 문화적 시간, ㉤ 한 세대의 생활양식과 관련된 사회적 시간이 포함된다. 특히 학교, 직장, 병원 등에서의 사회적 시간주기가 개인의 기본적인 시간리듬과 갈등을 일으킬 경우 인간은 생리적 및 심리적 긴장을 경험할 수 있다. 생태학이론가들은 이런 종(種)이 시대를 거치면서 적응하고 진화해 시간을 말하는 진화적 시간에도 관심을 갖는다.

사회복지기관에서는 정책과 절차를 결정함에 있어서 해당 지역사회의 시간과 관련된 문제를 고려할 필요가 있다. 그 이유는 조직활동의 리듬, 간격, 시점이 서비스를 이용하는 사람의 시간 활용유형과 일치하는 정도는 개인의 적응문제와 밀접히 관련되어 있기 때문이다.

(9) 생활영역과 거주환경

생활영역(niche)과 거주환경(habitat)이란 용어는 인간의 문화적 환경을 설명하기 위하여 생태학에서 차용한 것이다. 거주환경은 개인의 문화적 맥락 내에 존재하는 물리적 및 사회적 환경과 관련된 개념이다. 생활영역은 지역사회

구성원이 차지하고 있는 직접적 환경이나 지위를 말한다.

브론펜브레너(Bronfenbrenner, 1989)는 생태학적 생활영역을 개인의 발달을 촉진 또는 방해하는 환경 내의 영역이라고 하였다. 생태학적 이론에서는 이러한 생태학적 생활영역의 개념에 입각하여 개인적 발달의 결과는 문화, 하위문화, 시대에 따라 다르다고 보고 있다. 그러나 생활영역의 개념은 사람을 범주화하거나 개인을 사회적 계층으로 분류하겠다는 것은 아니다. 오히려 생활영역의 개념은 개인-환경단위 내에서 일어나는 과정을 이해하기 위한 수단이다.

4) 생태체계이론의 인간발달에 대한 관점

생태학적 이론에서는 진화적 시간에 따른 유전적 변화뿐만 아니라 성숙 및 선택과정에 의해 인간이 형성된다는 발달관을 갖고 있다. 이러한 관점에서는 인간은 환경과의 상호교류를 지지 또는 방해하는 유전적 잠재력을 갖고 태어난다고 보고 있다. 생태학적 이론에서는 인간행동이 성장하는 개인과 환경 사이의 상호작용의 산물이라고 보고 있다. 단, 개인의 특성이 고립되어 존재하는 것이 아니라 전체적인 개인적 특성이 환경과의 상호작용을 통하여 의미를 갖게 되고 표현된다.

생태학적 이론에서는 특정한 인간발달단계를 제시하지 않고 있으며, 일생을 통하여 일어나는 개인과 환경의 상호적 역할에 초점을 둔다. 생태체계 이론에서는 발달을 촉진시키는 개인적 요인뿐 아니라 행동적 환경(behavioral setting)을 통하여 개인에게 영향을 미치는 복잡한 힘의 관계망을 탐색한다.

레빈(K. Lewin)의 행동결정요인에 대한 이론을 보다 정교화한 브론펜브레너(1989)는 인생을 통해 이루어지는 상호교류적 발달을 D=f(P.E), 즉 발달(D)이란 시간의 흐름에 따라 이루어지는 개인-환경(PE) 사이의 함수(f)라고 보았다. 이러한 공식에 따라 생태학적 이론에서는 개인과 환경을 발달의 산물이자 생산자라고 본다. 개인의 행동과 발달을 형성하는 상황적 힘의 결집체인 환경이 개인을 억압하거나, 개인적 발달을 지지 또는 방해하는 많은 상호작용하는 힘을 포함하고 있다고 할지라도 개인 또한 발달에 있어서 중요한 역할을 한다.

인간이 발달의 산물이자 생산자라고 보는 관점은 인간이 스스로 결정하고 선택을 할 수 있는 능동적이고 유목적인 존재라는 생태학적 이론의 신념에서 유래된 것이다(Germain, 1979). 즉, 생태학적 이론에서는 유아는 백지상태가 아니라 환경과 작용할 수 있는 잠재력을 갖고 태어난다고 본다. 브론펜브레너는 환경과 강력한 상호작용적 효과를 창출할 수 있는 개인의 측면을 '발달적으로 유발된 특성'이라고 한다. 발달적으로 유발된 특성이란 환경으로부터의 반응을 불러일으키거나 억제함으로써 성장을 촉진 또는 저해할 수 있는 개인적 특질이다. 이와 같이 개인은 환경으로부터의 반응을 만들어 낼 수 있을 뿐만 아니라 외부 환경을 창출하고 인생을 통한 심리적 성장과정에 영향을 미칠 수 있는 잠재력을 갖고 있다.

생태학적 이론의 인간발달에 대한 관점이 가장 잘 반영되어 있는 개념이 생활과정(life course)이다. 생활과정은 사회적 구조와 관련된 생활사건과 이러한 생활사건에 영향을 미치는 역사적 변화의 시점과 관련되어 있다. 따라서 생활과정을 이해하기 위해서 사회적 조건이 변화할 때 개인적 생활전이와 집합적인 가족 특성 사이의 일치성을 고려해야 한다.

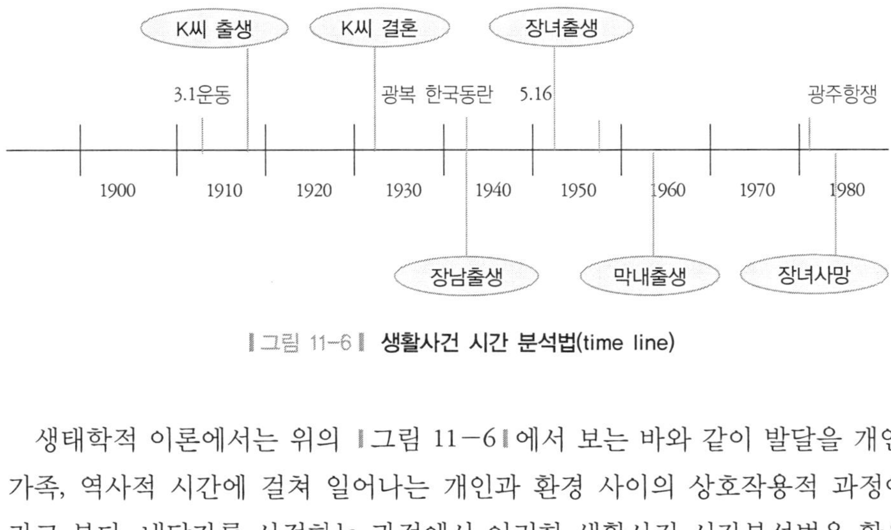

▌그림 11-6▐ **생활사건 시간 분석법(time line)**

생태학적 이론에서는 위의 ▌그림 11-6▐ 에서 보는 바와 같이 발달을 개인, 가족, 역사적 시간에 걸쳐 일어나는 개인과 환경 사이의 상호작용적 과정이라고 본다. 내담자를 사정하는 과정에서 이러한 생활사건 시간분석법을 활용함으로써 개인의 발달에 의미 있는 생활사건과 관련된 정보를 보다 용이하게 수집할 수 있다.

발달을 상호작용적 생활과정이라고 보는 관점이 다양한 인간행동을 설명하는 데 어떻게 사용될 수 있는지를 보여 주는 또 다른 예가 동시대 이론(cohort theory)이다. 동시대 이론에서는 특정 시기 또는 동시대에 태어난 인간집단의 발달과정이 동일하지 않다고 보고 있다. 오히려 동시대 이론에서는 환경과 사상, 사회적 변화와 정서・사회・행동적 발달 사이의 상호적 관계상의 차이를 분석한다. 이러한 접근방법에서는 역사적 맥락이 특정 시점의 개인과 환경 사이의 상호교류를 형성하는 데 중요한 영향을 미친다고 보고 있다.

5) 생태체계이론의 한계

생태체계이론은 실천이론이 아니므로 그 효과를 평가할 수가 없다. 이 이론을 사용하는 사회복지사에게는 어떤 지적 수행을 할 것으로 기대하지만, 뭔가를 행한다는 것을 암시하지는 않는다. 이 이론을 가지고 뭔가를 할 것으로 기대하는 데에는 한계가 있다.

이론의 의도가 현실생활 속에서 사례의 복잡성을 파악하는데 있기 때문에 이를 활용하는 사회복지사는 아래 2가지 사항을 필요로 한다. 즉, 사례에 대한 비단선적 사고와 여러 접근의 임상개입을 할 수 있는 '인지적 재구성', 단선적 관점으로는 관심을 갖기 어려운 환경적 변수에 대한 분명한 인식을 필요로 한다. 그러므로 생태체계이론은 사례의 복잡성을 보고 좌절하거나 지각된 요구를 제대로 파악하지 못하는 실천가는 사용하기가 매우 어려운 이론이다. 생태체계이론은 보다 넓은 실천목록과 지식기반을 요구하며, 단선적이고 협소한 관점으로 접근할 경우, 인식할 수 없는 문제들에도 도전할 수 있는 포괄적 이론인 것이다. 결국, 이 이론은 어떤 특정한 치료적 접근을 위한 이론이라고 이해하기보다는, 전체적인 치료와 분석을 위한 기본 바탕과 전제로 이해해야 할 것이다.

3. 브론펜브레너의 생태학적 체계이론

1) 브론펜브레너의 생애

브론펜브레너(U. Bronfenbrenner)는 1917년 러시아의 모스코에서 태어났고, 6살 때에 미국으로 가게 되었다. 1938년 코넬(cornell)대학에서 심리학과 음악을 복수 전공하였으며, 그 후 미사간(Michigan) 대학에서 발달심리학을 전공하였다. 지금은 코넬대학의 인간발달과 가족학을 연구하는 심리학 교수이다.

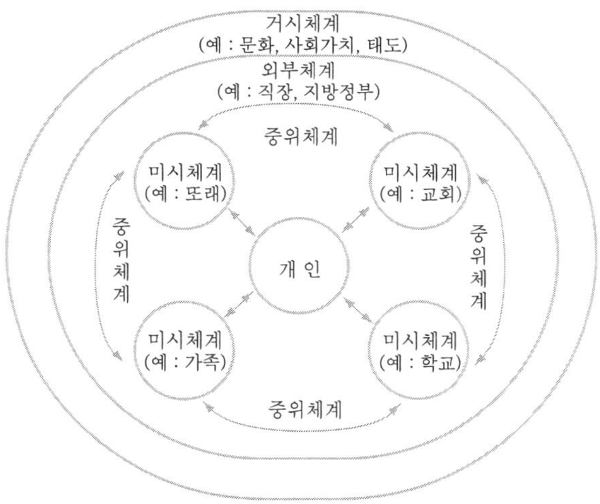

▌그림 11-7▐ 체계적 관점에서의 환경체계 수준

2) 브론펜브레너의 생태학적 접근

생태학적 접근의 대표적인 학자인 브론펜브레너는 '맥락 속의 발달(development in context)' 혹은 '발달의 생태학(ecology of development)'을 연구해야 한다고 주장하였다. 여기서 생태학(ecology)이란 개인이나 유기체가 경험하고 있는 혹은 개인과 직접·간접으로 연결되어 있는 환경적 상황을 의미한다.

생태학적 접근(ecological approach)에서는 가족, 지역사회, 문화 등 인간이 몸담고 있는 생태환경을 보다 체계적으로 구조화하고 이들 환경체계와 개인 간의 관계를 이해하는 것을 인간발달의 주요 과제로 삼고 있다. 즉, 활동적이며 성장하는 인간이 환경과 어떻게 관계되어 있는지를 이해하는 방법으로 인간발달의 생태학을 생각하였다. 그는 유아의 발달이 이루어지는 주변 세계와 더 넓은 세계 사이의 관계를 이해하려고 하였고 유아의 주변세계에 대한 해석과 그 해석이 어떻게 변화하는지에 초점을 두었다.

미시체계는 중간체계 속에 담겨 있고, 중간체계는 외체계 속에 담겨 있다. 그는 이러한 각각의 상황 속에서의 역동성과 그 상황 간의 전이(轉移)에 관심을 가졌다. 브론펜브레너는 인간을 둘러싸고 있는 생태학적 환경을 가장 가까운 것에서부터 가장 먼 것에 이르기까지 4개의 구조체계로 구분하였다(정옥분, 2004 : 250－251).

(1) 미시체계(microsystem)

미시체계는 가정환경이나 학교환경처럼 개인에게 직접적인 영향을 주는 체계이다. 미시체계는 개인의 일생에 있어서 가장 절실하고 지대한 영향을 끼친다. 특히 청소년기에 미시체계가 동료집단일 경우 개인의 심리발달에 미치는 영향력은 대단하다. 동료집단은 지위, 우정, 인기, 소속감 같은 중요한 심리적 보상을 제공하기도 하고 절도, 흡연, 음주, 약물사용, 성적 행동 등을 부추기는 역기능적인 면을 동시에 가지고 있다. 이제까지 청소년에 대한 거의 모든 연구는 미시체계에 귀속되는 것이 대부분이었다.

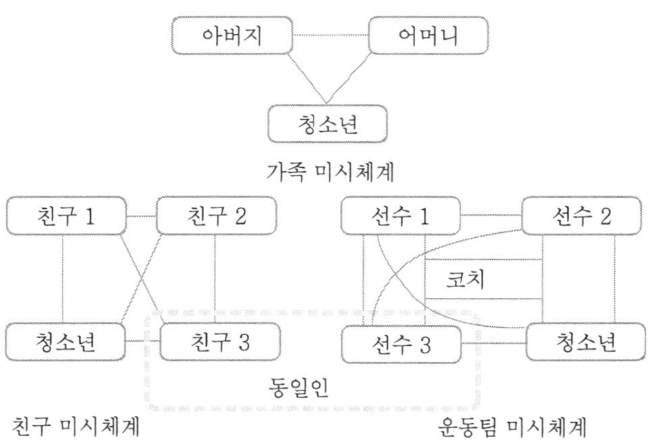

【그림 11-8】 미시체계

브론펜브레너의 정의에 따르면, 미시체계란 "특정한 물리적 · 물질적 특징의 주어진 장면에서 발달하고 있는 개인이 시간과 더불어 경험하는 활동, 역할, 대인관계의 패턴"이다. 물적 · 자원적 특성을 지닌 환경(학교, 집, 또래친구)에서 유아는 활동과 역할 및 대인적 관계의 패턴을 경험한다. 활동이란 사람의 행동이며, 역할이란 사회가 그 개인의 위치에 근거하여 요구하는 행동이다. 대인관계란 언어, 비언어적으로 사람끼리 서로 반응하는 것을 의미한다. 유아의 발달은 그들의 활동, 역할, 상호 개인적 관계를 어떻게 해석하고 지각하는가에 따라 달라진다. 브론펜브레너는 아동이 여러 가지 미시체계 사이에서, 그리고 미시체계 속에서 전이를 한다고 강조했다. 예를 들어, 미시체계 사이에서의 전이는 집에서 보육기관으로 가는 아동에 해당될 수 있다. 미시체계 속에서의 전이는 새 동생이 생겨서 가족 장면에서 새로운 역할을 갖게 되는 아동에 해당될 수 있다.

(2) 중간체계(mesosystem)

중간체계는 미시체계들 간의 상호관계, 즉 환경과의 관계를 말한다. 이를테면, 부모와 교사 간의 관계, 형제관계, 이웃친구와의 관계 등이 그것이다. 중간체계는 한 개의 미시체계와 다른 한 개의 미시체계 사이의 연결관계를 말하기 때문에 어떤 하나의 미시체계에서 일어나는 사건은 다른 미시체계에서 일어나는 아동의 행동과 발달에 영향을 끼친다는 점에 있다.

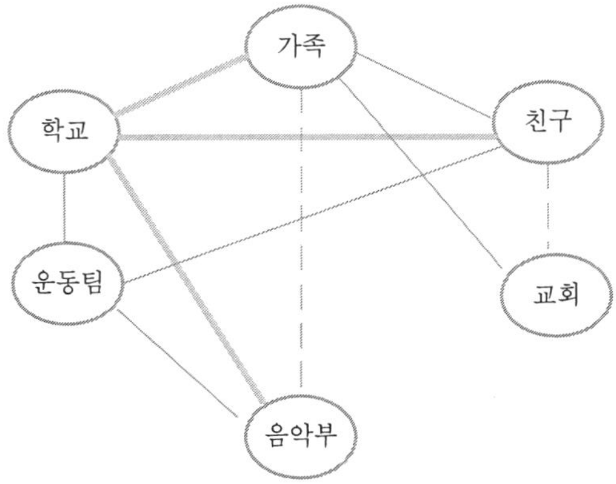

▎그림 11-9 ▎ 중간체계

따라서 가정, 학교, 동료집단에서 각각 경험한 것이 아동에게 통합적으로 맥락을 가지면서 경험된다. 그래서 한 개인이 여러 가지 역할을 수행하는 데 그 역할 사이에 적절한 조정이나 비율이 발생하고 각각의 미시체계의 구성원 사이에도 조화와 통일이 발생한다. 미시체계와 중간체계 간에는 다음과 같은 문제가 발생할 수 있다. 첫째, 여러 다른 미시체계가 제각기 다른 가치관을 표방할 때에는 잠재적인 위험이 따른다. 둘째, 극도로 빈약한 중간체계 내에는 미시체계 간에 의미 있는 연결이 거의 또는 전혀 없다.

(3) 외체계(exo-system)

외체계(외부체계)는 개인이 직접적인 관련성은 없으나 개인에게 영향을 미치는 사회적 구조인 환경요소를 포함한다. 예를 들어, 부모의 직업은 그들의 사고와 행동에 영향을 미치고, 자녀의 양육방식에 영향을 미쳐 마침내 자녀의 성격발달에 영향을 미치게 된다. 외체계는 발달하는 개인에 직접적으로 관여하는 발달의 장은 아니지만 아동의 발달에 간접적으로 영향을 끼치는 사건이나 장면을 말하며 그러한 예로는 아동의 경우, 부모의 직장, 손위형제가 다니는 학교, 학급, 이웃의 특징, 학교와 지역사회 간의 관계가 속한다.

정치적 · 경제적 · 사회적 의사결정기구(예 교육과학기술부, 문화체육관광부, 법무부, 보건복지가족부 등 청소년 관련기관 등)와 같이 보다 큰 환경맥락을 일컬어 외체계라고 한다. 개인이 속해 있는 체계도 있지만 직접적으로 관련되지 않은 체계도 있다. 청소년 발달에 가장 큰 영향을 미치는 외체계는 부모의 직장, 부모의 친구집단, 이웃공동체 등이다. 그 이외에도 대중매체, 교육위원회, 지방의회, 지방교통체계, 종교단체, 시민단체, 산업체 등이 외체계에 포함될 수 있다. 비록 청소년은 이러한 외체계의 의사결정과정에 직접적으로 참여하지는 않지만, 외체계 내에서 결정된 사항은 중간체계와 미시체계를 통해 직접적으로 혹은 간접적으로 청소년의 생활에 영향을 미친다.

외체계 분석의 요점은 부모와 아동의 행동이 수많은 비직접적인 변인에 의해서 영향을 받는다는 것이다. 직업적 요구, 가족 외의 지원체계, 또래집단과 같은 변인은 모두 아동과 부모의 행동에 심각한 영향을 미친다. 외체계의 또 다른 주요 양상은 학교정책이다. 학교정책은 교실에서 중요시되는 것과 저지되는 것을 결정한다. 유치원 수준에서 예를 들면, 놀이의 역할에 대한 규칙이 교사와 아동의 직접적인 상호작용에 중대한 영향을 미친다.

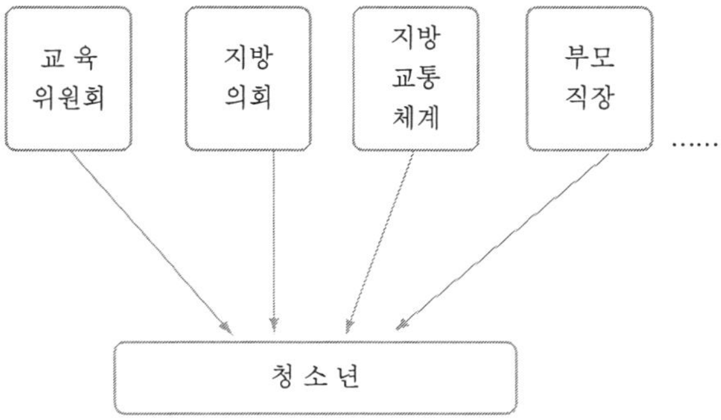

▌그림 11-10▌ **외체계**

(4) 거시체계(macro-system)

거시체계(거대체계)는 개인이 속한 사회나 하위문화의 이념 및 제도의 유형으로 사회문화적 규범과 같은 커다란 체계를 말하며 개인에게 간접적 영향을 준다. 앞서 설명한 3가지 체계를 포섭하는 신념체계 또는 이데올로기라고 할 수 있다. 규칙, 규범, 기대, 가치, 역사 등이 여기에 속한다. 한 사회가 다른 사회가 다른 이유는 바로 이 거시체계가 다르기 때문이다. 여자로서 행동해야 하는 방법, 남에게 존경을 표현하는 방법이 각 사회마다 다른 경우가 이에 속한다.

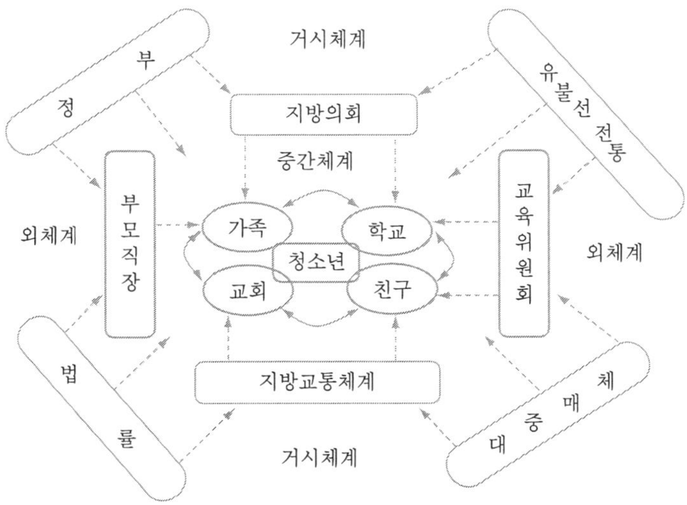

▌그림 11-11▌ **거시체계**

따라서 거시체계는 문화적, 정치적, 사회적, 법률적, 종교적, 경제적, 교육적 가치와 공공정책의 핵심을 구성한다. 개인과 직접적인 관련이 거의 없지만 가장 근본적이고 중대한 변화를 초래한다. 거시체계가 가지는 시대정신이나 풍토는 청소년의 신념과 구체적인 행동에 영향을 미친다. 예를 들어, 오늘날 포스트모더니즘은 청소년 세대의 행동준거 틀이 되었으며, 성적 매력에 대한 사회 전반의 거시체계적 가치는 거식증, 폭식증과 같은 청소년의 섭식장애를 유발하는 요인이기도 하다. 위의 ‖그림 11－11‖의 4지 체계는 서로 상호작용을 하며 영향을 미친다.

(5) 시간체계(chrono-system)

시간체계는 전 생애에 걸쳐 일어나는 변화와 사회역사적인 환경을 포함한다. 예를 들면, 가족제도의 변화, 결혼관의 변화, 직업관의 변화 등을 들 수 있다. 이 체계는 아동이 성장함에 따라 겪게 되는 외적인 사건(부모의 죽음 등)이나 내적인 사건(심리적 변화 등)이 구성요소가 된다. 시간체계에 관한 연구들은 인간의 생애에서 단일 사건이 발달에 미치는 영향에 국한하지 않는다. 오히려 그 연구는 시간의 경과와 더불어 연속적으로 일어나는 사건들이 누적되어 미치는 영향에 관해 연구한다.

예를 들면, 부모의 이혼이 아동에게 미치는 영향에 관한 연구에서 이혼의 부정적인 영향은 이혼한 첫 해에 최고조에 달하며, 딸보다 아들에게 더 부정적인 영향을 미친다는 것을 발견하였다. 그리고 이혼 후 2년쯤 되면 가족 간의 상호작용은 안정을 되찾는다. 사회문화적인 환경과 관련해서는 20～30년 전에 비해 더 많은 여성이 직업 갖기를 희망한다. 이와 같은 상황에서 시간체계는 아동에게 지대한 영향을 미친다.

Chapter 12 가족과 집단

1. 가족과 인간행동

1) 가족의 정의와 주요 개념

사람을 둘러싼 환경 가운데 가장 기본적 단위가 되는 가족을 이해하기 위해 먼저 가족에 대한 정의를 살펴보고, 시대적 변천에 따라 변화해 온 가족의 유형, 형태, 가족문제에 대해서 몇 가지 주요 개념을 중심으로 살펴보고자 한다.

(1) 가족이란

가족이란 인간이 발전시켜 온 기본적인 사회제도 가운데 가장 오래된 것으로서 인간의 성장과 발달에 필요한 것을 가르치고 양육하는 일차적 집단이다. 가족은 역사, 문화, 시대적 변천에 따라 많은 변화가 있었기 때문에 이를 한마디로 정의하기는 어렵다. 지금까지 논의되어 온 가족에 대한 개념 정의는 다음과 같이 크게 2가지 측면에서 정리해볼 수 있다. 첫째, 가족이란 인류사회의 보편적인 제도로서 "자녀양육의 기능을 중심으로 특정한 공간(가정)과 특정한 애정의 유대(사랑)로 연결된 특정한 사람의 집합체(핵가족)"로서 정의되는 시각이다. 이러한 가족의 개념은 가족이 여성의 영구불변의 역할인 양육과 재생산 역할에 의해 규정된다는 신념에 근거하고 있다. 이러한 의미에서 가족은 자녀양육과 교육을 담당하는 가장 강력한 사회체계인 것이다.

둘째, 가족을 생물학적인 욕구에 대한 보편적인 반응이기보다 특정한 사회질서 안에서 나타나는 도덕적, 철학적, 그리고 이념적인 구성단위로 파악하는 것이다. 예컨대, 가족은 혈연관계로 이루어진 자연적 집단이 아니라 가정 내부에서 인간관계를 조직하고 유지하는 방식으로 인식되며, 개인이 재산을 소유하고 보호와 복지를 제공하고 특히 자녀양육을 하는 단위이며, 국가에 의해 형성된 영역, 즉 현대 정치와 경제를 지배하는 비인격적 규범과 대립되는 사랑과 친밀함의 범주로 개념화된 영역이다. 이 시각에 따르면, 가족이란 보편적인 생물학적 욕구를 충족시키기 위한 구체적인 단위가 아니고, 사회변동과 함께, 그리고 의도적인 정치적 개입에 의해 변화하는 실체이기 때문에, 산업화와 도시화 등 사회적 조건의 변화에 대해서 역동적으로 적응할 수 있다고 본다(최옥채 외 3인, 2007 : 292).

따라서 이상의 내용을 정리하면, 가족이란 부부와 그들의 자녀로 구성되는 기본적 사회단위로서 구성원의 이익관계를 초월한 애정에 기초한 혈연집단이다. 같은 장소에서 기거하고 취사하는 동거동재 집단이며, 그 가족만의 고유한 가풍을 갖는 문화집단이다. 양육과 사회화를 통하여 인격형성이 이루어지는 인간발달의 근원적 집단이다. 동시에 사회변동과 함께 의도적인 정치적 개입에 의해 변화하며, 그러한 변화에 대해서 역동적으로 적응할 수 있는 사회제도의 하나라고 할 수 있다(조흥식 외 4인, 2003 : 26).

(2) 가족의 개념과 변화

① 가족의 개념

'가족'은 한자의 뜻에 의하면 '가옥(家屋)의 족(族)'으로서 '족'은 원래 '중(衆)' 또는 '취(聚)'를 뜻한다. 그러나 '족'의 뜻은 변하여 친족(혈연)관계에 있는 사람들의 모임을 가리키는 말이 되었다. 한마디로 가족은 '한집에 한정된 친족공동체'라고 할 수 있다. 옛날 중국에서는 가족이라는 말이 동거(同居 : 같이 사는 것), 동재(同財 : 재산을 공유하는 것), 또는 동찬(同爨 : 식사를 같이 하는 것)이라고 불렸으며, 이 3가지 용어는 항상 서로 바꾸어 쓸 수가 있었고 또 같이 붙여 쓰기도 하였다. 이와 같이 가족이란 중국에서는 물론 우리 사회에서도 같이 먹고 자고 쓰는 혈연집단을 뜻하였다. 이러한 일상적인 뜻은 사회학에서도 대체로 그대로 받아들여지고 있다.

그러나 실제 우리가 친족, 또는 혈연공동체라고 할 때 그 의미하는 바는 시대와 사회에 따라 다르다. 보다 구체적으로 버게스와 로크(Burgess & Loke, 1945)는 여러 사회에서 나타나는 가족의 공통적인 요소를 중심으로 가족을

"혼인, 혈연 또는 입양의 유대로 맺어진 사람들의 집단이며, 단일가구를 구성하고, 그 안에서 주어진 위치(남편 · 아내 · 아버지 · 어머니 등)에 따라 사회적 역할을 수행해 나감으로써 상호작용하고 공통의 문화를 만들고 유지해 가는 집단"으로 규정하였다(권태환 외 2인, 2008 : 78-79).

② 가족에 대한 개념 변화

가족에 대한 개념은 시대에 따라 변화하여 왔다. 가족의 고전적 개념은 미국 인류학자 머독(Murdock)에 의하여 정의 내려졌다. 머독은 가족이란 '주거를 공유하고 경제적 협동과 출산으로 특징지워지는 집단'이라고 규정하면서, 이 집단에는 사회적으로 인정된 성관계를 갖는 최소한 2인의 성인과 그들이 출산한 자녀나 입양한 자녀가 포함된다고 하였다(여성학국사회연구회, 1995 : 57). 즉, 가족을 혼인에 의하여 성립한 부부와 혈연 및 입양을 기반으로 하는 매우 협의의 개념으로 받아들이고 있다.

한국의 경우, 김두헌은 가족을 '친애의 정으로서 접근하기 쉽게 되어 있는 일정한 범위의 혈통관계자의 집단으로서, 한집에 거주하며 의식 기타 일상생활을 공동으로 하고 재산을 공동으로 수용하는 집단'이라고 규정하였다. 즉, 그도 가족의 혈연적 측면을 강조하고 있다. 이효재는 가족이란 '일상적인 생활을 공동으로 영위하는 부부와 자녀, 친척, 입양이나 기타 관계로 연대의식을 지닌 공동체 집단'이라고 하여 가족이 동거하는 것을 강조하지 않고, 혈연과 입양을 중시하고 있다.

법적 차원에서 가족에 대한 정의를 살펴보면, 개정된 우리나라 민법 제779조에서는 '부부, 그의 생계를 같이하는 그 형제자매를 가족으로 한다'고 정의하고 있다. 2003년 제정된 「건강가정기본법」에서는 가족을 '혼인, 혈연, 입양으로 이루어진 사회의 기본단위'로 규정하고 있다. 즉, 우리나라의 법에서는 가족을 혈연, 입양으로 구성된 생활공동체로 규정함을 알 수 있다.

이상의 가족에 대한 정의를 통해서 볼 때, 가족이란 혼인, 혈연 및 입양을 통해서 이루어진 집단이며, 공동으로 의식주를 해결하고, 정서적 및 정신적 유대와 공동체적 생활방식을 갖는 집단이라고 할 수 있다. 그러나 최근에는 협의의 가족의 개념보다는 혼인, 혈연, 입양 외에도 구성원의 필요에 따라서 기타 관계의 사람들이 지속적인 연대의식으로 일상생활을 함께 영위하는 집단까지도 포함시키는 광의의 개념이 더 적합하다는 지적이 일고 있다. 밀러(Miller)는 가족이란 '자신들 스스로가 가족으로 생각하면서 전형적인 가족임무를 수행하는 2인 이상의 사람들'이라고 정의하고 있다.

한편 가족의 개념과 관련하여 정상가족에 대한 논의가 일고 있다. 가족의 변화를 어떻게 보느냐에 따라 정상가족과 비정상가족의 개념을 다르게 보고 있다. 이혼, 저출산, 한부모 가족 증가 등으로 인한 가족의 변화를 가족의 쇠퇴를 초래하는 것으로 보는 가족쇠퇴론자들은 부부와 자녀로 구성된 핵가족을 '정상가족'으로 보고 있다. 반면 이혼가족, 한부모 가족, 재혼가족의 증가를 가족의 다양화라고 보고 있는 가족진보론자들은 가족을 '경험적 실체'로서 정의해야 한다고 하면서 최근 가족의 유형의 다양화는 사회적 변화에 적응한 가족의 적응기제로서 이는 가족의 개념에의 수정을 요구한다. 이로 인해 정상가족과 비정상가족의 구분은 잘못된 것으로 보고 있다. 가족진보론자인 군츠(Coontz)는 가족을 '서로 사랑하고 배려하는 사람들의 집단'이라고 정의하여 혈연이나 입양을 통한 가족의 개념을 넘어서서 정서적 지지 기능을 하는 집단이 가족이라고 정의하고 있다.

우리나라에서도 최근에 이르러 맞벌이 가족, 단독가족, 기러기(펭귄, 독수리) 가족, 무자녀 가족, 주말부부(통근)가족, 이혼가족, 재혼가족, 한부모 가족, 노인부부가족, 동거가족, 실험 또는 계약결혼, 동성애가족, 공동체가족, 국제결혼 이주가족 등 다양한 가족이 출현하고 있다. 이에 따라 3가구 중 한 가구는 '정상가족' 밖의 형태를 취하는 '일탈적' 혹은 '비정상' 형태(비정형 가구)를 띠고 있다. 과거와 같이 혈연이나 동거를 중시하는 관점에서 다양한 구성원 조합을 보이면서 정서적 지지 기능을 하고 있는 일련의 집단을 가족으로 받아들여야 한다고 본다. 따라서 가족지원정책도 다양한 가족형태별로 차등적으로 마련되어야 할 것이다.

(3) 가족의 유형

가족의 유형을 알아봄으로써 가족의 특성을 이해하고, 그에 맞는 접근방법을 모색해 볼 수 있다. 가족의 유형은 가족의 크기, 가족의 구성, 부부의 권력, 가계계승, 거주형태, 가족관계 중심, 부부의 결합형태 따위에 따라 분류할 수 있다.

가족의 크기에 따른 유형은 대가족(large family)과 소가족(small family)으로 나눌 수 있는데, 이는 가족원의 수로만 그 기준을 삼은 것이다. 일반적으로 대가족은 가부장적 가족이나 확대가족이 해당되며, 소가족은 부부가족, 핵가족이 해당한다. 가족의 구성에 따라 핵가족(nuclear family)은 부부와 혼인으로 출산한 자녀로 구성된다. 직계가족(stem family)은 결혼한 자녀 중 한 부부가 부모와 동거하는 가족으로 가족이 영속되는 것을 전제로 한다. 방계가족(collateral family)은 확대가족이라고도 하는데, 이는 형제자매의 부부 혹은 그 이상으로 확대된 혈연을 같이한 사람과 한가족을 이루는 경우이다. 가계계승을 중심으로 부계가족, 모계가족, 양계제 가족(bilineal family)으로 가족형태를 나눌 수 있다. 이에 따르면 우리나라는 현재 부계중심 가족에 해당한다.

〈표 12-1〉 **결혼과 가계계승 규칙**

가계계승 규칙	특 성
1. 단선적 계승	남편·아내 중 한 계통으로만 가계계승이 이루어지는 체계
부계제	남편쪽으로 가계계승이 이루어지는 체계
모계제	아내쪽으로 가계계승이 이루어지는 체계
이중계제	부계제와 모계제가 한 사회 내에 공존하는 체계
2. 동계적 계승	남편·아내 양쪽이 똑같이 가계계승에 이용되는 체계
양계제	남편·아내 중 한쪽을 통해 혈통관계를 맺어 나가는 체계로, 선택된 쪽으로 씨족이 만들어짐
쌍계제	남편·아내 양쪽 모두를 통해 혈통관계를 맺어 나가는 체계로, 씨족을 형성하지 못함

출처 : Sanderson(1999).

부부의 권력을 중심으로 부권가족, 모권가족, 평등가족으로 나눌 수 있다. 이러한 구분은 가족의 시초에는 모권가족(matriarchal family)이었고, 사회에 질서가 잡히면서 부권가족(patriarchal family)으로 바뀌었으며, 근대사회에 이르러서는 평등가족(equalitarian family)으로 발전하고 있다. 그러나 이러한 점은 부부의 권력에 관한 연구의 영역과 시각에 따라 다르게 주장될 수 있다. 거주 형태에 따라 분류해 보면, 결혼한 부부가 부와 처의 어느 쪽에서 사느냐에 따라 부거가족(夫居家族)과 모거가족(母居家族), 양거가족(兩居家族), 신거가족(新居家族)으로 나눌 수 있는데, 부거가족은 아버지 또는 남편의 편에서 사는 것이고, 모거가족은 어머니 또는 아내 편의 가족과 사는 가족이며, 양거가족은 형편에 따라 어느 편에서도 살 수 있는 가족이다. 우리나라의 경우는 대부분 결혼과 더불어 분가함으로써 신거가족에서부터 출발한다고 볼 수 있다.

가족관계 중심을 어디에 두는가에 따라 부부중심가족(husband-wife oriented family)과 친자중심가족(parent-children orienter family)으로 나눌 수 있다. 남편과 아내로서의 역할과 기대에 큰 비중을 두는 가족은 부부중심가족이고, 부모와 자녀로서의 도리와 기대에 큰 비중을 두는 가족은 친자중심가족이다. 그렇지만 이 유형도 가족생활주기에 따라 가족관계의 중심이 변할 수 있다.

〈표 12-2〉 **부부의 거주규칙**

거주 규칙	특 성
부거제	부부가 아버지 또는 남편의 편에서 거주함
모거제	부부가 어머니 또는 아내편의 가족과 거주함
외거제	부부가 남편 '어머니의 형제'(외삼촌) 집에 거주함
쌍거제	부부가 남편·아내의 친족집단의 집을 번갈아가며 거주함
양거제	부부가 남편·아내의 친족집단의 집 중 하나를 골라 거주함
본거제	부부가 같이 살지 않고 각자 자기의 집에 거주함
신거제	신혼부부가 자신의 주거를 독자적으로 정함

출처 : Sanderson(1999).

부부의 결합형태, 즉 배우자의 수에 따라 부부가 각기 1인으로 결합되어 있는 형태를 단혼제 또는 일부일처제(monogamy)라고 하고, 남편이나 아내가 동시에 한 사람 이상의 배우자와 결혼생활을 할 수 있는 제도를 복혼제(polygamy)라고 한다. 복혼제는 다시 남자가 1인이고 여자가 다수인 일부다처제(polygyny)와 여자가 1인이고 남자가 다수인 일처다부제(polyandry)로 나눈다. 기타 유형은 최근 가족해체가 증가하고 생활형태가 다양해지면서 이에 따라 다양한 가족형태가 등장하고 있다. 예를 들면, 구조적 결손으로 나타나는 한부모 가족(부자가족, 모자가족), 소년소녀가족, 노인가족, 독신자 가족 따위를 들 수 있다. 또한 기능적 결손의 측면에서 빈껍데기 가족(empty shell family)을 들 수 있다. 이 외에도 동성애가족(same-sex family), 공동체가족(commune), 재결합가족(blended family) 따위도 증가하고 있다.

2) 가족체계의 개념적 틀

가족의 적응과 관련된 연구와 조사는 역사적으로 가족체계이론이 작용하지 않음으로 인해 많은 연구들은 비논리적이며 상황에 대한 고려 없이 획일적인 방식 내에서 변수에 초점을 두는 경향이 있다. 가족체계의 개념적 틀은 ‖그림 12－1‖과 같다. ‖그림 12－1‖에서 보면 개개의 가족원의 욕구와 행동을 분리하여 이해할 수 없으며 가족의 상호작용과의 관계를 연구함으로써 이해할 수 있는 가족의 특징이 있으며 변수에 대한 경험적이거나 가설적인 관계는 가족체계의 틀 안에서 개별화 될 수 있다. 틀은 가족의 개개 구성원과 가족의 특징이나 자원과 같은 구조를 개념화한다.

(1) 가족구조

가족구조는 가족의 다양성(diversity)과 유일성(uniqueness)을 강조한다. 가족구조의 다양성은 위의 ‖그림 12－1‖에서 보는 바와 같이 모든 가족에게 유일함을 제공하며, 이러한 유일한 구조는 상호작용과정을 구체화하는 데 투입된다. 예를 들어, 장애인은 가족 상호작용 속에 있는 수많은 투입요소 중 하나이다. 가족구조에는 가족 구성원의 특성, 문화적 스타일, 이념적 스타일 등이 포함된다.

① 가족 구성원의 특성

가족의 구성은 양적·질적인 형태와 관련된 요소의 배열을 포함한다. 가족의 발달적 변화는 구성원의 출가, 자율성의 증가, 구성원의 출현을 포함하기 때문에 가족 구성원의 특성은 가족의 발달적 단계를 통하여 변화되므로 성공적인 가족 상호작용에 관한 변화는 구성원 특징의 영향에 관한 초점과 가족생활주기의 기본구조 안에서 처리되어야 한다.

② 문화적 스타일

가족구조에 관한 연구는 우선적으로 문화적 스타일에 초점을 두었으며 이러한 요소는 가족체계의 기본구조에 대한 정적인 요소이지만 가족의 이념적 스타일을 형성하는 데 영향을 미칠 수 있다. 앞으로 생애주기마다의 성공적인 가족기능을 위해 장애인 구성원이 있는 가족과 다른 문화적 자원의 관계에 관해 초점을 두어 연구가 이루어져야 한다.

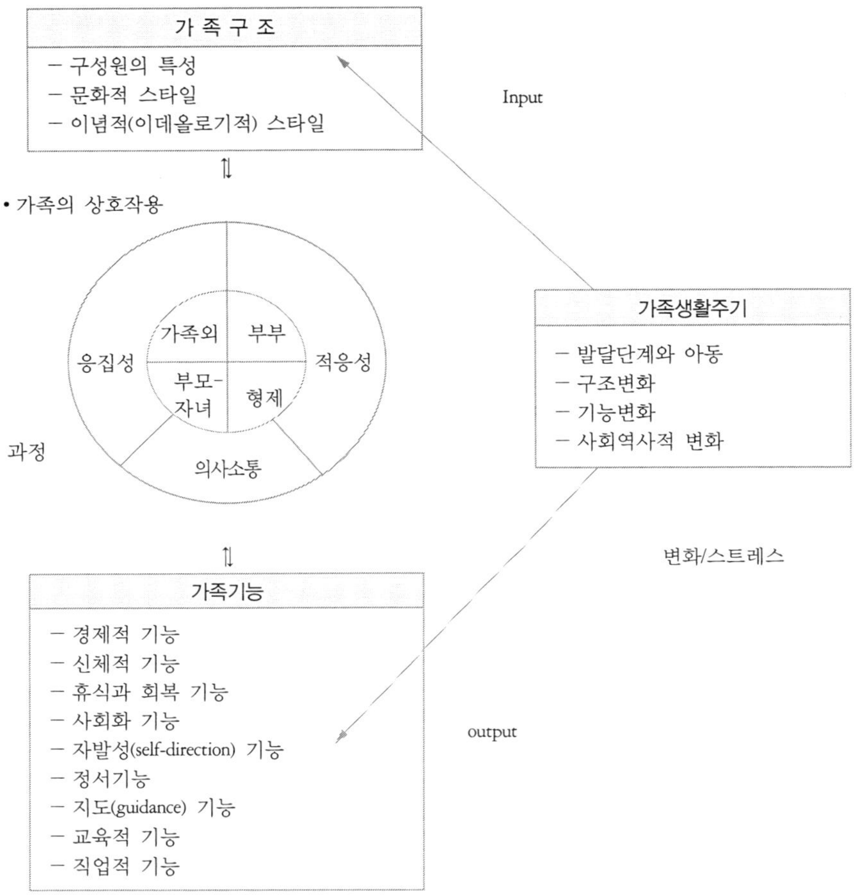

[그림 12-1] 가족체계의 개념틀

③ 이념적 스타일

가족의 이념적 특성은 문화적 스타일에 의해 강하게 영향을 받는다. 문화적인 특성은 가족에게 영향을 미치고, 가족의 발달에 영향을 미치는 방법에 있어 잠재적으로 밀접한 관계를 갖는다. 극복(coping)은 상황에 대한 지각된 의미를 변화시키거나 상황을 변화시켜 스트레스를 저하시키기 위해 고안된 어떤 반응과 관련된 것으로 생애주기를 통해 성공적으로 기능하도록 가족의 능력에 강하게 영향을 미칠 수 있는 이념적 스타일의 중요한 차원이다.

맥규빈과 패터슨(McCubbin & Patterson, 1981)은 가족의 극복 스타일을 내적 극복전략과 외적 극복전략으로 구분하여 설명한다. 내적 극복전략은 수동적 사정(passive appraisal)과 재구성으로 구성되어 있다. 수동적 사정은 문제가 시간이 지남에 따라 스스로 해결하게 될 것이라는 기대로 문제에 대한 회피 반응을 말한다. 재구성은 문제해결을 시작하거나 성공적으로 변화될 수 있는 조건을 확인할 수 있는 능력과 그들의 통제를 넘어선 조건을 확인할 수 있는 능력인 재구성으로 구성된다. 외적 극복전략은 사회적 지원, 정신적 지원, 공식적 지원으로 구성되어 있다. 사회적 지원은 이웃, 친구, 확대가족(외부 가족 하위체계)으로부터 자원을 획득하거나 사용할 수 있는 능력을 말하며, 정신적 지원은 종교적인 활동에 참여, 종교지도자로부터 조언, 정신적 해석을 획득하거나 이용할 수 있는 능력을 말한다. 공식적 지원은 전문가의 지원과 지역사회 자원을 획득하거나 이용할 수 있는 능력을 말한다.

(2) 가족의 상호작용

가족의 상호작용은 체계모델의 핵심으로 기본적인 전제는 가족 구성원 간의 행동은 전체 체계에 결친 변화에 영향을 준다는 것이다. 가족의 하위체계는 응집성, 적응성, 의사소통 스타일에 대한 가족의 수준에 의해 결정된 규율이나 경계에 따라서 상호작용한다.

〈표 12-3〉 **가족의 상호작용체계**

가족 하위체계	응집성(cohesion)	적응성(adaptability)	의사소통
• 부부 하위체계 • 형제 하위체계 • 부모-자녀하위 체계 • 외부 가족하위 체계	• 친밀성(closeness) • 지원(support) • 의사결정	• 파워 구조 • 역할관계 • 관계 규칙	• 폐쇄(closed) • 개방(open) • 무작위성(random)

① 가족하위체계

개개 가족원은 두 개 또는 그 이상의 하위체계에 속하게 되며, 각 하위체계 안에서 다른 역할을 갖는다. 하위체계의 배열은 가족원 특성과 가족생활주기 단계에 의해 영향을 받는다. 개개 가족원은 모든 하위체계에 영향을 준다. 전형적인 가정접근(home intervention)은 개개 가족원의 발달 증진에만 초점을 두고 있는데 가족 구성원의 욕구는 개개 가족원의 욕구만큼 심각하게 다뤄져야 한다.

② 응집성, 적응성, 의사소통

가족의 응집성(cohesion)은 가족 개개인의 자율성과 가족원 가운데 정서적 유대(bonds) 간의 균형의 정도로 정의된다. 엉켜짐(enmeshment)과 격리됨(disengagement)의 연속체로 하위체계의 조합이나 하나의 하위체계 안에서 일어날 수 있다. 가족의 적응성(adaptability)은 발달적·구조적·기능적이고 사회·역사적 요인으로 인한 생애주기의 변화에 반응하여 가족의 파워(power)구조, 역할관계, 관계의 규칙이 변화하는 데 따른 구성원의 능력을 말한다. 생애주기에서 정상적인 변화와 비정상적인 변화에 따른 적응에 가족의 능력은 가족 상호작용에 영향을 미치는 중요한 요소가 된다. 가족의 의사소통은 정보가 가족 안에서 전해지는 과정이다. 가족의 의사소통기술의 중요한 측면은 효과적인 청취, 명확한 메시지 전달, 피드백을 제공하는 것이다. 응집성과 적응성과 의사소통은 하나의 연속체로서 성공적인 가족 상호작용을 위한 생존능력의 중심이 된다. 위의 3가지 요소와 관련된 2가지 주요 개념은 변화와 균형으로 삶의 극복을 위한 변화는 가족 상호작용의 질과 본질을 바꾸는 요인으로 작용하며, 성공적으로 개방된 의사소통을 하는 가족은 무작위의 의사소통 속에서 균형을 유지함으로써 이루어진다.

(3) 가족기능

가족의 경제적, 일상보호, 성관계, 휴식과 회복, 사회화, 자발성, 정서, 지도, 교육, 직업기능은 개념적 기본 틀 안에서 통합된다. 가족기능은 가족원의 개인적 욕구와 부합되기 위한 능력에 관한 상호작용의 결과로 나타나기 때문에 가족 상호작용의 산출(output)과 자원 교환망(resource exchange network)으로 개념화 될 수 있다. 성공적으로 가족기능을 수행한다는 것은 가족과 가족의 외부 가족망 간의 상호의존성을 요구하고 가족이 존재하기 위한 필수적인 목적이 된다.

〈표 12-4〉 가족기능

경제적 기능	일상보호 기능	휴식과 회복 기능	교육기능
• 수입 산출하기 • 은행이용과 청구서 지불 • 투자 등을 취급하기 • 소득 프로그램과 보험 • 감독하기 • 용돈 벌기와 나누어주기	• 음식구매와 준비 • 의복구매와 준비 • 건강보호와 건강유지 • 안전과 보호 • 교통 • 가정유지	• 개인과 가족 레크리에이션 • 요구와 떨어져 있기 • 취미개발과 즐김	• 부모를 위한 계속 교육 • 학교교육 • 가정학습 • 직업선택 • 직업윤리의 개발 • 직업관심과 문제의 지원
자발성(self-derection)	**정서기능**	**지도기능**	**사회화 기능**
• 자기 이미지와 자기 동일성 설정하기 • 강점과 약점을 인식하기 • 소속감	• 양육과 사랑 • 교우관계 • 친교 • 감정을 표현하기	• 문제해결 • 회피와 피드백 • 기본적 신념과 가치실현 • 종교적 가치 전달	• 대인관계 • 사회기술 개발하기

전통적으로 가족은 경제적 기능, 성관계를 통한 세대유지의 기능, 자녀의 양육과 사회화의 기능, 정서적 지지의 기능 따위를 수행해 왔으며, 외부의 도움 없이도 가족 공동체 안에서 자급자족하면서 살 수 있었다. 그러나 사회가 점차 산업화, 도시화되면서 가족의 전통적인 기능이 많이 변화하였다. 즉, 가족이 기존에 수행하던 많은 기능을 다른 사회제도에 넘겨주거나 공유하게 되었다. 예를 들어, 자녀의 양육과 사회화는 교육제도의 발달로 인해 보육시설과 학교로, 경제적 기능은 생산이 이루어지는 일터와 교환이 이루어지는 시장으로 이전되어 왔다. 그리고 의존적인 가족원(아동, 노인, 병약자 등)에 대한 보살핌은 사회적 서비스의 발달로 사회복지 영역의 기능으로 이전되어 왔다(최옥채 외 3인, 2005 : 293－294).

실제로 우리 사회는 고전적 의미의 핵가족의 비율이 감소하고 있는 반면에 편부가족 또는 편모가족, 노인가족, 일인가구, 무자녀가족, 동거가구, 비동거가족, 공동체가족, 동성가족 등의 비전통적 가족형태가 조금씩이나마 계속 증가하는 추세에 있고, 특히 이혼 및 재혼으로 인한 '의부모가족'이 늘어가는 경향이다. 그러므로 현대사회에서의 가족을 이해하기 위해서는 가족의 구조적 측면에 초점을 맞춘 전통적 개념보다는 가족원 사이의 상호작용을 중요시하는 기능적 측면에 초점을 맞추어야 한다. 다시 말하여, 가족을 상호작용하는 인격체의 통일체로 간주하여 가족의 기능적 측면에 관심을 집중시킬 필요가 있는 것이다.

가족은 사회의 가장 기본적인 제도이다. 이 말은 '가족은 사회의 존속과 관계되는 중요한 기능을 수행하고 있다는 것'을 뜻한다. 데이비스(Davis)는 가족의 주요 사회적 기능으로 네 가지를 들고 있다. 재생산(출산), 가족성원들의 보호, 그들에 대한 사회적 위치부여와 사회화가 그것이다. 그는 이들 기능을 혼인상태에 있는 배우자 사이의 성적인 욕구의 충족, 부모와 자녀 양쪽 모두에 대한 애정과 인정에 대한 욕구충족으로 대표되는 심리적 기능과 구분하고 있다. 머독(Murdock)과 같은 학자는 이러한 것 이외에 종교적인 중심으로서의 기능, 오락의 기능 등을 추가하기도 한다. 이같이 급변하는 시대변화에도 불구하고 가족이 담당하는 보편적인 기능은 계속 이어지고 있다고 할 수 있다.

(4) 가족생활주기

가족생활주기는 가족체계이론을 토대로 가족생활에서 발생하는 예측 가능한 위기를 이해하는 이론적 틀이다. 가족생활주기 관점은 특정 단계에서 일어나는 문제를 규명하는 데 도움이 된다. 가족은 각 전환기에 구성원의 변화에 반응하면서 스트레스와 긴장을 경험하게 된다는 공통점을 지닌다. 이와 같이 가족생활주기 관점은 가족이 단계에 따라 예측가능한 방식으로 발달해 나간다는 점에서 가족을 이해하는 유용한 틀을 제공해 준다. 이와 같은 유용성에도 불구하고 가족생활주기는 몇 가지 단점을 가진다.

첫째, 각 가족은 고유하므로 발달단계는 가족에 따라 상이할 수 있다. 둘째, 발달모델은 한 개인, 대체적으로 첫 자녀의 이정표에만 초점을 두는 경향이 있다. 셋째, 이혼가족, 재혼가족, 무자녀가족 등 다양한 가족형태가 증가하고 있으나 기존의 가족생활주기는 다양한 형태의 가족생활주기를 반영하지 못하고 있다.

따라서 가족은 시간을 통하여 이동하므로 정상적인 변화와 비정상적인 변화는 가족의 구조 및 가족의 기능적 우선순위를 변하게 하는 역동적 요소이다. 가족생활주기 관점을 사회복지서비스에 도입하는 시도는 첫째, 인간의 성장과 발달에 대한 일반적인 관점을 대폭 강조하는 방향, 둘째, 수평적 팀워크를 강조하는 방향, 셋째, 수직적 팀워크를 강조하는 방향과 관련이 있다. 또한 가족생활주기 관점은 사회복지서비스의 변화방향과 부합하는 특징을 가지고 있다.

〈표 12-5〉 가족생활주기

발달단계와 이동	구조적 변화	기능적 변화	사회역사적 변화
• 부부기 • 해산기(childbearing) • 학령기 • 청소년기 • 자녀의 결혼(launching) • 후기 부모(postparental) • 노년기(aging)	• 구성원 • 문화적 스타일 • 이념적 스타일	• 경제적 • 육체적(신체적) • 휴식과 회복 • 사회화 • 자발성 • 정서 • 지도성 • 교육 • 직업	• 문화적 경향 • 경제성 • 정치적 경향 • 형성되는 사건들

3) 가족생활주기의 개념

가족주기란 가족도 개인과 마찬가지로 탄생과 죽음을 반복한다는 것을 전제로 하여 부부가 혼인해서 사망할 때까지 가족이 겪게 되는 주요한 경험을 단계적으로 설정한 것이다. 가족생활주기의 각 단계에서 가족은 고유한 발달 이슈, 과업, 해결해야 할 잠재적 위기에 직면한다. 새로운 단계로의 전환에는 일종의 위기가 수반되므로 가족체계는 이에 적응해야 한다. 즉, 가족생활주기에 따라 가족원의 역할이 변화되며, 이에 따른 가족원의 변화하는 욕구에 부응하기 위해서 경계를 조정해야 한다.

(1) 가족의 발달단계

가족생활주기는 듀발(Duvall, 1975)에 의해 8단계(부부기, 자녀출산 및 양육기, 미취학아동기, 학동기, 청소년기, 독립기, 중년기, 노년기)가 제일 먼저 제시되었으나 현제 가족체계의 기본 틀로는 올슨(Olson. 1984)의 7단계(표 13-6 참조)가 받아들여지고 있다. 가족기능과 관련된 측정 과업은 단계별로 변화하며 발달단계는 연령역할 기대에 기초한다. 예를 들어, 유아기는 친밀한 육체적 접촉을 통한 유대관계, 청소년은 개인에 대한 존중과 의사소통 등이 있다.

① 결혼/ 파트너 되기 : 부부기

새로 파트너가 된 부부가 직면하는 3가지 주요 과업은 첫째, 서로가 만족할 수 있는 관계의 수립, 둘째, 확대가족(새 파트너를 수용해야만 하는)과의 관계의 재조정, 셋째, 부모기에 대한 결정이다. 이에 따라 부부는 재정관리, 가사유지, 사회활동 및 여가활동, 시댁 혹은 처가와의 관계를 포함한 대부분의 생활양상에서 타협해 나갈 필요가 있다. 문제점을 원가족에서 성공적으로 독립을 성취하지 못한 배우자는 아직 취약한 부부관계를 위협하는 분열된 충성심을 경험하고, 독신생활에 미련이 남아 있는 배우자도 부부관계에 스트레스를 가져올 것이다. 또한 부부가 예상 외로 빨리 자녀를 가지게 되면 부부관계에 관한 핵심적 합의를 도출해 낼 시간을 갖지 못할 수도 있다.

② 첫 자녀 출산 : 해산기

처음 부모가 되면 보호제공 역할에 관한 갈등을 경험할 수 있다. 신생아의 부모 노릇은 시간과 에너지를 필요로 하며, 새로운 수준에서 자기희생과 자아부인을 요구한다. 부모기에의 적응은 사회가 부모기술 혹은 아동발달에 대한 교육을 적절하게 제공하지 않은 채, 아동의 욕구를 충족시키는 지식과 기술을 자동적으로 갖출 것을 기대한다는 점에서 어려운 과업이다. 부모기에 있어서 새로 부모가 된 사람은 상호 만족스러운 부모-자녀관계를 발달시켜야 한다. 자녀가 타인을 신뢰하는 것을 배우도록 돕기 위해서, 부모는 자녀의 욕구를 충족시키는 대상이 되어야 한다. 그러나 새로 부모가 된 사람, 특히 그들 스스로 미충족 욕구를 가진 부모는 자녀와의 초기 관계가 가지는 일방적인 성격 때문에 좌절하게 된다.

③ 학령전 자녀 가족

학령전 시기는 아동이 기본적인 생활습관을 습득하고 행동반경이 넓어지며 환경에 대한 호기심을 갖고 적극적으로 탐구하는 시기이다. 이 단계 동안 부모는 아동의 안전을 보증하는 동시에 적절한 양의 자극을 제공해야 한다. 이 시기에 부모의 에너지 수준이 이슈로 등장할 수 있다. 특히 자녀 간의 터울이 짧을 때 부모의 에너지 고갈이 심각해질 수 있다. 이 발달단계 동안, 아동은 점차 일, 놀이와 사랑을 강조하는 복잡한 사회관계를 발달시킬 필요가 있다. 한편 우리나라 어머니들의 자녀교육관은 유아중심적이라기보다 성인중심적이라고 지적되고 있다. 또한 유아에 대한 애정-통제형 양육태도는 아동의 자율성을 통제하는 경향이 있기에 사회성과 자주성의 발달이 늦어진다.

④ 학령기 자녀 가족

첫 자녀가 학령기 연령에 도달하면 아동의 학교 및 과외 활동에 따라 가족 패턴은 다시 변화한다. 이 단계의 가족과업에는 아동이 동년배와 부모 이외의 권위적인 인물과 협동적으로 상호작용하는 공적인 학습생활에 적응하도록 지지하는 것이 포함된다. 그리고 또 다른 과업은 학교환경에서 생존하는 데 필요한 기술과 태도를 습득하도록 돕는 것이다.

⑤ 10대 자녀 가족 : 청소년기

가족에게 있어서 흔히 청소년기는 혼란기이다. 일반적으로 이 시기 동안 가족의 과업은 청소년이 성장하여 궁극적으로 가족을 떠나 독립할 수 있는 기술을 습득하도록 돕는 것이다. 부모는 보다 큰 책임과 독립을 허용해 나가면서 일하는 데 필요한 습관을 발달시킬 수 있도록 보조한다. 청소년기의 과업에는 타인에 대한 신뢰의 학습, 안정된 정체감의 확립, 생의 목적에 따른 의문점의 해결이 포함된다. 이 시기 동안 부모는 어느 정도의 틀을 유지한 채로 독립을 위한 자녀의 노력을 지지하고 격려해야 하는 어려움에 직면한다. 청소년기에 우리나라 부모들이 자녀에 대해 가지는 가장 큰 고민이자 관심거리는 역시 학업문제이다. 그 외에도 성, 이성친구, 자녀의 비행(흡연, 알코올, 약물복용 등) 문제 등이 있다.

⑥ 자녀진수기 가족(자녀의 독립)

청년이 독립함에 따라, 가족의 규모가 축소되고 부모의 책임이 변화된다. 부모에 따라 자녀의 독립을 신나는 일로 받아들이기도 하고 슬픔으로 경험할 수도 있으며 혹은 이 2가지가 결합한 반응을 보일 수도 있다.

⑦ 중년기부모 및 노년가족

자녀가 독립해 나간 후 중년부부의 주요과업은 부부로서 자신을 재확립하는 것이다. 배우자 관계에서 새로운 역할과 규칙을 발견하면서, 부부는 새롭게 연애단계에 접어들 수 있다. 노년가족의 단계는 부부 중 한 사람이 사망할 때까지 지속된다. 부부는 늙어가는 것과 죽음에 직면하는 것에 적응해야 한다. 경제적인 어려움이 있을 때 이 단계는 더욱 어려울 수 있다. 또한 성인자녀가 늙은 부모를 보호하게 되는 역할전환은 자녀와 부모 모두에게 스트레스가 될 수 있다. 우선 과거의 부모-자녀관계는 성인자녀가 노부모를 보호·부양하는 일방적인 수직적 관계였지만 요즘에는 점차 수평적·상호교환적 관계로 변화되고 있다. 그러나 노부모는 자녀에게 전통적인 부양의식과 효를 기대하는데 자녀가 이에 부응하지 못하는 경우, 소외, 고독감, 좌절감을 느끼고 세대 간 갈등이 유발될 수 있다.

(2) 가족의 발달적 전환(developmental transitions)

발달적 전환은 가족이 한 단계에서 다른 단계로 전환하는 과정 안에 있을 때 일어나는 변화와 불연속성에 의해 특징화되는 기간으로 하나의 새로운 단계로의 이동, 특히 가족 상호작용의 주요 이동을 의미한다. 전환은 사건과 변화가 편재성, 예상성, 단기성으로 되기 때문에 정상적인 변화로 분류된다. 전환은 가족의 스트레스와 역기능에 기초하여 가족 상호작용의 변화를 일차적으로 포함한다. 첫째, 입적(entry), 증가된 자율성, 구성원의 변화 둘째, 하위체계의 확대, 수축, 재편성 등이다. 올슨(Olson, 1984)은 전환이 가족스트레스가 가장 많은 자녀의 출가 시 요구된다고 하였다. 가족만족, 부부만족, 삶의 질은 이 시기에 가장 낮게 나타난다. 전환은 사회적 역할과 정서적 역할의 체계적 변화를 요구하며 구조적 구성 안에서의 변수, 상호작용체계, 기능은 전환점에서 스트레스의 수준과 형태에 영향을 미친다.

(3) 가족의 발달과업

가족이 수행해야 할 기본적인 발달과업 기준은 ① 물질적 부양, ② 자원의 분배, ③ 노동의 분배, ④ 가족원의 사회화, ⑤ 가족원의 재생산, ⑥ 원기회복 및 휴식, ⑦ 질서유지, ⑧ 전체 사회에 대한 자신의 위치 확인, ⑨ 개인의 사기와 동기 성취 등이 있다.

〈표 12-6〉 **가족주기에 따른 가족발달과업**

가족주기	가족구성원	가족발달과업
부부기	남편, 아내	• 가정의 토대 확립 • 공유된 재정적 체계 확립 • 상호적 수용가능한 패턴 확립 • 상호간 만족스러운 성적 관계 확립 • 만족스러운 의사소통 패턴 확립 • 우정의 연결망 확립 • 친척들과의 관계 확립 • 미래의 부모 역할에 관한 결정 • 서로에 대한 헌신의 본질과 의미 결정하기
해산기	남편-아버지 아내-어머니 영아기의 자녀	• 요구되는 생활비용 충족시키기 • 가사일의 책임 패턴 재조정 • 의사소통의 활성화하기 • 영아를 포함하는 생활 배치에 적응하기 • 조부모를 가족단위 속에 조화시키기 • 확대되는 가족이 요구하는 공간과 설비를 갖추는 데 필요한 비용 충당하기 • 예측 가능한 비용과 예측 불가능한 비용 충족시키기
학령기	남편-아버지 아내-어머니 딸-자매 아들-형제	• 가족원 사이의 의사소통 패턴에 적응하기 • 아동의 활동을 충족시키고 부모의 사생활 보장하기 • 재정적 지급능력 유지하기 • 결혼생활을 유지하기 위해 노력하기 • 아동의 변화하는 발달적 요구에 효과적으로 대응하기 • 아동의 발달을 돕기 위해 학교와 보조 맞추기
청소년기	남편-아버지 아내-어머니 딸-자매 아들-형제	• 가족원의 다양한 요구에 대비하기 • 가족의 금전문제에 대처하기 • 모든 가족원이 책임을 공유하기 • 성인의 부부관계에 초점을 맞추기 • 청소년과 성인 사이의 의사소통을 중재하기 • 친척들과의 관계를 유지하기 • 청소년과 성인의 변화하는 욕구에 맞추어 변화하기
자녀의 결혼	남편-아버지-할아버지 아내-어머니-할머니 딸-자매-이모 아들-형제-삼촌	• 가정의 물리적 설비와 자원을 재배치하기 • 성인생활로 들어가는 자녀들에게 필요한 생활비용을 충족시키기 • 자녀가 가정을 떠날 때 책임을 재할당하기 • 부부관계를 재조정하기 • 가족원 사이의 의사소통을 유지하기 • 자녀의 결혼을 통하여 새로운 가족원을 받아들임으로써 가족범위 확대시키기

후기 부모	남편－아버지－할아버지 아내－어머니－할머니	• 가족이 떠난 보금자리에 적응하기 • 부부 사이의 관계를 계속하며 재조정하기 • 조부모의 생활에 적응하기 • 성인 부모의 부모를 돌보기 • 은퇴에 적응하기 • 쇠퇴하는 신체적, 정신적 기술에 대처하기
노년기	과부, 홀아비 남편－아버지－할아버지 아내－어머니－할머니	• 배우자의 죽음에 적응하기 • 계속되는 노화과정에 적응하기 • 타인, 특히 그들의 자녀에 대한 의존에 대처하기 • 생활 배치에서의 변화에 적응하기 • 경제적 문제에서의 변화에 적응하기 • 임박한 죽음에 대처하기

4) 가족에 대한 관점

가족이 사회적으로 구축된 것이기 때문에 가족을 사회와의 관계에서 연구해야 한다는 공통적인 인식에서 출발함에도 불구하고 실질적인 접근에서는 서로 다른 관점과 쟁점을 갖게 된다. 우리가 잘 알고 있는 코끼리의 비유를 보면, 시각장애인은 코끼리가 어떻게 생겼는가에 대한 나름대로의 관점을 형성하기 위해 자기가 가지고 있는 정보를 최대한 사용하였음을 알 수 있다. 일반적으로 관점이라는 용어는 사람이 현실에 대해 가지고 있는 사고방식이나 기본적인 가정을 말한다. 현대사회의 가족을 연구하는 데에도 많은 관점이 사용된다. 이제부터 가족현상에 대하여 학자들마다 서로 다른 관점을 가지고 언급하고 있는데, 이러한 서로 다른 여러 관점에 대하여 간략히 살펴보도록 하겠다(조흥식 외 3인, 2003 : 21).

(1) 구조기능론자의 낙관적 관점

구조기능론자들은 1940년대부터 가족 연구에도 큰 영향을 미쳤다. 구조기능론은 사회란 상호 연결된 부분들의 역동적 체계라는 기본 전제에서 출발한다. 이러한 체계를 분석하기 위해서는 그것을 구성하고 있는 부분이 다른 부분에, 그리고 체계 전체에 어떠한 영향을 미치는지를 보아야 한다는 것이다. 이 관점의 대표적인 학자는 파슨즈(Pasons)인데, 파슨즈는 가족을 사회체제 유지를 위한 중요한 기능 중 유형 유지의 기능을 담당하는 제도로 본다. 이는 개인들로 하여금 기존 체제에 적응하는 동기를 조성해 주는 사회화의 메커니즘을 가족이 담당한다는 데에 의의를 둔다. 즉, 부모는 사회질서를 도모하여 체제의 안정을 유지하는데 기본적인 가치관을 자녀들에게 내면화시킴으로써 사회체제가 개인에게 요구하는 인성을 형성하며 그들이 수행해야 할 사회적 역할을 교육시킨다는 것이다.

이 이론의 가족에 대한 주된 관심은 가족이 개인과 사회에 대해 어떤 기능을 하는가이다. 기본적으로 이들은 가족 구조적 형태 중에서도 핵가족을 친족집단의 기본단위로 보며 가족이란 자연적으로 주어진 것이라고 본다. 가족은 개인과 사회를 중재하는 적응력 있는 단위라고 보고 합법적으로 인정되는 성생활을 통해서 자녀를 출산하고 양육・교육함으로써 개인의 욕구와 사회적 필요를 충족해주는 필수적인 것으로 본다. 이들에게 가족은 사회 존속에 없어서는 안 되는 것이고, 가족과 사회 간의 기능적 적합성의 여부가 주된 관심사이다. 즉, 산업사회는 개인에게 빈번한 지역적 이동과 사회적 이동을 요구하기 때문에 그런 사회에 기능적으로 적합한 것은 핵가족이다.

산업사회는 분화가 증대되는 사회여서 가족과 일터를 분리시켰을 뿐 아니라 가족의 기능도 축소되어 그 이전 사회에서 가졌던 경제적・교육적 기능은 약화되고 사회심리적 기능만이 남았다. 즉, 자녀의 사회화 기능과 성원들의 정서적 긴장을 관리하는 기능만이 남게 되었다는 것이다. 가족 내에서도 역할 분화 현상이 나타나는데 남편은 도구적 역할, 아내는 정서 표출 역할을 담당하는 것이 자연스럽고 당연한 것이라고 본다(박민자, 2003 : 300－302).

(2) 갈등론자의 비판적 관점

구조기능주의의 비판적 대안으로 출현한 이론이 갈등이론, 사회교환이론, 상호작용이론이다. 갈등이론은 정치적 스펙트럼에서 보면 좌파적 이론이라고 하고, 교환이론과 상호작용이론은 우파적 이론이라고 칭하기도 한다(박민자, 2003 : 303). 이 관점은 주로 마르크스주의자들에 의해 주장되고 있다. 특히 마르크스와 엥겔스(Marx & Engels)[1]의 가족에 대한 비판은 가족이 부르주아적 제도의 표상이라는 데 기반을 둔다. 즉, 이들은 자본주의 경제체제와 함께 등장

---

1) 독일의 경제학자・철학자・정치가(1820～1895). 마르크스의 정신적・물질적 후원자였으며 마르크스와 협력하여 과학적 사회주의, 사적 유물론을 창시하였다. 저서에 『독일 이데올로기』, 『경제학 비판 대강』, 『가족・사유 재산 및 국가의 기원』 따위가 있다.

한 가족제도는 그 체제의 붕괴와 함께 소멸될 것으로 본다. 호르크하이머(Horkheimer)[2]도 부르주아 가족은 부르주아적 질서를 떠받치는 특정 권위지향적 행위에 적응하도록 독려하는 것, 여성을 경제적으로 의존케하여 전통적 성향을 키우는 것 등으로 인한 보수화 기능을 수행하고 있다고 비판하였다. 마르크스주의 이론에서는 부부가족의 애정적 기능, 안식처로서의 기능을 자본주의 사회라는 구조에 기인한 것으로 간주한다. 자레스키(Zaresky)는 자본주의 산업화가 임금노동을 창출하고 가족생활로부터 일을 분리시켜 결과적으로 개인을 고립시켰다고 본다.

따라서 마르크스주의 이론에 의하면 자본주의의 착취적 속성이 개인으로 하여금 사적 생활과 친밀감 등의 주관적 세계를 가족에 더욱 의존케 하였다고 분석하며, 이러한 안식처로서의 기능의 강조는 핵가족에게 긍정적 효과보다는 부정적 결과를 초래하였다고 언급한다. 이 이론은 역사적으로 강조되었던, 가족을 화합이나 적응으로 보는 지배적인 문화적 규범에 어울리지 않아서 제대로 눈에 띄게 영향을 미치지 못하다가 1970년대와 80년대에 출현한 페미니즘 이론과 비판이론에 흡수되고 말았다.

(3) 여권론자들의 비판적 관점

여권론(여성해방론)자들은 현재의 가족체계는 남편과 아내가 상이한 계급에 놓여 있고 이익과 권력에서 불평등이 존재하므로 가부장적 체계는 권력을 가진 남성의 이익에만 기여하고 기능적이며, 여성은 억압되어 있다고 본다. 따라서 여성해방이 되기 위해서는 여성과 남성이 평등성을 성취하도록 하는 범위 내에서 가족구조를 수정해 나가야 한다는 온건한 관점과 전통적 가족의 질서와 구조를 전복시키고 다양한 형태의 결혼양식으로 대체하며, 자녀출산 및 양육과정까지 사회기관으로 이전시켜야 한다는 급진적인 관점이 대두되고 있다.

여권론적 관점은 가족이 단일체가 아니라 권력단체의 구조임을 상기시킨다. 여성해방론자의 강조점이나 지향은 각각 다르지만 공통적으로 현대 가족

2) 독일의 철학자(1895~1973). 프랑크푸르트학파의 지도자로, 저서에 『비판적 이론』, 『계몽의 변증법』, 『도구적(道具的) 이성 비판』 따위가 있다. 호르크하이머는, 철학의 현실인식을 중요시하는 맑스주의 이론을 수용하였고, 다른 한편으로 맑스주의가 맞이한 위기를 시민사회의 철학과 개별과학의 영역에서의 혁신을 통해 극복하고자 시도하였다.

의 다음 세 가지 면이 여성을 억압한다고 주장한다. 즉, 주부역할을 우선적으로 취하게 함으로써 여성노동을 규제하고 여성의 성과 출산에 대해 남성이 통제를 가하며, 성 정체감을 구조화시켜 전통적 성역할 사회화를 유지시킨다는 것(조흥식 외 3인, 2003 : 22)이다.

이상으로 볼 때, 가족에 대한 기능론적 모델은 가족을 사회구성원을 재생산하고 전반적으로 공유된 가치를 재생산하는 단위로 본다. 반면, 마르크스주의자들은 가족을 자본주의를 위한 노동력과 자본주의적 가치와 관계들을 재생산하는 단위로 파악하며, 급진적 여권론자들은 가족을 가부장적 사회질서를 재생산하는 단위로 언급한다. 마르크스주의자들은 갈등과 착취에, 급진적 여권론자들은 성의 갈등과 착취에 초점을 둔다. 이와 대조적으로 기능론자들은 갈등과 억압보다는 협동과 합의를 사회에 내재된 것으로 고려한다. 그리고 가족생활의 긍정적인 면에 초점을 둔다고 하겠다.

(4) 체계론적 관점

가족에 대한 체계론적 관점에서의 가족은 개인에 초점을 맞추기보다는 오히려 전체로서의 가족에 강조를 두고 가족을 보는 방식인데, 특히 가족에 대한 체계이론의 적용을 가족체계이론이라 한다. 이러한 가족체계이론은 어떻게 가족체계가 기능하는가, 어떻게 가족체계의 부분이 상호 연관되는가를 밝히려고 한다. 체계론적 관점은 우리가 전체성, 상호의존성, 하위체계, 투입, 산출과 경계, 변형과정, 선택, 정보처리와 피드백 등을 보도록 돕는다.

가족체계이론은 원인과 결과를 보는 관점에서 많은 과학적 이론과 구별된다. 그것은 결정론적인 과정보다 비결정론적인 과정에 더 많은 주의를 기울인다. 주기와 동결과성의 개념은 우리에게 원인과 결과관계의 복잡성을 가족체계적 관점으로 보게 한다. 가족체계이론은 비교적 새로운 접근방법으로 가족을 상호관련된 부분이나 하위체계들의 조직으로 본다. 다시 말하면, 가족은 배우자 하위체계, 부모-자녀 하위체계, 형제 하위체계, 개인적 하위체계를 포함한다. 가족이 바람직하게 기능하기 위해서는 이 하위체계가 서로 분리되어 있어야 한다. 분리된 하위체계로 넘어 들어가면, 근친상간과 같은 역기능적 가족을 만들어 낼 수 있다.

부부체계는 상호보완과 적응을 통해서 관계를 형성하며, 부부 간의 관계가 경직되면 스트레스를 받게 되고 이완되면, 가족 내의 질서가 손상될 수 있다. 부모-자녀체계는 부모의 자녀에 대한 양육, 지도, 통제 등을 통하여 사회화의 역할을 수행하며, 부모 중 한 사람과 한 자녀와의 밀착된 관계는 가족체계가 역기능적인 양태로 나타날 수 있다. 형제체계는 형제들 간의 상호관계를 통해서 많은 것을 배우게 되며, 특히, 경쟁, 질투, 싸움 등을 통해서 자율성, 협동, 양보 등을 배운다.

가족은 집단, 조직, 지역사회, 국가 등과 같은 상위체계와의 상호작용을 통해서 영향을 받으면서 유지하고 발전한다. 가족체계가 상위체계와의 관계에서 개방적일수록 다른 사회체계의 변화에 쉽게 적응할 수 있으며, 자원을 효율적으로 활용할 수 있다.

가족체계이론은 가족에 대한 다음과 같은 4가지의 가정을 전제로 한다. 첫째, 가족체계의 맥락 내에서 상호작용이 연구되어야 한다. 4인 가족을 A, B, C, D라고 할 때, A-B의 관계는 A-C, B-C, A-D, B-D의 관계에 영향을 주고 다른 관계로부터 동일한 영향을 받기 때문에 맥락이 고려되어야 한다. 둘째, 가족은 독특한 상호작용 패턴을 갖는다. 가족원 사이에 형성된 상호작용 패턴을 갖는다. 가족원 사이에 형성된 상호작용 패턴은 상당한 기간에 걸쳐 형성된 습관이므로 변화되기 어렵다. 셋째, 대부분의 가족은 가족체계가 손상되는 일이 없이 지속될 수 있도록 안정성을 추구한다. 넷째, 가족체계는 시간경과에 따라 변화한다. 가족체계의 속성은 변화에 저항적인데도 불구하고, 부부가 나이를 먹고 자녀가 성장함에 따라 가족체계는 변화하지 않을 수 없다. 이러한 가족체계이론은 역기능적 가족의 역동을 설명하려고 노력하는 과정에서 도출된 이론이다. 따라서 알코올중독과 같은 약물남용이나 근친상간은 가족체계이론으로 잘 설명될 수 있다.

그러나 가족체계이론이 정상적 가족에 대해서도 적용될 수 있는가는 의문점으로 남는다. 동시에 가족체계이론이 무엇인가에 대해 연구자마다 일치된 견해를 제시하고 있지 못한 형편에 있다. 어떤 연구자들은 가족체계이론이 하나의 이론이라기보다는 오히려 하나의 접근방법으로 인식되어야 한다고 주장하기도 한다. 그렇지만 이러한 한계에도 불구하고 가족체계이론에서 나온 아이디어는 여러 가지 방식으로 생활의 질을 향상시킨다.

5) 우리나라의 가족변화와 가족문제

(1) 핵가족 이념의 확대

전통적인 가족제도와 비교할 때 한국의 현대 가족의 특징으로서 가장 눈에 띄는 것은 핵가족 이념의 확대다. 과거와는 달리 젊은 층에서 핵가족을 이상적 가족으로 생각하는 경향이 계속 커져 가는 것을 누구나 쉽게 확인할 수 있다. 이러한 현상은 도시에서 친족의 의미 상실과 밀접한 관련을 갖는다. 그러나 현재 우리 사회의 핵가족은 완전히 서구의 개인주의에 입각한 부부중심의 가족과는 거리가 멀다. 비록 핵가족을 이룬다 하여도 부모와의 경제적인 의존관계는 그대로 유지된다.

현재 우리 사회의 핵가족 이념에서 중요한 점은 전에는 전혀 문제시되지 않았던 부부 사이의 사랑관계가 가족생활과 결혼에 상당한 의미를 갖게 되었고, 여성의 경우, 친족의 속박에서 풀려 직업선택이나 기타 행동이 자유로워졌다는 데에서 찾을 수 있다. 결과적으로 계층에 따른 내혼의 압력은 줄어들고, 배우자 선택에 부모나 친족의 영향도 줄어든다. 그리고 가문보다는 개인의 자질이 혼인의 중요한 조건이 된다. 그럼에도 불구하고 현재 우리 사회에서 관찰되는 핵가족에서 확대가족의 이념, 특히 부모와 자식, 형제 사이의 관계의 중요성이 그대로 발견되는 것은 가족주의적 가치가 아직까지 우리 사회에 뿌리 깊게 남아 있다는 증거다. 가족주의적 지향은 쉽게 없어지리라고 생각되지 않는다.

따라서 확대가족의 이념이 부분적으로 강하게 포함되는 특수한 핵가족의 이념이 우리 사회에서는 계속 지배적인 위치를 차지할 것으로 기대된다. 그 예로 자녀의 혼인 후에도 지속되는 부모와 자식 간의 긴밀한 상호교류와 경제적 도움을 들 수 있다. 또한 확대가족의 개념이 남편 중심에서 아내 쪽을 포함하는 방향으로 바뀌는 현상도 살필 수 있다.

(2) 가부장권의 축소

부자관계의 유지, 효의 관념의 지속, 아직도 강하게 남아 있는 남아선호(男兒選好)와 가족주의적 가치에 의해 대표되는 확대가족 이념의 존속은 반드시 전통적인 가부장제의 지속을 뜻하는 것은 아니다. 핵가족 이념의 확대는 본질적으로 가부장(家父長)의 의미를 바꾸어 놓았다. 오늘날 부자관계는 과거와 같은 권위주의적 관계라기보다는 호혜(互惠, reciprocity)에 의한 평등주의적 관계의 양상을 좀더 강하게 나타내고 있다. 새로운 기술에 대한 적응이 중요한 의미를 갖는 현대 정보사회에서 가부장의 권위는 별 의미가 없으며, 경제적으로도 젊은 사람의 수입이 나이 든 가장보다 더 많은 경우가 흔히 나타남에 따라 가장의 권위행사는 중요성을 잃게 된다.

가부장권의 의미 상실은 또한 점점 늘어나는 여성의 노동력 참여와 가족경제에서 여성노동의 중요성의 증대에 의해 더욱 촉진되는 경향이 있다. 가부장제의 상징으로 여겨졌던 '호주제'(戶主制)도 마침내 2008년 1월 1일부터 폐지되었다.

오늘날 우리 사회에서 서서히 부각되고 있는 노인문제의 근본도 가부장권의 축소와 관련지어 설명할 수 있다. 전통적인 사회에서는 노인은 자식에 대한 권한을 행사하였고 사회적으로는 존경의 대상이었다. 그러나 오늘날 노인은 아들이나 며느리에 종속되는 위치로 떨어졌다. 이러한 지위의 급격한 변화에 따라 노인은 가치 및 역할 갈등을 경험하고 있다. 이것이 바로 현재 우리 사회가 당면하고 있는 노인문제의 가장 중요한 측면의 하나다.

(3) 탈가족화

도시화・공업화・인구변천이 핵가족과 부부중심가족의 이념을 확산시키는 경향이 있다는 것은 앞에서 언급한 바다. 그리고 이러한 가족이념은 가족의 사회적 의미를 약화시키고, 가족을 사적인 삶의 영역으로 간주하게끔 하는 경향이 있다. 따라서 이혼과 재혼이 쉬워지고, 독신이나 비혼동거가 확산되기도 한다. 이렇게 개인이 가족을 떠나 다른 형태의 삶을 추구하는 사회적 현상을 '탈가족화(de-familization)'라고 할 수 있다. 그리고 탈가족화의 지표로는 단독가구 거주자, 이혼자, 비친족가구 거주자, 집단가구 거주자의 비율이다.

탈가족화는 그 원인을 2가지로 구분할 수 있다. 첫째는 혼인의 보편성 상실과 의미의 변화이고, 둘째는 고령화다. 혼인의 보편성은 평생 혼인하지 않고 지내는 사람의 비율을 가지고 측정할 수 있다. 우리나라의 경우 1950년대 출생자까지만 해도 평생 독신자의 비율은 2% 정도에 머물렀다. 그러나 1970년대 이후 출생자, 즉 1990년대 이후 혼인연령에 도달한 사람들의 경우 그 비율은 20% 이상에 달한다. 이러한 젊은이들 사이에 퍼져 가는 독신문화는 전통적 가족주의와 현대사회의 특징인 개인주의적 지향 사이의 갈등의 정도를 짐작케 한다. 여성은 가족으로부터 해방에 대한 열망으로, 남성은 가족부양의 부담으로부터의 도피성향으로 독신주의에 대한 용인이나 선호가 커져가고 있다. 독신주의 경향은 서구 사회에서는 1960년대 이후 지속적으로 증가하였고, 비교적 가족과 혼인제도가 안정되어 있었던 동구권에서는 사회주의가 무너진 1990년대에 급격히 진행되어, 현재에는 평생 독신자의 비율이 30% 이상에 이르게 되었다.

독신주의 경향은 또한 가족에 대한 인식의 변화뿐 아니라 성에 대한 인식의 변화를 수반한다. 가족의 안정성에 대한 강조의 약화, 혼외 성관계의 수용과 독신주의는 서로 밀접히 연관되어 있다. 다시 말해, 독신주의는 자유로운 성관계와 비혼동거의 확산, 이혼의 증가와 맥을 같이한다. 실제 우리나라의 경우에도 이혼으로 인한 가족의 해체, 비혼동거자의 증가와 독신자 비율은 함께 증가하고 있다. 이러한 현상에 맞추어 주거도 1인 거주에 알맞은 원룸아파트가 대도시를 중심으로 확산되고 있다.

탈가족화가 젊은 층에서만 나타나는 것은 아니다. 우리나라에서는 젊은이가 농촌을 떠나 도시로 이동하면서 먼저 농촌에서부터 혼자 사는 노인의 비율이 급증하는 현상을 보인다. 그리고 이러한 현상은 고령화가 빠르게 진행되면서 주거의 가격이 비싼 도시에서도 확산되고 있다. 고령화의 또 다른 양상은 가족을 떠나 시설에 거주하는 노인이 증가하는 현상이다. 물론 이러한 종류의 탈가족생활이 가족관계의 단절이나 소멸을 의미하는 것은 아니다. 그러나 노인의 비율이 높아지고, 자녀세대가 그들을 경제적으로나 심리적으로 가족의 틀에서 돌보기 어려워지면서 노인의 보호는 불가피하게 가족이 아닌 사회에 맡겨지지 않을 수 없다.

(4) 가족의 다양성 증가

앞에서 제시한 가족의 정의에 따르면, 오늘날 대부분의 선진 사회와 우리나라에서의 가족은 더 이상 보편적인 제도라고 보기 어렵고, 가족 밖에서 생활하는 사람의 비율이 계속 늘어나고 있다. 이러한 탈가족화와 더불어 가족의 모습도 매우 다양해지고 있다. 예전에는 '가족' 하면 으레 부부와 자녀를 머리에 떠올렸다. 즉, 이러한 핵가족 또는 핵가족의 결합으로 이루어진 확대가족이 정형이라고 할 만큼 지배적이었다. 그리고 이러한 형태의 가족을 '정상가족' 또는 '표준가족'으로 보았다. 그러나 가족의 이념, 혼인의 의미가 바뀌면서 이러한 소위 정상가족에서 벗어난 다양한 가족모습이 일반화되어 가고 있다. 가령 의도적인 부부만의 가족, 미혼모 가족, 양부가족, 양자가족 등이 그것이다. 이에 더하여 증가하는 이혼의 여파로 편부 또는 편모 가족, 조부모-손자녀 가족도 늘어나고 있다.

과거 가족전통에 따르면 이러한 가족은 비규범적·비정상적인 것, 또는 가족 해체의 결과로 여겨져 사회적 편견의 대상이었다. 따라서 이들 가족원은 심한 사회적 차별과 불이익을 당하였다. 혼인외 출생자에게 사생아라는 명칭을 사용하여 제도적으로 차별한다든가, 어머니가 재혼을 하여 양부를 맞아 한가족을 이루고 사는 자녀의 경우 양부의 성과 자신의 성이 달라 겪게 되는 시련 등이 그 예에 속한다. 가족모습이 다양해지면서, 또는 개인이 자기가 살 가족의 종류를 선택할 권리에 대한 주장이 나타나면서 과거의 정상가족 위주의 가족규범에 대한 강한 문제제기가 사회운동의 차원에서는 물론 정책적인 차원에서도 제기되고 있다. 예로서 사생아라는 용어의 일상적·법률적 사용 폐지, 어머니 성을 선택하거나 성을 바꿀 수 있는 권리, 미혼모 가족에 대한 사회적 지원 대폭 확대, '정상가족'이나 '가족해체' 등의 규범적 차별을 전제로 하고 있는 용어의 사용억제에 대한 주장 등이 여기에 속한다. 이러한 의미에서 "건강한 가정생활의 영위와 가족의 유지 및 발전을 위한 국민의 권리·의무와 국가 및 지방자치단체 등의 책임을 명백히 하고, 가정문제의 적절한 해결방안을 강구하며 가족원의 복지증진에 이바지할 수 있는 지원정책을 강화함으로써 건강가정 구현에 기여하는 것을 목적으로" 2004년 제정된 '건강가정기본법'에 대한 문제제기가 잇따르고 있다. 이 법률 제3조 3호에서는 "가족원의 욕구가 충족되고 인간다운 삶이 보장되는 가정"을 '건강가정'으로 정의하고 있는데, 그것은 '건강하지 못한 가정'의 대립개념으로 파악되므로 바람직하지 못하여 대체입법이 필요하다는 것이다.

(5) 대안가족의 등장

탈가족화로 전통적인 가족에서 벗어나 생활하는 사람이 반드시 '가족적'인 삶을 포기하는 것은 아니다. 이들 가운데 많은 사람은 기존의 가족에는 해당되지 않지만 나름대로 '가족적'인 삶을 추구한다. 이들의 공통점은 하나의 생활단위나 생활공동체를 이루고 산다는 점이다. 여기에는 현재 서구에서 보편화되어 있는 비혼동거와 많은 논란의 대상이 되어 있는 동성(同姓)부부, 주로 노인층에서 발견되는 시설가구, 공단지역이나 대학교 인근에서 많이 발견되는 소규모 비틴족가구 등이 속한다. 이러한 형태의 생활단위는 과거에도 있어 왔지만, 예외적인 삶의 방식 또는 문제집단의 삶의 형태로 간주되었다. 그러나 최근 이러한 삶의 방식이 많은 사람에 의해 선택되고, 일탈이나 문제로 인식되기보다는 정상적인 선택으로 간주되는 경향이 커지면서, 이를 일반 가족과 마찬가지로 복지나 정책의 대상에 포함시켜야 한다는 주장이 대두하고 있다. 이러한 맥락에서, 즉 개인이 자의로 또는 불가피하게 일반 가족 대신 선택하는 형태의 가족적 삶이라는 점에서 이들을 총칭하여, '대안가족(alternative family)'이라고 부르기도 한다.

(6) 분산가족의 증가

오늘날 세계적으로 매우 독특한 한국적 가족현상으로 가족분산 또는 '분산가족(scattered family)'을 들 수 있다. 소위 "기러기(펭귄, 독수리) 아빠"로 대표되는 가족현상이 여기에 속한다. 영어가 만능인 사회에서, 교육투자의 하나로 자식을 외국에 유학 보내느라 허리가 휘는 "기러기 아빠"가 적지 않다. 2004년 기러기 가족 수는 무려 5만 가구가 넘고 유학비용도 2조 원을 웃도는 실정이다. 이러한 가족분산은 대부분이 남편과 아내의 가족 내 역할을 분리하고 여성의 자녀양육 책임을 강조하며, 부부관계보다 부모-자식 관계를 중시하는 전통적 가족이념에 근거한다.

서구와 같이 가족의 핵심이 부부관계에 있는 곳에서는 이혼 전 단계의 공식적인 별거가 아니고는 장기간 남편과 아내의 분리거주는 상상하기가 어렵다. 그러나 우리나라에서 가족분산은 공업화 이후 지속되어 왔다. 주로 남편의 직장이 지방일 때 남편은 지방에, 아내는 자녀교육을 위해 대도시에 머무는 형태가 주를 이루었다. 이러한 부부는 주로 주말부부 또는 주말가족으로 불렸다. 남편이 외국에 유학 중일 때에도 분산 또는 부부별거는 당연한 것으로 여겨졌다.

오늘날에는 경제적 상황, 교육여건의 변화, 전 지구화로 인해 과거 주말부부 형태의 가족분산이 국제적 분산으로 확산되었고, 이로 인한 문제가 사회적 쟁점으로까지 부각되고 있다. 이처럼 국경을 넘어 떨어져 지내는 가족을 일컬어 '초국적 가족(transnational family)' 내지 그 과정을 강조하여 '전 지구적 가족 형성(global householding)'이라 한다. 이보다 심각한 가족분산 현상이 1990년 이후 중국 조선족 사회에서도 급속히 확산되고 있다. 2005년 12월 현재 한국에 머무르고 있는 조선족 이주노동자 수는 59,101명이었고, 2004년 4월 기준 국내에 이주한 여성 결혼이민자 수도 31,739명이었다. 일본과 미국에 이주하여 거주하고 있는 조선족도 각각 1만 명을 훨씬 상회하는 것으로 알려져 있다. 이러한 이주의 배경에는 자녀교육 또는 가족교육에 대한 강한 열망이 자리하고 있다.

한편, 은퇴 후에 자식들과 헤어져서 부부끼리 또는 본인 단독으로 해외에서 거주하는 삶을 계획하는 사람도 있다. 적지 않은 사람이 은퇴 후에 우리나라보다 생활비는 적게 들면서 환경과 기후 조건은 좋은 동남아시아 국가에서 사는 것을 고려하고 있다. '은퇴자 해외이주'의 장점으로는 노인에게 적합한 따뜻한 기후와 한국보다 청정한 환경, 저렴한 생활비 등이 있고, 단점으로는 가족과의 단절감, 외국생활에서 오는 외로움, 언어소통의 어려움 등이 지적된다. 평균수명이 늘어나는 데도 은퇴 시기는 앞당겨지는 추세와 더는 자식의 부양을 기대하지 못하는 분위기 속에서 은퇴 후의 해외이주는 점점 더 늘어날 것으로 보인다. 현재 우리가 경험하고 있는 가족분산은 한국의 전통적 가족이념이 현대사회에서 어떻게 작용하고 있으며, 그것이 한국인의 삶에 어떤 의미를 가져다주는지를 나타내는 중요한 예로 볼 수 있다(권태환 외 2인, 2008 : 98−110).

2. 집단과 인간행동

1) 집단의 정의와 주요 개념

우리를 둘러싼 다양한 체계 가운데 가족 다음으로 개인의 성장과 발달에 영향을 미치는 집단을 이해하기 위해서는 먼저 집단에 대한 정의를 살펴보고, 집단의 유형과 특징에 대해 몇 가지 주요 개념을 중심으로 간략히 정리해 보고자 한다.

(1) 정의

집단은 서로가 동일한 집단에 소속되어 있다는 집단의식이 있고 공동의 목적이나 관심사가 있으며 이들 목적을 성취함에 있어서 상호의존적이며 의사소통, 인지, 반응을 통하여 상호작용하며 단일한 행동을 할 수 있는 능력이 있는 2인 이상의 사회적 집합체로 정의된다(김동배 · 권중돈, 2003 : 413).

체계로서 집단이란 "한 개인으로서 서로 인식하고 상호작용하며, 사회적 실체로서 집단에 대한 의식을 공유하고, 구성원들의 집단과 연관된 행동에 의해 영향을 받으며, 자연적이고 표현적인 행동이 지배적인 두 명 이상으로 구성된 사회조직의 한 형태"로 정의된다. 또한 집단은 "적어도 2인 이상이 모여, 공동의 목적 혹은 인지적 · 감정적 · 사회적인 면에서 관심을 공유하면서 서로에 대한 호감을 가지며, 규범을 형성할 뿐 아니라 집단활동을 위한 목적을 발달시키고 스스로 혹은 타인에 의해서 그 집단의 구성원으로 인식할 수 있는 정도의 응집력을 발달시킬 수 있도록 충분한 상호작용과 교류가 이루어지는 상태"로 정의할 수 있다.

이러한 정의를 통해서, 집단이란 "서로 관련되어 있는 사람의 집합으로서 개인의 단순한 집합이 아니라 그 안에 있는 사람의 관계가 구조화되고 유형화되어 있는 조직된 체계"라고 규정할 수 있다. 또한 이러한 집단은 적어도 두 사람 이상이 모여 공통의 목적과 흥미 혹은 관심을 공유하면서 서로에게 영향을 주고받는 모임이라고 할 수 있다.

(2) 기본과정

인간의 성격은 한 개인이 집단에 소속되어 고유의 지위, 권리, 역할을 부여

받고 타인과 상호작용을 함으로써 형성되고, 그러한 집단성원과의 관계를 통하여 지속적으로 성장하고 변화하며, 수정된다고 보고 있다. 특히 얄롬(Yalom)은 유의미한 집단활동에 참여함으로써 부적응적 개인은 다음과 같은 11가지의 치료적 효과를 경험할 수 있다고 보았다.

① 희망의 활착

다른 성원의 진보상황을 관찰하고 지지를 받을 수 있으므로 자신의 성공에 대한 기대를 갖게 된다.

② 보편성

자신의 문제나 경험이 다른 성원의 경험과 유사하다는 것을 인식할 수 있게 된다.

③ 정보의 공유

다른 성원들로부터 필요한 정보를 획득할 수 있다.

④ 이타주의

다른 사람들로부터 원조를 받기도 하고 제공함으로써 자신을 긍정적으로 여기게 된다.

⑤ 원초적 가족집단의 교정적 재현

자신과 다른 가족원 간의 역동적 관계가 집단성원들 사이에서 나타나는 것을 발견하고 다른 방식으로 대처 해결할 수 있는 방법을 모색·실천할 수 있게 된다.

⑥ 사회화 기술의 발달

집단경험으로 사회적 기술을 학습하고 실천에 옮길 수 있게 된다.

⑦ 모방행동

다른 집단성원들이 상황에 반응하는 방법을 관찰하고 자신에게 유용한 반응을 모방할 수 있게 된다.

⑧ 대인관계적 학습

집단 내에서 이루어지는 환류를 통하여 서로의 반응을 알 수 있게 된다.

⑨ 집단결속력

자신이 유익하고 가치가 있는 대인관계상황에 몰입하므로 이익을 얻게 된다.

⑩ 정화

자신이 느끼는 감정을 표현할 수 있도록 상호원조를 한다.

⑪ 실존적 요인

집단토론을 통하여 인생에 있어서 진정으로 중요한 것이 무엇인지 결정을 내린다.

(3) 집단의 특징

집단은 단순히 다수의 개인이 모여서 만들어진 모임이기보다 일정한 목적을 갖고 움직이는 체계이다. 집단은 내적으로 구성원을 통제하기 위한 독특한 규범과 문화를 발전시킬 뿐 아니라, 외적으로 환경체계의 영향을 받는다. 집단의 특징을 정리해보면 아래와 같다.

① 일정한 구성원을 갖는다. 집단의 크기가 최대한 어느 정도인가에 대해서는 한정되어 있지 않지만, 최소한 2명 이상의 구성원으로 이루어진다. 집단은 구성원 간의 상호작용에 의해 제한을 받으며, 대부분 규모가 작은 편이다. 집단이 구성원 간에 직접적인 상호작용을 하지 않을 경우에는 더 이상 집단이라 할 수 없다.

② 공통된 목적이 존재한다. 집단에는 구성원이 함께 공유하고, 실제로 달성할 수 있는 목적이 있어야 한다. 체계론적 시각에서 목적은 체계를 유지하고 과업을 성취하는 기능을 한다.

③ 정체성을 갖는다. 모든 구성원은 전체로서의 집단에 대한 정체성을 갖는데, 이는 다양한 집단활동을 통해 형성되는 '우리의식'이라 할 수 있다. 집단에 대한 정체성은 우리의식이 나타날 때 더욱 명백해진다. 집단은 구성원으로서 소유하는 자기본위에 주요한 영향을 미친다. 집단구성원이 상대적으로 구별되지 않으며 서로 인간적인 측면에 의해 관련되어 있기 때문에 집단이 유지되고 발달하며, 자기본위 의식의 증진에 기여한다.

④ 집단은 개인행동에 영향을 미친다. 집단은 구성원에게 사회화와 사회통제의 기능을 수행한다. 모든 집단은 독특한 하위문화를 소유하며, 이것은 집단과 관련된 구성원의 행동에 영향을 미치는 규범을 포함하고 있다. 이러한 집단규범은 부분적으로 구성원에 의해 내면화의 형태로 채택되며, 개인의 가치체계의 일부분이 된다.

⑤ 상호작용은 일차적으로 정서적 맥락에서 이루어진다. 집단 내 상호작용은 구성원의 내적 혹은 자연적인 상태를 기반으로 한다. 이러한 의미에서 집단 관련 활동은 일차적으로 이성적이기보다 감정적이다.

⑥ 집단참여에는 한계가 있다. 한 개인이 가족 이외의 다양한 집단에 참여하는 것은 일정한 관심과 흥미에 기초하여 자발적으로 결정된다. 그리고 각 집단은 구성원에게 상호작용을 요구하고, 이는 결과적으로 구성원의 힘과 에너지를 필요로 한다. 따라서 자연적으로 한 개인이 집단에 참여하는 정도와 수는 제한적이기 마련이다.

⑦ 집단은 모든 사회체계 중에서 가장 배타적이다. 배타성의 관념은 집단구성원의 자기본위 의식에 의해 나타난다. 집단구성원의 관계가 개인적인 차원에서 이루어지며, 개인의 내부에서 우러나오는 감정에 의해 이루어지기 때문에, 다른 체계에 대해 배타적이다. 배타성은 집단의 잠재적인 안정성과 구성원의 사회화에 기여한다.

⑧ 집단은 자기조직화된 것이다. 집단구성원 사이의 관계와 효과적인 상호작용은 구성원의 내적이고 자연스런 상황에 기인한다. 이러한 과정에서 집단은 스스로 조직된 것이며, 집단과 관련된 행동은 이성적인 요소보다는 정서적인 측면에 의해 나타난다. 집단의 관계는 어떤 다른 목적달성을 위한 도구나 수단이기보다는 그들 스스로의 목적달성을 위해 이루어진다(이근홍, 2007 : 306-307).

(4) 집단의 목적

집단의 목적은 그 집단에 관여한 모든 사람의 기대가 융합된 것으로 집단의 존립 이유, 기대, 희망 등을 포함하여 하나일 수도 있고 복합적일 수도 있으며, 여러 개의 하위목표를 가질 수 있다. 전체집단의 목적은 성원의 개인적 목적, 기관의 서비스 목적, 집단사회복지사의 목적이 통합되어 전체 집단이 공동으로 추구하여 나타나는 집단활동의 바람직한 결과를 의미한다.

집단목적이란 집단의 존재이유를 말하는데, 집단조직가와 참여자의 집단에 대한 기대 이상의 것으로 집단성원과 집단조직가 모두가 참여한 상호작용의 산물이다. 서비스 목적은 집단 서비스를 제공하는 기관이나 기관의 요인에 의해 잠정적으로 설정된 목적이다. 집단 사회복지사의 목적은 성원의 개인적 목적, 기관의 서비스 목적 그리고 집단사회복지사의 목적이 통합되어 전체 집단이 공동으로 추구하는 집단활동의 바람직한 결과를 의미한다. 성원의 개인적 목적은 각 성원이 집단에 참여할 때 가지고 있는 기대, 희망 등의 표현으로 드러난 목적, 숨겨진 목적, 무의식적 목적이 있을 수 있다.

(5) 집단의 기능

집단은 여러 가지 활동을 통해서 목표 달성의 기능, 집단의 유지기능, 개인적 기능을 갖는데, 이와 같은 기능을 구체적으로 살펴보면, 첫째, 집단은 그 집단이 갖는 목표, 즉 공동의 목표를 달성하는 기능을 가지고 있다. 이는 사회집단 목표를 좀더 효율적으로 성취하기 위해 행하는 과업 수행으로 집단이 구성원 개개인에게 작용하는 기능이다. 둘째, 집단은 구성원의 욕구를 충족시키고 그들이 매력을 느끼도록 하여 그 집단을 계속해서 유지하려는 기능을 가지고 있다. 집단의 유지기능은 비형식적이고 직접적인 사회집단 구조에 대등하는 사회집단의 기능으로서 사회집단의 목표 달성이라는 기능과 상호작용한다. 셋째, 개인적 기능은 구성원의 자기 가치감을 높여 주는 기능, 구성원의 구체적 행동을 규정하는 기능, 구성원에게 가치관과 그 가치관을 표현하는 행동방식을 습득하게 하는 기능, 구성원에게 장래의 생활준비로서 자세를 확립시키게 하는 기능으로 나눌 수 있다(권육상 · 이명재, 2002 : 399).

(6) 집단의 과업유형과 수행

집단구성원의 과업능력(task ability)이 높을수록 집단수행을 더 잘한다는 것은 놀라운 사실이 아닐 것이다. 그러나 집단수행은 때때로 각 구성원의 능력의 합에 의하여 제시된 잠재력에도 훨씬 못 미칠 수 있다. 슈타이너(Steiner)는 과업의 한 분류체계를 제안했는데, 그는 모든 과업이 동일한 요구사항 등을 갖고 있지 않으며, 과업수행 잠재능력이 과업의 요구조건에 의하여 영향 받고 있다고 지적했다. 이러한 상황을 전제할 때, 집단에 대하여 과업의 유형을 인식하고 과업을 수행하기 위한 적절한 책략을 발전시키는 것이 중요하다.

① 비접합 과업

비접합 과업은 '이것 아니면 저것, 저것 아니면 이것' 식의 의사결정을 요하는 것으로 집단은 몇 개의 대안적 해답 중에서 결정해야만 한다. 비접합 과업에서 집단의 최대 잠재능력은 가장 유능한 멤버의 능력에 달려 있는데, 이때 덜 유능한 집단구성원은 자기의 노력이 중요치 않다고 지각하기 때문에 동기 손실이 있을 수 있다.

② 접합과업

접합과업에서는 모든 집단구성원이 기본적으로 동일한 하위과업을 수행하며, 집단의 전체 수행은 이들 하위의 과업의 조합에 달려 있다. 예를 들면, 한 팀의 등산 반원들의 최대 수행은 그 집단에서 가장 유능하지 못한 멤버의 잠재능력에 달려 있는데, 이는 이 등산인 집단은 가장 느린 사람보다 더 빨리 산의 정상에 도달할 수가 없기 때문이다. 이와 같은 접합과업에서 집단이 단 한 명의 무능한 멤버에 의해서 심하게 벌점을 받게 되므로 그 집단 내의 개인에게 대한 평균 수행은 그 집단의 수행보다 더 우수할 것이다.

③ 가산과업

가산과업의 최종적 집단 생산은 집단구성원의 노력에 대한 합계이다. 가산적 과업을 수행하는 집단은 거의 예견된 가능성을 초과하지는 않는다. 이것에 대한 간단한 예증이 50년 전 독일의 심리학지인 링겔만(Ringelman)에 의하여 제시되었는데, 그는 줄다리기를 하는 개인들과 집단을 비교하였다. 그는 줄에서 혼자 당기는 한 명의 남자가 63kg의 평균 힘을 쓴 반면에, 8인 집단이 248kg의 평균 힘을 썼다는 것을 발견하였다. 따라서 비록 8인 집단의 각 멤버가 단지 평균 31kg의 힘을 썼을 지라도 집단이 개인보다 더 우수했다는 것이다.

(7) 집단의 상호작용

집단 내에서 이루어지는 사회적 상호작용은 힘의 역동적인 교환행동이다.

집단과정에 참여한 사람은 접촉을 통하여 참여자의 사고, 감정, 행동, 태도를 변화시키는 결과를 낳는다. 집단의 상호작용 유형을 보면, 첫째, 기둥형은 지도자가 중심적 위치를 차지하고 성원과 지도자 양자 간의 의사소통이 활발히 이루어지는 유형이다. 둘째, 순번형은 집단구성원이 돌아가면서 이야기하는 유형이다. 셋째, 뜨거운 자리형은 다른 집단구성원이 지켜보는 가운데서 지도자와 한 성원만이 의사소통을 하는 유형이다. 넷째, 자유부동형은 집단에서 이야기되고 있는 것 또는 이야기되지 않은 것이든 간에 모든 집단구성원이 자유롭게 얘기할 수 있는 유형이다.

(8) 집단결속력

집단결속력이란 집단 내에 남아 있게 하는 구심력과 분리되게 만드는 원심력이 존재하는데 이러한 모든 힘의 결과를 말한다. 집단결속력이 발생하게 되는 요인을 보면, 첫째, 타인과의 연합, 인정, 안정에 대한 욕구, 성원의 권위, 집단의 목적과 프로그램 활동, 집단운영 방식 등과 같은 집단이 갖고 있는 자원과 유인 요인, 둘째, 집단결과에 대한 성원의 주관적 기대, 셋째, 다른 집단 경험과의 비교가 있다.

집단결속력이 집단구성원 간의 상호작용에 미치는 영향은 첫째, 다른 집단구성원과 정서적 유대관계를 형성하고 유지하는 데 매력을 느끼는 성원이 있는 경우로 개인적인 관계를 맺기 위한 의사소통과 행동을 많이 한다. 둘째, 집단에서 수행하는 과업에 매력을 느끼는 성원이 있는 경우로 집단과업 성취를 위한 활동에 주력한다. 셋째, 집단 내에서 부여받은 지위에 매력을 느끼는 성원이 있는 경우로 지위를 잃게 만들 위험이 있는 행동은 가급적 자제하게 될 것이다.

집단결속력의 정도에 따른 영향을 보면, 강한 경우는 구성원의 탈락률이 낮아지고 집단참여도가 높아지며, 집단에서 자신이 수행해야 할 책임성을 성실히 이행하는 현상이 나타난다. 약한 경우는 집단에 소속되기를 원하지 않는다.

2) 집단의 형태

집단의 유형은 집단의 크기, 성원 간의 상호작용, 정서적 결속정도, 집단 구성방법, 집단이 성취하고자 하는 목적에 따라 분류한다.

(1) 전통적 분류 : 1차 집단과 2차 집단

쿨리(C. Cooley)는 성원 간의 상호작용과 정서적 결속정도에 따라 1차 집단(primary group)과 2차 집단(secondary group)으로 분류하였다. 1차 집단은 사회적 관계를 맺고 있는 소규모의 집단을 의미하며, 이렇게 소규모인 이유는 대집단에서는 직접적 · 대면적 상호작용이 이루어지기 어렵기 때문이다. 가족, 친구, 또래 등이 이에 속하는 집단이다. 반면에 2차 집단은 정서적 결속이 미약하고 특별한 목적 성취를 위하여 상호작용하는 집단을 의미하며, 이 집단에서는 개인 자체보다는 집단 내에서 수행하는 개인의 기능과 역할을 중시함으로써 집단 성원 간의 관계는 단지 작업이나 노동활동에 근거를 두고 이루어지며, 관계를 맺는 목적은 효율성을 높이는 데 있다.

(2) 집단의 분류

① 집단구성 방법에 따른 분류

㉮ 자연발생적 집단 : 자연발생적 집단(natural group)이란 자연발생적으로 일어난 사건, 대인관계상의 매력 또는 구성원의 욕구 등에 근거하여 자연발생적으로 구성된 집단으로 공식적 후원체계가 없는 것이 특징이다. 가족, 또래집단, 갱집단 등이 포함되며 이 집단은 쿨리의 1차 집단과 비슷하다.

㉯ 인위적 구성집단 : 치료집단, 위원회, 클럽, 팀 등을 포함하는 인위적 구성집단(formed group)은 어떠한 외부의 영향력이나 전문가의 개입을 통하여 의도적으로 구성된 집단으로 특정한 목적을 위해 만들어졌으며 후원이나 외부의 협력 없이는 구성될 수 없는 집단이다. 이 집단은 공식적 규칙과 일련의 과업을 가지므로 구조화되고 지위에 의해 층화되었다는 특징을 가지고 있다. 인위적 집단은 치료집단(구성원의 교육, 성장, 행동 변화, 사회화에 대한 욕구 충족)과 과업집단(과업 성취를 위해)으로 분류되기도 한다.

② 집단 목적과 활동에 따른 분류

㉮ 수단적 집단 대 표현적 집단 : 수단적 집단 대 표현적 집단은 과업 대 감정, 목표달성 대 집단유지, 집단지향 대 개인지향, 권위적 행동 대 사교적 행동의 양상과 같은 용어로 구분되기도 한다. 수단적 집단은 집단의 목표 달성이나 과업 성취를 주 목적으로 하는 집단을 의미하며, 표현적 집단은 구성원의 상호작용을 통한 정서적 만족을 주 목적으로 하는 집단을 의미한다.

㉯ 치료집단 대 과업집단

㉠ 치료집단 : 치료집단의 주요 목적은 교육, 성장, 치유, 사회화 등이다. 특히 그룹웍 실천에서는 위의 4가지 기본 목적 중 한 가지 이상의 목적을 동시에 성취하고자 하는 변형된 형태의 치료집단도 많지만 이러한 4가지 기본적 목적을 중심으로 다음과 같이 치료집단을 분류한다.

첫째, 교육집단(educational group)의 일차적 목적은 성원이 자기 자신과 자신이 속한 사회를 잘 이해할 수 있도록 교육을 통해 원조하는 것이다. 모든 교육집단에서는 성원이 보다 많은 정보나 기술을 획득하게 하는 데 목적을 두고 있으며, 전문가가 이러한 정보와 기술, 지식을 가르친다. 이러한 집단은 병원, 학교, 교정기관 등에서 많이 활용되고 있다. 교육집단은 대체로 소수집단이며 자기표출보다 교육의 욕구가 더욱 중시되는 경향이 있다.

둘째, 성장지향적 집단의 기본 목적은 성원의 자기인식을 증진시키고, 자신의 사고를 변화시키는 것이다. 그러므로 집단은 성원이 자신의 능력을 최대한 발휘하기 위한 하나의 도구로서 의미를 지닌다. 따라서 성장집단(growth group)은 사회정서적 질병의 치료보다는 사회정서적 건강 증진에 초점을 둔다. 성장집단을 구성하고자 할 때에는 서로 다양한 속성을 지닌 성원으로 구성하는 것이 바람직하다. 그것은 서로 다른 특성이 집단성장의 밑거름이 될 수 있기 때문이다. 대부분의 성장집단에서는 성원의 자기표출 정도가 높은 편이다.

셋째, 치유집단(remedial group)의 일차적 목적은 성원의 행동변화, 개인적 문제의 완화·제거·재활을 원조하는 것이다. 이 집단은 성원의 개인적 목적을 성취할 수 있도록 원조하는 과정에서 전통적 의료모델의 사회조사-진단-치료의 과정을 따르는 경우가 많다. 치유집단에서 성원은 자신의 문제를 해결하기 위하여 집단활동을 하는데, 집단사회복지사는 전문가, 권위적 인물 또는 변화 대리인으로서의 역할을 수행한다. 집단의 공동 목적과 성원 각각의 증상이나 문제를 해결해야 하기 때문에 이에 유의해야 한다. 집단 성원의 자기표출 정도는 일반적으로 높은 편이지만, 성원이 경험하고 있는 문제에 따라 그 정도는 다르다.

넷째, 사회화 집단(socialization group)은 성원이 사회적 기술을 습득하고, 사회적으로 수용되는 행동 유형을 학습함으로써 지역사회의 생활에서 효과적으로 기능할 수 있도록 원조하는 데 일차적 목적이 있다. 집단 토의보다는 게임, 역할극, 야외활동 등의 프로그램을 통하여 집단의 공동 목적과 개인적 목적을 성취하는 경향이 있다. 사회화 집단은 사회기술훈련 집단, 자치집단, 여가집단으로 나눌 수 있다. 사회기술훈련 집단의 전형적인 예로는 자기주장훈련 집단을 들 수 있으며, 이 집단은 효과적으로 의사소통을 하지 못하거나 만족할 만한 사회적 관계를 맺지 못하는 사람에게 매우 유용하다. 자치집단은 치료적 지역사회에서 원용한 것으로 병원이나 시설 거주자가 참여함으로써 자신에게 긍정적인 영향을 받아 일거양득의 효과를 얻을 수 있다. 여가활동에 초점을 두는 집단으로 스카우트, 캠핑, 스포츠, 클럽활동 등에서 이러한 집단의 근원을 찾아볼 수 있다. 이러한 여가집단은 지역사회의 거주자들끼리 결속하게 해 주어 문제의 발생을 예방하거나 이웃 간의 관계를 증진시킬 수 있게 된다.

㉡ 과업집단 : 과업집단은 조직과 기관의 조직문제에 대한 해결책 모색, 새로운 아이디어의 개발, 의사결정 등에 주로 활용되고 있다. 과업집단의 1차적 목적은 조직적 욕구의 해결과 성원의 욕구 충

족이며 조직적 욕구의 해결을 수행하는 집단은 위원회, 행정집단, 협의체 등이며 성원의 욕구 충족의 목적을 수행하는 집단은 팀, 치료회의, 사회행동집단 등이 있다.

첫째, 위원회(committees)는 과업집단 중 가장 보편적인 형태이며, 다양한 과업성취가 그 목적이다. 조직의 욕구와 성원의 욕구는 밀접한 관련성을 지니고 있으므로 위원회에서 산출된 결과는 기관과 성원 모두에게 이익이 된다.

둘째, 행정집단(administrative group)은 기관이 조직의 목표를 수행할 수 있도록 원조하며, 조직의 행정과 절차는 이 집단에 의해 수립되는 경우가 많다. 기관은 행정집단과 정보를 교환하고 기관의 기능 증진을 위해 회의를 개최한다. 행정집단은 위원회가 건의의 기능을 갖는 점과는 달리 결정권과 행동권을 지닌다.

셋째, 협의체(delegate councils)는 협의회보다 소규모의 조직 또는 집단으로 협의체의 성원은 후원기관에 의해 임명되거나 선출된다. 협의체의 성원은 후원기관의 이익을 대변하며, 기관 간의 의사소통과 협력방안을 모색하고 사회문제를 조사하며, 집단적 사회행동을 하기도 한다. 협의체는 기관 간 또는 부서 간의 효과적 의사소통을 가능하게 하는 장이 되며, 일반적으로 대다수의 기관에 영향을 미치는 광범위한 문제나 기관의 공동 관심사에 관심을 갖는다.

넷째, 팀(team)은 각자 독특한 지식과 기술을 갖추고 있는 요원들이 모여 특별한 목적을 성취하기 위해 자신이 가진 전문성을 타 성원과 공유하는 집단을 의미한다. 팀 성원은 특별한 성원을 위하여 업무를 조정하고 공동으로 업무를 수행한다. 팀 지도자는 팀 기능과 운영에 대한 책임을 지고 회합을 주관하며, 팀 성원을 동기화하고 각 성원의 내용을 조정한다. 따라서 팀 지도자는 촉진자, 조정자의 역할을 수행한다.

다섯째, 치료회의(treatment conference) 집단의 주요한 목적은 특별한 클라이언트나 성원체계에 대해 토론하는 것이다. 이들이 수행해야 할 과업은 성원의 상황을 고려하여 각 성원들이 개별적으로 클라이언트에게 개입할 시에 수행해야 할 행동노선을 결정하는 것이다. 치료회의에서 참여자는 가장 효과적인 치료방법을 도출해 내는 데 기여한다. 치료회의의 주요 활동은 의사결정, 문제해결 및 성원 간의 행동 조정이며, 치료회의 성원보다는 클라이언트의 욕구에 초점을 둔다.

여섯째, 사회행동집단(social action group)은 집단 성원과 양자에게 모두 혜택이 돌아가는 공동선을 추구하는 집단이다. 사회행동집단의 구성은 변화 대상과 환경의 특성에 따라 달라지기도 한다. 이 집단의 의사소통 유형은 공개적이므로 전체 성원의 활발한 참여가 이루어질 수 있다(임은희, 2005 : 324－329). 이상의 논의를 근거로 하여 치료집단과 과업집단의 전체 특성을 비교하면 <표 12－7>과 같다.

〈표 12-7〉 **치료집단과 과업집단의 비교**

집단 특성	치료집단	과업집단
결속력	구성원의 개인적 욕구에 근거	성취해야 할 과업에 근거
역 할	집단 상호작용을 통해 발달	상호작용이나 임명을 통해 발달
의사소통	개방적 의사소통	특별한 과제에 대한 토론에 초점
절 차	집단에 따라 융통성이 있거나 공식적으로 정해져 있음	공식적 일정이나 규칙에 규정되어 있음
구 성	공동 관심사, 문제, 일반적 특성에 근거	요구되는 재능, 전문성 또는 노동 분화에 근거
자기표출	자기 욕구, 감정, 관심사 등에 대한 가치 표출이 많음	과업 성취에 관련된 부분에 국한됨
비밀 보장	사적 수준에서 처리되거나 집단 내부에서 유지	사적으로 처리될 수 있지만 때때로 공중에 공개됨
평 가	성원의 치료적 목표의 성취정도에 근거하여 성공 여부 평가	성원이 성취한 과업, 의무사항 또는 산출에 근거하여 평가

3) 집단의 역동성

(1) 집단의 구조

집단구조(group structure)는 역할, 규범, 구성원의 관계를 말하는 것으로 집단

구성원의 행동을 유도하여 과업 수행에 영향을 미친다. 집단구조는 이와 같은 구조 때문에 그 자체의 독특한 특성을 지니며, 비록 구성원이 바뀔 지라도 집단의 정체감을 유지할 수 있게 된다.

① 지위와 역할

지위란 집단 내에서 구성원 각자가 차지하고 있는 위치를 말한다. 이것은 집단 내에서의 평가과정을 통해서 개인에게 부여되며, 고정적이지 않고 유동적이다. 지위는 집단구성원 각자의 전문적 지식, 집단에 대한 책임, 개인적 매력 등에 따라 달라지며, 구성원의 행동, 책임, 통제 등에 영향을 미친다.

역할을 집단 내에서 개인의 위치에 맞는 행동 유형을 말한다. 이것은 집단 내에서 개인의 행동을 이해하고 예측할 수 있게 하며, 기대된 역할, 지각된 역할 및 실행된 역할로 구분할 수 있다. 기대된 역할은 집단 내에서 일정한 위치를 차지하고 있는 사람으로서 기대에 부응하는 행동이며, 지각된 역할은 지위를 차지하고 있는 사람이 그가 반드시 해야 한다고 믿는 행동이며, 실행된 역할은 지위를 차지하고 있는 사람이 실제로 수행한 역할을 말한다. 집단에서 구성원 각자가 자신의 역할을 잘 수행할 수 있도록 하기 위해서는 각자의 역할에 대해 토의하며, 현재의 역할에 따르는 책임과 권리를 명료화하고, 구성원의 역할을 적절하게 변화시켜야 한다.

집단구성원은 다른 구성원의 행동과 몇 가지의 상이한 방식으로 행동하도록 기대되는데, 이런 기대로 인하여 이야기되는 지속적인 행동 형태를 역할이라고 한다. 역할은 누가, 무엇을, 언제 어떻게 해야만 되는가를 규정하게 되는데, 역할을 집단 내의 직위와 그러한 직위를 점유하는 사람의 행동을 규제하는 규칙이라고 볼 수 있다. 캐츠와 칸(D. Katz & R. L. Kahn)은 집단 및 조직에서의 역할과정에 대한 모형을 제시하면서 조직의 각 구성원은 일련의 역할을 가지며, 초점 인물이 해야 할 역할이란 것에 자신의 기대를 명백히 또는 암암리에 타인에게 의사소통 하는 것이라고 말했다.

역할에서 집단구성원은 타인이 자신에게 무엇을 기대하는가를 알아야 한다. 그러나 실제로 집단은 완전한 체계를 갖는 것이 어렵기 때문에 어느 정도의 갈등은 항상 일어난다. 다시 말해서, 역할갈등(role conflict)이 일어나는 것인데 이러한 역할갈등은 3가지 형태로 구분된다. 첫째, 개인적 역할갈등으로 이는 역할 점유자의 가치 혹은 개인적 특징이 타인의 기대와 갈등을 일으킬 때 발생하며, 둘째, 역할 내 갈등은 타인이나 일련의 역할 내의 사람이 역할 점유자에게 모순되는 행동을 기대할 때 발생한다. 셋째, 역할 간 갈등으로는 이것은 한 사람이 2가지의 모순된 역할을 수행해야만 하는 경우이다. 이 경우에는 학생이 수업을 하느냐 아르바이트를 하느냐 또는 아들로서의 역할과 남편으로서의 역할 간의 갈등이다.

이러한 역할갈등을 처리하는 방식을 보면, 하나는 어떤 역할 내에서 경쟁되는 역할이나 요구를 단순히 무시하는 것이고, 다른 하나는 갈등되는 역할을 제시하지 않는 집단을 선택하는 것이다. 그러나 역할은 일반적으로 개인의 욕구보다도 집단의 욕구를 해결하기 위해서 발전되어 있기 때문에 이러한 이유로 역할갈등은 흔히 해결하기가 곤란하고 상당한 긴장의 한 근원일 수 있다.

② 규범성

규범은 특수한 행동을 규제하고 집단 내의 모든 사람에게 적용되는 하나의 규칙으로서 사회체계의 구성원에게 그들의 행동양식을 명확하게 해주는 평가유형에 대한 공동 신념이라 할 수 있다. 예를 들면, 학교에서는 복도에서의 통행이나 지각, 결석에 대한 규범이 있다. 규범은 집단구성원의 행동을 예측하도록 해 주기 때문에 가치가 있으며, 체계 내에서 행동이 평가되는 일반적인 준거틀을 제공받게 된다. 또한 어떤 규범은 명확하고 집단토의를 통하여 발전 될 것이고, 다른 것은 관행을 통해서 발전하고 불문율로서 규정되지 않은 채로 유지될 수 있는데 어느 경우에서나 집단구성원은 규범에 따를 것을 기대 받고 있다. 규범의 작용은 다음과 같은 3가지 기본적 내용을 가지고 있다. 즉, ㉠ 규범과 관련 있는 태도나 행동을 규정하는 것, ㉡ 멤버가 규범에 동조하는 정도를 감시하는 것, ㉢ 규범에서 동조와 비동조자에게 상이나 제재를 주는 것 등이다. 이와 같이 하여 집단에서의 규범은 여러 가지의 직접적 방법이나 간접적 방법으로 전달되고 강화되어 그 집단형태가 형성되어 가는 것이다

(2) 집단의 구성

① 집단의 크기

집단의 크기는 집단과정이나 수행에 영향을 미치는 중요한 요인 중의 하나로 특정한 상황 아래서 특수한 목적을 달성하기 위하여 어떠한 기술을 집단이 사용하는가를 결정할 때 특히 중요하다. 집단의 크기가 증가할수록 대부분 과업에 대한 잠재적 집단수행도 증가하는데, 가산적 과업을 수행하는 사람이 많을수록 이용할 수 있는 자원은 많아지며, 그 집단은 더 좋은 수행을 할 수 있다. 그러나 의견이 일치 혹은 만장일치를 위하여 노력하는 경향이 줄어들기 때문에 집단활동을 조정하는 데 어려운 점을 동반할 수 있다. 집단의 '이상적 크기'에 대한 몇 가지 연구가 있었는데, 슬레이터(Slater)는 5인 집단이 정보를 수집하고 교환하며 그 정보의 평가에 기초된 어떤 의사결정을 행하는 정신적 과업을 취급하는 데에 가장 효과적이었다고 결론지었고, 브레인스토밍(brainstorming)의 개발자인 오스본(Osborn)은 이러한 집단의 최적 크기가 5~10인으로 구성된 집단이라고 시사했다.

② 집단 내의 의사소통

의사소통은 집단의 기본적인 과정으로 생각, 감상, 감정 또는 신념 등을 다른 구성원에게 전달하는 것이다. 집단 내에서의 의사소통이 조화를 이룰 때에는 높은 집단 참여, 생산성, 그리고 만족감을 기대할 수 있어서 집단 목적을 성공으로 끌고 갈 수 있으나, 의사소통이 조화를 이루지 못할 때에는 집단 내에 여러 가지 문제가 발생하여 구성원의 소외감, 증오감, 갈등 등을 일으켜 효율적인 집단구조를 형성하기 어렵다.

집단생활에서 의사소통이 얼마나 많은 영향을 주는가에 대해서 많은 연구가 이루어졌는데, 베이블라스(Bavelas)는 집단 내의 의사소통망에 관한 연구서를 발행했고 이어서 리비트(Leavitt)가 연구서를 발간했다. 의사소통망이란 메시지가 전달자로부터 피전달자에게로 전달되는 경로의 구조를 말한다. 즉, 일종의 의사소통의 패턴(pattern)이라고 할 수 있다. 리비트는 그의 실험적 연구에서 의사소통망이 조직구성원의 업적과 만족에 미치는 영향에 대하여 관찰하였다. 그 결론은 단순노무직에서는 윤형(wheel)이나 Y형 및 전체경로형(all-channel)이 가장 효율성이 높고, 원형(circle)과 연쇄형은 효율성이 낮다는 것이다. 그러나 집단의 분위기나 만족은 그 반대가 된다고 하였다.

〈표 12-8〉 **집단의 의사소통망**

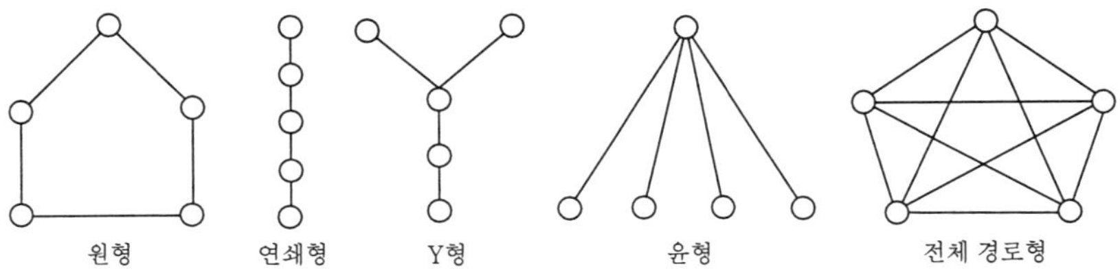

출처 : Leavitt(1951). 윤재풍(1985 : 354).

③ 집단 응집성

집단 응집성은 집단 구성원으로 하여금 그 집단에 남도록 하는 힘을 말한다. 페스팅거(L. Festinger)는 “집단 응집성이란 집단구성원을 그 집단에 머물게 하려고 하는 모든 힘의 합성력이다”라고 말하고 있다. 또한 카트라이트(D. Cartwright)와 잰더(A. Zander)는 집단 응집성이 어떤 요인으로 이루어지고 응집성이 높아지는 결과, 집단에 어떤 영향을 미치는 가를 다음 <표 12−9>와 같이 나타내고 있다.

〈표 12-9〉 **집단 응집성 분석 도식**

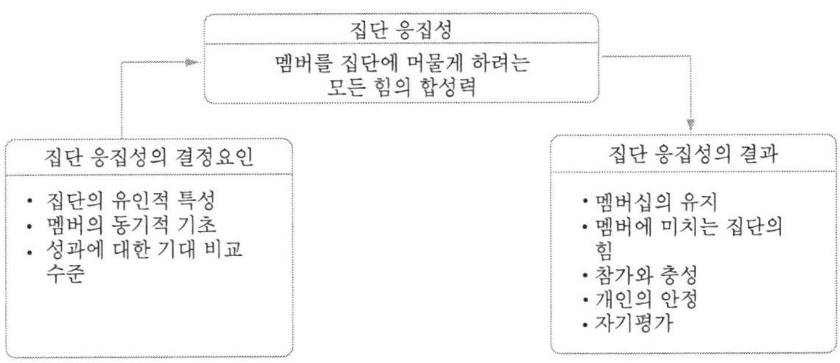

출처 : Cartwright & Zander(1974).

응집성은 한 집단 전체의 특징으로서 몇 가지 정적 영향을 주는데, 그것은 첫째, 하나의 핵심적인 정적 힘은 집단구성원 간에 존재하는 대인 매력으로서 집단구성원이 서로 좋아하고 교우관계의 유대로 연결되어 있을 때 응집성은 높아진다. 둘째, 어떤 집단에 남아 있으려는 사람의 동기는 또한 집단의 수단적 목표에 의해서 영향 받게 되는데, 어떤 집단에 대한 우리의 매력은 우리의 목표와 집단의 목표 간의 부합과 아울러 집단이 그 목표를 얼마나 성공적으로 달성하는가에 달려 있다. 셋째, 집단이 효과적이고 조화롭게 상호작용하는 정도이다. 우리는 확실히 자신의 시간과 기술을 낭비하는 팀보다도 효율적으로 일하는 팀에 있게 되는 것을 더 좋아한다.

④ 동질성의 정도

일반적으로 동질적인 집단구성원의 집단은 조화롭게 일을 처리해 나가는 반면, 이질적인 집단은 갈등이나 비협조로 곤란을 겪게 된다. 그러나 동질적인 집단인 경우에도 연령, 도덕수준, 공식적 교육, 가치관과 같은 특징을 바탕으로 비교해 보면, 많은 이질성을 발견하게 된다. 즉, 장단점을 주어진 상황에 잘 적용한다면 집단의 잠재력을 좀더 잘 활용할 수 있고 집단이 수행할 과업에 높은 수준의 생산성을 가질 수 있다(권육상 · 이명재, 2002 : 402-411).

⑤ 정서적 유대

집단구성원이 서로에게 매력이나 반감을 갖게 되므로 그들의 정서적 유대에 대해 관심을 가져야 한다. 집단 내에서의 의사소통을 통해서 정보와 의견이 전달되기도 하지만, 긍정적 · 부정적 감정이 교환되기도 한다. 집단 내에서 매력과 같은 긍정적인 정서적 유대는 구성원 간의 상호작용을 증진시키지만, 반감과 같은 부정적인 유대는 구성원 간의 결속과 상호작용을 감소시킨다.

정서적 유대는 집단구성원에게 소속감을 갖게 한다. 정서적 유대가 높은 집단은 갈등과 긴장을 잘 극복하고 구성원의 욕구를 충족시킬 수 있으며, 집단의 목적을 효과적으로 실현시킬 수 있다. 그러나 정서적 유대는 집단 전체에 동일하게 작용하는 것은 아니며, 구성원은 긍정적 또는 부정적인 유대를 갖기도 하며, 이러한 과정에서 집단 내에 하위집단이 생성된다.

⑥ 하위집단

집단구성원이 서로 간에 공통점을 발견하게 되면 다양한 하위집단이 형성되기 시작한다. 하위집단은 집단의 규모가 커지게 되면 모든 집단에서 나타나며, 유사성, 공통의 속성, 공통의 관심사, 상호간의 매력, 포함의 욕구 등에 의해서 형성된다. 하위집단은 소수의 구성원으로 이루어지며, 그들 간에 정서적 유대와 조화가 나타난다. 하위집단은 전체집단에 참여하는 데 있어서 보람을 느끼게 하며, 집단의 응집력을 향상시킨다. 이와 같이 하위집단은 집단의 발전에 기여하기도 하지만, 집단의 응집력을 약화시키는 경우도 있다. 하위집단의 존재는 자연스런 결과이기 때문에 이를 받아들여야 하며, 하위집단이 전체집단에 유리하게 작용할 수 있도록 원조해야 한다.

(3) 집단구성원의 행동 역할

① 과업역할

㉮ 주도자(initiator contributor)의 역할 : 집단에게 새로운 아이디어나 문제 혹은 목적에 관하여 변경할 점을 제안한다.

㉯ 정보수집가(information seeker)의 역할 : 타인에게 관련 정보를 요청함으로써 사실을 파악하는 데 중점을 둔다.

㉰ 의견요청자(opinion seeker)의 역할 : 집단이 취급하고 있는 문제에 관한 가치 또는 제출된 제안이나 대안에 포함되어 있는 것에 대하여 분명히 해줄 것을 요청한다.

㉱ 정보제공자(information giver)의 역할 : 전문가로부터 나온 사실을 포함해서 결정을 내리는 데 필요한 자료를 제공한다.

㉲ 의견제공자(opinion giver)의 역할 : 제시된 안이나 대안에 대하여 의견을 진술하고 가치나 감정에 관한 정보를 제공한다.

㉳ 내용보충자(elabrator)의 역할 : 타인이 지적한 사항에 관해서 예를 들거나 다른 말로 설명해 주고, 앞으로 어떻게 처리될 것이며, 어떤 결과가 초래될 것인가에 대하여 추가 정보를 제공하고, 이미 제시된 안에 대하여 이론적 해석을 가한다.

㉴ 조정자(coordinator)의 역할 : 집단구성원의 공헌으로부터 가장 적절한 생

각을 추출하도록 노력하고 전반적인 문제에 관한 관련성을 지적하며, 다양한 구성원과 하위 집단활동을 조정 · 통합한다.

㉧ 방향제시자(orienter)의 역할 : 진행사항을 요약하고 집단의 목표를 고려해서 집단의 위치를 규정한다.

㉨ 평가자-비판자(evaluator-critic)의 역할 : 집단목적과 기능에 비추어 집단과업의 성취도와 관련하여 집단과정을 평가한다. 즉, 집단의 노력을 논리성과 실현 가능성의 방법에 근거하여 평가와 질문을 한다.

㉩ 활력원(energizer)의 역할 : 집단이 행동하고 결정할 수 있도록 자극하며, 양적 · 질적으로 훌륭한 활동을 하도록 자극하거나 환기시키는 행동을 한다.

㉪ 진행전문가(procedural techician)의 역할 : 운영에 필요한 세부사항을 담당한다. 즉, 자료 분배나 좌석 정돈 및 기계 조작 등을 주관함으로써 집단의 움직임을 촉진한다.

㉫ 기록자(recorder)의 역할 : 안건, 제안, 집단의 의사결정 사항 및 토의 결과를 기록한다.

② 사회정서적 역할

㉮ 격려자(encourger)의 역할 : 다른 집단구성원의 발언을 칭찬하고 동의하며, 집단구성원의 공헌을 인정한다. 또한 태도에 대하여 칭찬과 찬사를 보냄으로써 집단구성원이 자신감과 안정감을 가지고 집단에 참여하도록 격려한다.

㉯ 조화자(harmonizer)의 역할 : 집단구성원 간에 차이를 중재하고 의견불일치를 화해시키며, 유머를 활용하거나 갈등을 진정시켜 갈등상황에서 긴장을 해소시킨다.

㉰ 타협자(compromizer)의 역할 : 집단구성원 간에 갈등이 있을 때 집단의 조화를 위해서 행동의 자제나 지위의 양보, 잘못에 대한 시인 등에 대한 타협과 절충안을 제시한다.

㉱ 문지기와 촉진자(gatekeeper and expedites)의 역할 : 절차를 수립하고 집단구성원의 동등한 참여를 보장함으로써 커뮤니케이션을 원활하게 하려는 행동을 한다.

㉮ 기준설정자(standard setter)의 역할 : 집단과정의 질을 평가하기 위한 기준에 관하여 의견을 제시하거나 토의를 요청한다.

㉯ 집단 관찰자 및 논평가(group observer and commentator)의 역할 : 집단과정의 여러 가지 활동을 기록하고 이러한 역동성에 대하여 긍정적 · 부정적 측면을 지적하여 자기 평가를 할 때 그 자료를 공급한다.

㉰ 추종자(follower)의 역할 : 다른 집단구성원이 내놓은 아이디어를 받아들이고 타인의 생각을 수동적으로 받아들이면서 집단의 움직임에 따라간다.

③ 개인적인 역할

㉮ 공격자(aggressor)의 역할 : 다른 집단구성원의 위치를 약화시키고 행동이나 감정을 배척하며, 집단 공헌자에 대해서는 질투를 한다.

㉯ 방해자(blocker)의 역할 : 이유 없이 또는 비합리적인 이유로 집단 토의에서 늘 반대하고, 반대하는 사람을 규합하여 집단을 방해한다.

㉰ 인정 추구자(recognition seeker)의 역할 : 열등한 위치에 있는 집단구성원이 열등감을 보상받기 위해서 자신의 업적이나 행동을 과잉 선전함으로써 자기에게 관심을 집중시키려고 한다.

㉱ 원조 추구자(help seeker)의 역할 : 열등감, 부적응, 혼란 등으로 인하여 불안해 하며, 다른 집단구성원이나 전체 집단으로부터 동정을 구하는 행동을 한다.

㉲ 국외자(playboy)의 역할 : 집단과정의 참여에서 냉소, 무관심, 수다 등 부적절한 행동의 형식을 취한다.

㉳ 독재자(dominator)의 역할 : 집단과정에서 자기 과시와 외압적인 행동을 하며, 권위나 우월감을 내세우는 행동을 한다.

4) 집단발달단계

집단이란 두 명 이상의 사람으로 구성되어 상호간에 영향을 미치면서 특정 공동목표를 향하여 함께 활동하는 과정으로 정의한 바 집단은 본성적으로 동태성(movement)을 지니고 있기 때문에 정체되어 있는 상태로 존재하는 것이 아니라 끊임없이 변화 · 발전의 과정을 거치게 된다. 즉, 집단은 활동주기(life cycle)에 따라 성숙단계로 발전하게 된다. 제웰(Jewel)은 집단의 발달단계를 ① 도입(orientation), ② 갈등과 도전(conflict and challenge), ③ 응집(cohesion), ④ 망상(illusion), ⑤ 각성(disillusion), ⑥ 수용(acceptance) 등의 6단계로 구분하여 비능률적이고 비효과적인 미성숙단계로부터 효과적이고 능률적인 상태인 성숙의 단계로 설명하고 있다. 앨대그(Aldag)는 5단계로 구분하였는데 ① 집단구성원 자격단계, ② 하위 집단화 단계, ③ 직면단계, ④ 개인의 차별화 단계, ⑤ 협력의 단계이다.

이상의 많은 학자들이 집단이 발달해 가는 단계를 공식화해 왔다. 다양한 집단이 존재하기 때문에 이런 모든 집단에 공통적으로 존재하는 단계를 공식화하기는 힘든 것이 사실이다. 그러나 집단발달의 각 단계를 파악함으로써 각 단계에서 다루어야 할 독특한 행동을 예측할 수 있고 집단에서 발행하는 행동의 중요성을 인지할 수 있다. 각 단계의 특성을 이해하는 지도자는 집단발달과 목적을 달성하도록 규범적 행동을 북돋을 수 있는 적합한 개입방법을 사용할 수 있다. 다음은 집단의 발전과정을 터크맨(Tuckman) 등의 구분을 중심으로 구체적으로 살펴보고 클라인(Klein, 1972)에 의해 제시된 모델과 갈랜드(Garland, Johnes, Kolodny, 1965)의 5단계 모델을 살펴본다.

(1) 터크맨의 집단발달단계

① 집단의 시작단계(forming stage)

시험(testing), 의존(dependence), 도입(orientation)의 요소가 포함되어 집단이 구성되는 초기의 첫 출발하는 시기로 구성원 상호간에 조심스럽게 눈치를 보며 탐색하며 비교하기 시작한다. 행동에 대한 불안감, 집단구조의 불확실성 등으로 지도자에게 의존적인 경향을 높게 갖는 단계이다. 지도자는 구성원들이 상호관계를 맺도록 공통적인 관심사, 비슷한 흥미, 문제를 제시하여 집단과 개인이 서로 적응할 수 있도록 조절되어야 하는 시기이다.

② 갈등의 단계(storming stage)

이 단계는 집단구성원이 집단 내의 타인에 대하여 더 많은 탐색과 검증을 하게 되며 긴장, 갈등, 적의 등의 부정적인 정서적 반응을 주로 나타낸다. 집단의 활동 및 작용에 대하여 불만을 표현하며 자신이 기대했던 대로 되지 않을 때 욕구불만에 사로잡혀 양극화되는 경향을 보이며 지도자를 공격하기도 하고 구성원 상호간에도 갈등을 경험하게 된다. 이러한 현상은 특정 집단에서만 발생하는 것이 아니라 대부분의 집단에서 나타나는 하나의 과정이라 볼 수 있다. 이 단계를 성공적으로 진행하면 효과적인 집단이 되며 집단 내에 상대적으로 분명한 리더십 계층이 확립되어 다음 단계로 진입을 할 수 있게 된다. 반면에 이때에 집단이 깨어질 가능성도 높아 지도자의 지도력이 구성원에게 충분한 정서적 안정이나 기대감을 주지 못하면 문제와 갈등이 발생하여 집단이 지속되지 못할 가능성이 높게 된다.

③ 응집성의 형성·발전 단계(norming stage)

갈등의 단계를 통과하면 집단은 점차로 응집성을 형성하여 발전하게 된다. 부정적인 정서가 극복되고 협력적이고 조화로운 분위기를 형성하게 된다. 점차적으로 구성원은 서로간에 믿음과 신뢰가 증가되고 집단의 사기도 높아지게 되며, 집단에 대한 동일시(identification)가 이루어지게 된다. 집단 내의 의사소통이나 역할수행의 효율성이 고조되고 특정 집단만의 고유한 특성이 나타나기 시작하며, 상호간의 수용이 이루어지기 시작한다. 집단구성원은 점차로 집단과 집단의 미래를 공유하며 '우리'라는 공동체의식을 발달시키게 되고 협동, 정보의 공유, 합의에 의한 의사결정은 더욱 좋은 결과를 유도하게 된다.

④ 실행단계(performing stage)

이 단계에서는 집단구조가 완전히 기능을 다하고 집단구성원은 서로를 수용한다. 집단구성원은 갈등이 발생하여도 이를 해결하는 방법을 습득하여 자율적으로 처리할 수 있게 되고, 행동에 대한 책임을 질 수 있으며 집단의 문제해결과정에도 확신 있는 태도로 적극적으로 참여하게 된다. 참여자 상호간의 응집력과 유대관계가 강해졌으므로 타인의 의견이나 지적에도 적절히 대응할 수 있게 된다. 뿐만 아니라 집단의 목표를 달성하기 위하여 자신이 할 수 있는 최선의 노력을 기울이게 되며 집단의 문제를 해결하기 위해 집단구성원이 함께 협력적으로 활동하게 된다. 우리의식은 더욱 견고해지며 구성원은 상호간에 긍정적인 가치를 부여하며 서로의 노력에 대하여 인정과 칭찬을 주고받게 된다. 비로소 통합이 완성되어 구성원 간의 양호한 인간관계와 과업수행을 유지할 수 있게 되는 것이다.

⑤ 해산단계(disorganization stage)

종결단계로 불리기도 하는 이 단계는 집단의 목표나 과업이 성취된 이후의 시기로 과업행동은 종결되고 집단구성원으로서의 관계가 해체되거나 분리된다. 그러나 종결은 반드시 집단의 목표달성에만 관련되는 것이 아니며 여러 가지 이유로 집단이 계속 유지되지 못할 상황의 발생으로 이루어지기도 한다. 모든 집단은 언젠가는 해산의 시기를 맞이하게 되는데 집단의 발전과정에서 일어난 여러 가지 이유로 집단이 계속 유지되지 못할 상황의 발생으로 이루어지기도 한다. 모든 집단은 언젠가는 해산의 시기를 맞이하게 되는데 집단의 발전과정에서 일어난 여러 가지 상황에 의해 구성원은 성취감이나 만족감을 느낄 수도 있으며 때로는 상실감이나 집단에 대한 거부감을 갖게 될 수도 있다.

(2) 클라인에 의해 제시된 발달단계

① 오리엔테이션

집단의 목적을 설정하고 성원을 소개한다.

② 저항

개인 성원이 집단과정 동안 인지된 위험에 대해 방어를 한다.

③ 협상

집단의 규범을 설정하고 핵심 이슈에 대해 일치점을 찾아 나간다.

④ 친밀

성원에 대해 안전감을 느끼고 유대를 형성하며, 집단과 그 목적에 대해 동일시하면서 집단의 목적을 이루어 나간다.

⑤ 종결

성원은 집단의 과업을 종결하고 집단으로부터 분리된다(이윤로, 2006 : 147).

(3) 갈랜드 등(Garland, Johnes, Kolodny, 1965)의 5단계 모델

① 1단계(친밀 전 단계 : 접근과 회피행동)

책임지기, 타인과의 상호작용, 프로그램 활동과 사건에 대해 망설이는 것

등으로 집단에 속하기를 주저한다. 성원은 또 다른 성원의 사회적 지위나 역할을 자신의 잣대로 규정하거나, 자기소개를 정형화하거나, 지적 토론에 집중하는 경향이 있다. 초기에는 대부분 지도자를 중심으로 의사소통을 한다.

② 2단계(권력과 통제단계 : 변화의 시간)

이 단계의 준거틀은 '전환(transition)'이다. 성원은 상황을 이해하고 예상할 수 있게 되면서 관계의 틀을 구성하려고 노력한다. 집단에서의 투쟁을 거쳐, 성원은 다른 성원과의 관계에서 '서열'에 신경을 쓰게 된다. 낮은 지위에 있는 성원에 대한 언어적 침해, 공격, 거부 등도 자주 나타나며, 하위집단에 속하지 못한 고립된 성원은 다음 모임에 참석하지 않을 수도 있다.

③ 3단계(친밀단계 : 친밀한 관계발전)

갈등은 사라지고 성원 간에 개인적 소속감이 강해지며, 집단경험에 대해 중요하게 인식한다. 성원 각자의 독특성을 인지하기 시작하면서 상호 신뢰하기 시작한다. 3단계에서는 집단의 문화, 양식, 가치체계에 따라 집단의 '특성'이 나타난다. 개인의 관심이나 기질 또는 다른 긍정적 힘에 따라 분명하게 규범을 세운다.

④ 4단계(분화단계 : 집단정체성 발달과 내적 준거틀)

4단계는 집단 응집력과 조화로 표현된다. 집단중심의 기능이 이뤄지며 개인과 집단의 욕구는 조화를 이룬다. 집단은 그 자체의 관습과 구조를 형성하는데, 즉 집단은 그 자체의 준거틀을 형성한다.

⑤ 5단계(종결단계 : 헤어짐이 시작)

집단을 종료하는 시기에 지도자나 다른 성원에 대한 분노를 표출할 수 있으며, 이전에 잠잠했던 말싸움이 다시 등장하거나, 지도자에게 더욱 의존적이 될 수도 있다. 종결은 집단이 달성한 것을 평가하고 숙고하며 배운 것을 공고히 하는 시간이다. 집단에 대한 관심을 거두어들이고 외부에 에너지를 쏟기 시작하는 성원은 두려움, 희망, 미래, 다른 사람에 대한 관심 등을 이야기할 것이다(허남순, 2004 : 411－414).

(4) 핫포드(M. E. Hartford)의 분류

① **전 집단 단계** : 개인적인 전 집단 단계, 공식적인 전집단 단계, 회합단계

② 집단형성단계

③ 통합, 분산과 갈등, 재통합, 재조직 결합단계

④ 집단기능과 유지기능 단계

⑤ **종결단계** : 전 종결단계, 종결, 후 종결단계

5) 집단의 구조적 요소에 개입하기

집단의 치료적 특성과 집단의 영향을 판단하는 데 있어 다음 요소들은 중요하게 고려해야 할 요소이다(허남순, 2004 : 417－421).

(1) 응집성

집단에서 응집성은 중심역할을 하기 때문에 지도자는 이런 긍정적인 힘을 반드시 독려해야 한다. “누가 참석하고 참석하지 않았는지 보세요, ‘우리’, ‘우리를’, ‘우리의’ 등을 언급하면서 참석자를 하나로 하기”에 따른 행위로 응집력을 독려한다.

(2) 규범구조

지도자는 첫 모임에서 규범적인 ‘지침’을 포함하는 명시적인 계약을 맺으면서 집단의 치료적 환경을 만들고 일종의 ‘작업하는 집단’으로 단계를 시작한다. 치료적 행동을 촉진시키기 위해 다음과 같은 기준을 만들 수 있다.

① 문제를 해결하는 데 합의에 의해 결정하는 방법 사용하기

② ‘나’ 입장에서 말하여 감정과 발언을 개별화하기. 예들 들어, ‘나’는 이렇게 (생각해)(느껴)(원해)…

③ 집단과제나 임무에 초점 맞추기

④ 개인이나 집단의 힘, 발전에 대해 광범위한 초점을 갖기

⑤ 다른 사람 앞에서 그 사람을 ‘이야기거리’로 만들지 않기

⑥ 의사소통에 장애가 되거나 집단이 하는 일에 방해가 되는 문제가 발생할 경우 ‘하던 일을 멈추는 것’에 동의하기

(3) 하위집단 구조

하위집단은 집단에 다양한 영향을 주면서 필연적으로 출현하는데, 집단기능을 유용하게 하거나 집단과정에 묻히기도 한다. 부정적인 하위집단은 집단에서 충성과 배제의 이슈를 불러일으키기도 하며, 지도자의 권위에 도전하거나 같은 하위집단에 속한 성원만 단편적으로 의사소통하기도 한다.

(4) 지도력 구조

집단에서 지도자는 집단 목적, 개인의 목표, 집단을 유지하는 일련의 행동을 한다. 장기적으로 볼 때 지도자 역할은 다음과 같다.

① 지도자는 집단지도력과 그와 관련된 행동을 모든 성원에게 분배해야 한다.
② 집단 지도자가 해야 할 중요한 역할은 집단이 수행하는 일에 계속 중점을 두면서 동시에 지도자의 역할을 중심 위치에서 서서히 주변으로 약화시켜나가는 것이다.
③ 집단 지도자는 성원이 스스로 집단 방향을 설정할 수 있을 때까지 충분한 책임을 유지해야 한다.

6) 사회체계로서의 집단

인간의 발달과정에서 집단의 역할은 매우 중요하다. 특히 청소년기 이전의 집단경험은 성격형성과 발달에 많은 영향을 미친다. 집단은 상호작용을 하는 구성원으로 이루어져 있으며, 구성원 간의 상호작용은 개별 구성원뿐만 아니라 집단 전체에도 영향을 미친다. 즉, 집단 구성원은 집단활동을 통해 자신에 대해서 이해하며, 자신의 성장과 발전을 도모한다. 집단구성원 각자는 다른 구성원으로부터 영향을 받게 되며, 자신의 행동을 통해서 다른 구성원에게 영향을 미친다. 또한 전체로서의 집단은 성원들 각자의 활동에 의해서 변화된다.

집단은 하나의 사회체계로서 구성원의 상호작용을 바탕으로 개인의 사회적 관계를 증진시키며, 다양한 욕구를 충족시키고 문제를 해결한다. 집단은 구성원의 활동에 따라 구성원 각자와 사회에 유익하기도 하지만, 부정적인 영향력을 미치기도 한다. 한편 집단은 다른 집단에 의해 영향을 받으며 지역사회나 국가의 기대, 가치관, 문화 등에 의해 영향을 받는다.

집단은 상호작용을 하는 구성원으로 이루어져 있으며, 구성원 간의 상호작용은 개별 구성원뿐만 아니라 집단 전체에도 영향을 미친다. 즉, 집단구성원은 집단활동을 통해서 자신에 대해서 이해하며, 자신의 성장과 발전을 도모한다. 집단 구성원 각자는 다른 구성원로부터 영향을 받게 되며, 자신의 행동을 통해서 다른 구성원에게 영향을 미친다. 또한 전체로서의 집단은 성원 각자의 활동에 의해서 변화된다.

집단은 하나의 사회체계로서 구성원의 상호작용을 바탕으로 개인의 사회적 관계를 증진시키며, 다양한 욕구를 충족시키고 문제를 해결한다. 집단은 구성원의 활동에 따라 구성원 각자와 사회에 유익하기도 하지만, 부정적인 영향력을 미치기도 한다. 한편 집단은 다른 집단에 의해 영향을 받으며, 지역사회나 국가의 기대, 가치관, 문화 등에 의해 영향을 받는다.

Chapter 13 조직과 지역사회

1. 조직과 인간행동

1) 조직의 정의와 주요개념

(1) 조직의 정의

여러 분야에서 나름대로 조직의 정의를 내리고 있다. 여기에서는 사전적 정의를 비롯하여 사회운동과 일상생활과 사회복지실천 측면에 초점을 두고 기존 문의의 내용을 중심으로 재구성하여 소개해 보면, 조직은 "두 명 이상의 인간이 모여 같은 목표를 달성하고자 어떤 일을 하여 그 성과나 업적을 이루는 것", "어떤 목표를 달성하기 위하여 일정한 지위와 역할을 지닌 사람이 모여서 질서 있는 하나의 집합체를 형성하는 것"으로 정의하고 있다. 이들 정의는 조직의 구성원, 공동목표, 성과를 강조하면서 인간의 생활에서 조직의 중요성을 반영하고 있다.

사회운동 측면에서 조직은 "위원회, 클럽, 노동조합, 정당의 형태를 위하면서 합당한 권위를 행사할 수 있는 체계를 갖춘 사람의 집합체"로 정의하고 있다. 이는 조직이 특정 목적을 성취하기 위한 집단으로 규율과 위계와 권력을 수반함을 강조하는 것이다. 일상생활에서 조직은 "중추적인 역할을 하며 사회적 · 정치적 · 경제적 · 개인적 목적을 달성하기 위한 중요한 수단"으로 정의하고 있다. 이는 범죄로부터 안전, 권력으로부터 자유, 소득보장, 개인의 다양한 욕구의 충족 따위가 조직을 통해 이루어지고 있음을 시사하는 것이다.

심리학자 와익(Karl Weic)은 조직을 "조직구성원 각자가 자신과 타인으로부터 무엇을 기대할 것인가를 규정하며, 그 구성원이나 사물 간 조정된 행동과 관계를 통해 다양한 목표를 추구하는 구체적인 사회적 실체이며, 이 실체는 생존하기 위해 한층 큰 체제 속에서 다른 개인이나 하부체제에 의존한다"고 정의하고 있다. 이 정의는 조직이 생성－성숙－소멸의 과정을 거치며, 조직이 생존하기 위해 조직구성원의 역할과 상·하위조직 간 관계성을 중시하고 강조한다.

사회복지실천 시각에서 홀랜드(Holland)는 특별히 일반적인 조직과 차별하여 사회서비스 조직을 강조함으로써 사회복지실천에서 보는 조직의 특성을 분명하게 정리하고 있다. 즉, 사회서비스 조직은 사회화와 같은 정상적인 인간의 기능을 지원하거나 수입 유지를 돕는 데 중점을 준다. 따라서 사회서비스 조직은 소비자들에게 직접 서비스를 전달하며, 서비스 제공자와 받는 자 간 인간관계를 중요한 과정으로 간주하고, 서비스를 받는 자의 복지향상에 조직의 정당성을 부여한다. 조직에 관한 이 같은 설명은 사회복지실천 과정에서 사회복지사가 지켜야 할 가치관과 활동목적과 전문성을 반영하고 있다(최옥채 외 3인, 2007 : 316－319).

결국, 인간에게 조직은 매우 중요하면서도 복잡하게 관련되고 있다. 인간은 조직을 이용하여 자신의 사회적 욕구나 야망을 실현하고 각 개인은 여러 유형의 조직과 관계하면서 자신에게 부여된 의무를 수행한다. 예컨대, 직장인은 직장의 조직 안에서 자신의 역할과 의무를 충실히 이해하면서 승진이나 특정 과업을 성취함으로써 생의 보람을 만끽한다. 이뿐만 아니라 그는 직장 밖의 제반 조직과 복잡한 관계 속에서 자신의 과업을 수행한다. 이처럼 인간의 생활상에 조직이 중요하다는 점은 중국의 마오쩌둥이 농촌의 사회주의 교육을 위한 사청운동(四淸運動)에서 일상의 토대가 되는 정치, 경제, 조직, 사상에 중점을 두었다는 사실에서도 찾아볼 수 있다.

조직은 특정한 목적을 달성하기 위해서 의도적으로 설립한 체계로서, 일정한 크기와 구조를 가지고 구성원이 업무에 의해서 상호 관련되어 있는 사회적 단위이다. 또한 조직은 계획적인 활동을 통해서 일정한 활동영역을 가지고 있는 관리구조인 것이다.

조직과 유사한 개념으로는 집단, 기관, 체계 등이 있으나 조직의 개념과는 다소 차이가 있다. 먼저 집단과 조직을 비교해서 살펴보면, 하나의 집단은 여러 명의 구성원으로 구성되어 있고 또 하나의 조직에는 여러 개의 집단이 모여 구성되어 있으므로 우선 규모라는 측면에서 조직은 집단보다 상대적으로 크다. 뿐만 아니라 집단의 구성원은 근접성을 바탕으로 상호관계 및 상호작용이 이루어지며 서로에게 영향을 미칠 수 있고 공동체 의식을 강하게 가질 수 있으나 조직은 구성원이 서로 잘 알지 못하고 구성원 간에 상호작용이나 상호관계는 거의 없다(강인숙 외 4인, 2006 : 176－177). 기관은 공공의 이익을 위해 설립된 공식적인 조직을 말하며, 체계는 상호의존적인 관계를 가지고 있는 구성요소로 이루어진 집합체인 것이다(이근홍, 2006 : 315).

조직이란 인간행동에 중요한 영향을 미치는 거시체계 중 하나로서 특정 목표를 가진 개인들로 구성된 하나의 사회체계 또는 사회집단이다. 조직을 통해서 개인은 자신의 욕구나 기대를 성취하고 조직은 개인을 통해 조직의 목적을 달성한다. 이처럼 인간의 삶은 조직과 밀접히 관련되며 조직으로부터 영향을 받는다. 현대사회의 모든 생활경험은 조직과 관련된다. 현대인은 자의적으로나 또는 의무적으로 일생의 대부분을 조직의 구성원으로 활동하거나 조직활동의 산물을 접촉하면서 생활하고 있다고 하였다(Gidens, 1989). 예를 들어, 출생에서부터 성장과정을 거쳐 노년에 이르기까지 인간의 삶은 병원, 학교, 직장, 은행, 군대, 경찰, 정부 등 조직과 직 · 간접적으로 연결되어 있는 생활을 할 수밖에 없는 것이다.

따라서 조직은 ① 공동의 목적을 가지고 있고, ② 목적의 달성을 위해 의도적으로 만들어진 체계화된 구조를 바탕으로 조직구성원들은 상호작용 및 역할분담을 하며, ③ 개인과 개인, 개인과 조직, 조직과 조직 간, 즉 조직 자체의 경계를 가지고 있어 다른 조직과 구별하며 ④ 내외부 환경에 적응하게 되는, ⑤ 인간의 사회집단이라고 정의할 수 있다(강인숙 외 4인, 2006 : 178).

(2) 주요 개념

조직에 관한 이해를 폭넓게 하고, 나아가 조직을 더욱 적합하게 활용하기 위해서는 조직과 관련하고 있는 주요 개념을 살펴볼 필요가 있다.

① 조직체계

조직은 조직구성원에 의해 형성될 뿐만 아니라 일정한 형식, 즉 조직체계에 따라 만들어진다. 따라서 조직체계는 조직을 구성하는 조직구성원 각자에게 지위와 역할을 부여함으로써 조직의 튼튼한 기틀을 구축하는 근간이 된다. 이 같은 조직체계는 조직을 흩트리지 않고 추구하는 목적을 달성하는 데 더욱 큰 힘을 발휘할 수 있다. 이뿐만 아니라 조직체계는 외부로부터 조직으로 인정을 받는 데 중요한 역할을 한다.

② 조직규율

조직규율은 조직의 목적을 달성하고 조직체계를 유지하기 위해 조직의 구성원이 지켜야 할 규칙을 의미한다. 구체적으로 조직규율은 조직구성원이 수행해야 할 의무, 권리, 조직의 운영방식 따위를 명시함으로써 조직이 추구하는 목적을 달성하고 기능을 원활하게 한다.

③ 조직화

조직화(organizing)는 클라이언트(체계)의 문제를 해결하기 위해 필요한 인력이나 서비스를 규합하고 조직의 목표를 성취하도록 합당하게 운영해 나가는 과정이다. 나아가 "지역사회실천에서 조직화는 집합행동을 성공적으로 수행하기 위한 힘을 지니는 사람에 관한 것", "지역사회 주민과 함께 일함으로써 얻는 힘을 가르치는 것"으로 정의하고 있다. 한편 조직화이론에서 조직화는 상호의존적 행동을 의미 있는 연속체 속으로 결합시켜 의미 있는 산출물을 끌어내게 한다고 강조하고 있다. 따라서 조직화의 과정은 모임을 만드는 것과 만들어진 모임의 구성원을 교육시키는 두 단계로 나누어 볼 수 있다.

결국 조직화는 조직구성원의 역량을 바탕으로 조직의 목적을 성취케 하고, 이 목적은 조직구성원 간의 협력을 통해 조직이 사회적으로 선량한 과업수행을 기반으로 하는 것이다. 특히 사회복지실천에서 조직화는 클라이언트의 욕구나 문제를 해결하기 위해 필요로 하는 자원을 효과적·효율적으로 활용하기 위해서뿐만 아니라 지역사회의 특정 문제를 해결하기 위해 지역사회 주민의 개입을 구체화하는 데 필요한 기술로 간주할 수 있다.

④ 조직문화

조직문화는 "한 조직의 구성원을 다른 조직의 구성원과 달라지게 만드는 집합적 정신 프로그램"이라고 정의할 수 있다. 이 같은 정의는 조직문화가 철저히 조직을 구성하는 구성원 각자의 공통된 문화에 근거할 뿐만 아니라 조직구성원의 생각, 느낌, 행동이 단선으로 진행되는 것이 아니고 컴퓨터의 프로그램처럼 연계되어 이루어진다는 데 중점을 두고 있다. 따라서 조직문화는 조직구성원의 공통된 성향(성, 나이, 성장환경 따위)과 조직의 외부환경을 반영함으로써 조직 고유의 특성을 가늠하게 한다.

⑤ 집합행동

집합행동은 "기존의 규범, 정책, 가치 따위의 변화를 지향하는 다수의 각 개인에 의한 공동행동"으로 정의하고 있다. 따라서 집합행동은 조직구성원의 결집을 강화하여 한 조직이 대외적으로 큰 힘을 발휘할 수 있다는 데 중점을 두고 있다. 실제로 집합행동은 사회행동(social action)과 같이 특정 조직이 동등한 대우나 자원 확보를 위해 더욱 큰 공동체에 대항하려는 불만과 불이익을 당하고 있는 세력이 있다는 점을 인정한다.

2) 집단과의 유사점과 차이점

앞에서 살펴본 집단의 개념과 조직의 개념을 보면 서로 비슷한 점에 있어 집단과 조직을 이해하는 데 혼란스러운 면이 있다. 실제로 사회복지실천에서 집단과 조직은 매우 중요한 개념이기 때문에 사회복지사는 집단과 조직을 구분하여 이해할 필요가 있다. 왜냐하면 사회복지사는 이 양자에 관한 구분된 이해 속에서 집단과 조직을 적절히 활용할 수 있기 때문이다.

먼저 집단과 조직의 유사점을 정리하면 다음과 같다. 첫째, 집단과 조직은 인간에 의한 집합체로 특정 목표와 문화를 지닌다는 점에서 양자는 비슷하다. 즉, 집단이나 조직은 각각 일정한 목표를 가지며, 고유한 문화를 지닌다. 둘째, 집단의 목표가 뚜렷하고 집단구성원의 결합과 집단역동이 강한 소집단은 조직과 유사한 점이 많다. 이 같은 소집단은 집단구성원의 결속력과 책임의식, 집단구성원의 집단 내 자유로운 의사소통, 집단의 기능을 평가하는 능력과 의지의 존재 따위와 같은 특성을 지니기 때문에 조직과 크게 다르지 않다.

한편 집단과 조직의 차이점을 정리하면 다음과 같다. 첫째, 집단과 조직에 관한 각각의 정의에서 차이점을 찾아볼 수 있다. 집단은 공동목표를 달성하기 위해 구성원들 간 상호 의존과 구성원에 대해 서로 잘 알면서 대면(face-to-face)에 의해 상호작용하는 두 명 이상의 개인들로, 조직은 목적이나 임무를 완수하기 위해 특화되고 상호 의존적인 행동에 관여하는 사람들의 집합체로 정의하고 있다. 집단의 구성원은 조직의 구성원에 비해 한층 자율적으로 활동한다는 점에서 차이가 있다. 둘째, 조직은 단순한 인간 집합체에서 볼 수 없는 공식적 상·하위관계, 노동의 정교한 분배, 투명하게 형성된 구조 따위와 같은 특성을 지닌다. 이뿐만 아니라 조직의 형성은 사람들이 특정한 계기를 거쳐 특정한 목표를 중심으로 위계적으로 결합한다. 그러므로 일차집단과 이차집단, 자연집단과 형성집단, 개방집단과 폐쇄집단 따위로 구분되는 집단의 특성을 조직에서는 찾아볼 수 없다. 셋째, 집단과 조직이 각각 추구하는 목적의 성격이 서로 다르다. 집단의 목적은 개인적으로 성취할 수 없는 목적을 달성하기 위해 집단에 가담하고, 조직의 목적은 조직이 실현하고자 하는 미래의 이미지로써 현재의 행동을 통제하고 현재의 행동과 반응에 강력한 영향력을 미치는 힘이라야 한다.

결국 강한 결속력과 지도력을 강조하는 소집단은 조직의 한 종류로 볼 수 있을 정도로 조직과 유사한 점을 지니고 있으나 조직은 집단보다 더욱 목표지향적이며 관료적 성향이 강하다는 면에서 양자의 차이점을 발견할 수 있다. 특히 사회복지실천에서 집단은 개인을 변화시키는 한 방법으로 활용하는 데 초점을 두며, 조직은 문제해결을 위한 대응세력화의 한 수단이나 자원으로 활용된다. 사회복지사는 집단사회사업과 같은 사회복지실천방법을 익히는 데 집단을, 사회복지실천의 자원으로나 지역사회실천방법을 익히는 데 조직을 이해할 필요가 있다(최옥채 외 3인, 2007 : 319－320).

3) 조직에 대한 이론

(1) 과학적 관리이론

과학적 관리란 실증주의적, 과학적, 객관적 차원의 전통적 패러다임과 일치하는 조직관리의 이론적 틀이다. 명칭이 의미하듯 조직을 이해하는 데 있어서 과학적 가정에 밀접히 연결되어 있다. 과학적 관리는 테일러(Frederick Taylor)에 의해 20세기 초반에 주창된 이론이다. 테일러의 과학적 관리는 산업체의 효율성을 극대화시키기 위한 것이었는데, 조직의 효율성은 조직이론의 주요한 관심이다. 효율성이란 투입에 비해 최대의 산출을 얻어내는 것이다. 효과성도 조직이론의 기본 개념인데, 효과성이란 목적이나 목표의 성취정도를 말한다. 테일러의 '시간과 동작'의 연구는 효율성을 극대화하기 위한 연구였다.

각 피고용인은 분명하게 기술된 직무를 수행해야 하고 그 직무가 무엇을 성취해야 하는지에 대해 정확히 전달받아야 한다. 이 학파는 피고용인의 독립적 기능(자율성)을 최소화할 것을 요구한다. 감독자는 피고용인의 작업을 면밀히 검토해야 한다. 효율성이 가장 중요하며, 수행정도를 양화시키고 측정하고 규제한다. 또한 사람들이 자신의 작업에 대해 어떻게 느끼는지는 중요하지 않다. 조직의 운영에 대해 피고용인의 의견을 받아들이려 하지 않고, 될 수 있는 한 피고용인은 지시받은 대로 조용히 자신의 일을 수행해야 한다.

전통적인 관료주의가 고전적인 과학적 관리이론이 적용된 예이다. 베버(Max Weber)가 주창한 관료주의는 다음 사항을 강조한다. ① 분명하게 구체화된 직무를 수행하기 위한 고도로 분화된 단위, ② 피고용인의 입장에서는 독립적 판단과 결정을 내릴 기회를 최소화, ③ 조직을 통제하기 위한 수많은 구체적 규범, ④ 권위의 서열화를 통한 감독체계, ⑤ 문서를 통한 의사소통, ⑥ 능력을 기반으로 한 고용, ⑦ 비인격화(예외적, 특수한 상황에도 불구하고 모든 사람을 같게 취급) 등을 강조한다(이윤로, 2006 : 154−162).

(2) 인간관계이론

인간관계이론은 과학적 관리이론이나 관료주의 이론에 대한 대응으로 출현하였다. 그러나 인간관계이론이 효율성이나 효과성, 목적중심 같은 조직의 전통적 관심사를 완전히 배제한 것은 아니다. 현대 조직의 복잡성을 이해하기에는 그러한 관심만으로는 부족하다는 것을 제안하고 있다. 메요(Elton Mayo, 1880~1949)는 인간관계학파의 선구자이다. 그는 그의 호돈연구(Hawthorne Studies)를 통해 새로운 사실을 발견했는데, 노동자들은 단지 경제적 보상만으로 동기화되는 것이 아니라 노동자들에 대한 개인적 관심이나 염려 같은 비공식적 요인들에 의해서도 동기화된다는 것을 발견하였다. 일련의 후속 연구 속에서 다음과 같은 결과를 얻어내었다.

첫째, 노동자의 생산성은 경제적 보상만큼 개인적 관심과 긍정적인 사회적 상호작용이 중요하므로 조직생활에 있어서 비공식적, 정서적, 비계획적인 상호작용을 탐색해 나갈 필요성이 있다. 둘째, 효율성과 생산성에 있어 비공식적 사회집단(조직 내의 다양한 하부그룹들)의 역할이 중요하다는 것을 발견하였다. 이러한 집단은 과학적 관리이론에서는 전혀 중요하게 고려되지 않던 비공식적인 규범, 리더십 구조, 의사소통 유형, 참여 수준에 영향을 받으며 기능한다. 이러한 점을 볼 때 소집단에 대한 이해를 통해 조직의 삶을 더 잘 이해할 수 있음을 유추해 볼 수 있다. 중요한 것 한 가지는 인간관계이론도 효율성과 생산성을 최대화하는 것을 조직의 중요 목적으로 보고 있으며 조직생활에 있어서 권한의 위계화와 통제를 소홀히 여기지 않고 있다는 것이다.

(3) 동기이론

동기(motivation)는 라틴어의 움직이다(to move)라는 의미를 가진 'movere'에서 유래된 것으로 동기란 인간으로 하여금 특정한 행동방향을 결정하는 내적인 경향과 삶의 태세이며, 어떤 목적을 수행하기 위한 내적인 충동(drive)이라 정의할 수 있다. 그러므로 개인은 스스로 동기가 강하게 유발(self motive)될수록 자신의 목표가 무엇인지, 그것을 달성할 수 있는 방법에 대한 생각도 분명해지는 경향이 있다. 동기의 개념에 대하여는 학자에 따라 견해 차이를 보이고 있는데 갤러만(Gellerman)은 동기를 일정한 목표를 지향하여 행동을 조절하고 이를 목표도달을 위해 에너지의 일부를 투입시키는 것으로 정의하고, 스타이너(Steiner) 등은 동기란 행동을 활성화시키거나 작동시키는 내적 상태라고 정의하였다.

동기의 부여는 조직적 환경에 의하여 강렬해지기도 하고 감소되거나 둔화되기도 하는 것으로서 환경은 욕구를 억제하는 경우도 있으며, 반면에 동기를 자극하기도 한다. 그러므로 조직 내에서 동기부여를 위한 방법으로는 첫째, 개인차를 인정하고, 둘째, 분명한 목표의 제시와 활동과정에서 적합한 피드백이 제시되어야 하며, 셋째, 개인의 특성에 적합한 조직 내에서의 역할과 과제가 주어져야 하며, 넷째, 목표달성 정도에 따른 합리적인 보상이 주어지며 다섯째, 친교, 존중, 소속감, 자아실현 등 상위욕구의 만족을 얻을 수 있도록 동기를 부여할 때 조직의 발전에 기여할 수 있게 되는 것이다.

(4) 민츠버그의 조직구조론

민츠버그(Henry Mintzberg)는 조직의 다양한 문제 중에서 관리자에게 주어진 과업과 그들이 관리하는 조직구조에 특별한 관심을 보이고 있다. 그가 이 분야에 관심을 갖게 된 배경에는 당시 조직이론이 체계적이고 경험적인 연구조사에 기초를 두고 있음에도 불구하고 그것이 너무 학문중심적이고 종합성이 결여되어 있어 실천적이 아니라는 그의 비판의식이 있었다. 조직구조에 대해 기존 문헌이 제시하고 있는 주요 개념과 아이디어를 종합하고, 조직 내외의 권력관계를 포함한 여러 변수를 기초로 하여 그가 설계하고자 하였던 조직구조 모형은 공식적인 조직구조의 전통적인 관점과는 다른 창조적이고 유용한 틀을 제시하고 있다. 뿐만 아니라 그의 구조모형은 많은 비판을 받고 있던 관료제구조를 상황론에 의거 조직환경의 변화에 대한 적응성과 인간성을 강조함으로써 보다 효과적으로 개혁하려는 신구조론자의 이론 확립에 크게 기여하였다.

신구조론적 관점을 표방하는 민츠버그의 조직구조론의 핵심은 조직의 상황적 변수에 따라 각기 다른 5개의 조직구조가 설계된다는 점이다. 즉, 그는 조정장치, 설계변수 및 상황요인에 따라 조직을 구성하는 5개의 기본적 구성부분들 중에서 어느 부분이 중요한가를 기준으로 하여 조직구조 형상을 5개로 구별하고 있다. 한편 그는 조직을 구성하는 5가지의 구성부분을 선정하였다.

첫째, 작업층은 재화와 서비스의 산출에 직접 관련된 기초적인 업무를 수행하는 작업자로 구성되는데 이 작업층은 조직생존을 위해 필수적인 산출을 생산할 뿐만 아니라 산출의 분배 투입이나 산출 및 변환과정에 대한 직접 지원을 제공하는 기능을 수행한다. 둘째, 조직의 정상에 위치한 전략적 최고 관리층은 조직의 목표를 효과적으로 달성할 수 있도록 하고 조직 내외에서 조직을 통제하거나 권력을 행사하는 사람의 요구에 조직이 기여하도록 지원하는 책임을 맡는다. 셋째, 중간관리층은 소관 부서에 대한 직접 감독 이외에 정부의 상향적 전달을 포함한 피드백 소관부서와 관련된 환경적 제약조건을 통제 연결장치나 자원의 할당 등에 의한 특정 부서의 감독과 같은 별도의 관리적 임무를 수행한다. 넷째, 기술구조는 조직활동의 표준화에 기여한다. 다섯째, 지원막료는 정상적인 작업흐름 밖에서 다양한 조직 단위의 지원을 제공한다.

민츠버그는 기존 조직이론이 조직구조의 설계를 위해 제시하고 있는 다양한 설계변수를 종합의 형태가 아니라 분석의 형태에서 4개의 범주, 즉 개인의 지위, 상부구조, 수평적 연계, 의사결정체제로 묶어 설명하고 있다. 또한 민츠버그가 제시한 조직구조론의 핵심적인 내용은 5가지 형상으로 나타나는 조직구조의 모형에 있다. 첫째, 단순구조(simple structure)에서 가장 중요한 조직의 구성부분은 절약적 최고관리층이다. 이 구조의 중요한 장점은 다른 구조가 갖지 못한 신축성을 많이 가지고 있으며, 조직 내의 모든 사람에게 사명감을 쉽게 전할 수 있다는 점이다. 둘째, 기계적 관료제(machine bureaucracy)는 문제의 해결조직이기보다는 하나의 집행조직으로서 생산이 주요 목표가 된다. 셋째, 전문적 관료제(professional bureaucracy)에서는 작업층이 가장 중요한 구성부분이 되며 과업은 수평적으로 분화되어 있다. 수직적, 수평적, 분권화가 특징인 이 조직에서 전문가에 의해 수행되는 업무 자체는 너무 복잡하여 직접적으로 감독할 수도 없고 표준화 될 수도 없다. 매우 민주적인 조직이라 할 수 있다. 넷째, 분점화 형태(divisionalized form)는 민츠버그가 이상형으로 제시하고 있다. 이 형태는 기계적 관료제로 되어 있는 여러 개의 분점 구조가 겹쳐 있는 구조를 말한다. 분점은 자체 내에서는 상당히 집권화되어 있다. 산출의 표준화에 초점을 두고 있는 업적통제 체제가 이 구조의 지배적인 통제장치이다. 이 조직의 작업층은 규모가 큰 데 비해 기술구조와 지원막료는 규모가 작다. 끝으로 에드호크라시(adhocracy), 조직구조의 마지막 형상은 조직 쇄신에 가장 적합하면서 복잡한 구조인 에드호크라시이다. 이것은 행동의 공식화가 거의 없는 구조이며, 고도로 훈련된 전문가로 구성된 유기적인 구조를 말한다. 에드호크라시에는 2가지 유형이 있는데 그 하나가 작업적 에드호크라시이다. 이것은 고객을 대신하여 직접 문제를 해결한다. 이에 비해 잡지 출판사로 대표되는 관리적 에드호크라시는 관리부분과 작업부분이 엄격하게 분리되어 각기의 과업에 종사한다. 에드호크라시의 가장 중요한 부분은 지원막료인데 이것은 하나의 분리된 요소로서 독립적으로 존재하지 않고 조직의 모든 부분과 조화를 이룬다.

민츠버그는 조직이 항상 단순구조나 작업적 에드호크라시에서 시작하지만 설계변수와 상황요인에 따라서 다른 형태로 전환되고 있음을 지적한다. 또한 그는 조직구조에서 유일한 최선의 구조는 있을 수 없으며, 다만 상황요인과 조화를 이루고 내적으로 일관성 있는 구조만이 성공적일 수 있다고 결론을 맺는다.

(5) 우드워드의 상황론적 조직이론

우드워드(Joan Woodward)의 상황론적 조직이론의 특징은 조직이 사용하는 기술에 따라 적합한 조직구조 형태가 달라져야 한다는 상황이론(contingency theory)을 처음으로 제창하였다. 즉, 조직이 채택하고 있는 생산기술의 유형이 조직구조 및 관리형태에 상당한 영향을 미치며 생산기술의 유형과 조직구조의 적합성 여부에 따라 조직의 성과가 달라진다는 기술과 조직구조의 상황적 관계를 실증적으로 연구하고 규명하였다. 당시 고전적 경영이론에 상당한 논쟁과 파문을 일으켜 새로운 상황이론을 제시하였다.

조직이론은 한 사람, 두 사람 이상이 모인 사회집단의 조직 공동목표를 달성하기 위해 두 사람 이상의 조직구성원이 그들의 공동목표를 효과적이고 효율적으로 달성하기 위한 이론적 설명이다. 조직이론은 테일러가 주장한 과학적 관리론과 파요와 매요(Fayol & Mayo)의 인간관계론을 바탕으로 조직이 조직을 둘러싼 환경과 상황의 변화에 적절히 대응하고 적응함으로써 조직의 목표를 효율적으로 달성하기 위한 조직이론의 접근방법이다. 우드워드의 상황이론은 과학적 관리론과 인간관계론을 바탕으로 어떠한 상황에 처한 조직을 관리하고 조직화하는 데 최선의 도가 존재하며 보편적인 법칙은 실증적으로 규명하고자 산업계에서 라인과 스텝 간의 갈등과 문제로 해결하고자 하였다.

우드워드 연구에 대한 평가를 보면, 첫째, 여러 상황 요인 중에서 기술이 차지하는 비중에 초점을 두었다. 이는 아주 제한된 범주 내에서 기술과 조직구조와의 관계를 발견하거나 같은 결과를 얻어내는 데 실패하였고 기술에 대한 개념의 보완과 합당한 분석 수준의 결정 측정치 등을 연구하고 방법론의 개선과 함께 상황이론 발전이 이루어졌다. 둘째, 다른 상황이론도 똑같이 적용하고 있는 상황적 관계에 대한 결정론적 가정에 대한 의문을 제기한다. 기술 특성이나 유형을 인지하고 해석하며, 이에 대응하기 위한 수단으로 조직구조 및 관리형태를 선택함에서 최고 경영자, 전략적 의사결정자의 신념이나 가치체계, 이해집단의 능력문제가 고려되어야 한다고 비판한다.

(6) 체계모형

1930년대 후반부터 정리되기 시작한 체계이론은 조직을 그 자체가 하나의 체계인 동시에 더 큰 체계인 사회체계의 구성요소가 됨을 강조하였다. 즉, 체계모형은 조직을 거시사회학적 관점으로 포괄적인 사회적 맥락의 현실 속에서 운용되는 조직을 분석하고 이해하는 데 중요한 역할을 하였다. 체계는 한 체계가 하위체계들을 포함하고 독립적으로 기능하면서 동시에 상위체계의 목표와 생존을 지향하며, 하위체계 내부의 행위체계도 역시 상호작용하는 체계의 구성요소가 된다는 것이다.

체계모형은 조직의 현상을 연구하는 데에 특정 조직이나 조직현상을 중시했던 전통적인 관점을 조직의 일반적 특징, 조직구성원 간의 상호작용, 적응, 안정 등에 더 많은 관심을 두게 되었으며 조직에 대한 개념화를 도모하였다. 이러한 체계모형을 조직의 발전에 적용하는 것은 조직 특성의 진단과 개입전략의 수립에 매우 큰 도움이 된다(강인숙 외 4인, 2006 : 183－185).

(7) 매슬로우의 욕구이론

매슬로우(Maslow)의 욕구이론은 조직관리자에게도 많은 인기를 얻고 있다. 매슬로우는 동기와 성격과의 관계를 서술하기 위한 모형으로 그의 이론을 발전시켰고, 후에는 조직 내에서의 종업원의 동기를 이해하는 데도 관심을 기울이게 되었다. 이 같은 매슬로우의 연구가 조직이론가에게 관심을 갖게 되고 오늘날까지 조직관리 실무자에게서 많은 인기를 얻고 있는 것이다. 그것은 경영자는 종업원의 잠재력을 최대한으로 발휘하게 하기 위해서는 종업원의 중요한 욕구를 충족시킬 수 있는 조직풍토를 조성해 주어야 한다는 것이다. 다시 말하면, 경영자는 조직구성원이 자신이 맡은 일을 통해서 자율성, 다양성, 책임성 등의 상위욕구 충족을 증진시킬 수 있는 기회를 충분히 제공해 줌으로써 그들이 보다 높은 수준의 욕구충족을 지향해서 일하도록 만들 수 있을 것이다. 이 이론에 따르면, 이러한 풍토조성에 실패할 경우에 조직구성원의 욕구는 감소되어 직무에 대한 동기나 만족도가 낮아져 결국에는 조직으로부터 회피 혹은 무책임성이 증대될 것이다. 매슬로우의 욕구이론은 맥그리거(McGregor)의 이론과 함께 산업 및 조직심리학이 인본주의적 접근법을 받아들이게 하는 결정적인 역할을 하게 했다.

(8) 맥그리거의 X이론과 Y이론

맥그리거는 매슬로우의 욕구계층이론을 바탕으로 하여 관리자가 인간을 통제할 수 있는 X, Y의 2가지 이론으로 대별하고 여기에 따른 인간관리 전략을 제시하였다. 맥그리거는 전통적 관리체계를 정당화시켜 주는 인간관을 X이론, 새로운 인간관으로 제안하는 것을 Y이론이라고 불렀다.

첫째, X이론(theory X)에서의 인간에 대한 가정은 다음과 같다. ① 인간은 대부분이 본래 일하기를 싫어하며 그것을 피하고자 한다. ② 야망이 별로 없고, 책임지기를 싫어하고 명령받기를 좋아한다. ③ 대다수의 사람은 조직 문제를 해결할 만한 창의성이 없다. ④ 조직의 목표달성을 위해서는 강제·명령·처벌 방법을 강구하여야 한다고 가정한다. X이론에 따르면, 인간의 동기부여는 메슬로우가 말한 욕구 계층 가운데 주로 하위 욕구에서 이루어진다고 보는 것이다. 조직의 목표달성을 위해서는 개인에 대하여 일방적 지시와 세밀한 감독을 하고, 생리적 욕구만을 충족시켜 주며, 일정한 표준화에 의한 통제와 위협을 사용해야 동기부여가 된다고 보고 있다. 맥그리거는 X이론의 인간성에 대한 가설은 잘못된 것이며 조직목표를 달성하기 위한 자발적인 동기부여 방법으로는 부적당하다고 이를 비판한다.

둘째, Y이론(theory Y)에서의 인간에 대한 가정은 다음과 같다. ① 일한다는 것은 자연스러운 현상이고 놀이나 휴식의 경우와 같으며, 조건이 허락하면 인간은 스스로 책임을 진다. ② 인간이 조직 목표에 관여하는 경우, 그들은 자기 통제를 행한다. ③ 개인이 조직 목표에 헌신적으로 관여하는 것은 자아실현욕구의 충족을 위해서이다. ④ 대체로 인간은 조직문제를 해결하기 위한 창의력을 구비하고 있다. ⑤ 현대 조직에서 인간의 능력은 그 일부분밖에 활용되지 않는다고 가정한다. Y이론에 따르면 인간의 동기부여는 매슬로우의 욕구 계층 가운데서 비교적 상위의 욕구에서 이루어진다고 본다. Y이론에 입각한 관리전략은 인간의 잠재력이 능동적으로 발휘될 수 있도록 여건을 조성하여야 한다. 따라서 관리층은 마땅히 인간에 대한 그들의 전통적 가정, 사고, 관리방법 등을 재조정하여야 한다. 관리자는 지시적이고 강제적인 감독보다는 일반적 감독을 하고 권한을 위임하며 개인의 정서적 안정감과 귀속감을 존중해 주어야 한다. Y이론은 조직 관리에서 인간관계 문제에 접근할 수 있는 하나의 틀을 제공하였다는 점에서는 공헌하였지만, 지나치게 이상주의적인 요소가 강하다는 비판을 받는다.

(9) Z이론

오우치(William Ouchi, 1981)는 조직관리에 대한 대안적 이론으로서 Z이론을 개발하였다. 이 이론은 서구문화를 기반으로 하지 않고 일본의 문화에 기반을 두고 개발되었기에 흥미롭다. Z이론은 집단적 가치와 전체에 대한 관심, 장기적인 평가와 승진, 순환보직, 종신고용, 상관에게 결재하는 품의 등과 같은 특성을 지니고 있다. 일본의 기업들이 Z이론의 관점을 반영하는 특성을 가지고 있다는 입장이다. 오우치는 미국 기업과 일본 기업을 비교하여 차이점을 발견하였는데 그 요소는 다음 <표 13-1>과 같다.

〈표 13-1〉 **미국과 일본 기업의 차이점(이근홍, 2006 : 320)**

일본 기업	미국 기업
평생 고용	단기고용
평가시간이 길고 승진이 빠르지 않음	평가와 승진이 빠름
집합적 의사결정	개인적 의사결정
집합적 책임	개인적 책임
암묵적(implicit) 통제기제	분명한(explicit) 통제기제
직무가 구체화되지 않음(적당한 훈련을 받으면 어떤 일도 할 수 있다고 봄)	특정 훈련을 받은 특정 직무를 맡음

Z이론은 직업의 안정성, 집합적 의사결정과 집합적 책임을 강조한다. 이것이 가능한 것은 미국인보다 일본인이 공유된 가치, 철학, 신념을 갖고 일하기 때문이다. 공동체 의식과 밀접한 대인관계 같은 문화적 신념이 선행되기 때문이다. Z이론의 관점을 적용하는 기업에서는 팀 접근이 집합적 의사결정을 하게 되는 중심 기제이다. Z이론의 집합적 의사결정, 즉 동의에 기반을 둔 의사결정은 문화적 다양성 또는 다양한 가치와 의견에 대한 존중이라는 개념과는 좀 거리가 있다는 것이 단점으로 지적된다.

(10) 아지리스의 미성숙 · 성숙이론

아지리스(Argyris)는 개인 퍼스낼리티의 성숙과정을 설명하면서 개인의 성숙과정에서 퍼스낼리티의 변화는 미성숙 상태에서 성숙상태로 이행되는 하나의 연속선상에 표시될 수 있다는 것이다. 퍼스낼리티의 변화는 연속적이며, 또한 모든 개인은 불건전한 발달을 하는 경우를 제외하고는 미성숙한 상태로부터 성숙한 상태로 발전하는 것이라고 설명한다. 아지리스는 성숙한 인간은 자아실현이라는 고유한 성향을 갖고 있기 때문에 조직을 구성할 때도 가능한 한 최대의 성숙상태를 실현할 수 있는 방법이 모색되어야 동기가 부여된다는 것이다. 그러나 전통적 조직의 원리는 조직의 합리성을 과도하게 추구한 나머지 건전한 성인이 바라는 상태인 성숙한 퍼스낼리티의 욕구와 불일치된다고 비판한다.

아지리스는 공식조직이 효과성을 극대화하기 위하여 치밀하게 구조화되고 원칙대로 운영되면 될수록 건전하고 성숙한 퍼스낼리티의 욕구와 공식조직의 요건과는 모순 내지 불일치가 생기게 된다는 것이다. 개인은 언제나 좀더 성장하려고 하는 데 대해서 조직은 개인을 억제하고 종속적 내지 수동적으로 대하려고 한다. 따라서 개인은 욕구불만, 좌절, 단기간의 조망 및 갈등을 야기하게 된다. 그러므로 자아실현을 추구하는 성숙한 인간의 욕구에 대응하기 위한 동기부여 방법으로는 조직구조를 변경할 수밖에 없으며, 직무 확대(job enlargement), 참여적 리더십(participative leadership) 등을 문제해결 방안으로 제시하고 있다.

(11) 브룸의 기대이론

브룸(Vroom)은 개인의 동기부여 정도는 노력을 기울여서 얻게 되는 결과가 얼마나 그에게 매력적인가 하는 정도인 유인가와 노력을 기울여 결과를 얻어낼 수 있는 가능성이 얼마나 큰가 하는 기대의 2가지에 의하여 결정된다는 기대이론(expectancy theory)을 제시하였다. 브룸은 어떤 한 개인의 동기부여 정도는 최종 보상을 얻기 위하여 요구되는 성과 수준에 대하여 개인이 느끼는 매력 정도인 유인가(valence)와 개인이 노력을 기울여 필요한 성과 수준을 달성할 수 있을 가능성에 대한 개인의 주관적 확률인 기대(expectancy)에 의해 결정된다고 보고 다음과 같은 공식으로 표현하고 있다.

$$\text{동기부여} = \sum (\text{유인가}) \times (\text{기대})$$

즉, 동기부여는 어떤 개인이 선호하고 가치를 부여하는 성과 수준을 의미하는 유인가와 자신이 어떤 행위를 하면 어떤 성과 수준을 가져올 것이라고 믿는 주관적 확률인 기대를 곱한 총계라는 것이다. 따라서 개인의 동기부여는 성과 수준에 대한 유인가와 자신의 행위가 원하는 성과 수준을 가져오리라는 기대의 복합적 함수관계에 의하여 좌우된다는 것이다.

(12) 애덤스의 형평성 이론

애덤스(Adams)의 형평성 이론(equity theory)의 기본적 가정은 개인의 행위는 타인과의 관계에서 형평성을 유지하는 방향으로 동기부여가 된다는 것이다. 형평성 이론에 의하면, 인간은 자신의 투입에 대한 산출의 비용과 타인의 투입에 대한 산출의 비율을 비교했을 때 그 비율이 크거나 작다고 지각하면 비형평성을 느끼게 되고, 이에 따른 심리적 불균형·긴장·불안감을 해소시키기 위하여 형평성을 추구하려는 행동을 하는 과정에서 동기가 부여된다고 한다.

여기서 투입이란 조직으로부터 보상이 자신에게 제공되기를 기대하면서 자신이 먼저 조직에 주었다고 지각하는 노력·기술·교육 경험 등을 말하며, 산출이란 투입에 대한 대가로서 개인이 받게 되는 수익이나 비용인 보수·승진·성취감 등을 말한다. 개인이 지각하는 자기 자신의 투입과 산출의 비용이 다른 사람의 그것과 대등하다면 공정성을 지각하게 되고 비율 간의 균형관계가 없다고 지각되면 불공정성을 느껴 이를 감소시키려는 과정에서 개인의 동기와 행동이 형성되고 그 강도는 불공정성의 인지의 정도에 따라 결정된다. 불공정성을 해소시키고 형평성을 추구하기 위한 행동에는 투입이나 산출을 변화시켜 조정하는 것, 투입과 산출에 대한 본인의 지각을 바꾸는 것, 준거 인물을 바꾸는 것, 조직을 이동하는 것 등이 있다.

초기의 형평성 이론은 형평성을 인식하는 비교대상으로 임금·급여 수준과 같은 경제적 보상에만 초점을 두었지만, 최근에는 형평성을 인식하는 데 경제적인 것뿐만 아니라 그 밖의 사회적 배경이나 사회적 유사성과 같은 요소들까지도 비교대상으로 삼게 되었다(권육상·이명재, 2002 : 434－438).

(13) 리더십의 상황적 행동이론

① 허세이와 블랑차드(Hersey & Blanchard)의 인생궤도이론

인생궤도이론은 부하의 성숙도, 즉 인생궤도에서의 위치가 리더십의 효과에 조정변수(moderator)로서의 역할을 한다. 부하의 성숙도에는 직무에 대한 성숙도(과업에 관련된 기능습득)와 심리적 성숙도(자신감, 자존심)로 구분할 수 있다. 부하의 성숙도가 낮을 경우를 보면, 첫째, 기능이 부족할 때, 리더의 행동은 과업중심으로 조절하고, 둘째, 자신감이 부족할 때, 리더의 행동은 관계중심적으로 조절한다.

② 목표경로이론

목표경로이론은 리더의 행동이 부하에게 만족을 주는 직·간접의 원천으로 인식되는 정도의 범위 내에서 수용된다는 견해이다. 리더의 행동이 부하의 동기를 유발시킬 수 있는 범위로는 부하가 직업목표를 달성하고 보상을 받는 경로와 길을 밝혀주고 장애물을 치워주는 정도의 범위가 있으며, 리더가 상황변수에 따라 행동을 조절하는 방법은 과업 특성(어떤 일이며 어떻게 해야 하는지)과 부하의 특성(무엇을 원하는지)이 있다.

③ 리더십의 대체이론

대체이론에는 대체요인과 무효요인이 있다. 대체요인(substitute)은 부하가 모두 전문가이고 하고 있는 일에 대해 마음 속으로부터 만족을 느낀다면, 후원적 리더십 행동은 이미 주어진 것이며, 부하가 모두 경험과 능력을 갖고 있고 작업수행의 규율이 분명하면 과업중심의 리더십이 주어진 것이나 다름없다. 무효요인(neurtralizer)은 부하가 조직에서 주어지는 보상에 무관심하고 리더에게 적당한 권한이 없으면, 리더의 행동은 전혀 효과를 볼 수가 없다.

④ 브룸과 예톤(Vroom & Yetton)의 규범적 모델

규범적 모델에서 상황변수는 결정되는 내용의 질적 수준이 요구되는 정도와 부하가 결정을 수행해야 일이 잘 풀리는 분위기가 있으며, 의사결정 행동방식이 독재적, 자문적, 공동적으로 조절된다.

⑤ 효과적인 관리자 행동의 통합모델

효과적인 관리자 행동의 통합모델은 상황변수와 리더십에 대한 다중연결 모델을 응용하였다. 유클(Yukl)은 관리자가 상호작용을 하면서 관리의 효과성을 결정한다면서 11가지 관리자 행동을 제안했다. 즉, 관계유지, 후원, 갈등관리 및 팀빌딩, 동기유발, 인정 및 보상, 계획 및 조직, 문제해결, 자문 및 권한위양, 작업 및 환경감찰, 정보통지, 역할 및 목표의 명시를 제안했다.

⑥ 카리스마적 리더십과 혁신적 리더십

리더십에서의 카리스마는 리더의 능력과 행동에 대한 추종자의 지각을 말한다. 하우스(House)의 리더의 카리스마의 발생 요소를 보면, 리더의 신념이 옳다고 보는 추종자의 신뢰도, 추종자의 신념과 리더의 신념의 유사성, 리더를 의문없이 받아들이는 정도, 리더에 대한 사랑, 리더에 대한 자발적 복종, 추종자의 정서가 조직의 목표에 몰입, 추종자가 고양된 수행목표를 가짐, 자신이 그룹의 목표달성에 공헌할 수 있다고 하는 추종자의 신념 등이 있다. 혁신적(transformational) 리더십 이론은 번스(Burns)는 '리더와 추종자가 서로를 보다 높은 수준의 도덕성과 동기유발의 상태를 부양시키는 과정'으로 정의하였다. 혁신적 리더십은 조직의 문화를 바람직한 방향으로 바꾸어 확립시키고자 하며, 거래적 리더십은 추종자에게 이해관계를 호소하여 동기유발을 한다.

⑦ 관리자 행동을 결정하는 상황적 요소

관리자 행동을 결정하는 상황적 요소에는 관리자가 어떤 역할을 하게 되는가에 대한 설명변수와 관리자 행동을 결정짓는 상황변수가 있다. 관리자가 어떤 역할을 하게 되는가에 대한 설명변수로는 첫째, 리더가 지각한 역할(role theory), 둘째, 리더의 행동이 바람직한 결과를 달성할 수 있다고 보는 기대(expectancy theory), 셋째, 리더가 환경에 대하여 적응 또는 반응(adaptive-reactive theory)하고자 하는 의도 등이 있다. 관리자 행동을 결정짓는 상황변수에는 거시변수와 미시변수로 구분되는데, 거시변수(macrovariable)에는 관리자가 조직 내에서 가지는 지위수준, 자기 부서의 기능과 크기, 다른 부서와의 수평적 독립성, 환경의 호의성 및 위기가 있으며, 미시변수(microvariable)에는 과업의 특성과 부하의 능력과 수행성 등이 있다.

⑧ 관리자의 특성 및 기능

성공적인 관리자는 어떤 개인적 특성과 속성을 갖는가에 대해 리더십의 특성이론은 성공적인 리더가 되기 위한 특성이 무엇인지에 초점을 둔다. 리더의 특성에 중요성은 상황에 따라 다르고, 지원자의 속성(성격, 능력)을 어느 정도 가지고 있는가에 따라 측정이 가능하다. 관리자를 선발할 때, 리더로서의 속성을 재는 평가센터방식을 보면, 관리자의 잠재력을 식별해내기 위한 일련의 표준화된 절차를 사용하며, 이 방식은 관리자의 성공을 예측하는 데 효과적이다. 리더십의 상황적 특성이론을 보면, 리더의 특성이 상황변수에 따라 효과성이 변할 수 있으며, 훼들러(Fiedler)는 그의 이론에서 상황변수의 고려사항은 첫째, 리더와 구성원의 관계, 둘째, 리더의 지위에 따른 권한, 셋째, '과업구조가 있다'라고 하였다.

(14) 종합품질관리(TQM : Total Quality Management)

1980년대 후반과 1990년대 들어 질(quality)에 대한 개념이 조직행동을 이해하는 데 특별한 의미를 갖게 되었다. 이러한 관심은 데밍(Edwards Deming, 1982)의 업적에 기인한다. 조직관리에 대한 그의 견해는 미국의 산업, 보건조직, 휴먼서비스 조직에 커다란 영향을 주었다. 1980년대까지만 해도 미국에서 무시되어 왔던 데밍과 기타 학자들의 관리 철학과 원리에 기인한다. 이러한 접근은 TQM으로 알려지게 되었는데, 말 그대로 TQM에서는 조직의 산출물(재화와 서비스)의 질이 초점이 된다.

이 접근은 뛰어난 질적 서비스와 피고용인의 권한 강화를 강조한다. 바커(Baker, 1995)는 TQM은 클라이언트와 소비자에 의해 규정된 질이 궁극적 목적이 되는 조직관리 형태로 클라이언트의 만족(클라이언트의 변화하는 욕구를 중시함), 피고용인의 권한강화가 중요하다고 지적하고 있다. TQM은 또한 팀접근을 중시하고 직원 간의 친밀감의 문화를 조성하는 데 적극적이다. TQM은 Z이론의 요소를 많이 포함하고 있다.

TQM의 사회복지에 대한 함의를 요약하면 다음과 같다. 사회복지사는 TQM이 사회복지실천의 기초와 명백히 일치된다는 점을 인식해야 한다. 예를 들어, TQM은 인본주의 철학에 기반을 두고 있다. 인간은 선하게 태어나고 선을 행하기 원하며 존중받을 가치가 있다는 신념에서 시작된다. 또한 서비스의 질을 향상시키고 클라이언트의 욕구충족을 중시하면서 직원으로 하여금 필요한 기술을 습득하도록 훈련시키는 측면은 사회복지실천에 중요하게 적용된다.

4) 사회체계로서의 조직

조직은 개인들로 구성된 하나의 사회체계이다. 조직구성원인 개인은 조직과의 상호작용을 통해서 다른 구성원뿐만 아니라 전체 조직에 영향을 미치며, 조직은 또한 구성원 각자의 행동에 영향을 미친다. 즉, 개인은 조직을 통해서 자신의 욕구를 충족시키고 다른 구성원의 조직행동에 영향을 미치며, 조직은 개인을 활용하여 목적을 달성한다.

조직은 사회환경과 상호작용을 하면서 생존해 나간다. 즉, 조직은 끊임없이 환경변화를 선택적으로 흡수하면서 환경에 적응하며, 사회환경은 조직 내의 개인이나 집단의 행동에 직접적으로 또는 간접적으로 영향을 미친다. 이와 같이 조직과 사회는 상호의존적이며, 조직은 사회를 떠나서 존립할 수 없고, 사회는 조직의 업적을 통해서 변화된다.

조직과 사회는 투입과 산출을 통해서 상호 교환관계를 유지하고 있다. 사회는 조직이 필요로 하는 투입을 제공해 주며, 조직은 특정한 목적의 달성을 통해서 사회에 산출을 공급한다. 즉, 조직은 사회로부터 구성원, 금전, 물자 등을 공급받아 유지하고 발전하며, 산출물을 생산하여 사회에 공급한다.

조직은 구성원들 간의 상호작용을 통해서 조직분위기가 나타나며, 조직분위기는 조직구성원의 사기와 조직의 성과에도 많은 영향을 준다. 또한 조직은 경제적 기능, 사회변화기능, 적응기능 등을 수행하여 사회에 유익하기도 하지만, 개인에게 소외감, 좌절감, 부적응 등의 역기능을 제공하기도 한다.

2. 지역사회와 인간행동

1) 지역사회의 정의와 주요 개념

(1) 지역사회

지역사회는 개인과 개인의 상호작용을 변화시키는 데 중요한 역할을 한다. 특히 산업화·도시화된 사회에서는 서비스를 필요로 하는 지역사회 차원에서 대처되어야 할 '문제'가 지역사회에 존재한다. 여기에는 빈곤문제, 주택문제, 비행문제, 정신건강문제 등 다양한 문제가 있다. 이러한 문제를 해결하기 위해 필요한 수단, 재료 등 통칭하여 '사회자원'이 지역사회에 있으며, 이러한 자원은 적절히 동원할 수 있는 숙련된 조직가가 필요하게 된다(김기태·박병현·최송식, 2003 : 251).

지역사회(community)에 관한 정의가 학자들마다 다양하고, 더욱이 '커뮤니티'를 지역사회로 변역하여 사용하는 점에도 일치하지 않아 지역사회를 이해하는 데는 어려움이 없지 않다. 그럼에도 사회복지실천에서 지역사회는 개인의 환경으로뿐 아니라 사회복지실천의 장으로서 매우 중요한 개념이라고 할 수 있다. 특히 사회복지실천방법이 개인, 집단, 지역사회를 기반으로 이루어지고 있기 때문에 사회복지사는 지역사회에 관해 분명히 이해할 필요가 있다.

힐러리(Hillery)는 기존 지역사회의 정의들을 분석하여 지리적 영역(생활권역, 물리적 자원), 사회적 상호작용(사회관계), 공동의 연대감을 공통요소로 밝히면서, 이러한 3가지 요소가 포함된 지역사회의 정의를 "일정한 지리적 영역 안에서 사회적 상호작용을 통하여 공동의 연대감이 갖추어져 있는 인간집단"으로 내리고 있고 펠린(Fellin, 1995)은 지역사회를 "공동의 장소, 이해, 정체감, 문화, 활동에 기반하고 있는 사람이 구성한 사회 단일체(a social unit)"로 정의하고 있으며, 매테식(Mattessich & Mnosey)은 "일정한 지리적 공간 안에서 서로 사회적·심리적 유대를 가지고 있는 사람"으로 기술하고 있다.

롱맨(Longman) 사전에 의하면, 지역사회는 크게 지역성에 기반을 둔 정의와 사회적 동질성에 기반을 둔 정의로 나뉜다. 전자는 "동일한 지역 및 도시 등에서 생활하는 모든 사람"으로서 지역성에 근거한 정의라고 볼 수 있으며, 후자는 "동일한 국적, 종교 및 기타 유사한 영역을 공유하는 사람의 집단"으로서 사회적 동질성에 근거한 정의라고 할 수 있다.

한편 NASW에서는 지역사회를 구조적인 관점과 사회심리학적인 관점으로 나누어 다루고 있다. 전자의 관점에서 지역사회는 개인과 국가를 매개하는 구조로서 언급된다. 뒤르껭(E. Durkheim)에 의하면, 국가는 개인으로부터 너무나 분리되어 있기 때문에 지역사회와 같은 매개단위의 도움 없이는 사회화 기능을 성공적으로 수행할 수 없으며, 개인의 의식을 관통할 수 없다고 강조하였다. 이러한 언급은 지역사회를 개인과 사회를 연계 또는 개인을 형성하고 사회화시킬 수 있는 매개구조로서 파악하는 관점이다. 따라서 지역사회는 정치적 실체로서 보이며 지역, 도시, 읍・면・동, 근린지역 등으로 조직된다. 이러한 구조는 많은 정치・사회적 기능을 수행하며 핵심적 권력으로서의 국가와 개인을 중재하게 된다.

또한 사회심리적인 관점에서의 지역사회는 의미, 정체성, 비소외적 관계, 소속감을 강조한다. 이 관점에 근거하고 있는 주요 개념은 퇴니스(Tönnies)의 공동사회(gemeinschaft)와 이익사회(gesellschaft)이다. 이는 지역사회의 개념 진화뿐만 아니라 규모와 사회적 관계에 관한 논쟁을 이해하는 데 유용하다. 예컨대, 공동사회의 개념이 지역에 근거하고 있지만, 현대적 맥락에서는 지역사회 역할의 심리적인 측면에 강조를 두고 있다고 볼 수 있다. 즉, 사람의 상호관계가 상호부조, 공동운명, 유대감, 개별보상과 의무 등을 통해 이루어진다는 측면에서 사회심리학적 요소를 강조하고 있다. 따라서 사회심리학적 관점에서의 지역사회는 사회적 상호작용의 측면에만 국한된 것이 아니라 생활 면에서의 심리학적인 요소가 내재된 것으로 보고 있다.

현대 지역사회이론의 대표적인 학자로 손꼽히는 워렌(Warren)은 지역사회를 "지역적인 수준에서 사람의 욕구를 충족시키기에 적절한 주요 사회기능을 수행하는 사회적인 단위(units)와 체계의 연합"으로 정의하여 근린, 자발적 연합체, 그리고 더 광범위한 지역사회에 이르는 사회적인 단위를 포함시키고 있다. 이러한 지역사회는 특별한 경계를 가질 수도 있고 또는 가지지 않을 수도 있지만, 중요한 것은 그러한 지역사회는 인간의 생존을 위하여 필요한 기능을 수행한다는 사실이다(박태영, 2004 : 13－15).

지역사회는 상호 연결되는 공통적인 어떤 것을 가지고 있는 사람의 집합체라 할 수 있다. 구성원이 공유하는 특성은 지리적 위치, 관심사, 문화, 정체감, 또는 공통된 활동을 포함한다. 지역사회는 2가지 유형으로 구분된다. 즉, 지리적 위치에 기반을 둔 지역사회와 공통된 관심사와 소속감에 기반을 둔 지역사회와 비지리적 지역사회이다. 비지리적 지역사회는 동성애자 집단, 외국인 노동자 집단, 특정 종교집단, 특정 전문가 집단 등을 포함한다(이윤로, 2006 : 172－173).

일반적으로 지역사회는 공통의 지리적 구역, 또는 공유 이익이나 공통 관심사로 이루어진 기능으로 정의된다. 이런 정의에 대해 헬렌(Helen, 1989)은 제3의 정의를 추가했다. 즉, 집합적 정치력(collective political power)이나 조직화된 주민집단(organized constituencies)으로서의 지역사회를 정의했다. 3가지 정의가 지닌 모든 기능에 비춰볼 때, 지역사회 구성원은 스스로를 결집할 수 있는 잠재력을 가진 존재로 간주한다.

① 지리적 단위체로서의 지역사회

지역사회는 특정 지역이나 근린지역, 다시 말하면 주된 삶의 일상적 영역으로 준비된 접근을 가능케 하는 그러한 공간에서 생활하는 주민집단으로 정의된다.

② 유대결속형 지역사회

유대결속형 지역사회란 공동체적 유산을 함께 나누는 지역사회를 말한다. 그런 공통의 유산이 종교, 민족, 문화, 국적, 또는 그 무엇이든 간에, 이러한 것은 구성원에게 강한 정체감을 부여하고 또한 공통적 가치와 신념체계를 전달한다.

③ 사회계급(권력공유관계)

수입, 교육, 재산 소유를 기초로 형성된 사회계급은 개인, 가족, 지역사회로 하여금 어떤 기회와 자원에 접근 가능한지를 가늠하는 다양한 수준을 결정하는 변수이다. 즉, 도시주택개선사업계획을 포함하여 저소득 지역사회 구성원이 고용, 교육, 주거, 보건의료서비스, 공공문화행사 등 광범위한 분야의 서비스 기회에 접근하거나 통제력을 행사하는 일은 거의 불가능하다. 반면, 상류계급 지역사회는 기회와 서비스의 접근이 용이하고 또한 통제력 행사도 대단히 쉽다.

④ 사회망(social networks)

루빈과 루빈(Rubin & Rubin)은 사회망을 '원조와 정보를 특정 쟁점으로 흐르게 하는 연결관계 유형'이라고 정의했다. 이러한 망은 가족과 친지, 친구, 작업동료, 교회신자회, 또는 관심사를 공유하는 사람으로 구성된다.

⑤ 이익추구형 지역사회

많은 지역사회는 지리적 공유가 아닌 관심의 공유로 정의된다. 이처럼 공간적 근접성 없이 형성된 지역사회는 이익의 공유, 공통된 욕구를 근간으로 조직된다.

⑥ 생활공간

생활공간과 생활세계라는 용어는 각 개인이 자신의 사회적·물리적 세계를 경험하고 구성하는 개별화된 방식을 기술하는 것으로 사용되어왔다. 개개인이 그리고 있는 집합적 경험을 개략적 내용과 비교해보면, 두 경험이 비록 서로 유사해 보일지라도 개인적 수준에서의 경험은 각 개인의 특징적 자질과 경험에 의해 재구성된다. 생태학적 용어에서 다루는 생활공간의 개념은 흔히 적소(niche)로 묘사되는데, 이는 개개인의 경험·지각·성격·문화·기회구조에 따라 형성되는 세계 내 위치의식을 의미한다(이팔환 외, 2001 : 272).

(2) 지역사회의 특성

지역사회는 사회복지실천의 장으로뿐만 아니라 클라이언트로서 지역사회 고유의 특성을 지닌다.

① 역동성

'지역사회는 곧 주민'이라는 측면에서 지역사회는 역동성을 띤다. 이 역동성은 지역사회를 구성하고 있는 지리적 공간, 생활공간, 주민, 조직, 상호작용 따위가 지역사회가 추구하는 목표를 달성하기 위해 움직이는 상태를 의미한다.

② 변화성

정지된 채로 남아 있거나 변화가 없는 지역사회는 존재하지 않는다. 지역사회의 역동성이 지역사회 안에서 지역사회 구성요소가 서로 작용하는 데 초점을 두었다면, 지역사회의 변화성은 지역사회가 자기변화를 꾀하기 위해 외부환경과 대처하는 상황에 중점을 두고 있다. 따라서 지역사회는 지역사회 주민의 제반 상황이 바뀌면서 지역사회가 처하고 있는 형편에 의해 긍정적이거나 부정적인 변화를 시도한다.

③ 서비스 요구성

지역사회는 그 상황에 따라 적절한 서비스를 요구한다. 이는 지역사회가 욕구나 문제를 지닌다는 측면에서 강조할 수 있는 지역사회의 특성이다.

④ 변화능력

지역사회가 변화능력을 가지고 있다고 보는 것은 인간에 관한 인본주의 관점에 의한 것이다. 지역사회의 형성과 변화과정을 인간이 주도하기 때문에 인간의 변화능력을 인정한다면 지역사회 역시 스스로 변화할 수 있는 능력을 지니고 있다고 보아야 한다.

⑤ 다양성

인간의 개별성과 독특성을 인정하고 있는 측면에서 여러 사람으로 구성된 지역사회의 다양성은 한층 강조되어야 한다. 실제로 모든 지역사회는 그 구성요소의 특성이 달라 다양한 유형으로 존재한다.

⑥ 시민의 변화를 위한 최적 단위

지역사회는 시민의 변화를 위한 개입활동에 최고 적합한 규모의 공간이라고 할 수 있다. 시민의 사회복지에 대한 관심과 참여를 강조하는 사회복지운동은 지역사회를 기본 단위로 여러 지역사회에서 동시에 이루어지는 것이 적합하다(최옥채 외 3인, 2007 : 328－330).

2) 지역사회에 대한 이론적 관점

(1) 구조주의적 관점

일반적으로 구조라는 용어는 어떻게 체계의 부분이 전체를 이루기 위해 구성되어 있는가를 말한다. 덧붙여 구조는 어떻게 구성요소가 서로 연결되어 있는지를 말해준다. 지역사회의 구조를 보는 방식을 크게 3가지 차원에서 구분하여 본다. 첫째, 구조주의적 접근은 정치적·법적 관점인데, 여기서는 지역사회는 자치제, 시, 군 등으로 지정되는 공식적 단위를 말한다. 지역사회는 정치적 실체로서 많은 정치적, 사회적 기능을 수행하고 국가와 개인 사이를 중재한다. 둘째, 구조적 관점에서는 지역사회의 지리적 조직에 관심을 둔다. 셋째, 구조적 관점에서 지역사회를 보는 세 번째 방식은 권력구조를 살펴보는 것이다. 이 방식에서는 지역사회 내의 각종 단위(집단이나 조직)가 지역사회 내에서 발생하는 사건이나 상황에 대해 영향력을 발휘하는 정도를 사정하게 된다. 권력집단에는 보통 정치적 리더, 회사나 금융기관의 대표 등이 포함된다.

(2) 기능주의적 관점

지역사회는 개인/가족과 사회제도가 만나는 영역이다. 기능주의적 관점은 지역사회의 목적, 기능, 지역사회가 그 목적을 성취하기 위한 노력을 어떻게 지속하고 있는지를 강조한다. 워렌(Warren, 1978)은 주민이 일상생활에 필요한 광범위한 활동영역에 접근이 가능하도록 하는 사회적 활동의 조직이 지역사회라고 정의하였다. 지역사회는 자신을 유지하기 위해 어떤 사회적 기능(아동 양육, 음식과 자원의 분배 등)을 수행해야 한다. 지역사회가 기능적이 되기 위해서는 어떤 공통된 관심사, 즉 복지, 교육, 종교, 보건과 같은 관심사를 공유하는 사람의 집단이 있어야 한다.

기능주의적 접근은 또한 지역사회가 어떻게 성장해 왔고, 행동해 왔는지에 초점을 맞춘다. 공식적 및 비공식적 수준에서 지역사회가 어떤 의사결정을 내렸고 어떤 행위를 해왔는지의 과정을 보면, 지역사회의 구조와 기능을 이해하는 데 도움이 된다. 기능주의 관점에 따르면, 지역사회 내의 한 하부체계의 기능이 와해되면 다른 하부체계의 관여가 필요로 된다.

(3) 인간생태적 관점

지역사회에 대한 인간생태적 관점(human ecology perspective)은 주민과 그들의 환경과의 관계형성에 초점을 두는데, 특히 주민과 조직(서비스)이 어떻게 분포되어 있는지에 초점을 둔다. 이 접근은 또한 사람의 모임과 조직이 지역사회라는 공간에 어떻게 배치되어 있는지를 중시한다.

지역사회에 적용가능한 인간생태적 개념으로 경쟁이 있다. 인간은 동물과 마찬가지로 자신의 거주를 위한 공간(habitats)을 위해 경쟁하게 된다. 인간생태적 관점에서 경쟁은 지역사회 주민이 상업적 또는 주거 목적으로 땅이나 장소의 활용에 대해 어떻게 경쟁하는가에 관심을 둔다. 지역사회 내에 공간이나 자원은 제한될 수밖에 없다. 그러므로 개인이나 집단은 생존경쟁을 하게 된다. 경쟁의 결과는 종종 사회계층 또는 사회경제적 지위로 연결된다. 지역사회를 인간생태적 관점으로 보는 것은 타인보다 더 적은 자원을 가진 사람이 직면하는 문제나 불공정에 초점을 두는 데 도움이 된다.

(4) 구성주의적 관점

구성주의적 관점은 지역사회의 관계형성 방식에 초점을 둔다. 즉, 지역사회에 대한 상호작용적이고 정서적 측면에 초점을 두는 접근이다. 지역사회 구성원이 상호 어떻게 느끼고 상호작용하는가와 관련이 있다. 주민이 자신을 얼마나 지역사회의 일부라고 느끼는지, 그 안에서 편안하게 느끼는지 등 사람의 느낌이 중요하다. 퇴니스의 공동사회(gemeinschaft)와 이익사회(gesellschaft)의 개념이 이에 해당한다.

(5) 사회체계적 접근

사회체계적 접근에서는 지역사회를 물리적, 공간적 양상에 초점을 두기보다는 지역사회 내의 다양한 하부체계들이 어떻게 상호작용하는지를 분석하는 데 초점을 둔다. 체계적 관점은 더 커다란 사회환경의 다양한 하부체계들이 지역사회에 미치는 영향을 인식하도록 도와준다. 또한 지역사회가 더 커다란 사회환경에 영향을 주고받으며, 변화하고 내부적으로도 지역사회 내의 구성요소가 상호교류하며 변화한다는 점을 인식하게 도와준다. 사회체계적 관점에서 지역사회를 보는 것은 클라이언트가 속한 지역사회 및 클라이언트의 상황을 사정하고 그들을 돕기 위해 사회복지사가 무엇을 할 수 있을지를 찾아내는 데 도움이 된다.

(6) 갈등적 관점

갈등주의자들은 현존하는 사회적, 경제적, 정치적 불평등에 도전하지 않고는 지역사회 주민의 삶의 중대한 향상을 기대할 수 없다고 주장한다. 이들은 사회사업의 사명은 사회개혁이라고 주장한다. 그러나 사회복지사는 정부로부터의 재정적 지원에 상당히 의존하고 있기에 현상유지에 치중한다는 평을 받게 된다. 사회복지사는 상당부분 갈등, 권력투쟁, 착취가 현대 생활의 일부라는 점을 인식할 필요가 있다. 지역사회 갈등을 효과적으로 다루기 위해 사회복지사는 지역사회의 권력구조를 분석할 수 있어야 한다. 누가 어떤 유형의 자원을 통제하고 있으며, 어떤 권력자가 서로 어떻게 연결되어 있는지를 이해해야 한다. 지역사회 내부적으로 형성된 권력뿐만 아니라 지역사회 외부에 존재하는 권력을 이해해야 한다. 권력구조의 분석을 통해 지역사회 변화의 가능성과 한계를 확인할 수 있다(이윤로, 2006 : 173－181).

3) 지역사회모델 : 로스만(J. Rothman)의 3가지 모델

(1) 지역개발모델

지역개발모델(또는 지역사회개발 모델)은, 지역사회의 변화가 지역사회 수준에서 다양한 사람들의 폭넓은 참여로 이루어진다는 것이다. 이 모델은 문제를 발견하고 해결하는 데 있어서 다양한 계층의 사람을 포함한다. 여기서 강조하는 것은 민주적 절차와 합의, 자발적 협조, 토착적인 지도력 개발, 자조 등이다. 실천가의 역할로는 조력자, 분석가, 조정자, 문제해결기술과 윤리적 가치를 교육하는 교사의 역할 등이 있다.

(2) 사회계획모델

사회계획은 문제해결의 기술적인 과정을 강조한다. 이 접근에서는 복잡한 산업사회에서 지역사회가 변화하기 위해서, 복잡한 변화과정을 지도할 고도로 훈련받은 숙달된 계획가가 필요하며, 따라서 전문가의 역할을 중요시한다. 실천가의 역할로는 숙달된 계획가, 전문가 등이 있다.

(3) 사회행동모델

사회행동은 민주주의와 사회정의에 따라 자원과 처우를 향상하도록 지배계층에 압력을 가하는 것으로, 소외된 집단을 조직하는 것이 중요하다. 사회행동 접근은 주요 제도나 공공조직의 기본 정책을 바꾸는 것으로, 흔히 힘과 자원의 재분배를 요구한다. 지역개발가가 통합된 지역사회를 기대하는 반면, 사회행동가는 행동목표인 지배계층과 대립한다(박태영, 2004 : 70－75).

4) 지역사회의 유형

린데만(Lindeman)은 복지를 위하여 경제, 사회 또는 문화에 초점을 두어 지역사회를 11개로 구분(대도시지역, 산업지역, 상업지역, 정부행정 중심지역, 교육중심지역, 기관 및 시설중심인 지역, 도시 근교에 있는 거주지역인 교외지역, 유흥지역, 농업 중심지역, 고객 유인을 위한 공개된 지역, 의도적·협력적으로 형성한 지역)하였으며 지역사회를 유형화하는 인구의 크기에 따라 구분(대도시, 중소도시, 작은 부락 등)하거나 경제적인 기반(광촌, 어촌, 산촌), 정부의 행정구역(특별시, 광역시, 도, 시, 군·구, 읍·면·동)에 따라, 인구 구성의 사회적 특수성(도시의 저소득층, 이태원 등 외국인촌, 장애인 밀집지역, 미국의 할렘가, 차이나타운, 유태인 거주지역 등)을 기준으로 구분하는 등 그 기준과 방법에 따라 지역사회의 유형은 다양하게 나타날 수 있다.

(1) 공동사회와 이익사회

집단의 주요 목적과 성원들의 결속력의 질적인 차이에 따라 이와 같이 구분될 수 있다. '공동사회'는 산업화 사회 이전에 대부분을 차지했던 지역사회로 비개방적이고 구성원끼리의 정이나 신뢰를 바탕으로 자연적으로 형성된 사회집단을 의미하며, '이익사회'는 계약이나 공동의 이익, 형식적이고 분명한 공식적인 생활과 참여가 전제되고 개인의 역할이나 업적에 따라 이익 또는 책임이 분배되는 지역사회를 의미한다. 현대사회는 공동사회가 줄어들며 이익사회의 수가 더욱 많은 부분을 차지하고 있다.

(2) 기능적 지역사회와 지리적 지역사회

'기능적 지역사회'는 상업, 종교와 같이 주로 같은 기능을 담당하는 집단을 의미하는 것으로 정당, 의사협회, 변호사협회와 같은 전문직 단체, 성당과 교회와 같은 종교적 단체가 속한다. '지리적 지역사회'는 행정구역상의 지명을 경계로 나눌 수 있는 것으로 동·읍·시 등이 예가 될 수 있다.

(3) 사이버공동체와 현실공간의 공동체

인터넷이 상용화되면서 최근에 생겨난 개념으로 지역사회를 '사이버공동체'와 '현실공간의 공동체'로 개념화한다. 사이버공동체는 인터넷상의 조직의 하나로 21C에 들어 커뮤니티란 용어는 인터넷상의 조직의 하나로서 더 많이 통용되고 있으며 시간이 지날수록 기존의 지역사회의 역할보다 가상공동체인 사이버공동체의 활동이 더욱 활발해지고 있다. 사이버공동체의 활동이 현실공간의 공동체 활동으로 이어지는 경우가 증가하고 있다. 공간의 제약을 뛰어넘은 사이버상의 다양한 커뮤니티의 활동은 우리의 행동과 삶의 양식을 혁신적으로 바꾸고 있으며 이에 맞게 사회복지를 실천하는 방법도 변화해 가고 있다(강인숙 외 4인, 2006 : 194－196).

5) 지역사회의 기능

(1) 생산 · 분배 · 소비의 기능

지역사회 주민이 일상생활을 영위하는 데 필요로 하는 재화(goods)와 서비스를 생산 · 분배 · 소비하는 과정의 관련된 기능을 말한다. 현대사회에 있어서 재화와 서비스를 생산하고 분배하는 기능은 주로 기업을 통해서 이루어지고 있으나 정부를 위시한 각종 전문기관, 종교단체, 교육기관 등도 이러한 경제적 기능을 담당하고 있다. 오늘날 사람은 의식주, 보건, 교통, 고용, 여가생활 등과 관련된 다양한 영역에서 재화 및 서비스 같은 기본적인 욕구를 충족시키기 위하여 서로 의존하고 있다. 따라서 지역사회의 다양한 개인 및 조직은 이러한 기능을 수행하게 되며, 지역사회는 이러한 활동이 이루어지는 환경이 된다(박태영, 2004 : 15).

(2) 사회화 기능

사회가 향유하고 있는 일반적인 지식, 사회적 가치, 행동양태를 그 사회구성원에게 전달시키는 과정을 말한다. 이러한 과정을 통해서 사회구성원은 다른 사회구성원과 구별되는 생활양식을 터득하게 되는 것이다. 사회화의 과정은 개인의 어린 시절에 특히 중요하나 일생을 통해서 계속되는 것이 보통이다(최일섭 · 류진석, 2003 : 11－15).

(3) 사회통제의 기능

지역사회가 그 구성원에게 사회의 규범에 순응하게 하는 것을 말한다. 모든 사회는 그 구성원이 지켜야 할 법, 도덕, 규칙 등의 규범을 갖게 되는데, 이러한 규범을 준수하도록 하는 강제력이 결여된 경우 사회질서가 파괴되어 비행과 범죄가 만연되는 사회해체현상을 경험하게 될 것이다. 사회통제를 담당하는 일차적인 기관은 정부로서, 정부는 경찰력과 사법권을 통해서 보편적으로 적용될 수 있는 법을 집행하는 강제력을 발휘한다. 그러나 다른 여러 사회조직인 가정, 학교, 교회와 사회기관도 이러한 기능을 부분적으로 수행하는 것이다.

(4) 사회통합의 기능

사회체계를 구성하는 사회단위 조직 간의 관계와 관련된 기능을 말한다. 특정 제도의 구성원이나 전 사회체계의 구성원은 상호간에 충성하여야 하며, 사회체계가 정상적인 기능을 하기 위해서 어느 정도의 결속력과 사기(morale)를 갖지 않으면 안 된다. 사회통합의 기능은 사람 스스로 규범을 준수하여 바람직한 행동을 하도록 하는 것이라고 말할 수 있다. 사회통합의 기능은 정치적·사회적·경제적으로 급격한 변화를 경험하고 있는 사회와 시대에 특히 강조되는 경향이 있는데, 우리나라의 경우 1970년대의 정부에 의해서 강조된 '국민총화'나 1980년대에 대두된 '국민화합'이라는 표어는 사회통합과 유사한 개념이라고 할 수 있다.

(5) 상부상조의 기능

사회구성원이 이상에서 살펴본 주요 사회제도에 의해서 자기 자신의 욕구를 충족할 수 없는 경우에 필요하게 되는 사회적 기능을 말한다. 과거의 전통적인 사회나 오늘날의 후진사회에서 상부상조의 기능을 가족, 친척, 동네사람, 친목단체나 자선단체와 같은 일차적인 집단에 의해서 수행되고 있으나, 현대의 산업사회에서는 이러한 기능이 정부, 민간사회복지단체, 종교단체 등으로 옮겨지게 되었다.

(6) 방어

방어는 지역사회가 그 구성원을 보호하고 지키는 방법이다. 이러한 기능은 특히 안전하지 못한 지역사회에서 주요한 기능이 되어 왔다. 이러한 기능은 공간적 지역사회뿐만 아니라 비공간적 지역사회에서도 관련되어 있는 기능이다.

(7) 의사소통

의사소통은 생각을 표현하는 공통의 언어 및 상징을 활용하는 것을 의미한다. 이러한 의사소통은 워렌이 제시한 5가지 기능의 역할로 볼 수도 있지만, 여기에서는 현대사회에 있어서 하나의 독립된 기능으로 간주한다는 것은 매우 의미 있는 일로 보인다. 여하튼 의사소통은 그것이 언어나 문자이든지, 그림 또는 소리를 통한 표현이든지 간에 사람의 결속시키는 접착제적인 역할을 하는 기능이다.

이상에서 살펴본 모든 사회적 기능 등이 가장 단순한 사회에서는 가족이라는 단 하나의 사회제도에서 수행된다. 그러나 사회가 점차 복잡해짐에 따라 개인과 집단들이 이러한 기능은 전문적으로 수행하게 되어 전문화에 따른 사회제도, 즉 정치, 경제, 종교, 사회복지 등의 제도가 생성되게 된 것이다.

워렌은 지역사회의 기능을 생산・분배・소비, 사회화, 사회통제, 사회참여, 상부상조 등의 5가지로 제시하였으며, 판토야와 파리(Pantoja & Parry, 1992)는 워렌의 5가지 기능에 방어와 의사소통의 기능을 추가시켜 지역사회의 기능을 설명하고 있다(박태영, 2004 : 17).

6) 지역사회에 대한 분석

지역사회를 구성하는 모든 요소를 이해하기는 어려운 과업임에 틀림없다. 그럼에도 불구하고 사회복지사가 지역사회 주민들이 경험하고 있는 억압과 좌절, 그리고 변화에 대한 욕구해결을 위해서는 지역사회의 강점과 문제를 개념화할 수 있는 체계적 접근을 필요로 한다. 이를 위해 워렌이 제시한 지역사회 분석틀을 제시하고자 한다. 이 틀에서는 4단계와 9가지 과업이 제시되고 있다. 각 단계와 과업은 다음의 <표 13-2>와 같다.

〈표 13-2〉 **지역사회 분석틀**

지역사회의 분석을 용이하게 하기 위해서는 목표 집단을 선정함으로써 지역사회를 좁게 규정하는 것이 도움이 된다.

1. 목표 집단의 파악
   • 목표 집단의 특성을 이해하고 그들의 지역사회에 대한 인식을 이해한다.

2. 지역사회 규모의 결정
- 변화 노력을 기울일 지역사회의 지리적 경계를 파악한다.
- 목표 집단에 영향을 주는 문제 프로파일을 만든다.
- 목표 집단에 영향을 주는 주요 가치나 목표 집단이 중시하는 신념을 관찰하고 이해한다.

3. 차이점의 인식
- 목표 집단이 공식적으로 또는 비공식적으로 억압받아 온 기제(방식)를 인식한다.
- 목표 집단이 차별받아 온 증거를 수집한다.

4. 구조의 파악
- 목표 집단의 욕구를 충족시키기 위한 권한이 어디로부터 나오는지 파악한다.
- 목표 집단의 욕구충족을 위한 자원목록을 만든다.
- 목표 집단에 대한 서비스 전달 유형과 자원의 통제 유형을 파악한다.

출처 : Warren. R. L.(1978). The Community in America. Chicago : Rand McNally.

7) 사회체계로서의 지역사회

지역사회는 가족, 집단, 조직과 같은 하위체계와 사회나 문화와 같은 상위체계의 상이에서 중간적인 역할을 하는 중요한 사회체계이다. 지역사회는 주민의 공통적인 욕구를 충족시키고 문제를 해결하며, 그들을 사회화시키고 그들에게 문화를 전달한다. 또한 지역주민 각자는 지역사회와의 상호작용을 통해서 지역사회의 발전에 기여하며 지역사회로부터 영향을 받는다.

지역사회는 사회복지실천에 있어 클라이언트인 한 개인의 환경으로서의 조직으로 의미를 갖는다. 조직은 개인에 의해 만들어지기 때문에 조직구성원의 생활환경으로서 지역사회는 중요한 의미를 갖는다고 볼 수 있다. 인생주기에서 유아기를 제외한 모든 주기의 개인은 나름대로 자신의 형편에 따라 자발적 혹은 의무적으로 조직의 구성원이 된다. 그리고 조직을 위해 자신의 의무와 역할을 행함으로써 그에 따른 합당한 지위와 보상을 받게 된다. 이처럼 하나의 지역사회는 한 개인의 제반 생활에 적지 않은 영향을 미치고 있다.

지역사회의 조직화 기술은 지역사회 실천방법의 한 기술로서, 다른 사회복지실천방법의 공조기술로 그 중요성을 갖는다. 또한 사회복지실천에서 지역사회는 하나의 중요한 자원으로서 중요함을 갖는다. 지역사회 자체가 순수하게 사회복지실천을 위한 자원으로 존재하는 것은 아니다. 지역사회는 욕구나 문제를 지니고 있는 집합체이면서 아울러 사회복지실천의 중요한 자원(개인,

단체, 기관 등 인적 자원과 물적 자원)을 보유하고 있다고 볼 수 있다. 또한 지역사회는 사회복지에 있어 하나의 유기체로서 욕구나 문제를 지니고 있는 클라이언트로서의 중요성을 갖기도 한다. 지역사회가 하나의 주민으로 간주될 수 있기 때문에 지역사회는 안정된 상태를 유지하기 위해, 혹은 긍정적으로 변화를 꾀하기 위한 욕구를 가질 수 있으며 이러한 욕구가 해결되지 못할 경우 문제상황으로 번지게 되기도 한다. 이때 사회복지사는 이러한 지역의 문제를 해결하기 위해 사회복지실천의 전문지식, 기술, 경험을 통해 개입하게 된다. 이에 사회복지사가 클라이언트에 대한 이해가 기본적으로 필요하듯이 지역사회에 대한 이해(구성요소, 특성, 유형 등)가 필요하다(최옥채 외 3인, 2002 : 326).

지역사회는 사회복지의 장으로써 중요한 의미를 갖는다. 사회복지실천은 클라이언트, 사회복지사, 참여자가 함께 어우러져 이루어진다. 이러한 실천의 활동이 전적으로 지역사회 안에서 이루어지기 때문에 사회복지실천에서 지역사회는 그 장으로서 중요한 의미를 갖게 되는 것이다. 이에, 사회복지사는 개인적인 활동 못지않게 유용한 자원을 중심으로 사회적 관계망을 구축하여 활용하고 있으며 관계망을 어떻게 구축하고 활용할 것인가가 사회복지사에게 중요한 과제로 대두되고 있다.

지역사회복지의 시작은 결국 개인의 공동체 의식을 높이는 것에서부터 시작되는 것이 가장 바람직하며, 지역사회의 생명도 구성원의 소속감 증진을 위한 것이라고 볼 수 있다. 그러므로 지역사회복지 향상을 위한 사회복지사는 구성원의 공동체 의식을 증진할 수 있는 많은 기회를 만들고 계속해서 생겨나고 소멸하는 지역사회의 변화동향에 대해 파악하며, 사회적 흐름에 뒤지지 않는 안목을 갖는 것이 필요하다. 지역사회는 그곳에 위치한 가족, 집단 및 조직의 행동에 영향을 미치며, 그들에게서 영향을 받으며 변화된다. 지역사회는 거의 모든 학문분야와 전문분야에서 주요한 관심사가 되고 있다. 그리고 지역사회의 갈등을 해결하기 위한 관심을 갖고 사회복지의 한 대상으로서 사회복지실천의 장으로서 활용함으로써 지역사회의 발전과 개선을 도모해야 할 것이다.

Chapter 14 문화와 사회복지

우리는 보통 밥을 먹고, 식탁에는 으레 김치, 찌개나 국, 숟가락과 젓가락이 놓인다. 반면 서양 사람의 아침 식탁에는 빵, 계란, 베이컨, 버터 또는 치즈, 칼과 포크가 놓이게 마련이다. 우리는 인사를 할 때 고개를 숙인다. 그러나 서양 사람은 악수를 하거나 얼굴을 서로 비빈다. 우리 사회에서는 남자가 말이 많거나 자기 자랑을 하면 가볍다고 비난을 받는다. 그러나 미국사회에서는 그러한 것이 자기의 능력을 나타내는 행동으로 오히려 권장된다. 이러한 예는 무수히 많다. 그러면 왜 우리 사회의 구성원은 다른 사회에 사는 사람과 다르게 생각하고 행동하는가? 이러한 질문에 대한 해답은 '문화'에 대한 이해를 통해서 이루어질 수 있다.

사회복지실천에 있어 문화는 앞의 개념을 좀더 구체화한 것으로 볼 수 있으며 인간이 접하고 있는 그 사회의 제도, 언어, 종교 등과 특히 인간관계 안에서 형성된다는 점에서 중요성을 가지고 있다. 이에, 사회복지실천가는 사회복지사가 문화적 영역(문화 차이를 구분하는 한계)과 의식(관습 차원에서 훈련된 적합한 점주)을 배워야 한다고 강조하고 있다.

문화의 개념은 사회복지실천의 측면에서 '적응체계'와 '관념체계'로 정의될 수 있다. 즉, 적응체계로써 문화는 생태학적으로 유용하고 사회적으로 전달되는 행동양식으로 여겨 문화의 변화를 하나의 적응의 과정으로 보는 것이며 관념체계로서의 문화는 사람들의 지각, 신념, 평가, 행동에 관한 일련의 규준으로 자연환경적 요인보다는 인간의 정신활동을 중시하는 것으로 볼 수 있다. 사회복지사는 문화의 개념을 이러한 2가지 개념을 결합하여 이해함으로써 클라이언트에 관한 이해와 개입에 있어서의 균형잡힌 시각을 가지도록 하는 것이 필요하다(최옥채 외 3인, 2002 : 332-333).

1. 문화의 개념과 정의

1) 문화의 개념

인간은 문화 없이 생각할 수 없으며, 동물과 구분지어 주는 것을 문화라고 볼 수 있다. 인간은 태어날 때부터 문화를 소유하고 있는 것이 아니라 문화를 배우고 창조할 수 있는 능력을 가지고 태어난다고 볼 수 있다 문화에 관한 정의는 철학, 역사학, 사회학, 인류학에서 넓고 다양하게 이루어지고 있다. 이처럼 문화는 인간이 접하는 모든 것이라고 볼 수 있을 정도로 일상생활과 밀접하게 관련되어 있으며 이에 대한 개념을 정리하고 있는 것이다.

문화는 시대에 따라 다양하게 정의되어왔다. 윌리암스(Williams)는 땅을 가꾸고 식물을 경작하고 동물을 키우는 행위, 마음을 가꾸는 것, 사회의 발전과정, 특정 집단에 의해서 공유되는 의미 가치와 삶의 방식, 의미를 만들어내는 의미화의 실천으로 정의하고 있다. 즉, 문화는 시대상황에 따라 변화하며, 특정 고유영역의 산물이 아니라 모든 경제·사회·정치제도들이 공유하는 유·무형의 유산으로 이해되고 있다.

2) 문화의 어원

문화(Culture)를 언급함에 있어서 문화라는 글자가 어떻게 생겨났는지에 대해 먼저 검토할 필요가 있다. 어원적으로 문화라는 단어를 살펴봄으로써 지금 현재 다양하게 정의되고 있는 개념에 대하여 왜 그렇게 정의되었는지 살펴볼 수 있다. 또한 서양과 동양에서 이야기되는 부분의 차이점을 통하여 한국에서 문화를 어떻게 이해하고 있는지도 알 수 있다.

(1) 서양에서의 문화

서양에서 바라보는 문화의 어휘는 '경작하다' 혹은 '배양하다'의 Colere라는 라틴어에서 유래했다. 땅, 즉 '자연(自然, Nature)'에 대칭되는 개념으로 '인위적이고 인공적인 모든 사물'을 가리키는 용어로 이 지구상에 사람이 살게 되면서부터 사람은 끊임없이 발전해왔고, 무언가를 창조해 왔는데 이것이 문화이다(박영순, 2002 : 13).

문화가 동물과 대비된 인간성을 규정하는 개념으로 쓰이게 된 경위를 살펴보면, 감리교의 창시자이고 19세기 초 복음주의 물결을 일으킨 웨슬리(John Wesley)를 볼 필요가 있다. 웨슬리는 인간의 본성이 이기적이고 본능적 충동에 사로잡혀 있기 때문에 외적인 제재를 가하지 않으면 세상은 혼돈과 무질서가 난무한다고 보았다. 이러한 견해는 빅토리아 시대 도덕 철학자들의 지지를 받았다. 19세기 중엽의 유럽사회는 혼돈의 시대를 빠져나와 새로운 사회질서를 추구하는 분위기였다. 이런 경향은 그 당시 사회학자 뒤르껭(E. Durkeim)이 인간 사회를 질서, 전통, 통합 등의 개념을 통해 규범적으로 파악하려 한 데에도 나타난다. 이 같은 배경에서 빅토리아 시대의 도덕 철학자들은 인간의 본성을 통제하는 역할을 웨슬리의 종교적 신앙 대신 문화에 전가하였다.

당시 영국에서는 문화는 문명(civilization)과 다른 의미로 쓰였다. 원래 문명이란 개념은 18세기 진보사관을 지닌 프랑스 계몽주의자들이 착안한 것으로, 무엇보다 야만성(savage)이나 미개성(barbarism)에 대비된 것이었다. 그러나 독일의 낭만주의자들은 문화를 민족의 혼이나 정신적 특성으로 규정하면서 문명을 물질적인 것에 국한시키고 비하했다. 또한 문화는 상류층의 고상한 취향이나 스타일 혹은 에티켓 등 지식인층의 교양을 뜻하는 의미로 쓰이기도 했다. 대체로 빅토리아 시대의 지성인들은 이런 낭만주의적 구분을 받아들였다. 그래서 문명이 외적이며 물질적인 것이라면, 문화는 내적이며 정신과 영혼의 차원에 속한 것이었다.

또한 19세기는 전반적으로 인간의 존엄성이 상실되는 시대라고 볼 수 있다. 예를 들면, 지동설과 진화론을 통해 기독교적인 인간관에 큰 상처를 준 바 있다. 이러한 분위기에서 인본주의자나 도덕 철학자들은 나름대로 인간성을 회복하려는 노력을 하였다. 그러한 노력 가운데 하나는 동물과는 구분되는 인간의 고유한 특징에 대한 연구로 나타났다. 이처럼 인간 사회의 질서는 인간의 동물적 본능을 문화를 통해 억제함으로써 유지될 수 있다는 견해로 문화는 동물과 달리 인간이 보유한 고유한 특징이라는 시각과 자연스럽게 연결될 수 있었다(김용환, 2002 : 26-28).

(2) 고대 중국에서의 문화

문화에 대해 고대 중국에서는 한자의 모태인 갑골문에서 문(文)은 가슴에

새겨 넣은 사나이가 떡하니 버티고 선 모양을 본뜬 글자라고 한다. 문신을 새기는 것은 몸을 장식하는 방법의 하나이며, 문신의 형태도 다양해서 고문자에서 볼 수 있는 것처럼, 마치 알파벳의 u, v, w, x형도 있고, 마음 心(심)자의 원형 같은 모양도, 십자가 모양도 있다. 문신은 더운 지방 사람들이 맹수나 악어를 겁주기 위해 새기기 시작했다고 하고 죽은 시체의 피부에 갖가지 무늬를 새기던 고대 어느 지방의 장의(葬儀)에서 비롯된 것이라고 한다(김언종, 2001 : 313). 그 후 文자의 의미가 확장되어 '문장'이나 '우아함' 등으로 쓰이게 되었는데, 이 모두는 근본적으로 장식과 관련이 있다. 갑골문과 금문에서 사용된 文자는 모두 죽은 사람을 찬미하는 데 쓰이고 살아있는 사람에게는 쓰이지 않았다.

오늘날에는 文을 '글월 문'이라고 읽고 대체로 '문자'나 '글'의 뜻으로 이해한다. 그러나 文을 보다 포괄적으로 풀이하면 '무늬 문'이라고 함이 타당하다. 문자나 문장도 무늬의 일종이라 할 수 있다. 무늬는 백지상태에 작용이 가해질 때 생겨나는 현상이다. 하늘의 무늬를 대표할 때 별자리라 하고 인간의 무늬를 대표할 때는 도덕과 제도 · 풍습이 된다. 따라서 인위적인 작위는 모두 文에 속한다고 할 수 있다(최영찬, 2005).

화(化)는 '서 있는 사람'과 '거꾸로 선 사람'을 상형한 글자로, 재주놀이의 한 장면에서 유래하였다는 설이 그럴듯하다. 왜냐하면 본 뜻이 '변화'이기 때문이다. 갑골문의 첫 번째 자형을 보면 거꾸로 선 사람 위에 다른 사람이 서 있는 형태이니 쉽게 흉내 낼 수 없는 대단한 기술이 아닐 수 없다.

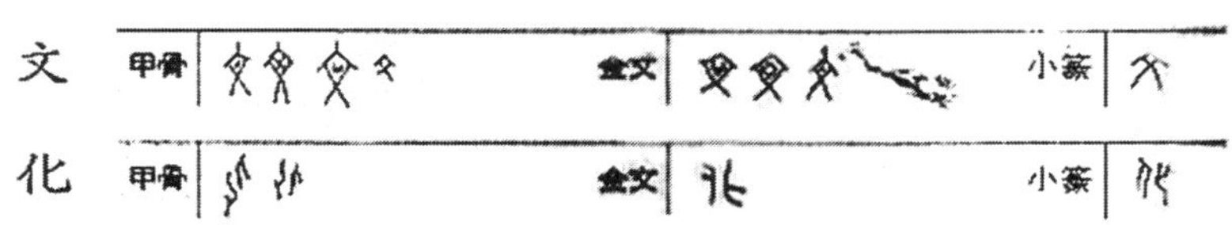

▌그림 14-1▐ 문화(文化)의 고대문자(김언종, 2001 : 313-314)

고대 중국 한나라에 처음 등장하는 '문화'는 '예악(禮樂)으로 이적(夷狄)을 교화(敎化)함'이라는 의미로 이적은 한족을 제외한 오랑캐를 의미하며 그들을 무력이 아닌 예악을 통하여 교화하는 것을 목적으로 "무력으로 정복한다"는 뜻과 대응하여 사용됐다. 이른바 문치무공(文治武功)은 일반적인 용례다. 문화의 개념이 사용된 시기는 한나라 황제시대로부터 기원하는데 황제는 "덕을 닦아 백성을 사랑하시며 어진 정치로 폭정을 바꿨다"라고 기록되고 있기 때문이다.

문화에 대한 보다 근원적인 의미는 일체의 현상이 文이요 그 문의 작용과 활용이 化이다. 내부로부터 외부로 드러나는 것이 현상이니 文의 내면은 도, 즉 진리나 법칙이 아닐 수 없다. 역경에서는 "물건들이 형형색색 서로 섞여 있으므로 무늬(文)라 한다(物相雜故曰文)"라고 하였으며, 서경에서는 "천지가 교직된 것을 文이라 한다(經天緯地曰文)"라고 하여 사물들이 서로 섞여 교직된 채색의 무늬가 文이라는 의미로 사용되고 있다. 그러므로 文자에는 미와 선의 의미까지 함축하고 있다. 예기에서는 직접 "문체이고 아름다움이며 착함이다(文彩也, 美也, 善也)"라고 하였고, 국어에서는 "문은 덕의 총칭이다(文者德之總稱也)"라고까지 정의하고 있다.

당시의 어용학자 유향(劉向)은 저서 『설원(說苑)』에서 "무력은 말 안 듣는 놈들 때문에 생겼다. 문화로 교화해도 안 되면 그때는 죽여버린다(凡武之興, 爲不服也, 文化不改, 然後加誅)"라고 말한다. 한무제가 한참 설친 뒤에 씌여진 글이어서인지 문화의 첫 용례 문맥에는 '패권주의(霸權主義)'의 비린내가 물씬 풍긴다(김언종, 2001 : 313-314).

위의 한자문화권에서 문화를 바라보는 입장을 보면 문화라는 글자 자체가 사람을 의미하기에 사람이 중심이 되며, 자연적(自然的)인 것보다는 사람이 이루어가는 인위적(人爲的)인 것에 초점이 맞추어져 있다. 또한 문이 황제에 의하여 사용됨으로써 오랑캐에게는 교화시켜야 할 대상으로서 패권주의(霸權主義)가 되며, 자국민에게는 덕(德)으로써 아름다움과 착함으로 어질게 다스리는 것을 의미하게 된다. 여기에 전체적으로 무(武)와 대립되는 비폭력적인 사상이 내포되어 있다.

이상에서 살펴본 바와 같이 동양과 서양에서 바라보는 문화에 대한 관점은 차이를 가지고 있다. 그렇기에 어느 분야에서 연구를 하느냐, 어느 문화권에서 연구를 하느냐에 따라 문화에 대한 정의 또한 차이를 가지게 된다. 인류학자인 클럭혼(Cylde Kluckhohn)과 크로버(Alfred Kroeber)가 50년 전에 조사한 바에 의하면 문화에 대한 개념 정의는 175가지에 이르렀다(한상복 · 이문웅 · 김광억, 1990 : 63).

3) 문화에 대한 정의

문화에 대한 사전적 정의를 살펴보면, 국립국어연구원의 표준국어대사전에 나온 정의에 의하면 문화는 첫째, '자연상태에서 벗어나 일정한 목적, 생활, 이상을 실현하고자 사회 구성원에 의하여 습득, 공유, 전달되는 행동 양식이나 생활양식의 과정 및 그 과정에서 이룩하여 낸 물질적·정신적 소득을 통틀어 이르는 말로, 의식주를 비롯하여 언어, 풍습, 종교, 학문, 예술, 제도 따위를 모두 포함한다', 둘째, '권력이나 형벌보다는 문덕(文德)으로 백성을 가르쳐 인도하는 일', 셋째, '학문을 통하여 사람의 인지(人智)가 깨어 밝게 되는 것'(국립국어원, 2008)이다.

우리말 큰사전에서는 첫째, '학문이 나아가서 사람이 깨어 밝게 됨', 둘째, '형벌이나 위력보다도 문덕으로써 백성을 가르쳐 인도함', 셋째, '사람이 본래 가지고 있는 이상을 실현하려는 인간활동의 과정 또는 성과로서, 특히 예술·도덕·종교·제도 따위 인간의 내면적, 정신적 활동의 소산을 일컫는다'는 것이다.

브리태니커 백과사전에서는 문화를 '사회구성원에 의해 공유되는 지식·신념·행위의 총체. 도구의 사용과 더불어 인류의 고유한 특성으로 간주된다. 문화를 구성하는 요소에는 언어·관념·신앙·관습·규범·제도·기술·예술·의례 등이 있다. 문화의 존재화 활용은 인간 고유의 능력, 즉 상징적 사고(언어의 상징화)의 능력에서 기인한다'고 이야기한다.

문화에 대하여 처음으로 인류학적 정의를 내리고 문화를 인간집단의 생활양식의 총체론으로 본 대표적인 사람은 영국의 인류학자인 타일러 경(Sir Edward B. Tyler, 1958)이다. 1871년에 이루어진 그의 고전적 정의에 의하면, "문화란 지식·신앙·예술·도덕·법률·관습 및 기타 사회의 구성원으로서의 인간이 획득한 모든 능력이나 습관의 복합적 전체"라고 하였다. 이것은 문화를 한 사회집단의 생활양식을 지칭하는 것으로 문화를 갖지 않는 사회는 없다는 것을 우리는 알 수 있다. 문화와 사회는 상호의존적이고 상호 작용관계를 맺고 있다고 할 수 있다(임은희, 2006 : 363-364). 또한 레드필드(Robert Redfield)는 문화란 간결하게 "행위나 가공품에 현재화(顯在化) 하는 사회를 특징짓는 관습적 요해(了解)"라고 정의할 수 있다고 말한 바 있다.

필립 K. 보크가 정의하기로는 "문화는 어떤 인간집단의 구성원의 행동에 영향을 끼치는 기대 · 양해 · 신앙 혹은 동의(同意)의 모든 것을 포함한다. 이것의 공유관념은 반드시 의식적인 것이라고는 할 수 없지만, 항상 사회적 학습에 의하여 전달되는 것이며, 그것은 온갖 인간 사회가 당면하는 적응상의 여러 문제에 대하여 일련의 해결법이 되어 있는 것이다"라고 이야기 한다(임지현, 1997 : 52).

이강수는 "문화는 한 사회와 국가를 구성하고 있는 모든 국민의 생활방식이요 한 사회의 산물이며, 사회로 하여금 사회이게 만드는 사회통합의 기본적 원리일 뿐 아니라, 무엇보다도 민족의 모든 면에 있어서 삶의 표현에 관한 예술적 양식의 통일이라고 본다면, 한 국가사회의 독립성, 정통성, 그 정체성은 바로 문화의 독자성에 의하여 평가된다고 볼 수 있다"라고 하였다(박영순, 2001 : 13).

'문화'라는 용어는 일상생활에서 자주 쓰인다. 문화인 · 문화병 · 문화생활 등이 그 예이다. 이때 '문화'라는 말은 좋은, 편리한, 세련된, 예술적인, 도덕적인 또는 정신적인 어떤 것을 의미하는 것이 보통이다. 그러나 사회학이나 인류학의 전문적인 용어로서 사용될 때, 문화라는 용어는 다른 뜻을 갖는다. 식생활과 관련된 여러 가지 관습, 인사하는 법, 어떤 행동이 적절한가를 판단케 해주는 기준, 사람의 기호 등 모든 것이 문화의 내용을 이루고 있다. 따라서 앞에서 언급한 바와 같은, 사회들 사이의 관습이나 행동방식의 차이는 바로 문화의 차이를 뜻하는 것이 된다(권태환 외 2인, 2008 : 44). 또한 사회체계로서의 문화는 개별 클라이언트에게 영향을 주는 4가지 주요 거시체계 중 하나로서 개별 미시체계가 살고 있는 사회의 관습이나 습관, 기술, 예술, 가치, 사상, 과학, 종교적 · 정치적 행동을 포괄한다.

2. 주요 개념

1) 문 명

문명은 문화와 구분하여 정의 내리기는 쉽지 않다. 왜냐하면 대체로 문명과 문화를 비슷한 용어로 이해하고 있기 때문이다. 그러나 학자에 따라서는 문명과 문화를 혼용해서는 안 된다고 강조하기도 한다. 문명과 문화의 유사점으로 먼저 문명이란 용어를 미개 또는 야만이란 용어와 반대되는 개념으로 한 개인이 행동에서 보이는 일정한 품위를 함축하며, 도시화된 국가 수준의 사회에 대한 약호처럼 쓰인다. 문명은 물질적으로 생활이 편리해지고 정신적으로도 발달하여 세상이 진보한 상태로 한정함으로써 한층 포괄적 의미를 갖는 문화와 구별된다. 한편 문명이 문화와 함께 사람의 총체적 생활방식을 의미한다는 점에서 문명과 문화는 유사점을 띤다. 즉, 문명과 문화는 모두 주어진 사회에서 면면히 이어져 온 세대들이 우선적으로 중요성을 부여한 가치, 기준, 제도, 사고방식을 담고 있다(동서문화, 1999 : 5707).

2) 문화변용

문화변용(acculturation)은 독립된 문화를 지닌 둘 이상의 사회가 장기간 직접적인 접촉에 의해 한쪽이나 양쪽의 문화체계에 변화가 일어나는 현상이다. 문화변용은 상이한 문화를 지닌 개인이나 집단이 접촉했을 때, 이들 당사자 간 관계의 성격에 따라 달라진다. 문화변용은 상이한 문화 속의 개인, 가족, 집단, 조직, 지역사회가 만나 상호영향을 주고받으면서 일어날 뿐만 아니라 그 사회가 추구하는 제도, 관습, 가치 따위와 같은 사회적 상황으로부터도 영향을 받는다.

3) 문화생태학

문화생태학(cultural ecology)은 인간사회가 환경에 적응하고 환경을 변형시키는 방식들에 관한 연구를 의미한다. 문화생태학은 인간과 환경 간 관계를 중시한 생태학을 바탕으로 문화를 환경에 대한 적응체계로 간주하고 문화의 특정 영역이 환경과 밀접한 관계를 맺는다는 점을 강조한다. 물론 여기에서 환경은 자연적인 환경뿐만 아니라 제도나 풍습과 같은 사회적인 환경을 포함한다. 문화생태학이 특정 지역의 문화적 특질에 초점을 두기 때문에 모든 환경적 상황에 적용할 수 없는 한계를 지니지만 인간의 문화 형성에 환경적 요인을 강조한 것은 생태체계이론 측면에서 중요하다(전경수, 1999 : 148).

4) 문화층

문화층(layers of culture)은 개인이 접하는 문화의 여러 수준을 의미한다. 한 개인은 다양한 수준에서 문화를 복합적으로 형성함과 동시에 각 수준의 문화로부터 영향을 받는다. 이는 인간이 여러 유형의 집단이나 조직과 같은 생활현장에서 층층이 각 수준의 문화를 가지고 있기 때문이다. 이들 문화층은 개인과 조화를 이루어 영향을 미치기도 하고, 마찰을 일으킴으로써 갈등을 불러일으킬 수도 있다. 따라서 사회복지사는 개인의 행동을 제대로 이해하기 위해 먼저 개인이 지니고 있는 다양한 문화층을 이해할 필요가 있다.

5) 사회성격

사회성격은 집단을 대표하는 성격으로서 집단을 형성하는 대부분의 구성원들로부터 나온 공통된 성격구조를 의미한다. 사회성격이 집단, 조직, 지역사회가 지니는 독특한 성향이라고 할 때 사회성격은 문화에서뿐만 아니라 사회복지실천에서도 중요하게 다루어져야 할 개념이라고 할 수 있다. 한편 한국인의 사회성격으로 가족주의, 감투지향의식, 상하서열의식, 친소구분의식[1](親疎區分意識), 공동체지향의식을 강조하고 있다.

6) 문화의 일반적 특성

(1) 보편성

문화의 보편성은 모든 사회에 공통적인 문화형태가 있음을 일컫는다. 이와 같은 문화의 특성은 인간의 마음은 동일하다는 심리적 제일성(psychic unity

1) 친소구분의식은 인간의 보편적인 현상으로, 특히 한국인은 가족주의로부터 파생한 친소구별의식을 가지고 있다. 한국인은 누구나 처음 만나는 사람에게 성과 이름과 나이를 묻고, 동족 여부를 살핀 다음, 어디가 고향이며 학벌은 어떠한가를 확인해보고 곧 자기와는 어떠한 정도로 친소관계가 성립될 수 있는가를 가늠하는 경향이 있으며, 이렇게 친소를 구별하는 의식은 파벌이나 붕당이 불가피하게 존재하는 요인이 된다.

mankind)에 근거하고 있다. 우선 문화의 개념 속에서 인간의 정신적인 산물은 물론, 물질적인 대상도 포함된다. 또한 어떤 것이 보기 좋든 나쁘든, 아름답든 그렇지 않든 상관없이 다시 말해, 우리의 감성적·도덕적 가치와는 관계없이 생활의 주요 부분을 이루고 있으면, 그것은 문화의 구성요소가 될 수 있다. 이러한 뜻에서의 문화는 그것이 문명사회든 미개사회든 모든 사회에 존재한다(전경수, 1999 : 35－38).

(2) 사회성

문화는 인간에게만 있는 것이고 문화가 없는 인간이란 생각할 수도 없다. 사회적 동물로서 인간과 문화는 떼어 놓을 수 없는 관계에 있고, 바로 이 문화가 다른 동물과 인간을 구분해 주는 기본이 된다. 이러한 뜻에서 문화는 비생물학적인 것이고 비유전적인 것이다.

(3) 학습된 행동

문화의 학습성은 문화가 특정한 사회에서 살아온 자의 삶의 직접적인 결과로서 개인에게 학습됨을 의미한다. 사람은 문화를 태어날 때부터 가지고 나오는 것이 아니다. 사람은 태어날 때, 문화를 배울 능력만을 갖고 나온다. 문화는 태어난 후에 '학습'하는 것이다. 문화의 학습에 관여하는 것은 무수히 많다. 이러한 의미에서 학습은 한순간 또는 비교적 짧은 기간 내에 이루어지는 것이 아니라 평생에 걸쳐 행해진다(유태용, 1999 : 17).

(4) 공유성

문화는 또한 공유된다. 한국사회에 살고 있는 사람은 그들이 아무리 다른 사람과 다르게 행동한다 하더라도 기본적으로 다른 한국 사람과 비슷한 행위양식을 보이게 마련이다.

(5) 체계성

문화는 그 내용 하나하나가 별개로 떨어져서 있는 것이 아니라 하나의 전체 또는 체계를 이루고 있다. 문화의 한 요소는 그 자체로서 독립되어 존재하고 의미를 갖는 것이 아니라, 무수히 많은 다른 것과 관련되어 있으며, 그 관련 속에서만 의미를 갖는다. 다시 말해, 각각의 문화요소는 하나의 전체 속에서 다른 것들과 관련을 이루며 존재하는 것이다.

(6) 축적성

문화는 또한 축적된다. 현재 우리의 문화는 과거의 문화와 다르다. 그러나 이러한 문화의 차이는 결코 단절적인 것이 아니다. 문화는 한 세대에서 다음 세대로 전승된다.

(7) 상징성

문화의 상징성은 모든 문화가 외형으로 드러나는 것 외에 속으로 품고 있는 의미가 따로 있음을 뜻한다. 그래서 문화를 "사람의 경험을 해석하고 행동을 유도·규제하는 의미와 상징의 체계"로 정의하기도 한다. 이 같은 문화의 특성은 인간이 다른 동물과 비교하여 자유롭게 의미를 창작하고 이를 사물과 행동에 부여하는 능력을 지녔다는 맥락에서 강조된다(최옥채 외 3인, 2007 : 348−349).

(8) 역동성

문화의 역동성은 문화가 고정되어 존재하는 것이 아니라 특정 문화 내에서뿐만 아니라 문화 간 움직임이 매우 강하게 이루어지고 있음을 의미한다. 문화는 시간의 흐름으로부터 영향을 받아 새로운 문제를 제기하며, 이 새로운 문제는 변화된 행동과 신념에 적응해야 하기 때문에 문화는 역동적일 수밖에 없다. 이런 맥락에서 문화는 모든 것을 시간 속에서 익숙하게 만들고, 문화가 동반하고 있는 엄청난 물질적 성장과 이윤의 잠재력을 선도하기도 한다(류승호, 1995 : 103).

(9) 다양성

문화의 다양성은 인간사회의 문화형태가 매우 상이함을 일컫는다. 문화의 차이를 의미하는 이 특성은 국가·지역·개인별로 지니는 다양한 문화로부터 짐작할 수 있다. 문화의 이런 특성 때문에 사회복지사는 개인의 다양한 문화를 '좋은 문화'나 '나쁜 문화'로 규정해서는 안 된다. 문화를 올바르게 이해하기 위해서는 문화를 소유하고 있는 당사자의 시각에서 볼 수 있어야 한다.

3. 문화의 유형

문화의 유형은 분석 목적과 의도에 따라 다양한 형태로 구분될 수 있다. 소로킨(P. A. Sorokin)은 문화를 물질적 문화, 행동적 문화, 이데올로기적 문화 등으로 구분하였고, 볼드릿지(Baldridge, 1975)는 경험적 문화, 규범적 문화, 관념적 문화로 구분하였다(임은희, 2005 : 359－362).

1) 물질적 문화

물질적 문화는 사람이 만들어 내고 사용하는 물질적인 모든 것을 포함하는 것으로 사회의 성원들에게 자연환경에 적응하는 직접적인 수단을 제공하는 문화를 의미한다. 물질적 문화의 내용에는 기술이 포함된다.

2) 규범적 문화

사회유지를 위해 사람에게 준수할 것을 기대하는 행동의 기준에 관한 문화로 행위의 규칙, 즉 규범을 정함으로써 '어떤 것이 옳고 그른가와 해야만 하고 해서는 안 되는가?'의 기준을 설정해 준다. 규범은 크게 관례, 관습, 법으로 나눠볼 수 있다.

관례는 사람이 일상생활에서 거의 무의식적으로 따르는 습관이나 전통적 행위지침을 의미하며, 한 사회집단에 오랜 세월 시행착오의 경험을 통하여 형성되고 받아들여져서 수세대에 걸쳐 전승되어 그 사회집단의 구성원에게 인습적이고 일괄적인 행동양식으로 장착되는 것을 의미한다. 예로 한국 사람이 식사에 수저를 사용하는 것을 들 수 있다. 이러한 관례는 따르지 않는다고 해서 강력한 처벌이나 제재를 가하지 않는다.

관습은 관례와 달리 위반 시 강력한 제재(사회적 고립, 구타, 추방 또는 사형)가 가해지는 것으로 사회의 안녕과 가장 중요시되는 가치의 수호를 위해 매우 중요하다고 간주되는 규범이라고 볼 수 있다. 우리 사회에서 금지되는 관습의 예로 근친상간, 도둑질, 살인 등을 들 수 있다. 관습은 그 자체가 반드시 타당한 것은 아니며 그 사회의 사람들이 그것을 믿고 복종하게 됨으로써 힘을 갖게 되고, 사회에 따라 달라질 수 있는 것이다.

법은 규범을 공식화하여 제정한 것을 법이라고 하며, 법은 몇 가지 특성을 갖는다고 볼 수 있다. 첫째, 국가에 의해 공식적으로 규정됨으로써 공식적 규정에 의한 정당성을 갖는다. 둘째, 합리적 이해가 가능하도록 성문화되며 엄격한 법률적 해석에 따르게 된다는 것이다. 셋째, 법은 경찰, 판사, 검사, 변호사 등의 집행 대행인들에 의하여 강제력을 갖고 집행된다는 것이다. 넷째, 분명하고 구체적인 형벌규정을 갖는다는 점이다. 법은 관습에 의해 뒷받침될 때 더욱 효과적이며 관습은 법에 의해서 강조될 때 더욱 큰 힘을 갖는다.

3) 관념적 문화

사회체계와의 관련에서 완전히 평가적 함의를 지니고 있는 정신문화를 총칭하는 것으로 특정 집단이나 사회체계가 존속하기 위해 현실을 이해하고 혹은 합리화하기 위하여 가지는 표상, 인식, 확신, 전망, 확산 등의 관념의 복합체이다. 이러한 관념적 문화는 가치체계, 신화체계, 교의체계, 사상체계로 구성되어 있다.

가치체계는 사실 검증의 방법으로 확인할 수 없는 과거, 현재, 미래에 대한 상상적 해석이며, 대중의 원망, 기대, 신념 등을 자극해서 특정 행동을 유도하는 기능을 한다. 예로 종교를 들 수 있다. 교의체계는 관념적 문화에 이론적 일관성을 부여하고 현실을 철학적이거나 과학적으로 분석하여 사회체계를 합리화시키고 행동계획에 체계성을 부여하는 체계이다. 그리고 사상체계는 이데올로기라고도 하며 사회체계의 미래를 예견하고 행동화의 방법을 명시한 일련의 주의, 주장을 의미한다.

4. 문화의 기능

개인은 사회에서 문화를 습득하면서 성장하고 발전한다. 문화는 개인의 사회적응에 기여할 뿐만 아니라 생리적·심리적 욕구를 충족시켜 준다. 또한 문화는 개인의 행동을 규제하고 사회악을 제거시키며, 사회를 유지시키고 존속시킨다.

1) 사회화

문화는 개인이 사회에서 어떻게 행동하고 어떻게 말하며 어떻게 세상을 인식할 것인가를 가르쳐 주는 지침이 된다. 따라서 개인은 문화가 만들어낸 산물로서 사회에서 문화를 습득하면서 성장하며, 문화를 변동시키고 문화를 이끌어 나간다. 문화는 개인의 성격을 형성하고 변화시키며, 개인에게 다양한 생활양식을 내면화시켜 개인이 사회에 적응하며 살아갈 수 있게 한다(이근홍, 2006 : 336−337).

2) 욕구충족

문화는 개인의 생리적 욕구와 심리적 욕구를 충족시켜 준다. 즉, 문화는 다양한 생활양식을 통해서 의식주와 같은 개인의 기본적인 욕구를 충족시켜 주며, 개인이 다양한 문화와 접하면서 사회적으로 안정감을 가지고 살아갈 수 있게 한다. 예를 들면, 문화는 혼인제도를 통하여 개인의 성적 욕구를 충족시켜 주며, 사회의 혼란을 방지하고 개인의 심리적 안정과 사회질서를 유지하게 한다.

3) 사회통제

문화는 개인의 행동에 대한 규제와 사회악의 제거를 통해서 사회통제의 기능을 수행한다. 즉, 문화는 개인의 행동양식을 규정하기 때문에 개인의 대인관계와 사회생활에서 자기의 행동이 상대방에게 어떤 영향을 주고 상대방이 어떤 반응을 보일 것인가를 알고 적절히 행동할 수 있게 한다. 또한 문화는 도덕, 관습, 신앙 등을 통해서 사회에서 필연적으로 발생하는 사회의 안정과 질서에 악영향을 미치는 문제들을 제거하거나 조절하는 기능을 한다.

4) 사회존속

문화는 사회를 유지시키고 존속시키는 데 필수 불가결한 요소이다. 즉, 문화가 없이는 사회가 존재할 수 없으며, 사회가 없이는 문화도 존재할 수 없다. 사회가 계속해서 존재하는 것은 사회가 문화의 학습과 전승을 통해서 새로운 구성원들에게 필요한 생활양식을 전해주기 때문이다. 문화는 사회의 다양한 분야에 대한 영향을 통하여 사회의 존재를 유지시키며, 사회의 존속을 위해 기여한다.

5. 한국인의 문화적 특성

우리나라 고유의 문화를 전승하고 창조하는 데 있어, 기후적인 요인과 농경사회의 특징, 민간신앙, 유교, 가족제도 등은 중요한 영향요인으로 작용해 왔다. 그리고 이러한 요인에 의해 한국인과 한국의 문화는 고유한 그 특성을 가지고 있으며 이러한 특성은 한국 사회에 깊게 뿌리내리고 있다고 볼 수 있다(최옥채 외 3인, 2002 : 343－349 ; 강인숙 외 3인, 2006 : 209).

(1) 정(情; Jung)

인간의 희(喜), 로(怒), 애(哀), 락(樂), 애(愛), 오(惡), 욕(慾)과 같은 칠정의 모든 감정을 통틀어 일컫는 것이나 우리가 이야기하는 정은 주어진 대상에 대한 직접적 또는 간접적인 공동경험을 통해 무의식적으로 형성된 일종의 정신적 유대감이라고 볼 수 있다. 따라서 우리나라 문화의 특징인 정은 '사귐이 깊어 감에 따라 더해 가는 친근한 마음'이라고 사전적으로 정의되고 있으며 뚜렷한 목적 없이 장기간 함께 하는 경험을 통해 형성되기 때문에 정을 바탕으로 한 행동은 동의성이 약하고 규범에 의한 책임이나 의무를 지니지 않는다. 따라서 정으로 맺어진 사이에서는 사회정의나 원칙주의가 지켜지기 어렵다고 볼 수 있다.

따스하다, 잔잔하다, 계산적이지 않다, 보답을 요구하지 않는다, 쌍방향으로 형성된다는 속성을 지니며, 이런 맥락에서 개인 간을 결합시켜 주는 중요한 역할을 하게 된다. 정은 한국인의 가족관계에서 가장 두드러지게 형성되어 사회생활까지 이어져 사적인 인간관계는 물론 공적인 관계에까지 그 영향을 미친다고 본다. 한국사회에서는 이러한 정을 바탕으로 둔 인간관계를 중요시 여기기 때문에 상호간 의리를 중요시하고 관계의 배신행위를 가장 금기시한다.

(2) 한(恨; Han)

욕구나 의지의 좌절에 따르는 삶의 파국에 대처하는 강박적인 마음의 자세와 상처가 의식적·무의식적으로 얽힌 복합체로 사전적으로 정의된다. 자신의 불행에 대해 후회하는 억누를 수 없는 생각과 부당하다는 엇갈린 심리가 결합된 감정상태라고 볼 수 있으며 차별대우를 받았을 때, 타인에 비해 현저히 결핍되어 고통을 당할 때, 돌이킬 수 없는 큰 실수를 범했을 때 발생되는 것으로 알려져 있다. 한국사회에 뿌리 깊게 나타나는 한의 문화는 '한스럽다, 한을 풀어라, 한 맺힌 이 세상' 등과 같은 일상 언어나 노랫말에서 쉽게 찾아볼 수 있으며 '장길산(황석영), 토지(박경리), 서편제(이청준), 혼불(최명희), 아리랑(조정래)' 등의 문학작품에서도 찾아볼 수 있다.

(3) 체면(體面; chemyeun)

낯, 면목, 체면 등과 같은 용어로도 쓰이는 것으로 개인이 공적으로 드러낸 겉모습으로서 사회적으로 바람직하다고 생각하는 가치로 구성된 이미지를 일컫는다. 개인이 가지고 있는 본질과 다르게 나타날 수 있으며, 그 사람이 사회적으로 바람직한 정도를 나타내면, 남들이 자신을 받아들여 주기를 바라고 드러내는 모습을 의미한다.

체면은 한국 사회뿐만 아니라 세계의 모든 문화권에서도 찾아볼 수 있는 세계적인 현상이나, 특히 한국인은 생활 전반에 걸쳐 체면에 신경을 쓴다는 점에서 한국 사회의 체면은 독특하다고 할 수 있다. 이러한 면은 한국인의 일상생활에서 상대방의 체면을 세워주는 호칭, 자동차나 의복을 치장하는 자기과시, 인사치레로 거짓말을 하는 체면손상의 터부시로 잘 드러난다. 사회에서 본인의 체면이 주위 사람이나 아랫사람의 행위로부터 영향을 받기 때문에 체면은 일정한 질서유지의 역할을 하기도 한다. 하지만 체면을 지나치게 차릴 경우 거리감을 주고 위선적으로 여겨지지만, 안 차리면 체통이 떨어지고 믿음을 잃게 되므로 상황에 따라서 적절히 차려야 하는 한국사회의 독특한 사회심리적 기제로 작용하고 있다.

(4) 눈치(Noonchi)

겉으로 드러난 자료가 불충분함에도 불구하고 그 이면에 숨어 있는 진실을 꿰뚫어 볼 수 있는 독특한 재주를 의미하는 것으로 한국인의 대인교류가 지니는 중요한 특징이며 우리 문화권에서 관계를 해치지 않으려는 염원에서 발달된 의사소통의 고유한 형태로 간주된다. 이것은 말을 아껴야 하는 유교문화와 의미의 개별성이 강한 문화적 특성에 의해 생겨난 것으로 한국 사회에서 단순한 의사소통기제 이상의 것으로 생활의 지혜와 겸손한 행위로 이해될 수 있다. 눈치는 적절히 주고 챔으로써 재치를 발휘할 수 있고 상대의 의도를 파악하여 편안하게 함으로써 좋은 관계를 형성하는 데 기여할 수 있다.

한국사회의 눈치는 공식적인 생활과 비공식적인 생활을 혼동하는 경향으로 인해 공식적인 회합이나 조직에서의 발언이나 행동이 그 후의 일체 생활영역 까지 영향을 준다. 이에 체면과 자존심을 지키기 위해 한국사회에서는 눈치가 필요했으며 눈치는 당혹스러운 상황을 피하고, 서로 마음을 상하지 않으며, 상대방에게 지나치게 압력을 부담시키지 않는 기능을 해오고 있다.

(5) 가족주의(familism)

일체의 가치가 가족집단의 유지, 지속, 기능과 관련을 맺어 결정되는 사회의 조직형태를 의미하는 것으로 가족으로부터 독립하지 못한 개인이 자신보다 가정을 중시하고, 나아가 가족적 인간관계를 사회에까지 확대하여 적용하는 가치체계를 칭한다. 한국 사회의 가족주의는 전통적 농업사회와 성리학, 유교의 바탕하에 형성되었으며, 산업화와 기독교의 사상이 유입된 현재에도 여전히 자리 잡고 있다. 이것은 '우리'라는 표현을 자연스럽게 사용하게 하고, 감정적 연대, 정, 친밀감, 동질성, 유대성을 강조하였다. 그리고 발전하여 '동류의식'을 낳기도 하였다.

한국인은 전통적으로 대를 잇는 것 못지않게 자손이 출세하는 것을 가문의 영광으로 중요하게 생각함으로써 가족의 관심은 자녀의 양육, 교육에 집중되어 왔으며, 가족 간의 서열을 중요시하여 생겨난 부자관계의 효의 중시는 성숙한 시민의식을 마비시키는 요인이 되기도 하였다. 즉, 한국 사회에서는 자녀를 성숙한 시민으로 양육하려는 것보다 가족의 일원으로 의무를 철저히 수행하는 인간으로 만드는 데 관심을 높였다. 이러한 가족주의를 토대로 한 한국인은 자신이 속한 집단과 다른 집단을 차별하는 성향을 갖게 되고 나아가 이 같은 한국인의 성향은 공동체 의식의 결여와 지역 간 갈등의 요인이 되기도 하였으며 질서의식 결핍증, 내 새끼 유일주의 등과 같은 한국의 고질적인 사회병리 현상의 원인이 되고 있다.

(6) 연줄

한국인의 사회심리학적 속성인 연고주의가 일상의 인간관계로 표면화된 상태로 인간관계의 끈 또는 유대를 의미한다. 사회적 관계망을 통해 이러한 인간관계를 보다 정확하게 확인해볼 수 있다. 한국인은 처음 만나는 사람과 성, 이름, 나이를 묻고 동족 여부를 살핀 다음, 고향과 학벌을 확인하고 자기와는 어떠한 정도로 친소관계가 성립될 수 있는가를 가늠하는 경향을 가지고 있으며, 연고에 의한 동질성을 공유하는 집단성원에게는 매우 개방적이지만, 연고를 달리하는 타 집단성원에게는 매우 폐쇄적이다.

한국인은 혈연, 지연, 학연, 업연 등과 같은 연줄을 형성하고 이를 바탕으로 '우리'라는 연계집단을 형성하여 연계적 방식에 입각한 행위를 통해 삶의 문제를 해결한다. 이러한 인맥지향은 지나칠 경우 인간지향이 아니라 권력지향으로 변질됨으로써 자신과 동등한 사람이나 열등한 사람을 한데 묶는 인맥공간은 사라지고 위로만 향하는 인맥 만들기가 번성하기도 한다. 줄서기를 통해 만들어진 인맥은 하나의 힘이 되며, 가장 중요한 사회적 자본으로서 사회생활에 실질적인 영향력을 행사하게 된다. 연줄은 자기 집단성원 간에 서로 도움이 될 수 있으나 정실주의 혹은 파당주의로 나타나 사회의 발전을 저해하며 구성원 간의 적개심을 조장할 수도 있다.

(7) 동류의식

상대와 나를 동질화시키려는 의식을 의미하는 것으로 상대와 공통점을 찾으려는 심성을 예로 들 수 있다. 이것은 상대방에 호의를 표하는 것으로 간주되며, 주위의 사람들이 하는 것을 자발적으로 따라하는 동조행위를 불러일으킨다. 가족주의가 발전된 것으로 볼 수 있으며 한국사회의 동류의식은 혈연, 지연, 학연, 업연과 같은 연줄망을 바탕으로 더욱 확대되어 나타나고 있다. 현재의 한국사회는 개인주의를 강조하는 자본주의 사회임에도 불구하고 동류의식은 여전히 살아남아 작용하고 있다.

6. 사회복지에서 바라보는 문화의 개념

문화는 일반적으로 선천적인 것이 아니라 인간이 후천적으로 창조한 것으로 사회구성원 간에 공유됨으로써 전승, 학습을 가능하게 한다고 이야기된다(이인정 · 최혜경, 1997 : 393). 따라서 인간 간의 상호부조 또는 상부상조는 인간사회가 그 생존을 유지하기 위해서 반드시 필요한 기능의 하나로 인식되고 있으며(Gilbert and Specht, 1974), 이 상호부조 기능은 정부 · 민간사회복지단체 · 종교단체 · 자선단체 · 친목단체 · 기업 · 가정 등의 여러 행위주체에 의해 수행된다. 이러한 여러 행위주체의 노력으로 인해 사회구성원의 기본욕구가 충족되며, 사회복지는 이러한 다양한 행위주체의 집합적 노력의 결과로서 나타나게 된다(주재현, 2004).

한국은 전통적으로 공동체의식을 강조하는 유교문화의 영향을 받아왔다. 근면과 노력을 통해서 높은 사회적 지위가 획득되어지고, 가족 간의 유대, 내부와 외부의 구분, 가부장적 권위, 엄격한 성 역할 분리와 여성의 종속, 가계의 역사와 계승, 수치심 등이 강조된다. 또한 유교문화의 근본 원리는 덕(德)으로, 이는 타인으로 하여금 좋은 행동을 하는 훌륭한 지도력으로 강력한 '도덕적 호소력'이다. 이 덕에는 위계질서의 수용과 집단적 책임의식이 포함되어 있다. 그래서 한국에서는 '가족적'인 기업이 형성된다. 유교문화의 엘리트주의는 장애에 대해서도 낙인을 부여한다. 이는 사회에서 실패한 사람이 의지할 곳이 별로 없다는 것을 의미하며, 자신의 실패에 대해서는 자신이 책임을 져야 한다는 것을 의미한다.

이것은 더글라스의 문화유형 중 개인주의 문화에 해당된다. 달리 표현하면, 유교문화에는 개인주의적 속성이 숨겨져 있다는 것이다. 한국의 국민연금제도가 국민의 신뢰를 받지 못하는 가장 큰 이유는 정부에 대한 불신에 있지만, 자신의 위험을 자신의 힘으로 극복해야 한다는 개인주의 성향도 있다. 어쩌면 1980년대 후반까지 한국의 정부는 의도했던 의도하지 않았건 유교문화에 내재되어 있는 개인주의적 속성을 국가복지를 제공하지 않는 데 교묘하게 이용했는지도 모른다(박병현, 2005).

이러한 사회복지 현상은 초역사적으로 존재한 것이 아니라 역사적 현상 속의 일부로 이루어져 왔으며, 자본주의 사회에서 본격적으로 구체화된 현상이라고 할 수 있다. 이러한 측면은 사회복지학이 사회 속에 존재하고 있는 구체적 현상을 연구대상으로 설정하고 있음을 말해주고 있으며, 현실사회의 정체성(Identity)과 밀접한 관련성을 가지고 있다고 할 수 있다. 예컨대, 서구 복지국가를 보더라도 국가 간 유형의 차이가 나타나는데(김상균, 1992), 이러한 유형의 차이는 자본주의 발전에 따른 보편성으로 설명하기에는 한계가 있고 오히려 특정 국가의 정치적 구조 또는 사회문화적 특성으로 설명될 수밖에 없음을 나타내주고 있다.

그러나 국내 사회복지학의 연구수준은 한국 사회복지현실을 반영하듯, 이론적 수준에서나 실천의 수준에서 지금까지 그렇게 만족스럽다고 자신 있게 제시할 수 없고, 기존 서구에서 제기되었던 이론적 논의의 이해와 적용 그리고 서구 편향적인 경험적 사실을 소개하고 있는 실정에 놓여있다고 해도 무리는 없을 것이다. 이러한 경향은 국내 사회복지학도들이 사회복지라는 보편적인 현상을 규명하는 서구의 이론적 논의와 선진복지국가의 내용과 변화에 관심을 집중함으로써 한편으로는 지적 확대에 관심의 폭을 확장하려는 연구자의 학문적인 지향과 연구배경에 기인할 수도 있지만, 다른 한편으로는 국내 사회복지현실의 낙후성으로 인해 이론과 실천과의 유기적 결합구조를 형성하는 데 미흡했다는 사실을 반영해주고 있다고 할 수 있다.

여기에 김상균(1994)은 사회문화적 정체성은 사회복지 발전에 어떠한 관련성을 갖고 있는지를 알아보기 위해 사회조직 측면과 사회구조 측면[2]으로 구분하여 살펴봄으로써 우리나라의 사회구조의 특수성 또는 문화의 정체성이 서구의 것과는 동일시 될 수 없으며, 사회복지학의 연구대상에서 질적 차별성이 전제되어야 한다고 이야기한다. 최옥채(2002)는 사회복지에서 문화를 사회복지실천기술 측면과 사회복지실천윤리 측면으로 구분하여 문화에 대해 설명하고 있다. 사회복지실천기술 측면으로서 개인과 문화, 가족과 문화, 집단과 문화, 조직과 문화, 지역사회와 문화를 통하여 개인과 환경체계별로 연관성을 살펴봐야 하며, 사회복지실천윤리 측면으로서 사회복지사와 개인과

2) 김상균은 사회조직 측면으로 가족, 비공식지원체계, 비공식문화를 사회구조적 측면으로 자본주의 발전과정에서의 국가주도 및 합리성 결여, 복지발전단계의 축약 및 비약을 이야기 하고 있다.

가족, 집단, 조직, 지역사회 등의 문화와 관련된 윤리적 딜레마를 이야기 하고 있다.

사회복지에서 문화복지와 관련된 선행연구를 살펴보면 박병현(2005)의 복지국가 발달의 문화적 분석을 들 수 있으며, 최옥채(2007)의 사회복지실천에서 문화복지의 개념화를 이야기 할 수 있다. 최옥채는 문화의 용례에 따른 해석학적 접근방법으로 '우리의 전통에 스며있는 정신을 지향하면서 사회복지실천 지식과 기술을 바탕으로 개인의 보람된 삶에 도움이 되도록 다양한 활동거리를 제공하는 프로그램'으로 정의하였다.

한국문화관광정책연구원에서 최근 문화복지의 정책화를 위해 연구가 활발히 진행되고 있다. 여기서 이야기 하는 문화복지란 '문화감수성을 함양하여 개인의 삶의 질을 향상하고 사회적으로 요구되는 창의성을 증진시키려는 국가적·사회적 의지와 노력'(정갑영, 2007 : 14)으로 이야기함으로써 정책적인 성격이 강하게 드러나고 있다. 이렇듯 문화복지로서 몇몇 연구들이 진행되고 있지만 합의되지 않은 채 각자의 분야에서 연구가 진행되고 있는 실정이다.

7. 사회체계로서의 문화

문화는 사회의 생활방식으로서 인간의 행동에 영향을 미치는 상위체계이다. 인간은 특정한 사회 속에서 태어나 그 사회가 가지고 있는 문화를 배우면서 사회의 구성원으로 사회화되며, 사회의 문화에 영향을 미친다. 즉, 인간은 독특하게 문화를 지니고 있는 사회적 존재로서 문화에 적응하면서 살아가며, 문화를 변화시킨다.

문화는 전체사회 속에 존재하는 개인, 집단, 조직 및 지역사회에 영향을 미치는 거시체계로서 세대 간에 전승되면서 직접적·간접적으로 사회의 모든 구성원에게 영향을 미친다. 한편 문화는 가장 작고 기본적인 요소인 문화특질(cultural trait)로 나누어지며, 특질들이 모여 복합적인 형태인 문화복합(cultural complex)을 이루고, 다양한 하위문화가 모여 전체문화를 구성하고 있다. 하위문화는 한 사회 속에서 공존하며, 특별한 생활양식, 가치체계, 행동양식 등을 발전시키고 사회의 문화적 내용을 이루어 다양한 집단에 영향을 미친다. 이와 같이 문화는 사회의 가치, 규범, 신념체계 등이 사회구성원에게 내면화되어 그들의 행동에 중대한 영향을 미친다.

이상으로 문화에 대한 많은 정의와 연구들이 진행이 되고 있지만 사회복지에서는 실천에만 초점이 맞추어져 있기에 실제적으로 문화에 대한 관심을 기울이지 못하고 있다. 그저 실천의 대상으로서 클라이언트를 바라봄으로써 전반적인 이해를 하기보다 단기적인 개입을 위한 치료의 선에만 그치고 있음을 알 수 있다. 체계적인 실천을 위한 학문으로서 사회복지는 사람을 대상으로 하기 때문에 단기적인 관점을 갖기보다 인간과 사회 전체에 대한 이해가 선행이 될 때 사회복지가 사회복지계 안에서만이 아니라 모든 사람과 함께하는 문화 속에 뿌리를 내리며 함께 공존할 수 있는 것이다.

문화 자체는 가치중립적이기 때문에 좋고 그름이 존재하지 않지만 일반적으로 문화를 바라보는 대상에 따라 대상의 판단기준, 즉 가치에 의해 고급문화와 저급문화를 구별하게 된다. 따라서 사회복지에서 가지는 시각을 통하여 사회복지의 가치기준에 따라 문화를 수용하고, 적극적으로 개입하려고 한다.

사회복지에서는 상황 속의 인간(PAS), 환경 속의 인간(PIE)으로서의 시각을 이미 가지고 클라이언트를 대하며, 개입을 하고 있다. 따라서 기본적으로 이러한 시각을 통하여 문화를 바라보며, 사회복지 윤리강령[3]이 가지는 핵심가치, 서비스, 사회정의, 개인의 존엄성 및 가치, 인간관계의 중요성, 성실성, 능력의 6가지를 기준으로 사회에서 통용되고 있는 문화를 사회복지적 시각으로 고급문화는 적극적으로 받아들이고, 저급문화는 바꾸려고 노력할 것이다. 그럼으로써 '누구나 행복을 누릴 권리와 존엄성이 있으며 그 이상을 지향하는 실천상태'(박경일 외 8인, 2005 : 16)라고 사회복지를 정의하고 있는 것처럼 사회복지의 가장 기본이 되는 사람의 삶[4]의 변화를 위해 지금까지의 소극적인 자세에서 벗어나 적극적으로 문화를 대할 필요가 있다.

3) 여기서 사회복지 윤리강령은 미국사회복지협회 윤리강령에서 제시된 6가지 핵심가치를 기준으로 한다. 한국사회복지협회 윤리강령을 근거로 해야 하나 전문과 선서문에서 내용이 함축적이기에 체계적으로 정리가 되어 있는 미국사회복지협회 윤리강령을 기준으로 한다(NASW 윤리강령 : http://www.naswdc.org/. 한국사회복지협회 윤리강령 : http://www.welfare.net/ 참조).

4) '삶'이란 사람의 어원과 같다. '살다'의 어간 '살-'에 접미사 '-암'이 붙어서 사람이, 명사형 접미사 '-ㅁ'이 붙어서 '삶'이 되었다. 사람은 살아가는 존재, 삶을 영위하는 존재라는 뜻이다[하두철 대령(2006). 삶, 그 소중한 꽃 한송이. 국방일보].

부록

지피지기의 채점, 해석, 활용방안

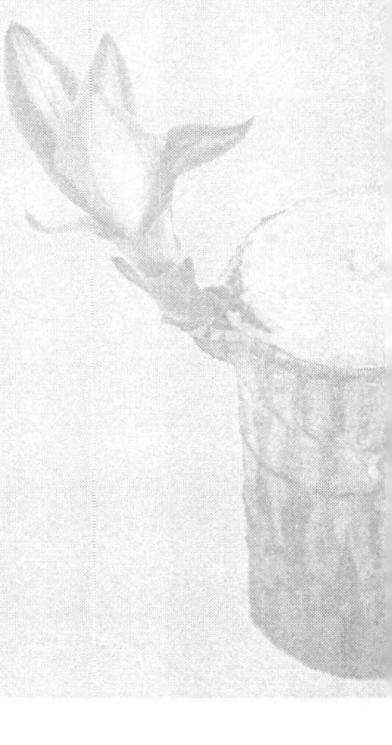

부록 지피지기의 채점, 해석, 활용방안

지피지기 1 나를 이해하기 위한 생활각본 분석

생활각본 분석은 교류분석(transational analysis)에서 주로 사용하는 것으로 현재의 자신의 행동의 원형과 방식을 이해할 수 있는 기회를 제공해 줄 것이다. 그리고 다양한 인간행동이론에 적용해 봄으로써 자기성장의 기회를 제공해 줄 것이다.

지피지기 2 일상생활 속에 묻어 있는 프로이드의 원리

일상생활 속에서 프로이드의 원리를 파악해 봄으로써 자신이 프로이드의 성향을 파악해 봄으로서 자신의 상담성향이나 일상생활의 성향을 파악해 볼 수 있다.

(1) 채점방식

각 문장마다 자신이 체크한 점수가 해당 문장의 점수가 됩니다. 3, 4, 5, 6, 8, 10, 11, 12, 14번 문항은 '전혀 그렇지 않다'에 표시를 했다면 1점, '대개 그렇지 않다'는 2점, '중간이다'는 3점, '대개 그렇다'는 4점, '매우 그렇다'는 5점을 줍니다. 1, 2, 7, 9, 13, 15번 문항은 역으로 계산합니다. 예를 들어, 1번 문항에 '전혀 그렇지 않다'에 표시를 했다면 5점, '대개 그렇지 않다'는 4점, '중간이다'는 3점, '대개 그렇다'는 2점, '매우 그렇다'는 1점을 줍니다.

(2) 해석방식

15문항의 총점을 계산하십시오. 점수의 범위는 15~70입니다. 높은 점수는 프로이드의 입장에 동의하는 경향이 높음을 의미하며, 낮은 점수는 프로이드의 입장에 동의하지 않음을 의미합니다.

(3) 출처

노안영·강영신(2003). 성격심리학. 서울 : 학지사. 83－84.

지피지기 3 이화방어기제검사

대학의 학생상담연구소 등을 통하여 이화방어기제를 수행하여 "나는 어떤 자아방어를 주로 사용하고 있는가"를 파악해 봄으로써 자신의 대학생활이나 타인이나 클라이언트를 변화시키는 변화대행자(changing agent)를 지향하는 예비 사회복지사로서 자신의 이해의 폭을 넓힐 수 있다.

지피지기 4 에릭슨 성격연습(개인 정체감)

에릭슨의 사회심리발달의 8단계 중 제5단계인 정체감 형성 대 역할혼미에 대해서 자신의 현재의 상황을 파악해 봄으로써 정체감 형성을 위해 노력할 항목을 발견하여 자신의 성장에 도움이 될 수 있을 것이다.

(1) 채점방식

점수를 계산하기 위해, 첫 번째로 해야 할 것은 1, 2, 4, 8, 9, 12, 13, 14, 15, 16, 17, 18번 문항에 표시한 점수를 역으로 환산한다. 이를테면, 만약 위의 문항에 4로 표시했다면 1로, 2는 3으로, 3은 2로, 4는 1로 바꾼다. 나머지 문항은 그대로 두고, 전체 점수를 합산한다.

(2) 해석방식

Ochse와 Plug(1986)가 남아프리카 공화국의 시민(15~60세)을 대상으로 실시한 결과 이 척도의 평균 점수는 56~58이었으며 표준편차는 7~8이었다. 이 평균 범위보다 훨씬 더 높은 점수는 정체감이 잘 발달되어 있다고 볼 수 있으며, 유의미하게 더 낮은 점수는 아직 정체감 발달단계에 있다고 할 수 있다[J. M. Burger(2000). personality(5th ed.). Belmont, CA : Wadsworth/Thomson].

$48 < M < 66$

(3) 출처

김영애(2000). 성격심리학 : 자기이해를 위한 연습. 서울 : 하나의학사. 57.

지피지기 5 나의 사회적 관심은 어느 정도일까?

아들러의 사회적 관심에 대한 것을 확인하여 자신의 사회적 관심의 상황을 분석해 보고 문항 안에서 불일치하는 항목을 중심으로 사회적 관심을 높이는 연습을 할 필요가 있다.

(1) 채점과 해석방식

답안에 표시를 했으면, *가 표시된 문항에 답을 한 문항 수를 셉니다. * 표시된 문항과 자신의 답이 일치하는 문항 수가 9개 이상이면 사회적 관심이 높다 라고 볼 수 있습니다.

(2) 출처

정민(2001). 생활양식과 대학생활 적응과의 관계. 전남대학교 석사학위논문.

지피지기 6 융의 심리적 유형

대학의 학생상담연구소 등을 통하여 MBTI 검사를 수행하여 “나는 어떤 유형의 사람인가”를 파악해 봄으로써 자신의 주 기능, 보조기능, 열등기능을 파악하여 주위 친구들의 성향과 자신의 성향을 파악해 봄으로써 자신의 대학생활이나 타인이나 클라이언트를 변화시키는 변화대행자(changing agent)를 지향하는 예비사회복지사로서 자신의 이해의 폭을 넓힐 수 있다.

지피지기 7 자기표현성

(1) 채점방식

이 척도는 Rathus Assertiveness Inventory(Rathus, 1973)입니다. (1, 2, 4, 5, 9, 11, 12, 13, 14, 15, 16, 17, 19, 23, 24, 26, 30)문항은 점수를 역으로 계산합니다. 그리고 나서 30문항에 대한 총점을 구합니다.

(2) 해석방식

＋ 점수가 높을수록 자기표현성이 높고, － 점수가 높을수록 자기표현성이 낮음을 의미합니다. 여대생의 평균점수는 대략 8이고, 남대생의 평균점수는 대략 10입니다(Nevid & Spencer, 1978). 여대생의 ⅔가 31점에서 －17점 사이에 분포되고, 남대생의 ⅔는 33점에서 －11점에 분포되는 것으로 나타났습니다. 자기의 점수를 이러한 결과에 맞추어 비교해 보시기 바랍니다[M. J. Burger(2000). Personality(5th ed.). Belmont, CA : Wadsworth/Thomson)].

(3) 출처

노안영 · 강영신(2003). 성격심리학. 서울 : 학지사. 384－386.

지피지기 8 자기효능감

(1) 채점방식

채점에 포함되지 않는 항목(번호 : 1, 5, 9, 13, 17, 21, 25)과 역 점수 문항(3, 6, 7, 8, 11, 14, 18, 20, 22, 24, 26, 29, 30)을 환산하여 총점을 계산합니다.

(2) 해석방법

자기효능감 척도는 2개의 하위척도로 구성됩니다. 첫째는 '일반적 자기효능감' 척도로 17개의 문항(2, 3, 4, 7, 8, 11, 12, 15, 16, 18, 20, 22, 23, 26, 27, 29, 30)으로 구성되며, 둘째, '사회적 자기효능감' 척도는 6개의 문항(6, 10, 14, 19, 24, 28)으로 구성되어 있다. 각 영역에서 점수가 높으면 높을수록 자기효능감 기대가 높다는 것을 의미한다. 이 척도의 신뢰도 계수는 일반적 자기효능감이 0.86이고, 사회적 자기효능감은 0.71로 나타났다(출처 : K. Corcoran & J. Fisher. (2000). Measures for clinical practice(3rd ed.), 원 출처 : M. Sherer, J. E. Maddux, B. Mercandante, S. Prentice-Dunn, B. Jacobs & R. W. Rogers(1982). The self-efficacy scale : Construction and validation. Psychological Reports, 51, 663－671.)

(3) 출처

노안영 · 강영신(2003). 성격심리학. 서울 : 학지사. 415－416.

지피지기 9 비합리적 신념검사

(1) 채점 및 해석 방식

채점은 10문항의 총점을 구한다. 이 검사는 10점에서 50점까지의 총점 범위를 갖는다. 35점 이상이면 매우 비합리적인 신념을 갖고 있으며, 25~35점이면 보통이다. 25점 이하이면 매우 합리적인 신념을 갖고 있다고 볼 수 있다. 원래 이 검사는 엘리스가 제안한 10가지 비합리적 신념을 측정하는 것으로 각 영역당 열 문항씩으로 구성되어 있다. 여기에서는 각 영역의 대표적인 문항을 선택한 것이다. 따라서 위의 각 문항별로 당신의 비합리적인 신념을 파악할 수 있다. 각 문항에서 4, 5에 표시한 것은 당신이 그 문항의 내용에 해당하는 비합리적인 신념을 갖고 있다는 것을 의미한다[J. W. Lichtenberg, D. Johnson & B. M. Arachtingi(1992). Physical illness and subscription to Ellis's irrational beliefs. Journal of Counseling & Development, Vol. 71, 157－163)].

(2) 출처

노안영・강영신(2003). 성격심리학. 서울 : 학지사. 384－386.

지피지기 10 자아실현

(1) 채점방식

2, 5, 6, 8, 9, 11, 13, 14번 문항을 우선 역으로 계산합니다(예 1 → 4, 2 → 3, 3 → 2, 4 → 1). 그리고 나서 15문항의 점수를 합산합니다.

	평 균	표준편차
남자 대학생	45.02	4.95
여자 대학생	46.07	4.79

남 자	40.07 < M < 49.97
여 자	41.28 < M < 50.86

(2) 해석방식

점수가 높을수록, 현재 시점에서 자아실현이 더 많이 되었다는 의미이다.

(3) 출처

노안영 · 강영신(2003). 성격심리학. 서울 : 학지사. 338－339.

참고문헌

강간원(2004). 알기쉬운 상담이론과 실제. 서울 : 교육과학사.
강경미(2007). 아동행동수정. 서울 : 학지사.
강란혜 외(2004). 아동학대 전문상담. 서울 : 시그마프레스.
강봉규(1994). 발달심리학. 서울 : 정훈출판사.
강영신 · 노안영(2003). 성격심리학. 서울 : 학지사.
강인숙 · 김지영 · 유영금 · 정인숙 · 정태근(2006). 인간행동과 사회환경. 서울 : 태영출판사.
강진령 · 유형근(2004). 초등학교 고학년을 위한 학교상담 프로그램Ⅱ. 서울 : 학지사.
강혜원 · 이종구 · 강혜자 · 이경성 · 이민규 · 최훈석(2002). 인간의 마음과 행동. 서울 : 박영사.
고려대학교 부설 행동과학연구소 편(2007). 심리척도 핸드북Ⅰ. 서울 : 학지사.
고양곤 외 3인(2003). 노인과 자원봉사활동. 서울 : 학지사.
고양곤(1997). 노인주간보호의 이론과 실제. 서울 : 홍익제.
고영희(1995). 심리학. 경기 : 양서원.
공계순 외 4명(2006). 아동복지론. 서울 : 학지사.
곽형식 외 7인(2000). 인간행동과 사회환경. 서울 : 형설출판사.
곽호완 외 6인(2005). 일상 심리학의 이해. 서울 : 시그마프레스.
구자헌(1972). 사회복지. 서울 : 한국사회복지연구소.
국립국어원(2008). 표준국어대사전. (http://www.korean.go.kr).
권석만 옮김. Marjorie E. Weishaar 지음(2007). 아론 벡. 서울 : 학지사.
권순종 외 8인(2008). 인간행동과 사회환경. 경기 : 양서원.
권육상 외 6명(2005). 사회복지실천론. 서울 : 유풍출판사.
권육상 외(2004). 아동복지론 서울 : 유풍출판사.
권육상 · 이명자(2002). 인간행동과 사회환경. 서울 : 대영문화사.
권은주(1998). 불교아동학개론. 경기 : 양서원.
권이종(2004). 청소년교육개론. 서울 : 교육과학사.
권중돈(2004). 노인복지론. 서울 : 학지사.
권중돈 · 김동배(2005). 인간행동과 사회환경. 서울 : 학지사.
____________(2007). 인간행동과 사회환경. 서울 : 학지사.
권태환 외 2명(2008). 사회학의 이해. 서울 : 다산출판사.
김경숙 옮김. 윌리엄 새들러 지음(2006). 서드 에이지, 마흔 이후 30년. 서울 : 사이.
김경중 외 11인(2002). 아동발달심리. 서울 : 학지사.
김경희(1999). 발달심리학 : 생애발달. 서울 : 학문사.
김계현 · 황매향 · 선혜연 · 김영빈 공저(2004). 상담과 심리검사. 서울 : 학지사.
김교헌 · 심미영 · 원두리 역. C. S. Carver · M. F. Scheier 저(2005). 성격심리학. 서울 : 학지사.

김규수 외 6명(2002). 인간행동과 사회환경. 서울 : 나눔의 집.

김규수 · 김인숙 · 박미은 · 박정위 · 설진화 · 우국희 · 홍선미 역. C. Zastrow & K. K. Kirst-Ashman 저(2006). 인간행동과 사회환경. 서울 : 나눔의 집.

김규수 · 류태보(1996). 교류분석치료(개정판). 서울 : 형설출판사.

김기복(2003). 지방거버넌스 시대의 청소년정책에 관한 연구 : 대전광역시를 중심으로. 대전대 대학원 박사학위논문.

김기태 외 3명(2004). 사회복지실천론. 경기 : 양서원.

김기태 · 박병현 · 최송식(2007). 사회복지의 이해. 서울 : 박영사.

김남선 · 이옥분 · 정일환 외 2명 공저(2003). 청소년교육론. 서울 : 형설출판사.

김대원 · 남미애 · 노병일 · 신건희 · 윤경아(2005). 사회문제와 사회복지. 서울 : 학지사.

김동배 · 권중돈(2006). 인간행동이론과 사회복지실천. 서울 : 학지사.

____________(2008). 인간행동이론과 사회복지실천. 서울 : 학지사.

김만두 · 한혜경(1993). 현대사회복지개론. 서울 : 홍익제.

김명희(2001). 아동행동지도 : 이론과 실제. 서울 : 교육아카데미.

김문수 · 박소현 옮김. Paul Chance 저(2005). 학습과 행동. 서울 : 시그마프레스.

김미란(2006). 아들러의 개인심리학에 근거한 격려 집단상담 프로그램 개발 및 효과 분석. 목포대 대학원 박사학위논문.

김미혜 · 김정미 · 박지연(2003). “대상관계이론 M. S. Mahler를 중심으로”. 서강교육, 1호.

김상겸(2004). 교육학개론. 서울 : 고시각.

김상균 · 최일섭 · 최성재 · 조흥식 · 김혜란(2002). 사회복지개론. 경기 : 나남출판.

김상인(1999). 알프레도 아들러의 창조적 자아에 관한 연구. 강남대 신대원 석사학위논문

김선애(1999). 청소년 연령 개념에 대한 일고찰. 나사렛대출판사. 지성과 창조, 2, 209-257.

김성이 · 김상균(1994). 사회과학과 사회복지. 경기 : 나남출판.

____________(1997). 사회과학과 사회복지. 경기 : 나남출판.

김성이 · 조학래 · 노충래(2004). 청소년복지학. 서울 : 집문당.

김애순(2002). 성인발달과 생애설계. 서울 : 시그마프레스.

김억환 역. 허버트 긴스버그 · 실비아 오퍼 저(1984). 피아제 지적발달론. 서울 : 성원사.

김언종(2001). 한자의 뿌리1. 서울 : (주)문학동네.

김연진 · 이상희(2006). 아동복지의 이해. 서울 : 태영출판사.

김영길(2003). 심리학 역사 속에서의 상담이론. 서울 : 교육과학사.

김영모(2000). 사회복지학. 서울 : 고헌출판사.

김영종(2003). 사회복지행정. 서울 : 학지사.

김영채 역. B. R. Hergenhahn & M. H. Olson 저(2001). 학습심리학. 서울 : 박영사.

김영채(1992). 사고방식의 진단과 개발. 사고개발연구, 2(1). 대한사고개발연구회.

김영호 외 3명(2005). 인간행동과 사회환경. 경기 : 양서원.

김영호(2008). 대상관계이론과 가족. 제1회 한국정신보건사회복지학회 부산경남지부 workshop 간행물.
김왕배 외 14명 공역. George Ritzer 저(2006). 사회학이론. 서울 : 한올출판사.
김용일 외(2000). 사회복지실천론. 경기 : 나남출판.
김용호 · 양은심 · 이순영 · 주수길(2005). 인간행동과 사회환경. 경기 : 양서원.
김용환(2002). 머리사냥과 문화인류학. 서울 : 열린책들.
김욱 외 11명(2006). 인간복지의 이해. 경기 : 공동체.
김유숙(1998). 가족치료 : 이론과 실제. 서울 : 학지사.
김유진 · 임충기(2002). 최신심리학. 서울 : 시그마프레스.
김윤태(2006). 사회학의 발견. 서울 : 새로운 사람들.
김은수(2006). 인간행동과 사회환경. 서울 : 홍익제.
김의철 외 3명 옮김. A. Bandura 저(1999). 자기효능감과 인간행동. 서울 : 교육과학사.
김재은 · 이근후 · 김정규 · 박영숙(1991). 이화방어기제검사 실시요강. 서울 : 하나醫學社.
김정규(1987). 도덕성 판단의 발달과 DIP에 의한 그 측정에 관한 연구. 건국대부설교육연구소 논문집, 제8집.
김정민 역. H. P. Ginsburg · S. Opper 저(2006). 피아제의 인지발달이론. 서울 : 학지사.
김정희 역. R. J. Corsini · D. Wedding 편저(2004). 현대심리치료. 서울 : 학지사.
김정희 외(1997). 아동발달심리. 서울 : 동문사.
김종의(2000). 마음으로 읽는 동양의 정신세계. 서울 : 신지서원.
김종호(1998). 현대 행정학의 이해. 서울 : 대영문화사.
김진숙 · 김창대 · 이지연 역. N. G. Hanmilton 저(2007). 대상관계 이론과 실제. 서울 : 학지사.
김춘경 외 3명 역. Stephen Palmer 저(2006). 상담 및 심리치료의 이해. 서울 : 학지사.
김충기 · 강봉규(2003). 현대 상담이론과 실제. 서울 : 교육과학사.
김충기 · 김현옥 공역. Grrald Corey 저(1997). 상담과 심리치료의 원리와 실제. 서울 : 성원사.
김태련 외 15인 공저(2005). 발달심리학. 서울 : 학지사.
김태련 · 장휘숙(1994). 발달심리학. 서울 : 박영사.
__________(1998). 발달심리학(제2판). 서울 : 박영사.
김태련 · 조혜자 · 이선자 · 방희정 · 조숙자 · 조성원 · 김현정 · 홍주연 · 이계원 · 설인자 · 손원숙 · 홍순정 · 박영신 · 손영숙 · 김명소 · 성은현(2004). 발달심리학. 서울 : 학지사.
김태호 · 유기섭(2003). 교육심리학. 서울 : 동문사.
김향초(2003). 청소년복지의 문제점. 협성논총, 제15집.
김현주 · 임혁 · 장수한(2008). 인간행동과 사회환경. 경기 : 공동체.
김형태(2000). 상담의 이론과 실제. 서울 : 동문사.
______(2003). 21세기를 위한 상담심리학. 서울 : 동문사.
김화현(1991). 한국 복지정책의 결정요인에 관한 연구. 동아대 대학원 박사학위논문.
나동진(1999). 교육심리학. 서울 : 학지사.

남궁달화(1995). 콜버그의 도덕교육론. 서울 : 철학과 현실사.

남기철 · 변귀연 · 양숙미 · 정선욱 · 조성희 · 최승희 공역. B. 셰퍼 · C. 호레이시 저(2005). 사회복지실천 기법과 지침. 경기 : 나남출판.

남세진(1992). 인간과 복지. 서울 : 도서출판 한울.

노 혁(2002). 청소년복지론. 서울 : 대학출판사.

노안영 외 4인 공역. Robrert W. Lundin 저(2005). 아들러 상담이론. 서울 : 학지사.

노안영(2007). 상담심리학의 이론과 실제. 서울 : 학지사.

노안영 · 강영신(2003). 성격심리학. 서울 : 학지사.

노용오(2005). 청소년심리. 서울 : 구상.

도복늠(2004). 최신 정신간호학개론. 서울 : 정담미디어.

도현심 · 김희선 · 김상희 · 최미경 · 이사라(2005). 인간발달과 가족. 서울 : 교문사.

동서문화(1999). 파스칼 세계대백과사전. 서울 : 동서문화.

루스베리(2003). 30분에 읽는 프로이드. 서울 : 랜덤하우스중앙(주).

류승호(1995). 한국사회 이야기 주머니. 서울 : 녹두.

류정욱 외 11인(2005). 인간행동과 사회환경. 서울 : 나눔의 집.

모선희 · 김형수 · 유성호 · 윤경아(2005). 현대노인복지론. 서울 : 학지사.

문용린 역. Daniel K. Lapsley 저(2000). 도덕심리학. 서울 : 중앙적성출판사.

민경배(1994). 사회학 나들이. 서울 : 퇴설당.

민경환(2002). 성격심리학. 서울 : 법문사.

민성길(1995). 최신정신의학(제4판). 서울 : 일조각.

박갑성 · 최현철(1989). 자기를 찾는 인간. 서울 : 종로서적.

박경란 · 이영숙 · 전귀연(2001). 현대가족학. 서울 : 신정.

박경애(2004). 인지 · 정서 · 행동치료. 서울 : 학지사.

박경일 외 8인(2005). 사회복지학강의. 경기 : 양서원.

박기흠(2003). 가족의 구조와 기능. 대한가정의학회 가정의학 총론편. 서울 : 계축문화사.

박명숙(1999). 생태체계이론에 대한 이해와 사회사업에의 적용에 관한 연구. 서울 : 카톨릭대학교 사회복지연구소.

박민자(2003). 현대의 가족사회학 : 이론적 관점과 쟁점. 한국이론사회학회 사회와 이론 통권, 제2집.

박병현(2005). "복지국가발달의 문화적 분석". 한국사회복지학, Vol. 57, No. 3, 300.

박성연 역. D. E. Papalia 외 2인 저(1996). 인간발달 I : 아동발달. 서울 : 교육과학사.

박성연 · 도현심(2002). 아동발달. 서울 : 동문사.

박성주(1993). 상담이론. 서울 : 한국방송통신대학출판부.

박아청(1984). Maslow 자아실현의 심리. 서울 : 교육과학사.

______(2006). 성격발달심리의 이해. 서울 : 교육과학사.

박영순(2002). 한국어교육을 위한 한국문화론. 서울 : 한국문화사.

박일숙(2002). 아동의 열등감 극복을 위한 아들러 개인심리 이론의 적용. 순천대 교육대학원 석사학위논문.
박정란・서홍란(2001). 아동복지론. 경기 : 양서원.
박종삼 외(2002). 사회복지개론. 서울 : 학지사.
박종삼(1997). 심리유형과 교류분석의 심리치료적 접목을 위한 이론적 고찰. 한국심리유형학회지.
박준건(2005). 사회생물학적 인간관에 대한 비판. 한국동서철학학회.
박차상・김옥희・배창진・엄기욱・이경남・정상양(2002). 한국노인복지론. 서울 : 학지사.
박찬국(2001). 에리히 프롬과의 대화. 서울 : 철학과 현실사.
박찬부 역. 프로이트 저(1997). 자아와 이드, 프로이트전집 14권. 서울 : 열린책들.
박태영(2004). 지역사회복지론. 경기 : 현학사.
방석찬 옮김. 매기 하이드 저(2002). 융. 서울 : 김영사.
백운웅(1987). 아동발달의 제이론. 서울 : 교육과학사.
백운학 옮김. 村田孝次 저(2002). 발달심리학사. 서울 : 시그마프레스.
서병숙 외(2002). 현대가족과 복지. 서울 : 교문사.
서봉연 역. William C. Crain 저(2004). 發達의 理論. 서울 : 중앙적성출판사.
서봉연(1989). 심리학개론(제2판). 서울 : 박영사.
서봉연・이순형(1988). 발달심리학 : 아동발달. 서울 : 중앙적성출판사.
서진숙(1993). 인본주의 심리학에 대한 소고. 심리연구 학술지. 서울 : 이화여자대학교 사범대학 교육심리학과.
서진환・이선혜・정수경 옮김. 말콤 페인 저(2001). 현대사회복지실천이론. 경기 : 나남출판.
서창렬 역. 마거릿 보든 저(1999). 피아제. 서울 : (주)시공사.
서포구립반포종합사회복지관. 서울대학교 실천사회복지연구회(Praxis)(2007). 실천가와 연구자를 위한 사회복지 척도집(제2판). 서울 : 나눔의집.
설영환 옮김. C. G. 융・C. S. 홀・J. 야코비 지음(2001). C. G. 융 심리학 해설. 경남 : 선영사.
성균관대학교 응용심리연구소 편(2004). 인간의 마음과 행동(제3판). 서울 : 박영사.
성정현 외 3인(2005). 가족복지론. 경기 : 양서원.
성현란 외 6명(2001). 인지발달. 서울 : 학지사.
손광훈(2004). 장애인복지론. 경기 : 현학사.
손병덕・강란혜・백은령・서화자・양숙미・황혜원(2005). 인간행동과 사회환경. 서울 : 학지사.
손정락 옮김. Walter Mischel 저(1994). 성격심리학. 서울 : 교육과학사.
손정락 옮김. W. Mischel・Y. Shoda・R. E. Smith 저(2007). 성격심리학. 서울 : 시그마프레스.
손정락(1994). 성격심리학. 서울 : 교육과학사.
______(2006). 성격심리학. 서울 : 시그마프레스.
송길연・유봉현 옮김. William Crain 저(2005). 발달의 이론. 서울 : 시그마프레스.
송길연・장유경・이지연・정윤경 역. David R. Shaffer 저(2005). 발달심리학. 서울 : 시그마프레스.

송대영 · 최현섭(2005). 인간행동과 사회환경. 서울 : 한국방송통신대학교출판부.

송명자(1987). 초기경험과 지적발달. 교육심리연구, 창간호.

______(2004). 발달심리학. 서울 : 학지사.

송성자(2002). 가족과 가족치료. 서울 : 법문사.

신응섭 외 6명(2002). 심리학개론. 서울 : 박영사.

신화식(2006). Montessori 이론의 탐구. 서울 : 학지사.

신흥식(2002). 에리히 프롬의 자유론 연구. 서울 : 연세대학교 교육대학원.

안범희(2002). 성격심리학. 서울 : 도서출판 하우.

안병환 외 4인 역. Raymond G. Miltenberger 저(2002). 행동수정. 서울 : 시그마프레스.

안효근(2006). 융의 분석심리학의 관점에서 본 무념적 관상기도의 치료효과에 관한 연구. 호남신학대학교 대학원.

앨런 스윈지우드(1987). 사회사상사. 서울 : 문예출판사.

양옥경 외 4인(2002). 사회복지실천론. 경기 : 나남출판.

양옥남 외 3인(2007). 노인복지론. 경기 : 공동체.

엄명용 · 노충래 · 김용석(2005). 사회복지 실천기술의 이해. 서울 : 학지사.

엄신자(2007). 인간행동과 사회환경. 서울 : 인간과 복지.

여성한국사회연구회(1995). 가족과 한국사회. 서울 : 경문사.

연세사회복지실천연구회 역(2004). 사회복지실천이론의 이해와 적용. 경기 : 나남출판.

오영재 외 2인(2001). 청소년 복지론. 서울 : 도서출판 양지.

오영재 외(2004). 청소년복지론. 서울 : 대왕사.

오완섭(2008). 사회복지학개론. 서울 : 고시각.

오을임(1987). 한국의 사회복지정책형성과정에 관한 연구. 건국대 대학원 박사학위논문.

오채근(2005). 비교정신분석학. 서울 : 한국심리치료연구소.

오치선 외 13인(2002). 청소년 커뮤니케이션학. 서울 : 솔과학.

오혜경. 사회사업실천에서 생태체계이론의 적용에 관한 서설적 연구. 사회과학연구, 제14집.

우국희 · 최경원 · 황숙연 역. 장인협 감역. Pamela Trevithick 저(2000). 사회복지실천기술 – 실천을 위한 핵심기술 50. 서울 : 사회복지실천연구소.

원호택 옮김. Aaron T. Beck 저(1997). 우울증의 인지치료. 서울 : 학지사.

원호택 외 10인(2000). 심리장애의 인지행동적 접근. 서울 : 교육과학사.

원호택 · 권석만(2000). 이상심리학 총론. 서울 : 학지사.

윌리엄 새들러(2006). 서드 에이지, 마흔 이후 30년. 서울 : 사이.

유안진(1990). 한국전통사회의 유아교육. 서울 : 서울대학교출판부.

유안진 · 김혜선(1996). 인간발달. 서울 : 형설출판사.

유태용(1999). 문화란 무엇인가. 서울 : 학연문화사.

유효순(2000). 아동발달. 서울 : 창지사.

윤가현 외 15인(2005). 심리학의 이해. 서울 : 학지사.

윤순임 외 14명 저(2005). 현대 상담 · 심리치료의 이론과 실제. 서울 : 중앙적성출판사.
윤혜미 · B. 진밀러(1995). 사회적 행동과 인간환경. 서울 : 한울출판사.
윤희기 역. 프로이트 저(1997). 무의식에 관하여, 프로이트전집 13권. 서울 : 열린책들.
이가옥(1999). 더불어 만드는 삶과 희망. 경기 : 나남출판.
이계탁(1994). 복지행정학 강의. 경기 : 나남출판.
이관직 역. 스탠톤 L. 존스 · 리차드 E. 버트만 저(1995). 현대심리치료법. 서울 : 총신대출판부.
이광자 외 3명(2000). 21세기의 사회학. 서울 : 학지사.
이구재 · 강민석 공역. Barry Chazan 저(1996). 현대도덕교육방법론. 서울 : 법문사.
이규태(1997). 어린이 행동수정은 어떻게 할 것인가. 서울 : 의학사.
이근홍(2004). 인간행동과 사회환경. 서울 : 대학출판사.
______(2006). 인간행동과 사회환경. 경기 : 공동체.
이명조(2005). 영유아 발달과 교육. 경기 : 양서원.
이문석(2005). 정신분석에로의 초대. 서울 : 이유출판사.
이민희 · 정태연 역. R. D. Parke 외 4인 저(2005). 발달심리학 거장들의 핵심이론 연구. 서울 : 학지사.
이부영 외 역. 융 저(1993). 인간과 무의식의 상징. 서울 : 집문당.
이상우 · 정종진 역. Duane Schultz 저(1999). 인간성격의 이해. 서울 : 중앙적성출판사.
이성진(2003). 행동수정. 서울 : 교육과학사.
이성진 · 홍준표(1998). 행동수정의 원리. 서울 : 교육과학사.
이소희 외 4인 공역. Carlos A. Arnaldo 편(2004). 인터넷과 아동학대. 서울 : 시그마프레스.
이소희 외(2005). 청소년복지론. 경기 : 나남출판.
이소희(2005). 아동복지론. 경기 : 학현사.
이소희 · 손홍숙 · 홍숙자 · 송순 · 이명옥 · 이규미 · 강란혜 · 박미석 · 백경숙 · 모이향 · 조성연 · 강기정 · 임원신 · 김민정 공저(2004). 인간행동과 사회환경. 서울 : 현학사.
이숙재 · 이봉선(2000). 영유아발달과 교육. 서울 : 창지사.
이영 · 조연순 역. S. W. Olds 저(1992). 아동의 세계 : 태내기에서 청년기 발달까지. 서울 : 한서원.
이영만 · 유병관 역. R. D. Nye 저(1991). 심리학과 인간이해 프로이드, 스키너, 로저스. 서울 : 중앙적성출판사.
이영희 외 4인 공역. Sheldon Cashdan 저(2005). 대상관계치료. 서울 : 학지사.
이옥형(1997). 아동발달. 서울 : 집문당.
이용교(1993). 한국청소년복지의 현실과 대안. 서울 : 은평출판부.
______(1994). 한국 청소년정책의 형성과정에 관한 연구. 중앙대 대학원 박사학위논문.
______(2004). 청소년복지지원법의 한계와 과제에 관한 연구. 청소년복지연구, 6(2).
______(2004). 한국청소년 복지론. 경기 : 현학사.
이원숙(2004). 가족복지론. 서울 : 학지사.

이유섭 외 역. 나지오(J. D. Nasio) 외 지음(2005). 프로이드에서 라깡까지 위대한 7인의 정신분석가. 서울 : 백의.

이윤로(2006). 인간행동과 사회환경. 서울 : 창지사.

이인정 · 최해경(2007). 인간행동과 사회환경. 경기 : 나남출판.

이장호 외 공저(2001). 상담심리학의 기초. 서울 : 학문사.

이장호(1986). 상담심리학 입문. 서울 : 박영사.

_____(2006). 상담심리학. 서울 : 박영사.

이장호 · 정남운 · 조성호(2005). 상담심리학의 기초. 서울 : 학문사.

이재훈 역(1999). 정신분석적 대상관계이론. 서울 : 한국심리치료연구소.

이재훈 역. 미국정신분석학회 편(2002). 정신분석용어사전. 서울 : 한국심리치료연구소.

이재훈 역. 제이 그린버그 · 스테판 미첼 저(1999). 정신분석학적 대상이론. 서울 : 하나의학사.

이재훈 역. Hanna Segal 저(1999). 멜라니 클레인. 서울 : 한국심리치료연구소.

이재훈 역. Otto, Kernberg 저(1999). 내면세계와 외부현실. 서울 : 한국심리치료연구소.

이재훈 · 김석도 역. 질 · 데이빗 샤르프 저(2002). 대상관계 개인치료 I. 서울 : 한국심리치료연구소.

이재훈 · 이해리 옮김. S. Mitchell · M. Black 저(2000). 프로이드 이후. 서울 : 한국심리치료연구소.

이종복 · 전남련(2005). 인간행동과 사회환경. 서울 : 형설출판사.

이죽내(1995). 분석심리학적 정신치료.

이창재(2001). 프로이드(정신분석학). 원광예술치료연구센터.

이철수(2006). 사회복지학소사전. 서울 : 높이깊이.

이춘재(1982). 공간조망능력의 발달에 관한 연구-대상자극의 친숙성과 변별성의 효과-삐아제 연구. 한국심리학회 발달심리연구회 편. 서울 : 서울대학교출판부.

이택휘 외(1997). 도덕과 교육의 이론과 실제. 서울 : 교육과학사.

이팔환 외 역(2001). 사회복지실천 이론의 토대. 서울 : 나눔의 집.

이현림(2000). 상담이론과 실제. 서울 : 원미사.

이현수(1999). 이상행동의 심리학(제4판). 서울 : 대왕사.

이현주(2008). 노인여가활동과 중 · 장년기 여가경험의 관계도구. 세종대학교 행정대학원 석사학위논문.

이형득(1997). 상담의 이론적 접근. 서울 : 형설출판사.

이형영 · 이귀행 역(1996). 정신분석의 발달. 서울 : 하나의학사.

이혜연(1997). 청소년문제 지도 프로그램 및 시행기관. 서울 : 한국청소년개발원.

이혜원(1996). 노인복지론. 서울 : 유풍출판사.

이효선 · Detlef Garz(2006). 인간행동과 사회환경의 이해. 경기 : 공동체.

이훈구 역. L. A. 젤리 · D. J. 지글러 저(2000). 성격심리학. 서울 : 법문사.

임상곤(2006). 성격심리학론. 서울 : 백산출판사.

임영식 · 한상철(2000). 청소년 심리의 이해. 서울 : 학문사.

임은희(2005). 사회복지실천론. 서울 : 학지사.

______(2005). 인간행동과 사회환경. 경기 : 양서원.

임종렬(1991). 치료심리학. 서울 : 한국가족치료연구소.

______(2001). 대상중심이론 가족상담. 서울 : 한국가족복지연구소.

임지현 옮김. 필립 K. 보크 저(1997). 인간이란 어떤 것인가. 서울 : 문학사상사.

임홍빈·홍혜경 역. 프로이트 저(1997). 정신분석과 정신의학, 프로이트전집 2권. 서울 : 열린책들.

______________________(1997). 정신분석서론, 프로이트전집 1권. 서울 : 열린책들.

장인협 외 1인(2000). 아동청소년 복지론. 경기 : 양서원

장인협 외(1991). 인간행동과 사회환경. 서울 : 집문당.

장인협(1996). 사회사업실천방법론. 서울 : 서울대학교출판부.

장인협·오세란(1998). 사회지지체계론 : 기초이론과 실천사례. 서울 : 사회복지실천연구소.

장휘숙(1992). 아동심리학. 서울 : 박영사.

______(1995). 청년심리학. 서울 : 도서출판 장승.

______(2000). 인간발달 : 전생애 발달심리학. 서울 : 박영사.

______(2004). 청년심리학. 서울 : 박영사.

______(2006). 성인심리학 : 성인발달, 노화, 죽음. 서울 : 전영사.

______(2007). 전생애 발달심리학. 서울 : 박영사.

전경수(1999). 문화의 이해. 서울 : 일지사.

전명호(2003). 청소년복지실태와 의식에 관한 도·농간 비교 연구. 명지대 대학원 박사학위논문.

전병재(1997). 비판사회심리학적 이해 인간과 사회. 서울 : 경문사.

전윤식·강영심·황순영 역. M. D. Spiegler·D. C. Guevremont 저(2004). 행동치료. 서울 : 시그마프레스.

전윤식·강영심·황순영(2004). 행동치료. 서울 : 시그마프레스.

전재일 외(2003). 사회복지실천론. 서울 : 학지사.

전재일(1999). 사회복지실천의 이해. 경북 : 사회복지개발연구원.

전준구(2001). 한국복지정책 산출의 결정요인분석. 사회복지정책, 제12집, 223-252.

전형태(2005). 21세기를 위한 상담의 이론과 실제. 서울 : 동문사.

정갑영(2007). 문화복지법제화 방안연구. 서울 : 한국문화관광연구원.

정경희 외(2001). 장기요양보호대상 노인의 수발실태 및 복지욕구. 한국보건사회연구원.

정명숙 역. Carole Sutton 저(2007). 사회복지와 심리학. 서울 : 시그마프레스.

정순례·이병임·조현주(2004). 행동수정의 이론과 실제. 서울 : 문음사.

정영숙 외(2005). 아동발달과 부모교육. 서울 : 시그마프레스.

정영숙·신만섭·설인자 역. F. Philip Rice 저(2005). 청소년심리학. 서울 : 시그마프레스.

정영숙·안현의·유순화 역. Lawrence A. Pervin 저(2005). 성격심리학. 서울 : 박학사.

정옥분 역. Neil J. Salkind 저(1991). 인간발달의 이론. 서울 : 교육과학사.

정옥분(1994). 인간발달. 서울 : 교육과학사.
______(2000). 성인발달의 이해 : 성인 · 노인심리학. 서울 : 학지사.
______(2002). 아동발달의 이해. 서울 : 학지사.
______(2004). 전생애 발달이론. 서울 : 학지사.
______(2005). 아동발달의 이해. 서울 : 학지사.
______(2005). 청년심리학. 서울 : 학지사.
______(2006). 발달심리학 : 전 생애 인간발달. 서울 : 학지사.
______(2006). 사회정서발달. 서울 : 학지사.
정옥분 · 윤종희 · 도현심(1999). 청년발달의 이론. 경기 : 양서원.
정용부 외 2명(2001). 아동생활지도와 상담. 서울 : 학지사.
정일하(2006). 경력관리의 5단계. 서울 : 고이북.
정진웅(2006). 노년의 문화인류학. 서울 : 한울아카데미.
정채기(2004). 성격심리학. 서울 : 교육아카데미.
정태황 외(2001). 현대 사회학 이론. 경기 : 나남출판.
정하성(1985). 청소년복지론. 서울 : 홍문당.
정현숙 · 유계숙(2001). 가족관계. 서울 : 학지사.
조나단 H. 터너(2002). 현대 사회학이론. 경기 : 나남출판.
조복희 · 정옥분 · 유가효(2003). 인간발달 : 발달심리적 접근. 서울 : 교문사.
____________________(1999). 인간발달 : 발달심리적 접근. 서울 : 교문사.
조증열 역. Loren Slater 저(2007). 스키너의 심리상자 열기. 서울 : 에코의 서재.
조현춘 외 3명 역. R. M. Liebert · L. L. Lieber 저(2003). 성격심리학. 서울 : 시그마프레스.
조현춘 · 조현재 역. Gelard Corey 저(2003). 심리상담과 치료의 이론과 실제. 서울 : 시그마프레스.
조현춘 외 2인 역. E. J. Mash · D. A. Wolfe 저(2004). 아동이상심리학. 서울 : 시그마프레스.
조휘일(1982). 케이스워어크 진단과정에 있어서 애들러이론 적용에 관한 연구. 서울여자대학 논문집.
조흥숙 외(2003). 가족복지론. 서울 : 학지사.
조흥식 외 4인(2002). 가족복지학. 서울 : 학지사.
주재현(2004). "사회복지와 문화 - 복지국가 유형론에 대한 문화이론적 해석". 韓國政策學會報, Vol. 13, No. 3, 279-280.
천성문 외 9명 역. C. L. Thompson · L. B. Rudolph 저(2001). 아동상담의 이론과 실제. 서울 : 시그마프레스.
천정웅 · 이용교(2007). 적극적 관점의 아동청소년 복지. 서울 : 인간과 복지.
村田孝次(2002). 발달심리학사. 서울 : 시그마프레스
최경석 외 5인(2001). 한국가족복지의 이해. 서울 : 인간과 사회복지.
최경숙(2001). 발달심리학. 서울 : 교문사.
최선화(1999). 사회문제와 사회복지. 경기 : 양서원.

최성재 외(2001). 사회복지행정론. 경기 : 나남출판.
최순남(2002). 인간행동과 사회환경. 경기 : 한신대학교출판사.
최순영(2005). 인간의 사회·성격 발달심리. 서울 : 학지사.
최순영·김수정(1999). 인간의 사회적·성격적 발달. 서울 : 학지사.
최영찬(2005). 최영찬의 '한자 어원학'(3) : 文. 교수신문
최옥채(2001). 지역사회실천론. 서울 : 아시아미디어리서치.
______(2007). "사회복지실천에서 문화복지의 개념화". 한국사회복지학회 2007년도 세계학술대회 자료집. 307.
최옥채·박미은·서미경·전석균(2007). 인간행동과 사회환경. 경기 : 양서원.
최윤진(1998). 청소년의 권리. 경기 : 양서원.
최일섭·류진석(2003). 지역사회복지론. 서울 : 서울대출판부.
최일섭·최성재(2000). 사회문제와 사회복지. 경기 : 나남출판.
최재숙 외 공저(2001). 아동발달심리. 서울 : 학지사.
최정훈 외 5명(1996). 인간행동의 이해. 서울 : 법문사.
최정훈(1992). 인본주의 심리학. 서울 : 법문사
최창호(1999). 20세기를 빛낸 심리학자들. 서울 : 학지사.
최혜경·정순희(2001). 노인과 실버산업. 서울 : 동인.
칼 로저스(2007). 칼 로저스의 사람 중심 상담. 서울 : 학지사.
표갑수(1994). 아동·청소년복지론. 충북 : 청주대학교출판부.
______(2002). 아동청소년복지론. 경기 : 나남출판.
한국노년학회 편(2002). 노년학의 이해. 서울 : 대영문화사.
한국사회사업연구회(2003). 인간행동과 사회환경. 서울 : 나눔의 집.
한국산업사회학회(1998). 사회학. 서울 : 한울아카데미.
한국심리학회 편(2000). 현대심리학의 이해. 서울 : 학문사.
한국여성복지연구회(2006). 영화와 사회복지. 서울 : 청목출판사.
한국청소년개발원(2004). 청소년 심리학. 서울 : 교육과학사.
______________(2005). 청소년 상담론. 서울 : 교육과학사.
______________(2005). 청소년복지론. 서울 : 교육과학사.
한기태 역. 제랄드 코리 지음(1996). 상담과 심리요법의 이론과 실제. 서울 : 성광문화사.
한덕웅·이정모·전겸구·손정락·김정남·김교헌·도경수·성한기·탁진국·서용원(2002). 인간의 마음과 행동–성균관대 응용심리연구. 서울 : 박영사.
한상복·이문웅·김광억(1990). 문화인류학개론. 서울 : 서울대학교출판사.
한상철·김혜원·설인자·임영식·조아미(2006). 청소년 문제행동 : 심리학적 접근. 서울 : 학지사.
한상철·조아미·박성희(2001). 청소년 심리학. 경기 : 양서원.
한완상·한균자(2004). 인간과 사회. 서울 : 한국방송대학교출판부.
한재희(2006). 상담패러다임의 이론과 실제. 서울 : 교육아카데미.

한정선(2005). 인간과 동물의 차이 : 사회생물학과 메를로－퐁티와의 대화. 한국현상학회.
허남순(2004). 사회복지실천이론과 기술. 서울 : 나눔의 집.
현외성 외 4인(1998). 한국노인복지학 강론. 서울 : 유풍출판사.
현외성 외(2001). 노인케어론. 경기 : 양서원.
현정환 · 김익균(2006). 인간행동과 사회환경. 서울 : 창지사.
홍경자(1984). 현실요법. 서울 : 중앙적성출판사.
홍봉선 · 남미애(2002). 청소년복지론. 경기 : 양서원.
홍숙기 역. E. Jerry Phares 저(2004). 성격심리학. 서울 : 박영사.
______(2004). 성격심리(상). 서울 : 박영사.
______(2005). 성격심리(하). 서울 : 박영사
홍종관(2002). 교류분석 프로그램이 자녀－부모간 의사소통에 미치는 효과. 대구대 교육대학원 석사학위논문.
홍현미라(1998). “도시저소득층지역의 지역사회조직실천(CO Practice)에 대한 비교사례 연구 : legal advocacy와 self-help전략을 중심으로”. 이화여대 사회복지대학원 석사학위논문.

Adler, A.(1931). *What life should mean to you*. Boston : Little, Brown.
Allen, J.(1993). The constructivist paradigm : Values and ethics. In J. Laird(Ed.), *Revisioning Social Work Education : A Social Constructionist Approach*(pp. 31-54). NY : Haworth.
Anderson, H., & Goolishian, H.(1988). Human systems as linguistic systems. *Family Process*, 27, 371-395.
Anderson, J.(1981). *Social Work Methods and Processes*. Belmont, CA : Wadsworth.
Arnett, J. J.(2000). Emerging adulthood : A theory of development from the late teens through the twenties. *American Psychologist*, 55, 469-480.
Bandura, A.(1971). Vicarious and self-reinforcement. In R. Glaser(Ed.). *The natural of reinforcement*. New York : Academic Press.
__________(1977). *Social learning theory*. Englewood Cliffs, NJ : Prentice Hall.
__________(1981). Self-referent thought : A developmental analysis of self-efficacy. In J. H. Flavell & L. Ross(Eds.). *Social cognitive development : Frontiers and possible futures*. New York : Cambridge University Press.
__________(1986). *Social foundations of thought and action : A social cognitive theory*. Englewood Cliffs, NJ : Prentice Hall.
__________(1989). social cognitive theory. In R. Vasta(Ed.), *Annals of child development*, Vol. 6. (pp. 1-60). Greenwich, CT : JAI Press.
__________(1994). Self-efficacy. In V. S. Ramachadraun(Ed.). *Encyclopedia of human behavior*, Vol. 4. New York : Academic Press
__________(1997). *Self-efficacy : The exercise of control*. New York : Freeman.

Barker, R. L.(1995). *The social work dictionary*(4th ed). Washington, DC : NASW Press.

Barker, Robert L.(1995). 사회사업사전. 서울 : 이론과 실천.

Bartlett, H. M.(1970). *The Common Base of Social Work Practice*. NY : Putnam.

Bischof, L. J.(1976). *Adult Psychology*(2nd ed.). NY : Harper and Row

Bloom, M.(1984). *Configurations of Human Behavior*. New York : Macmillan.

Blumer, H.(1969). *Symbolic Interactionism : Perspective and Method*. Englewood Cliffs, NJ : Prentice-Hall.

Brennan, James F.(1993). 심리학의 역사와 체계. 서울 : 양영각.

Briar, S., & Miller, H.(1971). *Problems and Issues in Social Casework*. New York : Columbia University Press.

Chess, W. A., & Norlin, J. M.(1988). *Human Behavior and the Social Environment*. Boston, M A : Allyn & Bacon.

Collins, B. C.(1986). Defining feminist social work. *Social Work*, 31(3), 214-219.

Collins · Jordan · Coleman(2001). 가족복지실천론. 서울 : 나눔의 집.

Compton, B., & Galaway, B.(1994). *Social Work Processes*. Pacific Grove, CA : Brooks/Cole.

Council on Social Work Education(CSWE)(1992). Handbook of Accreditation Standards and Procedures(rev. ed.). Alexandria, VA : Author.

Dean, R. G.(1993). Teaching a constructivist approach to clinical practice. In J. Laird(Ed.). *Revisioning Social Work Education : A Social Constructionist Approach*(pp. 55-75). New York : Haworth.

Dean, R. G., & Fenby, B. L.(1989). Exploring epistemologies : Social work action as a reflection of philosophical assumptions. *Journal of Social Work Education*, 25(1), 46-53.

Dean, R. G., & Fleck-Henderson, A.(1992). Teaching clinical theory and practice through a constructivist lens. *Journal of Teaching in Social Work*, 6(1), 3-20.

Duncan, B. L., Solovey, A. D., & Rusk, G. S.(1992). *Changing the Rules : A Client Directed approach to therapy*. New York : Guilford.

Duvall. E. M.(1977). *Marriage & Development*. New York : J. B. Lippincott Co.

Farrell, M. P., & Rosenberg, S. D.(1981). *Men at Midlife*. Boston : Aubum.

Fischer, J.(1981). The social work revolution. *Social Work*, 26(3), 199-207.

Fleck-Henderson, A.(1993). A constructivist approach to "human Behavior and the Social Environment Ⅰ." In J. Laird(Ed.). *Revisioning Social Work Education : A Social Constructionist Approach*(pp. 219-238). New York : Haworth.

Foucault, M.(1980). *Power/Knowledge : Selected Interviews and Other Writings*. New York : Pantheon.

Germain, C. B.(Ed.)(1979). *Social Work Practice : People and Environments*. New York : Columbia University Press.

Germain, C. B., & Gitterman, A.(1980). *The Life Model of Social Work Practice*. New York : Columbia University Press.

______________________(1987). Ecological perspectives. In A. Minahan(Editor-in-chief). *Encyclopedia of Social Work*(Vol. 1, 18th ed., pp. 488-499). Silver Spring, MD : National Association of Social Workers.

Glasser, W.(1988). *Difficult couple : Marriage counseling*(Videotape). Chatsworth, CA : The William Glasser Institute.

Gorden, W. E.(1984). The obsolete scientific imperative in social work research. *Social Work*, 29(1), 74-75.

Gould, K. H.(1988). Old wine in new bottles : A feminist perspective on Gilliga's theory. *Social Work*, 33(5), 411-415.

Greene, R. R.(1994). *Human Behavior Theory : A Diversity Framework*. Hawthorne, NY : Aldine de Gruyter.

Greene, R. R., & McGuire, L.(1998). Ecological Perspective : Meeting the challenge of practice with diverse populations. In R. R. Greene & M. Watkins(Eds.) Serving Diverse Constituencies. *Applying the Ecological Perspective*(pp. 1-29). Hawthorne, NY : Aldine de Gruyter.

Greene, R. R., & Watkins, M.(1998). *Serving Diverse Constituencies*. Applying the Ecological Perspective. Hawthorne, NY : Aldine de Gruyter.

Guba, E. G.(Eds.)(1990). *The Paradigm Dialog*. newbury Park, CA : SAGE.

Hall, C. S., & Lindzey, G.(1957). *Theories of Personality*. NY : Wiley.

Hartman & Laird(1983). *Family-Centered Social work Practice*. New York : The Fire Press.

Havighust, R. J.(1972). *Developmental tasks and education*(3rd ed). New York : Harper & Row.

Kail, Robert V., & Wicks-Nelson, Rita(1992). *Developmental Psychology*(5th eds). NY : Prentice Hall.

Karls, J., Lowery, C., Mattaini, M., & Wandrei, K.(1997). The use of the PIE(person-in-environment) system in social work education. *Journal of Social Work Education*, 33(1), 49-59.

Kelly, G. S.(1955). *The Psychology of Personal Constructs*. New York : W. W. Norton.

Levinson, D. J., Darrow, C. N., Klein, E. B., Levinson M. H, & McKee. B.(1978). *The seasons of a man' life*. New York : Knopf.

Lichtenberg, J. W., Johnson, D., & Arachtingi, B. M.(1992). Physical illness and subscription to Ellis's irrational beliefs. *Journal of Counseling & Development*, Vol. 71.

Martin, P. Y., & O'Connor, G. G.(1989). *The Social Environment : Open Systems Applications*. New York : Longman.

Masters, W., & Johnson, V.(1985). *Human Sexuality. Boston :* Little Brown.

McAdams, D. P.(2001). The psychology of life stories. *Review of General psychology*, 5(2), 100-122.

Meyer, C.(1983). Selecting appropriate practice models. In A. Rosenbatt & D. Waldfogel(Eds.). *Handbook of Clinical Social Work*(pp. 731-749). San Francisco, CA : Jossey-Bass.

Miller, P. H.(1993). *Theories of developmental psychology*(3rd. ed.). New York : Freeman.

Newman, B., & Newman, P. R. 1987(1979). *Development through Life* : A Psycho Social Approach. homewood, IL : Dorsey.

Newman, B. M.. & Newman, P. R.(1991). *Development through Life : A Psychosocial Approach*. (5th ed.). CA : Books/Cole Publishing Co.

Nichols & Schwartz(2001). 가족치료(핵심개념과 실제적용). 서울 : 시그마프레스.

Neugarten, B. L., Moore, J. W., & Lowe, J. C. (1965). Age norms, age constraints, and adult socialization. *American Journal of sociology*, 70, 710-717.

Northen, H.(1982). *Clinical Social Work*. NY : Columbia University Press.

O'Neil, J. M., Ohide, C., Tollefson, N., Barke, C., Pigott, T., & Watts(1980). Factors, Correlates, and Problem Areas Affecting Career Decision Marking of a Cross-sectional Sample of Students. *Journal of Counseling Psychology*, 27, 571-580.

Perlman, H. H.(1957). *Social Casework : A Problem-Solving Process*. Chicago : University of Chicago Press.

Petersen, A. C.(1993). Creating Adolescents. *Journal of Research on Adolescence*, 3, 1-18.

Phares, E. Jerry(1987). 성격심리학. 서울 : 박영사.

Pozatak, E.(1994). The problem of certainty ; Clinical social work in the postmodern era. *Social Work*, 39(4), 396-403.

Richmond, M.(1917). *Social Diagnosis*. New York : Russell Sage Foundation.

Robert E. Rakel(2002). The family genogram. Syed M. Ahmed et al. *Testbook of family medicine*. philadelphia : Saunders.

Robbins, S. P., Chatterjee, P., & Canda, E. R.(1998). *Contemporary Behavior Theory : A Critical Perspective for Social Work*. Boston : Allyn & Bacon.

Rosenhan. D. L., & Seligman. M. E. P.(1989). *Abnormal Phychology*(2nd ed.). New York : W. W. Norton.

Roger. C. R.(1951). *Client-centered therapy : Its current practice, implications, and theory*. Boston : Houghton Mifflin Company.

__________(1959). A theory of theory, personality, and Interpersonal relationships, as developed in the client-centered framework. In S. koch(ed). *Psychology : A study of a science*, Vol. 3. New york : Mcgraw-Hill.

__________(1963). The actualizing tendency in relation to "motives"; and to consciousness. In M. Jones(Ed). *Nebraska symposium on motivation*, vol.2. Lincoln, Neb : University of Nebraska Press.

__________(1977). Carl Rogers on personal power. New york : Delacorte Press. Phares, E. J.

(1984). *Clinical Psychology : Concepts, Methods, and profession*(2nd ed). Homewood : Dorsey.

Saleeby, D.(1993). Notes on interpreting the human condition : A constructed HBSE curriculum. In J. Laird(Ed.). *Revisioning Social Work Education : A Social Constructionist Approach* (pp. 197-217). New York : Haworth.

Salkind, N. J.(1985). *Theories of human development*(2nd ed.). NY : John Wiley & Sons.

Salthouse, T. A.(1993). Speed Mediation of Adult Age Differences in Cognition. *Developmental Psychology*, 29, 281-294.

Santrock, J. W.(1995). Life-span Development. Wisconsin : Brown & Cognition. *Development Biology*, 29, 722-294.

______________(1997). *Life-span development*(6th ed.). NY : McGraw-Hill.

Scanzoni · Scanzoni(1981). *Men, Women, and Change : A Sociology of Marriage and Family*(2nd ed.). NY : McGraw-Hill.

Schön, D.(1983). *The Reflective Practitioner*. New York : Basic Books.

Schriver, J. M.(1995). *Human Behavior and the Social Environment : Shifting Paradigms in Essential Knowledge for Social Work Practice*. Needham Heights, MA : Allyn & Bacon.

Shaw, M. E., & Costanzo, P. R.(1982). *Theories of Social Psychology*(2nd ed.). New York : McGraw-Hill.

Specht, R., & Craig, G. J.(1982). *Human Development : A Social Work Perspective*. Englewood Cliffs, NJ : Prentice Hall.

Trader, H. P.(1977). Survival strategies for oppressed minorities. *Social Work*, 22(1), 10-13.

Turner, F. J.(1995). Social work practice: Theoretical base. In R. L. Edwards(Editor-in-chief). *Encyclopedia of Social Work*(Vol. 3, 19th ed., pp. 2258-2265). Washington, DC : NASW Press.

Unger, R., & Crawford, M.(1992). *Women and Gender : A Feminist Psychology*. Philadelphia : Temple University Press.

Vaillant, G. E.(1977). *Adaptation to life : How the best and brigbtest came of age*. Boston : Little Brown.

Van Den Bergh, N.(1995). Feminist social work practice : Where have we been ... Where are we going? In N. Van Den Bergh(Ed.). *Feminist Practice in the 21st Century*(p. xi). Washington, DC : NASW Press.

Van Den Bergh, N., & Cooper(Eds.)(1986). *Feminist Visions for Social Work. Silver Spring, M D :* National Association of Social Workers.

Volger, N. R.(1996). *New Approaches to Family Practice : Confronting Economic Stress*. Sage Publications.

Wakefiled, J. C.(1996). Does social work need the eco-systems perspective(part 1)? *Social Service Review*, 70, 1-32.

Watson, J. B.(1913). Psychology as the behaviorist views it. *Psychological Review*, 20, 158-177.

__________(1924). *Behaviorism*. New York : W. W. Norton & Co.

__________(1936). Autobiography. In C. Murchison(Ed.). *A history of psychology in Autobiography* (Vol.Ⅲ). Worcester, MA : Clark University Press.

Weick, A.(1993). Reconstructing social work education. In J. Laird(Ed.). *Revisioning Social Work Education : A Social Constructionist Approach*(pp. 11-30). NY : Haworth.

Wetzel, J.(1986). A feminist world view conceptual framework. *Social Casework*, 67, 166-173.

White, M., & Epston, D.(1990). *Narrative Means to Therapeutic Ends*. NY : W. W. Norton.

Whitbourne, S. K.(2005). *Adult development and aging : Biopsychosocial Perspectives*(2nd ed.). New York : Wiley.

Zanden, J. W. V.(1985). *Human Development*. New York : Knopf.

Zastrow, C., & Krist-Ashman, K.(1987). *Understanding Human Behavior and the Social Environment*. Chicago : Nelson Hall.

찾아보기

인 명

내 용

저자소개

손 광 훈(孫廣壎)

- 숭실대학교 사회사업학과(학사)
- 숭실대학교 대학원 사회사업학과 석사 · 박사
- 미국 University of Pennsylvania 교환연구원
- 미국 Colorado State University 교환교수
- 서울장애인종합복지관 사회복지부 차장
- 부산 남구종합사회복지관 관장
- 현, 경성대학교 법정대학 사회복지학과 교수

〈논문 및 저서〉

- 사회복지학개론(2002, 학지사)
- 장애인복지론(2004, 현학사)
- 한국의 지역사회복지실천(2004, 현학사)
- 사회복지실천기술론(2009, 공동체)
- 사회복지사를 위한 기초기술과 연습(2009, 양서원)
- 발달장애아 가족사정 도구개발과 효과성에 관한 연구(1996). 숭실대학교 대학원 박사학위청구논문
- 자료포락분석(DEA)을 이용한 사회복지관 효율성 평가에 관한 연구(2003). 한국사회복지학, 52(봄) 외 다수

인간행동과 사회환경

|저자| 손광훈

|1판 1쇄| 발행 2008년 8월 30일
|1판 2쇄| 발행 2010년 2월 20일
|1판 3쇄| 발행 2012년 1월 20일
|1판 4쇄| 발행 2014년 9월 5일
|1판 5쇄| 발행 2017년 3월 15일
|1판 6쇄| 발행 2020년 3월 30일
|1판 7쇄| 발행 2020년 8월 3일

|발행인| 김 동 훈
|발행처| 공 동 체

|주소| 경기도 고양시 일산동구 호수로 358-39, 동문타워Ⅰ 905호(백석동)
|전화| 031) 920-8305(대표)
|팩스| 031) 920-8308
|e-mail| compub@naver.com
|출판등록| 2005년 10월 6일
|등록번호| 제396-2005-36호

|ISBN| 978-89-92737-75-3
정가 22,000원

• 본 저서는 2005학년도 경성대학교 학술지원 연구비에 의해서 연구되었음